晋城年鉴

2011—2012

邵俊生　主编

山西出版传媒集团
山西人民出版社

图书在版编目(CIP)数据

晋城年鉴. 2011—2012 / 晋城市地方志办公室编著. --太原:山西人民出版社, 2013.12

ISBN 978-7-203-08422-8

Ⅰ. ①晋… Ⅱ. ①晋… Ⅲ. ①晋城市—2011—2012—年鉴 Ⅳ. ①Z522.53

中国版本图书馆CIP数据核字(2013)第285996号

晋城年鉴 2011—2012

编　　著: 晋城市地方志办公室
责任编辑: 魏美荣
装帧设计: 王亚丽　宋丽丽

出 版 者: 山西出版传媒集团·山西人民出版社
地　　址: 太原市建设南路21号
邮　　编: 030012
发行营销: 0351-4922220　4955996　4956039
0351-4922127 (传真)　4956038(邮购)
E-mail: sxskcb@163.com　发行部
sxskcb@126.com　总编室
网　　址: www.sxskcb.com

经 销 者: 山西出版传媒集团·山西人民出版社
承 印 者: 晋城市景潮办公用品印制有限公司

开　　本: 889mm × 1194mm　1 / 16
印　　张: 64.5
字　　数: 1300千字
印　　数: 1-1500册
版　　次: 2014年1月　第1版
印　　次: 2014年1月　第1次印刷
书　　号: ISBN 978-7-203-08422-8
定　　价: 358.00元

《晋城年鉴》编纂委员会

晋城市地形地貌图

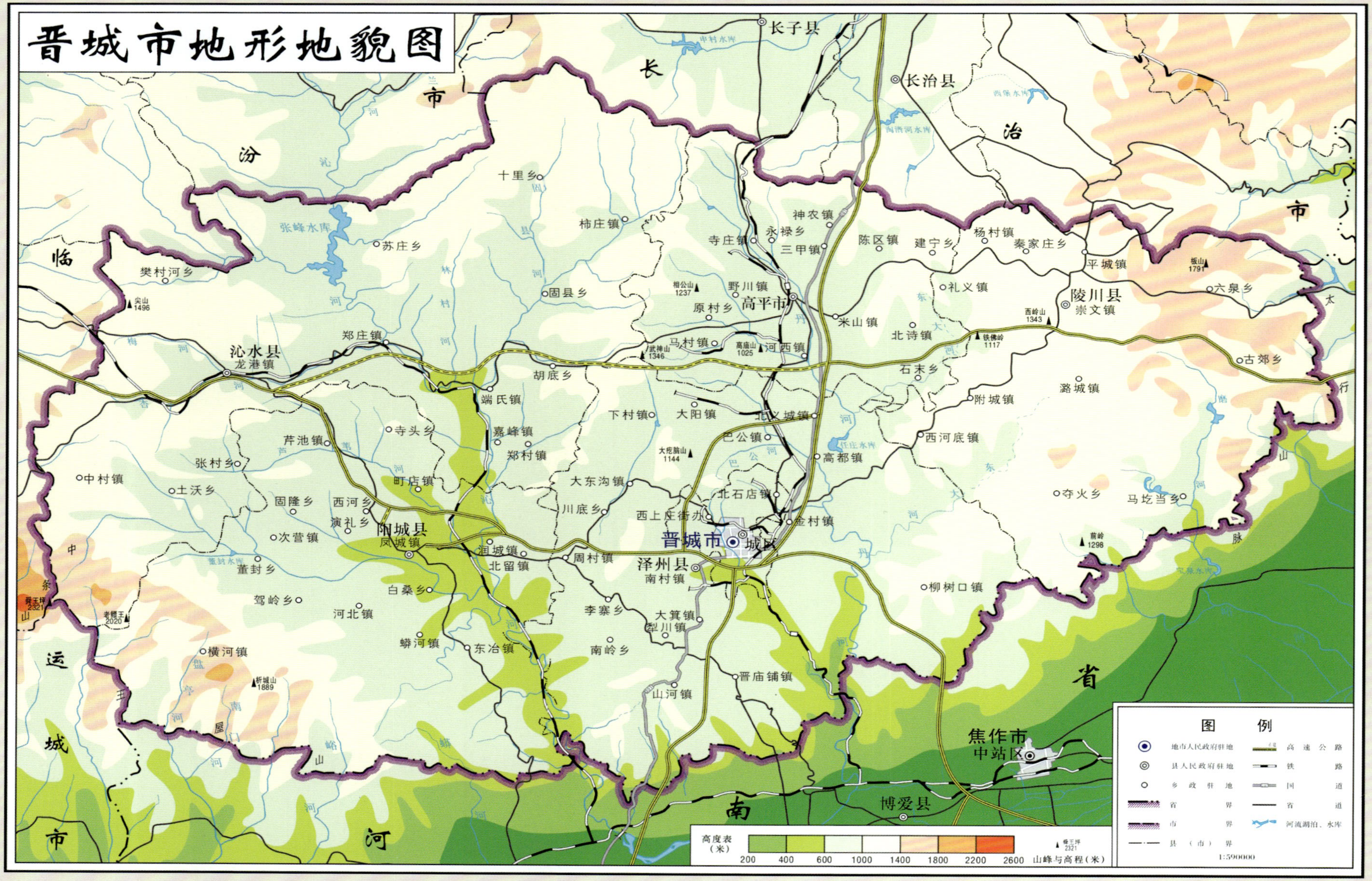

晋城市地形地貌图
长子县
长治县
长
治
市
汾
临
运
城
南
河
省
太
行
山
脉
十里乡
柿庄镇
苏庄乡
张峰水库
樊村河乡
固县乡
寺庄镇
永禄乡
神农镇
三甲镇
陈区镇
建宁乡
杨村镇
秦家庄乡
平城镇
野川镇
高平市
原村乡
米山镇
礼义镇
陵川县
崇文镇
六泉乡
北诗镇
马村镇
河西镇
铁佛岭
1117
古郊乡
沁水县
龙港镇
郑庄镇
胡底乡
石末乡
端氏镇
下村镇
大阳镇
北义城镇
附城镇
潞城镇
寺头乡
嘉峰镇
巴公镇
西河底镇
芹池镇
郑村镇
高都镇
张村乡
中村镇
土沃乡
町店镇
大东沟镇
北石店镇
夺火乡
马圪当乡
固隆乡
西河乡
川底乡
西上庄街办
金村镇
演礼乡
阳城县
凤城镇
晋城市
城区
次营镇
润城镇
周村镇
泽州县
南村镇
北留镇
柳树口镇
董封乡
白桑乡
李寨乡
驾岭乡
河北镇
大箕镇
犁川镇
横河镇
蟒河镇
东冶镇
南岭乡
晋庙铺镇
山河镇
焦作市
中站区
博爱县
图例
地市人民政府驻地
县人民政府驻地
乡政府驻地
省界
市界
县（市）界
高速公路
铁路
国道
省道
河流湖泊、水库
1:590000
高度表（米）
200
400
600
1000
1400
1800
2200
2600
山峰与高程（米）

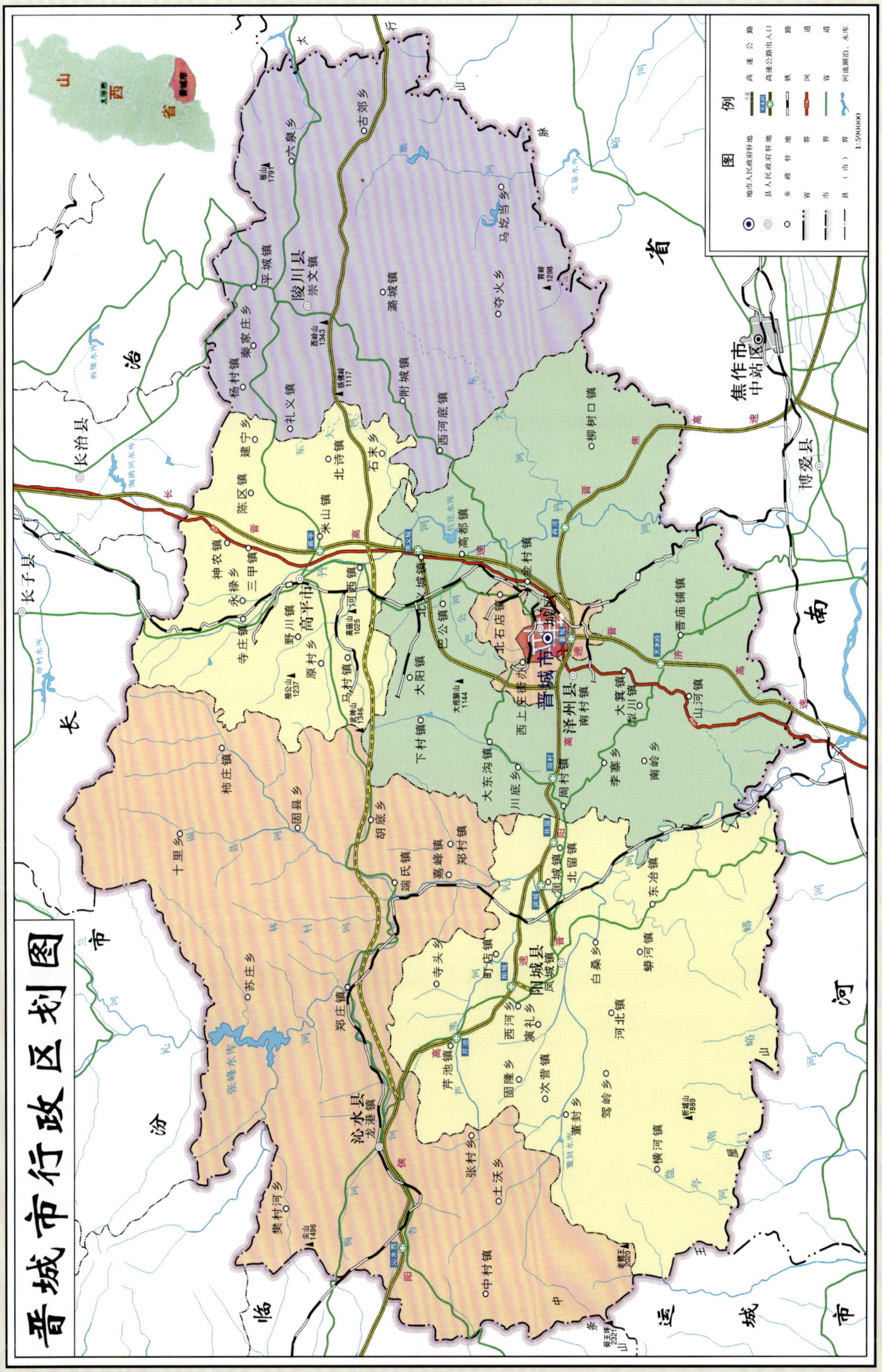
晋城市行政区划图
图例
1:590000
晋城市
泽州县
高平市
阳城县
陵川县
沁水县
长治县
长子县
焦作市
博爱县

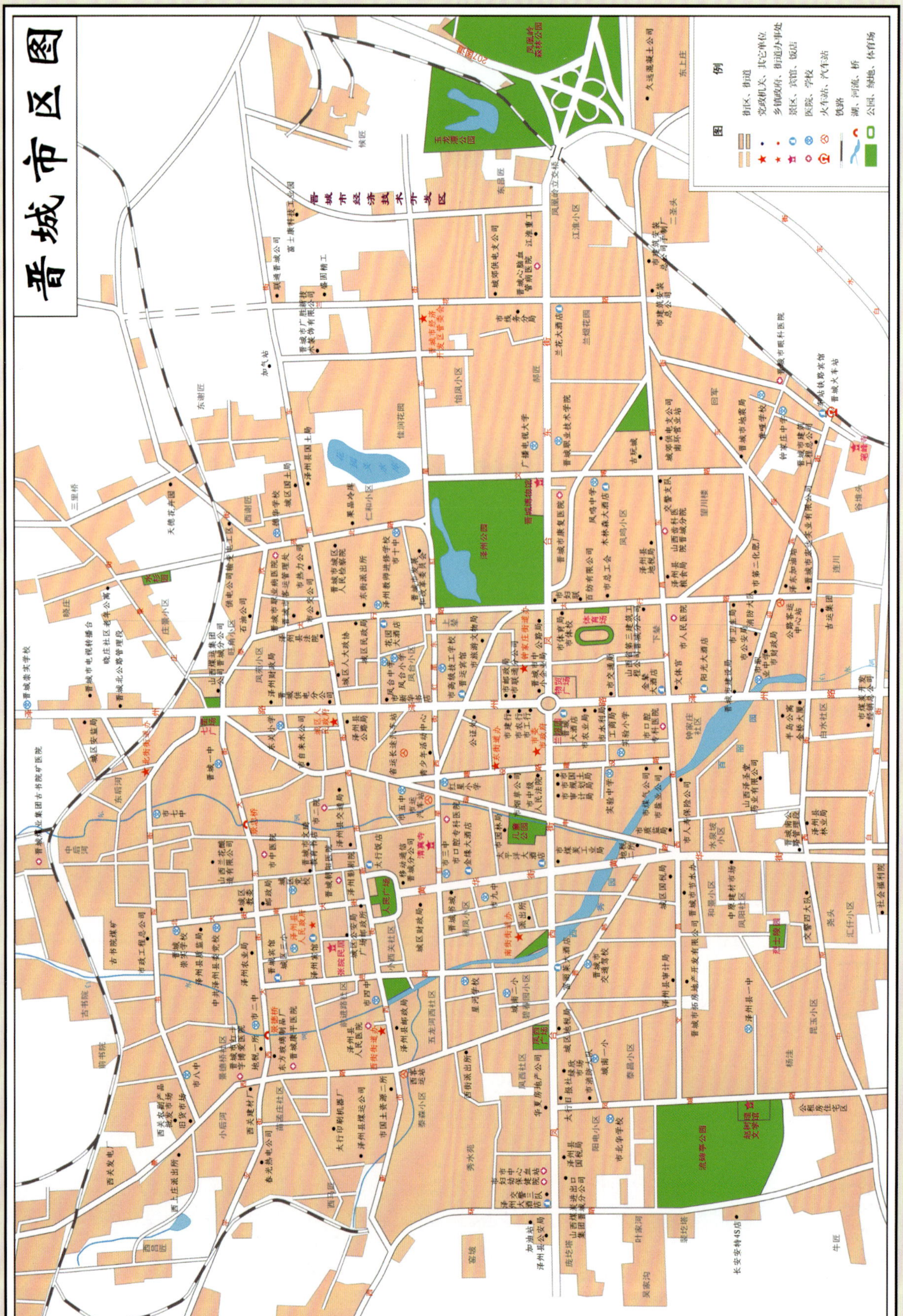
晋城市区图
图例
街区、街道
党政机关、其它单位
乡镇政府、街道办事处
景区、宾馆、饭店
医院、学校
火车站、汽车站
铁路
湖、河流、桥
公园、绿地、体育场

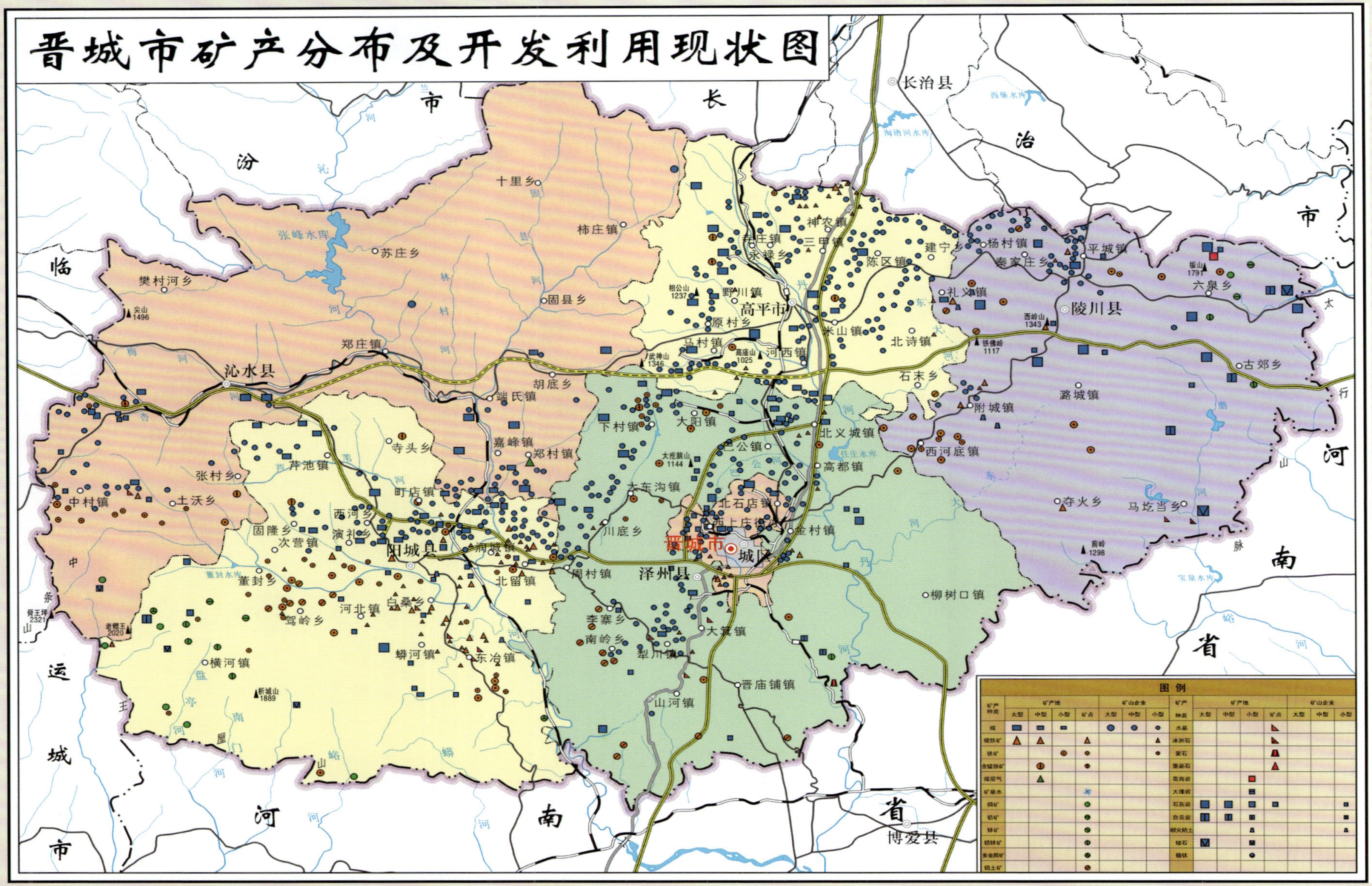
晋城市矿产分布及开发利用现状图
长治县
长
治
市
汾
临
运
城
河
南
省
博爱县
沁水县
高平市
陵川县
阳城县
泽州县
晋城市
城区
十里乡
柿庄镇
苏庄乡
张峰水库
固县乡
樊村河乡
郑庄镇
胡底乡
端氏镇
嘉峰镇
郑村镇
张村乡
土沃乡
中村镇
寺头乡
芹池镇
町店镇
西河乡
演礼乡
固隆乡
次营镇
润城镇
北留镇
董封乡
驾岭乡
河北镇
白桑乡
蟒河镇
东冶镇
横河镇
析城山
1889
尖山
1496
神农镇
三甲镇
寺庄镇
永禄乡
陈区镇
建宁乡
野川镇
原村乡
马村镇
河西镇
米山镇
北诗镇
石末乡
杨村镇
秦家庄乡
平城镇
礼义镇
六泉乡
附城镇
西河底镇
潞城镇
古郊乡
夺火乡
马圪当乡
下村镇
大阳镇
巴公镇
北义城镇
高都镇
大东沟镇
北石店镇
西上庄街
金村镇
川底乡
周村镇
李寨乡
南岭乡
大箕镇
犁川镇
晋庙铺镇
山河镇
柳树口镇
图例

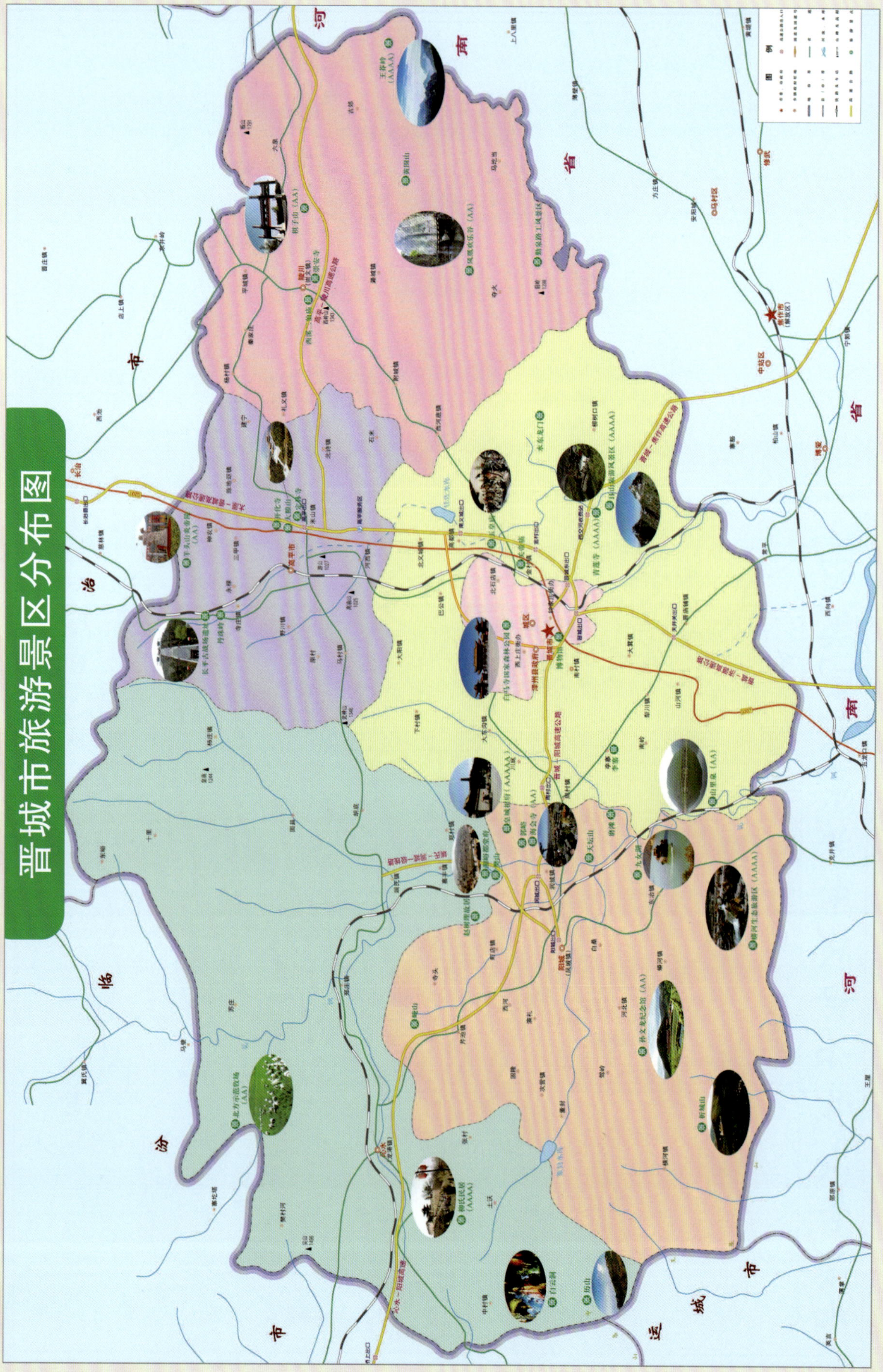
晋城市旅游景区分布图
长治市
临汾市
运城市
河南省

2012年10月10日，省委书记、省人大常委会主任袁纯清在晋城市检查工作

2012年10月10日，省长王君在晋城市检查工作

2012年4月24日，市委书记张九萍在金辇大酒店会见第一届至第十一届全国人大代表、全国劳动模范、长治市人大常委会副主任、平顺县西沟村党总支副书记申纪兰

2012年3月24日，市长王清宪在上海出席《中国经济50人》会议期间，同上海现代服务业联合会会长周禹鹏合影

2012 年 11 月 27 日，晋城市荣膺国际花园城市综合金奖

2013 年 3 月 27 日，代市长刘润民在晋城市第六届人民代表大会第四次会议上作晋城市政府工作报告

2012 年 12 月 19 日，晋城市召开"晋城好人"表彰大会

城市新貌

市标——祥凤凌空

市树——雪松

市花——紫薇

2011 年晋城市政府承诺十件实事

【承诺】

1. 为 100 所农村中小学校配备体艺器材，为 100 所农村寄宿制学校增添卫生安全设施。

【践诺】

全部完成。

【承诺】

2. 再扶持贫困村 220 个，移民搬迁 2000 人。

【践诺】

扶持贫困村 220 个，移民搬迁 2400 人，其中，省定目标 1400 人，市定目标 1000 人。

【承诺】

3. 开工建设各类保障性住房 13 000 套。

【践诺】

开工建设各类保障性住房 14 394 套。

【承诺】

4. 建设设施蔬菜 10 000 亩，使全市淡季蔬菜自给率提高到 40%。

【践诺】

全部完成。

【承诺】

5. 市区新增公交车 40 台，新开公交线路 3 条。

【践诺】

新购置的40辆公交车上线运行。新开27路、28路、29路3条公交线路。

【承诺】

6. 改造提升市级粮油配送中心和100家放心连锁店。

【践诺】

全部完成。

【承诺】

7. 建设新型农户储粮仓20 000个。

【践诺】

共投资860万元，建设新型农户科学储粮小粮仓2万个，其中：中央补助资金260万元，市财政投资400万元，县政府和农户投资200万元。

【承诺】

8. 为城市社区配发康复训练器材，对农村200名贫困残疾人实施康复救助。

【践诺】

为全市46个社区配发康复训练器材，对农村200名贫困残疾人实施康复救助。

【承诺】

9. 硬化市区20条背街小巷路面。

【践诺】

40条背街小巷改造工程竣工。

【承诺】

10. 新发展100家星级“农家乐”。

【践诺】

全部完成。

数字晋城 2011

综　合

地区生产总值	895.0 亿元
第一产业	38.8 亿元
第二产业	585.8 亿元
第三产业	270.3 亿元
人均地区生产总值	39 205 元

人　口

总户数	799 567 户
常住人口	2 285 526 人
男性	1 150 198 人
女性	1 135 328 人
出生人口	16 609 人
死亡人口	9520 人

对外经济贸易

海关进口总额	11.35 亿美元
出口总额	2.82 亿美元
进口总额	8.53 亿美元
实际利用外资额	21 799 万美元

能　源

能源消费总量	7003.2 万吨标准煤
社会用电量	136.5 亿千瓦时
向省外运输煤炭量	5711 万吨

物　价

居民消费价格总指数	104.9
商品零售价格总指数	104.4
工业生产者出厂价指数	107.5
工业生产者购进价格指数	107.1

社会从业人员和劳动报酬

社会从业人员	138.57 万人
第一产业	44.67 万人
第二产业	43.25 万人
第三产业	50.65 万人
在岗职工人数	279 773 人
在岗职工平均工资	48 701 元

固定资产投资

全社会固定资产投资	504.1 亿元
第一产业	14.8 亿元
第二产业	289 亿元
第三产业	200.4 亿元

人民生活

城镇居民家庭人均可支配收入	20 127 元
城镇居民家庭人均消费性支出	12 967 元
城市人均住宅建筑面积	32.5 平方米
农民人均纯收入	7043 元
农村住户人均生活消费支出	5289 元
农村居民人均住宅面积	36.4 平方米

农村经济

农作物播种面积	216.59 千公顷
粮食播种面积	205.82 千公顷
粮食产量	920 386 吨
油料产量	6189 吨
肉类产量	113 548 吨

数字晋城 2011

工 业

项目	数值
规模以上工业企业单位数	216 个
规模以上工业总产值	1001.7 亿元
原煤产量（全社会）	9140 万吨
发电量	191 亿千瓦时
生铁产量	278 万吨
粗钢产量	221 万吨
水泥产量	139 万吨

建筑业

项目	数值
建筑业企业单位数	71 个
建筑业企业总产值	43.4 亿元
房屋建筑施工面积	212 万平方米

住宿 餐饮业和旅游

项目	数值
住宿、餐饮业营业额	32.0 亿元
国内旅游人数	1166.99 万人次
国际旅游人数	67 659 人次
国内旅游收入	89.12 亿元
旅游外汇收入	2695.89 万美元

财政 金融和保险

项目	数值
财政总收入	181.8 亿元
一般预算收入	67.9 亿元
一般预算支出	113.2 亿元
城乡居民人民币储蓄存款余额	653.5 亿元
保费收入	29.8 亿元

交通运输 邮电通信业

项目	数值
公路线路里程	8600 公里
货物周转量	277 019 万吨公里
旅客周转量	157 891 万人公里
市话年末数	240 156 户
农话年末数	189 834 户
移动电话户数	1 576 304 户

批发和零售业

项目	数值
社会消费品零售总额	224.5 亿元
城镇消费品零售额	210.4 亿元
乡村消费品零售额	14.1 亿元

教育 科技

项目	数值
高等学校数	2 所
高等学校在校学生数	8520 人
中等专业学校数	2 所
中等专业学校在校学生数	21 330 人
自然科学研究与开发机构数	100 个

文化 体育 卫生 环保

项目	数值
文化馆数	7 个
公共图书馆数	6 个
各级各类体育场馆数	4385 个
医院数	66 个
废水排放总量	5601 万吨

（晋城市统计局）

2011年晋城市十件大事

1. 中共晋城市第六次党代表大会、晋城市第六届人民代表大会第一次会议、政协晋城市第六届委员会第一次会议召开，市、县、乡换届工作圆满结束。

2. “对接大上海、融入长三角”——招商引资工作取得丰硕成果。

3. 扶贫攻坚，双轮驱动——干部下乡住村领导包村促增收见实效。

4. 富士康（晋城）金匠科技工业园项目启动……“一区六园”规模初具。

5. 成功创建国家卫生城市。

6.40条背街小巷硬化，新增40辆公交车上线……十件实事全面完成。

7. 成功举办首届中国（晋城）太行山国际文化旅游节，体育事业获新突破。

8. “气化晋城”建设成效显著，煤层气综合利用工程入选全球百佳。

9. 荣获联合国“中国区环境规划示范城市优秀案例”称号。

10. 煤矿企业兼并重组整合工作收官，全市煤炭产量突破5000万吨。

2012年“方便晋城”十大工程

2012年3月1日上午，市六届人大二次会议上，市长王清宪向全市人民承诺，2012年要办“方便晋城”十大工程。“不断提高人民群众的生活水平是我们一切工作的出发点和落脚点，为人民群众谋福祉是我们的不懈追求。新的一年，我们要投入更多的人力物力财力，把各项社会事业发展好，把事关群众切身利益的事情办好，让人民群众生活得更富裕、更幸福、更有尊严！”到年底，所有项目超额完成目标任务。

【承诺】

1. 城乡社会保障一卡通工程。

【践诺】

投资800余万元，对全市医疗保险业务系统进行升级改造，建成覆盖市、县两级医保经办机构、定点医疗机构和定点零售药店的医保信息网络管理平台，市直及六县（市、区）参保人员持社保卡，在全市范围内定点药店购药和在定点医院就医结算“一卡通”，实现即时报销，极大地方便全市城镇参保人员就医购药。方便参保人员查询、领取、结算各项社会待遇。

【承诺】

2. 市、县两级医院远程医疗会诊系统健康工程。

【践诺】

市政府投资2000万元，启动市、县两级医院远程医疗会诊系统工程，具体是以市人民医院为核心，连接六县（市、区）人民医院的两级远程医疗会诊平台和医疗卫生信息平台，同时将市人民医院远程医疗会诊平台中心端与北京海纳医信公司的慧影远程医疗系统连接，让北京市和全军医疗专家团队都能为全市人民提供高水平的医疗诊断服务，使广大群众在家门口就能享受到全国一流的医疗技术服务。到年底各项工作全部完成。

【承诺】

3. 新建15所标准化幼儿园花蕾工程。

【践诺】

实施15所标准化幼儿园花蕾工程，15所建设项目中，新建11所，主体完工并投入使用1所；9所主体完工；正在施工5所，其中新建1所，改（扩）建4所。15所新（改、扩）建幼儿园的建成，有效解决了晋城市人民群众关注的“入园难”、“入园贵”问题。

【承诺】

4. 全市普通高中教育免学费全覆盖希望工程。

【践诺】

提高义务教育“两免一补”标准，实施中等职业教育和普通高中免学费全覆盖工程，建立了“政府主导、社会参与、统分结合、应享尽享”的资助体系。从2011年起，对全市21所中等职业教育学校的26309名学生全部免除学费，全市补助资金2572万元（其中中央73万元、省341万元、市1349万元、县809万元）。2012年，率先在全省实施普通高中免学费工程。全年全市61558名普通高中在校生享受到免费政策，全市共补助学费资金5663万元（市2651万元、县3012万元）。

【承诺】

5. 为农村义务教育寄宿制学校配备首批76辆校车的校安工程。

【践诺】

8月2日，市政府投资1704万元购置的高于国家标准配置的76辆校车正式交付使用，这是在全国范围内首次以政府名义公开招标采购配备校车。

【承诺】

6. 硬化20条市区街巷、新建16座公厕的便利工程。

【践诺】

20条背街小巷的总改造面积约9.7万平方米，工程预算总投资7000余万元。在改造过程中，还给没有供热、供水、供气设施的小街巷铺设“三供”管道。10月30日，20条背街小巷改造工程和新建16座公厕的便利工程全部完成。

【承诺】

7. 完成主城区整体亮化工程。

【践诺】

主城区景观亮化工程，以主城区优美的城市景观背景为主题，融合国际先进的照明理念，采用先进的节能环保照明技术，体现“方便、温馨、开放、现代”的城市格调，以提升人居环境和城市形象，工程预算总投资6000余万元，当年完成投资4200万，完成项目的80%。夜景工程以“祥凤凌空”为中心，沿城市主干道凤台街和泽州路向外延展，选择对沿路的重要建筑、公园广场等进行亮化，同时根据城市规划结构，分为“城市公园、住宅区、城市窗口、商务区”四大板块。

【承诺】

8. 凤台街人行道改造提升畅通工程。

【践诺】

市凤台街人行道改造工程西起西环路，东至吕匠路，全长约6公里。改造方案为将原7米宽非机动车道改造为公交车、出租车专用道，将原15米人行道改造为1.75米绿化带、2.5米非机动车道、2.5米人行道、1.5米行道树和6.75米停车带。改造面积约172 500平方米。10月30日，凤台街人行道改造提升工程全面竣工交付使用。

【承诺】

9. 新增供热面积150万平方米的温暖工程。

【践诺】

主要建设内容包括给三大新供热片区（苑北路晓庄片区、泽州北路片区、西环路片区）内铺设5.8公里一次供热主管网并且建6座换热站，以及给凤鸣小区建1座换热站、望川楼社区建3座换热站。新增150万平方米供热工程，5.8公里供热主管网全线贯通，6座换热站具备运行调试条件，随着供暖工作的推进，每家的暖气片都热起来。苑北路晓庄片区、泽州北路下东关片区、西环路叶家河片区，以及中原西街牛匠片区等区域将成为集中供暖用户。

【承诺】

10. 取消陵沁一级公路西上庄收费站的撤卡工程。

【践诺】

陵沁一级公路西上庄收费站存废之争持续多年，市民反映强烈。3月31日18时整，陵沁一级公路西上庄收费站正式停止收费。5月17日，西上庄收费站被彻底拆除。

数字晋城 2012

综　合

地区生产总值	1011.6 亿元
第一产业	41.6 亿元
第二产业	653.8 亿元
第三产业	316.3 亿元
人均地区生产总值	44 206 元

人　口

总户数	818 338 户
常住人口	2 291 431 人
男性	1 152 079 人
女性	1 139 352 人
出生人口	19 656 人
死亡人口	15 378 人

对外经济贸易

海关进口总额	12.35 亿美元
出口总额	2.45 亿美元
进口总额	9.90 亿美元
实际利用外资额	25 775 万美元

能　源

能源消费总量	6744.2 万吨标准煤
社会用电量	163.0 亿千瓦时
向省外运输煤炭量	5849 万吨

物　价

居民消费价格总指数	102.4
商品零售价格总指数	101.9
工业生产者出厂价指数	97.0
工业生产者购进价格指数	96.9

社会就业人员和劳动报酬

社会就业人员	142.33 万人
第一产业	44.38 万人
第二产业	44.11 万人
第三产业	53.84 万人
在岗职工人数	280 880 人
在岗职工平均工资	54 455 元

固定资产投资

全社会固定资产投资	655.0 亿元
第一产业	28.5 亿元
第二产业	363.3 亿元
第三产业	263.2 亿元

人民生活

城镇居民家庭人均可支配收入	22 565 元
城镇居民家庭人均消费性支出	16 473 元
城市人均住宅建筑面积	32.1 平方米
农民人均纯收入	8037 元
农村住户人均生活消费支出	6044 元
农村居民人均住宅面积	36.7 平方米

农村经济

农作物播种面积	210.45 千公顷
粮食播种面积	199.62 千公顷
粮食产量	974 459 吨
油料产量	6097 吨
肉类产量	131 697 吨

数字晋城 2012

工　业

规模以上工业企业单位数	223 个
规模以上工业总产值	1096.9 亿元
原煤产量（全社会）	8526 万吨
发电量	218 亿千瓦时
生铁产量	334 万吨
粗钢产量	274 万吨
水泥产量	233 万吨

交通运输　邮电通信业

公路线路里程	8757 公里
货物周转量	320 955 万吨公里
旅客周转量	182 456 万人公里
市话年末数	249 575 户
农话年末数	168 745 户
移动电话户数	1 718 297 户

建筑业

建筑业企业单位数	84 个
建筑业企业总产值	52.6 亿元
房屋建筑施工面积	283.7 万平方米

批发和零售业

社会消费品零售总额	260.8 亿元
城镇消费品零售额	245.4 亿元
乡村消费品零售额	15.4 亿元

住宿　餐饮业和旅游

住宿、餐饮业营业额	35.0 亿元
国内旅游人数	1686.94 万人次
国际旅游人数	95 725 人次
国内旅游收入	149.88 亿元
旅游外汇收入	4563.95 万美元

教育　科技

高等学校数	2 所
高等学校在校学生数	5907 人
中等专业学校数	2 所
中等专业学校在校学生数	20188 人
自然科学研究与开发机构数	98 个

财政　金融和保险

财政总收入	213.5 亿元
一般预算收入	82.9 亿元
一般预算支出	129.7 亿元
城乡居民人民币储蓄存款余额	760.0 亿元
保费收入	30.73 亿元

文化　体育　卫生　环保

文化馆数	7 个
公共图书馆数	6 个
各级各类体育场馆数	4392 个
医院数	71 个
废水排放总量	5689 万吨

（晋城市统计局）

2012 年晋城市十件大事

1. 纳入中原经济区，迎来发展新机遇。

2012 年，国家发改委正式发布《中原经济区规划》，将晋城纳入中原经济区范围，为晋城经济社会发展提供了难得的机遇。

2. 国际花园城市“花”落晋城。

6 月，晋城市向国际花园城市组委会提交申报材料，同时申报了城市综合奖和白马寺山环境治理项目奖。8 月，晋城市在全球 400 多个城市中胜出，成功进入决赛。11 月 27 日，在阿联酋阿爱恩市举行的第 16 届国际花园城市总决赛中，晋城市从全球 30 个国家 60 多个城市和 90 多个项目中脱颖而出，荣膺国际花园城市综合金奖，白马寺山森林公园获自然类单项金奖，同时，还被大赛组委会评为国际花园城市景观改善类特别金奖，成为本届大赛唯一同时荣获三项金奖的城市。

3. 方便晋城十大工程，发展成果普惠民生。

2012 年，“方便晋城”十大工程全部办好。同时，还启动了晋城大医院建设和“五个全覆盖”工程。

4. 叫响叫亮“晋城好人”，203 名晋城好人受表彰。

2 月，市委六届二次全会作出“以大力弘扬‘崇实守信、开放包容、争先创新’的晋城精神和人人争做‘知荣辱讲正气、有责任懂感恩、做好事甘奉献’的‘晋城好人’为兴市之魂”的战略部署，对全市精神文明建设工作提出了新要求。从 2 月下旬起，市文明委在全市范围内组织开展“晋城好人”评选表彰活动。经过宣传发动、基层推荐、公示投票、实地考察、慎重评审等环节，历时 9 个月，共评选出“见义勇为勇士、助人为乐楷模、诚信建设使者、孝老爱亲典范、敬业奉献模范、志愿服务先锋、文明礼仪标兵、新农村建设带头人、转型跨越发展先行者、美德少年”等十个类型的 203 位先进典型。12 月 19 日，“晋城好人”表彰大会对以刘开周为代表的 203 位先进典型进行了表彰。

5. 招商引资、项目落地、固定资产投资增幅移居全省第一。

2012 年，全市共签约招商引资项目 188 个，总投资 1898.01 亿元，为预订目标的 142%。全市共落地 652 个项目，完成落地投资额 1272.8 亿元，同比增长 115.69%，完成全年落地任务的 123.93%。固定资产投资完成 545.3 亿元，增长 30.6%，高出全省平均水平 4.5 个百分点，增幅稳居全省第一，比上年同期前移 6 位。

6. “一园六区”加快发展，七大非煤产业集群发展势头良好。

2012 年，晋城市加快推进“一区（经济开发区）六园（工业园）”建设，“一区六园”具备一定规模，形成经济开发区和金匠新兴产业工业园、沁水新能源产业工业园、阳城芹池现代煤化工工业园、高平煤焦化产业园区、巴公装备制造工业园区、北留周村煤化工工业园区。“一区六园”经济效益显现，规划总面积达到 127.38 平方公里，入驻规模工业企业 62 户，总资产 735.13 亿元，共有从业人员 63341 人，全年销售收入达到 500 亿元，工业集聚发展的园区化承载平台初步形成，产业发展特色明显。同时，按照“差异竞争、错位发展、优势互动”的理念，统筹全市产业布局，引导各县（市、区）依托现有产业基础，集群化培育壮大一至两个非资源类主导产业，初步形成经济开发区的高新技术产业、城区的区域性商贸物流中心、阳城县的建筑陶瓷和蚕桑产业、陵川县的旅游健康度假中心、沁水县的苗木花卉产业、泽州县的铸造产业、高平市的新能源新材料产业七大非煤产业集群。

7. 晋善晋美，靓丽晋城——文化旅游产业实现大发展。

2012 年，晋城市委、市政府明确提出“加强旅游合作，增强旅游休闲产业的覆盖面，打造‘太行山文化旅游’精品，把晋城建设成晋东南及中原经济区的生态旅游文化中心和休闲娱乐度假中心”目标，全市文化旅游产业发展迈出了重大步伐。1—11 月，全市旅游收入 139.35 亿元，同比增长 75.44%。特别是国庆黄金周期间，全市旅游收入同比增长达 87%。“晋善晋美，尽在晋城”广告在央视播出，皇城相府景区入围“2011 中国旅游百强景区”，王莽岭国家地质公园正式获得国土资源部命名批复，天官王府项目落成，《走遍中国·晋城》系列宣传片在央视播出……文化产业实现快速发展，全市七大类文化产业实体达到 1231 家，年收入超亿元的 3 家。

8.“一联一住”转作风，强基固本接地气。

2012年，晋城市把“三联一住”制度作为改进作风、加强领导班子建设的一项重要内容，将“三联一住”制度作为服务群众、服务基层、服务转型跨越发展的切入点，主要领导每月深入联系点调研一次，并建立市四套班子领导“三联一住”工作“双月报”制度；各县（市、区）、市直各单位也建立相应的工作联系点制度。各级领导把联系点作为了解基层的信息点、研究工作的试验田、指导工作的示范点，有力地推动和促进了全市转型跨越发展全面提速。同时，围绕“基层组织建设年”基层组织晋位升级的要求，深入推进“基层组织建设年”活动，广泛开展保持党的纯洁性学习教育活动，全市基层党组织建设成绩斐然，党员干部思想认识上有了新提高，作风上有了新进步，能力素质上有了新增强。全市218个后进党支部实现了争先进位。

9.学习贯彻十八大精神，千人万场大宣讲。

全市各级把学习贯彻党的十八大精神作为首要政治任务，领导干部带头学习十八大、宣讲十八大、贯彻十八大，深入厂矿车间、农村社区，开展了“千人万场”、“十大讲堂”大宣讲；全市党员干部群众纷纷以高度的政治责任感和历史使命感投入学习，开展多种形式的学习宣讲活动，形成了学习宣传贯彻党的十八大精神的浓厚氛围。同时，把党的十八大精神同晋城发展实际紧密结合起来，进一步完善发展思路，总结新鲜经验，破解发展难题，提出了“一争三快两率先”的发展思路。

10.加强民主法制建设，全面创优发展环境 。

2012年，为实现“项目落地年、工作落实年”的总体要求，晋城市委、市政府从创优发展环境入手，整治“吃拿卡要”，精简审批项目。同时，加大监督力度，开展人大专题询问和政协民主测评活动，发展环境进一步优化。全年共暂停55项收费项目，取消27项收费项目，减轻社会和企业负担1亿多元，市级行政审批项目精简率达40%，审批环节压减率达58.2%，审批时限压减率达53.5%。

·编纂说明·

一、《晋城年鉴》是晋城市人民政府组织编纂、晋城市地方志办公室编辑出版的大型史册性资料书，是晋城市唯一的综合性年鉴。《晋城年鉴》全面系统记载晋城市自然、政治、经济、文化、社会等各个领域的新思路、新举措、新进展、新成就和新经验，为广大读者了解晋城、认识晋城、研究晋城、投资晋城、建设晋城提供基础信息。

二、《晋城年鉴（2011—2012）》记事时间为2011年1月1日至2012年12月31日。文献栏目选载2013年的内容，意在记录市委、市人大常务委员会、市人民政府、市政协、市中级人民法院、市人民检察院及市发改委、市财政局、市统计局等工作报告中回顾2012年部分，增强年鉴所载资料的时效性。

三、本年鉴设文献、党政工作、国防建设、法制、民主党派和工商联、群团组织、监管服务、经济、财政税务、金融保险、农林水牧、商业贸易、对外开放、建设环保、交通邮电、教育科技、文体卫生、区县概况、大事记等19个类别，以条目形式记述，每事一条。

四、本年鉴框架和内容在保持相对稳定的基础上，内容有适当增加。

五、本年鉴所载事实均由各单位提供。

市委书记张九萍在煤化工公司调研

市长刘润民在唐安煤矿调研

山西兰花科技创业股份有限公司

董事长 郝跃洲

山西兰花科技创业股份有限公司成立于1998年12月，是晋城市首家上市公司，也是山西省第一家以煤炭为主业的上市公司。公司股票1998年12月17日在上交所上市，股票名称兰花科创，证券代码600 123。现有注册资本114 240万元，其中国有股占45.11%，社会公众股占54.89%。总资产203.5亿元，净资产108.14亿元，员工2.14万人。

兰花科创公司经过15年的快速成长，已发展成以煤炭、尿素为主导产品，涉及甲醇、二甲醚、煤矿机械、包装制品、硅片及太阳能光伏组件等多元产品的全国资本市场绩优蓝筹代表企业。2012年，每股收益在沪深两市排名第46位，在沪深两市34家煤炭上市公司排名第2位，在山西34家上市公司排名首位，综合实力居中国上市公司500强425位。年上缴税金约占晋城市本级财政收入三分之一，累计上缴省市政府税费总额超过160亿元，为晋城市和山西省的经济建设和社会发展做出了积极的贡献，是晋城快速发展最具代表性的“经济名片”。

兰花科创公司下设分、子公司共32家，其中全资生产矿井4座，年产能660万吨，参股华润大宁煤矿年产能400万吨，新建年产240万吨玉溪煤矿和总产能720万吨的8座收购与资源整合矿，全部投产后，煤炭产能将超过2000万吨/年；有化肥企业5家，年产合成氨80万吨、尿素150万吨；有化工企业3家，年产甲醇40万吨、二甲醚20万吨，年产20万吨己内酰胺项目一期工程正在建设。

兰花科创公司拥有煤炭资源面积177.8平方公里，煤炭保有储量16.9亿吨，其中无烟煤13.77亿吨、动力煤2.49亿吨、焦煤0.64亿吨。“兰花”牌煤炭为山西省标志性名牌产品，备受国内外化工、电力、冶金、建材等行业用户青睐，“兰花”牌尿素畅销国内十几个省、市，并出口北美、东南亚等地区。

兰花科创上市后共融资40.24亿元，2012年完成第四次债券融资30亿元。累计现金分红24.6亿元，其中国有股获得现金分红11.6亿元，是国有资产投入的6.1倍。优异的经营业绩、

朝气蓬勃的兰花人

总经理 陈胜利

良好的成长性和活跃的市场表现，得到社会各界、公司股东和证券监管机构的广泛认同。公司股票先后入选上证 50 指数、上证 180 指数、沪深 300 指数样本股，获“最具投资价值公司 50 强、上市公司竞争力百强、金牛上市公司百强、主板上市公司价值百强、中国蓝筹百强、中证回报百强、上市公司纳税百强、优秀投资者关系企业、中国漂亮 50、金牛基业常青公司、中国上市公司内控百强企业”等荣誉。

“十二五”期间，兰花科创公司将继续发挥资源、机制、管理和市场运作优势，大力实施“强煤、调肥、上化、发展新能源新材料”发展战略，致力于为股东创造财富，为员工创造价值，以业绩回报股东。

省、市重点调产标杆项目——年产20万吨己内酰胺项目奠基仪式

安全发展签名活动

生活区图书室

引深班组建设经验交流会

职工技能大赛

危化品应急演练

化肥化工现场会

化肥企业物资超市

安全监测监控与视频调度系统

干净漂亮的煤矿井下候车室

大化肥项目厂区夜景

电除尘装置

合作开发的综掘机超前护顶装置

大化肥生产装置

干净整洁的装置区

现代化化工生产企业

年产 6000 万块煤矸石制砖生产线

装车系统

现代化综采工作面

即将下井的煤矿综采设备

开拓创新　实干兴企
为打造“多元科兴”而努力奋斗

董事长 赵启龙

总经理 李经纬

山西科兴能源发展（集团）有限公司是高平市委、市政府坚持科学发展观，为切实提升煤炭产业素质，由西安交大专家团队设计，高平市国有和城镇集体骨干矿井共同出资，于2009年6月组建完成的高平市最大的国有煤炭集团。公司注册资本5.49亿元，保有资源储量12.3亿吨，井田面积148.9平方公里，集团规划产能1215万吨/年，有职工1.8万人，专业技术人员2000余人。集团所开采的优质无烟煤，深受用户青睐和赞誉，是电力、冶炼、化工、建材等行业的上乘原料和民用最佳燃料，产品畅销晋、冀、鲁、豫等省、市，出口日本、韩国和东南亚地区。

· 矿井概况

山西高平科兴赵庄煤业有限公司（120 万吨 / 年）

山西高平科兴申家庄煤业有限公司（120 万吨 / 年）

山西高平科兴南阳煤业有限公司（120 万吨 / 年）

山西高平科兴前和煤业有限公司（120 万吨 / 年）

山西高平科兴牛山煤业有限公司（120 万吨 / 年）

山西高平科兴龙顶山煤业有限公司（90 万吨 / 年）

山西高平科兴游仙山煤业有限公司（90 万吨 / 年）

山西高平科兴云泉煤业有限公司（90 万吨 / 年）

山西高平科兴平泉煤业有限公司（90 万吨 / 年）

山西高平科兴米山煤业有限公司（90 万吨 / 年）

山西高平科兴新庄煤业有限公司（60 万吨 / 年）

山西高平科兴龙马煤业有限公司（60 万吨 / 年）

山西高平科兴高良煤业有限公司（45 万吨 / 年）

· 企业文化

高平鼓书《谷子好》参加
第七届中国曲艺节开幕式

青年歌手大奖赛

科兴

庆五四主题演讲

职工篮球比赛

高平九莲灯参加山西黄河电视台民俗春晚

无线设备调试

实作训练基地

微机联锁系统

车辆起复演练

· 企业文化

高平鼓书《谷子好》参加
第七届中国曲艺节开幕式

青年歌手大奖赛

科兴

庆五四主题演讲

职工篮球比赛

高平九莲灯参加山西黄河电视台民俗春晚

· 安全生产

科兴集团坚持“以人为本”理念，深入贯彻落实“安全第一，预防为主，综合治理”方针，坚持“管理、装备、培训”三并重原则，坚持隐患排查治理，全面贯彻落实安全生产责任制，逐步建立起分级管理、分级负责、科学实用、规范严明的安全管理“四大体系”，即安全责任体系、安全管理体系、安全制度体系、安全保证体系；通过教育培训、安全费用、安全保证金、风险抵押、个人安全账户、一票否决、包矿驻矿、隐患排查治理、应急救援、责任追究“十种保证措施”，保证集团各煤矿安全管理水平的稳步提升。

董事长赵启龙、总经理李经纬在井下检查安全工作

现场检修

防爆开关技术比武

集团机关安全月宣誓活动

三晋安全行座谈会

职工入井安全宣誓

自救器技术比武

晋煤集团铁路运输有限责任公司

铁路运输有限责任公司（简称铁运公司）是晋煤集团下属二级生产经营单位，主要负责晋煤集团煤炭产品的铁路专用线运输工作。1994 年 4 月 15 日开工建设，1997 年 4 月 8 日开通试运营。2006 年 4 月 13 日改制为晋煤集团铁路运输分公司，2012 年 5 月 24 日改制为晋煤集团铁路运输有限责任公司，为全资子公司。

铁运公司位于晋城市城区北石店镇南石店村、晋煤大道西侧，距离晋城市市区约 10 公里。承担着晋煤集团凤凰山矿、长平公司、古书院矿、成庄矿、寺河矿、赵庄矿、五八列电站、南石店煤站、王台煤站 9 个装卸车点和晋城市地方北岩煤矿、岳南煤矿、晋城钢厂、晋城石油公司油库、晋城肉联厂 5 个装卸车点的煤炭及物资运输任务，所辖矿区铁路分别与侯月线嘉峰车站、太焦线晋城北车站及太焦线东田良车站接轨，线路总长 110 公里，拥有内燃机车 16 台，自备车辆 80 辆，信号采用先进的微机联锁控制系统，集配站站场采取电气化铁路运输模式，公司拥有固定资产 13.2 亿元。

铁运公司开通试运营 16 年来，积极对标国铁，不断强化方针目标管理，加强安全质量标准化建设，优化运输组织模式，提升经营管理水平，逐渐构建起一套较为完备、科学有效的制度体系，锤炼出了一支“特别能吃苦、特别能奉献、特别能战斗”的职业化铁路运输队伍。公司年货运量由成立之初的 623.29 万吨攀升到 2012 年底的 3531 万吨，实现连续 16 年无重大安全生产责任事故的目标，累计完成货运总量 3.15 亿吨。

公司全貌　　　　繁忙的运输线

2003 年，铁运公司积极开展学习型组织创建，形成了“六大载体”品牌；2008 年，铁运公司高调启动作风建设，有效地提高了安全管理、运输生产绩效；2010 年，铁运公司全面开展学习型党组织建设，打造学习积分制管理亮点；2012 年，铁运公司全面实施准军事化管理，为公司的改革发展注入了新的生机与活力。

多年来，铁运公司先后荣获“中国煤炭工业协会全面质量管理小组活动优秀企业”、“山西省省属企业先进基层党组织”、“山西省学习型组织创建先进单位”、“山西省省属企业文明单位”、“山西省五星级职代会”、“晋城市劳动关系和谐企业”、“晋城煤业集团模范单位”等称号。站在新的历史起点上，1258 名铁运职工意气风发、豪情满怀，正在以青春和智慧、勤劳和汗水，谱写着铁路运输有限责任公司更加绚丽的发展篇章！

整装待发的机车

建党 90 周年合唱比赛

无线设备调试

实作训练基地

微机联锁系统

车辆起复演练

寺河站投运

长平站开通

机车维修间

加强班组建设，夯实三基工作

道口管理，保证行人安全

测量轨距，进行安全抽检

敬业

奉献

精心调试，保证信号敞亮

轮对检查，排除车辆隐患

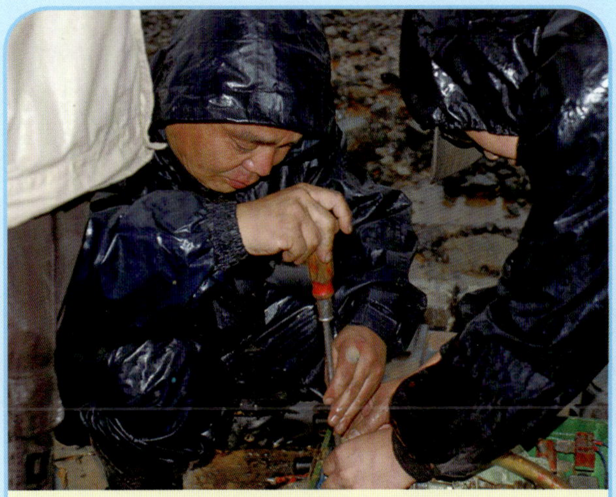

冒雨抢修，确保设备完好

巡检线路，保障安全畅通

精准

创新

沁和能源集团有限公司永安煤矿

矿长 焦万枝

沁和能源集团有限公司永安煤矿位于沁水县嘉峰镇永安村，矿井创建于 1954 年，1956 年投产，核定生产能力 60 万吨 / 年，六证齐全。井田面积 3.8587 平方公里，地质储量 4588.8 万吨，可采储量 1195.5 万吨，现开采 3# 煤层。该矿现有职工 957 人，其中本科学历 29 人，大专学历 134 人，中专学历 283 人，专业技术人员 152 人，特有工种 221 人，共设置安全生产管理科室 11 个，后勤科室 10 个，制度完善，机构健全。同时，建立了以矿长为核心的安全管理机构和以总工程师为核心的“一通三防”技术管理体系，该矿牢抓职工安全培训和现场管理，层层落实安全责任，严格各项规章制度，矿井的综合抗灾能力不断提高。

矿井采用综合机械化采煤，斜井开拓，中央边界式通风，主提升为大倾斜角皮带运输，双回路供电，机械化程度达 95% 以上，装备了全天候的瓦斯、产量和人员定位系统，为矿井的安全生产奠定了坚实基础。

近年来，永安煤矿在集团公司的大力支持下，在矿长焦万枝带领下，坚持“以人为本、安全为天”的原则，党政工密切配合，齐抓共管，以科学发展观为指导，走科技兴矿之路，努力创建本质安全型矿井。为矿井的后续发展，提出以企业文化引领 “挖掘资源潜能”的新举措，立足在“减员提效、节约提效、管理提效”上做文章，面对资源枯竭的实际情况，邀请专家对矿井发展潜力进行分析，向曹沟村压煤区进行开拓，延长矿井寿命。

面对新的挑战，永安煤矿将按照集团公司的战略决策和部署，积极稳妥地开展各项工作，以质量求生存，以时间换空间，体现“老矿新面貌、人少素质高、量小效益好”的新格局，为实现“科学发展型、安全稳定型、节约高效型、环境舒适型、文明和谐型”五型矿井而努力拼搏！

矿委班子成员

慰问困难职工

安全月活动

五一活动

十年庆典晚会

技能比武

职工篮球赛

副市长焦光善指导城管工作

局党组书记、局长陈家富深入扶贫联系点调研村民吃水问题

晋城市城市管理行政执法局

局党组书记、局长陈家富

走进基层聚焦城管体验执法活动启动仪式

"学党章守纪律转作风"专题教育月动员会

市行政执法局加强队伍建设经验交流会

目 录

文 献

党政工作

国防建设

法　　制

民主党派

群团组织

监管服务

经　济

财政税务

金融保险

农林水牧

商业贸易

对外开放

建设环保

交通邮电

教育科技

文体卫生

区县概况

大事记

文　　献

中共晋城市委常委会工作报告

——2012年2月8日在中共晋城市委六届二次全体会议

暨全市经济工作、农村工作、扶贫开发工作会议上

市委书记　张九萍

同志们：

现在，我受市委常委会委托，向全会报告工作。

2011年，我们坚持以科学发展观为指导，团结带领全市干部群众，解放思想、锐意进取、创新实干，圆满完成了全年目标任务，实现了"十二五"良好开局。省委书记袁纯清、省长王君在观摩检查时高度评价"晋城发展形势很好，经济社会正步入又好又快发展的轨道，再造一个新晋城已成为定势"。今年初，袁书记、王省长又分别作出重要批示。袁书记指出，"晋城的工作比较全面，晋城发展大有希望"；王省长要求，"新的一年要更加努力，力争各项工作再上新台阶"。这是对全市干部群众的巨大鼓舞，更是对今后工作的强力鞭策。

下面，我先报告2011年重点抓的五件大事：

一是胜利召开市六次党代会，确立了一个符合晋城实际的科学发展思路

提出了"勇当全省转型跨越发展排头兵，提前五年实现全面建设小康社会目标，把晋城建成山西乃至中部地区最具发展活力、最有竞争实力、最富人文魅力的宜居之城、活力之城、幸福之城"的总体要求。在这一思路指引下，全市上下聚精会神谋转型、全力以赴促跨越，圆满完成了各项目标任务。全市生产总值达到895亿元，增长13.6%；财政总收入达到181.8亿元，增长18.7%；一般预算收入达到67.9亿元，增长22.4%；固定资产投资达到504.1亿元，增长29.5%；城镇居民人均可支配收入20 127元，增长16%；农民人均纯收入7043元，增长19.4%。综合实力在全国251个地级市（不含省会城市）中名列第25位，排中部地区地级城市第5位，是全省唯一进入全国地级城市综合实力50强的城市。

二是围绕转型抓项目，狠抓项目促转型，推动了一批大项目好项目签约落地

主要领导亲自挂帅，四下深圳，两赴香港，五到上海，瞄准世界500强和长三角等地区带头招商，各县市区创新思路、主动出击，对接先进发达地区跟进招商，全市上下掀起了比招

商、上项目、赛发展的浓厚氛围。特别是以富士康、华润、上海、晋煤四个千亿元项目引进落地为标志，带动了一批以唐一锂电池、硕阳光电为代表的高新技术企业蓬勃兴起，促进了一批以金鼎煤机、福川制铁为代表的装备制造业快速发展，推动了一批以煤转肥、煤转电、煤制油、煤层气为代表的现代煤化工项目大步跨越，拉动了一批以皇城相府、豪德物流为代表的文化旅游和现代服务业迅猛发展。2011年，全市累计签约引进项目144个，总投资3676.6亿元；开工60多个，总投资1500亿元以上，项目落地率居全省前列，开创了项目建设周期短、投资见效快的范例。

三是圆满完成了市县乡村四级换届，为打造一支干事创业的干部队伍奠定了坚实基础

坚持“六个贯穿始终”，做到任务、要求、程序和时间“四严格、四明确”，圆满完成了换届任务，优化了班子结构、提高了队伍素质，调动了工作干劲、激发了工作热情。新一届县级班子平均年龄46.5岁，比换届前下降4.8岁；本科以上学历占65%，比换届前提高22%；由乡镇、县直部门正职提拔的有36名，占新提名的80.4%。同时，一批具有丰富基层经验的县区领导干部调整补充到了市直单位，形成了老中青梯次配备的合理年龄结构，为推进全市转型跨越发展提供了坚强的组织保证。严肃换届纪律，加强监督检查，市县乡三级从班子成员到代表、委员全部满票、高票当选，全市2217个村“两委”换届工作圆满完成，换届风气测评满意度达到98.3%，受到了中央换届督查组、省委督导组的充分肯定。

四是大力开展“正风肃纪、创优环境”纪律作风集中教育整顿，营造出一个风清气正的发展氛围

严肃查处了一批上班时间在娱乐场所活动的干部，狠刹闲话生非的不良风气、拉拉扯扯的庸俗风气、吃拿卡要的恶劣风气，干部作风明显改进，工作效能明显提高。大力实施“环境创优、流程再造、绿色通道、阳光政务”四大工程，进一步优化了发展环境。积极推行领导干部“五包五联”工作机制，持续引深下乡住村包村“六个一”活动，督促各级领导干部深入基层、深入群众，听民声、察民意、解民怨，赢得群众广泛认可。

五是隆重庆祝建党90周年，广大党员干部接受了一次生动深刻的党性教育

召开全市纪念建党九十周年暨创先争优表彰大会，广泛开展唱一首红歌、看一部红色影片、读一本红色书籍、开展一次警示教育、做一件好事“五个一”活动，持续兴起学习宣传贯彻胡锦涛总书记“七一”重要讲话精神高潮，引导广大党员干部从党的光辉历史和宝贵经验中汲取营养和力量，坚定真学真懂真信真用的信心和决心，激发出投身转型跨越、再造一个新晋城的热情和干劲。

下面，我报告一年来所做的其他主要工作。

一、全面推进“四化”进程，转型跨越发展取得了明显成效

一是围绕“以煤为基、多元发展”，在工业新型化上迈出重要步伐

大力倡导煤炭产业地下转地上、黑色变绿色，推动产业升级、产业延伸、产业替代；大力实施“产业集群、园区集聚、强县带动”三大战略，推进项目向园区布局、企业向园区集中、产业在园区循环；引导各县市区结合自身特色，突出主导产业、加强优势互补、实现错位发展，形成了集聚集约集群发展的强劲态势。预计“十二五”末，全市园区经济将占到工业总产值的60%以上，服务业增加值占到全市GDP的35%以上。未来五年，全市依靠非煤类产业，就有可能实现再造一个新晋城的目标。

二是围绕“一村一品、一县一业”，在农业现代化上取得了明显成效

把“一村一品、一县一业”作为增加农民收入的重要抓手，加大扶持力度，出台实施意见，增加财政投入，培育了一批特色产业，打造了一批名优产品，壮大了一批龙头企业，农业产业化进程明显加快，农业现代化基础不断夯实。特别是持续引深扶贫攻坚战略，连续三年财政、社会、企业投入资金近3亿元，集中对人均收入3000元以下的583个贫困村进行资金、产业、技术和人才帮扶，让贫困群众切实感受到了党和政府的关怀和温暖。

三是围绕统筹城乡发展、推进城乡一体化进程，在市域城镇化上实现了新的提升

实施“六区联动、组团发展”战略，加大“三市联创”步伐，启动和推进了花园头景观水系、白马寺温馨湖等14项城建重点工程，改造了40条背街小巷，延伸了5条城市道路，加快了“三馆一中心”建设，城市功能进一步完善，城市品位进一步提升。积极推进大县城和特色城镇化战略，狠抓沁河沿岸和环城高速周边的城乡一体示范区建设，培育了一批经济强镇、商贸重镇、旅游要镇、历史名镇和园林新镇，城乡统筹发展上了新台阶。

四是围绕打造宜居之城、活力之城、幸福之城，在城乡生态化上实现了新的改观

坚持绿色、低碳、洁净、健康的发展理念，加快建设绿化、净化、气化、健康晋城。全年累计造林22.78万亩，植树800万株，森林覆盖率达到39.2%，主城区绿化率达到45.8%，在全省居领先水平；单位生产总值综合能耗及二氧化硫、化学需氧量等五项主要污染物减排量完成年度任务，荣获联合国环境署授予的“中国区环境规划示范城市优秀案例”称号；市区和各县城全部开通煤层气，主城区气化率达到90%，在气化山西中率先实现了“气化晋城”；积极开展水源地保护、城乡环境综合治理、卫生服务等各项工作，获得“全国卫生城市”荣誉称号。

五是围绕推进转型综改试验区建设,在改革开放上取得了新的成果

积极研究制订《转型综改试验区》行动方案,加快推进"一市两县"、"一市两园"、"一县一企"试点。政府机构改革加快推进,乡镇机构改革全面完成,事业单位分类改革、医药、卫生、投融资体制改革步伐加快;国企改革深入推进,民营经济蓬勃发展,文化体制改革走在全省、全国前列,集体林权制度改革成为全省试点。坚持以大开放促进大发展,对接大上海、融入中原圈,组团参加了中博会、能博会等重要展会,举办了"中国(晋城)太行山国际文化旅游节"系列活动,大大提升了晋城的知名度和影响力。

二、加强民主政治建设,依法治市水平得到提升

坚持和完善人民代表大会制度

支持人大及其常委会依法履行职能,选举产生了新一届人大、政府班子和法检两院负责人。加强和改进代表工作,组织人大代表围绕转型跨越发展开展专题调研,提出意见建议。加强法律监督和工作监督,听取和审议了一系列专项工作报告,依法作出重大事项决定。

坚持和完善中国共产党领导的多党合作和政治协商制度

支持和保证人民政协积极履行政治协商、民主监督、参政议政职能。组织政协委员视察经济社会重大工程,开展"我为转型跨越献良策"活动。圆满完成了民主党派换届,全面实施"同心"品牌工程,加强和改进新形势下工商联工作,推进侨务工作、党外知识分子和港澳台海外统战工作。

扎实推进依法治市进程

深化行政管理体制改革,法治政府建设成效明显。"六五"普法扎实开展,法律服务和法律援助不断加强,被表彰为"全国法制教育先进城市"。健全基层群众自治机制,完善基层民主管理制度,推进厂务公开,完善政务公开、村务公开和公共企事业单位办事公开等制度。工会、共青团、妇联等人民团体工作得到了切实加强。

支持国防和驻市部队现代化建设

切实提高国防动员能力,抓好民兵预备役工作,加强人民防空建设,健全军地协调和维稳指挥机制,军民融合式发展成效显著。

三、加强宣传思想文化工作,文化强市步伐进一步加快

加强社会主义核心价值体系建设

深入宣传贯彻党的十七届六中全会和省十次党代会、市六次党代会精神,坚持用中国特色社会主义理论最新成果武装党员干部,指导转型跨越实践。进一步解放思想、更新观

念，深化对科学发展观和市情特点的认识，探索资源型城市转型发展规律，增强了广大干部群众谋转型、促跨越的责任感和紧迫感。

营造良好的文化环境和舆论氛围

围绕纪念建党90周年、省市党代会召开和招商引资、项目建设等重大主题、重要活动进行宣传，形成了正确的舆论导向，营造出良好的舆论氛围。加强网络媒体建设和管理，网络文化环境进一步优化。加强对外宣传，树立了晋城的良好形象。

扎实开展思想道德建设和精神文明创建活动

评选表彰了十个系列100名道德楷模和80位晋城好人，15人荣登“中国好人榜”，入选人数名列全国第一。引深文明创建活动，7个单位、10个村镇受到中央文明委表彰，荣获全国文明城市提名奖。广泛开展爱国主义教育和未成年人思想道德建设，荣获“2011中国十大诚信城市”称号。

深化文化体制改革，大力发展文化事业和文化产业

全面完成经营性文化单位转企改制，成为“全国文化体制改革先进地区”。确立“1233”文化产业发展战略，推出《西沟女儿》、《小二黑结婚》等一批精品力作并赴省进京展演。规划建设潞绸产业园等11个项目，发挥了示范带动作用。制作完成动画片《大耳朵爷爷历险记》并在央视播出。倾力打造“太行山”文化品牌，被表彰为“山西省文化建设先进市”。

四、加强和创新社会管理，切实保障和改善民生

一是社会保障水平不断提高

扎实推进新的“五个全覆盖”，中等职业教育免费、新型农村养老和文体场所两年任务一年完；便民连锁店覆盖率达91%，街巷硬化率达52%。大力实施“文化低保”工程，对537个文化低保村、11.6万城乡低保对象全面实施文化扶贫，新华社专门介绍了我市的做法。

二是民生工程扎实推进

教育、就业、医疗、社保、住房等民生工程投入增幅高于一般性财政支出增幅。优先发展教育事业，加快晋城大学、晋城党校建设步伐，加快市中等专业学校、秀水苑学校等四所学校建设，完成了中小学校舍安全扫尾工程，城乡办学条件明显改善。继续强化就业工作，积极争创国家创业型城市，新增就业岗位3.3万个，城镇登记失业率控制在2.6%以内。建立健全了公共卫生服务体系，启动了晋城大医院建设。积极推进城镇居民养老保险制度全覆盖和医疗保险市级统筹，全市城镇医疗保险参保54.8万人，参保率达97.5%；新农村合作医疗参合人数153.5万人，参合率达到98.1%，居全省前列。保障性住房建设加快推进，冬季供煤按时、按质、按量全部供应到位。

三是安全生产和社会稳定工作全面加强

积极创新社会管理,深入开展严打整治,持续引深平安创建,以社会治安综合治理考核全省第二、铁路护路全省考核第一的成绩,连续15年荣获"全省社会综合治理先进市"称号。认真开展信访积案大会战,进京非正常重复上访、赴省集体访、来市信访同比均下降30%左右。认真落实安全生产两个主体责任,安全基础进一步夯实,各类生产事故大幅下降。煤矿百万吨死亡率降到0.078,好于全省平均水平。

五、加强和改进党的建设,为转型跨越发展提供了坚强的组织保证

一是加强学习型党组织建设

建立健全了干部教育"每月一讲"、自主选学"每月一班"、在线学习"每人一卡"和境外培训"每年一批""四位一体"干部教育培训平台,启动了干部培训"上海千人计划"。制定出台的《关于建立干部教育培训工作长效机制的实施意见》受到省委组织部充分肯定,将在全省推广。

二是深入开展创先争优活动

围绕换届这一中心任务,突出抓了领导机关、领导班子和领导干部的创先争优,全面开展"亮身份、作承诺、当先锋"主题实践活动。围绕学习贯彻"七一"重要讲话,突出为民服务的宗旨,全面推进"党群一体化"建设和"凤城先锋行动"活动。围绕转型跨越发展、争当全省排头兵,抓组织、抓宣传、抓创建,形成了党内创先、社会创业、岗位创优和全面创新的生动局面。

三是切实加强领导班子和干部队伍建设

一年来,常委会共研究干部14次,调整处级干部447人次。其中,提拔145名,正处64名,副处81名;平调182名,正处71名,副处111名。工作中,始终坚持德才兼备、以德为先的评价标准,倡导"靠实干出实绩、凭实绩用干部"的用人导向,认真执行《条例》规定,着力把好"四关":一是严把推荐关,高度重视民意,对民主推荐中多数人不赞成的干部,不列为考察对象;二是严把考察关,注重干部的工作实绩和一贯表现,注重了解考察对象的德能勤绩学廉等各方面情况,注重对年度目标责任制考核结果的运用;三是严把酝酿关,在讨论决定之前充分听取人大、政府、政协有关领导、协管部门领导的意见,充分考虑干部的专业、特长、工作经历和性格特点等因素,力争用当其位、用当其才;四是严把决定任免关,在讨论决定干部任免事项时,坚持有三分之二以上成员到会,保证与会成员有充分时间听取介绍、发表意见。认真推行任前公示制,做到群众反映问题没有核实的不任用,有影响任职问题的不任用,反映问题较严重但一时难以调查清楚的暂缓任用。积极推进干部人事制度改革,探索实施“5+6”举措，加大竞争性选拔干部力度。“5”就是完善“五个办法”，一是完善提名办法，根据干部资源的不同情况、不同岗位干部的不同需要，采取多种提名办法。比如在换届选配县长人选时采取的“两推两考差额遴选”等办法，收到了很好的效果；二是完善考察办法，任前考察重考德，年度考核重考绩，体现了公平公正原则；三是完善干部选任责任追究办法，以动议、提名、推荐、考察、酝酿、讨论决定为重点，建立并实施了干部选任全程纪实制度和干部选任责任追究细则；四是探索建立公推直选办法，在泽州县李寨乡成功完成了公推直选试点；五是完善年度目标考核办法，建立健全了年度考核指标体系，增强了考核的科学性和可操作性。“6”是推进落实了“六个一批”：一是集中交流了一批。全年处级干部交流任职182名；二是公开选拔了一批。先后选拔了8名大学生村干部任乡镇(街道)副职、5名35岁以下年轻副县长、5名市直机关正处领导干部、8名副处领导干部；三是从基层选拔了一批。从优秀乡镇党委书记和县直单位正职中，选拔了36名干部进入县级领导班子，选拔了6名优秀乡镇党委书记到市直单位任职；四是挂职锻炼了一批。健全了选派年轻干部到基层挂职、基层干部到上级机关挂职、后备干部到信访部门挂职、县乡领导到沿海经济发达地区挂职机制，2011年下派到乡村挂职锻炼干部256名；五是表彰奖励了一批。对在转型跨越中表现突出、成绩优异的86个市直单位和6县(市、区)的部分优秀干部进行了表彰奖励；六是储备了一批。制定了党政班子后备干部队伍建设规划、后备干部动态管理办法。我市竞争性选拔干部的做法，分别入选中组部“市县党委换届”、“乡镇党委换届”干部人事制度改革两个100例。

四是切实加强基层党组织建设

建立完善了抓基层党建工作责任落实、党建经费保障、党建督查考核、党建开放服务四项机制，形成了齐抓共管的大党建格局。圆满完成了全市农村“两委”换届选举工作，一大批政治素质高、致富带富能力强、群众基础好的优秀人才选入了村级班子；以“三联两派一激励”为抓手，通过实行村村联建、企村联建、城乡联建，选派优秀干部跨村任职，下派党政干部到村任职等办法，有效破解了新农村建设人才“瓶颈”；加强了“两新”组织党建工作，在乡镇一级党委开展了“文建明工作法”试点，村一级推行了“四议两公开”工作法，规范了乡村两级组织建设；加强村级组织活动场所的管理和使用，率先在全省制定出台了管理和使用工作制度，所有活动场所均实现了“十有”标准，各级财政按每村每年5000元标准落实了村级场所维护经费；认真做好大学生村干部管理工作，完成了大学生村干部信息库建设；进一步加强党建理论研究，成为全省唯一的县级党建研究会全覆盖、成立党建专委会的地市。切实加强党员队伍的教育管理和监督。发展党员方面，率先在全省农村推行“群众推荐、党委考察、支部票决、全程公示”机制,在“两新”组织开展“推优入党”,在机关、事业单位推行“双推入党”等办法;党员教育方面,建立了阳城县皇城村、陵川县杨村乡村干部学校、泽州县东四义村等5个教育培训示范基地,重点抓了农村党组织书记培训、发展党员全员培训、党员创业就业技能培训和流动党员培训等,并利用现代远程教育网的优势资源,对党员进行经常性的教育培训,《村官访谈》被中组部评为党员电化教育“最佳栏目”,《留守村长》获全国党员教育电视片观摩交流“最佳作品奖”,“星级挂牌、动态管理,探索实践终端站点管理工作新机制”入选《全国党员干部现代远程教育培训班教案》。党员管理方面,突出流动党员这个重点,分县区建立了流动党员管理台账,探索建立了“党员分层量化动态积分考核制”管理办法,规范了“12371”咨询服务、组织关系接转等工作制度和流程,实行了“分重点发展、分层次教育、分类别管理、分渠道服务”的“四分法”链式管理模式,被中央及省级媒体多次宣传报道,入选2011年度全省组织工作创新项目。激励保障方面,认真落实市委统筹城乡基层党建工作实施意见,全年为村级组织离任干部发放补贴359.56万元,为农村“两委”主干发放岗位报酬并缴纳社会养老保险3490余万元,对在农村长期任职且特别优秀的村党组织书记进行集中评比表彰,遴选了10名“功勋党组织书记”,落实了副科级工资待遇,有效激发了农村干部立足本职干事创业的热情。加大了困难党员帮扶救助力度,对339名因病因残因灾致贫的特困党员进行了救助,让困难党员感受到了党组织的关怀和温暖。

五是切实加强反腐倡廉建设

建立健全了“一点切入、三线贯穿、六位一体”的工作思路和举措,在全省惩防体系建设电视电话会上进行了经验交流。认真执行党风廉政建设责任制,加强对重大决策部署落实情况的监督检查,确保项目落地和工程建设顺利推进。继续加强重点领域专项治理,煤焦领域清理收缴违规违法资金31亿元、清缴率99%,公务用车专项治理扎实开展,工程建设领域专项治理有效推进。持续引深农廉五大工程,高标准建成“阳光农廉网”并投入运行。加强领导干部廉洁自律工作,集中整治“假日腐败”,严肃查处违纪违法案件。全年共立案查处各类案件222件,处分违纪党员、干部259人,其中县处级干部17人,乡科级干部53人。

一年来,常委会始终同中央保持高度一致,认真执行民主集中制,工作中密切配合、互相支持,形成了团结奋进、干事创业的合力。一是坚持转型发展为要,抓住难得机遇,紧跟时代要求,把工作重心放在转型上,把各种生产要素集聚到转型上,把干部群众的注意力引导到转型上,为率先实现转型跨越努力奋斗。二是坚持创新为先,解放思想、开拓创新、先行先试,谋划工作注重前瞻性,制定决策注重先导性,推动发展注重科学性。三是坚持实干为本,时刻保持爬坡上行的压力感,保持竞位争先的使命感,保持干事创业的责任感,求真务实狠抓落实。四是坚持民生为基,深入了解民情,广泛集中民智,真心谋取民利,努力让群众得到更多实惠。五是坚持团结为重,模范执行民主集中制,积极开展批评与自我批评,互相支持、互相配合,齐心协力推动事业发展。六是坚持清廉为根,坚定理想信念,坚守精神家园,筑牢思想防线,严格廉洁自律,用好党和人民赋予的权力。

同志们,一年来工作的开展和成绩的取得,是中央和省委、省政府正确领导的结果,是全市各级党组织、广大党员干部群众团结奋斗的结果,各位委员和各级各部门同志,做了大量富有成效的工作。在此,我代表市委常委会,向大家表示衷心感谢!

在看到成绩的同时,也要清醒认识到,工作中还存在不小差距,发展中还面临许多难题。比如:产业单一、结构不合理的问题依然突出,大项目、好项目不多,项目进展不快的问题依然存在;县区、城乡之间发展不平衡,部分边远山区群众生产生活还比较困难;安全生产、信访稳定形势依然严峻;发展环境还需进一步优化;干部干事创业的激情、狠抓落实的作风、推进转型跨越的能力还有待进一步提高等。对此,我们要高度重视,采取有力措施加以解决。

今年要召开党的十八大,这是全党全国人民的一件大事、喜事、盛事,对各项事业发展提出了更高要求。今年全市工作的指导思想是:认真贯彻中央和省委精神要求,坚持科学发展主题,突出转变经济发展方式主线和稳中求进、好中求快总基调,进一步解放思想,深化对市情特点和发展规律的认识和把握,加快以煤为基、多元发展步伐,扭住“项目落地年”这个重点,着力保持先发优势,着力创优人居环境,着力扩大开放引进,着力保障和改善民生,着力创新社会管理,全面加强经济、政治、文化、社会和党的建设,在“四化统筹”中建设转型综改试验先行区示范区,坚定不移争当全省转型跨越排头兵,坚定不移加快全面建设小康社会步伐,以经济充满活力、社会和谐稳定、人民富裕安康、党建坚强有力的优异成绩迎接党的十八大胜利召开。

希望同志们对市委常委会的工作提出意见和建议,通过我们的共同努力,把今年的工作做得更好。

晋城市人大常委会工作报告

——2012年3月2日在晋城市第六届人民代表大会第二次会议上

晋城市人大常委会主任　孟福贵

各位代表：

我受晋城市第六届人民代表大会常务委员会的委托，向大会报告工作，请予审议，并请列席人员提出意见。

六届人大一次会议以来的工作

市六届人大一次会议以来，在中共晋城市委的领导下，市人大常委会坚持以科学发展观为指导，深入贯彻市第六次党代会精神，紧紧围绕争当转型跨越发展排头兵、提前五年实现全面建设小康社会总体目标，认真履行宪法和法律赋予的职责，各项工作取得新进展，为推进全市经济社会平稳较快发展和社会主义民主法制建设作出了积极贡献。

一、牢固树立大局观念，着力推动转型跨越发展

常委会紧紧围绕市委工作大局，突出重点，增强实效，以保障和促进转型跨越发展为着力点，有效发挥地方国家权力机关职能作用，确保了我市“十二五”良好开局。

(一)着眼于加快转变经济发展方式依法履职

加快招商引资是实现转型跨越发展的重要抓手和强大动力。去年以来，我市招商引资工作取得了很大成绩，但也普遍存在项目层级较低、落地率不高、土地指标紧缺等问题。常委会围绕这些问题，对招商引资和工业园区建设工作进行了深入调研。在此基础上，分别听取和审议了市政府关于加快招商引资推进转型跨越发展情况的报告、关于工业园区建设情况的报告，要求市政府狠抓项目储备、加快园区建设、增加土地供应，抓紧解决制约招商引资工作的瓶颈问题，全力促进全市招商引资工作，推动转型跨越发展。常委会注重对经济运行的监督，审议了市政府关于落实《市人大常委会关于1—7月份经济运行情况报告的审议意见》的情况报告，监督与支持政府加快转变经济发展方式，促进了全市经济平稳较快发展。本次人代会前，常委会提前介入，对2012年计划、预算（草案）进行了初审，监督支持政府科学编制年度计划、预算（草案），落实项目，落实措施，保障全市经济社会发展稳中求进、好中求快。

（二）着眼于加强“三农”工作依法履职

发展现代农业、促进农民增收是“三农”工作的重要内容。常委会加大对发展现代农业的专项监督，深入基层开展了广泛调研，专题听取和审议了市政府关于全市现代农业发展情况的报告，向市政府转达了“进一步提高认识、完善规划、深化改革、保障服务”的审议意见，监督和支持政府进一步加强农业基础地位、加快推进全市现代农业发展。常委会开展了“空心村”和闲置土地利用情况的调研，形成了专题调研报告，为市委进一步加强新农村和城镇化建设决策的形成起到了积极的推动作用。

（三）着眼于推动城市建设依法履职

在转型跨越中再造一个新晋城，城市建设是一个主战场。常委会围绕建设“方便、温馨、开放、现代”的活力之城、宜居之城、幸福之城，加大了对城市建设工作的监督力度，专题听取和审议了市政府关于城市近期建设规划的工作报告。为提高审议质量，常委会认真开展会前调研，充分听取老领导、专业代表和基层干部群众意见，结合会议审议，向市政府提出了“完善城市功能、提升城市品位、塑造城市特色、注重社会事业发展和优化公共资源配置”的审议意见，要求市政府在修订完善近期建设规划中予以高度重视，确保规划的科学性、法定性和权威性，为实现我市向国内外有一定竞争力和知名度的开放型区域中心城市跨越奠定了良好的基础。

二、牢固树立群众观念，切实维护人民群众根本利益

常委会坚持以人为本、民生为先，把保障和改善民生、加强和创新社会管理摆在突出的位置，积极回应社会关切，着力推进解决人民群众最关心、最直接、最现实的利益问题。

（一）强化对教育工作的监督

教育是国计又是民生，促进全市教育事业的科学发展是常委会的一项监督重点。常委会两次听取和审议了市政府关于全市教育发展“十二五”规划情况的报告。结合会前调研情况，向市政府转达了人民群众对优质教育资源的期盼，要求市政府切实抓好已经确定的教育重点工程建设，切实推进义务教育向“两头延伸”，切实化解城市增容与市区中小学规划建设滞后的突出矛盾，切实保证“十二五”期间全市各级各类教育实现又好又快发展。

（二）强化对保障性住房建设的监督

住有所居是民生建设的重要内容。常委会高度重视中低收入群体的住房问题，在充分调研的基础上,听取和审议了市政府关于保障性住房建设情况的报告,监督和支持市政府加大保障性住房建设力度,大力建设公租房和廉租房、积极推广限价商品房、加快落实住房保障资金专户和土地储备制度、切实做到公平公正公开,真正把住房保障办成稳民、安民、利民、惠民的好事,让人民群众生活的更有保障、更有质量、更有尊严、更加幸福。

(三)强化对城市道路交通、蔬菜市场建设等社会管理工作的监督

近年来,我市中心城市建设加快推进,城市空间进一步拓展,城市骨架进一步拉大,但是随着经济社会快速发展,市区交通拥堵问题日益严重,已经影响到市民生活和城市形象。常委会高度关注,通过召开座谈会、现场视察、深入调研,在掌握情况的基础上,专题听取和审议了市政府关于市区道路交通管理工作情况的报告,向市政府转达了"加快道路网络建设、优先发展公共交通、提升道路使用功能、加强管理营造氛围、健全机制综合治理"等5条审议意见。市政府积极落实,已实施了40条小街小巷改造,新购了40台公交车辆,对道路设施进行了完善,公安交警等部门进一步加强了管理,改善了市区交通的运行效率。常委会在听取和审议市政府关于市区蔬菜市场建设和管理情况报告的基础上,提出了加大建设力度、完善市场布局等建议,并督促市政府出台了相关规划和实施意见,常委会将继续加大监督力度,确保规划和意见落到实处,让全市人民生活的更加方便、温馨。

三、牢固树立法制观念,加快推进依法治市进程

实施依法治国,建设法治晋城,市人大及其常委会肩负着重要使命。常委会坚持党的领导、人民当家作主、依法治国有机统一,进一步增强各项事业活力,充分调动全市人民群众积极性,为全面建设小康社会提供了坚强保障。

一是深入开展执法检查活动

水是生命之源、生产之要、生态之基,水资源过度开采和水环境污染已成为我市经济社会发展的一个重要制约因素。对此,常委会把《山西省丹河流域水污染防治条例》作为执法检查的重点,成立了执法检查领导组,召开了丹河条例执法检查动员大会,进行了周密的安排部署。执法调研检查组从丹河源头开始,沿河行经4县(市、区),行程数百公里,基本摸清了丹河"病源"所在。常委会专题听取和审议了执法检查情况报告,针对丹河流域水污染防治方面存在的问题和困难,向市政府提出了"全面提升科学合理用水的能力和水平、全力保障人民群众饮水安全、进一步完善水污染防治基础设施、努力实现水污染形势根本好转"等4条整改意见,并责成有关工作机构跟踪监督落实整改情况,有效保障丹河条例在我市的贯彻实施,早日实现丹河流域水质的根本改善。常委会还组织开展了《土地承包法》、《土地承包经营纠纷调解仲裁法》、《循环经济促进法》实施情况的检查,促进了相关法律在我市的贯

彻落实。

二是全面推进规范性文件备案审查工作

规范性文件备案审查是监督法规定的人大常委会法律监督的重要内容。去年，常委会召开了全市规范性文件备案审查工作会议，明确提出了建立健全制度、设立审查机构、配备专职人员、严格备案审查的具体要求，进一步加强了规范性文件备案审查工作。对市政府报送的《晋城市城镇职工基本医疗保险和生育保险市级统筹实施办法》等3个规范性文件进行了备案审查，为推进全市民主法制建设，创优转型跨越发展的法制环境作出了积极努力。

三是依法任免和监督国家机关工作人员

常委会严格按照《晋城市人大常委会人事任免和监督办法》，决定任命政府组成部门负责人48人(次)，决定免职1人；任命市中级法院法官1人、免职9人；任命市检察院检察官5人、免职4人，批准任命6县(市、区)检察院检察长。在人事任免工作中，常委会始终坚持党管干部与人大依法任免相统一的原则，坚持由提请部门对拟任免人员情况进行提前通报，形成共识，坚持和完善任前法律知识考试、供职发言、宣誓就职等制度，规范任免程序，召开了集中颁发任命书大会，进一步增强了被任命干部的法律意识、人大意识、责任意识和公仆意识。督促被选举任命干部进行了书面任期述职报告，加强了对国家机关工作人员的任后监督，促进了干部的勤政廉政建设。

与此同时，常委会把信访工作作为密切联系群众的重要渠道，认真履行信访职责，严把审查关、交办关和督办关，共受理群众来信来访469人次，其中来信8件次，来访461人次，做到了事事有回音、件件有着落。主持召开了两次信访联席会议，督促了一些重要信访案件有效解决，维护了上访群众的合法权益。

四、牢固树立服务观念，努力提高代表履职水平

代表工作是常委会工作的基础和永恒主题。常委会坚持完善机制、搞好服务，不断拓宽代表活动领域，丰富代表活动内容，支持和保障代表依法履行职责，进一步发挥了代表主体作用。

不断强化服务意识，为代表履职创造条件

为更好地让代表知情知政，在加强培训的基础上，组织代表开展了集中视察活动，为代表广泛了解社情民意、审议好各项报告、提出高质量的议案和建议创造了条件。本次大会前，又组织各选区代表进行了异地视察，拓宽了代表视野。坚持邀请代表列席相关会议、参与相关调研，共邀请16名熟悉相关议题的人大代表列席了常委会会议，邀请60余名人大代表参加了常委会、各专工委组织的专题调研、执法检查等活动，畅通了代表履职渠道，提高了常委会工作水平。

认真督办代表建议,突出代表履职的实效性

去年在两次人代会会议期间共收到代表提出的建议478件,数量较往年大量增加,许多主办单位的主要领导也随着换届进行了调整。针对这些新情况和新问题,常委会加大了督办力度,确保代表建议落到实处。继续坚持重点建议市长领办,确定了20件副市长领办重点代表建议,促进了一批代表关注的有关重点问题的解决;听取和审议了市卫生局关于代表建议办理情况的报告,督促代表普遍关心的医药卫生领域的问题得到进一步落实;成立检查组深入到各个办理单位,对478件代表建议办理情况进行了逐件检查,并将检查结果向市政府做了通报;制作《代表之声》节目18期,跟踪报道了22件代表建议办理情况,加大了对人大工作及代表履职的宣传力度,推动了代表工作的深入开展。常委会第五次会议专题听取审议了市政府、市中级法院关于代表建议办理情况的报告,有效促进了代表建议办理工作。

五、牢固树立责任观念,全面加强常委会自身建设

常委会坚持求真务实、积极进取,适应加快转型跨越发展和加强社会主义民主法制建设对人大工作的新要求,注重完善制度,强化责任意识,转变工作作风,提升工作效能,不断加强了常委会的自身建设。

一是思想认识有新提高

常委会以建设学习型机关为契机,坚持法制讲座和机关周一集体学习制度不动摇,深入学习了党的指导思想理论和十七届五中、六中全会精神、省第十次党代会、省十一届人大六次会议精神和市第六次党代会、市委六届二次全会精神,不断深化对人民代表大会制度这一根本政治制度的认识,切实打牢理论功底、提升法律素养、增强履职能力,更加积极主动地服务、保障和促进转型跨越发展、推动民主法制建设。

二是制度建设有新成效

常委会坚持民主集中制原则,坚持依法按程序办事,严格执行重大事项向市委请示报告制度以及常委会议事规程和工作规则,注重加强与"一府两院"的沟通联系,整体工作水平和工作效率不断提高。通过了《晋城市人大常委会关于加强工作管理提高审议质量的规定》,强化了基础工作,加强了会议纪律,提高了审议质量。

三是机关作风有新转变

常委会扎实开展以"正风肃纪,创优环境"为主题的纪律作风整顿活动。围绕人民群众关注的热点、难点问题,深入实际、深入群众,有计划、有重点开展调研,先后就招商引资、现代农业、城市规划、保障性住房建设等专题开展了深度调研，形成了12个调研报告，对改进人大工作，提高常委会的决策水平发挥了积极作用。人大宣传信息和理论研究工作成效明显，老干部工作扎实开展；圆满完成了全国人大常委会副委员长周铁农及省人大常委会副主任杨安和、王雅安来晋城考察接待任务，配合省人大常委会在晋城召开了全省人大宣传工作会议等三个重要会议，受到一致好评；接待了40余批兄弟市（区）人大常委会同仁来晋城考察交流，组织人大干部分5批次赴外地就城建规划、计划预算监督、代表工作、自身建设等进行了学习考察，推动了人大工作的不断创新；进一步加强了对各县（市、区）、乡人大的业务指导、法律监督和工作联系，提升了全市人大工作整体水平。

各位代表，市六届人大常委会取得的工作成绩，是中共晋城市委正确领导的结果，是全体代表、常委会组成人员以及机关工作人员共同努力、辛勤工作的结果，是市政府、市中级法院、市检察院协同配合、密切合作的结果，也是各县（市、区）人大常委会和广大人民群众积极参与、大力支持的结果。在此，我谨代表市人大常委会，向所有关心、支持人大工作的同志们、朋友们，表示衷心感谢和崇高敬意！

在总结成绩的同时，我们也清醒地认识到，在发挥代表作用、增强监督实效、加强自身建设等方面，与人民的期望、代表的要求还有不小的差距。我们将自觉接受人民监督，虚心听取代表意见，在今后的工作中高度重视，切实加以改进。

2012年的主要任务

2012年是实施“十二五”规划承上启下的重要一年，是党的十八大胜利召开之年，也是进一步推动转型跨越发展的关键之年。做好今年的人大工作，具有十分重要的意义。今年工作的指导思想和总体要求是：在中共晋城市委的领导下，认真贯彻中央、省委、市委精神，深入贯彻落实科学发展观，牢牢把握“坚定不移争当全省转型跨越排头兵，坚定不移加快全面建设小康社会步伐”的工作主旋律，坚持围绕中心、服务大局、突出重点、讲求实效的工作原则，更加注重推进经济发展方式转变，更加注重推进民生社会事业发展，更加注重推进民主法制建设，依法履行各项职权，不断开创人大工作新局面，为加快建设宜居之城、活力之城、幸福之城提供强劲动力、法制保障和良好环境，以优异成绩迎接党的十八大胜利召开。根据这个指导思想和总体要求，常委会要着重做好以下四个方面的工作：

一、始终坚持党的领导，保证人大工作正确政治方向

坚持党的领导，是做好人大工作的根本保证。这既是重大原则问题，也是被实践充分证明了的一条根本经验。在依法履行职权的过程中,常委会要更加自觉地坚持党的领导,认真贯彻市委确定的“两个坚定不移”的工作主旋律,进一步增强服从党的领导的主动性和坚定性。人大常委会讨论决定重大事项要及时请示市委,重要工作和重大举措要及时向市委报告,真正把党的领导落实到人大工作的各个方面。要切实通过广泛的民主和法定的程序,把坚持党的领导、人民当家作主和依法治国有机统一起来,把市委的意图和主张通过法定程序转变为全市人民的共同意志,使市委推荐的人选经过法定程序成为地方国家政权机关的领导人员,确保人民代表大会制度这一根本政治制度优势的充分发挥。

二、围绕中心服务大局,依法做好监督工作

认真贯彻落实监督法,紧紧围绕市委中心工作和人民群众普遍关心的热点、难点问题,创新监督方式,完善监督机制,加大监督力度,注重监督实效,推动“一府两院”工作,促进经济社会又好又快发展。

加强对“一府两院”专项工作的监督

常委会把推动转型跨越发展、促进民生改善、保障依法行政和公正司法作为本年度监督工作的中心任务,重点听取和审议市政府关于项目落地年情况、特色城镇化建设情况、解决市区中小学校班容量过大问题和城市交通拥堵、蔬菜市场建设管理情况以及市检察院关于反渎职侵权工作情况等9个专项工作报告。同时,要加大定期监督检查市区场馆建设、道路畅通工程建设等重大工程项目工作情况的力度,推动各项工程如期保质完成。为增强监督实效,要进一步完善以法律监督和工作监督为主要内容、规范高效的监督机制,创新跟踪问效方式,积极开展专题询问、专项工作报告满意度测评,切实加强对常委会审议意见落实情况的监督,确保监督工作取得实效。

强化对计划、预算执行情况的监督

计划、预算监督是监督法明确规定常委会履行监督职责的重要内容,也是常委会保障经济发展、促进社会进步的重要手段。本年度常委会将重点听取和审议市政府《关于2012年1—7月份全市经济运行情况的报告》、《关于市本级2011年财政决算的报告》、《关于2011年市本级财政预算执行情况和其他财政收支审计工作情况的报告》,确保人代会批准的计划、预算的严肃性。

组织法律法规实施情况的检查

常委会将对《中华人民共和国中小企业促进法》的贯彻实施情况组织开展执法检查,重点检查政府创优中小企业发展环境的情况,财政资金、金融机构对中小企业发展的支持情况,中小企业服务体系建设及其服务情况,中小企业合法权益的保护情况等。通过执法检查,查找突出问题,提出整改建议,督促市政府及有关职能部门采取有效措施改进和完善对中小企业的指导与服务,进一步优化中小企业发展环境,推动自主创新和管理创新,大力促进全市中小企业的健康快速持续发展。

三、规范程序丰富形式,认真做好人事任免和代表工作

规范人事任免工作,完善任后监督机制,依法行使好人事任免权。加强代表专题培训,加大代表建议督办力度,活跃代表活动,进一步提升代表工作水平。

强化人事任免和任期监督

依法做好人事任免工作。坚持和完善人大及其常委会选举任命干部的年度述职制度,组织部分组成人员和代表到述职者单位听取意见,了解履职情况,进一步提高任期监督水平。

加大代表建议督办力度

坚持议案、建议办理与推进"一府两院"工作有机结合,充分发挥代表在建议督办工作中的作用。坚持和完善重点代表建议领导领办、重点督办、跟踪督办制度,选择重点代表建议在常委会会议上听取和审议承办单位的办理报告,促进有关问题得到及时解决。加强力量,创新手段,进一步做好代表建议的提出和办理工作。总结经验,丰富形式,办好《代表之声》栏目,着力增强代表建议办理工作实效。

加强代表履职培训

创新形式,丰富内容,认真组织开展代表履职专题培训,认真做好乡镇人大主席和代表活动小组组长的专题培训工作,着力提高培训的针对性和实效性。组织开展代表知识竞赛、座谈会、代表履职征文等系列活动,纪念代表法颁布20周年。组织代表开展向选举单位述职活动,建立健全代表履职档案。认真做好省十二届人大代表的推荐、选举和服务工作。

四、强化素质转变作风,着力提升常委会自身建设水平

常委会要着力加强履职能力、工作作风和工作效能建设,不断提升人大工作的质量和水平。

不断强化履职能力建设

认真开展党的纯洁性教育活动,坚持常委会学法和履职考核制度,组织开展多种形式的专题学习培训,扎实开展会前专题调研和集中视察活动,不断提高常委会组成人员的政治素质和履职能力。

进一步转变工作作风

结合工作实际,深入开展调查研究。围绕全市中小企业发展、旅游产业发展、文化事业文化产业大繁荣大发展、农业机械化、全市特色城镇化建设、社会救助工作等开展专题调查研究,掌握真实情况,深入进行分析,提出解决方案,提高调研工作水平,为常委会科学决策提供可靠依据。

认真做好人大信访和宣传信息工作

完善规章制度,规范信访工作,加强信访问题的督查督办,注重发挥信访联席会议在解决涉法涉诉信访案件中的作用,着力提升人大信访工作水平。认真做好人代会、常委会会议、主任会议及重要活动的宣传工作,办好《晋城人大》刊物、《太行日报》的《人大专刊》和《人大工作动态》,增强人大宣传信息工作的实效性。加强《人大网站》建设,着力提升人大工作的信息化水平。

各位代表!推动转型跨越发展、提前实现全面小康,人大使命光荣,责任重大。让我们在中共晋城市委的领导下,深入贯彻落实科学发展观,再接再厉,奋发进取,努力开创人大工作新局面,为更好地坚持和完善人民代表大会制度,为"坚定不移争当全省转型跨越排头兵,坚定不移加快全面建设小康社会步伐"作出新的更大的贡献,以优异的成绩迎接党的十八大胜利召开!

晋城市人民政府工作报告

——2012年3月1日在晋城市第六届人民代表大会第二次会议上

市长　王清宪

各位代表：

现在，我代表市人民政府向大会作工作报告，请予审议，并请市政协委员和其他列席人员提出意见。

一、2011年工作回顾

过去的一年，在中共晋城市委的正确领导下，在市人大及其常委会和市政协的监督支持下，市政府团结带领全市人民，坚持以科学发展为主题，以转变经济发展方式为主线，奋力拼搏，扎实工作，圆满完成了全年各项目标任务，实现了"十二五"良好开局。全年完成生产总值895亿元，增长13.6%；规模以上工业增加值增长18%；全社会固定资产投资完成504.1亿元，增长29.5%；财政总收入完成181.8亿元，增长18.6%；公共财政预算收入完成67.9亿元，增长22.4%；外贸进出口总额完成11.4亿美元，增长113.4%；社会消费品零售总额完成224.5亿元，增长17.5%；城镇居民人均可支配收入完成20 127元，增长16%；农民人均纯收入完成7043元，增长19.4%。市五届人大八次会议确定的各项目标任务和为民办的10件实事全面完成，在全省年度目标责任考核中，我市综合排名第二，荣获优秀奖。

转型跨越思路更加明确

围绕打造全省以煤为基、多元发展的先行区和示范区，坚持以解放思想、开阔视野为先导，经过深入调研、反复论证，我们制定和完善了"十二五"规划，确立了推进转型跨越发展、再造一个新晋城的宏伟目标、战略重点和工作任务。围绕"十二五"规划的推进实施，我们立足实际，登高望远，在更大的空间谋划、设计、发展晋城，作出了一系列战略决策：提出了"对接上海，融入中原"的扩大对外开放战略，走出去承接发达地区产业转移，与大企业、大集团携手合作的氛围日渐浓厚，招商引资成为全社会的热点、焦点、兴奋点，"四个一千亿"

的招商成果提振了我们转型跨越的信心;提出了要发挥晋城地处山西综改试验区、中原经济区和中部崛起三大国家战略的交汇点,辐射周边两小时半径内13个城市6000万人口的区位优势,建设区域性经济中心;提出了加快推进工业化、城镇化和农业现代化的实质是统筹城乡、统筹经济社会发展,在工作安排上进一步理清了三者之间的内在关系;按照全市一盘棋的思路,根据各地现有产业基础,进一步明确了产业发展方向和实现路径,科学确定了各县(市、区)非煤主导产业功能定位,提出了"十二五"期间用非煤产业再造一个新晋城的目标;确定了建设"方便、温馨、开放、现代"的宜居之城、活力之城、幸福之城的城市总体格调和定位。特别是通过对我市"十二五"面临的挑战和机遇分析,全市上下的认识更加统一,步调更加一致,紧迫感更加增强,转型跨越的信心更加坚定。

结构调整步伐更加坚实

一批重大项目开工建设。启动实施了169项重点工程和重大项目,当年完成投资466.3亿元,占年度目标的133.8%,增长48.6%。资源类产业巩固提升。煤矿整合重组基本完成,煤炭产业素质发生了脱胎换骨的变化。煤层气产业,本着"企业得利,地方得税,互利共赢"的原则,与中石油华北油田公司合作,共同推动煤层气开发利用的规模化、产业化发展。国内规模最大、日处理90万立方的天煜新能源煤层气液化项目进展顺利。电力产业,国投热电一期2×30万千瓦机组开始试运行,晋煤能源公司煤矸石发电和中电明秀瓦斯发电一期工程进展顺利,高平煤电化一体化、华能阳城电厂等项目完成前期工作。煤化工产业,晋煤集团百万吨煤制油项目奠基,金象公司年产18万吨合成氨30万吨尿素项目联动试车。非资源类产业快速成长。全年非煤工业增加值增长22%,高出规模以上工业增加值增速4个百分点,全市新型工业化水平达到47.6%,居全省第二位。高新技术产业快速崛起。投资60亿元的富士康A区精密刀具及工业机器人项目4月开工建设,9月就正式投产。投资30亿元的B区继续提升产能。富士康金匠科技工业园新区项目开工建设。未来5至10年,富士康将投资1000亿元实施金匠中原计划,在晋城打造全球精密制造之都。以精密铸造、煤机成套设备为主的装备制造业规模扩大,增加值增长57.8%。金鼎煤机金匠园区开工奠基,福川制铁项目加快推进。清慧汽车配件及大型专用铸造项目二期工程试生产。纽威信10万吨精密数控机床项目在高平成功落地。商贸物流业发展壮大,豪德贸易广场一期交付使用,二期奠基开工。国贸大厦竣工开业,一批国际国内知名的商贸企业落户晋城。白马寺森林公园太行明珠游乐城项目开工建设,苏宁电器确定了选址,上海新世界、红星美凯龙、丹尼斯、上海锦江酒店等一大批项目正在深度对接。文化旅游业亮点频现,举办了"第四届中国(晋城)太行山国际旅游文化月"等旅游推介活动。以泽州府城玉皇庙的二十八宿雕塑为原型，与央视动画公司联合制作的大型原创动漫片《大耳朵爷爷历险记》首部52集，于今年春节期间在央视少儿频道热播。成功竞标央视一套黄金时段广告，从2012年起播放晋城的城市形象推介宣传片。

“三农”工作成效更加突出

建立倒推倒逼机制，对农民增收的四个要素层层分解、条块结合、分工负责、逐项落实，农民收入增幅创近年新高。粮食总产量达9.2亿公斤。农业综合机械化水平达到61.1%，高出全国、全省6.6和5.9个百分点。畜牧业生产稳定增长，全年生猪存、出栏分别增长8.5%和11.1%。农业产业化发展迅速，新发展农民专业合作社427个，农产品加工转化率达到41%。大力推进水利改革发展，市水务发展有限公司挂牌成立。积极创建国家森林城市，完成造林22.78万亩，森林覆盖率达到39.2%，居全省首位。强力推进扶贫攻坚，启动了第三批223个扶贫攻坚重点帮扶村的推进工作。扎实开展新农村建设，新农村“五个全覆盖”工程中，新型农村社会养老保险、中等职业教育免费和农村文化体育场所三个全覆盖已提前一年完成。

城市基础设施更加完善

积极推进城市形象设计，搞好城市建设用地科学规划、合理利用，统筹推进城市基础设施建设。启动实施了5条城市道路工程建设，完成投资近5亿元，其中凤城南路建成通车。兰花路、红星西街、红星东街开工建设，泽州路、凤台街罩面改造工程全部完成。困扰老城区居民多年的40条背街小巷改造工程竣工，这些地区的居民再也不用担心雨天出行的泥泞。新购置的40辆公交车上线运行。总长35公里的热电联供热网工程主干管网投入使用，新增集中供热能力1227万平方米。豪德贸易广场、金村新区的供水、供热、供气等基础设施配套项目已全部启动实施。市区和各县城全部开通煤层气，主城区气化率达到90%。14 416套保障性住房开工建设。城市水系建设积极推进，任庄水库调水工程白马寺温馨湖竣工，主城区花园头河景观水系、滨河南路建设工程开工奠基。城镇扩容提质大行动和百镇建设工程全面启动。沁河高标准综合治理工程正在设计。经过一年的冲刺攻坚，我市荣膺“国家卫生城市”称号。

城乡生态环境更加改善

继续深入实施“蓝天碧水工程”，环境质量进一步提高。9家煤化工企业生产工艺废水超低排放技改工程全部完成。全市地表水环境质量持续好转，丹河、沁河出境断面水质均达功能类别要求。六县（市、区）环境空气质量稳定达到国家二级标准。市区二级以上天数达到354天，其中一级天数达到112天。强力推进污染减排，对列入省政府环境污染末位淘汰范围的12家企业或设施实施了关停、淘汰和取缔。重点实施的35个污染减排项目全部完成。白马寺山森林公园绿化上档升级,丹河两岸绿化工程稳步推进,环城、阳翼和高陵三条高速的通道绿化基本完成。继续开展生态示范创建活动,完成了4个国家级和16个省级生态村镇的创建工作。我市荣膺全球环境保护最高奖——联合国环境规划署授予的"中国区环境规划优秀示范城市"称号。

改革开放氛围更加浓厚

研究制订了转型综改试验行动方案,加快推进"一市两县"、"一市两园"、"一县一企"试点。国企改革深入推进,民营经济蓬勃发展,医药、卫生、投融资体制改革步伐加快,文化体制改革走在全省、全国前列。进一步扩大对外开放,全力开展招商引资。积极创新招商模式,通过小分队出击、大队伍跟进、板块式招商的方法,对准上海、对准富士康、对准华润、对准晋煤开展密集化招商引资,取得了阶段性重要成果。建立了全面对接上海的顺畅通道,与上海方面签订战略框架合作协议16个,签署项目合作意向7个,达成项目口头合作意向26个。太行明珠游乐城、上海枫彩集团沁水彩色苗木花卉项目、香港东裕包装纸袋等项目奠基开工。加大与大企业大集团的战略合作,成功与华润签署了1180亿元战略合作框架协议,兰花·华润药业开工建设。加强企地合作,将晋煤集团纳入全市转型跨越的大格局中,1237亿元的投资计划正在逐项落实。第六届中博会我市共签约项目68个,拟引资2439亿元,居全省第三位。融入中原战略深入实施,与中原地区的经贸往来日益紧密。加强对目标任务的考核,"请给我结果"的方法,压出了状态,激发了士气。招商引资当年签约、当年到位资金是上年的4倍多。

人民生活质量更加提升

科技、教育、人口计生、卫生、文化、体育等各项社会事业全面进步。继续加大对民生、重点社会事业的支出,用于教育、科技、医疗卫生、农林水事务支出的增幅均高于一般预算支出增幅。连续六届荣膺全国科技进步先进市。市中等专业学校的搬迁扩建工程、凤城中学、秀水苑学校、汇仟小学等四所学校全部开工奠基。完成了中小学校舍安全工程扫尾工作,为100所农村中小学校配备了体艺器材,为100所农村寄宿制学校增添了卫生安全设施。新建和改扩建幼儿园15所。按照又好又快又省的思路,与晋煤集团联手,加快了晋城大医院建设的节奏。与北京阜外医院合作组建了心血管病技术培训中心。公共卫生和医疗服务体系更加完善,医疗服务水平进一步提高。大力创建国家级创业型城市,新增城镇就业岗位3.37万个,城镇登记失业率控制在2.2%以内。进一步完善社会保障体系,提高了城镇职工和城镇居民的医疗保险最高支付限额,实现了城乡居民养老保险全覆盖,新农保参保率和城乡低保覆盖率居全省前列。全面完成低收入农户冬季取暖用煤工作,全市供煤总量68.3万吨,供煤标准、质量均高于往年。民族宗教、妇女儿童、统计、档案、史志、外事、侨务、文物保护、人防、气象、地震、老龄、残疾人、红十字、慈善救助等社会事业都取得了新进展和新成绩。

和谐稳定局面更加巩固

深入推进精神文明和民主法制建设。自觉接受人大、政协监督,认真听取各民主党派、工商联和无党派人士意见。全年共办理人大代表建议意见436件、政协提案515件。坚持依法行政,法治政府建设成效明显,“六五”普法扎实开展,荣获全国法制宣传教育先进城市称号。加强政风行风建设,被省政府表彰为“政风行风评议先进市”。创新社会管理机制,深入开展“严打”整治斗争,强化信访和社会矛盾排查调处工作,“平安晋城”建设成效显著,连续15年被评为全省社会治安综合治理先进市。大力深化全民国防教育,积极探索晋城特色的军民融合式发展路子。深入开展安全生产专项治理,加大隐患排查治理力度,发生事故起数和死亡人数均低于省控指标,安全形势总体平稳。

各位代表,“十二五”起步之年,我们既理清了思路,确定了路径,也收获了硕果,赢得了开局。这是贯彻执行党中央、国务院和省委、省政府一系列方针政策的结果,是中共晋城市委统揽全局、正确领导的结果,是市人大、市政协大力支持、有效监督的结果,是全市人民辛勤工作、共同努力的结果。在这里,我代表市人民政府,向全市人民,向驻市解放军指战员、武警官兵和公安干警,向各民主党派、工商联、各人民团体和社会各界人士,向所有关心和支持晋城发展的同志们、朋友们,表示衷心的感谢和崇高的敬意!

在肯定成绩的同时,我们也清醒地认识到:产业结构单一的局面没有根本改观,支柱产业多元化格局远未形成;支撑发展的大项目、好项目不多,项目推进不力的问题仍然存在;加快发展与环境容量不足的矛盾日益突出,节能减排压力较大;保持城乡居民收入持续较快增长的难度增加,改善民生、创新社会管理和加强安全生产监管的任务仍很艰巨;特别是面对全国、全省各地抢抓机遇的热情、争先发展的势头,我们一些干部的状态还没有调整到最佳、作风还不能完全适应工作要求等。对此,我们必须采取更加有力的措施认真加以解决。

二、2012年工作安排

2012年是实施“十二五”规划承上启下的重要一年,也是进一步推动转型跨越发展的关键之年。做好今年的政府工作,具有十分重要的意义。

今年政府工作的总体要求是:突出转变经济发展方式主线和稳中求进、好中求快总基调,扭住“项目落地年”这个重点,加快以煤为基、多元发展步伐,着力保持先发优势,着力创优人居环境,着力扩大开放引进,着力保障和改善民生,着力创新社会管理,在“四化统筹”中建设转型综改试验先行区示范区,坚定不移争当全省转型跨越排头兵,坚定不移加快全面建设小康社会步伐,以优异成绩迎接党的十八大胜利召开。

全市经济社会发展的主要预期目标是:地区生产总值增长15%;财政总收入增长16%,公共财政预算收入增长16%;规模以上工业增加值增长18%以上,社会消费品零售总额增长17%;全社会固定资产投资增长30%;城镇居民人均可支配收入增长13%;农民人均纯收入增长15%以上;居民消费价格总水平上涨幅度控制在4%左右。

约束性指标是:万元生产总值综合能耗下降3.5%;完成省政府下达的化学需氧量、氨氮、二氧化硫、氮氧化物、烟尘、粉尘年度减排指标任务。城镇登记失业率控制在4.2%以内。

做好今年政府工作,必须在推进转型综改试验中,寻找晋城独特的机遇,大胆先行先试,以推进产业转型为核心,带动生态修复、城乡统筹和民生改善,使发展的活力更加增强;必须以扩大开放为突破口,以招商引资为着力点,加快已签订协议和签约项目的落实,继续策划、引进、储备一批大项目、好项目,使转型的支撑更加有力;必须充分挖掘区位优势的经济内涵,拓宽视野,在更大的空间中优化配置资源,努力把我市建设成为晋冀豫三省接壤地带的区域性经济中心、金融中心、商贸物流中心、生态旅游文化和休闲娱乐健康度假中心,使跨越的势能加快集聚;必须统筹全市产业布局,围绕非煤主导产业功能定位,各县(市、区)要坚持优势互动,错位突破,集群发展,使发展的潜能充分释放;必须科学把握工业新型化、农业现代化、市域城镇化、城乡生态化的内在关系,创新机制,互促互动,以工业集聚带动人口集聚,以园区建设带动社区建设,以城镇化水平的提升,促进农业现代化、城乡生态化水平的提升,使“四化”的推进速度和质量更好更快;必须把改善民生作为经济社会发展的最高目标,把更多的人力财力物力,用到解决群众关心、社会关注的问题上,使城乡居民得到的实惠程度、对政府工作的满意程度与经济社会的发展程度同步提高。

今年,要重点抓好以下八方面工作:

(一)加快经济结构战略性调整,在培育壮大非资源产业上取得新进展

加快推进资源类产业新型化

煤炭产业,要充分认识以煤为基的重要性,把煤炭产业作为推进转型跨越发展的重要保障和基础支撑,继续推进煤炭工业新型化。要巩固提升煤矿兼并重组煤炭资源整合成果，加快重组整合矿井复工复产和改造建设进度，今年要新增投资58亿元，竣工验收投产或联合试运转矿井14座。进一步规范煤炭行业生产、经营、建设、安全秩序，大力推广先进技术，提升从业人员素质，培育现代煤炭集团，提升规模化、机械化、现代化、多元化发展水平，提高煤炭工业经济增长的质量和效益。生产矿井采煤机械化程度达到100%，掘进机械化程度达到82%，煤炭资源采区回采率达到70%。煤层气产业，进一步理顺煤层气开发利用机制，加大技术攻关和引进推广力度。加快落实国家煤层气产业发展规划，加强与中石油华北油田的战略合作，实现互利共赢。积极推进华凯煤层气公司日产15万方、南京中油恒燃日产50万方煤层气液化项目。全年地面煤层气抽采能力达到40亿立方米，煤层气日液化能力突破200万立方米，市区煤层气气化率达到92%，煤矿瓦斯抽采利用率达到38%。煤化工产业，要按照“稳定提升基础煤化工，重点发展新型煤化工，积极发展精细煤化工，开拓发展煤层气化工，探索发展低碳型煤化工”的思路，加快淘汰落后化肥产能，整合重组上下游产业链。抓好山西兰花煤化工二期及化肥分公司的搬迁改造。电力产业，要加快构建以清洁高效燃煤发电为主体，以煤层气、煤矸石等多元发电为支撑，与智能电网建设相协调的电力产业体系。阳城晋煤能源2×13.5万千瓦煤矸石发电项目、山西中电明秀12万千瓦瓦斯发电项目建成投产。

壮大非资源类优势产业

高新技术产业，要以富士康为重点，充分发挥其在经济发展中的带动、集聚、引领作用，加快壮大高新技术产业的规模和实力，形成扩张和倍增效应。重点抓好富士康金匠科技工业园、晋煤乐百利特大功率LED芯片及节能灯具、中道能源锂离子电池、唐一锂离子动力电池、硕阳光电太阳能单晶硅项目建设。要打破常规，全力以赴，集中力量打好富士康项目落地大会战，确保项目按照时间节点顺利推进。装备制造业，围绕淘汰落后和整合提升，加快集约化发展，努力形成铸造产业集群。加快推进金鼎煤机、纽威信精密数控机床、路宝铝轮毂二期等项目，开工建设兴达公司拖拉机变速箱改扩建、清慧公司镁基合金挤压铸造等项目。现代服务业，要学习借鉴上海发展现代服务业的经验和做法，密切与上海合作，加快金村现代服务业新区建设。商贸物流业，要充分发挥地理、区位、交通和环境优势，面向中原城市群，融入中原经济区，全力打造区域性商贸物流中心。加强与浙江义乌小商品城的合作，加快推进大型物流园区和商贸市场建设，抓好豪德二期、沃尔玛等项目的落地工作。文化旅游业，编制《晋城与中原区域旅游战略合作规划》，深度融入中原市场。加大重点景区开发提升力度，着力推动陵川休闲旅游健康度假目的地建设。完善旅游配套设施，打造精品旅游线路，开发特色旅游产品，促进旅游与文化的深度融合。要利用我市在央视黄金时段城市形象广告的推介效应,大力拓展旅游市场,使我市旅游业有较大发展。

着力推进园区建设

进一步理顺园区管理体制,提升管理水平,提高服务质量,营造良好的外部环境。坚持"政府引导,市场运作,多元投入,要素整合"的原则,高起点规划建设园区的水、电、路、气、暖、网等各项基础设施建设。积极拓宽融资渠道,吸引各类主体参与园区基础设施建设。要继续抓好"一区六园"建设,按照园区的功能定位,积极引进和培育龙头企业,延伸产业链条,带动与之协作配套的中小企业集群化发展。

做大做强本土企业

把晋煤集团等中央、省属驻市企业纳入全市发展大格局中,提供优质服务,支持多元发展,充分发挥他们在产业转型和城市提升中的重要作用。支持兰花等地方国有大型企业,整合优势资源,做大做优做强。加强国有企业班子建设,建立国企业绩评价制度,强化国有资产监管。加大政策扶持力度,大力实施中小企业成长工程。进一步放宽市场准入,拓宽民间资本投资的领域和范围,鼓励和引导民间资本进入基础产业、基础设施、社会事业、金融服务业、文化产业等领域,打造一批营业收入过10亿、50亿、100亿的"旗舰"企业。大力推进公共服务平台建设,要在"入口"上解决融资、用地等生产要素问题,在"出口"上解决财税政策的落实问题,在"中间环节"上解决技术、人才等问题。

各位代表,结构调整永无止境,转变方式任重道远。只要我们咬定目标,持之以恒,一抓到底,我市的产业结构就一定能够发生根本性变化,用非煤产业再造一个新晋城的目标就一定能够实现!

(二)夯实农业农村发展基础,在农业增效、农民增收上取得新进展

保持农民增收的好势头

要继续实行倒推倒逼、分工负责的办法,全面提高农民工资性收入、经营性收入、转移性收入和财产性收入,确保农民收入大幅增长。要把协同推进工业新型化、农业现代化、市域城镇化、城乡生态化与农民增收结合起来,作为解决"三农问题"的新思维,成为统筹城乡发展的新机制。要建立完善以煤补农体制机制,动员资源型企业以多种方式支持"三农"。要加大农村劳动力转移就业和技能培训力度,年培训农民不少于10万人。

做大做强特色现代农业优势产业

毫不放松抓好粮食生产,以100万亩粮食丰收工程为载体,主攻粮食单位面积产量,力争用1/3的粮田拿回1/2的产量。要按照工业化的理念、产业化的运作,进一步做大做强畜牧、蚕桑、蔬菜、干鲜果、小杂粮、中药材、食用菌等特色现代农业优势产业。建设150个"一村一品”专业村，加快实现户有专业、村有规模、乡有特色、区有龙头的产业新格局。培育壮大农产品加工“513”龙头企业，延长产业链，突出抓好高平雨润、沁水大象、陵川五色土等10个亿元龙头企业。要注重农业科技创新，完善农技推广体系，通过新品种、新技术示范推广，激发现代农业发展的内生动力。

加强农业基础设施建设

按照“十二五”水利发展规划，加快“井”字型骨干大水网、城乡一体化饮水安全网、农田水利灌溉网三个大水网建设。全面完成任庄水库调水工程，开工建设沁河综合治理工程，积极推进郭壁供水改扩建、杜河提水、大磨河水库等水源工程，恢复续建曹河、磨滩水电站。继续实施“一矿一池一园区”战略，充分利用煤矿废水，建设节水灌溉工程。实行最严格的耕地保护制度，合理利用每寸土地。新增农业机械化保护性耕作面积6万亩，节水灌溉面积达到38万亩，完成中低产田改造10万亩。

扎实推进扶贫开发和新农村建设

加大政策扶持和社会帮扶力度。从今年起，每年重点扶持150个贫困村产业发展，到“十二五”末，基本消除人均收入在5000元以下的发展滞后村。以集镇为主要搬迁地，加大贫困地区易地移民搬迁力度。完善扶贫开发帮扶机制，抓好扶贫开发和农村低保制度的有效衔接。新农村建设要重点抓好北石店、巴公—高都、原村—马村等10个城乡一体化发展示范片区和300个新农村重点推进村建设。高质量推进农村街巷硬化、农村便民连锁店全覆盖，确保农村新的“五个全覆盖”工程全面完成。

各位代表，今后虽然农业份额会下降，农村人口会减少，但农业的基础地位不会改变，“三农”问题的重要性不会改变。我们要怀着对农民的深厚感情，统筹协调好各方面的关系，更加科学有效地推动农业农村发展。

（三）统筹城乡和经济社会发展，在市域城镇化上取得新进展

进一步强化城市设计

把城市建设与产业发展结合起来，把城中村、棚户区改造、保障房建设与提升城市品质结合起来，把规范房地产开发秩序与充分提升城市土地资源利用效率结合起来，把建成区的升级改造与塑造“方便、温馨、开放、现代”的城市格调结合起来，从长远和战略的高度，在更高层次、更大空间内对城市进行创意策划。统筹推进城市规划、土地利用、产业布局、基础设施建设和生态保护，实现优势互补、经济互动、资源共享。

加大中心城市建设力度

继续加强城市基础设施建设，拓展城市空间、提升城市品位。围绕拉大城市框架，打通断头路,畅通主干道,缓解市内交通压力。实施凤台街人行道改造提升工程。打通文昌街西段,使主城区再增加一条东西大通道。新建金村大道、滨河南路和客运东站环路。兰花路、红星西街、红星东街竣工通车。新增70台公交车辆,方便市民出行。加快实施城市供水、污水深度处理、再生水利用管网配套工程。加强水系建设,加快推进主城区花园头河景观水系改造,使之成为城市片区改造、功能提升、产业发展、景观打造的一项系统工程。大幅度增加水域面积,打造林水相依、人水和谐的高标准城市水系。着力提升城市管理水平,使市容更整洁、交通更顺畅、出行更安全、景观更怡人。

加快市域城镇化进程

要按照工业园区化、园区社区化、社区城镇化的思路,以产业发展为重点,增强城镇和工业园区的辐射力、带动力。要在更高的层次统筹县域经济发展,积极推进城镇组群发展,形成分工合理、联系紧密的城镇群、经济圈和旅游带。重点推进沁河流域、丹河流域、环城高速周边等片区的特色城镇化建设。按照全省"百镇建设工程"的要求,加快北留、嘉峰2个省级重点示范镇和14个市级重点镇建设。抓好郑庄镇"三化协同推进"示范试点工作。今年全市城镇化水平要提高3个百分点以上。

创新城乡一体化发展的体制机制

加快户籍制度改革,鼓励非农产业和农村人口向城镇转移集中。进一步放宽落户条件,对在城镇有合法稳定住所和稳定职业人员,在自愿的基础上转为城镇户口,其在农村原有宅基地使用权、土地承包经营权和集体收益分配权不变。今后就业、义务教育、社会保障等政策不再与户口性质挂钩。对城市现有人口实行统一管理,推行流动人口"居住证"制度,逐步消除城乡户籍待遇差距,实现基本公共服务均等化。

(四)加强环境治理和节能减排,在城乡生态化上取得新进展

狠抓节能降耗工作

严把高耗能项目准入关和投运关,有效控制高耗能行业过快增长。继续加速淘汰落后产能,对已列入淘汰计划的企业和生产工艺,挂牌督办,限期关停。注重结构节能,加快推进低耗能、低排放、高附加值的新兴产业和服务业的发展。全面推进工业、交通、建筑和公共机构节能,继续抓好重点行业、重点企业节能工作,完成70万平方米建筑节能改造任务。

加大环保整治力度

继续开展区域环境综合整治,保障空气质量持续改善和提升。加快建设丹河人工湿地三期工程。强力推进污染减排,建立完善排污权交易机制体制,提高项目准入门槛,切实抓好污染源治理。落实"以奖促治"和"以奖代补"政策,以实施农村环境连片整治示范项目为抓手，全面加强农村环境保护工作。

加强生态林业建设

加快国家森林城市创建步伐，持续推进造林绿化工程，完成20万亩造林任务，提升10个城郊森林公园，建设10个名优干果经济林乡镇，新建1万亩苗木基地。完成新植物园建设工程。启动申报国家生态园林城市工作。从今年起，按照“五环”、“五片”、“20条线”、70个乡镇所在地的总体规划布局，高标准推动村庄绿化工程，今年先期完成300个村庄。要因地制宜，大面积营造村庄林带、林片，让晋城的村庄恢复乡情野趣，保持田园风光。

大力发展循环经济

继续推进煤层气、煤矸石、粉煤灰、工业炉渣、农村沼气、秸秆气化为重点的资源综合利用工作。以“减量化、再利用、资源化”为目标，鼓励开展技术创新和先进适用技术的推广应用，着力发展资源节约和综合利用型产业，最大限度提高资源能源利用率。

各位代表，生态与环境是晋城人民坚持科学发展的一个最自豪的品牌。我们要无比珍惜，以对未来负责的态度，采取一切措施，让我们的后代拥有比我们更湛蓝的天，更清澈的水，更新鲜的空气，更繁茂的森林！

（五）加大创新改革与扩大开放力度，在综改试验和项目建设上取得新进展

要善于在创新中深化改革。如果说，我们过去更多的是通过制度的改革实现发展的创新，那么，当改革进行到今天时，我们要更加善于通过发展目标的科学定位与创新，撬动制度的改革，在发展的创新中深化制度的改革。

要更加增强开放的自觉自信

在全社会营造更加浓厚的开放氛围，真正让开放成为我们的思维习惯和工作方法。要充分认识到，没有开放就没有我们的转型，没有开放就没有我们的跨越，没有开放就不能拓展我们的未来，没有开放就不能保持我们发展的优势。招商引资是开放的核心。要深入实施“对接上海，融入中原”战略，通过几年甚至是十几年坚持不懈的努力，把上海耕耘成晋城招商引资的一块熟地，把晋城变成上海产业转移的一块飞地。要积极融入中原，利用资源产业优势，增强辐射功能。以主导产业为纽带，和周边城市的产业形成产业链条关系；加深商贸物流融合，积极拓展市场空间，力争建设成为晋豫接壤区域人流、物流、信息流汇集的购物首选地；加强旅游合作，增强旅游休闲产业的覆盖面，共同打造“太行山文化旅游”精品，把晋城打造成晋东南及中原经济区的生态旅游文化中心和休闲娱乐度假中心。各县（市、区）要按照各自的非煤主导产业定位建设园区，通过招商引资，引进产业链条上的中小企业集聚。要完善目标责任制，让每个领导干部头上都有招商引资指标，每个部门都有招商引资任务。要积极主动走出去,通过政府高层对接、部门对接、中介组织对接、企业对接,把去年与上海、富士康、华润、晋煤签订的协议化为一个一个的落地项目,化为一年一年的投资计划。在此基础上要争取再谋划签约一批大项目、好项目,使招商引资工作继续走在全省前列。

要深入开展"项目落地年"活动

把招商引资和项目建设作为各级领导干部的重要责任、重要能力、重要政绩。建立招商项目跟踪落实工作机制,提高签约项目落地率。重点抓好"四个千亿"项目对接、233项重点工程和100项工业转型项目建设。要把项目落实到责任部门,实行主要领导第一责任人制度,做到责任主体、职责任务、工作标准、时限要求"四明确"。实行定期汇报、监督检查、跟踪问效的工作机制,建立项目落地和项目建设月报表、季检查、半年通报、年终考评制度,力促项目落实。建立重点项目、工作亮点观摩制度,每半年不仅要对各县(市、区)的重点项目进行观摩,而且要对各部门的工作亮点进行观摩。

要全面推进转型综改试验区建设

要抓住产业转型这个核心、企业发展这个主体、园区建设这个载体、项目落地这个关键,以产业转型带动生态修复、城乡统筹、民生改善。要加快推进"一市两县"、"一市两园"、"一县一企"先行试点建设,确定一批影响大、带动性强、示范意义明显的标杆项目、标杆工程、标杆园区、标杆企业、标杆企业家。要突破体制机制这个难点,在增强转型推动能力,"四化"联动机制,建设"区域经济中心",缓解"项目瓶颈",以煤补农、以煤补绿、以煤促文,理顺煤层气开发体制等方面先行先试,确保快速启动、高点起步,力争在"综改区"建设上走在全省前头。

(六)提升公共服务水平,在保障和改善民生上取得新进展

进一步扩大社会就业

把充分就业作为经济社会发展的优先目标,深入推进国家级创业型城市创建活动,确保全市城镇新增就业2.38万人、下岗失业人员再就业5500人、就业困难人员就业1400人。围绕我市主导产业和招商落地项目,大规模开展职业技能培训,完成城镇失业人员再就业培训5000人,新成长劳动力培训2000人。

完善社会保障体系

继续扩大社会保险覆盖面,稳步提高社会保险统筹层次和标准。加强城镇居民社会养老保险和新农保工作制度化、规范化管理,提高服务水平。巩固城镇医疗保险和新农合参保率,继续提高企业退休人员基本养老金标准。认真研究民政社会福利服务工作,以社区服务、社会救助、养老服务、慈善事业基层建设等为切入点，进行体制创新和制度设计，建立普惠型社会福利和公共服务体系。把保障性住房与园区建设相结合，有效吸收农民进城，推进城镇化。今年新开工建设各类保障性住房1.4万套。要创新资金保障机制，优先满足保障性住房建设需要，让更多的低收入群众住上价廉舒适的新房。继续严格执行房地产调控政策，促进房地产市场健康发展。

坚持优先发展教育

进一步加大教育投入，确保教育支出占公共财政预算支出比例达到19.35%。实施好农村义务教育薄弱学校改造计划，加快推进全市义务教育均衡发展。大力发展职业教育，认真落实国家对中等职业教育学生的各项资助政策。加快晋城本科院校、市中等专业学校、凤城中学、秀水苑学校、汇仟小学建设工程。加强教师队伍建设，做好教师补充和培训工作，尤其要提升师德、师风、师能。全社会都要厚待教师，创造条件使有能力的优秀教师脱颖而出，营造环境吸引优秀师资力量到晋城任教。同时，对品德、作风、能力都不足以为人师表的人，要坚决调离教师队伍。继续抓好学前教育、民办教育、继续教育和特殊教育，促进各级各类教育全面协调发展。

大力发展科技、卫生、文化、体育等社会事业

继续把推进科技创新放在重要位置，建立以企业为主体的技术创新体系，推进高技能人才队伍建设，让敢为人先、勇立潮头的创新创业人才，拥有更大发展空间、赢得更多信任宽容、获得更好扶持帮助。健全公共卫生服务网络，推进医疗卫生机构之间的资源共享、协调互动。加强食品安全综合协调和安全监管，积极预防重大传染病发生，提高重大突发公共卫生事件处置能力。加快晋城大医院、市儿童医院扩建和市二院住院部大楼建设，有效提升全市医疗服务水平。切实加强人口和计划生育工作，促进人口长期均衡发展。继续深化文化体制改革，推动文化大发展大繁荣，加快公共文化基础设施建设，增强公共文化服务能力。继续推进文化低保工程，推进文艺精品创作生产。扶持公益性文化事业，大力发展文化产业，满足人民群众日益增长的精神文化需求。开工建设晋城大剧院，完成市美术馆、图书馆、档案馆“三馆合一”主体工程。大力开展全民健身活动，促进群众体育和竞技体育协调发展。

各位代表，不断提高人民群众的生活水平是我们一切工作的出发点和落脚点，为人民群众谋福祉是我们的不懈追求。新的一年，我们要投入更多的人力物力财力，把各项社会事业发展好，把事关群众切身利益的事情办好，让人民群众生活得更富裕、更幸福、更有尊严！

(七)积极推进民主法制和精神文明建设,在维护和谐稳定上取得新进展

加强民主法制建设

认真执行人大及其常委会的决议、决定,依法向人大及其常委会报告工作,自觉接受监督,积极支持人民政协履行政治协商、民主监督、参政议政职能,认真办理人大代表建议和政协提案。支持各民主党派、工商联、无党派人士和工会、共青团、妇联等人民团体开展工作。完善基层民主管理制度,提升基层自治组织的管理能力和水平。深入推进政务公开、村务公开、厂务公开,保障人民群众的知情权、参与权、表达权、监督权。充实完善"六级六步"大调解内容,健全和规范大调解工作制度。大力推进"阳光司法"、"阳光执法",努力促进司法和谐,提升执法公信力。深入实施"六五"普法规划,扎实开展"法制晋城"建设。

加强精神文明建设

深入推进文明城市创建工作,巩固发展全民参与、共建共享的创建格局,使我们这座城市拥有文化认同感、情感归属感、心灵愉悦感。进一步加强社会主义核心价值体系建设,加强社会公德、职业道德、家庭美德、个人品德的宣传教育,大力弘扬晋城精神,人人争做"晋城好人",引深公民道德实践活动。积极开展双拥工作,巩固发展军政军民团结的好局面。

加强和创新社会管理

坚持以人为本、服务为先的理念,进一步完善"党委领导、政府负责、社会协同、公众参与"的社会管理格局。深入推进社会管理综合治理和平安建设。加强基层民主和社区建设,推进基层民主自治制度化、规范化、程序化。建立社会矛盾综合协调化解的长效机制,及时妥善处理各类矛盾和敏感事件。要完善社会治安防控体系,严厉打击各种破坏和谐稳定的村霸、市霸、路霸等社会黑恶势力和严重侵害群众生命财产安全的各类违法犯罪活动。大力加强食品药品安全整治,保障人民群众饮食用药安全。大力推进政务诚信、商务诚信、社会诚信和司法公信建设,加快建设社会信用体系。完善统计机制,强化绩效考核,努力提高统计工作的科学化水平。加强国防后备力量建设。健全完善应急联动、灾情会商和信息共享机制等灾害应急管理体系建设,提高救灾应急处置能力,有效应对各类突发事件,为转型跨越发展创造良好的社会环境。

加强安全生产工作

严格落实各级政府领导"一岗双责"和部门安全监管责任,加大源头治理力度,坚决执行建设项目安全设施"三同时"和职业危害设施"三同时"制度,强力推进企业安全生产标准化建设。要进一步排查治理各类隐患,深入持久地抓好煤矿、非煤矿山、道路交通、危险化学品、特种设备、易燃易爆物品、森林防火和公共场所等各行业各领域安全生产专项整治。

要严格安全目标责任考核，严格追究事故责任，坚决遏制重特大事故发生，把安全生产各项指标严格控制在省定指标以内，确保全市安全生产形势持续稳定。

（八）全面加强政府自身建设，在提升执行能力上取得新进展

适应时代召唤、人民期待、社会需要，努力建设一个忧民所忧、乐民所乐的服务政府，务实高效、勤勉创新的责任政府，公正严明、规范有序的法治政府，风清气正、公开透明的廉洁政府。

坚持抓好学习，努力提升素质

坚持把学习作为一种政治责任和精神追求，时刻保持自觉学习的良好精神状态，努力做到学习工作化、工作学习化，通过学习激发工作活力、更新知识储备、创新思维方式，力求思想适应发展变化、知识适应时代要求、能力适应工作需要，切实提高驾驭复杂局面和解决实际问题的能力。大力提倡创造性、创新性、创意性工作，站在全市发展大局中谋划局部，运用改革创新的方法破解难题，使每一项工作都具有专业化品质，营造一种敢于突破创新、善于另辟蹊径的干事创业环境，力争使每一项事业都能在全省名列前茅。

坚持依法行政，创造良好环境

加快转变政府职能，注重提高服务效率和依法行政水平，努力建设服务型政府。树立程序意识，严格依照法定权限和程序履行职责、行使权力，切实做到严格、规范、公正、文明履职，努力增强政府的公信力。要改进执法方式，规范行政执法，严格落实执法责任制，营造良好的政务环境。大力推进政务公开，深入开展民主评议政风行风工作，完善政府新闻发布制度和信息公开制度，加强电子政务建设，让权力在阳光下运行。

坚持求真务实，狠抓工作落实

围绕工作重点，深入调查研究。各级领导既要当好战略家、设计师，又要当好战术家、工程师。要进一步强化责任意识，求真务实，敢于担当。要建立目标倒逼机制，使“请给我结果”成为每一个政府工作人员的座右铭。对重大事项、重要工作、重点项目，主要领导要紧紧抓在手上，走出会场，深入现场，开会开在现场，拍板拍在现场，落实落在现场。

坚持廉洁高效，严格监督考核

要进一步严格考核制度，抓好日常督查，强化各项重点工作落实的量化考核和监督检查，切实做到有布置、有检查、有考核、有奖惩。要坚持“三只看三不听”，即只看效果、只看数据、只看发展；不听过程、不听原因、不听解释，高标准高质量地推进各项工作。坚持以制度建设为主线，以权力监控为核心，建立健全惩治和预防腐败体系，从源头上防止腐败现象的发生。

在做好以上各项工作的同时,今年我们还要实施“方便晋城”十大工程:一是城乡社会保障一卡通工程;二是市县两级医院远程医疗会诊系统健康工程;三是新(改、扩)建15所标准化幼儿园的花蕾工程;四是全市普通高中教育免学费全覆盖希望工程;五是为农村义务教育寄宿制学校配备首批76辆校车的校安工程;六是硬化20条市区街巷、新建16座公厕的便利工程;七是完成主城区整体亮化工程;八是凤台街人行道改造提升畅通工程;九是新增供热面积150万平方米的温暖工程;十是取消陵沁一级公路西上庄收费站的撤卡工程。

各位代表!晋城正处于转型跨越发展的重要关头,这是我们的责任,这是我们的使命。我们要在中共晋城市委的坚强领导下,坚定信心,迎难而上,开拓进取,扎实工作,加快建设山西经济新的重要增长极和新兴产业重要支撑基地,奋力打造山西乃至中部地区最具发展活力,最有竞争实力,最富人文魅力,“方便、温馨、开放、现代”的宜居之城、活力之城、幸福之城,以优异成绩迎接党的十八大胜利召开!

政协晋城市常委会工作报告

——2012年2月29日在政协第六届晋城市委员会第二次会议上

晋城市政协主席　师建平

各位委员、同志们：

我代表中国人民政治协商会议第六届晋城市委员会常务委员会，向大会报告工作，请予审议。

2011年工作回顾

2011年是实施“十二五”规划的开局之年，也是市政协围绕中心、服务大局、履行职能取得显著成效的一年。一年来，在中共晋城市委的正确领导下，市政协常委会以邓小平理论和“三个代表”重要思想为指导，深入贯彻落实科学发展观，牢牢把握团结民主两大主题，认真履行政治协商、民主监督、参政议政职能，充分发挥协调关系、汇聚力量、建言献策、服务大局的作用，为推动我市科学发展、促进社会和谐作出了积极贡献。

一、围绕政协换届，抓机遇，抢先机，为政协事业发展激活力

我们以换届为契机，按照“立足新起点，实现新作为，作出新贡献”的总体要求，从顶层设计、完善制度、规范程序入手，在夯实履职基础、创新履职方式等方面进行了有益探索，形成了一些行之有效的制度和工作规程，推动了政协工作再上新台阶。

以新思想、新理念确定工作新思路

在六届一次全会上，我们提出了“以学习引领方向，以履职贡献力量，以团结促进和谐，以创新提升形象”的工作思路，强调了“务实创新，积极作为，服务发展”的主体方向，明确了“为转型跨越发展，全面建设小康社会作出新贡献”的崭新目标，为提高政协工作科学化水平打下了坚实基础。

以新班子、新招数塑造政协新形象

班子换届后，及时进行了班子成员分工，建立了领导分工负责制、目标责任制、联系界别委员制、扶贫联系点帮扶制、重大招商引资项目包点督办督查制、联络县(市、区)政协工作制;修订完善政协常委会工作规则和运行程序;优化配置内部机构组织人员,强化专委会工作职能;按照“界别为主、地域结合”的原则设立了12个委员活动小组,建立了政协各委室联系委员活动小组的工作机制,形成了主席班子率先垂范、常委会积极作为、各委室牵头联络、各界别委员热情参与的工作格局。

以新举措、新规则呈现制度建设新亮点

按照“内容具体、形式规范、操作有序、运行有效”的原则,修订完善了四大制度体系:一是履行职能的总体制度体系,包括《全委会议工作规则》、《界别活动组开展工作的意见》、《提案工作条例》等;二是完善内部运行的规范制度体系,包括《常委会工作规则》、《主席会议工作规则》、《专门委员会通则》、《邀请群众代表旁听政协常委会议办法》等;三是健全了工作激励机制体系,包括《关于对市政协委员履行职能的考评办法》、《委员年度履职考核细则》(试行)、《反映社情民意信息工作办法》等;四是建立与党委政府职能部门双向联系规范制度体系,包括《对口联系制度》、《视察工作条例》。这些制度的建立,进一步提升了政协工作科学化水平。

以新途径、新方式全员培训新委员

针对换届后委员中新委员占较大比例的实际,按照市委市政府“对接大上海、融入长三角”的战略部署,市政协常委会与中共上海市委党校合作,成功举办了第六届市政协委员培训班。培训前,市政协举办了“对接大上海”推介会,让委员带着问题去、带着目的学。培训期间,委员们听取了原冬平、卞晋平、钱文忠、邵煜栋等知名专家学者的专题报告,实地考察了上海大众、宝钢、浦东新区和城市建设,参观了上海高新技术产业化展览,亲身感受了国际大都市“海纳百川、追求卓越、开明睿智、大气谦和”的精神和风采,委员们开阔了视野,增长了见识,增强了履职的责任感和使命感。

以新姿态、新学风催生学习新成果

以庆祝中国共产党成立90周年和纪念辛亥革命100周年为契机,召开学习胡锦涛总书记重要讲话座谈会、研讨会,举办“红歌赛”、“赞歌献党抒一言”等活动;组织征集辛亥革命史料及纪念辛亥革命书画作品,协助省政协编撰《山西辛亥革命人物传》,催生了一大批研究成果;通过组织学习中共中央关于加强人民政协工作的一系列方针政策,牢牢把握做好政协工作应当遵循的重大原则;学习中共十七届五中、六中全会精神,牢牢把握我国“十二五”发展及文化强国建设的目标任务和政策措施;学习全国“两会”精神、省十次党代会和市六次党代会精神,牢牢把握转型跨越发展、实现全面小康的决策部署,进一步推进了学习型政协组织建设，增强了各党派团体和各族各界人士勇当全省转型跨越发展排头兵的决心和信心。

二、围绕中心工作，谋大计，献良策，为转型跨越发展增效力

围绕中心、服务大局，是政协履行职能的重要原则。常委会充分发挥政协的智力优势、组织优势和渠道优势，紧扣转型跨越发展履行职能。

全会聚智谋大计

我们先后组织召开了市政协五届六次全委会和六届一次全委会。通过专题议政、大会发言、小组讨论等形式，委员们围绕我市“十二五”规划和转型跨越，就以煤为基、多元发展、大力发展现代农业、全面加快服务业发展、加快生态文明建设、切实保障和改善民生等提出160条意见建议。其中，关于加快我市煤层气产业发展的建议、关于加强市场物价监管的建议、关于加强教育基础建设问题的建议、关于就业创业问题的建议、关于解决市区交通拥堵问题的建议，受到市委市政府的高度重视，推动解决了一系列事关改革、发展、稳定的大事，受到广大群众的一致好评。

专题协商献良策

水利事业关系国计民生，关系我市的长远发展。我们按照中央一号文件关于加快水利发展和改革的安排部署，以增强水资源支撑保障能力为重点，组织政协委员和水利专家对全市水利改革发展进行专题调研，经市政协五届三十一次常委会议审议，形成了《关于加快我市水利改革发展若干建议》，建议以调结构、转方式为主题，从强化忧患意识、增加资金投入、发展民生水利、解决饮水安全、建设节水社会、水务一体化、加快水利改革等方面，提出意见和建议。去年10月，市委市政府分别专门召开会议，专题研究讨论我市水利改革问题，研究出台了《关于加快水利改革发展的实施意见》。决定从土地出让收益中提取10%用于农田水利和新水源工程建设，从城市建设维护税中划出不低于15%的比例用于城市防洪排涝和水源工程建设，从多渠道加大水利投入。去年12月，市水务发展有限公司挂牌成立，水务一体化改革也迈出了坚实的步伐。工业园区是我市转型跨越发展的重要载体，工业园区的转型升级关系着全市转型跨越发展大局。我们把工业园区发展作为协商议题，成立专题调研组深入调研，广泛征求各方意见。经市政协六届二次常委会议协商，形成了《关于进一步提高我市工业园区发展建设水平的若干建议》，王清宪市长作出重要批示，要求有关部门认真研究吸收政协意见，出台我市加快工业园区发展的决定。

对口协商求实效

我们围绕经济社会发展中的关键问题，以专委会为依托，以对口单位工作重点为切入点,积极开展对口协商。先后就“一村一品”、“一县一业”、增加农民收入、投融资情况、农副产品价格监管、文化体制改革、创新社会管理等课题,开展联合调研,进行交流互动,进一步提高了对口协商的针对性和实效性。

三、围绕民生民情,提建议,建诤言,为和谐社会建设献智力

民情是最亮的“信号灯”,民生是最灵的“晴雨表”

关注民生、体察民情始终是政协工作的出发点和落脚点。一年来,我们更新工作“套路”,分板块立题立项,分层次切割切入,打好“组合拳”,谋好攻坚战,以大量卓有成效的工作促进和谐晋城建设。

通过提案促进民生问题的解决

采取印发“提案导向”、“提案知识问答”、“提案范例解析”等多种有效措施,帮助委员知情明政,了解规程,着力提高提案质量;加强提案办理单位和提案者的沟通,完善重点提案领办制度,促进提案的办理和落实。去年,共收到提案595件,经审查立案565件,提案办复565件,办复率为100%,委员满意率为97.6%,委员运用提案参政议政的热情持续高涨。

通过社情民意信息反映群众利益诉求

去年共编印《晋城社情民意》144期,《特情专报》1期,采用信息320余条,国家、省、市领导批办10余件,促进了重大民生政策的贯彻落实和一些民生问题的解决,维护了社会和谐稳定。和贵喜委员反映的《农村饮水安全出现新问题》,引起省政府高度重视,省环保厅、省物价局对相关问题进行调查了解,提出了相应解决办法。王前奎信息员反映的《路平、水通加灯亮,百姓节前的最大希望》被《市长专报》采用,市政府责成城建部门迅速解决路灯不亮的问题,受到居民的欢迎。同时,担任“一府两院”特邀监督员的162名委员全年参加有关食品安全、市场物价、开门办警、司法公正、金融服务等评议活动110余次,46名委员参加了“行风大家谈”、“百姓热线纠风台”现场点评,推动了一大批热点难点问题的解决。

通过视察活动为民谋利、为民服务

积极开展寓知情、议政、监督于一体的视察活动,全年围绕全国文明城市和全国卫生城市创建工作、农副产品开发、价格监管、社区医疗和公共卫生工作、学校食堂卫生安全、市区公共文化建设和民生工程等共开展31项专题视察。坚持明察与暗访相结合,提批评与提建议相结合,为推动全市社会建设发挥了积极作用。为了让委员知情明政,在市政协六届二次全会召开前,我们组织了大规模的委员视察活动,全体委员深入实际、深入基层、深入现场,对农业科技园区、文化创意、市区交通建设、旅游文物、民生工程等进行专题视察,提出意见建议,为党政领导全面了解情况、科学民主决策提供了重要参考。

通过开展主题活动为民办实事办好事

市政协领导班子成员积极开展干部下乡住村活动，深入帮扶联系点，出主意想办法，支持帮扶村发展致富产业，解决农民群众生产生活中的实际困难。广大委员积极参与“察百姓情、建惠民言、办利民事”活动，力所能及为群众办实事、办好事、献爱心。一年来，委员们开展义诊350多场次，提供法律服务800多人次，救助困难学生、困难群众等1800余人，受到社会各界和基层群众的广泛好评。

四、围绕团结联谊，搭平台，建舞台，为社会全面发展聚合力

一年来，我们坚持团结民主两大主题，认真做好团结各方、凝聚人心、协调关系、汇聚力量的工作，充分显示了政协组织大团结大联合的独特优势。

积极营造和谐顺畅的合作共事氛围

及时向各民主党派、工商联和无党派人士通报市政协重要工作。积极支持他们参与市委、市政府重大决策部署的协商讨论和市政协有关重要活动；坚持做到提案重点督办、发言重点安排、社情民意信息重点报送，确保政协成为各民主党派、工商联和无党派人士参政议政的重要平台。

积极促进民族宗教政策贯彻落实

认真贯彻党的民族、宗教政策，做好连情、联谊、连心工作。促进落实外地少数民族务工人员子女义务教育。走访本市各宗教团体，支持宗教活动场所和爱国宗教团体建设。积极为宗教界人士办实事、做好事，促进宗教和睦。对我市宗教场所进行考察，完成《佛道春秋·晋城卷》编撰任务。协助省政协民族宗教委员会开展专题调研，为做好新形势下民族宗教工作献计献策。

积极推动全市政协组织形成合力

坚持市政协常委会议等重要会议、重大活动邀请县（市、区）政协主席参加，定期召开县（市、区）秘书长联席会，联合联手联动开展工作。按照省政协工作要求，积极拓展政协履职空间，总结宣传泽州县大阳镇政协工作联络组先进经验，进一步发挥乡镇、街道政协工作联络组的重要作用。

积极开展文史和宣传、交流工作

贯彻落实省政协《关于建国后至改革开放前文史资料征集工作的意见》，促进新中国成立后文史资料的征集出版；促进新中国成立前文史资料的整理研究工作，整理研究我市民国时期史料《韬园诗集》，发挥文史资料存史资政团结育人的作用；加强宣传工作，充分利用《政协论坛》杂志、网站等宣传阵地，密切与新闻单位的联系合作，集中反映市政协履职成果和特色工作,开展人民政协知识100题竞赛活动,邀请群众代表列席常委会议,进一步扩大了人民政协的社会影响。协助完成省政协和兄弟市调研工作任务。积极参加第25次晋冀鲁豫四省十二市政协工作交流联谊会和济源市政协成立30周年纪念活动,进一步加强了与各级政协的交流合作,为我市转型跨越发展争取了广泛支持,凝聚了更多力量。

五、围绕自身建设,强素质,树形象,为提升工作水平添动力

坚持抓班子,带队伍,强素质,树形象,努力提高政协工作科学化水平。

政协班子和机关建设得到加强

领导班子齐心协力谋发展,一心一意抓工作,形成了“感情共同体”和“事业共同体”;机关积极开展“比素质、比作风、比贡献”活动,开展“正风肃纪、创优环境”整顿活动。大家在联络联谊中陶冶着自己的情怀,在调查研究中丰富着自己的思想,在协商建言中充实着自己的工作,在创先争优中表现着自己的品格。

专委会和办公厅工作得到提升

各专门委员会加强与市委政府工作部门联系,采取多种形式把委员组织起来,用足用好用活各方资源,不断开拓专委会工作新路径,在重点课题调研协商、重点提案督办评议、界别委员视察、反映社情民意等方面,都发挥了基础作用。提案委认真抓好提案审查和交办工作,加强与提案承办单位联系,采取多种形式开展提案督办工作,努力促进提案办理质量的提高。经科委积极为中小企业发展鼓与呼,推动我市中小企业快速发展。农村委积极组织界别委员参加调研,提出了促进我市“三农”工作的一系列政策建议。文教委经常性组织委员活动,选择教育、卫生领域重大问题开展视察,围绕我市文化事业大发展大繁荣积极建言。社法委积极探索新形势下做好群众工作的方式方法,深入实际,了解民情,为我市加强和创新社会管理提出很多建议。文史委认真开展文史资料征集工作,为我市文化建设尽心竭力作贡献。市政协办公厅、调研室综合协调能力增强,在办会、办文、办事中规范运作,操作有序。

委员队伍建设得到强化

为了做好委员管理服务工作,进一步发挥委员主体作用,我们出台制度措施,对委员参加会议、参加活动、撰写提案、反映社情民意都作了详细规定,目标任务量化打分,一人一表跟踪建档,以此作为委员奖惩和连任的重要依据,有效调动了委员参政议政的积极性。广大委员心系发展大局,牢记职责使命,积极参加“我为转型跨越发展作贡献”活动,帮助企业解决融资服务、技术开发、土地利用、科学管理等方面的问题377个。活跃在六个县(市、区)的委员牢记光荣使命,主动把本职工作和委员履职结合起来,把地方大事和全市大局结合起来，既给市委市政府提建议，也为当地党委政府出主意，较好地履行了委员职责。各民主党派、工商联、无党派的政协委员，以党派成员为资源，多次组织课题调研，积极提交提案，反映社情民意，参与各种协商活动，推动我市创优环境，丰富政协工作成果。市直机关和企事业单位的委员，双岗履职，双岗奉献，完成了一个个课题调研，形成了一份份建言材料。民营企业中的委员，在认真履职的同时，热心参与社会公益事业，努力为群众办实事、做好事、解难事，树立了政协委员的良好形象。

各位委员、同志们：

过去一年市政协工作取得的成绩，是中共晋城市委坚强领导的结果，是市人大、市政府大力支持的结果，是全市广大政协委员、政协各参加单位和各级政协组织团结进取、通力合作的结果，是社会各界和人民群众关心协助的结果。特别是张九萍书记、王清宪市长亲临政协指导工作，对政协工作予以充分肯定，给予重要指导，广大政协委员和政协工作者深受鼓舞，倍受激励！在此，我代表市六届政协常委会，向中共晋城市委、市人大、市政府，向各民主党派、工商联、各人民团体和各界人士，向所有关心支持政协工作的同志们朋友们，表示衷心的感谢！

经过一年的实践，我们深刻体会到，要做好政协工作，必须坚持以科学理论指导政协工作，以科学制度保证政协工作，以科学方法推进政协工作，始终保持奋发有为的精神状态；必须坚持“务实创新，积极作为，服务发展”，把政协履职的各项工作抓紧抓实，抓出成效，在履行职能上有新创造、新突破、新成效，把各项工作做得更靠前、更主动、更到位；必须坚持围绕中心，服务大局，前瞻谋划，精心安排，始终与党委政府保持思想同心、目标同向、工作同步；必须坚持民主协商，体谅包容，在多元中求主导，在差异中求和谐，努力营造宽松而不放松、活跃而不松散、大气和谐、心情舒畅、人尽其力的良好氛围；必须坚持以人为本，履职为民，真诚倾听群众呼声，真实反映群众愿望，真情关心群众疾苦，自觉承担社会责任，使政协工作牢牢扎根于群众之中；必须充分发挥委员的主体作用，尊重委员的首创精神，维护委员的民主权利，拓宽委员的履职渠道，努力为委员提供优质服务；必须坚持不断探索创新，在创新中前进，在前进中开拓，在开拓中发展，始终体现时代性，把握规律性，富于创造性，实现新作为。

在看到成绩的同时，我们也清醒看到工作中还存在一些不足：我们的参政议政水平还不够高，发挥界别优势还不充分，民主监督工作的方法比较单一，自身建设有待进一步加强。真诚希望大家向我们提出意见建议，帮助我们不断改进工作。

2012年工作部署

2012年,是实施“十二五”规划承上启下的重要一年,是进一步推动我市转型跨越发展的关键之年。前不久市委提出了“坚定不移争当全省转型跨越发展排头兵,坚定不移加快全面建设小康社会步伐,以优异成绩迎接党的十八大胜利召开”的新要求,这充分体现了一种责任情怀和历史担当,反映了全市人民的心声和愿望,也为政协发挥优势和作用,创造了难得机遇,提供了广阔舞台。面对新形势新目标新任务,我们必须以与时俱进、奋发有为、昂扬向上的精神状态做好各项工作。在新的一年里,市政协要在中共晋城市委的正确领导下,以邓小平理论和“三个代表”重要思想为指导,深入贯彻落实科学发展观,坚持“维护核心、围绕中心、顺应民心、凝聚人心”,以“务实创新,积极作为,服务发展”为主题,把服务转型跨越作为第一要务,把服务民生改善作为履职之本,把服务社会和谐作为基本职责,努力做到政治协商有序、民主监督有力、参政议政有效,为落实市委战略决策部署做出新的贡献。

一、坚持不懈强化理论指导,着力推进政协工作创新

创新是人民政协事业兴旺发达的强大动力,是人民政协工作生机活力的源泉。没有创新,就没有进步,更谈不上发展。为此,我们要坚持在创新中求发展,在发展中求开拓,在开拓中求变、求新、求实,不断推进政协工作创新。要加强理论学习,在思想理念上创新。要深入学习中国特色社会主义理论体系,学习中央关于统一战线和人民政协的一系列方针政策,以马克思主义中国化最新成果武装头脑、指导实践、推动工作;要用科学发展观审视过去、分析现在、谋划未来,不断改变与科学发展观不相适应的思想观念。要把握人民政协的创新之魂,增强创新的责任感和使命感,要对“市委想什么,政协议什么,政府做什么,政协帮什么”进行再学习、再思考、再认识,努力探索创新思路,提升创新底气,增强创新本领;要认真贯彻落实中央、省、市重大战略决策部署,在工作实践中创新。今年要在贯彻中共十七届六中全会精神,推动我市文化大发展大繁荣上下功夫。要大力弘扬“崇实守信、开放包容、争先创新”的晋城精神,积极争当“知荣辱讲正气,有责任懂感恩,做好事甘奉献”的“晋城好人”,以共同的核心价值体系统一思想,引领风尚。

二、坚持不懈助推转型跨越,着力推进我市经济又好又快发展

晋城正处于转型跨越的关键时期,如何以更高水平提升我市综合实力,如何以更新姿态推动经济社会又好又快发展,如何以更大力度解决深层次矛盾和问题,都是政协履职需要把握的重点和基调。我们要发挥“人才库”、“智囊团”的优势，围绕全市工作中心，去想招数、谋路数；要扭住“项目落地年”这个重点，去想点子、谋路子；要把握综改试验区和“对接上海、融入中原”这个大政策、大机遇，去想计策、谋对策。今年重点就本土企业发展、农村新的“五个全覆盖”、文化建设、城市交通管理等，开展专题调研，力争形成一批科学、务实、管用的意见建议。全体政协委员要立即行动起来，积极投入到“我为转型跨越作贡献”活动中去，每位政协委员都要为转型跨越发展想一条主意，献一条对策，提一条建议，做一件实事，全力用心推进我市转型跨越发展迈新步、上台阶。

三、坚持不懈服务人民群众，着力推进和谐社会建设

当前，我们正处于经济体制深刻变革、社会结构深刻变动、利益格局深刻调整、思想观念深刻变化的新时期，各类新情况、新问题、新矛盾不断出现，维护社会和谐稳定的压力增大，需要我们政协担负起维护群众利益、促进社会和谐的重要政治责任。我们要坚持以人为本，围绕群众最关心、最直接、最现实的利益问题，认真履行职能；坚持以群众利益为根本尺度，对党委政府有关部门提出建议、开展监督；坚持以社会各界为依托，积极反映各党派团体、各社会阶层等利益主体的群众呼声，协调好各界的利益诉求；坚持以心系群众、真情服务为宗旨，力所能及地为群众办实事、解难事，以优质的服务赢得民心，以真情的沟通感化民心，以细致的协调稳定民心，努力维护全市政通人和的政治局面。今年，围绕群众工作，要在政协委员中大力开展“进社区、进乡村、进企业”活动，通过走千家、进万户，听民声、摸实情，访民忧、解民难，进一步做好宣传引导，释疑解惑，化解矛盾工作；要加强对“基本民生”关注力度，重点围绕普惠教育、医保卫生、劳动就业、社会保障、环境保护、养老防老等听取民众呼声，反映民众实情；要加强对“底线民生”帮扶力度，按照市委扶贫开发工作会议精神，为打好新一轮扶贫攻坚战献计出力；要加强对“热点民生”的解决力度，更加关注社会困难群体的生产生活，更加关注扶贫攻坚的实施效果，更加关注群众反映强烈的热点难点问题，积极做好排忧解难工作，在党心和民心之间架起一座联通之桥，进一步筑牢我市科学发展的群众基础。

四、坚持不懈凝聚各方力量，着力推进大团结大联合

要坚持中国共产党领导的多党合作和政治协商制度。认真贯彻“长期共存、互相监督、肝胆相照、荣辱与共”的方针，支持各民主党派、工商联、人民团体、各族各界人士围绕全市工作大局积极履职；要进一步发挥政协大团结大联合的组织优势，认真做好新社会阶层代表人士的团结引导工作，认真做好与民族宗教界人士的沟通联系工作，认真做好与港澳台同胞、海外侨胞的交流联谊工作，促进各种社会力量良性互动；要进一步发挥位置超脱、渠道畅通的优势,认真制定民主监督实施办法,大胆开展民主监督,积极开展对重点领域、热点问题的民主评议,推动党委、政府各项决策部署更加科学合理,各项惠民措施真正落到实处;要认真研究新形势下的社会管理和创新问题,引导社会各方理性、有序表达利益诉求。

五、坚持不懈加强自身建设,着力推进政协工作上台阶上水平

要注重界别作用的发挥。通过"界别座谈会"、"界别洽谈会"等形式,广泛听取界别委员的意见和建议,不断增强政协组织的参政实力、议政活力、监督动力、协商效力;要注重委员队伍建设。进一步加强委员政治业务培训,增强委员的政治把握能力、团结共事能力、调查研究能力。充分尊重和依法保护政协委员的各项民主权利,加强与委员所在单位的联系,为委员做好本职工作、参加政协活动创造条件。加强委员管理和服务工作,完善委员考评机制,鼓励委员切实发挥本职工作中的带头作用、政协工作中的主体作用、界别群众中的代表作用;要努力做好专委会工作。积极探索专委会工作的新思路新方式,切实增强工作活力和成效;要加强政协机关建设。持续引深政协机关创先争优活动,不断深化"学习型、服务型、创新型、和谐型"机关建设,认真开展"保持党的纯洁性学习教育活动",着力提高政协干部队伍的全局观念、服务意识和统筹协调能力,为政协有效履行职能、顺利开展工作提供有力保障;要加强对县(市、区)政协的指导。联合联手联动履行职能,努力做到上下联动、优势互补、成果共享。

各位委员、同志们:

推动转型跨越发展,是我们共同的责任;建设宜居之城、活力之城、幸福之城,是我们共同的追求。让我们在中共晋城市委的领导下,同心同德、再接再厉,开拓进取、扎实工作,发挥政协优势,积极服务发展,以优异成绩迎接中共十八大胜利召开!

谢谢大家!

晋城市中级人民法院工作报告

——2012年3月2日在晋城市第六届人民代表大会第二次会议上

晋城市中级人民法院院长　杜培德

各位代表：

现在，我代表晋城市中级人民法院向大会报告工作，请予审议，并请市政协委员和列席会议的同志提出意见。

2011年的主要工作

过去的一年，全市法院在市委的坚强领导下，在市人大、省高级法院的监督指导和市政府、市政协及社会各界的关心支持下，以科学发展观为指导，坚持“为大局服务，为人民司法”的工作主题，深入推进社会矛盾化解、社会管理创新、公正廉洁执法三项重点工作，按照“建一流法院，创一流业绩”工作目标和“五强五新”的工作思路，团结拼搏，扎实工作，各项工作都取得了新发展。

一、以服务转型跨越发展为主线，狠抓执法办案第一要务，充分发挥各项审判职能

一年来，全市法院紧紧围绕我市工作大局，突出执法办案这一重点，履行职责，能动司法，为我市转型跨越发展提供了良好的司法保障和服务。全市两级法院共受理各类案件14 106件，同比上升5.1%，审结13187件，同比上升8%，结案率93.5%。其中，市中院受理各类案件2761件，办结2721件，结案率99%。

（一）依法惩处刑事犯罪，全力维护社会稳定

全市法院共受理刑事一审案1769件，同比上升12.2%，审结1750件，同比上升14.29%。其中市中院审结重大刑事一审案59件，审结刑事二审案299件，减刑假释案890件。面对刑事犯罪依然严峻的形势，突出打击重点，对严重危害国家安全犯罪，严重暴力犯罪，多发性侵财犯罪，破坏市场经济秩序犯罪，以及各类犯罪中的惯犯、累犯等，坚决依法严厉打击。在判处有罪的2233人中，被判处五年以上有期徒刑、无期徒刑和死刑的250人。深入推进

反腐败斗争,审结贪污贿赂、渎职犯罪案70件,判处有罪84人。贯彻宽严相济的刑事政策,在坚持严格司法、有罪必究的前提下,我们从有利于化解矛盾、减少对抗、教育挽救罪犯、维护国家长治久安出发,对一般刑事犯罪,特别是初犯、偶犯、未成年犯作了适度从宽处理。继续完善减刑假释程序和条件,推行减刑证据审核和公示制度,对14名不符合减刑条件的罪犯依法不予裁准减刑,890名正在服刑、改造良好的罪犯被依法予以减刑假释。

(二)积极化解民商事纠纷,促进经济社会和谐发展

全市法院共受理一审民商事案件6216件,同比上升2.9%,审结5940件,同比上升2.7%,结案率96%,其中市中院审结民商事一审案68件,审结民商事二审案720件。围绕转型发展,妥善处理涉及经济结构调整中发生的企业破产、改制、知识产权、劳动者权益保护等类案234件,维护转型跨越发展的安全秩序;积极应对经济复苏环境下的经济纠纷,妥善处理合同类案2540件;围绕保护民生,着力化解涉及群众利益的热点难点问题,审结涉及医疗、人身损害、侵权等类案1609件;依法维护妇女、儿童和老人的合法权益,审结婚姻、抚养、赡养、继承等类案2511件。突出和谐司法,构建多元化调解机制,采取各具特色的化解矛盾、减少对抗措施,案件调撤率稳步提高。中院一审调解率达到58%。基层一审案件上诉率为13.2%,86%以上的民事案件解决在了基层。

(三)妥善化解行政争议,保障社会管理秩序

全市法院受理行政一审案69件,同比上升7.8%,审结69件,结案率100%;其中市中院受理行政一审案14件、二审案35件,均全部审结。两级法院共受理审查非诉行政执行案98件,办结98件。全市法院坚持依法履行司法审查职能,既维护相对人合法权益,又支持行政机关依法行政;加大对行政纠纷的协调力度,保证"官民"纠纷的妥善处理。中院一、二审行政案协调、撤诉12件,协调撤诉率为24.4%。

(四)加大执行工作力度,切实维护当事人合法权益

全市法院受理执行案3352件,同比上升14.3%,执行标的2.95亿元。为进一步化解执行难,一是突出重点,依法妥善执行涉及转变经济发展方式,优化产业结构,重大工程项目建设的案件,千方百计盘活涉诉资产,为转型跨越发展提供司法保障。二是开辟"绿色通道",加大对涉及民生案件,申请执行人为困难群体案件的执行力度,对拖欠农民工工资、损害赔偿、劳动争议以及追索赡养费、抚养费等案件优先立案、优先执行。三是开展委托执行案件清理和反规避执行专项活动,对一批恶意逃债,故意赖账的被执行人加大制裁力度。四是多措并举,创新执行方法。推进阳光执行,健全执行信息管理系统,强化对执行权的监督制约,信息录入率为100%,全省法院排名第一;加强对全市执行工作的统一指挥、协调和监督,

制定下发对房屋征收与拆迁案件的指导意见；加强对执行异议和执行复议的审查监督；为基层法院查询银行账户83案316个账户，对16件“骨头案”协调执行。一年来，全市法院共执结2748件，执结率81.9%，其中市中院执结73件，执结率87.9%。

二、以完善机制为保障，突出司法为民，维护司法公正

（一）司法为民工作机制进一步完善

一年来，加强立案信访文明窗口建设，进一步完善立案审查、诉讼指引、风险提示、排期开庭、案件查询“一站式”服务，全市法院立案大厅均进行了标准化改造和建设，打造了温馨便捷的诉讼服务环境。继续加大司法救助力度，全市法院全年共为130件案件的当事人减、免、缓诉讼费用70余万元，保障有经济困难和社会弱势群体的当事人打得起官司。高度重视人民陪审员的作用，不断拓展人民陪审员参与案件的范围，全市147名人民陪审员共参审案件2655件，参案率达34.8%。

（二）多元化矛盾纠纷调处机制进一步健全

按照“调解优先，调判结合”的原则，把调解延伸到刑事、民事、行政、执行工作全领域，贯穿于立案、审判、执行、信访工作全过程，努力做到案结事了人和，实现法律效果和社会效果的统一。全市法院民事一审案件调撤率50%，与上年基本持平，中院二审民事案件调撤率36%，同比提高8%；中院刑事一审刑事附带民事案件中，全部或部分调解的占审结案件的34%，执行和解、自动履行率38%。积极参与人民调解、行政调解、司法调解的“三位一体”大调解体系构建。各基层法院普遍成立民调指导小组，引导当事人就地就近选择人民调解、行业调解等方式化解纠纷。陵川法院坚持完善“茶座式”调解，增强了诉讼活动的人文关怀。阳城法院推行法官包村联系点制度，把矛盾排查化解的关口前移到群众家门口。沁水法院在一些偏远乡镇设立立案联系点，配备巡回审判车，深入当事人住地巡回审判。高平法院提出二十项法院参与社会管理措施，在社会管理创新上做出了新探索。城区、泽州法院坚持做好被判缓、管、免人员的跟踪帮教工作，发挥审判机关在社区矫正工作中的作用，实现了监外执行罪犯的“无缝对接”。

（三）涉诉信访取得新成绩

全市法院充分认识涉诉信访面临的新形势，把解决涉诉信访作为法院义不容辞的政治责任，勇当解决矛盾纠纷的“减压阀”、“缓冲带”。不断完善信访工作机制，坚持标本兼治，立足源头治理，加强一、二审和初信初访工作，预防和减少涉诉信访案件。采取重点约访、带案下访、领导包案、重大涉诉信访听证等措施，建立信访督办、通报、约期接谈，案后协调、诉前调解等制度。全年中院共接待处理群众来信来访881人次，办结终结审查案16件。去年11月,全市开展了“源头预防,标本兼治,全力破解进京越级重复访难题”活动,对86件信访案实行院长带头包案,班子成员全员包案,中院和基层法院分级包案,中院领导分片督办,定人、定时息诉罢访的新举措,有力促进了涉诉信访案件的化解工作。2011年,中院信访处被市委、市政府评为“公正执法十佳单位”。

(四)司法审判管理取得新成效

强化案件质量,狠抓绩效考核,把审判绩效考核管理作为提高案件质量与效率的重要措施。采取集中培训,定人定岗定责,上下级法院考核机制对接,考核排名通报,中院深入基层指导督办等措施,促进了案件质量与效率的提高。2011年全市法院实现了结案数、结案均衡度、法官人均结案数、息诉服判率和调解率上升,未结案数、平均审理天数、申请再审率、信访投诉率和违法审判执行率下降的“五升五降”新局面。加强审判管理,狠抓质效监管。严格执行审判流程管理制度,加强对立案、分案、排期、开庭、裁判、执行、归档等环节监控管理和案件审限的预警、催办,提高了审判执行工作效率。开展案件评查,建立执法业绩档案,组织开展全市法院优秀裁判文书评比,选择典型案件公开讲评,强化审判委员会、合议庭集体讨论案件审核把关的职责。积极推行量刑规范化改革,有效规范了法官自由裁量权。加强审判监督和审级监督。全市法院受理再审案87件,审结86件,其中市中院受理37件,审结36件。市中院审结的基层法院上诉案1054件中,改判126件,发回重审201件,依法加强了审级监督。

三、以廉洁执法为核心,大力加强队伍建设,自觉接受监督

全市法院始终把队伍建设作为推进法院工作的根本保证,认真研究落实新时期新形势下加强队伍建设的各项措施,自觉服从党的领导,主动接受人大监督,高标准建设法院队伍,推动了全市法院工作的科学发展,先进典型不断涌现,先后有10个集体25名个人受到市级以上表彰。

(一)以思想政治建设为先导,提高队伍整体素质

坚持“以党建带队建,抓队伍促审判”,以庆祝建党九十周年为契机,组织开展了“党在我心中”、“爱岗敬业”为主题的演讲比赛,参观了红色教育基地,对全市法院系统的优秀党组织和个人进行表彰,中院各支部进行了改选。认真组织开展了“发扬传统、坚定信念、执法为民”、“群众观点大讨论”、“社会主义法治理念再学习再教育”活动,广大党员干部受到了深刻的党性教育,增强了广大干警的政治意识、大局意识、责任意识和群众意识。坚持强化司法能力建设,广泛开展岗位大练兵、全员大培训,全市法院共培训干警568人次,其中中院培训80人次。62名同志晋升了法官等级,9名同志晋升了警衔。完成了法官协会、女法

官协会的换届选举。任命科级干部6人，调整各类岗位人员10人，加强了干部管理，促进了法院干警司法能力的提升。继续推进法院文化建设。不断加强全市法院精神文化、制度文化、行为文化和物质文化建设。去年，认真贯彻党的十七届六中全会精神，在依法审理涉及文化领域各类案件，推动我市文化建设发展繁荣的同时，加强自身文化建设取得新进展。广泛开展学术研讨、主题征文、演讲比赛等文化活动，文化长廊、文体活动内容丰富多彩，汇聚法院重要文化成果的《晋城法院志》出版发行，不同文化单元、文化活动小组的活动已成常态，具有我市法院特色的文化体系已初步形成。2011年，我院被最高人民法院命名为"全国法院系统文化建设示范单位"，是全国获此殊荣的50家法院之一。

(二)以党风廉政建设为关键，促进公正廉洁司法

坚持廉政教育不放松。深入开展"三好四廉"创建活动，教育干警算好政治账、经济账、得失账，珍惜岗位，珍视荣誉，守住底线。坚持抓早抓小，观看警示教育片，参观廉政教育基地，强化干警廉洁自律意识。推进廉政制度建设。在坚持司法巡查、审务督察、法官任职回避等制度的基础上，开展廉政风险预警防控机制建设，重点围绕容易滋生腐败的关键环节，认真组织廉政风险排查，准确评估风险等级，明确岗位权力风险责任，制定有效防控措施。大力开展纪律作风整顿。认真落实"五个严禁"、"五个不准"规定，市中院新班子组成后，两次召开全市法院集中教育整顿大会，选择五起典型案例进行通报，市纪委主要领导先后两次莅临讲话，给予指导，通过正风肃纪，教育整顿，促进了干警工作纪律作风的转变，提升了法院司法形象。认真受理投诉举报，加大查办案件力度，去年，全市法院共严肃处理违法违纪干警2件2人。

(三)以基层建设为重点，夯实基层工作根基

充分认识基层基础工作的重要性。中院新班子组成后，主要领导首先深入6个基层法院和22个人民法庭进行调研，与当地党委、人大、政府、政协领导见面，共商法院发展大计，共同破解工作难题。一年来，我市基层基础建设取得了新成效，城区法院办公楼和审判庭已投入使用，高平、阳城人民法院开始了新办公大楼和审判法庭建设，市中院审判法庭正积极筹建。加强信息化建设，市中院出台了信息化建设方案，完成了全市法院二、三级网升级改造，远程视频提讯、案件流程管理、网上法律查询等功能已开通运行，"晋城法院网"前期建设工作已经完成，为"天平工程"的全面实现奠定了坚实的基础。

(四)以强化服从党的领导和接受人大监督为保证，努力改进法院工作

坚持党的领导，接受人大监督，是人民法院始终沿着正确的方向健康发展的根本保证。一年来，全市法院强化服从党的领导和接受人大监督意识，坚定不移地贯彻落实市委

的决策部署,旗帜鲜明地将法院工作置于党的绝对领导和人大的有力监督之下。坚持审判为全市工作大局服务。在河南举行的“中原司法论坛”上,我作了“为融入中原经济区创造优质司法环境”主题发言,为服务我市中心工作提出了具体意见,展示了我市法院服务大局的创新内涵和工作成效。认真贯彻落实《监督法》,主动接受人大监督,坚决执行人大及其常委会的决议。坚持工作报告制度,日常工作定期汇报,重大工作、重要工作主动报告。加强与代表委员的联络,通过报送开庭公告,配合市人大开展执法调研,邀请人大代表、政协委员视察法院,旁听案件审理的形式,多渠道征求意见和建议。市法院对“两会”期间代表提出的意见和建议及关注的案件,都专题调研,逐件督办,市六届人大一次会议代表提出的一件建议已办结回复。依法接受诉讼监督和社会监督。支持配合检察机关依法履行法律监督权,自觉接受政协的民主监督、人民群众的社会监督和新闻媒体的舆论监督,推动了全市法院工作的发展进步。

各位代表,一年来,全市法院各项工作取得了新进展,是党委坚强领导,人大有力监督和政府、政协及社会各界大力支持的结果。特别是各位代表、委员关注法院工作,监督支持法院工作,建言献策,排忧解难。在此,我代表全市法院表示衷心的感谢和崇高的敬意!

在肯定成绩的同时,我们也看到工作中存在的问题。一是法院队伍素质、管理机制还不能完全适应日益繁重的审判任务需要和人民群众日益增长的司法需求。司法理念、司法作风、司法能力还需要加强。有的法官大局意识不强,化解矛盾纠纷能力不够,就案办案,案结事不了,审判质量、效率、效果还需进一步提高。二是少数法官工作责任心不强,方法简单生硬,极个别法官裁判不公,司法不廉等现象仍有发生,司法公正廉洁工作还需要进一步深化;三是基层基础工作还存在一定问题和困难,基层法庭建设发展不平衡,基层法官普遍职级待遇低,派出法庭庭长与派出所所长职级不对应;一些法院没有专门的陪审员经费,陪审员补贴无法落实,不利于陪审工作的正常开展。中院办公条件已不适应当前审判工作的需求,审判法庭不能满足正常审判开庭的需要。信息化建设滞后,建设任务繁重,等等。对此,我们将高度重视,采取措施,努力加以解决。

2012年工作安排

2012年是我国发展进程中具有重要意义的一年,我们党将迎来举世瞩目的十八大,也是我市实施“十二五”规划承上启下的重要一年。今年全市法院工作的总体思路是:以科学发展观为统领,认真贯彻党的十七大、十七届六中全会、省十次党代会和市六次党代会精神，按照市委提出的坚定不移地勇当全省转型跨越发展排头兵、坚定不移地加快全面建设小康社会步伐的工作大局，围绕“建一流法院，创一流业绩”的工作目标，继续深化“三项重点工作”，积极参与社会管理创新，全面加强审判执行工作和自身建设，为开创全市转型跨越发展新局面提供良好司法保障。重点做好六个方面的工作：

一是突出抓好服务大局，着力在助推“十二五”规划、促进全市转型跨越发展上有新的作为

把服务大局作为第一政治责任，紧紧围绕市委中心工作，牢固树立能动司法理念，制定为我市转型跨越发展提供司法保障的指导意见。切实增强服务大局的针对性，围绕我市加快转变经济发展方式和稳中求进工作总基调的司法需求，进一步完善保障服务措施。切实增强服务大局的实效性，注重开展前瞻性研究，建立重大经济纠纷定期分析报告制度，密切关注审判领域中遇到的困难和共性法律问题，及时向党委、政府提出防范发展风险的建议。

二是突出抓好执法办案，着力在化解社会矛盾、维护社会和谐稳定上有新的贡献

把执法办案作为第一要务，深入推进“三项重点工作”，全力化解各类社会矛盾，为党的十八大胜利召开营造和谐稳定的社会环境。依法从快打击严重破坏社会治安、严重扰乱生产秩序、严重损害群众利益的重大刑事犯罪，切实维护社会稳定。充分发挥民商事审判职能作用，着力服务经济发展方式的转变，稳妥审理涉及企业破产改制、招商引资、城市建设等重大民商事案件，大力促进经济发展。坚持“调解优先、调判结合”，以更加积极有为的能动司法，妥善化解各类纠纷，促进社会和谐。充分发挥行政审判职能作用，有效防范和化解行政争议，支持行政机关依法行政，切实优化政务环境。进一步加大执行工作力度，发挥执行联动机制作用，维护当事人的合法权益，树立司法权威。

三是突出抓好审判管理，着力在创新管理机制、提高办案质效上有新的进步

继续抓好绩效考核，进一步落实流程管理制度，规范办案流程，严格审限管理。案件讲评要制度化、经常化。要建立案件质量通报制度和改判、发还、重审案件分析反馈制度，提高案件审理质量。坦诚接受外部监督，通过公开开庭、网上发布民商事裁判文书、提供执行案件信息查询等方式，进一步提高司法工作的透明度。

四是突出抓好司法为民，着力在回应群众司法需求、增强社会公信度上有新的举措。

不断完善司法为民工作机制，继续开展创建立案信访文明窗口，实行诉讼引导、立案审查、查询咨询等“一站式”服务，落实首问负责、服务承诺、文明接待等制度，坚持巡回审判，建立健全案件繁简分流和速裁工作制度，为人民群众提供更为便捷的司法服务。深化司法公开和司法民主，开展“法院开放日”活动，扩大人民陪审员参审范围，定期举行当事人回访、召开律师和特邀监督员座谈会,接受社会监督。加大司法救助力度,积极完善困难群众诉讼费减、免、缓和刑事被害人、特困申请执行人和信访人员救助“三项机制”。切实抓好涉诉信访工作,要加强领导,强化责任,继续推行领导包案、带案下访、巡回接访等方法;实行院长接待日,完善涉诉信访个案化解机制。强化一、二审的办案责任,从源头上预防和减少信访案件。实行信访案件通报制度,信访考评制度,责任追究倒查制度,对执法不公、不严或不负责导致当事人信访,甚至发生严重后果的人员,实行倒查责任,严肃处理。

五是突出抓好公正廉洁执法,着力在增强队伍素质、提高司法能力上有新的成效

要把队伍建设放在更加突出的位置来抓,深入开展“忠诚、为民、公正、廉洁”的政法干警核心价值观教育实践活动,深化社会主义法治理念教育,全面加强全市法院队伍的思想政治、业务能力、纪律作风和先进文化建设;要按照“立足岗位、服务实践、全员参与、注重实效”的原则,开展全员岗位大培训活动。今年要有计划地开展名家讲座、法官论坛、庭审观摩、文书评比、考核比武、办案标兵评选等业务技能大竞赛活动,全面提高全市法官队伍的司法能力。以保持党的纯洁性为重点,进一步把反腐倡廉摆在突出位置,加强对审判权和执行权的制约监督,完善廉政风险防控机制,全面落实法官任职回避,严格执行“五个严禁”和“四个一律”,确保公正廉洁执法。

六是突出抓好基层基础建设,着力在改善司法环境、解决基层实际困难上有新的突破

加大指导和监督基层法院工作的力度,稳步推进基层规范化建设。继续抓好“两庭”建设,下决心改变法庭建设面貌。“十二五”期间,全市法院建设要有大变化,消灭租借房,改造落后房,建设一批全省乃至全国一流的标准人民法庭。下大力解决基层人民法庭工作存在的实际困难和问题,进一步加大沟通、协调力度,坚持“从优待警”,积极解决人民法院人、财、物保障和基层法庭法官待遇偏低问题,促进基层基础建设的良性发展。争取在市委、市政府的支持下,改善市中院的办公和审判条件,建设与我市经济发展和社会发展相适应的人民法院。大力加强法院信息化和司法技术装备建设,提高审判工作和司法管理的科技含量,推动全市法院工作再上新台阶。

各位代表,新的一年,新的使命,新的征程。我们将在市委的坚强领导下,更加自觉主动地接受人大、政协和社会各界的监督,认真贯彻落实本次大会决议,积极进取,扎实工作,为争当全省转型跨越发展排头兵,加快全面建设小康社会步伐做出新的更大的贡献,以优异成绩迎接党的十八大胜利召开!

晋城市人民检察院工作报告

——2012年3月2日在晋城市第六届人民代表大会第二次会议上

晋城市人民检察院检察长　张润才

各位代表：

现在，我代表市人民检察院向大会报告工作，请予审议，并请市政协委员和其他列席人员提出意见。

2011年，全市检察机关在市委和省检察院的正确领导下，在两级人大及其常委会的有力监督下，在政府、政协、社会各界的关心支持下，深入贯彻落实科学发展观，围绕全市经济社会发展大局，坚持"抓服务、促发展；抓办案、保稳定；抓监督、护公正；抓预防、求和谐；抓队伍、树形象"的工作思路，不断强化法律监督、强化自身监督、强化队伍建设，各项检察工作取得了新的发展和进步。

一、围绕中心、立足职能，自觉为转型跨越发展服务

全市检察机关按照市委、市政府的决策部署和中心工作要求，制定工作措施，发挥职能作用，为全市转型跨越发展提供良好的司法环境。一是把创优企业发展环境作为服务转型跨越发展的切入点和着力点。市检察院出台并实施了《晋城市检察机关关于创优投资环境服务招商引资和企业发展的意见》，各基层院结合地域特点和工作实际，制定和实施了创优投资环境服务招商引资和企业发展的措施和办法。二是延伸监督触角、促进检力下沉。深入开展"深入农村、深入企业、深入社区"活动、"维护人民群众合法权益、解决反映强烈突出问题"专项检查活动和"下乡住村"活动，扎实开展巡回检察服务，广泛征求基层群众和社会各界对检察工作的意见和建议。在党委领导下，与有关部门密切配合，加强法制宣传和职务犯罪预防教育，保障了农村"两委"换届选举工作顺利进行。三是严厉打击各类危害转型跨越发展的刑事犯罪。共批准逮捕破坏市场经济秩序犯罪42件58人、提起公诉47件88人，批准逮捕破坏环境资源犯罪3件4人、提起公诉7件16人，查办商业贿赂犯罪和工程建设、国土资源领域职务犯罪30件33人。

二、强化“立检为公、执法为民”宗旨意识,全力服务和保障民生

坚持法律监督与做好群众工作相结合,把实现好、维护好、发展好人民群众的根本利益作为检察工作的出发点和落脚点,全力服务和保障民生。

严厉打击危害民生民利的刑事犯罪

重点打击危及群众安全、关系民生的盗窃、抢劫、抢夺、故意杀人、故意伤害等犯罪活动,依法维护人民群众生命财产安全。共批准逮捕危害民生民利刑事犯罪案件446件675人,提起公诉653件993人。

加强对特殊群体和困难群众的司法保护

以化解矛盾纠纷、促进社会和谐稳定为出发点,积极推进刑事被害人救助工作,制定实施了《晋城市检察机关刑事被害人救助实施细则》,对33名刑事被害人进行了救助,发放救助金25万余元。加强对弱势群体司法保护工作,对拖欠农民工工资、侵害残疾人权益等案件,支持起诉76件。探索开展民事执行活动法律监督试点工作,促进解决群众反映强烈的“执行难”问题。认真贯彻落实《国家赔偿法》,切实保障赔偿请求人的合法权益。

扎实做好涉检信访工作

深入推进文明接待室创建活动,进一步健全举报工作机制,进一步完善涉检信访接待制度,认真办理群众来信来访,受理人民群众来信来访430件。正副检察长接待来访169人(次),批办案件66件,依法妥善处理群众涉法诉求。以涉检重复访为重点,深入排查化解苗头性、倾向性问题,实现了重大敏感时期涉检进京赴省“零上访”目标。

三、全力维护社会和谐稳定,促进社会管理创新

把深化三项重点工作作为检察机关维护社会和谐稳定的根本举措,坚决打击严重刑事犯罪活动,依法适用宽严相济刑事政策,促进社会管理创新。

严厉打击严重刑事犯罪

坚持“严打”方针不动摇,严厉打击严重刑事犯罪活动,全力维护社会和谐稳定。共批准逮捕各类刑事犯罪890件1397人,提起公诉1611件2456人,其中批准逮捕严重暴力犯罪212件314人,提起公诉282件417人;批准逮捕多发性侵财性犯罪393件588人,提起公诉547件830人。

全面贯彻宽严相济刑事政策

坚持该严则严,当宽则宽,依法不逮捕48人、不起诉14人。完善和规范贯彻宽严相济刑事司法政策的适用标准和具体方式,量刑建议、刑事和解、未成年人案件特殊办理等工作机制进一步健全,促进了办理案件的法律效果、社会效果、政治效果的统一,受到了案件当事人和社会各界的充分肯定。

积极参与社会管理创新

协调相关部门，健全社区矫正工作机制，积极探索社区矫正工作，保证社区矫正依法公正实施。在阳城县凤城镇设立了全市首家社区矫正检察室。及时掌握本地区的治安动态，定期分析社会矛盾纠纷背后的深层次问题，针对社会管理和诉讼环节存在的漏洞，向有关单位或部门发出检察建议45件，促进相关职能部门建章立制。积极参与对网络虚拟社会的建设管理，及时有效地应对了涉检网络舆情。

四、加大查办和预防职务犯罪工作力度，推动党风廉政建设和反腐败斗争不断深入

按照市委和省检察院关于反腐倡廉建设的总体部署，依法开展查办和预防职务犯罪工作。共查办各类职务犯罪82件92人，其中：立查贪污贿赂犯罪56件64人，渎职侵权犯罪26件28人。

积极查办职务犯罪大要案件

坚持“一要坚决、二要慎重、务必搞准”的原则，发挥侦查一体化机制和案件线索管理机制的作用，依法查办职务犯罪大案要案。共查处贪污贿赂、挪用公款大要案39件，占立案总数的69.6%；渎职侵权重特大案件5件，占立案总数的19.2%；查办科级以上干部案件32人，其中查办县处级干部9人。

突出查办重点领域职务犯罪

积极查办民生领域职务犯罪案件，共查处社会保障、教育、医疗等行业职务犯罪17人；突出查办涉农领域职务犯罪案件，共查处涉及农村基层干部贪污、挪用公款案件12件14人，有效化解了农村社会矛盾，保障了农民的合法权益。深入开展煤焦领域职务犯罪惩治工作，查办案件20件23人，较好地规范了煤焦领域监管秩序。

不断深化职务犯罪预防工作

组织了“全国检察机关惩治和预防渎职侵权犯罪展览”晋城巡展，市四大班子领导、全市司法、行政机关、企事业单位干部群众万余人参观了展览，广大干部深受教育，社会效果良好。建立了晋城市预防职务犯罪警示教育基地，高检院职务犯罪预防厅厅长、省检察院班子成员及各地市检察长和我市四大班子领导出席了揭牌仪式。市委把基地作为全市党政干部廉政教育基地，要求全市各单位组织人员到基地参观学习，先后有360余家单位16000余人参观学习接受教育，推动了我市反腐败斗争深入开展。

五、强化诉讼监督，依法维护司法公正和法律尊严

认真贯彻落实省人大常委会《关于加强人民检察院对诉讼活动法律监督工作的决定》

和省检察院会同各政法机关制定的四个配套规范性文件,与法院、公安、司法和国家安全等机关联合制定出台了《关于认真贯彻落实“四个规范性文件”的决定》,着力破解诉讼监督难题。

在刑事立案和侦查活动监督工作中,健全和完善与公安机关刑事案件信息通报制度,加强刑事立案监督,对应当立案而未立案的案件,监督立案70件,对不应当立案而立案的案件,监督撤案13件。加强对侦查活动的监督,共依法追捕27人,追诉24人,纠正侦查活动违法68件次。

在刑事审判监督工作中,重点加强对有罪判无罪、量刑畸轻畸重以及审判人员徇私枉法等问题的监督,对认为确有错误的刑事判决、裁定提出抗诉11件,法院审结10件。积极推进量刑建议工作,促进自由裁量权规范行使。全面开展职务犯罪案件一审判决两级检察院同步审查工作,强化职务犯罪案件审判监督。

在民事行政检察工作中,市检察院与市司法局联合制定了《关于建立民事行政检察与法律援助协调机制强化弱势群体维权保障措施的实施意见》,促进了社会弱势群体维权渠道的畅通和结果的公正。开展了“基层民行检察工作推进月”活动,进一步加强和改进了基层民行检察工作。对认为确有错误的民事行政裁判提出抗诉13件,法院改判10件。

在刑罚执行和监管活动监督工作中,认真落实《关于在刑罚执行和监管活动中加强协调配合与监督制约的规定》,健全提请裁定减刑、假释、保外就医工作的检察监督机制。加强对监管人员违法行为监督,依法立案查处看守所民警虐待被监管人员案件两起,维护了在押人员的合法权益。

六、健全自身监督制约机制,深入推进公正廉洁执法

把强化自身监督放在与强化法律监督同等重要的位置,更加自觉地接受外部监督,更加严格地加强内部监督。

自觉接受人大监督和政协民主监督。认真落实人大及其常委会决议决定,坚持重大工作部署、重大工作情况向人大及其常委会报告制度,主动接受政协、各民主党派和无党派人士的监督。认真办理代表建议、委员提案和转交案件,认真听取代表、委员意见和建议,加强和改进工作。

主动接受社会监督

广泛开展“检察开放日”、“开门评检”等活动,全面推行人民监督员制度,积极推进“阳光检务”。邀请人大代表、政协委员、人民监督员、司法和行政执法机关负责人以及律师、部分案件当事人、群众代表等参加了“开门评检”活动,诚恳征求对检察工作的意见和建议。

充分发挥晋城检察网站作用，及时发布检察工作的动态信息，接受社会监督。

着力强化内部监督制约

全面实施执法办案集中管理机制，案件全程管理、动态监督、案后评查和综合考评工作成效明显，受到了省检察院表彰奖励。加强对检察机关自身执法办案活动的监督，严格执行逮捕职务犯罪嫌疑人报上一级检察院审查决定制度和讯问职务犯罪嫌疑人全程同步录音录像制度，建立了执法档案制度，开展了案件评查活动，加强执法办案规范化工作，确保执法办案活动依法进行，促进了公正、廉洁、文明执法。

七、坚持从严治检，狠抓检察队伍建设

以公正执法为核心，以专业化建设为方向，强化对检察人员的教育、管理和监督，坚持抓基层打基础，不断提高检察队伍的政治素质、业务素质和职业道德素质。

加强思想政治建设和检察文化建设

深入开展"发扬传统、坚定信念、执法为民"主题教育实践活动，紧密联系检察人员思想和工作实际，丰富内容，创新形式，确保人人受教育，人人有提高；通过走访群众、问卷调查、开门评检、明察暗访等方式，查找问题，制定措施，抓好整改，增强了主题教育实践活动的针对性和实效性。大力推进检察文化建设，广泛开展创先争优活动和庆祝建党90周年的纪念活动，举办了"永远跟党走"主题演讲活动，成立检察合唱团，弘扬了正气，增强了队伍的凝聚力和战斗力。

加强队伍专业化建设

积极开展岗位练兵和学习型机关创建活动，把教育培训作为提高队伍专业化素质的根本性措施来抓，组织了检察官资格、领导素能、基层检察长、办案一线人员与新进、新任人员等多种培训教育，干警履职能力有了进一步提高。认真落实岗位准入制度，严格职业准入，依照法定条件选拔使用人员，提高了检察人员的业务素质和专业化水平。

加强纪律作风和自身反腐倡廉建设

认真贯彻执行《廉政准则》和《廉洁从检规定》，严格规范领导干部廉洁从检行为。层层签订党风廉政建设责任书，全面落实党风廉政建设责任制。积极推进反腐倡廉制度创新，建立廉政风险防控机制，对检察人员违纪违法行为做到提前预警、及时发现、有效控制。积极开展纪律作风集中教育整顿活动，进一步整肃机关工作纪律。严肃查处检察人员违纪违法案件，选取典型案例开展警示教育，促进纪律作风建设。

加强基层院"四化"建设

积极履行干部协管职能，在全省率先调整了基层院检察长，基层院领导班子结构进一步优化。通过完善工作目标,强化工作措施,建立督察制度,深化了基层院“四化”建设,提升了检察工作整体水平。阳城县院被评为“全国先进基层检察院”和“全国基层检察院‘四化’建设示范院”。沁水县检察院被评为全省“四化”建设示范院。其他基层院也基本达到了市检察院制定的“四化”标准。

各位代表,一年来,全市检察工作保持了健康平稳的发展态势,全市共有1名个人受到中央政法委表彰、11个集体受到最高人民检察院表彰、7个集体13名个人受到省级表彰、21个集体30名个人受到市级表彰。这些成绩的取得,是党委正确领导、人大有力监督、政府大力支持、政协和社会各界以及广大人民群众关心帮助的结果。在此,我代表全市检察机关和全体检察人员向各位代表、政协委员,向所有关心支持检察工作的领导和同志们表示衷心的感谢!

回顾一年来的工作,我们清醒地认识到,检察工作还存在一些不足之处。一是服务大局的能力水平有待提高,还存在服务意识不够强,措施落实不够到位,服务成效还不明显的问题。二是诉讼监督仍显薄弱,还存在监督不规范不到位的问题。三是队伍整体素质有待提升,少数检察人员还存在着业务水平不够高以及特权思想、霸道作风的问题。对此我们将高度重视,认真加以解决。

各位代表,今年是我市实施“十二五”规划纲要、推进转型跨越发展的关键之年。全市检察机关将认真贯彻党的十七大、十七届六中全会以及中央经济工作会议、全国政法工作会议、全国检察长会议、全省政法工作会议精神,按照市委六届二次会议的安排部署,以邓小平理论和“三个代表”重要思想为指导,深入贯彻落实科学发展观,紧紧围绕我市转型跨越发展大局,以执法办案为中心,以深化三项重点工作为着力点,以营造和谐稳定的社会环境迎接党的十八大胜利召开为目标,以落实“十二五”时期晋城检察工作发展规划纲要为抓手,强化法律监督、强化自身监督、强化队伍建设,全面提升检察工作水平,为转型跨越发展提供坚强有力的司法保障。围绕这一思路,今年将重点抓好以下五个方面的工作。

(一)自觉服务和保障转型跨越发展

要进一步增强政治意识、大局意识、责任意识,以推动发展、维护稳定、促进和谐为方向,按照市委的决策部署,充分发挥打击、预防、监督、教育、保护等职能作用,积极营造诚信有序的市场环境、廉洁高效的政务环境、公平公正的司法环境、规范健康的文化环境、和谐稳定的社会环境。正确把握罪与非罪界限,改进办案方式方法,既准确打击犯罪,又有效保护改革创新,努力实现执法办案法律效果和社会效果的有机统一。

(二)积极参与加强和创新社会管理

依法严厉打击危害国家安全、社会治安、公共安全的犯罪活动。配合有关部门,加强对重点地区、重点人群的社会管理。针对执法办案中发现的问题,及时向有关部门提出完善社会管理的对策建议。加大涉检信访工作力度,切实加强执法办案风险评估预警工作,把排查、预防和化解矛盾纳入执法办案的每一个环节,努力从源头上预防和减少社会矛盾。坚持把群众工作作为参与社会管理的重要内容,健全检群联系工作机制,精心构建服务群众平台,提高服务群众工作的能力和水平。

(三)进一步强化执法办案工作

坚持以执法办案为中心,进一步加强批捕、起诉、查办和预防职务犯罪、诉讼监督工作。深入贯彻落实中央、全国人大常委会《关于加大惩治和预防渎职侵权违法犯罪工作力度的若干意见》的重要指示和审议意见,深化开展严肃查办危害民生民利渎职侵权犯罪专项活动;依法查办发生在领导机关和领导干部中贪污贿赂、失职渎职犯罪案件,重点领域和关键环节职务犯罪案件,重大责任事故和群体性事件中涉及的失职渎职及背后的腐败犯罪案件,发生在基层政权组织和重点岗位以权谋私、滥用职权的犯罪案件,以案谋私、贪赃枉法和为黑恶势力充当"保护伞"等犯罪案件;深入贯彻落实《山西省预防职务犯罪工作条例》,认真开展工程建设领域、民生和扶贫领域专项预防工作,切实保障国家或政府投资安全,促进我市惩治和预防腐败体系建设;加强对诉讼活动的法律监督,扎实抓好四个配套规范性文件的落实,提高监督质量,增强监督实效。

(四)不断加强检察队伍建设

以开展"忠诚、为民、公正、廉洁"为主题的政法干警核心价值观教育实践活动为载体,深入推进保持党的纯洁性教育,进一步深化社会主义法治理念教育,牢固树立正确的发展理念和执法理念。积极参与省检察院"351"人才选拔培养工程,以执法办案一线人员和基层检察人员为重点,加大检察业务培训力度,强化队伍业务能力建设,激励和引导检察人员不断提高执法水平。加强先进检察文化建设,充分发挥检察文化育人功能。加强对执法办案活动的监督,促进自身反腐倡廉建设。

(五)扎实推进基层院"四化"建设

以"四化"建设为抓手,全面落实2009—2012年基层检察院建设规划,推动基层检察院建设协调发展、整体提高。坚持抓班子、带队伍,加强领导班子建设和检察队伍建设,不断提升队伍的政治素质、业务素质和职业道德素质。加快推进检察信息化建设。加大检务保障工作力度,推动办案办公条件进一步改善,打牢检察工作科学发展基础。

各位代表,面对新形势、新任务,我们深感责任重大。全市检察机关将在市委和省检察院的正确领导下,在两级人大及其常委会的监督支持下,认真贯彻落实本次大会精神和决议,振奋精神,开拓创新,真抓实干,努力开创全市检察工作新局面,为我市转型跨越发展做出新的更大的贡献,以优异成绩迎接党的十八大胜利召开!

关于2011年国民经济和社会发展计划执行情况和2012年国民经济和社会发展计划的报告

——2012年3月1日在晋城市第六届人民代表大会第二次会议上

晋城市发展和改革委员会主任　秦李芳

各位代表：

受市人民政府委托，现向大会报告2011年全市国民经济和社会发展计划执行情况，以及2012年国民经济和社会发展计划草案，请予审议，并请政协委员和其他列席人员提出意见。

一、2011年全市国民经济和社会发展计划执行情况

2011年是实施“十二五”规划的开局之年，是全省转型综改试验区建设的起步之年，是转型跨越发展的关键之年。一年来，在市委的正确领导下，在市人大的有效监督下，全市上下以科学发展为主题，以加快转变经济发展方式为主线，以转型综改试验区建设为统揽，着力推动转型跨越，社会事业全面进步，圆满完成市五届人大八次会议确定的目标任务，全市经济社会发展总体上保持了“运行平稳、质量提升、效益较好、民生改善、转型加快”态势，实现了“十二五”的良好开局。2011年全市主要指标达到或超过预期，其中地区生产总值完成895亿元，增长13.6%。财政总收入达到181.8亿元，增长18.6%；公共财政预算收入达到67.9亿元，增长22.4%。固定资产投资完成504.1亿元，增长29.5%。社会消费品零售总额实现224.5亿元，增长17.5%。外贸进出口总额完成113 516万美元，增长110%。城镇居民人均可支配收入达到20 127元，农民人均纯收入达到7043元，分别增长16%和19.4%。

附表1： 2006—2011年全市地区生产总值和财政总收入情况

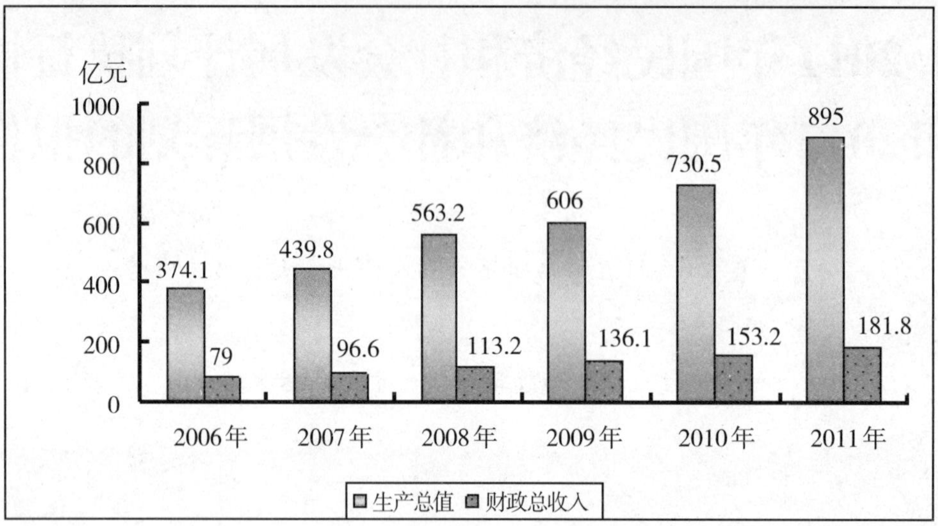

附表2： 2006—2011年全市外贸进出口总额情况

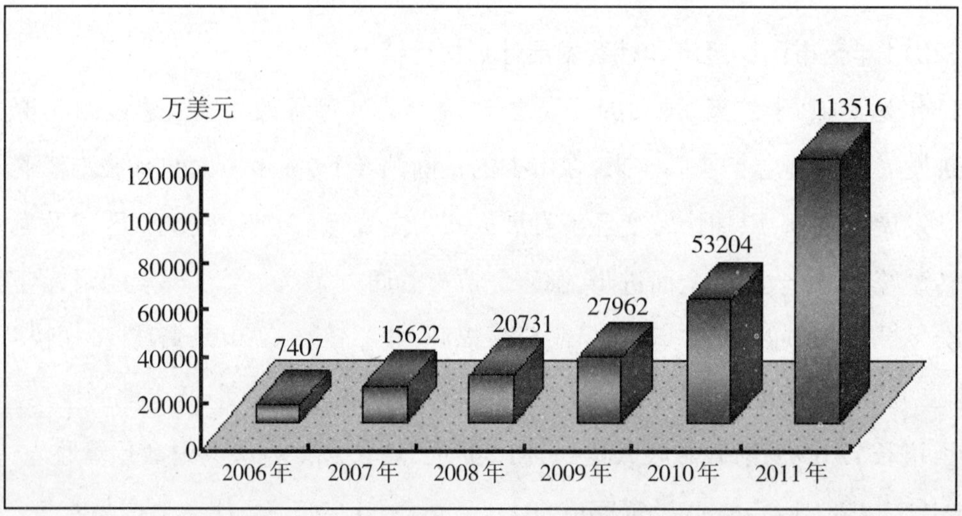

(一)把争当全省先行区和示范区作为加快转型跨越发展的重要抓手,转型综改试验区建设顺利起步

自山西被批准为资源型经济转型综合配套改革试验区以来,晋城不等不靠,主动作为,大胆探索,先行先试,做了大量卓有成效的工作,转型综改试验区建设顺利起步,扎实推进。

高起点完成行动方案。编制完成《晋城市资源型经济转型综合配套改革试验行动方案(2011—2012年)》,已上报省转型综改办。该行动方案明确了2011—2012两年乃至今后更长时期的思路,围绕突出重点、突显亮点和突破难点制定了详细的行动计划。

快速启动先行试点工作。"一市两县"试点稳步推进,目前省级试点高平市的行动方案已经编制完成并上报省综改办,市级试点泽州县的行动方案也已经完成初稿。"一市两园"试点工作进展顺利,金匠科技创新园主干道等基础设施建设完工,富士康、金鼎煤机、中道能源、硕阳光电等一批高新技术企业已经在园区开工建设;巴公循环经济园现有的钢铁、铸造、化工企业先后开展了循环化改造,园区内冶炼—铸造—机加工—装备制造、煤—化工—建材循环经济产业链初步形成。"一县一企"试点工作全面展开,在每个县(市、区)各遴选了两个企业作为试点,目前均进展顺利。

强力推进标杆项目建设。围绕"产业转型、生态修复、城乡统筹、民生改善"四大领域,我市遴选了富士康精密制造、晋煤绿色煤电多联产、金鼎煤机制造、丹河流域生态环境治理等23个在本市影响大、带动性强、见效快的重点项目加以推进,目前14个项目已开工建设,其中有7个已经取得明显成效,将在今年上半年陆续建成投产。

全面推进重点领域先行先试。一是推进建设用地分配方式改革,对煤矸石、沉陷区、废弃工矿地整治形成的土地实施用地指标置换,深化城乡建设用地增减挂钩试点。二是通过吸引各商业银行、基金公司等来我市设立分支机构,强化政银企合作机制,鼓励民间资金发展战略性新兴产业等一系列措施,从一定程度上缓解了我市转型发展的项目融资难问题。三是开展实施推动转型发展"十百千"工程,着手培育10个上市企业、100名优秀企业家、1000个转型项目作为推进转型发展的"领跑者",担当全市转型发展的主力军。

(二)把转方式调结构作为转型跨越发展的首要任务,全力推动产业转型升级

依托资源优势和产业基础,加快转型升级步伐,三次产业协同发展。

农业产业化发展迅速。农业生产稳定发展,全年粮食播种面积312.3万亩,总产量达到9.2亿公斤,比上年增产0.6%,粮食总产量再创历史新高。农业机械化快速推进,综合机械化水平达到61.1%。大力发展"一村一品、一县一业"为特色的农业产业,巴公大葱、北义城红薯、鲁村小米等一大批具有浓郁地方特色的品牌产品走出太行山麓,六大特色产业发展加快。畜牧业生产稳定增长,全年生猪存出栏分别增长8.5%和11.1%。蚕桑业,全市桑园总面积达到15万亩,蚕茧产量540万公斤,蚕茧收入2亿元。蔬菜产业重点突出秋冬菜和反季节菜两大特色,大力发展脱水、速冻、保鲜、调理蔬菜汁等新产品和无公害绿色产品基地。干鲜果业,以高平黄梨、钙果为基地大力发展黄梨汁加工产业,全市的干鲜果面积达到66.4万亩,果品产量达到0.9亿公斤。小杂粮业,培育了彤康食品、五色土杂粮等一批享誉国内的名优特农副产品。中药材种植面积达到23万亩,陵川县党参基地通过了国家GAP认证,成为山西省第一个通过国家GAP认证的中药材产品。通过招商引资,一批农业产业化项目

落户晋城,如泽州巴公双峰农业开发有限公司从韩国青绿园引进了万吨食用菌项目,伊健食品从太原引进了山西华龙泰集团10万吨谷物早餐工程项目,山西大象农牧集团与沁水县合作投资建设了肉鸡产业化发展项目等。

附表3： 2006—2011年全市粮食总产量

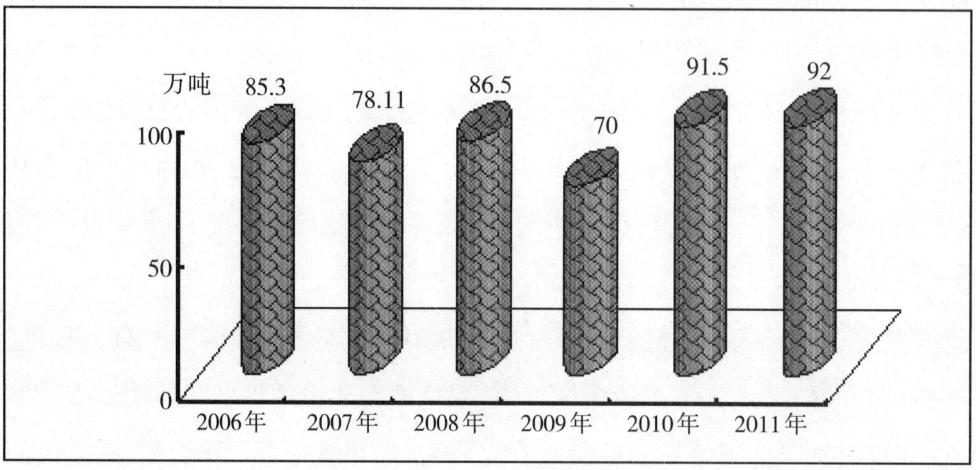

新型工业化步伐加快。积极稳妥地推进煤炭企业兼并重组整合,煤炭产业规模化、集约化、机械化、信息化水平显著提高,煤炭产业的整体素质和资源利用水平大幅度提升,安全生产达到历史最好水平。地方煤炭产量突破5000万吨,达到5119万吨。电力生产和消费保持了持续增长,国投热电厂一期工程投入运营。完成晋煤能源公司2×13.5万千瓦煤矸石发电项目建设。高平煤电一体化、华能阳城电厂前期工作深入展开。中电明秀瓦斯发电一期项目进展顺利。煤层气产业继续快速发展,全市累计建成地面抽采钻井4792口,地面煤层气年抽采能力达36亿立方米以上。全市煤层气抽采量达到32.3亿立方米,其中井下抽放瓦斯13.3亿立方米,地面抽采煤层气19亿立方米。与中石油华北油田公司签订煤层气合作开发利用框架协议,携手推动煤层气开发利用的规模化、产业化,实现企地资源共享、利益共赢,为“气化山西”发挥了引领和示范作用。国内规模最大的煤层气液化项目——日处理煤层气液化90万立方的天煜新能源煤层气液化项目进展顺利。煤化工产业发展重点已由传统煤化工向新型煤化工和精细煤化工方向转变,金象煤化工年产18万吨合成氨30万吨尿素等项目联动试车,晋煤集团百万吨煤制油项目正式奠基,天地王坡煤业年产2万吨煤基大颗粒活性项目正在积极筹备。金鼎煤机金匠园区开工奠基、纽威信10万吨精密数控机床项目落地高平,这些项目将引领我市装备制造业的发展。高新技术产业发展壮大,我市高新技术企业已达8家，并再次获得“全国科技进步考核先进市”荣誉称号。投资1000亿元的富士康金匠工业园区项目奠基开工，打造世界精密制造之都的战略规划扎实起步；皇城相府中道能源锂离子电池项目开工建设；硕阳光电建成投产；唐一新能源、融高太阳能即将投运。目前，我市已初步形成以富士康科技工业园、鸿诺光电、唐一新能源、乐百利特、富基新材料、皇城药业、兰花汉斯等为代表的涉及电子信息、装备制造、新能源、新材料、生物制药、丝麻纺织等多个领域的高新技术产业发展格局。2011年全市高新技术产业增加值占GDP的比重达到8.5%。

“一区六园”建设扎实推进。积极遵循“产业集结、工业集聚、企业集群”的发展思路，我市工业园区建设进入了一个新的发展时期。目前，我市“一区六园”规划面积已达到133.23平方公里，总资产达到735亿元，入驻企业达到62户，职工人数达到63 341人，超亿元企业数达到27家。“一区六园”完成工业增加值124.8亿元，实现销售收入420.8亿元。

现代服务业发展加速。加大服务业发展力度，积极推动传统服务业的上档升级，主动接轨大上海，融入长三角，到服务业最发达的上海等城市去招商引资、招财引智，白马寺山森林公园太行明珠游乐城等项目在我市成功落地。大力发展金融保险、信息咨询等生产性服务业。建立健全物流产业动态监测制度。加快协调推进豪德、兰花、晋运等大型物流园区和配送中心的建设。全年服务业增加值增速达9.1%，超过了全省和全国的增长速度，位次在全省前移。

旅游景区建设取得新进展。皇城相府景区荣膺国家5A级景区，成为我省继云冈石窟、五台山之后第3家5A级景区。目前，我市有5A级1家，4A级5家，3A级5家，2A级5家，A级以上景区共计16家，数量居全省第二。旅游星级“农家乐”发展势头良好。新发展122家星级“农家乐”，其中二星级60家，三星级62家。全年实现旅游总收入90.86亿元，同比增长18.9%。

文化产业发展形势喜人。在第六届中博会和2011年中国（上海）创意产业博览会上，泽州县二十八宿影视公司创作的《大耳朵爷爷历险记》获得积极反响，该公司分别与山西出版传媒集团、北京百市千县传媒有限公司以及北京优扬文化传媒有限公司三家单位代表签署了版权合作协议，签约总额达1亿元。在培育经济增长新亮点上，还研发和推广了“枣山”和“口礼馍”两种极具地方特色、文化内涵丰富的产品。晋城被中宣部等授予全国文化体制改革工作先进地区，并荣获“全省文化建设先进市”称号。

（三）把招商引资和项目推进作为加快转型跨越发展的头等大事，项目建设成效显著

加大项目库建设、对外宣传、策划创意等方面工作力度，不断增强经济发展支撑能力。

全力实施“对接上海,融入中原”战略。积极创新招商模式,通过小分队出击、大队伍跟进、板块式招商的方法,对准富士康、对准上海,对准华润、对准晋煤开展密集化招商引资,大项目建设已初见成效。2011年,全市共签约招商引资项目128个,项目总投资2933.99亿元,占年度目标的274.81%,拟引资2498.27亿元。签约项目到位资金80亿元,同比增长406.33%。66个项目开工建设,同比增长353%。

狠抓大项目储备策划。将全市10 000亿大项目储备任务、2000亿元的大项目策划任务、1000亿元的大项目落地任务层层分解。从今年起,将项目储备工作纳入全市年度目标任务考核体系,由发改委负责分解项目储备计划,并进行检查和考核。截至目前,全市储备项目1776项,总投资约10 000亿元,其中投资100亿元以上项目21项,总投资4554亿元;50亿—100亿项目20项,总投资1312亿元。

重点工程建设力度加大。2011年全市重点工程项目共169项,总投资1463.2亿元,计划完成年度投资348.52亿元,全年实际完成投资466.3亿元,完成率为133.8%。重点工程建设和重点项目落地超额完成全年目标任务,为实现全市固定资产投资目标做出了重要贡献。

附表4: 2006—2011年期间重点工程分年度完成情况表

年度	项目个数	总投资(亿元)	年度计划完成投资(亿元)	实际完成投资(亿元)	投资完成率(%)	实际完成年度投资同比增长
2006年	12	189.13	62.03	57.52	92.3	291.4
2007年	19	270.16	42.98	45.4	105.6	-20.7
2008年	19	257.64	37.8	39.27	103.9	-13.5
2009年	55	343.8	107.8	212.3	196.9	440.6
2010年	107	546.4	189.02	313.73	166.0	47.8
2011年	169	1463.2	348.52	466.3	133.8	48.6

多渠道争取资金。通过发改委系统共争取资金6.5亿元,安排项目336项,涉及农业、工业、生态、城建、社会事业等方面,有效缓解了全市经济社会发展资金不足的问题。积极推进资本市场发展,加强上市企业的储备和培育,努力争取企业债券发行,引导企业在银行间市场和资本市场筹集发展资金。2011年新增2家拟上市企业,目前拟上市储备企业已达到

11家。沁和能源集团有限公司与广发银行股份有限公司合作，首次在中国银行间债券市场成功注册10亿元短期融资券，第一期5亿元已发行完成，年可节约财务成本600多万元。

（四）把城乡一体化建设作为加快转型跨越发展的根本途径，市域城镇化建设步伐加快

围绕全省“一核一圈三群”的规划布局，着眼加快形成以“一城”“两翼”为主体的晋城市城乡一体化发展格局，加大基础设施建设力度，市域城镇化建设稳步发展。

完善城乡规划体系。以城市和县城总体规划为依据，搞好建设片区详细规划，指导新区建设，进一步完善各类专项规划。《晋城市一城两翼城镇群发展规划》编制完成并开始方案论证，中心城市各类专项规划和主城区控制性详细规划基本实现全覆盖。编制完成《晋城市沁河流域特色城镇化发展规划纲要》、《沁河生态景观廊道概念规划》、沁河流域郑（庄）—端（氏）—嘉（峰）区域、润城区域、北留周村区域和皇城相府区域四个片区的特色城镇化总体规划、《中心城市环城高速周边区域城乡一体化发展规划纲要》。规划的科学指导作用、引领作用得到有效发挥。

综合承载力稳步提高。不断加大基础设施建设，凤城南路已建成通车，兰花路、延伸红星东、西街开工建设，可新增道路里程6.08公里。加大煤层气利用推进力度，市区和各县城全部开通煤层气，主城区在晋城热电集中供热管网建成后，新增集中供热能力1227万平方米，主城区气化率达到90%。

市容市貌发生更大变化。完成泽州路、凤台街路面改造工程，改造总长13.3公里、面积41.3万平方米，极大改善了城市主干道的交通环境。完成40条背街小巷的改造，改造总长度19.98公里，总面积16.5万平方米，不仅硬化了路面、安装了路灯，而且同步接通、改造了煤气、供热、自来水、排水管网，近13万老城居民直接受益。城市水系建设积极推进，白马寺温馨湖建成，主城区花园头河景观水系开工建设。白马寺森林绿化上档升级。城市建成区绿化覆盖率达到45.8%。荣膺“国家卫生城市”，为建设宜居城市又多了一张新名片。

附表5："三个县县有、四个达标"工程和"百镇建设"工程

从2011年起，全省统一开展"城镇扩容提质大行动"，重点实施"三个县县有、四个达标"工程和"百镇建设工程"。

"三个县县有"：有垃圾无害化处理场、集中供热和生态文体公园。

"四个达标"：城市燃气、供水、污水处理和道路建设达到国家标准。

"百镇建设工程"：全省确定100个乡镇，实施"六项工程"建设(新区建设、旧区综合整治和中心街市建设、市政道路和供排水设施建设、燃气设施建设、垃圾和污水处理设施建设、公园绿地建设)。我市有14个市级重点镇，其中北留镇、嘉峰镇列为2011年首批全省重点示范镇。

特色城镇化建设加速。启动实施了"三个县县有、四个达标"工程和"百镇建设"工程，促进县城扩容提质和特色城镇化示范片区建设。四个县城积极拓展新区建设，实施旧城改造。按照已编制完成的各项规划，百里沁河景观走廊正在设计阶段。

(五)把城乡生态化作为加快转型跨越发展的基本要求，环境保护得到持续加强

大力发展循环经济。编制完成晋城市"十二五"循环经济发展规划。在原有5家省级循环经济试点单位的基础上，经努力，我市又有3家企业被列入省级循环经济试点单位。提出发展循环经济的"晋城模式"，将成为向全国推广循环经济经验的60多个模式之一。兰花集团纳米碳酸钙、旧城区街巷路灯节能改造、历山LED灯具节能等循环经济项目均进展顺利。

强力推进节能减排。重点抓了煤炭、电力、化工、冶铸、焦化、建材等重点工业耗能行业和重点耗能企业的监管。全面控制污染物排放总量，对列入省政府环境污染末位淘汰范围的12家企业实施了关停和取缔。重点实施的38个污染减排项目顺利推进。深入开展丹、沁"两河"流域环境综合整治，加大对丹河流域化工企业的监管力度，推进化工行业生产工艺废水零排放技改工程，确保各企业排放稳定达标。全市地表水水质持续好转。丹河、沁河10个监测断面中有6个达标，出境断面稳定达到功能类别要求。全市集中式饮用水源地水质达标率稳定达到100%。全市共审批新、改、扩建的190个项目环评和"三同时"执行率达100%。

附表6： 2006—2011年全市一级和二级以上天

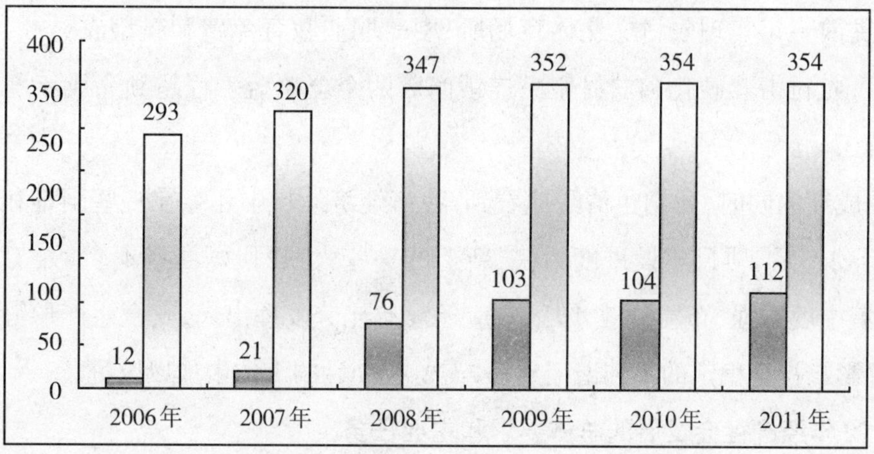

环境质量进一步改善。继续实施“蓝天碧水工程”，开展生态示范创建活动，完成了4个国家级和16个省级生态村镇的申报工作。环城、阳翼和高陵三条高速的通道绿化基本完成，丹河两岸实施的绿化工程稳步推进。联合国环境规划署授予我市“中国区环境规划优秀示范城市”称号。加大市区环境综合整治力度，市区环境空气质量稳定达到国家二级标准。优于二级的天数达到354天，与上年持平，其中一级天数创历史纪录，达到112天。空气综合污染指数为1.7，较上年(1.72)下降了0.02。

(六)把改善民生作为加快转型跨越发展的最终目的，社会事业全面发展

加大社会保障体系建设。开展创建国家级创业型城市工作，推动就业规模不断扩大。2011年新增就业岗位3.37万个，城镇登记失业率为2.2%，低于省控目标2个百分点。开工建设14 416套保障性住房，完成投资16.38亿元，完成主体5000余套。

教育医疗卫生事业发展较快。晋城学院建设教学北区工程基本竣工，南区进入实质性实施阶段。市中等专业学校的搬迁扩建工程、汇仟小学、凤城中学、晋城爱物学校(秀水苑学校)等四所学校开工建设。加快推进医药卫生体制改革，全面完成医疗制度改革任务。加快晋城大医院建设步伐，公共卫生和医疗服务体系更加完善，医疗服务水平进一步提高。全市新型农村合作医疗参合率达到98.16%。我市在村卫生室全覆盖的基础上，还完成了497个村卫生室搬迁改造任务，村卫生室房屋已全部实现公有化。

强力推进扶贫攻坚。出台《进一步推进扶贫攻坚工作的十条措施》，市财政安排2500万元专项扶贫资金，动员社会各界捐助扶贫资金4300多万元，启动了223个扶贫攻坚重点帮扶村，经过三年的扶贫攻坚，贫困村农民收入由2008年的2429元增加到3652元，增长

50.3%。

积极推进农村新的“五个全覆盖”。加大协调力度，明确责任分工，强化资金保障，健全工作机制，提前一年实现农村文化体育场所、中等职业教育免费和新型农村社会养老保险三个全覆盖，农村街巷硬化和农村便民连锁商店两个全覆盖工程超额完成年度任务，综合排名全省第三。

在总结成绩的同时，我们也清醒地看到，我市经济运行中还存在一些困难和问题，如投资增长的后劲不足，项目建设进度不快，新上的一些大项目、好项目不多，开工、落地率不高；产业的集中度不强，布局分散，园区效应还没有充分发挥出来；安全生产形势依然严峻，还存在一些影响社会稳定的不和谐因素等，需要在今后的工作中加以改进。

二、2012年经济社会发展的总体要求和主要任务

今年是“十二五”规划实施承上启下的重要一年，是转型跨越的关键之年，也是省委省政府确定的“项目落地年”。做好今年经济社会发展的各项工作意义重大。

总体分析，今年全市面临的发展形势仍然严峻复杂。全球经济复苏进程艰难曲折，不稳定和不确定因素明显增加；国内经济面临外部冲击和内部调整的双重压力，稳增长、调结构、控物价任务艰巨。但也要看到，我市有更多加快发展的有利因素。中央继续实施积极的财政政策和稳健的货币政策，坚持分类指导、有扶有控，大力支持实体经济发展，政策环境总体有利；我省转型综改试验区建设全面推开，转型跨越、再造一个新山西已成为全省上下的共识；我市近年来基础设施明显改善，新型产业不断壮大，区位、交通、农业、旅游、文化等优势日益凸显。尤其是袁纯清书记给我市提出了“把晋城打造成全省重要增长极和新兴产业支撑基地”，市第六次党代会确定了争当全省“以煤为基多元发展的先行区和示范区”的目标任务，激发了广大干部群众干事创业的巨大热情。所以，我们既要清醒地认识面临的压力，更要看到发展的有利条件，趋利避害、扬长补短，坚定信心、务实奋进，进一步理清发展思路，瞄准发展目标，切实增强争先进位、转型跨越的历史使命感和责任感，矢志走出一条具有晋城特色的转型跨越之路。

全市国民经济和社会发展的总体要求是：突出转变经济发展方式主线和稳中求进、好中求快总基调，扭住“项目落地年”这个重点，加快以煤为基、多元发展步伐，着力保持先发优势，着力创优人居环境，着力扩大开放引进，着力保障和改善民生，着力创新社会管理，在“四化统筹”中建设转型综改试验先行区示范区，坚定不移争当全省转型跨越排头兵，坚定不移加快全面建设小康社会步伐，以优异成绩迎接党的十八大胜利召开。

按照上述总体部署要求，确定了2012年经济社会发展的主要目标。主要预期指标是：

生产总值增长15%,财政总收入、公共财政预算收入分别增长16%,规模以上工业增加值增长18%以上,固定资产投资增长30%,社会消费品零售额增长17%,城镇居民人均可支配收入增长13%,农民人均纯收入增长15%以上,居民消费价格总水平涨幅控制在4%左右。

主要约束性指标是:万元GDP综合能耗下降3.5%,二氧化硫、化学需氧量分别下降2%、1.3%,城镇登记失业率控制在4.2%以内。

2012年,要在全面做好各项工作的同时,重点抓好以下八方面工作。

(一)以转型综改试验区建设为重点,努力在转型项目、政策创新、板块突破、破解难题上先行先试

全面贯彻落实全省转型综改试验区先行先试推进大会精神,以全市转型综改行动方案确定的总体思路为指导,以“最关键最主要的、能率先动起来的、见效快的”的为主要抓手,采取更加有力的措施,切实抓好落实,使我市的转型综改试验工作迈上一个新台阶。一是在推进转型项目建设上先行先试。实施非资源类产业培育工程,大力发展高新技术、装备制造、商贸物流、文化旅游四大产业。二是在建设区域经济中心上先行先试。依托我市地处中部崛起、山西综改试验区和中原经济区三大国家经济发展战略板块的交汇点,全面启动建设跨行政区划的区域经济中心战略。三是在创新招商引资方式上先行先试。围绕“对接上海、融入中原”对外开放战略,坚持引进高端人才、引进先进技术、引进高新技术产业相结合,全方位提升招商引资的质量。四是在推进“四化”联动发展上先行先试。根据“四化”的内在关系,按照工业园区化、园区社区化、社会城镇化的思路,进一步提高“四化”推进效率。五是在创新土地供给上先行先试。继续稳妥推进城乡建设用地增减挂钩和煤矿土地整合利用,积极开展工矿废弃地复垦调整使用试点。六是在加强环境保护和生态治理上先行先试。着力削减污染物排放总量,开展环保集中整治专项行动和环境综合治理。七是在拓宽投融资渠道上先行先试。鼓励发展保险、证券、期货、担保等非银行金融机构,强化政银合作机制,积极鼓励企业上市。八是在推进煤层气合作开发利用上先行先试。积极推广企地合作开发模式,建立煤与煤层气协调开发制度。九是在加强和创新社会管理上先行先试。十是在优化发展环境上先行先试。逐步建立审批程序“一站受理”的“联动登记”模式,简化审批流程,加快审批进度。

(二)以投资和项目建设为重点,保持经济平稳运行

做好项目储备和推进。首先,要及时掌握国家、省资金安排动向,最大限度地争取国家和省对我市项目建设的支持。其次,要按国家政策要求,认真谋划项目,集中力量、集中精力,增加项目储备,加快项目前期工作,努力建设一批群众期盼、关系我市经济长远发展的

大项目、好项目。三是继续关注国家高速铁路建设政策动向,积极协调推进晋城至焦作城际铁路前期相关事宜;密切关注国家、省“十二五”航空机场建设规划及建设动态,多方接洽,积极开展我市机场项目相关前期研究。

认真开展“项目落地年”活动。一要继续抓好重点工程项目建设。2012年全市拟列省市重点工程233项,总投资2062.2亿元,年度计划完成投资480.9亿元,其中:省级重点工程33项,总投资872.8亿元,年度计划完成投资171.7亿元;市级重点工程200项,总投资1189.4亿元,年度计划完成投资309.2亿元。二要加大重点项目协调力度。继续实施重点项目“四位一体、统筹推进”的工作机制,加快落实重点项目建设条件,促进项目早开工,做到明确责任主体、职责任务、工作标准、时限要求,努力做到“确保投产一批,加快续建一批,开工建设一批,深化前期一批,谋划储备一批”。三要积极主动跟进,提高项目落地率。对于目前在建但进度较慢的项目,所在县区和责任部门要强化工作责任,层层分解任务,着力解决影响工程进度的矛盾和问题,需市政府协调解决的重大问题,要及时上报。四要继续加大项目稽察力度,推进民生工程、基础设施、生态环境治理、自主创新、产业结构调整和现代服务业发展等项目的稽察监管,努力提高转型跨越发展项目的质量和效益。

(三)以农业增效、农民增收为重点,扎实推进新农村建设

加强农业基础设施建设。要按照“十二五”水利发展规划,加快“井”字型骨干大水网、城乡一体化饮水安全网、农田水利灌溉网三个大水网建设。继续实施兴水战略,抓好“四供八库”新水源、沁河丹河综合治理、任庄水库调水、郭壁供水改扩建、杜河提水、大磨河水库等水源工程建设,恢复续建曹河、磨滩水电站。实行最严格的耕地保护制度,抓好重点造林绿化工程。

大力发展现代农业。突出农业科技创新重点,加强农业基础研究,提升农业技术推广能力。大力推进农业机械化,加快机械化保护性耕作、机械化深耕作业等农机化新技术推广力度,不断提高现代农业装备水平。继续推进畜牧、桑蚕、蔬菜、干鲜果、小杂粮、中药材等特色产业发展,深挖加工增值,拓展营销渠道。大力发展“一村一品、一县一业”,加快实现户有专业、村有规模、乡有特色、区有龙头的产业新格局。抓好以生猪、蛋鸡为主的畜牧养殖产业,培育扶持肉鸡、养蜂两个新兴养殖加工产业。坚持发展农业产业化龙头企业,重点抓好高平雨润、泽州彤康、沁水大象、陵川县五色土等农业产业化企业发展,增强辐射带动能力。全力推进“百万棚设施蔬菜建设工程”。抓好农村休闲观光,充分发挥秀美太行、古建人文旅游资源,推动“农旅一体”创意农业发展。

努力增加农民收入。继续实施倒推倒逼机制、分工负责的办法,进一步加大提高农民

工资性收入、经营性收入、转移性收入和财产性收入的工作力度。大力发展农副产品加工业，延伸产业链条。要确立“工业向园区集中，农民向城镇集中，农民用地向规模经营集中”的发展思路，通过加大农村劳动力转移就业和农民技能培训力度等途径，以城镇化、工业化促进农民增收。

扎实推进扶贫开发和新农村建设。坚持开发式扶贫和农村社会保障两手抓，加大市县财政扶持力度和社会帮扶力度。要抓好新规划的300个新农村重点推进村、10个城乡一体化发展示范区和60公里环城高速范围内30个新农村连片建设。完成农村街巷硬化、农村便民连锁店两个全覆盖工程，确保农村新的“五个全覆盖”全部完成。

(四)以经济结构调整为重点，提高城市核心竞争力

集中力量抓好新兴产业的培育和发展。针对我市当前经济运行中产业单一、发展后劲不足的突出问题，抓紧制定我市培育和发展战略性新兴产业实施方案。建立战略性新兴产业项目库，分年度选择一批前期手续成熟的重点项目进行培育扶持，带动我市战略新兴产业发展。要充分发挥高新技术产业在经济发展中的放大、带动、集聚、引领作用，加快壮大其规模和实力，形成扩张和倍加效应。加强与富士康的对接与沟通，开展全方位的服务，高效率、快节奏地推进富士康金匠中原计划建设。围绕淘汰落后和整体提升，加快集约化发展，努力形成铸造产业集群。

推进资源型产业新型化。坚持以煤为基、多元发展，充分发挥煤炭产业的支撑作用。巩固提升煤炭资源整合煤矿兼并重组成果，抓紧督促保留矿井尽快复产复工，加快推进整合改造矿井的整合改造和技术升级，提高煤炭资源综合利用水平。培育现代煤业集团，提高煤炭行业机械化、信息化、集约化、多元化发展水平。全面加快晋城电网建设速度，重点推进沁水电厂和高平电厂尽快在国家取得路条，积极推进瓦斯发电、风力发电等项目的前期、核准和建设工作。加强煤层气产业发展规划，积极争取在我市开展煤层气资源开发利用先行示范区综合配套改革工作，力求在采煤采气一体化、气权依附煤权，建立煤层气产销调控机制，煤层气综合利用项目的审批权下放市一级管理等几个方面有所突破。积极调整煤化工产业结构。重点抓好兰花煤化工二期及化肥公司的搬迁改造，积极推进晋煤集团、国投等项目的开工建设工作。加快构建以清洁高效燃料发电为主体，以煤层气、煤矸石等多元发电为支撑，与智能电网建设相协调的电力产业体系建设。

大力推进园区建设。加大项目用地的协调力度，研究工作策略和方法，做到土地与项目的无缝对接。继续抓好“一区六园”建设，理顺园区管理体制，提升管理水平，提高服务质量。本着“谁投资，谁受益”的原则，积极拓宽融资渠道，吸引各类主体参与园区基础设施建

设。推进园区的可持续发展,在园区内形成有效循环。加快科技园区和孵化基地等创新平台建设,提升产学研合作服务能力。

加大现代服务业发展力度。积极与上海现代服务业联合会对接,吸引大品牌、大企业入驻,加快大型物流园区和商贸市场的建设,抓好锦江之星、豪德二期、沃尔玛、兰花物流等项目建设的落地工作。全力打造商贸物流中心,加快批发零售业的发展。认真抓好项目培育工作,建立健全服务业项目库。完善旅游配套设施,打造先进精品旅游线路,开发特色旅游产品,促进旅游与文化的深度融合。与中原旅游进行"无缝对接",深度融入周边市场。加大重点景区开发提升力度,启动陵川休闲旅游度假目的地建设。

(五)以统筹城乡为重点,不断提高城镇化水平

加快城乡一体化建设,是贯彻落实科学发展观的基本要求,是进一步缩小城乡差距的必然选择,是推动转型跨越发展的重大举措。要明确任务,突出重点,着力促进城乡一体化建设有序推进。

完善城乡规划体系。强化规划的龙头作用和刚性约束。完成"一城两翼"的规划批复工作,逐步实现城市公共设施类专项规划全覆盖,启动城市控规年度动态维护,强化控规的操作性、严肃性。做好高标准城市水系和城镇水系的规划工作。

加大中心城市建设力度。以创建国家环保模范城市、国家生态园林城市为抓手,进一步完善城市功能,拓展城市空间,提升城市品位,增强城市的吸纳力、影响力和承载力。完成凤台街人行道、文昌西街等工程的改造。加快污水处理、供热、供水、供气等城市配套工程建设。加快富士康金匠园区市政配套设施建设。实施主城区景观亮化工程。加强主城区城东景观水系建设。

推进市域城镇化建设。要坚持工业园区化、园区社区化、社区城镇化的思路,以产业发展为重点,增强城镇和工业园区的辐射力、带动力,加快城乡一体化进程。积极推进城镇组群发展,形成分工合理、联系紧密的城镇群、经济圈和旅游带。重点推进沁河流域、丹河流域、环城高速周边等片区的特色城镇化建设,加快沁河流域城乡一体化示范区建设。深入实施"大县城"战略和百镇建设工程,推动基础设施向农村延伸、公共服务向农村辐射,形成以城带乡、共同发展的新格局。

(六)以节能减排和环境治理为重点,加快生态城市建设

抓好节能降耗工作。紧紧围绕能源消费总量和消费强度开展"双控"管理,提高建设项目准入门槛,有效控制高耗能行业过快增长。加快淘汰落后产能进度。注重结构节能,加快推进低耗能、低排放、高附加值的新兴产业和服务业的发展。全面推进工业、交通、建筑

和公共机构节能。继续抓好重点行业、重点企业节能工作。

加大环境整治力度。继续引深"蓝天碧水工程",加大区域环境综合整治力度,保障空气质量持续改善。大力开展丹、沁"两河"流域环境综合整治。扎实抓好工业源、农业源、生活源污染治理。以农村环境连片整治示范项目建设为抓手,加强农村环境保护工作,推动农村环境持续改善。

大力发展循环经济。认真贯彻落实晋城市"十二五"循环经济发展规划,完善发展循环经济的"晋城模式",加大循环经济宣传力度。积极培育省、市级循环经济试点单位,建立循环经济项目库。加快循环经济信息平台建设,大力发展清洁生产、节能技术和节能环保服务、环保装备、环保产品,使循环经济成为基本经济形态、产业发展模式和新的竞争优势。

加强生态林业建设。加快国家森林城市创建步伐,持续推进造林绿化工程。全力推进城东花园头河景观水系建设工程,完成新植物园建设工程。启动申报国家生态园林城市工作。按照"五环"、"五片"、"20条线"、70个乡镇所在地的总体规划布局,高标准推动村庄绿化工程。

(七)以改革开放为重点,增强经济社会发展的活力与动力

深入推进改革。深入推进行政审批制度改革,清理、减少和调整行政审批事项。深入推进户籍制度改革。继续深化医药卫生体制改革。深化药品流通体制改革,大力扶持社会资本进入医疗领域。大力发展资本市场,加大培育后备上市资源力度,鼓励企业采取多种方式上市。要完善融资平台,规范融资渠道,加强与银行的对接与合作。继续创新金融服务模式,发挥好村镇银行和开发银行的作用。

加大招商引资力度。深入实施"对接上海,融入中原"战略,主动承接东部产业转移。要主动出击,和焦作、济源、郑州、洛阳等中原城市开展深入的交流和合作,进一步融入中原经济圈。引进高端人才、引进先进技术、引进高新技术产业相结合,扭住项目建设不放松,全方位提升招商引资的质量。要大力引导社会投资、民间投资,进一步加强与富士康、华润、上海、晋煤以及各行业领域的龙头企业联系对接。积极做好招商推介和展览展示,重点做好中博会、能博会,以及厦洽会、渝洽会的参展工作。加大项目的协调推进力度,引进、储备、建设一批好项目、大项目、高新技术项目,不断增强经济发展的后劲与活力。

大力发展民营经济和中小企业。营造环境,鼓励和支持中小企业特别是微型企业的发展,以创业带动就业。鼓励和支持资源型产业领域的民营企业转产转型,发展新兴产业。大力实施中小企业成长工程,扶持小企业进入规模企业行业,支持成长型中小企业做大做强。加大政策支持力度,在土地、财政、税收、融资等方面给予支持。

(八)以推进重大民生工程为重点,进一步提升全民幸福指数

多渠道扩大就业。加快推进国家级创业型城市创建,多渠道开发就业岗位。积极开展“创业就业服务年”活动,扶持更多有创业意愿和创业能力的人自主创业。要以高校毕业生、退役军人和农村剩余劳动力为重点,全面做好各类人员就业工作。围绕主导产业和招商落地项目,大规模开展职业技能培训。

健全社会保障体系。继续扩大社会保险覆盖面,稳步提高社会保险统筹层次和待遇水平。实现城乡养老保险制度全覆盖。巩固城镇医疗保险和新农合参保率,继续提高企业退休人员基本养老金待遇水平。强化工资收入分配调控,着力提高从业人员劳动报酬。加快发放社会保障卡,全面提升优抚安置保障水平。建立普惠型社会福利服务体系。要加快保障性住房建设,努力满足人民群众基本住房需求。

促进科教文卫事业发展。加强科技创新平台建设,完善40家企业工程技术中心的管理,加大科技与科普宣传力度。继续推进中等职业教育免学费全覆盖工程。启动实施全市普通高中免学费工程,提前实现全市12年免费教育目标。加快市中等专业学校、凤城中学、爱物学校和汇迁小学等4所学校建设进度。做好新建花园头小学、颐翠中学前期工作。新建和改扩建15~20所标准化幼儿园。完成全市首批76辆校车的购置配备、使用和管理监督工作。进一步加快晋城大医院和晋城二院改扩建工程。完成市、县两级医院远程会诊系统建设,有效提升全市医疗服务水平。

推进文化大发展大繁荣。深化文化体制改革,增强文化发展的动力与活力。引导深化公益性文化事业单位改革,大力发展文化产业。实施文化惠民工程,推动文化资源向基层、农村倾斜。实施文化品牌战略,完成我市与中央电视台联合制作的《二十八宿动画片》泥塑的创作。完善公共文化服务体系,丰富人民群众文化生活。

加强和创新社会管理。强化以社区为核心的基层社会管理服务平台建设,完善社会治安、安全生产、应急管理体系,妥善解决群众合法、合理诉求,维护社会和谐稳定。进一步完善治安防控体系,严厉打击各种社会黑恶势力。提高救灾应急处置能力,有效应对各类突发事件。深入开展各行业各领域安全生产专项整治,坚决遏制重特大事故发生。

各位代表,过去一年全市经济社会发展取得显著成绩,实现了“十二五”良好开局。新的一年全市推进转型跨越和综改试验区建设任务艰巨。让我们在市委、市人大、市政协的正确领导和监督支持下,深入贯彻落实科学发展观,齐心协力,开拓创新,依法行政,提高效率,为全面开创转型综改试验区建设新局面、圆满完成全年经济社会发展目标、实现经济社会平稳较快发展做出新的贡献!

关于2011年全市和市本级预算执行情况与2012年全市和市本级预算的报告

——2012年3月1日在晋城市第六届人民代表大会第二次会议上

晋城市财政局局长　郭治琛

各位代表：

受市人民政府委托，现向大会报告2011年全市和市本级预算执行情况与2012年全市和市本级预算草案，请予审议，并请政协委员和各位列席人员提出意见。

一、2011年全市和市本级预算执行情况

2011年，在市委的正确领导下，在市人大和市政协的监督支持下，全市上下坚持以科学发展为主题，以转变经济发展方式为主线，奋力拼搏，扎实工作，经济社会发展和各项工作都取得了新的成绩，实现了"十二五"良好开局。与此同时，全市各级财税部门积极发挥职能作用，严格收入征管，优化支出结构，加强民生建设，完善理财机制，较好地完成了各项预算收支任务。

（一）全市公共财政预算执行情况

2011年全市公共财政预算收入完成67.9亿元，为预算的106.4%，比2010年（下同）增长22.4%。分县（市、区）看：按公共财政预算收入规模排序，泽州县10.8亿元、高平市10.3亿元、阳城县7.8亿元、沁水县7.2亿元、城区5.2亿元、开发区2亿元、陵川县1.3亿元；按公共财政预算收入增速排序，城区38.7%、开发区36.6%、陵川县21.8%、阳城县19.9%、高平市19.6%、沁水县16.1%、泽州县16%。

2011年支出预算，在年度预算执行过程中根据省财政厅追加的专项指标及《预算法》的有关规定作了相应变动：一是将省追加的专项指标按照规定顺加到了有关科目；二是将办理省与市、市与县（市、区）各项财政结算事项所形成的地方财力变动按规定作了相应安排；三是市、县两级根据各自情况报经同级人大常委会批准安排超收收入和调入资金，对年度预算做出了相应变动。全市公共财政预算支出由87.7亿元变动为117.3亿元，全年执行

113.2亿元,为变动预算的96.5%,增长26.5%。按公共财政预算支出规模排序,高平市17.8亿元、泽州县16.4亿元、阳城县15.3亿元、沁水县11.5亿元、陵川县9.7亿元、城区8.8亿元、开发区4.9亿元;按公共财政预算支出增速排序,开发区323.2%、陵川县29.7%、城区29.3%、阳城县28.4%、高平市24.1%、泽州县15.7%、沁水县14.9%。开发区支出超常增长主要是将省转贷地方政府债券3亿元一次性列支用于保障房建设。

全市公共财政预算收入67.9亿元,加上级补助收入40.2亿元,转贷财政部代理发行地方债券收入3亿元,调入资金2.2亿元,上年结余5.3亿元,收入总计118.6亿元。全市公共财政预算支出113.2亿元,加上解上级支出0.5亿元,安排预算稳定调节基金0.8亿元,支出总计114.5亿元。收支相抵,公共财政预算滚存结余4.1亿元,其中结转下年支出3.8亿元,净结余0.3亿元。

在上述公共财政预算收入之外,2011年全市完成上划中央收入96.4亿元,增长16.2%;上划省级收入17.5亿元,增长18.3%;全市行政区域内组织财政总收入181.8亿元,增长18.6%。按财政总收入规模排序,高平市36.5亿元、泽州县34.2亿元、沁水县26.1亿元、阳城县25.3亿元、城区8.4亿元、开发区4.4亿元、陵川县3.6亿元;按财政总收入增速排序,开发区35%、城区30.9%、陵川县30.7%、沁水县17.3%、泽州县16.1%、高平市16%、阳城县1%。市本级财政总收入完成43.3亿元,增长33.9%。

(二)市本级公共财政预算执行情况

2011年市本级公共财政预算收入完成23.4亿元,为预算的109.6%,增长25.5%。加上级补助收入40.2亿元,调入资金1.2亿元,下级上解收入1亿元,转贷财政部代理发行地方债券收入3亿元,上年结余1.7亿元,收入总计70.5亿元。市本级支出预算由27.9亿元变动为30.7亿元,公共财政预算支出28.8亿元,为变动预算的93.9%,增长22.2%。加补助下级支出35.5亿元,上解上级支出0.5亿元,转贷财政部代理发行地方债券支出3亿元,安排预算稳定调节基金0.8亿元,支出总计68.6亿元。收支相抵,公共财政预算滚存结余1.9亿元,其中结转下年支出1.6亿元,净结余0.3亿元。

1.市本级公共财政预算收入执行及超收使用情况

2011年市本级公共财政预算收入增长较快,超预算20 406万元,是经济保持平稳较快发展,工业经济运行效益水平总体提升,城镇居民人均可支配收入增长较快,国家从2011年开始将除教育收费、彩票发行机构业务费和经营服务性收费之外的所有预算外资金纳入预算管理等因素的综合反映,同时各级财税部门加大组织收入力度,也是促进收入增长的一个重要方面。

市本级主要收入项目。增值税48 826万元,增长16.6%,完成预算的100.7%。营业税29 469万元,增长16.4%,完成预算的95.7%。企业所得税58 840万元,增长39%,完成预算的121.4%。个人所得税12 409万元,增长34.9%,完成预算的125.1%。其他税收27 966万元,增长14.3%,完成预算的95.6%。非税收入56 076万元,增长30.7%,完成预算的121.3%。

市本级超收收入使用。根据有关法律法规和财政部、省财政厅有关超收收入安排文件精神,在市本级超收的20 406万元中,用于增加教育支出1327万元,增加科学技术支出1000万元,增加农业支出1431万元,增加20条背街小巷硬化支出3050万元,增加对低保对象、优抚对象等城乡困难群众价格补贴等方面支出1447万元,矿产资源专项收入等有专项用途收费项目超收安排对应支出4151万元,其余全部用于补充预算稳定调节基金,留待以后年度预算安排使用。2011年市本级财政超收收入安排使用情况,已向市六届人大常委会主任会议报告。

2.市本级公共财政预算支出执行情况

2011年市本级预算安排坚持统筹兼顾、突出重点的原则,进一步调整和优化财政支出结构,集中财力向民生领域倾斜,各项重点支出得到较好保障。

市本级主要支出项目执行情况:

(1)教育支出37 753万元,为变动预算的93.5%。其中:省财政专项拨款支出1974万元,市本级财力支出35 779万元。市本级补助县级支出8932万元。落实农村义务教育经费保障政策,提高了农村义务教育生均公用经费标准,小学由生均300元提高到500元、初中由500元提高到700元,受益学生23.4万人。提高农村寄宿制学校困难学生生活费补助标准,小学由生均500元提高到750元,初中由750元提高到1000元,受益学生1.8万人。投入1178万元增拨100人以下农村中小学公用经费。投入1617万元在普通高中建立助学金制度,受益高中生1.1万人,占在校生的20%。投入1922万元提前一年在全省率先完成了中职免费全覆盖,受益学生2.1万人。投入778万元对偏远山区教师发放交通费补贴。投入767万元支持实施教育“双百工程”,为100所农村义务教育学校购置艺体器材,为100所学校学生食堂配备了饮食卫生餐饮设备。投入1365万元支持城区5所学校建设了塑胶操场。投入1895万元帮助城区9所学校解决了历年基建欠款。全面化解了全市农村义务教育学校债务1.37亿元。

(2)科学技术支出6377万元,为变动预算的100%,全部为市本级财力支出。支持了41项工业科技攻关及开发、22项专利产品及专利技术引进开发、16项科技惠农食用菌产业链、4项农村科技特派员“双十”工程、9项农村科技特派员创业产业链、15项农业科技攻关、47

项农业科技星火计划、51项农业科技成果推广、32项科技平台建设及软科学研究、26项社会发展科技项目实施。

(3)文化体育与传媒支出14 030万元,为变动预算的100%。其中:省财政专项拨款支出1275万元,市本级财力支出12 755万元。市本级补助县级支出891万元。投入1880万元提前一年率先在全省完成了农家书屋全覆盖工程。投入544万元支持我市每村每月免费放映一场电影,丰富了农村文化生活。投入1645万元提前一年率先在全省完成了农村体育场所的全覆盖。支持了图书馆、文化馆、艺术馆向社会免费开放和大遗址、重点文物、非物质文化遗产保护工作。支持了新闻媒体强化传播能力,支持深化文化体制改革,推动文化产业发展。

(4)医疗卫生支出16 351万元,为变动预算的99.3%。其中:省财政专项拨款支出3636万元,市本级财力支出12 715万元。市本级补助县级支出6859万元。投入526万元支持城镇居民基本医疗保险参保人数达到20.16万人。投入3233万元支持新型农村合作医疗参合人数达到153万人。支持了未参保的关闭破产国有企业退休人员和困难企业职工参加城镇职工基本医疗保险。投入246万元,进一步提高了城乡医疗救助水平。加强基层医疗卫生服务体系建设,投入1526万元支持了贫困偏远山区乡镇卫生院和村卫生所建设。推进医疗体制机制综合改革,按人均5元标准安排补助资金,支持在政府举办的基层医疗卫生机构实施国家基本药物制度。按人均25元标准安排基本公共卫生补助经费,支持向城乡居民免费提供9类基本公共卫生服务。支持实施了重大公共卫生服务项目、专业公共卫生服务建设和公立医院改革试点。

(5)社会保障和就业支出15 329万元,为变动预算的98.5%。其中:省财政专项拨款支出3482万元,市本级财力支出11 847万元。市本级补助县级支出5873万元。投入2737万元支持新型农村和城镇居民社会养老保险试点覆盖面达到100%。继续提高企业退休人员基本养老金水平,将基本养老金月人均标准提高到1603元。投入4050万元提高了城乡低保、五保补助标准以及优抚对象等人员抚恤和生活补助标准。按人均600元标准建立了散居孤儿基本生活保障制度。支持了因灾农户倒损住房恢复重建,保障了受灾地区群众的基本生产生活。投入2070万元支持了残疾人事业、城镇社会救济及红十字事业。投入就业补助2488万元落实更加积极的就业政策,鼓励企业吸纳下岗失业人员,促进高校毕业生就业,对返乡农民工等实施特别职业培训计划。

(6)节能环保支出39 513万元,为变动预算的99.6%。其中:省财政专项拨款支出32 017万元,市本级财力支出7496万元。市本级补助县级支出2307万元。落实新能源开发补贴政策,投入29 471万元对晋煤集团、兰花大宁等煤层气开采企业进行补贴。投入环保专项补助资金3297万元,支持了“蓝天碧水”工程的实施,对43个区域环境污染综合治理项目、集中式饮用水源地污染防治项目、农村环境污染综合治理项目、固体废物综合利用项目进行补助。投入2748万元对6户电力企业、12户钢铁企业、4户水泥企业、2户印染企业淘汰落后产能进行奖补,促进新工艺、新设备的使用。投入2772万元在沁河沿线18个村和泽州县东四义村开展了包括农村饮用水水源地保护、畜禽养殖和生活垃圾污染治理、生活污水治理及农村环境连片整治。支持了丹河湿地三期工程建设。

(7)城乡社区事务支出29 013万元,为变动预算的93.9%,全部为市本级财力支出。市本级补助县级支出1400万元。投入4149万元用于路灯电费、城市道路、综合管沟、桥涵、人行道、路沿石维修养护、排水清淤等,确保市政设施正常使用。投入4910万元用于市区8327亩绿地、12 500亩生态林地养护。支持市区主要街道摆放花卉130万盆,营造出“三季有花”的景观效果。投入5218万元对市区范围内40条背街小巷进行改造,共改造30.2公里、53.5万平方米,直接受益群众10多万人。投入3344万元支持了城市污水处理、既有居住建筑节能改造等项目实施。投入1400万元配套资金,补助了阳城县北留镇和沁水县嘉峰镇基础设施建设。

(8)农林水事务支出15 654万元,为变动预算的98.5%。其中:省财政专项拨款支出1025万元,市本级财力支出14 629万元。市本级补助县级支出13 498万元。落实市委、市政府《关于解决偏远山区贫困农村突出问题的实施意见》,投入2500万元用于支持贫困农村发展、改善生产生活环境。支持设施蔬菜建设,投入1000万元对当年新建的设施蔬菜园区进行奖补。投入1604万元畜牧业规模化健康养殖资金,对942个养殖户进行奖补。支持了环城、阳济、高陵高速公路通道绿化,干果经济林建设、大水网、饮水安全、河道治理、防洪清淤、小型农水工程、节水灌溉工程、水土流失治理、农机购置补贴、末级渠系建设、农业综合开发等项目实施。

(9)交通运输支出8270万元,为变动预算的99.9%。其中:省财政专项拨款支出4979万元,市本级财力支出3291万元。市本级补助县级支出1854万元。落实成品油价格改革财政补贴政策,投入4870万元对城市公交、出租车、农村客运等行业进行补贴。投入1887万元购置40台公交车,缓解和改善了市民交通环境。投入农村公路养护资金1148万元,保障我市农村道路安全畅通。

(10)资源勘探电力信息等事务支出6868万元,为变动预算的78.6%。其中:省财政专项拨款支出947万元,市本级财力支出5921万元。投入1116万元对煤炭安全信息系统和瓦斯监控中心进行了升级改造,提升了煤炭行业安全监管能力。支持了光通讯、精密模具、自动化设备等高端制造产业发展。

(11)商业服务业等事务支出4633万元,为变动预算的99.1%。其中:省财政专项拨款支出1038万元,市本级财力支出3595万元。市本级补助县级支出395万元。支持了旅游产业加快发展,投入1688万元用于旅游宣传促销,投入360万元用于星级农家乐奖补。支持了生猪活体储备和食糖、食盐储备、外向型经济发展、农村现代流通服务网络建设、生猪无害化处理等项目实施。

(12)国土资源气象等事务支出8700万元,为变动预算的53.1%。其中:省财政专项拨款支出500万元,市本级财力支出8200万元。市本级补助县级支出2309万元。未完成预算主要是矿产资源补偿费超收收入按规定结转下年用于矿产资源开发和利用。投入2189万元对全市市营以上煤矿塌陷土地进行复垦,节约了土地资源,改善了生态环境。投入369万元对全市80个地质灾害点实行动态监测。投入540万元用于“两区四片”基础测绘。投入740万元用于西环高速废弃采石厂地质环境治理。投入755万元支持了泽州县南岭乡红卫村至后河村、阳城县凤城镇坡底村等滑坡治理,保护了当地群众的生命财产安全。

(13)粮油物资管理事务支出3468万元,为变动预算的100%。其中:省财政专项拨款支出220万元,市本级财力支出3248万元。投入1516万元用于消化以前年度粮食财务挂账利息。投入640万元支持实施农户科学储粮项目,建成新型农户储粮仓2万个。打造“放心粮油工程”为主的销售体系,改造提升市级粮油配送中心和100家放心连锁店。支持了粮食储备库建设。

(14)公共安全支出31 508万元,为变动预算的99.5%。其中:省财政专项拨款支出3392万元,市本级财力支出28 116万元。市本级补助县级支出30万元。落实国家政法经费保障政策,保障了政法机关正常运转,支持政法部门装备配置、提升执法办案水平。支持消防队站建设、高空灭火设备及特种消防车配备等,增强了抢险救援能力。

(15)一般公共服务支出44 032万元,为变动预算的100%。其中:省财政专项拨款支出428万元,市本级财力支出43 604万元。市本级补助县级支出2785万元。重点保障党政机关、民主党派和人民团体履职,开展参政议政、对外交流、市场监管、知识产权保护等工作。其中:投入3356万元全面兑现国家农村计划生育奖扶政策,支持计生免费技术服务、政策宣传服务等工作开展。

(三)全市及市本级政府性基金预算执行情况

按照国家规定,政府性基金是经国家规定程序批准,向公民、法人和其他组织征收的具有专门用途的资金，在预算上单独编列、自求平衡，年终结余结转下年度继续使用。

2011年，全市政府性基金收入39.1亿元，完成预算的152.5%。加上级补助收入1.8亿元、上年结转、调入资金等22.7亿元，收入总计63.6亿元；政府性基金支出34亿元，为预算的100.5%，加调出资金0.8亿元，支出总计34.8亿元。收支相抵，结转下年支出28.8亿元。

2011年市本级政府性基金收入26.5亿元，完成预算的197.1%。加上级补助收入1.8亿元、上年结转11.9亿元、下级上解收入0.1亿元，收入总计40.3亿元。市本级政府性基金支出16.8亿元，为预算的95.5%，加市对县（市、区）补助支出4.1亿元，调出资金0.2亿元，支出总计21.1亿元。收支相抵，结转下年支出19.2亿元。

市本级主要政府性基金项目收支执行情况：

1.国有土地使用权出让收入195 251万元，为预算的244.1%。较年初预算增加较多主要是2011年处置破产改制企业土地一次性因素和土地供应总量及土地出让总成交价高于年初预期。国有土地使用权出让支出96 197万元，主要用于征地和拆迁补偿及补助被征地农民支出11 132万元、城市建设支出35 094万元、农村基础设施建设支出19 806万元、破产和改制企业职工安置费支出6533万元等。需要说明的是，按照国家规定土地出让收入按出让成交总价款入库，2011年取得的大部分地块土地出让收入相对应的征地补偿性支出要在以后年度才能完成清算。

2.煤炭可持续发展基金收入40 083万元，为预算的87.1%。支出43 386万元，主要用于生态环境治理16 604万元、资源地区转型和接替产业发展11 470万元、解决社会问题4312万元等。

3.国有土地收益基金收入15 000万元，支出15 000万元，主要用于土地收购储备。

（四）落实市人大预算决议及财政主要工作情况

加大资金投入力度，着力保障和改善民生。一年来，我市紧紧围绕党的十七大提出的要求，牢固树立以民生为主导的现代财政发展观，将财政工作着力点转向改善民生，把解决好基本民生问题作为财政工作的重中之重，将政策支持和财力保障的重点进一步向民生领域倾斜，切实保障了教育、农业、科技等法定支出增长，加大社会保障和就业、医疗卫生、群众性文化、体育等投入力度。市级财政投入5.1亿元重点保障了市政府承诺的“十件实事”、省定新的“五个全覆盖”等重点民生工程资金需要。提高了城乡居民最低生活保障补助标准、五保对象补助标准、城乡居民医保财政补助标准、城乡居民基本公共卫生服务经费补助标准。建立了城乡低保金与物价上涨相挂钩联动机制，为城乡低保、农村五保、优抚对象、失业人员、困难学生等六类人员发放价格临时补贴8543万元，帮助困难群体解决了基本生活问题。保障了公共安全、质量技术和食品药品监督、突发事件应急处置等支出,支持了安全生产和食品药品安全监督体系建设。同时,市级财政加大对所属县(市、区)尤其是困难县区转移支付力度,2011年对所属县(市、区)转移支付资金比上年增长36.4%,特别是向陵川新增转移支付资金近1亿元,帮助解决了财政供养人员工资足额发放问题。2011年全市财政用于与人民群众生活直接或密切相关的教育、医疗卫生、社会保障与就业、住房保障、文化体育与传媒、农林水事务、交通运输、城乡社区事务和节能环保等方面支出总计83亿元,比上年同期增长35.2%,占公共财政预算支出的73.3%。

落实积极财政政策,服务全市转型跨越。一是保持政府投资力度。2011年市财政安排基本建设投资6.5亿元,争取地方债券资金3亿元,安排建设项目还本付息资金1.4亿元,全力支持重点工程建设。二是支持企业转型升级。把支持"转方式、调结构、促发展"作为财政政策重要的切入点,在支持农业方面,投资5000万元支持了水务体制改革,组建了晋城市水务发展有限公司;安排400万元贷款贴息资金对23家农业龙头企业进行了扶持。在支持工业方面,安排3030万元扶持了61个工业制造类项目,安排5278万元用于240户中小企业的特色产品开发及出口、技术改造、融资担保、拓展市场、转产转型。在支持服务业方面,安排1265万元扶持了51个现代服务业项目;安排740万元扶持了54个商贸物流业项目。在支持科技项目方面,安排4700万元扶持262项科技项目,主要用于工业项目攻关及开发、农业科技成果引进及推广、产业技术及实验平台。三是优化企业信贷环境。出台《晋城市财政专户资金存放商业银行管理办法》,鼓励引导商业银行加大对地方经济发展的支持力度,支持地方经济发展,2011年全市金融机构贷款增长21.1%,远高于存款13.1%的增长幅度;加大担保融资平台建设力度,对市中小企业担保公司增加资本金7000万元,拨付风险准备金1000万元,并争取国家担保补助资金563万元,当年担保融资6亿多元,有效缓解了中小企业贷款难的问题。四是加大争取上级资金工作力度,出台《晋城市市级部门争取上级发展资金考核奖励办法》,2011年市级部门争取上级资金同比增长46.4%。五是扩大城乡居民消费。落实惠农补贴政策,下达粮食直补、农资综补、农作物良种和农机购置补贴资金1.8亿元;做好家电、汽车摩托车下乡和家电以旧换新财政补贴工作,全市兑付补贴资金0.6亿元,实现补贴产品销售5.3亿元,促进了消费对经济增长的拉动作用。

加强精细化管理,提高预算管理水平。一是深化部门预算改革,完善基本支出定员定额标准体系,规范了"两上两下"的预算编制程序,细化了预算编制内容,初步建立起预算编制与预算执行、结余结转资金管理、行政事业单位资产管理相结合的工作机制,提高了部门预算的科学性、公平性和透明度。二是强化预算执行管理,加强预算执行分析,建立预算执行通报制度，2011年全市预算支出进度全面提速，支出的均衡性和时效性明显提高。三是加强国库资金监管，继续扩大集中支付改革范围，将所有财政性资金纳入国库集中支付系统，加快推进财税库银横向联网，全面推进公务卡改革，市级部门改革面达到100%，推进预算执行动态监控机制建设，有效防范财政支付风险。四是建立财政专项资金绩效评价制度，制定和实施了《晋城市财政局项目支出绩效评价管理办法》，并有针对性地选择2010年市级环保专项资金补助项目、“新农合”资金、财政支农项目资金、政法转移支付资金项目进行试点，进一步提高财政专项资金使用效益。五是完善政府采购制度、投资评审制度，2011年市级财政投资评审项目283个，评审资金16.8亿元，审定资金15.2亿元，节约财政资金1.64亿元，审减率达9.7%；全市政府集中采购规模扩大到7.8亿元，节约资金0.8亿元，节资率9.8%。六是强化财政监督。出台了“关于规范表彰奖励工作经费的意见”、“关于严肃财经纪律防止年终突击花钱的紧急通知”，加大“小金库”专项治理力度，协同市纪委开展了全市党政机关公务用车专项治理，完成了会计信息质量检查、县区预决算检查、专项资金检查、内部监督检查等；组织开展煤矿转产发展资金和矿山环境恢复治理保证金提取使用情况专项检查；清理撤并财政专户122个；对各级财政预算安排用于“三农”的各项资金的使用管理情况进行了清查，纠正了强农惠农资金使用管理中存在的问题，推进财政绩效监督，提高财政资金使用效益。

加强财政队伍建设，提升专业化品质。把提高财政服务水平作为推动财政事业科学发展的重要抓手，加大力度向前推进，成功改版了“晋城财政信息网”，创办了《晋城财政》杂志、《晋城财政报告》、《晋城财政运行监测》、“晋城财政信息”；积极与复旦大学公共经济研究中心对接，签订战略合作协议，推动复旦大学公共经济研究中心将晋城市列为国家级中标课题试点市，为晋城市推进民生财政建设进行整体设计；制定了《晋城市财政局工作规则》等50多项制度规定，依靠制度管权、管钱、管事和管人，为财政科学规范有序运行打下坚实基础；深入开展能力建设年活动，重点提高财政干部的学习力、敏锐力、创新力、组织力、团结力、自律力、执行力和服务力，通过培训学习、对外交流、技术比武等方式，有效提升了全市财政干部的专业化品质。

在看到成绩的同时，我们也清醒地认识到，财政运行和预算执行中还存在一些需进一步研究解决的问题：一是财政收入结构还不够合理，确保财政收入持续稳定增长的难度不断加大；二是财政收支矛盾依然比较突出，对民生的财政保障力度还需进一步加大；三是财政政策的导向作用有待进一步增强，财政政策的综合调控功能有待进一步完善；四是区域间基本公共服务水平差异仍然较大，市与县区的财税管理体制改革需要进一步深化完善；

五是财政预算的完整性和透明度以及财政资金的使用效益等都有待进一步提高。对此,我们将进一步增强忧患意识、创新意识、责任意识,高度重视并采取切实有效措施,逐步加以改进和完善。

二、2012年全市和市本级预算草案

(一)当前经济财政形势

总的来讲,当今世界,和平、发展、合作仍是时代的主流。后危机时代世界各主要国家都把加快经济结构调整和技术创新作为基本发展战略。随着经济发展全球化步伐的加快,这种趋势对我国的发展必然产生深刻影响。国家"十二五"规划纲要明确指出,"十二五"时期我国的经济社会发展要以科学发展为主题,以加快转变经济发展方式为主线,以经济结构战略性调整为主攻方向,使我国经济社会发展攀上一个新水平。山西省根据国家的部署,在"十二五"期间,将以资源型经济转型综合配套改革试验区建设为抓手,全力推动山西转型发展、跨越发展,再造一个新山西。晋城具有资源之富、交通之便、气候之宜、人文之名,有多年来改革发展创造的经济、社会基础,又有全市上下已形成的建设"方便、温馨、开放、现代"的宜居之城、活力之城、幸福之城的共识,都为晋城"十二五"时期实现转型发展、跨越发展、争先发展、再造一个新晋城提供了有利的条件。这样的形势为晋城财政改革发展带来了机遇、拓展了空间。

同时,晋城财政改革发展也面临着一些严重的困难和考验。一是支撑财政收入增长的产业基础不够稳固和协调,财政增收空间缩小。"十一五"期间全市财政增收主要依靠煤炭产业,而且更多的是靠煤炭的价格上涨。可以预见,"十二五"期间煤炭价格继续上升的空间有限,财政增收面临着严峻的挑战和压力。二是新的财政增长点的形成还需要一个过程。尽管我们将加快产业结构的调整,但新兴产业的培育、成长和壮大不会一蹴而就,成为重要财源还有待时日。三是在全面建设小康社会中,教育、医疗卫生、社会保障与就业、公共安全等公共产品短缺成为当前全社会突出的矛盾。为此,"十二五"时期国家坚持民生优先的制度安排,这使财政支出面临巨大的压力。综上所述,做好今年的财政工作,必须进一步加强财税征管,为经济社会发展提供财力支持;必须加强预算管理,压缩一般性支出,降低行政管理成本,提高资金使用效益,确保财力需求的总体平衡;必须加大民生事业投入,提升保障能力和层次,促进社会稳定、民生和谐;必须灵活把握财政调控的力度、节奏和重点,发挥好支持经济发展的有效作用。

(二)2012年财政工作指导思想和预算安排基本原则

根据全市经济工作会议确定的2012年我市经济社会发展总体要求,结合全国全省财政

工作会议精神，结合当前经济财政形势，综合确定2012年我市财政工作及预算安排总的指导思想是：全面贯彻党的十七大、十七届三中、四中、五中、六中全会和中央经济工作会议精神，深入落实市六次党代会、市六届人大一次、二次会议对财政工作与财政改革的部署要求，紧扣“勇当全省转型跨越发展排头兵、提前五年实现全面建设小康社会”目标，以科学发展为主题，以加快转变经济发展方式为主线，推动经济结构调整，促进经济平稳较快发展；实施积极财政政策，深化财政改革，推动收入分配格局调整，构建有利于服务转型跨越发展的财政机制；优化财政支出结构，加快社会事业发展，切实保障和改善民生；推进财政科学化、精细化管理，加强统筹兼顾和增收节支，进一步提升财政管理水平，提高财政资金使用效益；强化队伍建设，不断增强干部综合素质；积极发挥财政职能作用，促进科学发展和社会和谐，为我市建设“方便、温馨、现代、开放”的宜居之城、活力之城、幸福之城做出新的贡献。

贯彻以上指导思想，按照“稳中求进、着力民生、积极而为、量力而行”的总基调，在预算编制中我们坚持以下几项基本原则：一是坚持“保增长、稳物价”原则，认真执行积极财政政策，支持扩大内需，促进结构调整和改革。二是坚持“挖潜力与严征管并重”原则，正税清费，增收节支，大力推进“综改区”财税体制机制创新。三是坚持“保工资、保运转”原则，优先保证个人支出，确保正常运转，促进社会稳定。四是坚持“保法定、保民生”原则，加大财政投入力度，确保农业、教育、科技等法定支出和社会保障、就业、医疗卫生、保障性住房、文化等民生事业的支出，确保民生目标的实现。五是坚持“集中财力办大事”原则，确保市委、市政府为民办实事兑现，确保新的农村“五个全覆盖”，确保省市重点工程建设。六是坚持“转方式、调结构”原则，发挥支持经济发展的积极作用，推动新兴产业的发展、非资源类产业创新以及中小微企业的优化升级。七是坚持“深化改革、推动发展”原则，支持富士康和华润项目落地，支持对接上海、融入中原，支持晋煤、兰花集团在市域实现跨越式发展。八是坚持“过紧日子”的原则，从严控制一般性行政经费，压缩“三公”支出，反对铺张浪费。九是坚持“精细管理、绩效优先”原则，更加注重存量调整和效率优先，把精细管理和绩效考评融入预算编制、执行、监督的全过程。

（三）公共财政预算安排情况

根据以上安排原则，2012年全市公共财政预算收入安排79亿元，比上年增长16.3%，加税收返还和一般转移支付收入，减去上解上级支出、调出资金，全市当年地方留成财力为96.7亿元，比2011年预算增长27.2%。加上年滚存结余、上级预分配专项转移支付以及调入预算稳定调节基金等，2012年安排公共财政预算支出106.6亿元，增长21.6%。

2012年市本级公共财政预算收入安排27.1亿元,比上年增长16.1%,加税收返还、一般转移支付收入和县级上解收入,市本级当年地方留成财力为31.3亿元,比2011年预算增长21.3%;加上级预分配专项转移支付收入、上年滚存结余以及调入预算稳定调节基金等,安排公共财政预算支出35.2亿元,增长25.8%。

在上述公共财政预算收入之外,2012年全市安排上划中央收入115.2亿元,增长19.5%;上划省级收入21.1亿元,增长20.7%;全市行政区域内组织财政总收入215.3亿元,增长18.4%。市本级财政总收入51.3亿元,增长18.3%,

1.市本级公共财政预算收入主要项目安排情况

增值税57 523万元,增长17.8%。营业税34 841万元,增长18.2%。企业所得税77 255万元,增长31.3%。个人所得税10 748万元,下降13.4%(主要是受个人所得税免征额由2000元提高到3500元政策影响)。其他税收32 861万元,增长17.5%。非税收入58 017万元,增长3.5%。

2.市本级公共财政预算支出主要项目安排情况

(1)教育支出56 243万元,比上年预算(下同)增长49.9%。安排2508万元支持普通高中实施免学费教育。安排1738万元对中职教育学生实施免住宿费、扩大享受助学金面为在校生的100%。安排662万元为农村寄宿制中小学配备校车。安排1035万元落实农村义务教育经费保障政策。安排270万元落实免除城市义务教育阶段学生学杂费政策。安排723万元落实中职免学费教育政策。安排205万元落实家庭经济困难学生生活费补助政策。安排750万元继续支持实施教育“双百工程”。安排配套资金546万元支持农村闲置校舍改建幼儿园和农村学校附设幼儿园。安排1750万元支持全市新建、改扩建标准化幼儿园。安排1000万元支持实施农村义务教育薄弱学校改造计划。安排800万元用于义务教育学校标准化建设。安排280万元探索建立贫困大学生资助体系。继续支持为偏远山区教师发放交通补助。

(2)科学技术支出8150万元,增长35.5%。主要用于科技平台建设,支持科技创新、工业攻关、科技惠农、科技园区建设。推动科技成果向现实生产力转化。

(3)文化体育与传媒支出13 755万元,增长32.3%。安排390万元用于完成农家书屋全覆盖扫尾。安排100万元建立农村文化惠民项目以奖代助体系。安排170万元支持农村文化信息资源共享工程建设。安排购买服务专项资金,支持市级文化艺术演出单位改革。创新文化投入方式,支持涉及农村和基层群众切身利益的文化建设项目。保障博物馆、文化馆、艺术馆等公益性文化设施免费开放。加大重点文物和大遗址保护力度。积极推动文化体制改革和文化事业、产业发展。安排260万元支持全民健身活动及我市健儿参加竞技体育比赛。支持加强新闻媒体传播能力建设。

(4)医疗卫生支出18 793万元，增长16.5%。将新型农村合作医疗保险和城镇职工基本医疗保险参保率提高到98%以上，城镇居民基本医疗保险参保率提高到96%以上。安排4366万元将新型农村合作医疗和城镇居民基本医疗保险的财政补助标准由人均200元提高到240元。安排632万元支持加大城乡医疗救助力度。安排703万元用于解决国有企业政策性关闭破产职工、优抚对象、离休干部和困难企业军转干医疗保障问题。支持夯实在政府举办的基层医疗卫生机构全面实施国家基本药物制度，推进基层医疗卫生机构综合改革。按照人均25元标准安排基本公共卫生服务经费，支持推进城乡居民基本公共卫生服务均等化。安排622万元支持贫困山区乡镇卫生院和社区卫生中心建设。安排1600万元支持市县两级医院远程会诊系统和医疗卫生信息系统建设。支持公立医院改革试点。

(5)社会保障和就业支出27 264万元，增长107.8%。夯实新型农村社会养老保险试点，安排1346万元继续将城镇无收入居民纳入养老保险范围。将企业退休人员月人均基本养老金水平提高到1800元左右，积极妥善解决未参保集体企业退休人员的基本养老保障问题。安排5248万元提高城乡最低生活保障标准和五保对象、优抚对象、新中国成立前老党员等人员抚恤及生活补助标准。安排200万元支持贫困山区敬老院建设。安排自然灾害生活救助资金150万元。补助基层社区社保人员经费559万元。安排新中国成立前老工人、特困企业军转干生活补助884万元。安排664万元支持残疾和慈善事业发展。安排下岗失业人员生活补助和社会保险补助844万元。安排4525万元支持扩大鼓励创业政策的扶持范围、做好富士康招募员工、就业帮扶、职业介绍、职业技能培训和创业培训等工作。

(6)住房保障支出4033万元，增长11%。主要用于行政事业单位按规定缴纳的住房公积金等支出。

(7)节能环保支出12 190万元，增长1.6%。主要用于支持区域环境污染综合治理、饮用水源地污染防治、农村环境污染综合治理、固体废物综合利用、农村环境连片整治、环境监测、监察标准化建设等项目实施。

(8)城乡社区事务支出33 214万元，与上年预算安排持平。安排4985万元用于路灯电费、城市道路、综合管沟、桥涵、人行道和路沿石维护、排水清淤等。安排478万元对市区部分路灯进行节能改造。安排2915万元用于城市污水处理。安排4900万元用于城市绿地的日常管护。支持城乡基础设施建设以及建筑节能改造。

(9)农林水事务支出31 618万元，增长55.7%。安排2000万元用于“一村一品”项目扶持。安排1000万元用于设施蔬菜建设。安排1000万元用于农业产业化龙头企业贷款贴息。安排800万元用于蚕桑基地建设和粮食丰收工程。安排1550万元用于畜牧业规模化健康养殖。安排4000万元用于干果经济林、连翘基地和村庄绿化工程项目实施。安排10 800万元用于末级渠系建设配套、农村饮水安全项目、重点水利水保工程实施以及“五小”等农田水利工程建设。安排900万元用于农业机械化及农业综合开发等。安排2500万元用于扶持贫困农村加快发展。支持农业科技示范推广、农民技能培训、农产品质量安全、动植物疫病防治、森林防火、天然林保护以及水资源管理等项目实施。

(10)交通运输支出3941万元,增长9.9%。安排1190万元用于农村公路养护。支持更新购置公交车辆、出租车招呼站建设、城市客运管理、交通质检、路政管理、超限治理等项目实施。

(11)资源勘探电力信息等事务支出9649万元,下降23.7%。主要用于支持煤炭及非煤行业安全生产监管及生产应急救援等方面。

(12)商业服务业等事务支出2369万元,增长5.6%。主要用于支持旅游宣传促销以及农村现代流通服务网络建设等支出。

(13)国土资源气象等事务支出19 309万元,增长11.6%。安排2000万元支持土地整理。安排2347万元支持饮水解困一期工程实施。安排996万元支持滑坡地质灾害治理项目实施。安排500万元用于国土资源“一张图”工程及综合监管平台建设。安排500万元用于地热资源勘查。安排790万元用于加强土地和矿产资源管理等。支持地质环境监测、地质灾害预警、应急演练以及煤炭回采率测定等项目实施。

(14)粮油物资储备事务支出7135万元,增长187.5%。支持开展农户科学储粮工程,安排313万元建设8000个新型农户储粮仓。安排1764万元用于市级储备粮油利息费用。安排3516万元用于消化以前年度粮食政策性财务挂账等。

(15)公共安全支出33 338万元,与上年预算安排持平。主要用于公检法司等政法部门的正常运转和办案经费,以及警用装备配置、安防设施维护等支出。

(16)一般公共服务支出41 707万元,下降0.6%。主要用于机关正常运转经费,以及人才引进、质量监督、计划生育等支出。

(17)国债还本付息支出12 476万元。用于财政部代理发行地方债券还本付息。

(18)预备费10 000万元。为依据《预算法》规定,在本级政府预算支出总额的3%内安排,用于当年预算执行中的自然灾害救灾及其他难以预测的开支。

(四)政府性基金预算安排情况

2012年全市政府性基金预算收入安排22.4亿元,主要收入项目为:煤炭可持续发展基金6.2亿元,国有土地使用权出让收入11.4亿元,国有土地收益基金收入1.6亿元,城镇公用事业附加收入0.2亿元,地方教育附加收入1.6亿元,价格调控基金收入0.9亿元。加上年结转支出28.8亿元,调入资金0.1亿元,减去调出资金0.3亿元,可安排基金财力为51亿元。按照收支平衡和对应安排的原则,相应安排基金预算支出51亿元。

市本级政府性基金预算收入安排11.2亿元,主要收入项目为:煤炭可持续发展基金收入4亿元,国有土地使用权出让收入4.5亿元,国有土地收益基金收入1.5亿元,城镇公用事业附加收入0.2亿元,地方教育附加收入0.3亿元,价格调控基金收入0.5亿元。加上年结转支出19.2亿元,安排基金预算支出30.4亿元,主要支出项目为:土地征用及拆迁补偿支出3.5亿元,被征地农民安置补助0.18亿元,基本建设投资9.8亿元,政府性融资还本付息2亿元,供热、供水、供气等城市公用企事业单位补贴性支出1.2亿元,农村街巷硬化全覆盖市级配套资金2.1亿元,大医院建设支出4亿元,晋城学院改造工程0.4亿元,金村区基础设施建设1.6亿元,绿洲公司(开发区)土地及地面资产补偿0.8亿元,扶持县域经济主导产业发展专项资金0.6亿元,城市亮化工程0.7亿元,中小企业发展资金0.2亿元,国土收入中计提安排地方水利、教育支出2.4亿元,交通治堵设施建设0.25亿元等。

(五)国有资本经营预算安排情况

2012年市本级开始编制国有资本经营预算,各县(市、区)也正在落实这项工作。2012年市本级安排国有资本经营预算收入4800万元,主要是收取市国资委监管企业国有资本收益。安排国有资本经营预算支出4800万元,其中:国有经济和产业结构调整支出2000万元,调入公共财政预算1000万元,重大科技创新支出1000万元,市属企业改革和脱困补助支出800万元。

(六)社保基金预算安排情况

2012年纳入社保基金预算编报范围的有基本养老保险基金、失业保险基金、基本医疗保险基金、工伤保险基金、生育保险基金、新型农村合作医疗基金、城镇居民基本医疗保险基金、新型农村社会养老保险基金、城镇居民社会养老保险基金。

全市社保基金预算2011年结余60.4亿元,2012年收入34.2亿元,2012年支出21.6亿元,2012年社保基金滚存结余73亿元。

市本级社保基金预算2011年结余42.3亿元,2012年收入19.2亿元,2012年支出10.9亿元,2012年社保基金滚存结余50.6亿元。

三、2012年财政主要工作

1.提高财政预算管理水平

全面贯彻国发(2011)36号《关于编制2012年地方预算》的要求,加强财政收入管理,规范收入分配秩序,建立由公共财政预算、政府性基金预算、国有资本经营预算和社保基金预算组成的政府预算体系。完善预算管理制度,进一步建立和完善市级政府采购、财政扶持资金竞争性分配、决策咨询、财政项目公示、专家论证、社会听证、内部监督检查等管理办法。加强预算执行工作,提高财政投资评审水平,确保财政资金安全、规范、高效使用。推进预算管理改革、国库集中支付改革、乡财县管改革、国有和集体资金、资产及资源管理改革。稳步推进预算公开,积极开展"三公"公开。

2.不断推进"三项建设"

一是推进财政基层基础建设,通过顶层设计、积极争取、典型引导,推动县、乡财政基本实现"四有"(有机构、有队伍、有制度、有经费)"四化"(财政管理制度化、财政业务流程化、财政工作法制化、财政手段信息化)。二是推进财政信息化建设,充分运用现代信息技术,实现财、税、银、库业务流程再造,市、县、乡财政联网办公。三是推进财政文化建设,将"构建和谐财政、服务科学发展"财政事业发展方略、"理财为民、促进公平、倡导节约、永续发展"财政工作箴言以及"崇尚服务、追求卓越"财政人座右铭内化于心、固化于制、外化于行。

3.强化民生财政服务功能

努力做到全国已普遍实施的民生项目,我市要提高标准,达到或超过全国平均水平;全国还没有普遍实施,但已有成功实践的,我市要加快跟进,达到先进水平;全国还没有实施,但确有需要解决的民生项目,我市要积极研究,为率先实施创造条件。一是重点围绕全民社保、安居工程、医疗卫生、教育优先、文体发展、扶贫解困、公共安全、社会关爱、环境优化、公共服务均等化等民生工程,着力优化财政支出结构,加大民生领域投入,丰富公共物品供给,提高民生保障水平,实现经济社会协调发展,以社会转型促进经济转型。二是坚决压缩一般性支出和"三公"支出,开展三公消费专项检查,确保全市70%以上财力用于民生建设。三是完善市县(市、区)财政收入分配体制,落实"扩权强县"对县级财政扶持政策,进一步调动各县(市、区)加快发展、改善民生的积极性。四是积极探索财政支持新农村建设、财政补贴农业保险的有效途径。

4.保持财政收入稳健增长

促进经济发展是壮大财政实力的基础,民生财政也是建立在经济持续发展的可靠基础之上,只有保障经济持续快速增长才能保障财政收入的稳健增长。研究制定促进经济发展的财政政策，及时出台促进经济增长的一揽子有效措施；完善和落实好各项产业发展优惠政策，发挥现有专项资金支持经济发展的作用；积极争取更多中央、省级财政资金支持，利用财政补贴、财政贴息、财政奖励等各种手段，引导和带动金融资金、社会资金投入；支持县域功能性主导产业发展和产业结构优化升级；严肃税收政策，加大监督检查力度，对各类经济组织纳税开展专项检查，增强财政增收潜力。

5.推进财政科学化精细化管理

建立健全民生支出优先的系统化管理体系，进而提高财政支出的科学性、民生支出的准确性，向社会提供更多、更好的公共产品和公共服务，使资金的产出和结果实现花对钱、办对事，少花钱、多办事。一是加快项目库建设。研究建立“以部门职责为导向”的项目规范体系，完善项目支出预算安排制度，探索建立有特色的“预算编制有目标、预算执行有监控、预算完成有评价、评价结果有反馈、反馈结果有应用”的预算绩效管理机制。二是全面推进“一卡通”和公务卡改革。加强政府财务监控，规范公务消费行为，高效发放惠农资金，确保党和国家惠民政策及时落实到位。三是加快推进财政专项资金竞争性分配试点工作，创新分配办法，不断完善项目论证评审、遴选排序、绩效评价制度。四是加强财政资金监管，建立健全覆盖所有政府性资金和财政运行全过程的监督机制。五是建立更加快捷、安全、高效的投资评审机制。

6.不断深化重点领域改革

探索建立健全非资源类产业发展的财政扶持办法、煤炭企业经销利润分成办法、煤层气资源开发及有偿使用办法。建立资金流动和债务风险预警机制，完善财政金融联席服务机制。抓紧规范地方政府融资平台公司，完善相关配套的扶持政策。进一步清理、取消行政事业性收费项目，研究改进行政事业性收费管理办法。稳步推进国有资产管理改革。开展市、县、乡三级地方政府性债务专项调查、煤矿转产发展资金和矿山环境恢复治理保证金管理使用专项调查。

7.加强财政干部队伍建设

加快培养一支有战略思维、作风过硬、业务精良、敢于克难奋进、心里装着群众的财政干部队伍。以加强理想信念为目标，研究制定加强财政干部理想信念教育实施方案，加强思想政治教育，开展重大理论学习，丰富理财为民主题实践活动，完善干部交流谈心制度，挖掘、培育、宣传一批先进典型。以提升团队功能为目标，进一步完善能够适应目前财政改革发展创新的组织架构，加强结构性、功能性干部配备和调整，全面建立干部成长档案，建立干部轮岗良性循环机制，探索不同岗位、不同领域、不同层级锻炼方式，研究推进竞争性干部选拔工作。以培育专业化品质为目标,继续引深能力建设年活动,大规模培训财政干部,大范围开展财政合作,大力度加强财政研究。以改进工作作风为目标,深入开展正风肃纪活动,加大治庸治懒、治软治散力度,狠刹闲话生非的不良风气、拉拉扯扯的庸俗风气、吃拿卡要的恶劣风气,教育引导干部以良好的精神风貌干发展、惠民生;同时,进一步抓好制度建设,深入推进岗位责任制、服务承诺制、限时办结制、首问责任制、目标考核制、失职追究制,积极探索建立首位奖励、末位诫勉的工作机制。以增强组织凝聚力为目标,努力建设服务型、效能型、学习型、节约型、环境友好型财政机关。

2012年,我们要在市委的正确领导下,深入贯彻落实科学发展观,自觉接受市人大的监督,虚心听取市政协的意见和建议,开拓进取,扎实工作,确保圆满完成预算,为促进晋城经济社会又好又快发展做出新贡献。

晋城市统计局
关于2011年全市国民经济和社会发展的
统 计 公 报

2011年，在市委、市政府的正确领导下，全市上下以科学发展观为指导，以转型跨越发展为主线，全力推动经济发展和民生改善，经济建设和社会发展取得新的成绩，实现了"十二五"时期良好开局。

一、综合

初步核算，全年全市生产总值895.0亿元，增长13.6%。其中，第一产业增加值38.8亿元，增长7.7%，占生产总值的比重为4.3%；第二产业增加值585.8亿元，增长16.3%，占生产总值的比重为65.5%；第三产业增加值270.3亿元，增长9.1%，占生产总值的比重为30.2%。第三产业中，金融业增加值30.1亿元，增长6.2%；交通运输、仓储和邮政业增加值63.9亿元，增长8.9%；批发和零售业增加值48.3亿元，增长16.9%；住宿和餐饮业增加值20.8亿元，增长10.0%；营利性服务业增加值29.7亿元，增长10.2%。人均地区生产总值39 205元，按2011年平均汇率计算达到6070美元。

2006—2011年全市生产总值及其增长速度

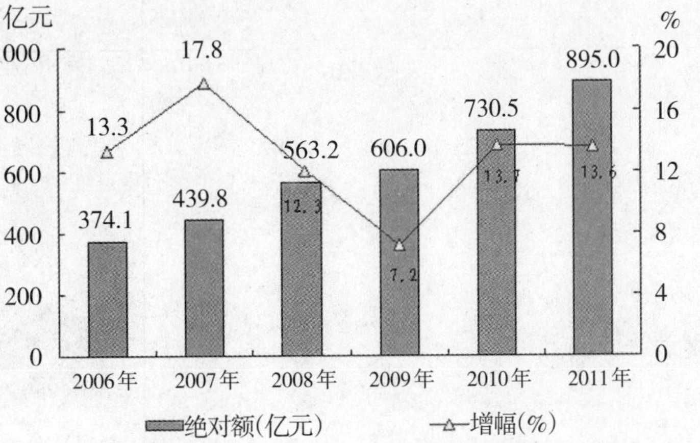

全年全市财政总收入完成181.8亿元，增长18.6%，其中增值税完成85.9亿元，增长

12.6%;企业所得税43.5亿元,增长24.8%;个人所得税8.5亿元,增长28.9%;营业税13.5亿元,增长21.1%;资源税2.5亿元,增长1.6%。一般预算收入完成67.9亿元,增长22.4%。一般预算支出113.2亿元,增长26.5%。其中农林水事务支出增长22.2%,教育支出增长26.1%,社会保障和就业支出增长19.4%,医疗卫生支出增长47.6%,节能保护支出增长57.7%,文化体育与传媒支出增长38.1%。

2006—2011年一般预算收入及其增长速度

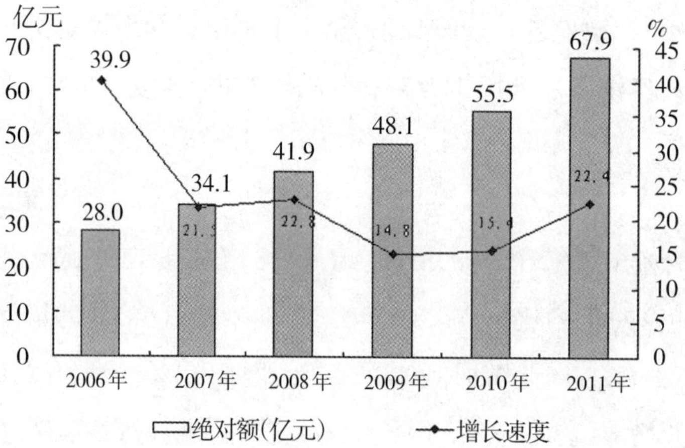

全年居民消费价格比上年上涨4.9%,其中,食品价格上涨11.5%,商品零售价格上涨4.4%。工业生产者出厂价格上涨7.5%,工业生产者购进价格上涨7.1%。

表1: 2011年全市居民消费价格上涨幅度

单位:%

指　　标	涨跌幅度
居民消费价格	4.9
食　品	11.5
烟酒及用品	0.7
衣　着	1.5
家庭设备用品及维修服务	2.5
医疗保健和个人用品	3.5
交通和通信	0.6
娱乐教育文化用品及服务	2.7
居　住	3.0

全年全市城镇新增就业3.47万人，转移农村劳动力2.52万人。年末城镇登记失业率2.2%。

二、农业

全年全市农作物种植面积21.7万公顷，其中，粮食种植面积20.6万公顷，油料种植面积0.34万公顷，棉花种植面积0.04万公顷。在粮食种植面积中，玉米种植面积8.6万公顷，小麦种植面积6.5万公顷。

全年粮食总产量92.0万吨，增加0.6万吨，增产0.6%。其中，夏粮22.9万吨，减产7.0%；秋粮69.1万吨，增产3.4%。

表2：　2011年主要农林产品产量及其增长速度

单位：万吨

产品名称	产　量	比上年增长%
粮　食	92.0	0.6
其中：玉　米	55.5	4.6
小　麦	22.9	−7.2
谷　子	2.6	−6.6
豆　类	8.6	−1.0
薯　类	2.3	10.7
油　料	0.6	−5.2
棉　花	0.35	54.0
蔬　菜	31.9	12.5
水　果	7.1	23.6
其中：苹　果	2.8	21.1
红　枣	0.1	152.6

全年完成造林面积1.3万公顷，增长33.8%；经济林面积0.52万公顷，增长7.9倍；全年木材产量8054立方米，增长2.1倍。

全年全市肉类总产量11.3万吨，增长13.5%。其中，猪肉产量10.1万吨，牛肉产量2179吨，羊肉产量4598万吨。年末生猪存栏90.0万头，增长53.3%；生猪出栏144.4万头，增长22.1%。牛奶产量3488.1吨，增长2.3%；禽蛋产量6.5万吨，增长84.2%；水产品产量1375吨，增长11.3%。

年末全市农业机械总动力234.0万千瓦,增长3.9%。机械耕地面积15.5万公顷,下降0.7%;机械播种面积12.2万公顷,下降0.1%;机械收获面积9.9万公顷,增长19.2%。全市农机化经营总收入14.7亿元,增长7.4%。

三、工业和建筑业

2011年末,全市规模以上工业企业216家,全年规模以上工业增加值增长18.0%。

图3: 2006—2011年全市规模以上工业增加值增长速度

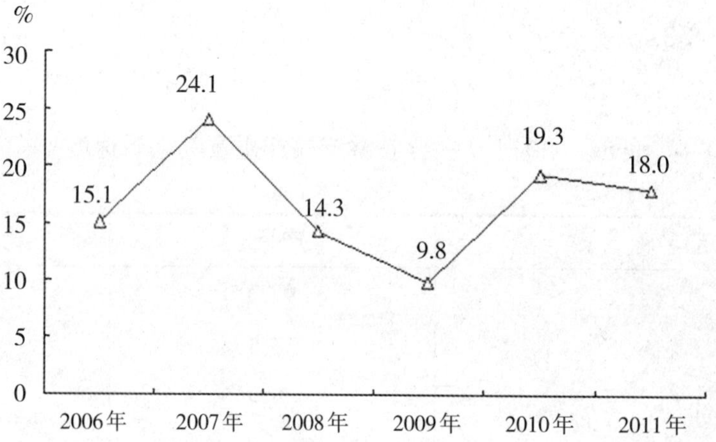

表3: 2011年规模以上工业增加值及其增长速度

指　　标	比上年增长%
规模以上工业	18.0
其中:轻工业	10.0
重工业	18.2
其中:国有控股企业	20.2
其中:集体企业	-120.5
股份制企业	19.7
外商及港澳台投资企业	12.4
其中:煤炭开采和洗选业	17.2
黑色金属冶炼和压延加工业	21.6
电力、热力的生产和供应业	-4.3
石油与天然气开采业	18.2
化学原料及化学制品制造业	15.4
石油加工、炼焦及核燃料加工业	11.7
非金属矿物制品业	3.4
装备制造业	57.7

全社会原煤产量9140万吨，增长8.4%；规模以上工业发电量191亿千瓦时，下降5.2%；水泥139万吨，增长22.6%；化肥实物量435万吨，增长17.3%；合成氨267万吨，增长14.8%；钢材205万吨，增长35.4%。

表4： 2011年规模以上工业主要工业产品产量及其增长速度

产品名称	单 位	产 量	比上年增长%
原 煤(全社会)	万吨	9140	8.4
洗 煤	万吨	2176	1.1
软饮料	万吨	9.0	7.4
液体乳	万吨	1.5	8.4
纱	吨	3846	3.6
布	万米	706	-4.1
服装	万件	249	5.2
焦 炭	万吨	92	8.9
化肥实物量	万吨	435	17.3
合成氨	万吨	267	14.8
精甲醇	万吨	47	16.3
水 泥	万吨	139	22.6
日用玻璃制品	吨	7783	-7.4
化肥(折纯)	万吨	202	17.3
生 铁	万吨	278	24.0
粗 钢	万吨	221	31.0
钢 材	万吨	205	35.4
发电量	亿千瓦时	191	-5.2

规模以上工业实现主营业务收入1251.5亿元，增长30.7%。其中，煤炭、炼焦、冶铸和电力工业分别实现主营业务收入784.9亿元、15.1亿元、128.7亿元和64.8亿元，分别增长28.1%、5.2%、46.2%和-1.5%；新兴产业中，煤层气开采、建材工业、化学工业、装备制造业、医药工业和食品工业分别实现主营业务收入33.5亿元、8.9亿元、99.4亿元、98.4亿元、1.6亿元和11.1亿元，分别增长34.0%、26.6%、40.2%、63.9%、13.8%和13.1%。

规模以上工业实现利税274.0亿元，增长26%；实现利润180.2亿元，增长26.7%。

表5： 2011年规模以上工业企业利润总额及其增长速度

单位:亿元

指　标	利润总额	比上年增长%
规模以上工业	180.2	26.7
其中:国有控股企业	138.3	34.2
其中:集体企业	-0.1	-120.0
股份制企业	155.3	39.2
外商及港澳台投资企业	23.2	-21.0

年末全市具有资质等级的总承包和专业承包建筑业企业71家,完成总产值43.4亿元,增长27.6%;房屋建筑施工面积212.0万平方米,增长10.8%;签订合同额为67.6亿元,增长41.4%。

四、固定资产投资

全年全市固定资产投资完成504.1亿元,增长29.5%。其中,国有及国有控股投资完成148.9亿元,增长0.4%。

图4： 2006—2011年固定资产投资发展情况

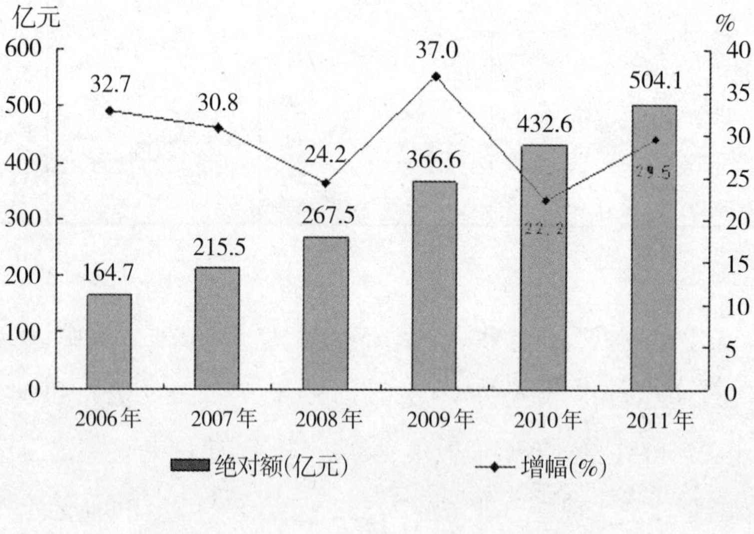

从登记注册类型情况看,内资企业投资484.4亿元,增长31.4%;外商及港澳台商企业投资19.1亿元,增长0.1%。

从产业情况看，第一产业投资14.8亿元，增长89.9%；第二产业投资289亿元，增长41.6%；第三产业投资200.4亿元，增长12.9%。在第二产业中，工业投资289.0亿元，增长41.6%。其中，煤炭工业投资130.4亿元，增长75.5%；非煤产业投资158.5亿元，增长22.2%。传统产业（煤炭、焦炭、冶金、电力）投资合计126.9亿元，增长31.3%，新兴产业（非煤焦冶电行业）投资合计162.1亿元，增长50.8%。

表6：　2011年分行业固定资产投资及其增长速度

单位：亿元

行　　业	投资额	比上年增长%
总计	504.1	29.5
农林牧渔业	14.8	89.9
采矿业	170.7	89.3
制造业	74.8	14.3
电力、燃气及水的生产和供应业	43.5	−10.2
建筑业		
交通运输、仓储和邮政业	30.4	−48.1
信息传输、计算机服务和软件业	2.7	283.7
批发和零售业	22.5	304.0
住宿和餐饮业	8.1	77.2
金融业	0.3	−43.7
房地产业	80.8	21.6
租赁和商务服务业	1.1	167.2
科学研究、技术服务和地质勘查业	0.3	−27.9
水利、环境和公共设施管理业	37.1	63.4
居民服务和其他服务业	1.1	−9.2
教育	8.1	−12.8
卫生、社会保障和社会福利业	2.4	27.6
文化、体育和娱乐业	3.2	17.8
公共管理和社会组织	2.3	−11.9

全年全市在建固定资产投资项目851个。其中,5亿元以上项目57个,计划总投资945.0亿元,本年完成投资164.6亿元,占全市固定资产投资的比重为32.6%。

全年房地产开发投资37.5亿元,增长15.9%。其中,住宅投资完成30.0亿元,增长11.2%;商业营业用房投资4.5亿元,增长40.0%。

表7: 2011年房地产开发和销售情况

指　标	单　位	绝对数	比上年增长%
投资完成额	亿　元	37.5	15.9
其中:住宅	亿　元	30.0	11.2
房屋施工面积	万平方米	488.5	19.5
其中:住宅	万平方米	394.1	16.3
房屋新开工面积	万平方米	160.4	-13.9
其中:住宅	万平方米	131.5	-14.8
房屋竣工面积	万平方米	77.7	12.0
其中:住宅	万平方米	70.2	23.0
商品房销售面积	万平方米	101.5	65.3
其中:住宅	万平方米	95.5	72.8

五、能源

全年全市一次能源生产折标准煤6678.9万吨,增长8.8%;二次能源生产折标准煤324.3万吨,下降2.3%。

全年全市向省外运输煤炭5711万吨,下降9.2%,外运煤炭占原煤产量的比重为62.5%;向省外输送电力168.5亿千瓦小时,下降5.3%,外输电量占发电量的比重为88%;向省外运输焦炭46万吨,增长41.0%,外运焦炭占焦炭产量的比重为52.5%。

固定资产投资中,能源工业投资完成198.8亿元,增长63.6%。其中煤炭工业投资130.4亿元,增长75.7%;石油和天然气开采业投资40.2亿元,增长160.1%;石油加工、炼焦及核燃料加工业投资0.36亿元,下降49.0%;电力的生产和供应业投资27.8亿元,下降10.4%。

全年全市全社会用电总量136.5亿千瓦小时。其中,第一产业用电1.3亿千瓦小时,占全部用电量1.0%;第二产业用电120.6亿千瓦小时,占全部用电量88.4%,其中工业用电

119.8亿千瓦小时;第三产业用电8.5亿千瓦小时,占全部用电量6.2%;城乡居民生活用电6.1亿千瓦小时,占全部用电量4.4%。

六、国内贸易

全年全市社会消费品零售总额224.5亿元,增长17.5%。其中城镇消费品零售额210.4亿元,增长18.2%;乡村消费品零售额14.1亿元,增长7.4%。

图5: 2006—2011年社会消费品零售总额

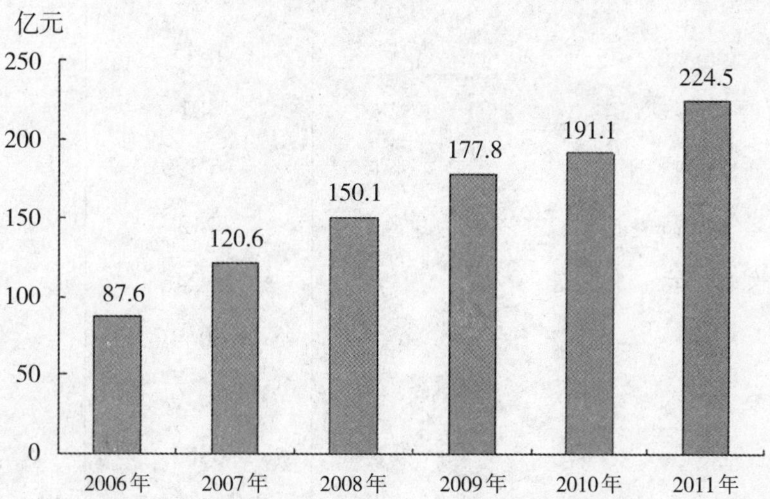

表8: 2011年社会消费品零售总额及其增长速度

单位:亿元

指　　标	绝对数	比上年增长%
社会消费品零售总额	224.5	17.5
分地域:城镇	210.4	18.2
其中:城区	175.7	19.3
乡村	14.1	7.4
分行业:批发业	21.6	20.0
零售业	170.9	18.1
住宿业	5.1	19.4
餐饮业	26.9	11.6

表9： 2011年限额以上批发零售业零售额及其增长速度

单位:万元

指　　标	绝对数	比上年增长%
粮油、食品、饮料、烟酒类	66 255	37.5
服装、鞋帽、针纺织品类	56 722	38.4
化妆品类	5431	27.0
金银珠宝类	9828	59.1
日用品类	5745	32.2
五金、电料类	1345	−26.8
体育、娱乐用品类	401	−0.9
书报杂志类	16 399	25.5
电子出版物及音像制品类	142	5.5
家用电器和音像器材类	23 246	28.8
中西药品类	6069	10.3
文化办公用品类	4049	−22.5
家具类	6884	69.8
通讯器材类	2412	26.5
石油及制品类	284 066	34.6
建筑及装潢材料类	301 192	86.8
机电产品及设备类	15 349	10.8
汽车类	210 342	−9.5
棉麻类	1095	6.6
其他类	26 580	16.9

七、对外经济

全年全市海关进出口总额11.35亿美元,增长113.4%。其中,进口额8.53亿美元,增长166.3%;出口额2.82亿美元,增长33.2%。

图6：　2006—2011年外贸进出口总额及增长速度

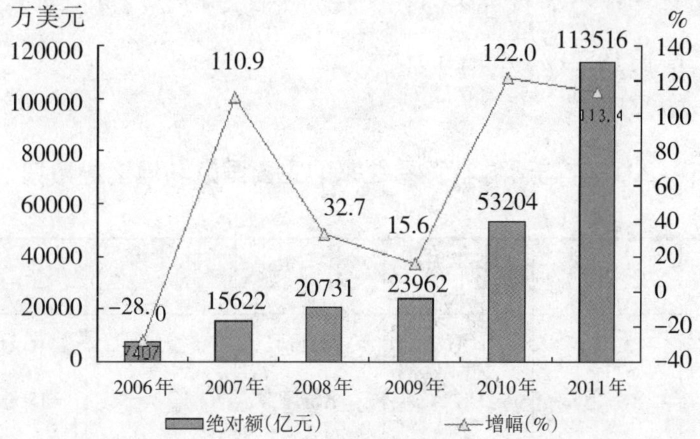

表10：　2011年海关进出口总额及其增长速度

单位:万美元

指　　标	绝对数	比上年增长%
进出口总额	113 516	113.4
出口额	28 177	33.2
其中:一般贸易	9200	51.5
加工贸易	18 977	25.8
其中:机电产品	22 583	28.5
高新技术产品	16 690	31.6
其中:国有企业	464	36.9
外商投资企业	20 285	29.4
进口额	85 340	166.3
其中:一般贸易	50 316	222.5
加工贸易	28 531	97.1
其中:机电产品	57 513	88.1
高新技术产品	37 769	93.0
其中:国有企业	157	-7.5
外商投资企业	54 111	86.2

全年出口煤炭19万美元,下降38.2%;出口钢材4234万美元,增长58.1%;出口电器及电子产品19 857万美元,增长28.1%;出口计算机及通信技术产品15 178万美元,增长30.4%。

全年进口铁矿砂25 801万美元;进口集成电路14 834万美元,增长66.7%;进口机械设备24 945万美元;进口电子技术产品18 116万美元,增长49.1%;进口计算机集成制造技术产品17 206万美元,增长187.9%。

表11: 2011年与晋城有贸易往来的主要国家和地区进出口情况

单位:万美元

国家和地区	进出口	比上年增长%	出口额	比上年增长%	进口额	比上年增长%
中国香港	5565	100.2	21634	36.8	46 074	82.7
中国台湾	28 288	93.8	8663	123.6	19 626	83.1
印 度	1613	-24.3	1260	-38.8	10 971	60.3
日 本	12 747	58.4	1776	47.7	10 971	60.3
韩 国	8016	32.0	1877	-49.0	6140	156.5
印度尼西亚	22	11.1	22	352.1	—	—
德 国	2185	142.1	158	0.9	2027	171.7
巴 西	16 728	3300.4	369	-25.0	16 359	
美 国	4827	16.7	3048	31.7	1825	-1.9
澳大利亚	11 881	400.6	20	-18.8	11 860	405.1

全年全市新设立外商直接投资企业4家;按全口径统计实际使用外商直接投资金额21 798.6万美元,增长66.5%。

八、交通、邮电和旅游

年末全市公路线路里程8 599.5公里,其中高速公路286.9公里。各种运输方式的作业量保持稳定增长。

表12: 2011年客货运输量及其增长速度

指 标	单 位	绝对数	比上年增长%
旅客运输量	万人	2646	4.0
旅客运输周转量	万人公里	157 891	3.6
货物运输量	万吨	3460	5.3
货物运输周转量	万吨公里	277 019	13.3

年末全市民用汽车保有量22万辆(包括三轮汽车和低速货车2.7万辆),比上年末增长7.9%,其中私人汽车17.4万辆,增长15.5%。本年新注册汽车3.3万辆,减少19.4%。年末轿车保有量10.9万辆,比上年末增长22.5%,其中私人轿车9.5万辆,增长25%。

全年全市完成邮电业务总量16.4亿元,下降49.6%。其中,邮政业务总量1.2亿元,下降23.3%;电信业务总量15.3亿元,下降50.9%(电信业务总量下降系移动本年扣除折扣和折让费所致)。新增移动电话用户15.7万户,年末达到157.6万户。全市宽带接入用户25.1万户,增长7.3%。

图7:　2006—2011年全市互联网用户

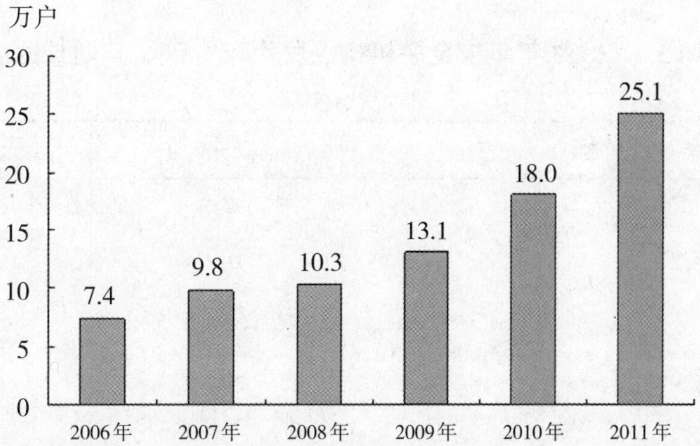

年末全市共有成规模的旅游景区(点)42处,其中有1个国家级5A级景区,6个国家级4A级景区,5个2A级景区,7个国家级工农业旅游示范点。共有星级饭店28家,其中五星级1家、四星级11家、三星10家、二星级6家。全年全市接待海外旅游者6.8万人次,接待国内旅游者1167.0万人次,分别增长32.7%和11.5%;旅游外汇收入2695.9万美元,增长62.6%;国内旅游收入89.1亿元,增长18.1%;旅游总收入90.9亿元,增长18.9%。

九、金融、证券和保险

年末全市金融机构人民币各项存款余额1498.3亿元,比年初增加172.8亿元,增长13.0%。各项贷款余额633.4亿元,比年初增加110.5亿元,增长21.1%。

年末全市农村金融合作机构(农村信用社、农村合作银行、农村商业银行)人民币贷款余额157.3亿元,比年初增加30.9亿元,增长24.4%。

图8： 2006—2011年城乡居民储蓄存款

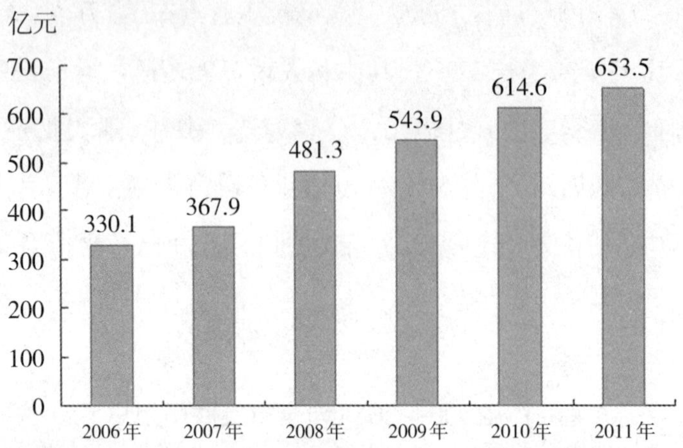

表13： 2011年年末金融机构人民币存贷款及其增长速度

单位:亿元

指　　标	年末数	比上年末增长%
各项存款余额	1498.3	13.0
其中:单位存款	767.5	16.9
个人存款	654.5	6.5
#储蓄存款	653.5	6.3
各项贷款余额	633.4	21.1
其中:短期贷款	260.3	9.3
中长期贷款	357.1	35.4
#个人贷款	30.8	27.3

年末全市共有证券营业部3家,从业人员63人。年末开户数39 978户,累计存入资金20.5亿元,下降49.0%,入市资金15.1亿元,下降52.6%。全年营业收入5284.8万元,下降38.2%,利润总额3205.4万元,下降41.4%。

全年全市保费收入29.8亿元,增长6.8%。其中,寿险业务保费收入21.3亿元,增长3.7%;健康险业务保费收入0.75亿元,下降3.8%;意外险业务保费收入0.38亿元,增长15%;财产险业务保费收入8.5亿元,增长14.7%。

十、教育和科学技术

年末全市普通高等学校1所,成人高等学校1所。全市高中阶段毛入学率92.2%。成人技术培训学校培训结业职工和农民共计28.9万人次。

表14：2011年各类教育发展情况

单位:人

指　　标	招 生	在校生	毕业生
普通高等教育	2911	8520	2295
中等职业教育	8109	21 330	6447
普通高中	22 862	61 558	17 458
初　中	34 351	115 464	40 150
小　学	24 383	80 005	34 206
特殊教育	67	738	53
学前教育	22 065	51 644	15 548

全年全市组织实施各类科技项目260项(其中国家级3项、省级27项、市级230项)。在国家级项目中,列入国家中小创业创新基金项目1项,成果计划1项,星火计划1项;在省级项目中,列入省级国际科技合作项目2项,科技重大专项3项,火炬计划5项,星火计划4项,农业攻关与社会发展1项,成果推广7项,工业攻关2项,软科学及基础平台建设3项。全年全市专利申请量1008件,增长48.2%;其中发明专利申请量269件,增长26.7%。全年新登记科技成果20项。省级企业技术中心2家,按照国家高新技术企业认定办法,2011年末累计认定高新技术企业1家。

十一、文化、卫生和体育

年末全市共有艺术表演团体6个,新创作首演剧目5个;演出场次2093场,演出收入217万元;全市共有艺术表演场馆3个、群众艺术馆1个,文化馆6个,公共图书馆6个,总藏书28万册。

年末全市共有各级医疗卫生机构3098个,医院和卫生院床位8千张,卫生专业技术人员1.2万人,每千人拥有病床3.6张,每千人拥有医生数2.3人。全市6县(市、区)全部开展了新型农村合作医疗试点工作,新型农村合作医疗参合率100%。村卫生室覆盖率100%、县乡村三级医疗机构达标率100%。全年各县(市、区)的儿童“五苗”全程接种率以乡镇为单位均达到了99.9%以上。碘盐覆盖率、合格碘盐食用率均达到100%,各种地方病得到了有效控制。全市乡镇卫生监督站覆盖率达到77.8%。

年末全市拥有各级各类体育场馆4385个,体育锻炼标准达标人数达321 260人。全年全市运动员在省级以上重大比赛中获金牌81枚、银牌68枚、铜牌70枚(包括非奥运项目比赛)。全市销售中国体育彩票5043万元,与上年基本持平。

十二、人口、人民生活和社会保障

据2011年人口抽样调查,年末全市常住人口为228.55万人,比上年末增加0.52万人。全年全市出生人口1.88万人,人口出生率为8.23‰;死亡人口1.42万人,死亡率为6.20‰;自然增长率为2.03‰,性别比为101.31(以女性人口为100)。

表15: 2011年人口数及其构成

单位:万人

指　　标	年末数	比重(%)
全市常住人口	228.55	—
其中:城镇	120.56	52.75
乡村	107.99	47.25
其中:男性	115.02	50.33
女性	113.53	49.67
其中:0~14岁	38.65	16.91
15~64岁	175.62	76.84
65岁及以上	14.28	6.25

全年城镇居民人均可支配收入20 127元,增长16.0%;城镇居民人均消费性支出12 967元,增长22.5%。全年农村居民人均纯收入7043元,增长19.4%;农村居民人均生活消费支出5289元,增长37.3%。城镇占调查总户数20%的低收入家庭人均可支配收入7779元,增长21.9%;农村占人口20%的低收入者收入3769元,增长20.7%。城镇居民家庭恩格尔系数(即居民家庭食品消费支出占家庭消费支出的比重)28.3%,农村居民家庭恩格尔系数36.0%。

年末参加城镇基本养老保险28.6万人;参加农村社会养老保险96.8万人;参加城镇医疗保险54.8万人;参加失业保险21.1万人;参加工伤保险22.2万人;参加生育保险19.3万人。全市共有153.5万农民参加了合作医疗。

年末城镇低保人数31 497人,增加253人;农村低保人数79 871人,增加776人;农村集中供养五保户1714人,户数1707户;农村医疗救助62 214人。优抚对象12 849人,享受定期抚恤1969人,享受定期补助7977人。全市收养性单位61个,增加2个,床位数4430张,年在院73.5万人天。社区服务中心1个,社区服务站61个。全市福利企业48个,残疾职工数777人。福利彩票发行单位1个,收入总计686.7万元。全年直接接收捐赠款666.4万元,受益29765人。

十三、资源、环境和安全生产

全市自然保护区总数5个,自然保护区面积达到15.6万公顷,占全市土地面积的16.6%;全市国家级生态示范区2个。

全年市区环境空气质量二级以上天数达到354天,其中一级天数达到112天,增加8天;空气综合污染指数为1.7,较上年下降0.02。

城市污水处理率达到95%;城市生活垃圾无害化处理率达到92.7%;集中供热普及率达到81%。

全年全市共发生各类生产安全事故833起,减少5起,下降0.6%;事故死亡247人,同比增加29人,上升13.3%,占省政府下达我市控制指标256人的96.5%;造成直接经济损失1038.4万元,同比减少428.3万元,下降29.2%。亿元GDP生产安全事故死亡率0.28(省控指标0.293),工矿商贸就业人员10万人生产安全事故死亡率1.875(省控指标2.25),煤矿百万吨死亡率0.078(省控指标0.2310),特种设备万台死亡率0(省控指标0.67),道路交通万车死亡率7.24(省控指标8.04)。

公报注释:

1.本公报部分数据为初步统计数据。

2.地区生产总值、各产业增加值绝对数按现价计算,增长速度按不变价格计算。

3.2011年起,规模以上工业企业统计标准由过去的年主营业务收入500万元提高到2000万元;固定资产投资统计起点由项目计划总投资50万元提高到500万元;限额以上批发零售企业是指年销售额2000万元及以上的批发企业和年销售额500万元及以上的零售企业。

4.2011年起,邮电业务总量(包括邮政业务总量和电信业务总量)由之前的以2000年不变价计算调整为以2010年不变价计算。

5.2011年起,保险公司保费收入按行业新确认口径统计。

6.根据国家统计局规定,节能降耗指标单独发布。

7.本公报所列增加、增长、减少、下降均系与上年比较。

8.部分数据因四舍五入的原因,存在与分项合计不等的情况。

中共晋城市委常委会工作报告

——2013年1月14日在中共晋城市委六届三次全体会议暨全市经济工作会议上

市委书记　张九萍

同志们:

现在,我受市委常委会委托,向全会报告工作。并提出今年工作的指导思想和主要目标。

过去的一年,在中央和省委的正确领导下,我们围绕迎接十八大、学习十八大、贯彻十八大,坚持主题主线和总基调,对标一流、创新实干,全面加强经济、政治、文化、社会、生态和党的建设,坚定不移争当全省转型跨越发展排头兵,坚定不移加快全面建设小康社会步伐,全市呈现出经济充满活力、社会和谐稳定、人民富裕安康、党建坚强有力的良好局面。

一年来,市委常委会主要抓了以下重点工作:

一是以党的十八大精神为引领,迎挑战、破难题,形成了转型跨越的浓厚氛围

把迎接十八大,学习、宣传、贯彻十八大精神中焕发出来的干劲和热情,转化为迎挑战、破难题的实际行动,转化为谋转型、促跨越的有效举措。先后召开五个座谈会把脉问计,实行重点企业“一企一策”因势利导,建立财政专户资金与银行信贷规模挂钩制度多方联动,出台中小微企业发展30条意见全力扶持等,确保了在下行压力较大的情况下,经济持续健康发展。预计全年生产总值达到1000亿元,增长11.5%;规模以上工业增加值增长14.5%;固定资产投资656亿元,增长30.2%;社会消费品零售总额259亿元,增长15.5%;财政总收入213.5亿元,增长17.4%;一般预算收入82.9亿元,增长22.1%;城镇居民人均可支配收入22740元,增长13%;农民人均纯收入8310元,增长18%。

二是以全省项目观摩检查为契机,创环境、优服务,开创了项目建设的崭新局面

把接受全省项目观摩检查作为检验发展的大赛场,建立了一月一通报、一季一排队、半年一考评、一年一奖惩的项目建设推进机制;围绕项目引进、落地、建设等环节,强化督促检查、跟踪问责问效。四大班子领导亲自挂帅,深入项目一线抓指导,各县市区、市直各部门主动出击，多措并举优服务，为项目建设营造出良好环境。全年项目建设呈现三大亮点：一是履约效率高，当年签约、当年落地超过三分之一；二是引进质量优，非资源类占比达到88%，10亿元以上项目超过80%；三是完成进度快，重点项目落地提前四个月完成全年任务，招商引资提前三个月完成省下达目标，固定资产投资增幅连续九个月稳居全省前列。全省项目观摩检查晋城点评会上，省委、省政府领导和省直各厅局负责人对我市工作给予高度评价，认为晋城"转型势头正旺，发展局面喜人"，进入到"加快发展机遇期、产业发展转型期、招商引资集聚期，具备了加快发展的环境、基础和势能"。

三是以转型综改试验区建设为载体，树标杆、闯新路，先行先试迈出重要步伐

出台了《晋城市转型综改试验行动方案》，加快"一市两县"、"一市两园"、"一县一企"试点建设，在"四化"联动、产业转型、金融创新、煤层气开发等10个方面先行先试。在全省率先开展竞争性分配财政资金，探索"属地征管、增量激励"财政管理体制改革，创新用地保障机制、资本融资模式、生态补偿机制等做法，在全省走在了前列。

四是以荣膺"国际花园城市"综合金奖为标志，展风采、树品牌，美丽晋城建设取得可喜成果

坚持绿色、低碳、洁净、健康的发展理念，加大城市道路、景观、水系、绿化为主的综合基础设施建设力度，全面提升城市外在形象和内在品质，被确定为第二批全国低碳试点城市。在阿联酋举办的第16届国际花园城市总决赛上，一举夺得"国际花园城市"综合金奖。

五是以开展纯洁性教育为抓手，转作风、接地气，树立了执政为民的良好形象

按照省委"六查六看"的要求，以"四重四戒四力促"为主题，扎实开展纯洁性教育活动。贯彻中央和省委要求，改进工作作风，打破常规、突破惯例，采取"四会合一"、"五会一天开"、"限定发言时间"等办法，减少会议，缩短时间，提高效率。对省市领导交办督办的100多项批件进行了跟踪回访问效。把下乡住村、包村增收等工作常态化，四大班子成员带头"三联一住"，下基层、接地气；1228名党员干部进农户、到地头，帮扶到村936个，帮贫到户5700多户，解决了一批群众反映强烈的突出问题。

下面，我报告市委常委会一年来所做的其他工作。

一、突出主题主线，坚持稳中求进，转型跨越的基础进一步夯实

一是"以煤为基、多元发展"步伐加快

在巩固煤炭资源整合成果的基础上，以新兴产业引领转型，加快发展高新技术、装备制造、新能源新材料和煤层气四大产业，煤层气综合利用循环模式被列为全国五个典型案例之一并加以推广；以园区集聚承载转型，"一区六园"都突出了各自的产业定位和发展方向；

以现代服务业提升转型,一批以晋氏织造和晋陶陶瓷为代表的文化创意产业快速发展,一批以湖滨股份为代表的现代餐饮业规模壮大,一批以皇城相府为代表的精品旅游业效益凸显,全市旅游收入增幅全省第一;以县域经济支撑转型,形成了开发区高新技术、城区商贸物流、泽州装备制造、高平新能源新材料、阳城陶瓷产业、陵川生态旅游、沁水煤层气清洁能源为主导的非煤产业集聚区。

二是"一村一品"、"一县一业"势头强劲

制定出台了农民收入翻番的《决定》,认真落实各项强农惠农政策,粮食总产、单产双创历史新高。大力发展"一村一品、一县一业","一村一品"专业村达304个,农民专业合作社发展到2697个,带动农户12.8万户。猪—沼—菜(果)循环农业、蚕桑丝麻、食用菌三大产业成为我市现代农业的新亮点。全省设施蔬菜现场会、小杂粮交易会、生猪产业推进会、中药材产业推进会先后在我市召开。启动实施了农村清洁工程,开展了首届晋城"最美乡村"评选活动,一批集生产之美、生活之美、环境之美、人文之美和山水之美为一体的"最美乡村"新鲜出炉,拉动了农村旅游业发展,带动了农民增收致富。

三是城乡一体化建设稳步推进

按照全省"一核一圈三群"的城镇化布局,统筹推进中心城市、大县城、重点镇和新农村建设。在中心城市建设上,加快拓展、改造、提质步伐,总投资达70亿元以上。在县城和小城镇建设上,围绕六大工业园区科学布局,加大了用地保障、户籍管理体制改革力度,突出了润城-郑庄沁河流域和环城高速公路内7个城乡一体化示范区建设。在新农村建设上,重点抓了10个新农村连片示范区建设和300个新农村的提档升级。

四是城乡生态化建设成效明显

持续推进环境攻坚、造林绿化、节能减排三大工程。围绕环境攻坚,重点开展了城中村燃煤污染整治、建成区污染企业搬迁改造等工作,加大了丹、沁"两河"流域环境监管力度。市区空气质量二级以上天数达到353天,六县市区空气质量稳定达到国家二级标准。围绕造林绿化,重点实施了"两山"造林、"两网"绿化等六大林业工程,全年累计造林12.12万亩,植树800万株,跻身全国"百个国土绿化突出贡献单位"。围绕节能减排,重点开展了52项节能工程、38个减排项目,对41家重点耗能企业进行了节能目标考核,六项污染减排指标全部实现预期目标。

五是招商引资成果丰硕

组团参加了中博会、能博会和首届世界晋商大会等,到江苏、浙江等地进行了交流对接,接待了新加坡、上海、广东等地企业家考察团38批次。特别是从理念、资金、管理、技术和人才等方面加强与上海的对接，实现了在更大空间、更高层次上谋划晋城发展。

二、加强民主政治建设，推进依法治市进程，转型跨越的合力进一步增强

坚持和完善人民代表大会制度

加强对人大工作的领导，支持人大及其常委会依法履行职责。认真听取人大关于转型发展、特色城镇化建设和民生项目建设等方面的意见和建议。加强法律监督和工作监督，支持人大依法作出重大事项决定。代表工作进一步加强，代表议案和建议的办理有了新的提高。

坚持和完善中国共产党领导的多党合作和政治协商制度

把政治协商纳入决策程序，支持政协围绕转型跨越开展专题调研，就加强项目建设、扶贫开发等方面建言献策。全面实施统战工作“同心”工程，加强和改进新形势下工商联工作，推进侨务工作、党外知识分子和港澳台海外统战工作，积极做好对台工作。

扎实推进依法治市进程

“六五”普法扎实开展，法治政府建设成效明显。坚持和完善基层群众自治制度，健全了城乡社区服务体系，完善了政务、村务和公共企事业单位办事公开等制度。支持工会、共青团、妇联等人民团体充分发挥作用，指导团市委、青学联完成了换届。

坚持党管武装原则，支持国防和驻市部队现代化建设

完善了军地齐抓共管国防后备力量建设机制，大力加强民兵预备役工作，积极推进人民防空建设，国防动员能力进一步提升。深化军民融合式发展，军地“双服务”水平进一步提高。

三、加强宣传思想工作，推进文化强市建设，转型跨越的活力进一步彰显

深入贯彻落实十七届六中全会精神和文化强市建设《实施意见》，加快文化优势向发展优势转变。

一是深入开展社会主义核心价值体系建设

把社会主义核心价值体系教育融入转型跨越发展实践，推动中国特色社会主义理论体系进教材进课堂进头脑。大力弘扬晋城精神、人人争做“晋城好人”，涌现出来的203名“晋城好人”受到表彰。深入开展群众性精神文明创建活动，积极争创全国文明城市。

二是营造良好舆论氛围

充分发挥主流媒体主渠道、主阵地作用，唱响主旋律，打好主动仗。围绕迎接十八大，学习宣传贯彻十八大精神，开展了“千人万场大宣讲”活动；借十八大盛会召开的契机，通过人民网、新华网、《人民日报》、中央电视台、山西电视台和《山西日报》等主流媒体，全面宣传

了晋城、推介了晋城、展示了晋城。加强互联网等新兴媒体管理,优化了网络文化环境。加强对外宣传工作,树立了晋城良好形象。

三是丰富群众精神文化生活

文化精品生产继续保持旺盛活力,涌现出以《西沟女儿》、《小二黑结婚》、《大耳朵爷爷历险记》为代表的一批群众喜闻乐见的文艺作品。全市累计共有43件作品荣获全省“五个一工程”奖,七次荣获组织奖。加强公共文化服务设施建设,文化惠民工程实现全覆盖。大力实施“文化低保”工程,受到了刘云山等中央领导同志的充分肯定,并在新华社等主流媒体宣传推广。

四是深化文化体制改革,大力发展文化事业和文化产业

文艺团体转企改制、广电体制机制改革等走在全省前列。大力发展文化产业,召开了文化强市建设动员大会。确立了“两地六业”主攻方向,建立了吉利尔潞绸文化、珏山二十八宿动漫等四个文化产业园区;搭建起创意研发、信贷融资、信息物流三个平台,促进了文化与旅游业深度融合。

四、加强和改善民生,创新社会管理,转型跨越的成效进一步共享

一是认真解决人民群众最关心、最现实的利益问题

各级财政用于民生事业支出占到总支出的70%以上,“五个全覆盖”工作提前超额完成,“方便晋城”十大工程全部兑现。大力实施教育优先发展和医疗提质两大工程。在全省率先实现普通高中免学费教育,为全市农村寄宿制学校配备的76辆校车交付使用,建立了贫困大学生资助体系,市区开工新建了4所学校。加强县乡村三级医疗基础设施建设,启动了晋城大医院建设,建立了市、县两级与北京各大医院对接的远程医疗会诊系统。开工各类保障性住房11 560套,超额完成了省定目标,市区经济适用住房被国家住建部授予“国家康居示范工程”;向低收入农户供应冬季用煤任务提前完成。

二是就业和社会保障水平全面提高

新增就业岗位突破3万个,城镇登记失业率控制在1.8%以内,在全省率先荣获“全国创业先进城市”称号。加快完善城乡社会保障体系建设,养老医疗保险基本实现城乡覆盖。全市城镇职工、城镇居民医保待遇水平全省第一,新农保参保率和新城乡低保覆盖率居全省前列。

三是安全生产形势持续好转

全年各类事故死亡238人,工矿商贸企业生产安全事故死亡8人,低于省控指标。煤矿百万吨死亡率为0.1116,比省控指标低0.051。

四是社会管理和维护稳定工作全面加强

瞄准争创全省社会管理创新先行区、示范区，创新管理理念、管理机制和管理方法，全省公安机关创新流动人口服务管理现场会在我市召开。深入开展严打整治，持续引深平安创建，社会管理综合治理工作走在全省前列。积极开展信访积案大会战，进京非正常重复上访同比下降56%，赴省集体访同比下降39%。特别是把抓好十八大安保工作作为一项特殊的政治任务，强化源头治理和预防，加强舆情研判，深入开展严打整治专项行动，实现了“六个坚决防止”和进京非正常上访“双零”目标。

五、全面提高党的建设科学化水平，为转型跨越发展提供了坚强保证

持续引深创先争优活动

开展了“创先争优从我做起、挂牌承诺争当先锋”主题实践活动，形成了一批创先争优理论成果、实践成果和制度成果，城乡党建“三联两派一激励”、党员队伍“四分法”链式管理等做法，受到省委的充分肯定。

全面推进学习型党组织建设

扎实开展专题讲座“每月一讲”、自主选学“每月一班”、境外培训“每年一批”、在线学习“每人一卡”，分批选送处级以上干部到上海和境外进行专题培训。市委常委带头宣讲，市委中心组成员示范引领，在第一时间完成了学习贯彻十八大精神的首轮培训。

切实加强领导班子和干部人才队伍建设

围绕转型跨越发展配班子、选干部、建队伍。一年来，市委常委会共研究干部七次，调整处级干部57名。其中：提拔正处级干部11名、副处级干部11名，安排军转干部11名；平调正处级干部9名、副处级干部4名，免职11名。新提拔的22名干部中，竞争性选拔13名。所有新提拔任职的干部全部实行了市委常委会票决制。集中召开了一系列干部座谈会，探索深化干部人事制度改革。加强干部监督管理，开展了“一报告两评议”和领导干部报告个人有关事项工作。持续推进人才强市战略，完善了党委联系高级专家制度。累计引进各类紧缺人才3500多名，为转型跨越发展提供了人才支撑。

深入开展基层组织建设年活动

全面实施基层党建工作“联述联评联考”制度，狠抓党员教育培训，圆满完成了换届后农村“两委”主干培训工作。狠抓基层党建创新工作，在社区推进“三有一化”，在乡镇推行“文建明工作法”，在机关实施了“机关党建走在前”行动计划。狠抓非公企业党建工作，实现了非公企业党组织全覆盖。以“包保责任制”为抓手，扎实推进基层党组织分类定级和整改提高工作，在全省述党建测评中，我市位居前三名。

深入开展党风廉政建设和反腐败斗争

认真落实党风廉政建设责任制,统筹推进山西特色惩治和预防腐败体系建设的晋城实践。建立并实施了《领导干部廉政勤政约谈制度》。加强对重大决策部署的督促检查,深入开展食品安全、工程建设等领域的专项治理,解决了一批群众反映强烈的突出问题。加大纠风治理工作,被省政府评为全省政风行风先进市。坚决查处违纪违法案件,全年立查案件243件,对296名违纪干部给予了党纪政纪处分。

一年来,市委常委会忠实履行对党和人民的重大责任,坚决贯彻中央大政方针和省委决策部署,以奋发有为的劲头干事业,以勤勉敬业的态度尽职守,以如履薄冰的意识保纯洁,努力在为民、务实、清廉上为全市党员干部作出表率。同时,认真执行民主集中制原则,坚持重大问题集体讨论、集体决定。班子成员之间坦诚相待,工作中互相支持,大事讲原则,小事讲风格,形成了团结干事的浓厚氛围。工作中的主要体会:一是必须坚持好中求快、稳中求进,勇当全省转型跨越发展排头兵。在全省竞相发展的大格局中,“不进则退、慢进亦退”,必须始终保持时不我待、只争朝夕的紧迫感,以跨越谋转型,以转型促跨越,在提高质量和效益的前提下,千方百计发展得快一些,在全省转型跨越征程中走在前头,书写属于晋城的精彩篇章。二是必须坚持放胆开放、放大优势,不断拓展发展空间、集聚发展势能。要从发展大势和市情实际出发,科学判断和紧紧抓住难得机遇,用好资源之富、交通之便、气候之宜、人文之名的综合优势和综改试验区、中原经济区的政策优势,在发展理念、发展思路、发展模式上不断解放思想、改革创新,积极融入全省、全国乃至全球经济大循环。三是必须坚持以人为本、民生优先,让人民群众共享转型跨越发展成果。人民对美好生活的向往,就是我们的奋斗目标。必须坚持推动发展与保障和改善民生、维护群众合法权益有机统一,把实现、维护、发展好人民群众根本利益作为一切工作的出发点和落脚点,实现发展指数与群众幸福指数同步提升。四是必须坚持求实务实、狠抓落实,用实实在在的努力创造实实在在的业绩。实干兴邦、空谈误国!必须把改进工作作风、密切联系群众作为一种执政理念和自觉行动,问政、问需、问计于民,在把握上情、吃透下情、了解外情中遵循规律、推动工作,不提不切实际的口号,不提超越阶段的目标,不做不切实际的事情,更不能搞面子工程、形象工程、花架子工程。五是必须坚持维护团结、促进和谐,形成众志成城推动事业发展的强大合力。实现富民强市是最大的发展和最大的政绩,团结和谐是最大的战斗力和生产力,必须像爱护眼睛一样维护团结和谐,以事业为共同追求,以真诚为最大力量,以公正为最大保证,认真维护和巩固四大班子的团结和谐、全市党员干部的团结和谐、广大人民群众和全社会的团结和谐,使一切积极因素最充分地调动起来、发挥出来。

同志们,一年工作的开展和成绩的取得,是中央和省委、省政府正确领导的结果,是全市各级党组织、广大党员干部群众团结奋斗的结果,各位委员和各级各部门的负责同志,做了大量富有成效的工作。在此,我代表市委常委会,向大家表示衷心的感谢!

在肯定成绩的同时,我们也深深感到,发展中还有不少困难和问题,工作中还有不少差距和不足。比如,总量不足、结构不优,质量和效益不高的问题依然突出;传统产业层次较低,新兴产业比重较小,节能减排压力较大,转变经济发展方式任重道远;县区、城乡之间发展不够平衡,部分边远山区群众生产生活还比较困难;一些党员干部作风不实,部分基层党组织软弱涣散,各级领导班子推进转型跨越发展的能力还有待提高等。这些,都需要我们高度重视、认真解决。

今年是深入贯彻落实十八大精神的开局之年,是实施"十二五"规划承上启下的关键一年,对各项事业发展提出了新的要求。总的指导思想是:认真贯彻中央和省委精神要求,坚持科学发展主题,突出转变经济发展方式主线和稳中求进总基调,争先综改、竞逐中原,加快转型升级步伐、加快城乡统筹进程、加快建设美丽晋城,为率先全面建成小康社会、率先走出资源型地区科学发展新路而努力奋斗。

今年经济发展的主要目标是:地区生产总值增长11%以上;固定资产投资增长24%;财政总收入和一般预算收入均增长14%。城镇居民人均可支配收入增长12%,农民人均纯收入增长12%以上。社会消费品零售总额增长16%。万元GDP综合能耗、二氧化碳排放量分别下降3.5%和3.7%,烟尘、工业粉尘排放量均下降2%。

各位委员、同志们,蓝图鼓舞人心,目标催人奋进。新的一年,我们要紧密团结在以习近平同志为总书记的党中央周围,深入贯彻落实党的十八大和中央经济工作、省委全会暨全省经济工作会议精神,团结带领全市人民,提振精神、鼓足士气,锐意进取、攻坚克难,努力在转型跨越发展中取得新的、更大的成绩。

希望同志们对市委常委会的工作提出意见和建议,通过我们的共同努力,把今年的工作做得更好。

晋城市人大常委员会工作报告

——2013年3月28日在晋城市第六届人民代表大会第四次会议上

市人大常委会主任　孟福贵

各位代表：

我受晋城市第六届人民代表大会常务委员会的委托，向大会报告工作，请予审议，并请列席人员提出意见。

过去一年的主要工作

2012年是我市经济社会发展取得显著成绩的一年，也是全市人大工作全力支持和保障发展的一年。一年来，市人大常委会在市委的正确领导下，认真学习贯彻党的十八大精神，紧紧围绕市委中心工作，服从和服务于全市工作大局，认真履行各项法定职权，有效发挥了地方国家权力机关作用，为推动科学发展、促进社会和谐、加强社会主义民主法制建设发挥了应有的作用。

一、坚持围绕中心、服务大局的工作原则，在推动市委重大决策部署的贯彻落实上积极发挥作用

常委会坚持围绕中心、服务大局，认真贯彻市委决策部署，依法履职，主动作为，不断创新监督方式，健全监督机制，增强监督实效，为经济社会发展营造了良好法治环境，促进了全市转型跨越发展重点工作的开展。

围绕促进项目落地积极发挥作用，有效推动转型跨越发展

常委会着眼于推动项目落地，选定工业、城建、教育卫生三个领域，进行了三次集中调研和专题视察，形成了三个高质量的调研报告并转达了市政府。在此基础上，先后两次听取和审议了市政府关于项目落地情况的报告。结合听取专项工作报告，首次启用了专题询问的监督方式，对涉及重点工程建设与重点项目落地的12个相关部门的“一把手”进行了询问，询问直指制约项目落地的深层次问题，深化思想认识，形成工作合力，促进问题解决，彰

显了地方国家权力机关的权威和作用。全年共落地633个项目，完成落地投资额1256.7亿元，取得了“投资增速全省第一、省级重点工程完成率全省第一”的好成绩，为我市今后经济的持续健康发展奠定了坚实基础。

围绕提升发展水平积极发挥作用，确保计划预算依法执行

着眼于促进政府提高经济运行的质量和效益，加大对计划预算执行情况的监督，听取和审议了市政府关于2012年1—7月份经济运行情况的报告，向市政府转达了把握发展态势、加快项目建设、落实政策措施、优化发展环境四条审议意见，并跟踪督促落实，为2012年我市各项经济指标全面攀升起到了积极的推动作用。作出了批准市政府调整2012年度市级重点工程项目和年度投资计划的决议，审议了市政府关于市级2011年预算执行及其他财政收支审计查出问题整改情况的报告，进一步增强了计划预算执行的严肃性。对2012年计划执行情况进行了审查，对2013年计划盘子进行了初审，向市政府及其相关部门作了反馈，政府在巩固主导产业、完善指标体系、优化投资环境、壮大园区经济、统筹城乡发展等方面作了进一步修改；以部门预算为突破口，探索创新了“四大环节16个步骤”的预算审查流程，通过法律性审查、绩效性审查、公开性审查、科学性审查四个环节，进一步增强了预算审查的有效性、针对性，为人代会通过计划预算奠定了坚实的基础。

围绕稳固主导产业积极发挥作用，促进以煤为基、多元发展

煤炭工业是我市的支柱产业。常委会着眼于促进传统产业改造提升，加大了对煤炭主导产业的监督支持力度，听取和审议了市政府关于全市煤炭经济运行情况的报告，对强化煤炭安全生产、提升煤炭工业经济运行质量提出了审议意见。专题听取了晋煤集团、煤销集团晋城公司关于煤炭资源整合情况的汇报，向这两家主要煤矿整合主体转达了加快推进资源整合和尽快复产的要求，有效地协调了各方面的利益，推动了煤炭资源整合遗留问题的解决，我市煤炭资源整合换证工作走在全省前列。同时，常委会高度关注工业园区建设，听取和审议了专项工作报告，督促支持市政府把工业园区建设作为产业集聚、集群发展、多元发展的重要载体，进一步加大工作力度，力求取得突破。在上年度对全市现代农业发展情况进行专项审议的基础上，继续跟踪监督市政府关于审议意见的落实情况，积极督促市政府从提高认识、增加投入、突出特色、完善服务、深化改革、科技推广等方面认真落实，促进了现代农业提档升级，进一步增强了农村经济发展的活力。

二、坚持关注民生、以人为本的核心立场，在推动城乡统筹发展促进民生社会事业上取得新成效

常委会坚持以科学发展观为指导，把以人为本的核心立场贯穿于履职全过程，不断推

进经济社会全面协调可持续发展。

着力推进特色城镇化建设

城镇化建设是政府推动转型跨越发展的重要方面,也是人大监督的重点内容。常委会开展了认真的会前调研,并组织人员专题考察学习。结合调研中发现的问题,与市政府及其相关部门作了多次沟通,通过审议全市特色城镇化建设情况的专项报告,督促政府进一步发挥规划龙头作用、完善城镇功能、破解土地和资金制约、健全配套制度,切实提高城镇化建设水平。常委会持续强化对市区建设的监督,通过专题调研、集中视察、审议专项工作报告等多种形式,监督支持政府加快推进城市扩容提质、完善功能,为建设国际花园城市作出了积极贡献。

着力推进城乡生态化建设

常委会在专题考察、会前调研、充分沟通的基础上,听取和审议了市政府关于推进全市林业产业化和环城绿化情况的报告,向市政府转达了统筹规划合理布局、创新机制加大投入、优化结构加强管理、强化队伍完善服务等审议意见,监督支持政府进一步提高我市林业产业化水平和生态绿化工作质量。继续跟踪监督"丹河条例"执行情况,促使这一地方性法规的贯彻执行更加规范有力,让丹河流域得到更好的防治和保护。晋城环保行以抓好污染减排工作为切入点,组织市政府相关部门及8家省、市媒体深入基层企业进行检查采访活动,进一步促进了企业污染排放达标,提高了群众维护环境权益的意识。通过不懈努力,全市上下已经形成建设生态文明的共识,良好的生态环境已成为晋城靓丽的名片。

着力推进民生社会事业发展

常委会高度关注民生社会事业,支持市政府进一步整合财政资源,增加对社会保障、就业创业、文化教育、公共卫生等方面的投入,监督支持政府把超收财力重点用于优先确保教育、农业、科技等法定支出增长,让人民群众得到更多实惠。针对群众反映强烈的市区中小学班容量过大、蔬菜市场建设滞后、市区交通拥堵等问题,持续加大监督力度,听取和审议了市政府关于解决市区班容量过大问题的报告,跟踪监督市政府关于教育"十二五"规划、蔬菜市场建设、道路交通管理等工作审议意见的落实,督促支持市政府加大了工作力度,投资8.19亿元在市区内新建4所学校,出台了推进义务教育均衡发展实施方案,暑期开学班容量已明显下降;道路交通建设力度前所未有,5条断头路全部打通,完成改造60条背街小巷,新增110台公交车,出行难问题逐步得到缓解;督促支持市政府出台了蔬菜市场建设的具体实施意见,启动了周末社区蔬菜市场直通车供应工程,完成了一批零售市场、蔬菜冷藏库的新建、改造,进一步方便了人民群众生活。

三、坚持标本兼顾、多措并举的工作方法，在推进依法治市的基础工作上更加扎实

常委会依法履行法律监督职责，加大对反渎职侵权检察工作的监督力度，加强对法律实施情况的执法检查，认真开展规范性文件备案审查工作，不断推进依法治市进程，为全市经济社会发展营造了良好的法治环境。

扎实开展对反渎职侵权检察工作的监督

反渎职侵权是从法治层面惩治和预防腐败、依法规范国家机关管理秩序、营造良好政务环境的重要组成部分，着眼于此，常委会开展了深入的调研，对近三年反渎职侵权工作情况进行了充分的了解，在此基础上听取和审议了市检察院关于加强渎职侵权检察工作、促进依法行政和公正司法情况的报告，向市检察院转达了拓展工作思路、完善制度机制、加强队伍建设、强化宣传教育等审议意见，并跟踪督促检察机关积极落实，对整治国家机关工作人员不作为、乱作为现象起到了惩戒和警示作用，在全市形成了反渎职侵权工作的良好氛围，促进了依法行政和公正司法。

扎实开展执法检查工作

对中小企业法的执行情况进行检查是2012年执法检查的重点。常委会成立了专门的执法检查领导组，进行了广泛的动员，市县两级同时部署，上下联动，开展了为期7个月系统深入的执法检查，对法律贯彻落实、政策扶持、中小企业服务平台建设等8个方面进行了重点检查，提出了拓宽中小企业融资渠道、提高中小企业自身素质、健全中小企业服务体系、优化中小企业发展环境等20多条意见和建议。在此基础上，常委会听取和审议了执法检查组的工作报告，进一步推动了中小企业法的贯彻落实，促进了全市形成关心、支持中小企业发展的良好氛围。与此同时，对食品安全法、文物保护法、农业法等9部法律法规的实施情况进行了执法检查；配合省人大常委会对《山西省循环经济促进条例（草案）》等8部法律法规的制定、修改开展了立法调研，得到省人大常委会的认可和好评。

扎实开展规范性文件备案审查工作

规范性文件备案审查是法律监督的重要内容。常委会对市政府报来的5件规范性文件进行了审查，对于经审查发现的个别规范性文件部分内容不适当，及时与市政府进行沟通并督促改正。同时，积极指导和推动各县（市、区）人大常委会开展此项工作，保证了政府抽象行政行为的合法化，保障了国家法制的统一。

四、坚持依法有序、服务保障的工作要求，在人事任免和代表工作上不断完善

常委会不断完善程序，依法履行人事任免职权；始终把做好代表工作、发挥代表作用作为人大的基础工作抓在手上，不断提高代表服务水平，拓展代表履职渠道，代表主体作用得

到有效发挥。

完善程序,依法任免国家机关工作人员

常委会坚持党管干部原则和人大依法任免相统一,不断完善任前考察了解、任前法律知识考试、供职发言、颁发任命书、就职宣誓等程序,共审议人事任免议案12件,决定了代理市长,决定任命政府组成部门负责人3人,撤销职务1人,接受辞职1人;任命市中级法院法官4人,免职13人;任命市检察院检察官5人,免职6人。进一步加强任后监督,增强了被任命干部的法治意识、公仆意识、人大意识,强化了干部队伍勤政廉政建设。

完善服务,不断强化代表履职培训

常委会在上海浦东干部学院举办了社会管理创新专题培训班,在北戴河全国人大培训基地举办了代表小组组长培训班,组织了省十二届人大代表履职培训班,共培训省、市人大代表230余人次,代表履职水平有了明显提升,涌现出一批优秀代表活动小组。举办了乡镇人大主席培训班,进一步提升了乡镇人大工作水平。积极拓宽代表履职渠道,每次常委会都邀请熟悉相关议题代表参加会前调研,并列席常委会会议。全年共邀请代表列席常委会会议、参加调研视察和执法检查等活动70余人次。为每位代表订阅了《中国人大》、《山西人大》、《人民代表报》等报刊,让代表更好地了解情况,履行职责。举办了纪念中华人民共和国代表法颁布20周年系列活动,通过代表访谈电视节目、代表征文等形式,全面展示了代表履职风采。

完善机制,着力提高代表建议办理质量

市六届人大二次会议共收到代表建议289件。在代表建议办理工作中,常委会坚持和完善重点建议副市长领办、专题听取和审议代表建议办理报告、组织代表检查办理情况三项制度和机制,促进办理单位不断规范办理流程,代表所提建议得到更好重视和落实,建议办结率达到100%,代表满意率达到95%以上,进一步激发和保护了代表履职积极性。制作《代表之声》节目33期,跟踪报道了60名代表所提50多件建议办理情况,通过媒体渠道,增强了人大工作的公开性和透明度,为人大代表依法履职营造了良好氛围。

此外,组织召开了市六届人大三次会议,选出了我市出席山西省十二届人大会议的39名代表,作为全省人大代表换届选举的"收官"之市,圆满完成了省委、省人大安排的选举任务。

五、坚持求真务实、开拓创新的工作理念,在加强常委会履职能力建设上迈出坚实步伐

常委会积极适应新形势对人大工作提出的新要求,不断加强自身建设,着力提高常委会履职能力,为提升人大工作科学化水平奠定了良好基础。

思想建设有了新境界

以开展创先争优活动为主线,不断引深保持党的纯洁性学习教育活动。把学习贯彻落实党的十八大精神作为首要政治任务,在思想上政治上行动上同党中央始终保持高度一致,在人大及其常委会的各项工作中坚决贯彻市委决策部署。坚持常委会法制讲座和机关周一学习制度,进一步提升常委会组成人员和机关工作人员的法律水平和业务素质。

作风建设有了新作为

坚持和完善联系代表和人民群众制度,认真贯彻中央、省委、市委改进工作作风、密切联系群众的各项规定,常委会组成人员分工联系279名基层代表,主任会议成员带头开展"三联一住"和"访民生、知民情、解民事"活动,有力地推动了贫困村脱贫致富和重点项目建设;围绕经济转型、生态建设、旅游产业、法治晋城等重大课题深入开展调查研究,形成调研报告29篇,进一步夯实了人大工作的群众基础。将信访工作作为联系群众的重要渠道,受理群众来信来访387件1000余人次,坚持和完善信访联席会议制度、领导阅批重要信访制度、律师接访制度,有效解决了一批涉法涉诉重点难点案件,维护了群众利益和法律尊严。

机关建设有了新形象

认真组织开展市委部署的"学党章、守纪律、转作风"专题教育月活动,不断强化政治纪律、责任意识和工作作风,进一步引深学习型、服务型、创新型机关建设。服务"三会"更加规范有序,为2次人代会、10次常委会会议、23次主任会议提供了服务保障。加强了与省人大、市"一府两院"及县(市、区)人大的沟通协调和联系,保证了各项工作在良好的环境中规范、高效运行。配合省人大在晋城召开了人大理论研究会会长会议、全省人大信访工作会议,先后接待全国人大执法检查和工作调研4批次,接待外省、市来我市学习考察95批1047人次,通过人大渠道宣传和展示了美丽晋城的良好形象。

在总结成绩的同时,我们也清醒地看到,在发挥代表作用、增强监督实效、加强自身建设等方面,与人民的期望、代表的要求还有不小差距。我们将自觉接受人民监督,虚心听取代表意见,不断改进工作,更好地发挥人大及其常委会作为权力机关、工作机关和代表机关的作用。

今后一年的主要任务

2013年是全面贯彻落实党的十八大精神的开局之年,是实施"十二五"规划承前启后的关键之年,做好今年的人大工作责任重大,意义深远。2013年市人大常委会工作的指导思想和总体要求是:在中共晋城市委的领导下,以邓小平理论、"三个代表"重要思想、科学发展观为指导,认真学习贯彻落实党的十八大精神,深入落实市委六届三次全会部署,坚持

"围绕中心、服务大局、突出重点、讲求实效"的工作原则,更加注重推动经济发展方式转变,更加注重推动民生社会事业发展,更加注重推动民主法制建设,依法履行各项职责,进一步开创人大工作新局面,为全市实现"一争三快两率先"的发展战略提供法制保障和良好环境。

一是始终坚持正确的政治方向

全面深入贯彻落实党的十八大对人大工作提出的新要求,更加坚定不移地走中国特色社会主义道路,更好地坚持和完善人民代表大会制度。自觉坚持市委的领导,充分发挥人大作为政治机关的作用,更好地把坚持党的领导、人民当家作主、依法治国有机统一起来。紧紧围绕"一争三快两率先"的发展战略安排工作、确定重点,切实保障市委六届三次全会提出的各项目标任务落到实处。

二是进一步做好监督工作

认真贯彻落实监督法,突出加强对提高经济运行水平、推动依法行政公正司法、加快民生社会事业发展等重点工作的监督,听取和审议市政府关于"争先综改、竞逐中原"发展战略落实情况、园区经济发展情况、固定资产投资情况、市域城镇化建设情况、"一村一品""一县一业"推进情况、医疗卫生工作情况以及市中级法院推进司法审判改革情况等11个专项工作报告。强化对计划预算执行情况的监督,做好执法检查和规范性文件备案审查工作。完善监督机制,拓展监督领域,加快推进专题询问、专项工作满意度测评常态化,进一步强化对"一府两院"的工作监督和法律监督,推动全市重点工作的落实。

三是依法按程序开展重大事项决定和人事任免工作

正确处理市委决策和人大决定权的关系,抓住事关全市经济社会发展的全局性、长远性、根本性问题,加强调查研究、广泛听取意见,适时依法研究决定重大事项,及时作出决议决定,通过法定程序全力推动市委重大决策部署的贯彻落实。坚持党管干部原则和人大依法行使任免权的统一,认真做好人事任免工作,加强任后监督,强化干部队伍勤政廉政建设。

四是积极开展"代表小组活动建设年"活动

常委会决定在全市开展"代表小组活动建设年"活动,通过建立和实施《晋城市人大代表履职量化登记实施细则》和《晋城市六届人大代表小组活动制度》,激发代表履职积极性,规范闭会期间代表小组活动,促进代表依法履职。加强代表履职培训,着力提高代表履职意识和能力。进一步拓宽人大代表知情知政的渠道,扩大人大代表对常委会及专门委员会工作的参与。提高代表议案、建议的提出和办理质量,进一步加强和改进议案及建议批评意见的交办、督办工作。

五是持之以恒抓好自身建设

强化常委会学习制度,突出抓好党的十八大精神和法律法规的学习,不断提高政治素质、法律素养和履职水平。完善常委会运行机制,坚持依法按程序办事,坚持民主集中制原则,坚持集体行使职权,坚持集体讨论决定问题,进一步提高常委会的工作质量和水平。健全常委会组成人员联系代表和群众制度,全面落实中央、省委、市委改进作风的各项规定,以更加奋发有为的精神状态做好人大的各项工作。

各位代表,转型跨越前景辉煌,人大工作责任重大,各位代表使命光荣。让我们更加紧密地团结在以习近平同志为总书记的党中央周围,在中共晋城市委的领导下,高举中国特色社会主义伟大旗帜,坚定不移地走中国特色社会主义道路,振奋精神、依法履职,求真务实、锐意进取,为率先全面建成小康社会、率先走出资源型地区科学发展新路作出新的更大的贡献!

晋城市人民政府工作报告

——2013年3月27日在晋城市第六届人民代表大会

第四次会议上

代市长　刘润民

各位代表：

现在，我代表市人民政府向大会作工作报告，请予审议，并请市政协委员和列席人员提出意见。

一、2012年工作回顾

过去的一年，在中共晋城市委的正确领导下，在市人大的有效监督和市政协的大力支持下，市政府团结带领全市人民群众，认真贯彻落实党的十七届六中全会和十八大精神，围绕打造山西经济重要增长极和山西新兴产业重要支撑基地的目标，着力增投资、壮产业、创优势、惠民生，总体呈现出经济较快增长、民生持续改善、社会和谐稳定的良好态势。全市生产总值登上千亿台阶，达到1011.6亿元，同比增长11%；固定资产投资完成655亿元，增长29.9%；财政总收入突破200亿大关，达到213.5亿元，增长17.4%；公共财政预算收入完成82.9亿元，增长22.1%；规模以上工业增加值增长14.6%；社会消费品零售总额完成260.8亿元，增长16.2%；外贸进出口总额完成12.35亿美元，增长8.9%；城镇居民人均可支配收入完成22 565元，增长12.1%；农民人均纯收入完成8037元，增长14.1%。市六届人大二次会议确定的各项目标任务基本实现，"方便晋城"十大工程全部完成。被评为山西省2012年度目标责任考核优秀市。

产业转型取得新成效

项目建设和重点工程全力推进，省级重点工程完成率134.5%，居全省第一。传统产业进一步巩固提升。煤炭产业，巩固兼并重组成果，新转产验收和联合试运转矿井14座，产能规模达975万吨/年。煤层气产业，地面抽采井达到5500口，年抽采能力达到40亿立方米。

中国联盛、新奥集团、晋煤天煜等煤层气液化项目建成运行。一批电力、煤化工项目开工建设。非煤主导产业成长壮大。高新技术产业快速崛起，装备制造业规模不断扩大。富士康A区苹果手机精密机构件、金鼎煤机等标杆项目加紧推进。商贸物流业快速发展，苏宁电器、必胜客、凤展新时代广场正式营业，太行明珠游乐城、皇城相府城市综合体等项目加紧建设。旅游产业蓬勃发展，“晋善晋美、精彩晋城”提升了知名度和美誉度。全市旅游总收入、接待入境旅游者、旅游外汇收入、国内旅游收入增幅均居全省第一。与此同时，积极推进非煤主导产业集群化发展，形成了县域经济错位发展、差异竞争、优势互动的良好势头。

对外开放迈出新步伐

深度对接上海、富士康、华润、晋煤，招商引资持续升温。与上海及长三角地区签约项目48个，其中落地25个，总投资172亿元。金匠工业园区完成一期采空区治理和场地平整。华润兰花制药项目落地。深入实施融入中原战略，加大旅游景点建设和营销力度。联合河南、河北等省的20多个城市，共同打造“太行山文化旅游”精品。全力推进综改试验区建设，编制了转型综改行动方案，完成了“一市两园”总体规划，开工建设标杆项目18个。全市招商引资实际到位资金561亿元，增幅居全省第一。

“三农”工作实现新突破

认真落实中央强农惠农富农政策，农民收入稳步增长。粮食总产量9.75亿公斤，创历史最高水平。生猪出栏达到258.4万头，全省第一。大力发展“一村一品、一县一业”，扎实推进农业产业化，新建现代农业科技园区30个，农民专业合作社发展到2980家。300个重点推进村完成了规划编制、“四化四改”和“五个一工程”。开展了首届“晋城最美乡村”评选活动。重点扶持146个贫困村，生产生活条件明显改善，新的“五个全覆盖”工程全部超额完成。

城市品质得到新提升

强力推进城市建设，实施了一批城建重点工程。改造提升了凤台街、文昌街两条主干道，取消了群众呼吁强烈的西上庄收费站，打通了兰花北路、红星街东西延伸段、文昌街西段、建设北路、客运东站环路等断头路，新增城市道路7公里。“三馆合一”主体完工。加快推进城市水系建设，任庄水库调水工程完工，滨河南路完成路基建设。开工建设保障性住房11 560套，占省定任务的181%；竣工5291套，占省定任务的130%。市区经济适用住房被评为“国家康居示范工程”。

生态环境又有新改善

强力推进污染减排，关闭落后产能及生产设施企业10个，取缔市区分散燃煤供热锅炉

102台。完成污染减排重点项目38个。丹河人工湿地三期工程通水试运行。市区空气质量二级以上天数353天,稳定达到国家二级标准,综合污染指数控制在1.72。加大节能降耗力度,实施节能项目52个。完成村庄绿化300个,造林12.1万亩。被评为"全国国土绿化突出贡献单位",荣获"国际花园城市"称号。

社会事业取得新进展

爱物学校、汇仟小学主体完工,中等专业学校一期工程和凤城中学项目顺利推进,新建标准化幼儿园15所。在全省率先实现了十二年免学费教育,为农村寄宿制学校配备校车76辆。加快推进晋城大医院建设,正式启用市、县两级医院远程医疗会诊系统,投资6个亿加强县乡村三级医疗基础设施建设。城镇医疗保险标准全省第一,工伤、失业、生育、城乡居民养老保险标准居全省前列。积极推进就业和全民创业,新增城镇就业岗位4.12万个,城镇登记失业率1.8%,被国务院授予"全国创业先进城市"。城乡低保、五保供养保障标准名列全省前茅。群众性文化、体育活动蓬勃发展。"文化低保"工程覆盖面扩大,"周末大剧场"、"百姓大舞台"等活动深得人心。统计、地震、气象、人防、治超、民族宗教、妇女儿童、人口计生、档案史志、外事侨务、老龄、残疾人、红十字、慈善救助等社会事业,都取得了新的成绩。

和谐稳定呈现新局面

深入推进精神文明和民主法治建设。自觉接受人大监督,认真听取各民主党派、工商联和无党派人士意见。办理人大代表建议意见267件、政协提案305件。坚持依法行政,加强政风行风建设,连续8年被省政府表彰为"政风行风评议先进市"。创新社会管理机制,城市社区网格化管理试点工作圆满完成。深入开展"严打"整治斗争,强化信访和社会矛盾排查调处工作,"平安晋城"建设成效显著,在全省群众安全感和满意度民意测评中名列第一。全民国防教育更加深入,国防后备力量建设质量大幅提升。安全生产形势持续平稳,各类事故起数和死亡人数均低于省控指标。

各位代表,这些成绩的取得,是认真贯彻执行党中央、国务院和省委、省政府一系列方针政策的结果,是中共晋城市委统揽全局、正确领导的结果,是市人大、市政协有效监督、鼎力支持的结果,是全市人民辛勤工作、共同努力的结果。在这里,我代表市人民政府,向全市人民,向驻市解放军指战员、武警官兵和公安干警,向各民主党派、工商联、各人民团体和社会各界人士,向所有关心和支持晋城发展的同志们、朋友们,向为本届政府打下良好工作基础的王清宪市长,表示衷心的感谢和崇高的敬意!

同时,我们也要清醒地认识到:发展不充分、不协调、不科学仍然是当前的主要矛盾。

产业结构一煤独大,新兴产业和高新技术产业发展不足。发展方式粗放,节能减排和安全生产压力较大,科技创新驱动支撑作用明显不足。农民增收难度加大,社会事业发展和民生改善与人民群众的期盼还有较大差距。发展环境、政府职能和干部作风等都需要切实转变。对此,我们要高度重视,认真加以解决。

二、2013年工作安排

2013年,是全面贯彻落实党的十八大精神的开局之年,是实施"十二五"规划承上启下的关键一年。综观国内外形势,我们仍然处于可以大有作为的重要战略机遇期。党的十八大为我们指明了前进的方向,山西综改试验区和中原经济区的政策效应形成了加快发展的强劲态势。特别是"一争三快两率先"的战略部署,极大地鼓舞了全市干部群众干事创业的热情。同时我们也要看到,世界经济复苏艰难曲折,国内经济增长趋缓,能源原材料产能过剩价格下滑,还有很多制约发展的体制机制障碍等等。我们既要坚定信心、抢抓机遇、顺势而为、乘势而上,又要增强机遇意识、忧患意识、积极应对、赢得主动。

今年政府工作的总体要求是:深入贯彻落实党的十八大精神,坚持以科学发展观为指导,突出主题主线,坚持好中求进,按照市委"一争三快两率先"的战略部署,着力改革开放,着力项目建设,着力民生改善,在加快产业转型上有新突破、在加快统筹城乡上有新作为、在加快建设美丽晋城上有新成效,为率先全面建成小康社会、率先走出资源型地区科学发展新路奠定坚实基础。

综合考虑各方面的因素,今年我市经济社会发展的主要预期目标是:全市生产总值增长11%以上,固定资产投资增长24%以上,财政总收入和公共财政预算收入分别增长14%,城镇居民人均可支配收入增长12%,农村居民人均可支配收入增长12%以上,社会消费品零售总额增长15.5%。

实现上述目标,重点要做好八方面工作:

(一)以"一争三快两率先"统揽各项工作,全力推进改革开放

坚决破除影响和制约科学发展的思想观念和体制机制,营造更具活力、更加开放的发展环境,使各类市场主体释放出发展的巨大潜力、活力和持久动力。

解放思想

思路决定出路,观念决定发展。没有思想的更新就没有发展的突破,没有思想的突破就没有发展的跨越,没有思想的解放就没有发展的率先。在新的发展阶段,我们必须清醒

认识自己的差距,认真审视存在的不足,坚决摒弃“小富即安、知足常乐”的“满、慢”心态。牢固树立争先三晋、挺进中原、先行先试、勇于担当的豪情壮志。用思想的解放引领行动的率先,推动“一争三快两率先”战略目标的顺利实现。以壮士断腕的决心推进改革,构建强大的发展正能量。以思想的大解放,推动晋城的大开放、大发展,赢得发展主动权。

深化改革

发展的难题就是改革的取向,要用改革的办法破解发展中的难题。围绕新一轮政府机构改革和转变政府职能,深化行政审批制度改革,审批事项要能减则减、能放则放、能快则快。提高行政效能,切实做到人民政府为人民服务、为基层服务、为企业服务、为项目服务。重点推进煤层气管理体制改革、市政建设建管体制改革、投融资体制改革、园区体制改革、户籍和社会保障制度改革。同时继续深化财政体制改革、文化体制改革和土地供给创新等,并要务求实效。

扩大开放

围绕招商引资、招才引智,深化与重点地区、重点企业全方位合作对接。以更加开放的理念,在更大空间、更高层面上优化配置晋城资源。加快与中原经济区的沟通融合,推进区域一体化发展。要利用资源优势,形成产业链关系,加强文化旅游合作,共同打造“太行山文化旅游”精品。积极推进焦作—晋城城际铁路、新乡—陵川高速公路、阳城—济源高速公路的立项和建设。要在产业转移、交通体系、商贸物流等方面全方位开放、多层次协作,力争把我市建设成为中原地区人流、物流、信息流汇集区。积极推进晋城海关、国检机构和综合保税区建设,为进一步对外开放提供保障。

先行先试

要按照全省转型综改“四大任务”要求,攻坚克难、先行先试,加快综改标杆项目、重点园区、先行试点建设。要把巴公镇作为综改试点区,园镇一体化,为全市率先走出资源型地区科学发展新路进行积极的探索。同时要抓好“一市两县”、“一市两园”、“一县一企”和“一市一板块”、“一县一任务”等试点工作。抓好民政等“厅市合作共建试点”,力争在先行先试中有新突破。加快建立健全转型综改试验的评价、考核体系,鼓励各级各部门解放思想、先行先试。

(二)加快产业转型升级,率先走出资源型地区科学发展新路

坚持改造提升传统产业与培育壮大新兴产业联动,承接产业转移和增强内生动力并举,加快推进产业结构调整和集聚集群发展,着力提升产业竞争力,提高经济发展的质量和效益。

改造提升传统产业

坚持“以煤为基”，做好煤炭这篇大文章，为产业转型奠定基础争取时间空间。加快矿井整合改造，提高规模化、集约化、现代化水平。完成矿井投资59亿元，建设转产验收和联合试运转矿井19座，形成有效产能1500万吨/年。积极应对煤炭市场变化，努力保障煤炭经济稳健运行。加快煤制油、煤转电等发展步伐。重点推进晋煤天溪、晋煤华昱、煤电一体化、热电联产、低热值煤发电等项目建设。加快“气化晋城”步伐，加快煤层气的综合开发利用，到2015年建成国家级沁水盆地煤层气产业化基地。

不断壮大非煤产业

坚持“多元发展”，加快产业转型。以富士康为龙头，打造“高新技术产业集聚区”，加快金匠园区富士康项目建设，完成富士康A区工程建设并投产运行，支持唐一、硕阳、融高等企业做大做强，引进扶持一批配套服务的科技型企业。大力发展装备制造产业，加快清慧、路宝等汽配、铸造企业规模化、集群化发展，完成金鼎煤机一期工程，打造全国有一定影响的“装备制造产业集聚区”。积极发展现代服务业，加快金融财富广场、红星美凯龙、兰花国际商城、豪德二期等城市商业综合体建设，打造“区域性商贸物流中心”。做大做强文化旅游产业，壮大吉利尔潞绸、珏山二十八星宿动漫等文化产业，支持晋氏织造、晋陶陶瓷等文化创意企业发展，规划开发书院文化，打造“区域性文化产业集群”。整合全市资源禀赋，推动历史、文化、自然与旅游的深度融合。加大城市形象宣传力度和皇城相府、王莽岭等重点景区品质提升，办好第二届“太行山国际文化旅游节”，打造“中原地区重要的休闲度假旅游目的地”。

加快推进园区建设

园区经济是转型发展的重要载体。要尽快研究出台《加快工业园区建设实施意见》，完善规划，理顺体制，建立健全高效率的运行机制和开发模式。要加大政府投入，加快园区的基础设施和公共服务平台建设。要明确准入门槛，提高引进项目质量，提高园区土地利用率。努力实现政策向园区倾斜、项目向园区布局、企业向园区集中、产业在园区循环、人才向园区流动，充分发挥工业园区资源共享、产业集群、企业集聚和辐射带动作用。

大力发展实体经济

研究出台支持实体经济具体办法，支持冶铸、汽配、陶瓷、蚕桑等传统优势行业兼并重组，形成一批具有自主创新能力的大企业、大集团。支持企业产品开发、品牌创建、市场开拓的力度，培育更多销售收入超亿元企业。帮助餐饮酒店业克服困难，渡过难关。加快建设融资担保、创业辅导、企业孵化、人才培训、技术支撑等公共服务平台，加大微小企业扶持力度。深化市场资源要素配置改革,激活民间资本,确保各类投资主体待遇公平。

扎实开展"项目推进年"活动

认真落实"六位一体"工作机制,今年招商引资要完成签约项目总投资1600亿元,项目实际到位资金600亿元,落地资金510亿元,开工项目总投资完成371亿元,确保固定资产投资的快速增长。省市重点工程要优化环境,加强调度,落实责任,确保年度目标圆满完成。要下功夫引进一批效益型、高科技、标杆性的大项目、好项目。加大项目推进力度,切实做到待批项目抓前期,已批项目抓开工,开工项目抓进度,竣工项目抓投产,投产项目抓达效。

(三)加快生态绿色发展,持续打造美丽晋城。

坚持把生态文明建设放在更加突出的位置,全面落实资源节约和环境保护基本国策,加强生态系统建设,推进绿色、循环、低碳、可持续发展,努力建设美丽晋城。

加大环境保护力度

坚持预防为主、源头治理。深入开展绿色生态工程,加快生态环境综合整治。加强对"丹、沁"流域排污企业的环境监管,推动企业污水深度处理和中水回用工程建设。加快丹河流域生态恢复治理步伐,规划建设丹河两岸城市生态景观走廊。大力开展饮用水水源保护区工程,保障人民群众饮水安全。开工建设市污水处理厂二期工程和餐厨垃圾、粪便无害化综合处理厂,启动一化、中石油仓库搬迁。实施农村清洁工程,开展好"十镇百村"建设。逐步建立雾霾天气预警机制,积极实施环境空气质量新标准,有效提升空气质量监测能力,为美丽晋城增光添彩。

狠抓节能减排

开展国家低碳城市试点工作,认真编制低碳发展规划和温室气体排放清单,实现高碳产业,低碳发展。强力推进节能减排,实施排污权有偿交易。加大对高耗能、高污染企业和项目的监管力度,确保各项节能减排指标实现预期目标。严格执行环评、能评制度,严禁高耗能、高排放项目审批。继续加速淘汰落后产能,指导和督促企业按期淘汰。推进交通运输节能,开展绿色建筑行动,大力推进绿色建筑试点示范。

大力发展循环经济

加快国家循环经济标准化试点城市建设步伐,按照"减量化、再利用、资源化"的原则,以提高资源产出效率为目标,推进生产、流通、消费各个环节循环经济发展。开展在农业、工业、建筑等重点领域推进清洁生产示范,从源头和全过程控制污染物产生和排放,降低资源消耗。加强煤矸石、粉煤灰等固废资源综合利用及废水、废气、废渣循环利用,形成具有明显晋城区域特点的资源综合利用产业链。倡导文明、节约、绿色、低碳消费理念,推动形成绿色生活方式和消费模式。

加强生态林业建设

围绕创建“国家森林城市”目标，加快造林绿化步伐。规划启动环城森林公园建设。重点实施“两山”造林、“两网”绿化等六大林业工程，突出抓好环城绿化、村庄绿化、通道绿化、矿区绿化。全市新增造林面积20万亩。推进护林防火生物隔离带建设，切实做到防火与造林并重。力争森林覆盖率每年继续提高一个百分点。

各位代表，建设集约高效、宜居适度、山清水秀的美丽晋城，是全市人民的共同愿望。我们必须以对子孙后代和未来负责的态度，竭尽全力让晋城的城市更加靓丽，乡村更加优美，风景更加怡人！

(四)加快实施“四位一体”战略，促进城乡一体化发展

大力实施中心城市、县城、产业片区和中心镇“四位一体”的城镇化发展战略，努力构建以中心城市为龙头、以县城为骨干、以产业片区和中心镇为纽带的新型城镇发展格局。

加快中心城市建设步伐

以迎接建市30周年为契机，围绕打造中原经济区最具核心竞争力城市的目标，全面提升中心城市综合承载力和辐射带动力。东南拓展，西北改造，中心提质。“拓展”以金村新区、金匠区为重点；“改造”以西北片区、兰花路片区、北石店城市化改造和城中村改造为重点；“提质”以白马寺森林公园和完善路网为重点，铺开景西路北段延伸、文博路北段、太岳路、207国道改线等17条道路工程，加快贯通主城区道路，畅通与北石店区、金村区、南村区之间的快速通道。重点抓好皇城相府城市综合体、城市会展中心、文化艺术中心、商务大厦等地标建筑。加快花园头河景观水系主体工程、城市公园绿地、新植物园建设。配套建设北石店、金匠污水处理厂等10项市政基础设施。

加快“大县城”建设

以扩大规模、增强实力、完善功能、体现特色为基本路径，加强高平、阳城、陵川、沁水次中心城市建设，积极引导生产要素、优势资源向大县城集中。完善县城基础设施和公共服务设施，增强县城对县域经济的带动作用和吸纳集聚人口的能力，充分发挥经济、文化、人口相对集中的优势和沿企、沿河、沿路相对便利的条件，形成与中心城市优势互补的功能区。

加快产业片区建设

围绕巴公装备制造工业园、金匠高新技术产业工业园、高平煤焦化工业园、北留周村煤电化工业园、沁水新能源产业工业园和高平新能源科技创新园，以产业为支撑，以园区为载体,通过产业集聚带动人口集聚,通过工业化带动城镇化。集中打造北留—周村等六大产业片区。在加快片区基础设施建设、夯实产业支撑的同时,启动建设一批对周边城镇具有辐射作用的社会公共服务设施,以及供水、供热、治污、垃圾处理等基础设施,提前规划公租房或限价商品房建设,提高片区的承载力,为片区项目落地、人员入住提供保障。"十二五"期间,六个片区规划城镇人口规模达到10万人。

加快中心镇建设

中心镇是联络城乡一体发展的纽带。要扩权强镇,统筹城镇与新农村建设、土地流转与规模化经营,带动周边乡村人口向中心镇集聚。突出抓好沁河流域、丹河流域、环城高速"两河一路"城镇组群发展。重点推进巴公、马村等20个中心镇建设。着力提升中心镇公共服务能力,实现"一个标准化中学、一个标准化卫生院、一个集贸市场、一个集中式供水站、一个文化体育活动场所"的"五个一"标准,逐步形成集聚功能明显、各具特色、统筹发展的中心镇格局。同时,要尊重农民意愿,稳步开展试点,促进农村人口向农村新型社区集中,推动农民就近城镇化。

(五)加快发展现代农业,不断增加农民收入

始终把"三农"问题作为重中之重,认真落实各项强农惠农富农政策,有效促进农民增收,巩固和发展农业农村工作大好形势。

多措并举增加农民收入

加强农村劳动力转移培训工作,提高农民的务工收入。挖掘农业内部增收潜力,提高农民经营性收入。加大支农资金整合力度,增加对农民的直接补贴,切实保障农民的转移性收入。完善征地补偿机制,鼓励农村土地向农业园区流转,引导农民进入园区就业,实现一份土地资源带来投资、工资两份收入的目标,不断增加农民财产性收入。

做大做强特色农业产业基地

以"一村一品"、"一县一业"为主攻方向,新建"一村一品"特色专业村200个,"一村一品"特色乡镇10个。巩固发展一批畜牧、蚕桑、蔬菜、食用菌、小杂粮、中药材等为代表的特色农业基地;建设一批集生态农业、循环农业、观光农业、资本农业为一体的综合性示范园区;扶持一批市场开拓能力强、经营规模大、辐射带动面广的农业产业化龙头企业;培养一批创新技能人才和农业实用技术人才,以农业产业化发展带动农民增收致富。

抓好农村基础设施建设

加快"井"字型骨干供水网、农田水利灌溉网、城乡一体化饮水安全网建设,突出抓好郭壁供水改扩建等七项重点水源工程的开工建设。加大中低产田改造,建设高标准农田。加强耕地保护，加大土地开发力度，增加耕地面积。积极引导农民按照“依法、自愿、有偿”的原则流转土地，实现土地规模化经营，为农业机械化和农业现代化打下基础。

加大新农村建设和扶贫开发力度

以中心镇为重点，提升农村公共服务水平，推动农民生产生活方式转变。重点抓好100个新农村建设和10个新农村示范片建设，抓好小城镇、乡(镇)政府所在地及中心村建设。巩固提升“五个全覆盖”成果。加大150个贫困村产业发展扶持力度，增强贫困村自我发展能力。继续做好领导干部下乡住村、市县单位结对帮扶、党员干部帮贫到户工作。

各位代表，“三农”工作事关农民切身利益，事关社会和谐稳定，事关全面建成小康社会目标实现。我们要更加重视、切实抓好“三农”工作，让农业更强，让农村更美，让农民更富！

(六)加快发展社会事业，着力保障和改善民生

继续加大民生投入，在学有所教、劳有所得、病有所医、老有所养、住有所居上取得新进展，努力顺应广大人民群众的新向往、新追求、新期待，让人民过上更加美好的生活。

积极促进就业创业

全面引深国家级创业型城市创建工作，健全城乡就业体系，以创业带动就业，培训帮助就业，援助扶持就业，鼓励多形式就业，创造更多岗位，推动实现更高质量就业。改善就业环境，保护合法权益，构建和谐劳动关系。全年城镇新增就业3万人，完成城镇失业人员再就业培训和新成长劳动力培训1万人。

全面增强社会保障能力

坚持全覆盖、保基本、多层次、可持续的方针，推进城镇职工和城乡居民养老保险衔接、城镇职工医保与居民医保、新农合衔接。提高城镇居民医保、新农合补助标准和实际报销水平。落实农民工融入城市和被征地农民社会保障实施办法，进一步扩大社会保障覆盖面。实行惠农补助一卡通。试行启动社会养老机构建设、运营政府补助制度和购买服务制度。加快发展普惠型社会福利和社会服务体系建设，确保我市社会福利水平位居全省前列。

推动教育均衡协调发展

加大投入，科学布局，努力办好人民满意的教育，使得不同群体的孩子能够方便上学、充分就学、快乐学习。扩大学前教育资源。加快推进城乡义务教育均衡发展，实施义务教育免课本费全覆盖，完成全市教育城域网“校校通”，完成县级义务教育学校标准化建设。逐步改善市区薄弱学校办学条件，持续增加教育资源总量。完成爱物学校和汇仟小学建设，加快中等专业学校和凤城中学项目建设，解决好班容量过大和优质教育资源配置不均衡等问题。大力发展和提升现代职业教育,支持特殊教育发展,促进民办教育规范健康发展。坚持建校和引校两手抓,力争今年晋城学院有实质性进展。继续深化教育综合改革,加强教师队伍建设,有效提升教育教学质量。逐步解决农村中小学音体美教师短缺问题。

提高人民健康水平

深化医药卫生体制改革,扩大县级公立医院改革试点,同步推进医药卫生一体化综合改革。加快推进晋城大医院建设,启动市人民医院外科楼建设和市中医院前期工作。加强基层卫生服务标准化建设。完善新农合制度,参合率保持在98%以上,重大疾病保障范围由6类扩大到20类。实施好国家基本公共卫生服务项目,防控重大传染病暴发流行。大力加强医疗卫生人才培训和引进,切实提高医疗水平。

加快发展科技、文化、体育等社会事业

继续加大科技投入,引进高层次人才,提高自主创新能力。切实加强人口和计划生育工作,稳定低生育水平,提高出生人口素质,促进人口长期均衡发展。围绕创建国家公共文化服务体系建设示范区,继续加大文化工作扶持力度,加强文艺精品创作,推动文化大发展大繁荣。广泛开展全民健身运动,促进群众体育和竞技体育全面发展,办好第五届市运会。大力发展老龄、残疾人、慈善、红十字事业,继续做好统计、地震、气象、人防、对台、档案史志、民族宗教、外事侨务、文物保护、妇女儿童等各项工作。

(七)加快社会管理创新,维护和谐稳定发展大局

加强民主法治建设

认真实施"六五"普法,扎实推进法治政府建设。认真执行人大及其常委会的决议、决定,自觉接受人大、政协和社会各界的监督,主动接受人民和舆论监督。认真办理人大代表建议和政协委员提案,广泛听取民主党派、无党派人士、人民团体意见。让人民更有效监督政府,使政府更好地服务人民,决不允许庸懒散奢,决不允许弄虚作假,决不允许损害群众利益!

加强精神文明建设

积极践行社会主义核心价值观,凝聚起实现伟大"中国梦"、"晋城梦"的精神力量。着力推进公民和未成年人思想道德建设。深入推进全国文明城市创建活动,充分发挥道德模范的示范作用。广泛开展群众性精神文明创建活动,巩固发展市县乡村"四位一体"的文明创建格局,大力弘扬晋城精神,人人争做"晋城好人",提高全民文明素质,培育良好社会风尚,塑造文明晋城新形象。

加强和创新社会管理

加强社区建设，健全基层社会服务网格化管理体系，提高基层社会管理服务效能。完善信访工作和矛盾调处机制，加强社会组织的培育，切实解决好事关人民群众切身利益的问题。加强食品药品安全监管，保障人民群众饮食用药安全。继续加强国防动员、国防教育和国防后备力量建设，促进军民融合发展。进一步加强应急管理，健全突发事件应急体系。做好治超和防灾减灾工作。深入开展平安建设，严厉打击各类违法犯罪活动，不断增强群众安全感。进一步完善社会治安防控体系，维护社会和谐稳定。

加强安全生产工作

要牢固树立发展是第一要务，安全生产也是第一要务，抓好发展是政绩，抓好安全生产也是政绩的理念。要严格责任，进一步强化政府的安全监管责任和企业的安全生产主体责任，做到责任到人、责任到岗、责任到秒。要严格监管，做到强化制度执行、制度落地，严格落实安全生产规章制度。要夯实基础，强化安全生产“三同时”管理，做到没有安全设计不开工，没有安全验收不生产。要严肃纪律，用铁的手段，严厉打击各种违法违规行为，有效防范和遏制重特大事故发生，确保安全生产持续平稳。

（八）加快政府职能转变，努力提升科学发展能力

改进作风、狠抓落实是政府工作的主要任务，加快政府职能转变、提升科学发展能力是加强政府自身建设的主要内容。要时刻牢记权力是人民赋予的，要时刻牢记我们是人民的公仆，要时刻牢记“勤政廉政，心中有老百姓”，要时刻牢记最好的工作是只争朝夕，最好的落实是一抓到底，最好的公信是说到做到。

提高履职能力，创建学习型政府

深入创建学习型机关，全面提升公务员素质。要注重方针政策的学习，提高掌握政策、运用政策、用足政策、用活政策的水平；注重信息化、城镇化、社会管理等领域的学习，提高解决复杂矛盾的水平；注重现代科技、现代金融等专业知识的学习，提高研判国际国内科技和产业发展最新动态的水平；特别要加强市场经济知识的学习，提高运用市场的思路和办法，解决改革发展难题的水平。

转变政府职能，建设服务型政府

正确处理政府与市场的关系，推动政府职能向创造良好环境、提供优质公共服务、维护社会公平正义转变，为人民群众和市场主体提供优质便捷高效服务。围绕开展“学党章、守纪律、转作风”专题教育活动，深入实际、深入基层、深入群众调查研究，切实解决实际问题。要狠抓各项工作落实，做到“具体化、责任化、目标化”，各项工作都要在全省争先竞位、争创一流。

坚持依法行政,建设法治型政府

进一步增强法治观念,严格按照法定程序行使权力。建立健全科学民主决策机制,完善重大公共政策群众参与制度,确保各项决策体现民意、符合实际。严格规范行政执法,完善行政复议机制。深入开展民主评议政风行风工作,推进政府信息公开,加大政务公开力度,确保权力在阳光下运行。深化行政监管执法机制改革,强化行政执法监督,确保行政服务和执法的规范化、制度化、标准化,不断提高依法行政水平。

严格廉洁从政,建设清廉型政府

全面落实党风廉政建设责任制,完善惩治和预防腐败体系,努力从源头上防治腐败。加强监察、审计监督,规范权力运行,坚决惩处权力寻租、权钱交易等违法违规行为。厉行勤俭节约,反对铺张浪费,严格控制行政经费支出,集中财力办大事。今年全市公用经费要实现零增长,"三公"经费削减百分之二十。

在做好以上各项工作的同时,还要回应人民群众关切,办好十件实事:一是建设标准化幼儿园50所;二是解决特困户危房改造及移民搬迁2897户;三是完成清洁村庄建设1200个;四是完成行政村街道亮化1538个;五是市区新增供热面积140万平方米;六是启动气化晋城,新增城乡清洁能源用户4万户;七是新开工建设城镇保障性住房1.5万套;八是城乡居民基础养老金提高到80元;九是新增公交车100台;十是建设城市公共自行车交通系统。

各位代表,"空谈误国、实干兴邦",唯有脚踏实地、扎实苦干才能实现既定目标。让我们紧密团结在以习近平同志为总书记的党中央周围,在中共晋城市委的坚强领导下,解放思想,开拓进取,齐心协力,真抓实干,奋力开创我市转型跨越发展新局面,为实现"一争三快两率先"战略目标,谱写晋城人民美好生活新篇章而努力奋斗!

政协晋城市常委会工作报告

——2013年3月26日在政协第六届晋城市委员会第三次会议上

市政协主席　师建平

各位委员、同志们:

我代表中国人民政治协商会议第六届晋城市委员会常务委员会,向大会报告工作,请予审议。

2012年工作回顾

过去的一年是中共十八大胜利召开之年,是我市经济社会全面转型、加速跨越的一年,也是市政协开拓创新、锐意进取的一年。一年来,在中共晋城市委的正确领导下,市政协常委会坚持以科学发展观为指导,深入贯彻落实中共十八大精神,围绕中心,服务大局,认真履行三大职能,积极谋划政协工作新思路,在推动科学发展上献计献策,在强化民主监督上积极作为,在促进团结和谐上凝心聚力,为推动我市经济社会全面发展做出了积极贡献。

一、谋大计、献良策,致力建设有为政协,参政议政取得新成效

我们坚持"务实创新、积极作为、服务发展"的理念,努力做到思想上求精心、工作上求精细、成果上求精品,为推动发展献计出力。

找准结合点,政治协商谋发展

按照"全委会整体协商、常委会重点协商、主席会专题协商"的原则,先后召开一次全委会议、五次常委会议、四次主席会议,就全市重点工作协商议政,确保协商在决策之前。委员在知情明政的基础上,深入了解基层和群众意愿,围绕转型跨越发展、现代农业项目、商贸流通建设、法制宣传教育等人民群众关心的焦点、热点问题,先后提出100多条意见建议,做到了一件建议产生一份成效,一条意见推动一项工作。

把握关键点,专题调研助发展

一年来,我们围绕全市改革发展大局,先后就新“五个全覆盖”工程、本土企业发展、文化建设、城市交通拥堵等重点课题,深入调查研究,向市委、市政府提交了3个建议案和1个调查报告。其中,《关于推进我市新“五个全覆盖”工程健康发展的若干建议》、《关于进一步重视和加快我市本土企业发展的若干建议》和《关于加快我市文化强市建设的若干建议》三个重点建议案,张九萍书记分别作出批示,要求有关部门认真研究吸收政协意见,转化为工作举措。《关于解决我市城市交通拥堵问题的调查报告》,市长作出批示,要求有关部门结合政协建议,出台有效办法。

抓住着力点,视察建言促发展

我们紧紧围绕经济建设这个中心,先后对现代农业园区建设、国有企业发展、民营经济发展等组织现场视察、交流座谈,关注发展的可持续性,为促进转型跨越发展;紧紧围绕城市基础设施建设,先后对城市景观绿化、重点交通项目、环境保护等重点工作进行调研,为推进城乡建设建言献策;紧紧围绕群众的民生需求,先后对食品安全、校舍安全和医卫教育工作开展视察,为和谐社会建设添砖加瓦;密切关注旅游文化发展,先后对云台山景区管理、太行山旅游开发、市博物馆维修改造开展视察,为促进文化强市建设贡献力量。一年来,市政协组织视察50多次,提出各类意见建议800多条,为促进全市经济社会发展发挥了积极作用。

二、建诤言、抓落实,致力建设效能政协,民主监督实现新突破

我们积极探索民主监督的有效途径,工作中做到了“三个强化”:

强化提案在民主监督中的主渠道作用

为保证提案质量,我们组织委员深入基层,广泛调研,与人民群众进行零距离接触、面对面交流,问计于民,广开言路;向委员发送《提案选题参考题目》和《提案汇编》,为委员撰写提案提供参考。特别在提案办理过程中,市委、市政府高度重视,我们进一步加大提案督办力度,相关部门强化办理责任制,体现了提案办理的严肃性、实效性。去年,共收到提案353件,内容涉及政治、经济、文化和社会事业等各个方面,办复率100%,满意率98%。许多提案通过办理取得了良好经济效益和社会效益,在反映民意、集中民智、实现民愿中发挥了重要作用。

强化社情民意在民主监督中的“直通车”作用

我们积极扩大委员和社会各界的联系,拓展信息搜集渠道,在维护群众利益上报实情、建诤言。一年来,共编印《社情民意》131期,编印《特情专报》2期。其中,《关于重视解决地方政协工作中突出问题的建议》、《新农合网底“三种消费令人忧”》被全国政协采用和转送；《建议尽快推进207国道穿城路段改线工程》、《进一步完善温馨湖工程建设的几点建议》等30余条信息得到省、市主要领导的高度重视并作出批示。

强化委员在民主监督中的主体作用

我们积极向市中级人民法院、市人民检察院推荐民主监督员，并加强组织和协调，建立健全联系和反馈机制，为他们开展工作、履行职责创造条件。先后组织政风行风监督员参与发改、工商、通信、金融、国土等部门组织的行风评议，提出了90余条可行性的意见和建议。积极组织政风行风监督员参加市纪检委、市监察局、市广播电视台《行风大家谈》和《百姓热线·纠风台》栏目16次，有力地推动相关部门改进作风、提高效能，为增强全市发展的软实力贡献了力量。

三、下基层、接地气，致力建设务实政协，助推发展体现新作为

政协组织的实力在委员，优势在委员，活力在委员，潜力也在委员。我们全面启动以“进企业、进乡村、进社区”为主题的“三进”活动，组织广大委员深入一线摸实情、找问题、查根源，充分激发委员的创造力、增强委员的责任心，为晋城发展鼓实劲、出实力、干实事。

主动融入大局，积极作为重实效

根据市委总体部署，市政协领导班子成员积极参与了“三联一住”蹲点包片活动。活动中，无论是企业生产经营、重点工程项目建设，还是现代农业项目、农村基础设施建设；无论是在配合中心工作上，还是具体任务的承担上，都有效地发挥了各自优势。一年来，市政协领导班子共协调资金180余万元，积极帮助贫困村脱贫致富；广大政协委员累计捐款捐物200多万元，为贫困群众送去温暖、奉献爱心。市政协领导班子与委员共同为推动晋城发展献智出力，形成了同心协力促转型的良好局面。

委员激情参与，岗位建功促发展

广大政协委员活跃在服务全市大局第一线，投身于经济社会发展主战场，在经济建设、服务民生等方面勇于实践有行动，体现成果有业绩，为政协赢得了良好声誉。担任部门负责人的委员，在招商引资、服务发展、环境建设等方面，尽心竭力，带头作为，为全市经济社会发展做出了积极贡献；经济界、工商联界的委员，主动应对危机挑战，在转方式、调结构方面发挥了主力军作用；科技界、文艺界、医卫界、农林界的委员，不定期深入农村、社区开展形式多样的送文化、送科技、送医药活动。一年来，我们组织委员开展活动40余次，为群众义诊4800人次，发放药品10多万元，捐赠科技图书、法律书籍3万多册，赢得群众的广泛赞誉。

助推招商引资,服务转型展风采

我们积极贯彻市委、市政府发展战略,为企业发展出实招、献良策,主动与兄弟省市政协联系沟通,确定了招商引资、招才引智的具体办法。全市政协委员大力引进项目、投资创业,主动承担社会责任,持续为市民提供就业岗位,充分展示了新时期政协委员的风采。

四、搭平台、造氛围,致力建设和谐政协,凝心聚力呈现新亮点

我们坚持团结和民主两大主题,始终把团结各界、发扬民主、协调关系、凝聚力量的工作摆在突出位置,充分展示了政协组织大团结大联合的独特优势。

密切联系党派团体

邀请各民主党派、工商联、各人民团体共同开展调研视察、提案督办等活动,在全会上重点安排民主党派、工商联、人民团体和无党派人士代表发言,注重办理他们的提案和社情民意,为各党派团体参政议政创造条件、提供服务。

提升政协整体合力

坚持上下联动,提升合力。配合全国政协、省政协就人口计生、扶贫开发、现代物流、食品安全等课题联合开展专题调研。坚持市政协常委会议、专题调研等重要会议、重大活动邀请县(市、区)政协主席参加,定期召开县(市、区)政协主席座谈会、秘书长联席会,联合联手联动开展工作。积极探索新形势下政协工作向基层拓展的新方式、新方法,推广泽州县大阳镇政协工作联络组先进经验,指导各县(市、区)建立政协工作联络组并积极发挥其重要作用。

扩大对外联谊交往

有计划地带着课题"走出去",组织部分委员到外地学习考察,进一步提升履职能力和水平;热情接待了全国政协和广东、江苏南京、安徽宿州、河南济源等省、市政协的考察团,积极宣传推介晋城,不断提高晋城知名度。同时,积极参加晋冀鲁豫四省十二市政协工作交流联谊会,进一步加强了与兄弟市政协的沟通联系。

加强文史资料工作

加强新中国成立前文史资料的整理研究,积极征集工业经济史料和文化史料为重点的新中国成立后文史资料。认真落实省政协新中国成立后至改革开放前文史资料征集工作纲要,完成省政协交办的征集任务。积极开展神话传说遗产视察调研,推进非物质文化遗产工作,为晋城科学发展提供了智力支持。

五、强素质、树形象,致力建设活力政协,自身建设得到新提升

我们把加强政协自身建设作为重要的基础性工作来抓,坚持内强素质,外塑形象,为政协履职提供了坚强保证。

抓学习,夯实思想基础

我们注重用中共十八大精神武装头脑,指导实践,推动工作。市政协通过党组带头学、常委会专题学、委员自觉学、各专委会和机关集中学等多层次的学习活动,把学习贯彻中共十八大精神同贯彻落实省市党代会精神结合起来,紧密联系政协工作实际,坚定中国特色社会主义道路理想信念,全面理解和把握中共十八大对健全社会主义协商民主制度新要求,进一步统一了思想、改进了工作、凝聚了力量。

抓队伍,提升政协形象

组织和引导广大委员认真履职,围绕中心工作和民生问题积极建言献策,委员敢于讲真话、说实情、出实招,树立了政协良好形象;加大委员绩效管理,建立委员履职档案,完善委员考核机制,定期统计、通报委员履职情况,引导委员增强履职责任,更好地服务发展;进一步健全委员活动机制,深化"我为转型跨越发展做贡献"主题活动,丰富界别活动的内容和方式,搭建委员履职新平台。

抓服务,提高机关效能

以保持党的纯洁性学习教育活动为抓手,注重机关正规化建设。先后组织机关干部群众赴刘胡兰纪念馆、西柏坡和右玉县考察学习,进一步增强了机关的凝聚力和战斗力;积极引导机关干部加强学习,提高办文、办会、办事能力;做好档案的规范整理、分类归档,为更好把握政协工作客观规律提供了参考;做好晋城政协网的维护更新、《政协论坛》的编辑出版,为委员搭建了平台;强化服务意识,在服务大局、服务委员、服务基层中积极实践,把政协机关办成了名副其实的"委员之家",机关整体工作水平得到新提升。

各位委员、同志们:

过去一年市政协工作取得的成绩,是中共晋城市委坚强领导的结果,是市人大、市政府大力支持的结果,是全市广大政协委员、政协各参加单位和各级政协组织团结进取、通力合作的结果,是社会各界和人民群众关心协助的结果。在此,我代表六届市政协常委会,向中共晋城市委、市人大、市政府,向各民主党派、工商联、各人民团体和各界人士,向所有关心支持政协工作的同志们朋友们,表示衷心的感谢!

经过一年的实践,我们深刻体会到,发展人民政协事业,必须始终坚持党的领导不动摇,确保与党委、政府思想上同心同德、目标上同心同向、行动上同心同行;必须始终坚持围绕中心、服务大局,切实做到参政参到点子上,议政议到关键处;必须始终坚持有为有位、积极作为,在政协履职中干出实效、干出特色;必须始终坚持关注民生、履职为民,在促进社会和谐中发挥重要作用;必须始终坚持与时俱进、开拓创新,使政协工作更富生机与活力。

在肯定成绩、总结经验的同时,我们也清醒地看到工作中还存在一些差距和不足,主要是:政治协商的制度建设有待进一步加强;民主监督的机制有待进一步完善;参政议政的水平有待进一步提高;政协工作的创新有待进一步强化;委员主体作用有待进一步发挥等等。真诚希望大家提出意见建议,帮助我们不断改进工作。

2013年工作部署

2013年是全面贯彻落实中共十八大精神的开局之年,也是实施"十二五"规划承上启下的关键一年。新征程、新起点预示着新梦想、新希望,我们必须与时俱进、奋发有为,以昂扬向上的精神风貌做好各项工作。在新的一年里,市政协要高举中国特色社会主义伟大旗帜,以科学发展观为指导,深入贯彻落实中共十八大精神,在中共晋城市委的正确领导下,坚持"维护核心、围绕中心、顺应民心、凝聚人心",同心协力搞好政治协商,积极稳妥推进民主监督,扎实有效开展参政议政,为实施"一争三快两率先"战略贡献智慧和力量。

一、坚持学以致用推动工作,全面贯彻落实中共十八大精神

认真学习贯彻中共十八大精神是当前和今后一个时期的首要政治任务。要把学习贯彻中共十八大精神同巩固团结奋斗的共同思想政治基础结合起来。切实增强中国特色社会主义的道路自信、理论自信、制度自信,坚定不移地把中国特色社会主义作为参加人民政协的各党派团体、各族各界人士的共同理想信念、共同前进方向、共同奋斗目标。要把学习贯彻中共十八大精神同推进"一争三快两率先"战略结合起来。推进这项工作,是全市各党派团体和各族各界人士的共同职责使命。要围绕中心、服务大局,自觉实践、主动作为,真正做到"市委想什么,政协议什么,政府做什么,政协帮什么",积极为推动全市经济、政治、文化、社会和生态文明全面协调发展建言献策、汇聚力量。要把学习贯彻中共十八大精神同推进人民政协事业发展结合起来。要健全社会主义协商民主制度,充分发挥人民政协作为协商民主重要渠道作用,推进协商民主广泛、多层、制度化发展。继续坚持和完善邀请群众代表旁听政协常委会议制度,逐步扩大公民有序政治参与,真正让人民走进政协。要把中共十八大对人民政协工作提出的新思想、新观点、新举措落到实处,使学习贯彻中共十八大精神成为统一思想、改进工作、开创新局面的过程。

二、坚持围绕中心服务大局,全力助推我市转型跨越发展

要把推动我市转型跨越作为政协工作的重中之重,主动谋划,做到中心工作推进到哪里，政协作用就发挥到哪里。我们要以“等不起”的紧迫感，围绕加快转变经济发展方式多献有用之计；要以“慢不得”的危机感，围绕经济结构调整、资源型城市转型、建设美丽晋城多建可鉴之言；要以“坐不住”的责任感，围绕党委政府中心工作多谋务实之策。今年重点就推进城乡一体化、“争先综改、竞逐中原”、发展“一村一品、一县一业”、煤炭资源就地转化、社会养老事业等开展专题调研，力争形成一批科学、务实、管用的意见建议。要开展“岗位奉献转型跨越”主题活动，把发展的氛围造得更浓，把发展的劲头鼓得更足，在服务发展中找准位置、发挥作用、体现价值、树好形象。

三、坚持以人为本履职为民，着力促进民生改善社会和谐

人民政协为人民。我们要积极发挥政协优势，让政协走进人民，进一步协助党委、政府做好新形势下群众工作，推动改革发展成果更好惠及人民群众。认真履职，努力促进民生改善。要紧紧抓住就业、社会保障、城市交通、保障性住房、教育均衡发展等问题调查研究，为健全就业服务体系、社会保障体系、改善公共服务体系建言献策。组织委员深入基层、贴近群众，通过提案、社情民意等各种渠道，及时反映群众的诉求和愿望。主动作为，积极为群众办好事办实事。要把民生实事作为关注的重点，监督民生政策的落实、民生工程的实施、民生问题的解决，推动改革发展成果更好惠及人民群众。积极开展“察情建言惠民行”活动，广泛动员委员深入农村、社区、企业，了解民意，化解民忧。发挥优势，着力创新社会管理。密切关注我市转型发展中出现的新情况、新问题，引导委员就创新社会管理深入调查研究，为建立健全科学有效的利益协调机制、诉求表达机制、矛盾调处机制和权益保障机制献计出力，促进社会管理与转型、多元、开放型社会相适应。

四、坚持增进团结凝聚力量，广泛调动各方面积极性

牢牢把握团结和民主两大主题，发挥政协联系广泛、渠道畅通的优势，做好政协联谊交往工作，团结各界力量，调动积极因素，营造有利于我市发展的良好环境。按照“长期共存、互相监督、肝胆相照、荣辱与共”的方针，切实加强同各民主党派、工商联、人民团体和无党派人士的团结共事，密切与新的社会阶层人士的联系与合作；充分发挥民族宗教界代表人士在人民政协中的作用；促进和友好城市的经济文化交流合作，服务招商引资，为我市“项目推进年”工作献计出力；加强与中原经济区城市的沟通，凝聚中原经济区城市整体力量，进一步营造中原经济区大合作、大团结、大发展的氛围。

五、坚持开拓创新强基固本，不断提升政协工作科学化水平

按照提升“凝聚力、保障力、监督力、执行力”的要求，以开拓创新精神全面加强自身建设，不断创新履职形式，拓展履职广度深度，提高履职实效，全面提升政协履职科学化水平。从人性化管理入手,提升凝聚力。按照中央八项规定和省委、市委改进作风的要求,切实抓好机关思想建设、组织建设、作风建设、反腐倡廉建设和制度建设,以高度的责任感和使命感,扑下身子,深入基层,把心思凝聚到转型跨越上,把干劲拢聚到全面建成小康上,众志成城为经济建设服务、为基层服务、为群众服务。从完善制度入手,提升保障力。要从健全社会主义协商民主制度的高度,继续完善协商制度、规范协商程序、增强协商实效,进一步提高协商民主的制度化水平。按照“把政治协商纳入决策程序,就国家和地方的重要问题在决策之前和决策执行过程中进行协商”的原则,选准协商议题,提高协商质量,完善全体会议广泛协商、常委会议集中协商、主席会议重点协商、专题协商会专题协商、专门委员会对口协商、界别活动小组界别协商、提案办理协商的工作格局,确保协商在党委决策之前、人大通过之前、政府实施之前。从畅通渠道入手,提升监督力。统一选派政协委员担任有关部门的民主监督员,严格按照规定开展民主评议,不断提升政协在依法行政、公正司法、重大项目建设、整顿行业不正之风等方面的民主监督实效。从队伍建设入手,提升执行力。政协委员是政协的主体,是各个阶层的精英和代表,肩负着本职工作和政协工作双重职责,干好本职工作是岗位的需要,做好政协工作是政治责任的要求。要充分发挥委员在本职工作中的模范作用、在政协工作中的主体作用、在界别群众中的代表作用,引导广大政协委员切实当好勤奋学习的模范、服务大局的模范、团结共事的模范、维护形象的模范,把政协工作思路贯穿于自身的实际行动中,推动政协各项工作取得新进展。

各位委员、同志们:

新起点开启新征程,新形势赋予新使命!我们一定要把握时代脉搏,紧跟时代步伐,紧密团结在以习近平同志为总书记的中共中央周围,在中共晋城市委的正确领导下,坚定信念、满怀激情,积极履职、不辱使命,以不可替代的作用推动发展,以实实在在的业绩体现价值,为全面开创人民政协工作新局面,加快推进“一争三快两率先”战略做出新的更大的贡献!

谢谢大家!

晋城市中级人民法院工作报告

——2013年3月28日在晋城市第六届人民代表大会第四次会议上

晋城市中级人民法院院长 杜培德

各位代表：

现在，我代表晋城市中级人民法院向大会报告工作，请予审议，并请市政协委员和列席会议的同志提出意见。

2012年主要工作

2012年，全市法院在市委的坚强领导、市人大的有力监督和市政府、市政协及社会各界的关心支持下，以科学发展观为指导，坚持“为大局服务，为人民司法”的工作主题，围绕“建一流法院，创一流业绩”的工作目标，按照“六个突出，六个着力”的工作要求，圆满完成了年初确定的目标任务，各项工作呈现出整体推进，重点突破，全面发展的良好局面。

一、忠实履行职责，服务发展大局，审判执行工作取得新成绩

一年来，全市法院紧紧围绕我市工作大局，突出执法办案第一要务，勇当司法服务转型跨越发展的排头兵，为全市改革、发展、稳定提供了良好的司法保障。全市两级法院共受理各类案件16 082件，同比上升14%，审结15 459件，同比上升17%，结案率96%。其中，市中院受理各类案件3586件，同比上升29.8%，办结3553件，同比上升31%，结案率99%。全市两级法院案件受理数和结案数均创建院以来新高。

(一)依法惩处刑事犯罪，全力维护社会稳定

全市法院共审结一审刑事案件1976件，同比上升13%，结案率98.8%。其中市中院审结重大一审刑事案件55件，结案率98.2%；审结二审刑事案件299件，结案率99.7%；审结减刑假释案件1726件。面对刑事犯罪依然多发的势头，突出打击重点，对严重危害社会治安的暴力犯罪，严重危害人民群众生命健康和财产安全的多发性犯罪，依法严厉打击，共审结此类案件1657件。同时贯彻宽严相济的刑事政策，对情节较轻、社会危害性较小及其他具有

从轻、减轻情节的罪犯,依法从宽处理。深入推进反腐败斗争,判处贪污贿赂、渎职犯罪案件82件101人。坚决打击侵犯知识产权、生产销售伪劣商品、金融诈骗等经济犯罪,共审结此类案件25件。深化量刑规范化改革,增强量刑的公开性和透明度;加强对基层法院适用法律和量刑平衡的指导,确保适用法律的统一。继续完善减刑假释程序和条件,推行减刑证据审核和公示制度,严格审核严重暴力类犯罪的减刑条件,创新假释工作提前介入机制,促进了罪犯改造。

(二)积极化解民商事纠纷,促进经济社会和谐发展

两级法院共审结一审民商事案件7092件,同比上升19.4%。其中市中院审结一审民商事案件62件,结案率88.6%;审结二审民商事案件693件,结案率99.4%。以助推经济发展方式转变为重点,审结企业破产、改制、重组等案件8件,促进了经济结构的调整;以规范市场秩序、保障交易为重点,审结借贷、买卖、房地产开发等合同类案件2843件,营造了诚实守信的市场环境;以保障民生为重点,审结涉及医疗、人身损害、侵权等类案件2072件,维护了群众的人身和财产权利;以维护家庭和睦为重点,审结婚姻、抚养、赡养、继承等类案件2729件,维护了妇女、儿童和老人的合法权益;以保护"三农"利益为重点,审结土地承包、农村房屋买卖等涉农案件105件,促进了新农村建设;围绕文化强市战略,审结著作权、商标权等知识产权案件28件,为建院以来最高,强化了知识产权的司法保护。

(三)妥善化解行政争议,保障社会管理秩序

两级法院共审结一审行政案件62件,结案率98.4%。其中市中院审结一审行政案件11件,审结二审行政案件23件。两级法院共受理审查非诉行政执行案件92件,全部办结。审结国家赔偿案件1件。行政审判中,坚持监督与支持并重,保障与维护并举,协调与裁判并用,积极推进司法与行政良性互动机制建设,有针对性地提出依法行政的意见建议。加大行政争议案件的协调力度,促进了官民关系的和谐。

(四)加大执行工作力度,切实维护当事人合法权益

全市法院执结各类执行案件2871件,执结率87.3%,其中市中院执结58件,执结率85.3%。注重执行和解,加强执行救助体系建设,推进"阳光执行",信息录入率连续三年全省排名第一;开展反规避执行和"百日攻坚"专项行动,进一步完善执行联动、执行威慑机制,强化委托执行、提级执行、执行督办等工作,促进了执行效率的提升。全市法院实际执行到位率达79.9%。在2012年全省执行工作综治专项考评中,晋城中院位列第一。

二、创新司法机制，回应群众诉求，司法为民取得新成效

(一)努力构建司法为民新模式

一年来，加强立案信访文明窗口标准化建设，按照便民利民要求，简化立案程序，减少审批环节，提高立案效率，提升服务水平。实行诉讼调解、预约办案、巡回审判等举措，继续推行查询、导诉、立案、接访、答疑“一站式”服务等措施，切实便利群众诉讼。加大司法救助力度，拓展司法救助范围，全市法院共为当事人减、免、缓诉讼费用186万余元，保障困难群众打得起官司。

(二)着力打造多元调解新格局

按照“调解优先，调判结合”的原则，将调解上升到诉讼文化建设的层面，实行全程全方位调解。诉前调解全方位展开，六县(市、区)法院诉前调解处理各类案件867件，节约了诉讼资源，实现了案结事了。诉讼调解卓有成效，全市法院一审民事案件调撤率58%，同比上升8%，调撤率创建院以来新高。调解资源进一步整合，与市司法局共同出台《关于建立诉讼调解对接的实施办法》，加强和规范了诉讼调解与人民调解的对接配合。法官下基层形成制度，六县(市、区)法院建立了法官驻村、驻社区工作制度，开展和谐共建活动，实现诉调对接，形成了纠纷多元化解新格局。

(三)全力开创涉诉信访新局面

一年来，全市法院把全面做好十八大信访维稳工作作为首要政治任务，注重源头治理，构建信访评估预防、情况通报、领导包案、分片督办、多元化解、案件终结等一系列工作方法和措施。市中院院长与包案领导签订化解涉诉信访案件责任状的经验，受到上级法院肯定并被《人民法院报》报道。市中院全年接待信访862人次，受理的36件案件全部审查终结。今年未发生一起赴省进京集体访，进京访人数全省法院从多到少排名，我院位列第九。2012年，我院信访处被最高法院授予“全国法院先进集体”称号，被市委、市政府授予“党的十八大维稳信访安保工作先进集体”，被省高级人民法院授予“涉诉信访工作先进集体”。

(四)积极优化司法管理新机制

绩效考核成效显著。一年来，围绕审判质量和效率，狠抓绩效考核，建立台账，完善制度，科学考评，发挥了绩效考核的导向、激励和监督作用。全市法院绩效考核由2011年的第9名上升为第4名，全市法院可考核的16项指标与上年相比全面提升，其中全市法官人均结案数、再审审查听证率、司法赔偿率、超审限未结比和市中院结案均衡率位列全省第一。集中清理未结案成效突出。去年，全市法院开展了集中清理长期未结案专项行动，对长期未结诉讼案和非诉讼案进行了彻底的排查清理，共清理各类案件87件，去年以来在新收案件

中,未发生超审限案件。审判监督日益加强。严格执行审判流程管理,对案件节点进行控制,排期分流,对全部案件审限跟踪,临近审限案件预警催办,杜绝了超审限案件。认真开展中央政法委组织的“百万案件评查”活动及最高法院庭审评查和裁判文书评查的“两评查”活动,对案件质效评估,评查纠错,促进了全市法院庭审质量和文书水平的提高。充分发挥审级监督职能,通过依法指定、提级管辖、案件改判、发回重审等方式,加强对一审案件的监督;坚持有错必纠,两级法院全年审结各类再审案件64件,其中市中院审结42件,结案率为97.7%。

三、坚持从严治院,自觉接受监督,法院自身建设取得新进展

一年来,全市法院坚持从严治院,加强队伍建设,主动接受监督,不断改进工作,推动了全市法院工作的科学发展,先后有20个集体31名个人受到市级以上表彰。

(一)队伍整体素质进一步提高

加强思想政治建设。一年来,认真开展保持党的纯洁性学习教育活动和政法干警核心价值观教育实践活动,市中院承办了全市政法系统保持党的纯洁性教育暨政法干警核心价值观教育申纪兰同志报告会,组织干警赴井冈山接受传统教育,收听收看模范人物报告会、开展专题辅导,表彰优秀党员,使教育实践活动有成效,有特色,增强了广大干警的政治意识、大局意识、责任意识和群众意识。加强司法能力建设。全市法院干警参加上级法院和市委举办的各类培训107人次,市中院自行组织了全市法院司法能力、信息化运用能力、修改后“刑事诉讼法”和“民事诉讼法”等四个培训班,邀请全国著名法学专家和上级法院部门领导授课,参训干警超过一千人次,有力地促进了全市法院司法能力的提高。加强反腐倡廉建设。开展了以警示教育、廉政文化建设、作风纪律整顿为内容的司法廉洁教育;开展了司法巡查活动,按上级法院部署集中开展了廉政制度执行情况专项检查;坚持落实党风廉政建设责任制,完善“利剑工程”,加强惩防体系建设,确保廉政教育防控、廉政制度规范、岗位权力监督、廉政引导保障和风险预警处置五大机制建设任务的落实。严肃查处9名违规违纪人员,反腐倡廉建设保持了应有的力度和成效。

(二)法院文化建设进一步深化

发挥“全国法院文化建设示范单位”排头兵作用,进行顶层设计,市中院与市委宣传部共同出台了《关于进一步加强全市法院文化建设的意见》,首次把法院文化建设纳入全市文化强市整体战略,这在全省法院系统尚属首家。突出重点,把诉讼文化、廉政文化、党建文化作为重点内容,予以引深。丰富载体,举办了首届法官论坛,开展了主题演讲、诗歌创作、摄影、歌咏比赛以及征集院训、警句等文化活动。加强调研,我院《关于土地使用权执行问题研究报告》,获得省高院重点课题调研二等奖。拓展平台,创办了市中院机关刊物《晋城审判》。去年,最高人民法院授予我院“全国法院文化建设示范单位”光荣称号,市委、市政府向我院颁发了“文化强市建设特别奖”。

(三)基层基础工作进一步夯实

“两庭”建设取得了新成效,5个人民法庭正在规划新建,4个人民法庭正在改扩建,高平、阳城人民法院已开始综合审判办公大楼建设。市中院审判法庭正积极筹备,案件审判流程、办公自动化系统、数字档案系统、法院绩效评价系统、舆情监测和外网管理、数字法庭等五大系统完成安装调试,信息化工作取得新成果。提高行政服务审判工作水平,市中院承办了全省法院司法拍卖改革工作会议,规范了公文办理程序。厉行节约,严格公务接待标准,认真执行财务制度,规范警车使用管理。坚持从优待警,关心干警生活,努力为广大法官干警干事创业创造良好的工作生活条件。

(四)接受党的领导和人大监督意识进一步增强

坚持党的领导,接受人大监督,是确保司法审判工作正确政治方向的根本保证。一年来,全市法院坚持重大部署、重要工作和大要案件主动向市委报告制度。严格执行监督法,主动接受人大及其常委会的监督,主动向人大常委会专题报告法院工作,积极配合各级人大开展执法检查和专题调研;主动接受政协民主监督,完善与人大代表和政协委员的联络机制,办理人大代表建议案3件,办理政协委员提案1件。依法接受检察机关法律监督,落实检察机关列席审委会制度,不断改进法院工作。

各位代表,一年来,全市法院坚持科学发展,各项工作呈现出创新突破,蓬勃发展的良好局面,这些成绩的取得,是市委坚强领导,市人大有力监督和市政府、市政协及社会各界大力支持的结果。在此,我代表全市法院表示衷心的感谢和崇高的敬意!

在肯定成绩的同时,我们也看到工作中存在的问题。一是法院队伍素质、管理机制还不能完全适应日益繁重的审判任务需要和人民群众日益增长的司法需求。司法理念、司法作风、司法能力还需要加强。有的法官大局意识不强,化解矛盾纠纷能力不够,就案办案,案结事不了,审判质量、效率、效果还需进一步提高;少数案件裁判文书质量差,降低了司法公信。二是少数法官工作责任心不强,方法简单生硬,群众观念淡薄;极个别法官裁判不公,司法不廉等问题仍有发生,司法公正廉洁工作还需要进一步深化。三是基层基础工作还存在一定问题和困难,基层法庭建设发展不平衡,基层法官普遍职级待遇低;一些法院没有专门的陪审员经费,陪审员补贴无法落实,不利于陪审工作的正常开展。中院办公条件已不适应当前审判工作的需求,审判法庭不能满足正常审判开庭的需要。信息化应用滞后,建设任务繁重等等。对此,我们将高度重视,采取措施,努力加以解决。

2013年工作安排

2013年是全面贯彻落实党的十八大精神的开局之年,是实施"十二五"规划承前启后的关键一年,是为全面建成小康社会奠定坚实基础的重要一年。2013年和今后一段时期,全市法院工作的指导思想和目标任务是:以十八大精神为指导,紧紧围绕全市工作大局和"建一流法院,创一流业绩"工作目标,全面加强审判执行工作和自身建设,推进法院工作再上新台阶。具体工作思路是:突出一个主题,抓住两个重点,推进三项建设,实现四个提升,努力开创全市法院工作新局面。

一、以十八大精神为指导,突出"为大局服务,为人民司法"的工作主题,为全市转型跨越发展提供坚强有力的司法保障

认真学习贯彻党的十八大精神

更加坚定党对法院工作的领导,更加坚定人民代表大会制度,坚守理想信念,以十八大精神武装思想,指导实践,推动工作,确保人民法院坚定正确的政治方向,切实肩负起中国特色社会主义事业建设者、捍卫者的职责使命。

积极服务发展大局

强化能动司法,紧紧围绕我市"一争三快两率先"的战略目标,找准司法定位,谋求司法作为,增强服务的前瞻性、针对性和实效性。深化宏观经济分析研判机制,强化司法应对,出台司法服务措施,为全市转型跨越提供更加优质高效的司法保障。

全力维护社会稳定

以执法办案为第一要务,加强刑事审判工作,积极应对新修订的刑诉法对刑事工作的新要求,准确把握新形势下违法犯罪的新特点,坚持宽严相济,突出打击重点,全力维护社会安全稳定。加强民商审判,妥善处理好深化经济体制改革,加快产业转型升级,推进创新驱动发展,实施城乡一体化建设等方面出现的矛盾纠纷,处理好与教育、就业、住房、医疗、劳动争议和社会保障等与人民群众利益相关的案件,促进经济发展和社会和谐。着力加强行政审判工作,注重行政争议的实质性解决,支持和推动法治政府建设。

着力践行司法为民

紧紧围绕司法便民利民,切实回应人民群众对司法工作的新期待。加强以人民法庭为重点的基础设施建设、立案信访文明窗口建设、巡回法庭建设、司法救助体系建设,拓宽司法为民的渠道和覆盖面；积极推进简易程序适用，小额诉讼制度改革，推进民商事速裁，提高审判效率；继续深化“法官下基层”活动，继续开展民事诉讼与人民调解和行政调解“三位一体”的大调解机制建设；认真抓好涉诉信访程序终结和息诉稳控工作，促进社会和谐稳定。

二、抓住案件质量和审判管理两个重点，确保司法公正，维护社会公平正义

案件质量是法院工作的生命线，审判管理是提高司法能力、改进审判作风、树立司法权威、提高案件质量的重要途径。为切实提高案件质量，强化审判管理，今年我们将重点完善和强化“四个工程”。

一是实施“绩效工程”

继续抓住绩效考核不放松，强化考核的督查、指导、管理，抓好弱项指标的提升，发挥绩效考评在提高案件质量上的监督、引导和规范作用。审判绩效考核要争先进位，进入全省法院先进行列。

二是实施“提速工程”

要进一步落实流程管理制度，规范办案流程，实行临界催办、进度通报、超限处罚，实现审限内均衡结案，促进收结案的良性循环。

三是实施“监督工程”

以庭审规范、裁判规范、文书规范为目标，开展案件评查和案件讲评制度，强化案件监督和瑕疵案件纠错、处罚力度，努力提高庭审质量和裁判文书制作水平。

四是实施“质量工程”

进一步强化案件承办人、审判长、庭院领导的质量意识和各个环节的工作责任，严格把好案件事实关、证据关、程序关和法律适用关，打牢一审案件基础，提高二审案件质量，确保再审案件水平。

三、推进三项建设，增强司法能力，促进法院全面发展

一是推进队伍素质建设

要按照十八大提出的关于加强政法队伍建设的要求，加强全市法院的思想政治建设、业务能力建设、纪律作风建设和党风廉政建设，深入开展忠诚、为民、公正、廉洁的政法干警核心价值观教育活动。认真执行中央关于改进工作作风，密切联系群众的八项规定，着力改进司法作风。要强化教育培训的力度，要邀请名家、大家到法院授课，提高培训成效；要强化争先创优，认真组织评选和大张旗鼓地表彰先进典型和模范人物，推出办案能手、调解能手、调研能手，举办庭审观摩、案例研讨、优秀裁判文书评比等活动，提高广大干警的业务能力,营造干事创业、争先创优的氛围。发挥法院文化建设排头兵的作用,打造新亮点,做出新成绩。加强反腐倡廉,健全廉政防控机制,深化“利剑工程”制度建设,加大违法违纪查处力度,确保法官清正,法院清廉,司法清明。

二是推进司法公信建设

进一步推进司法公开,扩大司法民主,全面推行立案公开、庭审公开、执行公开、文书公开和审务公开“五公开”,开展限时服务、延时服务、提醒服务、预约服务、上门服务“五服务”,以公开促公正,以公正赢公信。完善人民陪审员制度,加强人民陪审员的日常管理、经费保障、岗位培训、考核奖励,保障人民陪审员履行职权。主动接受人大和社会各界的监督,以更透明、更公开、更阳光的司法服务,以人民群众看得见、摸得着、感受得到的清廉作风,树立人民法院和人民法官的良好形象。

三是推进基层基础建设

坚持面向基层、服务基层建设的方针,大力加强基层的人才保障、职业保障和经费保障,以基层班子建设为重点,人民法庭为窗口,重视基层调研,加强对下指导,夯实基层基础。坚持科技强院,切实推进信息化应用水平,提高法官和工作人员利用网络技术办公办案能力,努力实现案件管理流程化、办公自动化、管理科学化的目标。要在市委、市政府的支持下,抓好市中院法庭项目建设,尽快改善我院的办公办案条件。

四、求真务实,开拓进取,实现四个提升

新的一年,全市法院要增强做好法院工作的责任感和使命感,认清形势,把握大局,坚定信心,创新实干,更加扎实地做好法院各项工作,站在新起点,促进新跨越,努力实现审判质量要有新提升,司法公信要有新提升,队伍素质要有新提升,法院形象要有新提升。

各位代表,在我市转型跨越发展的关键时期,法院工作使命光荣,责任重大。我们决心在市委的领导下,在市人大和上级法院的监督指导下,忠实履行好宪法和法律赋予的职责,振奋精神,奋发进取,以更加优异的司法服务,开创我市法院工作新局面,为建设“平安晋城”、“法治晋城”、“美丽晋城”做出新的更大的贡献!

晋城市人民检察院工作报告

——2013年3月28日在晋城市第六届人民代表大会第四次会议上

市人民检察院检察长　张润才

各位代表：

现在，我代表晋城市人民检察院向大会报告工作，请予审议，并请政协委员和列席会议的同志提出意见。

一、2012年全市检察工作情况

2012年，全市检察机关紧紧围绕全市经济社会发展大局，自觉践行“强化法律监督、维护公平正义”的工作主题，不断强化法律监督、强化自身监督、强化队伍建设，各项检察工作取得了长足的发展和进步。

（一）围绕我市重点项目建设，充分发挥检察职能作用

按照市委市政府中心工作要求，采取了一系列服务大局的措施。一是制定实施了《晋城市检察机关关于服务和保障重点项目建设的实施意见》。立足检察职能，积极参与“项目落地年”活动和“吃拿卡要”专项整治活动，增强了服务和保障的自觉性、主动性。各基层院也结合地域特点出台服务措施，积极为工程建设、项目落地和转型跨越发展提供良好的司法保障。二是实行工作前移，加强对重点工程项目建设中职务犯罪的预防。在50多个省、市重点工程主管部门及项目建设单位开展了专项预防。三是严厉打击破坏投资环境、危害转型发展犯罪活动。深入开展治理商业贿赂、工程建设领域、国土资源领域突出问题专项治理工作，批准逮捕破坏投资环境和危害市场经济秩序犯罪案件40件55人、提起公诉66件88人，为转型跨越发展依法提供了良好的投资环境。

（二）围绕执法为民宗旨，积极维护和保障民生民利

把服务群众、保障民生贯穿执法办案全过程，切实维护人民群众的合法权益。

坚决打击危害民生民利犯罪活动。深入开展查办危害民生民利渎职侵权犯罪等专项工作，查办发生在安全生产、社会保障、医药卫生等民生领域的渎职侵权犯罪案件5件7人；依法批准逮捕破坏能源资源和生态环境的犯罪案件5件11人，提起公诉12件38人，保障人

民群众的身体健康和生命安全。

加强对特殊群体和困难群众的司法保护。积极参与学校、幼儿园及周边治安秩序专项治理,严厉打击侵害妇女儿童权益的犯罪活动,批准逮捕拐卖妇女儿童犯罪案件1件2人,提起公诉2件5人。注重保护弱势群体合法权益,对拖欠农民工工资、侵害残疾人权益等案件支持起诉45件。全面开展刑事被害人救助工作,救助刑事被害人37名,发放救助金16.19万元。

扎实做好涉检信访工作。健全和完善检察长接待日、涉检信访案件预警评估机制、首办责任制、下访回访、公开答复等一系列制度,严把案件质量关,超前做好矛盾纠纷化解工作。全市检察机关办理群众来信来访366件。正副检察长接待来访148人(次),批办案件83件。立案复查刑事申诉案件19件,依法妥善处理群众涉法诉求。加大息诉罢访工作力度,做到案结事了人和,实现了重大敏感时期涉检赴省进京"零上访"目标。

(三)围绕社会和谐稳定,依法促进社会管理创新

以高度的政治敏锐性,深化、细化、实化各项工作措施,为党的十八大胜利召开营造了和谐稳定的社会环境。一是全力推进平安晋城建设。坚持"严打"方针,深入开展打黑除恶专项斗争,严厉打击严重暴力和多发性侵财等犯罪活动,共批准逮捕各类犯罪案件875件1344人,提起公诉1753件2484人,其中审查批捕黑恶势力犯罪、严重暴力犯罪、"两抢一盗"等多发性侵财犯罪案件616件928人,提起公诉819件1196人,有效地维护了良好的社会治安环境。

二是全面贯彻宽严相济刑事政策。完善轻微刑事案件快速办理机制,积极推进附条件不起诉工作,对初犯、偶犯、未成年犯、老年犯中犯罪情节轻微的人员予以从宽处理,依法不逮捕92人、不起诉16人。健全办理未成年人刑事案件配套工作体系,积极推行未成年人犯罪案件社会调查、回访帮教等制度,加强对未成年人的教育、感化和挽救。

三是积极参与社会管理综合治理。深入学校、社区、农村,举办多种形式的法律咨询和法制宣传教育,开展送法进校园、进社区、进农村等活动93次,促进了社会治安管控体系建设。加强社区矫正法律监督工作,共纠正脱管漏管罪犯84人。注重发挥检察建议的作用,结合执法办案,针对社会管理中存在的突出问题,向党委政府和相关部门提出口头或书面检察建议112条(件),有效督促发案单位堵塞管理漏洞,完善相关制度。

(四)围绕反腐倡廉建设,加大查办和预防职务犯罪力度

坚决贯彻市委和省检察院关于加强新形势下反腐倡廉建设的决策部署,扎实推进查办和预防职务犯罪工作。依法严肃查办职务犯罪。以查办大要案为主攻方向,进一步加大办

案力度,立查各类职务犯罪案件83件107人,为历年来最高,同比人数上升16.3%。其中科级以上领导干部18人(含处级干部4人),挽回经济损失1133万元。加大行贿犯罪查办力度,立查行贿犯罪案件13件15人。

努力提高侦查水平和办案质量。完善职务犯罪线索管理办法,健全与执法执纪部门的情况通报、案件移送机制,与卫生部门建立医疗保障协作机制;深入推进侦查一体化机制建设,建立纵向指挥有力、横向协作紧密的侦查模式,不断增强发现犯罪、侦破案件的能力。严把事实关、证据关、适用法律关,职务犯罪案件有罪判决率保持在100%。

预防职务犯罪工作不断深化。依托预防职务犯罪警示教育基地,积极开展预防宣传和警示教育工作。有190家单位前往基地参观,受警示教育的干部群众达1万多人。市检察院向市委作了惩治和预防职务犯罪2011年度报告,对惩治和预防职务犯罪提出了四个方面的措施或建议,张九萍书记高度重视,给予充分肯定并作了重要批示。深入开展行贿犯罪档案查询工作,共受理行贿档案查询申请1978次,其中四家有行贿犯罪的单位和个人被排除在招投标活动之外。我院被省预防职务犯罪工作领导组表彰为全省预防职务犯罪工作先进集体。

(五)围绕维护司法公正,加强和改进诉讼监督工作

深入贯彻省人大常委会关于加强诉讼活动监督工作的决定,主动适应修改后刑诉法、民诉法对检察工作提出的新要求。

一是强化刑事立案和侦查活动监督。完善与公安机关的刑事案件信息通报机制,开展了对经侦队办理案件的专项检查,重点监督纠正有案不立、以罚代刑以及违法立案等问题。加强对刑事拘留后未提请审查逮捕和另案处理案件的监督,依法追加逮捕25人、追加起诉29人。强化对违法采取侦查措施、刑讯逼供、暴力取证等问题的监督,纠正侦查活动违法104件次。

二是强化刑事审判监督。扎实开展刑事审判法律监督专项检查活动,重点监督纠正有罪判无罪、无罪判有罪、量刑畸轻畸重等问题,对认为确有错误的刑事裁判提出抗诉14件。积极推进量刑建议工作,促进自由裁量权的规范行使。全面开展职务犯罪案件一审判决两级检察院同步审查工作,加强职务犯罪案件审判监督。

三是强化刑罚执行和监管活动监督。完善纠防超期羁押长效机制,继续保持了全市范围内无超期羁押;加强了对减刑、假释、暂予监外执行的审查力度,严格规范了减刑、假释工作监督程序,开展了监狱和看守所监管执法、监外执行、清查事故安全隐患等检察活动,维护了监管场所的安全稳定、刑罚执行的公平公正和在押人员的合法权益。

四是强化民事行政检察工作。在市人大主持下,市检察院牵头与市中级法院联合召开了两级院检察长、法院院长共同参加的贯彻落实“两高”会签文件精神座谈会,进一步加强和规范了民事行政检察监督权。对认为确有错误的民事行政裁判提出抗诉7件。加强再审检察建议、支持起诉、督促起诉职能的运用,有效化解了“民事执行难”问题。

(六)围绕规范行使检察权,进一步强化内外部监督制约

自觉接受外部监督,加强内部监督制约,确保检察权依法正确运行。自觉接受人大监督。认真落实人大及其常委会决议决定,坚持重大工作部署、重大工作情况向人大及其常委会报告,认真办理代表建议和转交案件,及时答复,定期回访。积极配合市人大调研反渎职侵权工作,认真听取并落实市人大对反渎职侵权工作的要求。市检察院出台了《关于进一步加强同人大代表联系自觉接受监督的意见》,对市级以上人大代表采取院领导和基层院检察长分工负责制度。省检察院杨司检察长作了专门批示,给予了充分肯定。此项工作在全省检察长会议上介绍了经验。

自觉接受民主监督和社会监督。认真听取政协、各民主党派的意见建议,积极办理委员提交的议案。全面推行人民监督员制度,将“七类案件或事项”全部纳入监督范围。广泛开展“开门评检”和“检察开放日”活动,不断深化检务公开。完善涉检网络舆情收集研判、引导应对机制,市检察院编发网络舆情快报9期,领导批示9期,及时主动回应社会关注的热点问题。

切实加强内部监督。严格执行职务犯罪案件审查逮捕报上一级检察院审查决定制度,全面落实讯问职务犯罪嫌疑人全程同步录音录像制度,推行检察监察部门对职务犯罪案件线索初查不立案备案审查规定,开展案件评查、涉案款物专项检查等活动,确保执法办案活动依法按规进行。采取办案工作区准用、办案安全督察员、办案安全责任制等措施,防止办案事故的发生。

(七)围绕公正廉洁执法,切实加强检察队伍建设

坚持以公正廉洁执法为核心,加强对检察人员的教育和管理,着力提高履行法律监督职责的能力和水平。一是加强思想政治建设。积极开展政法干警核心价值观、保持党的纯洁性等教育实践活动和解放思想学习讨论活动,不断增强检察人员的政治素质。组织举办了丁端阳先进事迹报告会,观看了全省十大杰出检察官候选人先进事迹纪录片,以身边人的先进事迹教育和激励干警,引导检察人员立足本职干事创业、争创一流业绩。

二是加强领导班子建设。坚持党组中心组学习制度,努力把握党在新时期提出的重大理论观点、重大战略思想、重大工作部署,不断提高科学决策水平。认真执行民主集中制,

坚持集体领导和个人分工负责相结合,重大事项坚持集体研究决定,不搞个人说了算。积极履行干部协管职责,认真落实下级院检察长向上级检察院述职述廉、任职谈话、诫勉谈话、重大事项报告等制度,进一步加强对领导班子和领导干部的监督。

三是加强队伍专业化建设。积极开展岗位练兵和学习型机关创建活动,把教育培训作为提高队伍专业化素质的根本性措施来抓,组织干警参加了省、市检察院举办的新进人员岗前培训、检察官资格、专题业务技能、领导素能等多种教育培训,干警履职能力有了进一步提高。与中国检察官杂志社联合举办了修改后刑诉法专题学习报告会,专门邀请四位全国知名刑诉法专家来晋城讲学,详细解读了修改后刑诉法对检察工作的影响和司法实践中应注意的问题,为干警正确适用修改后刑诉法打下了坚实的理论基础。

四是加强检察文化建设。成功举办了大型春节文艺节目汇演,全面展示了全市检察机关服务科学发展、忠实履行法律监督职能、维护社会公平正义的风采和形象。市四大班子领导与广大市民一同观看了演出,给予高度评价。各县区院也结合实际积极开展丰富多彩的文化活动,营造了团结、温暖、亲和、向上的工作氛围,挖掘了队伍潜力,激发了创新精神。

五是加强基层院建设。按照“四化”建设分类指导标准和《基层院“四化”建设实施方案》,采取措施,取长补短,协调发展,全市基层院建设保持了健康发展的态势。市院被省文明委表彰为省级文明和谐单位。阳城县院被评为“全国模范检察院”和“全国基层检察院‘四化’建设示范院”,沁水县院被省院评为“全省基层检察院‘四化’建设示范院”,其他基层院也达到或基本达到了“四化标准”。

各位代表,一年来全市检察工作取得的成绩,离不开市委和省检察院的正确领导,离不开人大的有力监督,离不开政府的大力支持,离不开政协、社会各界以及广大人民群众的关心帮助,在此,我代表全市检察干警对所有关心支持检察工作的领导和同志们表示衷心的感谢!

在看到成绩的同时,我们也清醒地认识到检察工作中还存在不少困难和问题:一是有的检察人员特别是领导干部思想仍然不够解放,对问题和困难存在等靠思想,缺乏解决的勇气和智慧。二是服务大局的能力水平与经济社会发展新形势还不相适应,服务成效还不够明显。三是执法办案方式与以人为本、执法为民的理念还不相适应,执法不规范、不文明、不注意化解矛盾等问题还不同程度地存在。对于这些问题,我们高度重视,正在努力加以解决。

二、2013年全市检察工作意见

2013年是全面贯彻落实党的十八大精神的开局之年,是加快转型跨越发展的关键之年。全市检察机关的总体工作思路是:以十八大精神为统领,深入贯彻落实科学发展观,紧紧围绕我市转型跨越发展大局,强化法律监督、强化自身监督、强化队伍建设,坚持和强化"抓服务、促发展;抓办案、保稳定;抓监督、护公正;抓预防、求和谐;抓队伍、树形象"的"五抓"工作思路,推动全市检察工作不断创新发展,为我市转型跨越发展提供有力保障和良好服务。围绕这一思路,我们要突出抓好以下四个方面的工作:

一是讲政治,以党的十八大精神统领全市检察工作

把深入学习贯彻党的十八大精神,作为当前和今后一个时期全市检察机关的首要政治任务。坚定不移地高举中国特色社会主义伟大旗帜,坚持道路自信、理论自信、制度自信,切实承担起中国特色社会主义建设者和捍卫者的神圣职责;坚定不移地促进法治建设,把各项工作纳入法制轨道,做社会主义法治国家的建设者、实践者;坚定不移地坚持执法为民,把执法为民作为根本宗旨,把依靠人民作为基本方法,把人民满意作为最高标准,不断提升检察工作的亲和力、公信力,以实际行动赢得人民群众的信任和支持;坚定不移地坚持党的领导,在政治上思想上行动上同党中央保持高度一致,不折不扣贯彻执行中央和省、市委的重大工作部署。

二是顾大局,主动为经济社会发展提供有力司法保障

按照市委的决策部署,充分发挥打击、预防、监督、教育、保护等职能作用,依法保障转型跨越发展重大部署的贯彻落实。围绕优化投资环境,依法惩治破坏市场经济秩序和投资环境的各类犯罪,突出查办危害招商引资的职务犯罪,建立完善重大项目跟踪预防制度,着力创优发展环境;围绕服务和保障民生,严肃查办和积极预防民生领域职务犯罪,继续抓好查办危害民生民利渎职侵权犯罪专项工作,切实维护人民群众合法权益;围绕新农村建设,加大涉农惠民领域贪污贿赂犯罪等案件查处力度,保障市委、市政府强农惠农富民政策落到实处;围绕文化强市战略,积极防范和有效打击文化领域的违法犯罪活动,依法保障文化惠民工程顺利实施和文化产业繁荣发展;围绕生态文明建设,积极防范和依法打击破坏生态环境的犯罪活动,为晋城经济社会发展提供良好的生态环境保护。

三是抓业务,始终坚持以执法办案为中心

紧紧围绕执法办案这一中心工作,依法加强法律监督,维护公平正义。在维护社会和谐稳定工作中,牢固树立稳定高于一切的观念,与其他政法机关加强配合,依法适用宽严相济刑事政策,坚持该宽则宽,当严则严,严厉打击各类犯罪活动;认真落实执法办案风险评估预警机制和检调对接、刑事和解、刑事被害人救助等制度,加强社区矫正法律监督和未成年人刑事检察工作,积极促进社会管理创新。在诉讼监督工作中,认真落实党的十八大关

于加强法律监督、推进公正司法的要求，全面规范和加强刑事、民事诉讼法律监督工作，坚持有案必办、有腐必惩，坚决依法监督纠正诉讼中执法不严、司法不公的突出问题，切实维护国家法治统一和尊严。在查办和预防职务犯罪工作中，严肃查办发生在领导机关和领导干部中滥用职权、贪污贿赂、失职渎职等犯罪案件，严肃查办发生在群众身边、严重损害群众合法权益的案件，严肃查办发生在组织人事、行政执法、司法和工程建设等重点领域和关键环节的案件；加大惩治渎职侵权犯罪工作力度，严厉查处滥用司法权、行政执法权、行政审批权给国家和人民利益造成重大损失的案件、严重损害群众利益案件、重大群体性事件、重大责任事故背后的渎职侵权犯罪案件；进一步加强预防职务犯罪工作，在党委预防工作领导组的统一部署下，协调各单位、各部门共同做好预防工作，促进惩防体系建设；开展以“深入反腐败、大家来预防”为主题的“五进”宣讲活动，积极营造全社会共同预防职务犯罪的良好氛围。

四是提能力，努力建设高素质的检察队伍

切实加强检察队伍建设，着力提升“五个能力”。一要着力提升群众工作能力。认真贯彻执行中央关于改进工作作风、密切联系群众的八项规定，切实把精力集中在为群众干实事、抓落实上。深入开展以“为民务实清廉”为主要内容的群众路线教育实践活动，着力整治特权思想、霸道作风和冷硬横推、吃拿卡要等不良习气，切实树立检察机关亲民、爱民、为民的良好形象。二要着力提升维护公平正义的能力。坚持打击犯罪与保障人权并重、实体与程序并重、公正与效率并重，着力解决执法不严、裁判不公等人民群众关注的公平正义问题。正确处理好监督与支持、监督与配合、监督与制约的关系，注重监督措施运用的适当性、实效性。加强内部执法监督制约，强化各执法环节之间的监督制约。进一步完善检务公开制度，高度重视人大代表、政协委员和民主党派对检察工作的建议、批评和意见，深入推进人民监督员工作，及时把自觉接受外部监督转化为切实加强内部监督。三要着力提升新媒体时代社会沟通能力。善待、善用新媒体，增强检察宣传的覆盖面、传播度和影响力。努力提高网络舆情监测研判应对能力，第一时间掌握网络舆情，正确处置负面舆情，通过网络监督规范自身执法活动。四要着力提升科技应用能力。加强科技信息化建设，提升全市检察机关信息技术条件下执法办案的能力。加快完成网络涉密信息系统分级保护和非涉密信息系统等级保护工作，确保案件网上流转安全、规范和检察信息网络安全。抓好刑事执法与行政执法联网工作，通过科技网络平台，加大对行政执法机关的执法监督力度。五要着力提升拒腐防变能力。坚持从严治检，全面推进检察机关惩治和预防腐败体系建设，用制度管权管案管人，严格规范权力行使，确保按照法定权限和程序行使权力，防止检察权的滥用。严格执行各项禁令规定,严格规范检察人员对外交往行为,坚决查究各类违法违纪特别是关系案、人情案、金钱案和执法不公、司法腐败的案件,依法依纪严肃处理"害群之马"。

各位代表,面对新形势、新任务,全市检察机关将在市委和省检察院的正确领导下,在两级人大及其常委会的监督支持下,认真贯彻落实本次大会精神和决议,振奋精神,开拓创新,真抓实干,努力开创全市检察工作新局面,为我市转型跨越发展、全面建成小康社会做出新的更大的贡献!

关于2012年国民经济和社会发展计划执行情况和2013年国民经济和社会发展计划的报告

——2013年3月27日在晋城市第六届人民代表大会第四次会议上

市发展和改革委员会主任　秦李芳

各位代表：

受市人民政府委托，我向大会报告2012年全市国民经济和社会发展计划执行情况，以及2013年国民经济和社会发展计划草案，请予审议，并请市政协委员和其他列席人员提出意见。

一、2012年全市国民经济和社会发展计划执行情况

2012年，是市委、市政府确定的“项目落地年和工作落实年”，也是推动转型跨越发展的关键之年。在市委、市政府的坚强领导下，在市人大、市政协的监督支持下，全市上下深入学习贯彻落实党的十八大精神，坚持主题主线和稳中求进总基调，以转型综改试验区建设为统揽，坚定不移争当全省转型跨越发展排头兵，坚定不移加快建成小康社会步伐，齐心协力，攻坚克难，创新实干，经济社会保持了“转型势头正旺、发展局面喜人”的良好态势。初步核算，地区生产总值完成1011.6亿元，增长11%，成为我省第6个进入“千亿元俱乐部”的成员。财政总收入完成213.5亿元，增长17.4%；公共财政预算收入完成82.9亿元，增长22.1%。

社会消费品零售总额完成260.8亿元，增长16.2%。外贸进出口总额完成12.35亿美元，增长8.9%。固定资产投资完成655亿元，增长29.9%。城镇居民人均可支配收入达到22 565元，增长12.1%，农民人均纯收入达到8037元，增长14.1%。万元GDP综合能耗、主要污染物减排等约束性指标均实现了预定目标。

2006—2012年全市财政总收入与公共财政预算收入情况

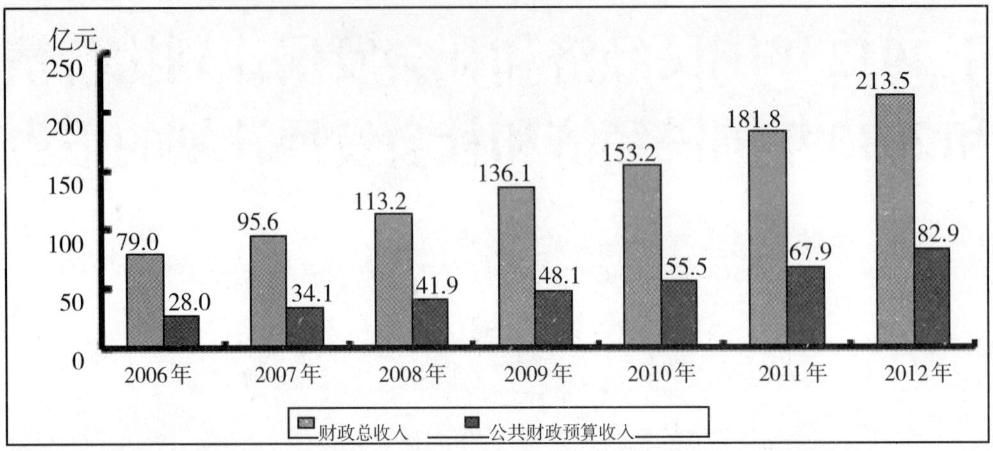

(一)突出先行先试,强化推进措施,综改试验区建设快速起步

一年来,全市上下围绕"产业转型、生态修复、城乡统筹、民生改善"四大任务,强化项目支撑,加快改革创新,转型综改试验区建设取得阶段性成效。

高质量完成《2012年全市转型综改试验行动方案》。按照省委、省政府转型综改试验的总体部署,编制完成了全市《2012年转型综改试验行动方案》,明确了全市转型综改试验的总体思路、重点任务,提出了创新体制机制的具体要求,并将工作任务逐项分解到职能部门和县(市、区),推动了全市转型综改试验工作顺利开展。

积极推进"一市两园"建设。"一市两园"是全省转型综改试验的重要载体。经过充分调研,2012年,晋煤高硫煤洁净利用循环经济工业园、晋城市新能源科技创新园分别作为我市的产业转型园和科技创新园列入全省公布的"一市两园"名单。目前,两个园区已先后完成了总体规划和详规,晋煤高硫煤洁净利用百万吨煤制油项目已经开工建设,唐一新能源锂离子动力电池、科兴集团LED等项目正在按计划加快推进。

集中支持推进一批转型综改试验标杆项目。2012年,以产业转型为核心,在认真筛选、科学论证的基础上,共确定了18个标杆项目加以重点推进。其中富士康A区、金鼎煤机制造、白马寺沉陷区综合治理、沁河流域城乡一体化、现代都市农业示范园等5个项目列入全省重点扶持对象并争取到省转型综改扶持资金4500万元。

2012年全市转型综改标杆项目

全市2012年围绕产业转型、生态修复、城乡统筹、社会民生四大方面，重点推进了18个综改试验标杆项目：

产业转型类(6个)：晋城经济开发区富士康精密制造高新技术产业化项目、晋煤集团金鼎煤机制造项目、晋城市盛威远实业有限公司现代都市农业示范园项目、市职业培训产业园、上海枫彩集团彩色苗木产业发展项目、晋城市硕阳光电有限公司太阳能光伏产业垂直一体化产品项目；

生态环境类(4个)：丹河流域生态环境综合治理项目、沁河流域生态环境综合治理项目、花园头水系生态建设项目、白马寺沉陷区生态综合治理项目；

城乡统筹类(3个)：泽州县巴公园镇一体化项目、沁河流域城乡一体化阳城段建设项目、保障性住房建设项目；

社会民生类(5个)：晋城大医院、凤城中学校、秀水苑学校、晋城市文化艺术中心、晋城市三馆合一(图书馆、档案馆、美术馆)项目。

积极协调推进重点领域的体制机制创新。转型综改试验先行先试重点在体制机制创新。为有效破解体制机制瓶颈约束，积极联合、协调有关部门在创新体制机制方面进行积极探索，先后开展了一系列重大课题研究，制定出台一系列改革措施，保障了各项任务的顺利实施。

与此同时，积极开展“十百千”转型领军人物和重点转型项目的推选活动，在企业家成长、项目建设等各个环节给予大力关心和支持，初步形成了政府引导、企业主导、全民参与的转型综改试验格局。

(二)加强项目建设，全力扩大内需，投资拉动作用效果明显

全市上下高度重视固定资产投资工作，强力推进项目建设，力度之大、效果之好前所未有。2012年，全市固定资产投资增速全省第一，省级重点工程完成率全省第一，充分发挥了投资对稳增长的主力军作用。

2006—2012年全市全社会固定资产投资完成情况

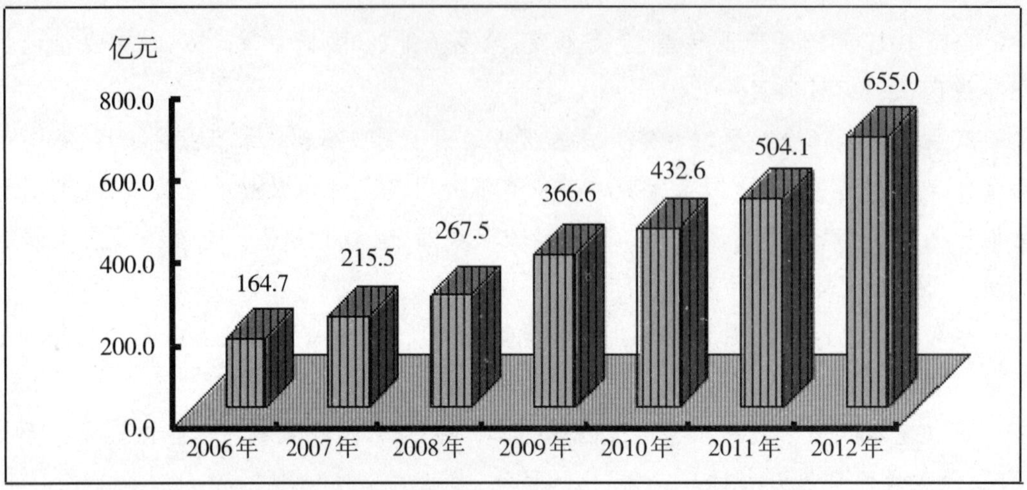

2012年全市与全省固定资产投资分月份增速比较

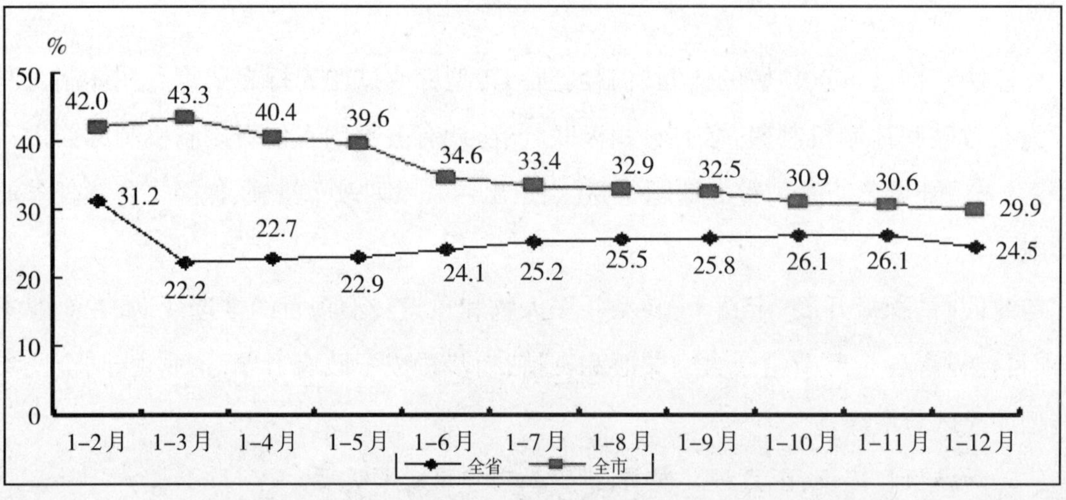

全力实施“项目落地年”各项工作部署。成功举办晋城市“项目落地年”启动仪式暨兰花年产20万吨项目奠基仪式活动,为全市项目落地工作营造了良好氛围。全年共落地633个项目,完成落地投资额1256.7亿元,占全年落地任务1027亿元的122.4%。

加快推进重点工程建设。各级各部门“围着项目转,跟着项目干”,全力服务项目,为项目建设营造了良好环境。在项目储备、签约、落地、建设的各个环节,完善绿色通道、跟踪服务机制,妥善解决项目建设中存在的土地、融资、环评等问题。2012年省市重点工程安排270项,总投资585.7亿元,到年底,累计完成投资778.1亿元,完成年度计划的132.8%,同比增加311.8亿元,增长66.9%。其中,省级重点工程完成投资231亿元,完成年度计划的134.5%,全省排名第一。

加大项目储备力度。正式启动储备信息化管理系统,有效提高项目储备工作效率。全年共储备项目1678项,总投资额达13 295亿元,超额完成目标任务。其中,100亿元以上项目22项,总投资5552亿元,占全部项目总投资额的42%;50—100亿元项目34项,总投资2136亿元,占全部项目总投资额的16%。

多渠道争取项目资金。一是积极发挥政府投资的带动作用。2012年市级年度投资计划安排资金达到9.8亿元,是建市以来最多的一年。二是积极争取上级投资。继续加大掌握国家政策信息和项目筛选力度,主动向国家、省直部门反映情况,争取支持。2012年,全市发改系统争取各类项目资金达5.8亿元。三是加强融资平台建设。与人行、银监部门联合制定出台了《关于进一步加强政银企合作,助推晋城转型跨越发展的指导意见》,与建行山西省分行签署了《银政战略合作协议》。根据协议,建行山西省分行将在"十二五"时期积极向我市城市建设、三农、民生等领域项目及小微型企业提供约440亿元的信贷支持。与此同时,全市其他各金融机构也积极采取措施,对全市重点项目建设给予了有效支持。

加大稽查监督力度。以政府投资项目为重点,积极开展稽查活动,全年共检查项目89个,发现问题233条,查出违规资金1233万元,提出整改建议152条,下达整改通知26份,稽查约谈两批次,有效地纠正了各种违规问题,及时规范了建设行为。

(三)调整经济结构,促进产业集聚,转型升级步伐加快

传统产业改造升级步伐加快。煤炭产业,继续推进煤炭企业兼并重组整合,煤炭产业规模化、集约化、机械化、信息化水平明显提高,生产矿井采煤机械化程度100%,安全生产达到历史最好水平。全社会煤炭产量达到8526万吨。重点推进里必煤矿、东大煤矿、上安煤矿项目建设,编制完成《晋城市"十二五"煤炭产业升级规划》。电力产业,国投热电一期2×30万千瓦机组投入运营,晋煤能源公司2×13.5万千瓦煤矸石发电和中电明秀发电一期工程进展顺利。协调推进哈密——郑州800千伏直流输电工程、高平云泉220千伏输变电工程、泽州东沟220千伏变电站增容改造工程、市区田石110千伏输变电工程,泽州南村110千伏输变电增容改造工程获得省核准。煤层气产业,加快推进规模化、商业化发展步伐,重点建立完善了煤层气产业研发中心。全市煤层气地面抽采井达到5500口,地面抽采能力达40亿立方米/年。港华、中国联盛沁水、新奥集团三个煤层气液化项目建成投运;晋煤集团天煜煤层气液化项目一期30万立方米建成试运行。煤化工产业,随着智宇"绿色活性有机肥项目"建成投产,兰花20万吨已内酰胺、晋煤"高硫煤洁净利用循环经济工业园"等一批现代煤

化工项目开工建设,标志着我市已开始由单一合成氨、尿素为支撑的化肥格局向以煤制油、煤制烯烃为主的现代煤化工产业发展。

新兴产业不断发展壮大。高新技术、装备制造、商贸物流、文化旅游四大非煤新兴产业已经初具规模。高新技术产业,高平唐一新能源、融高太阳能、晨皓LED、硕阳光电太阳能光伏产业垂直一体化项目已建成投产;皇城相府中道能源锂离子电池项目开工建设,富士康晋城科技工业园A区项目正在抓紧建设,其中精密刀具和工业机器人项目已建成投产。2012年,全市高新技术产业增加值占GDP的比重达到9%。装备制造业,金鼎煤机金匠园加快建设;福川制铁项目一期建成投产,二期正在建设;清慧汽车配件及铸造项目二期工程竣工投产;纽威信10万吨精密数控机床项目在高平成功落地。商贸物流业,兰花国际物流园区、月星家具生活广场等一批大型商贸物流项目正在加快建设。凤展时代广场已经开业;豪德二期正在进行规划以及物探、钻探等采空区治理前期准备工作;白马寺接待中心即将建成;皇城相府城市综合体、王莽岭开发建设项目、华纳时代广场、铭基财富广场、赛博数码科技广场等重点服务业项目都已开工建设。晋城湖滨餐饮股份有限公司(湖滨股份)在天津股权交易所成功挂牌上市,成为全省第一家进入资本市场融资发展的服务业企业。文化旅游业,依托秀美的自然风光和深厚的历史文化底蕴不断推进文化与旅游融合发展。2012年,全市旅游总收入、接待入境旅游者、旅游外汇收入、国内旅游收入增幅均居全省第一。中秋、国庆假日期间,全市共接待游客166.3万人次,同比增长81.7%,增幅居全省第一。皇城相府"五一"、"十一"接待游客总量居全省各景区第二,门票收入居全省之首,皇城相府景区历史性超过了五台山。文化产业投入力度不断加大,以创意、策划为核心的晋氏织造文化创意产业馆和晋陶陶瓷产业创意园,成为我市继吉利尔之后涌现出的一批文化创意领军企业。

"一区六园"建设稳步推进。继续加快推进"一区六园"建设,拓展园区规模、完善园区功能、打造园区特色。先后有富士康A区智能手机机构件项目、晋城国际医疗健康城项目、晋煤集团高硫煤洁净利用循环一期项目、山西海诺科技高性能空心玻璃微珠项目、力宇燃气动力制造项目等分别入驻我市工业园区,总投资约195亿元。2012年底,"一区六园"规划面积达到142.1平方公里,入驻规模工业企业63户,总资产为811.3亿元,增长10.37%,完成销售收入455.8亿元,增长8.32%。

县域经济发展力度加大。在全省率先引入竞争性激励机制,安排财政专项资金6000万元用于扶持县域经济发展。各县(市、区)通过差异竞争、错位发展、优势互动,初步形成了开发区高新技术、城区商贸物流、泽州装备制造、高平新能源新材料、阳城陶瓷、陵川生态旅游、沁水苗木花卉为主导的非煤产业集聚区。特别是阳城县以打造“北方瓷都”为目标，新上陶瓷项目5个，产值可达百亿，产业正从单厂单条生产线向园区化、规模化迈进，成为县域经济的新亮点。

(四)突出现代农业，促进增产增效，新农村建设扎实推进

大力发展现代农业。农业生产稳定发展，粮食总产、单产双超历史，首次迈上19亿斤台阶。全力扶持“一村一品、一县一业”发展，初步形成了以城区设施蔬菜、沁水苗木花卉为代表的十大特色产业带，打造了以鲁村小米、陵川五色土等为代表的32个名优产品，壮大了以泽州彤康、高平雨润等为代表农业产业化龙头企业，新上30多个以农业科研、产品展示为一体的现代农业科技园。新发展农民专业合作社781家，累计达到2980家。生猪产业、蚕桑丝麻、食用菌、休闲观光成为现代农业发展的典型。

2006—2012年全市粮食总产量情况

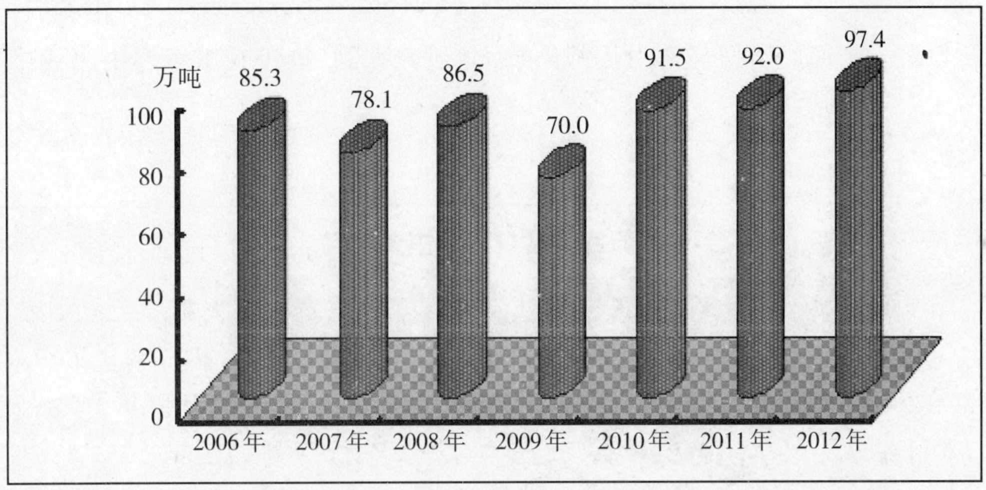

新农村建设扎实推进。加快“农旅一体”创意农业和乡村旅游发展，举办了晋城首届“最美乡村”评选活动，确定洞头、皇城、东四义等12个村为首届“最美乡村”。启动实施了以农村新能源建设、农村垃圾处理、农村污水处理为主要内容的“农村清洁工程”。新的农村“五个全覆盖”工程，在2011年提前完成农村文化体育场所、中等职业教育免费、新型农村社会养老保险三个全覆盖的基础上，2012年又超额完成农村街巷硬化和农村便民连锁商店全覆盖任务，“五个全覆盖”工作走在全省前列。

实施扶贫开发工程。加大产业扶贫力度，安排2500万元专项资金，对人均纯收入最低

的146个贫困村给予扶持,实施产业项目280多个。易地移民搬迁完成3500人,完成省定目标任务。深入开展领导干部住村包村增收活动,全年共帮扶贫困村和发展滞后村936个,帮贫到户5700多户。

(五)强化招商引资,注重合作交流,对外开放亮点凸显

招商引资取得重大成果。通过小分队出击、大队伍跟进、板块式招商,加快了一批签约项目快落地、落地项目快开工。富士康金匠园区拟引资72亿元的一期项目已开始土地平整。总投资10亿元的华润兰花制药项目已落地。晋煤投资高硫煤洁净利用循环经济工业园(北留-周村工业园)项目已全面启动。组团参加了中博会、首届世界晋商大会、能博会等。全年共签约引进项目188个,实际到位资金561亿元。

"竞逐中原"战略开始实施。一是主动出击,加强与中原地区互动交流。牵头相关部门与河南省社科院、济源市发改委就中原经济区规划编制召开座谈会,围绕区域合作的原则、领域及重点等进行了深入交流探讨;与焦作、长治等周边城市就重大工业、交通、文化旅游等项目展开深度对接,为我市纳入《中原经济区规划》奠定了良好基础。二是突出重点,开展《晋城市融入中原经济区经济发展战略规划》研究编制,推进我市竞逐中原战略的尽快实施。

中原经济区规划的主要内容

规划明确了中原经济区的具体范围,包括河南省全境,河北省邢台市、邯郸市,山西省长治市、晋城市、运城市,安徽省宿州市、淮北市、阜阳市、亳州市、蚌埠市和淮南市凤台县、潘集区,山东省聊城市、菏泽市和泰安市东平县,区域面积28.9万平方公里,2011年末总人口1.79亿,地区生产总值4.2万亿元,分别占全国的3%、13.3%和9%。

中原经济区的五大战略定位:国家重要的粮食生产和现代农业基地、全国"三化"协调发展示范区、全国重要的经济增长板块、全国区域协调发展的战略支点和重要的现代综合交通枢纽、华夏历史文明传承创新区。

规划还就经济发展、结构调整、资源环境、民生改善等主要指标提出了中原经济区的发展目标。如人均地区生产总值2011年为26 317元,到2015年增加到38 000元,2020年要增加到60 000元;单位地区生产总值能耗2015年要比2010年下降16%,2020年要比2010年下降30%左右。

(六)拓展发展空间,协调城乡统筹,城市品位和综合竞争力明显提升

完善城乡规划体系。按照全省"一核一圈三群"的城镇化发展布局,明确"一城两翼、区域发展、以县(市、区)为主、片区开发"的思路。积极发挥城乡规划在经济社会发展中的先导性作用,编制完成27项城市总体规划和远景规划,统筹了城乡空间资源。中心城市的控制性详细规划已经实现了全覆盖,服务设施专项规划和市政基础设施专项规划也基本实现了全覆盖。

加大中心城市建设力度。不断加大基础设施建设投入,进一步拉大城市框架。兰花北路、文昌西街、建设北路、红星街东西延伸段等断头路全面打通,新增城市道路7公里、面积26.2万平方米。完成了客运东站环路建设、凤台街人行道改造提升,20条市区街巷硬化,新建16座公厕,文昌街罩面改造,新增150万平方米供热面积,解决苑北路晓庄片区等1万多户居民的集中供热。新增110台公交车辆。总长35公里的热电联供主干管网投入使用,花园头河景观水系、滨河南路建设工程启动实施,白马寺温馨湖完工。

加快推进城镇化建设。启动并推进城乡清洁工程创建活动。加强名城、名镇、名村、名胜保护工程。积极推进大县城战略和小城镇示范工程,狠抓了润城—郑庄沁河流域、北留—周村、环城高速公路内7个城乡一体化示范区建设。解决了煤矿采空区和7个偏远农村的整村搬迁问题,为全市特色城镇化建设发挥了示范作用。全市城镇化率达到54.48%,高全省平均水平3.22个百分点。

(七)加大环境整治,狠抓节能减排,城乡生态化建设有序推进

积极发展循环经济。一是总结经验。我市煤层气综合利用循环发展的"晋城模式",成为典型案例向全国推广。二是试点带动。我市新增天泽煤化工、山西天地王坡煤业、阳电3家省级循环经济试点单位,试点实施方案已经省发改委论证批复。三是项目推动。泽州县粉煤灰综合利用、兰花集团利用高浓度二氧化碳生产纳米碳酸钙、陵川鑫源冶炼煤气综合利用发电、沁水煤矸石烧结空心砌块等循环经济项目进展顺利,资源综合利用步伐逐步加快。

强力推进节能减排。出台晋城市固定资产投资项目节能评估和审查实施意见,制定工作流程,努力从源头上控制能源消耗。通过城中村集中供热改造,对建成区范围内分散式燃煤供热锅炉实施了全部取缔。下大力气推广和普及清洁能源煤层气,市区气化率达到90%以上。采取"关、取、建、治"等硬性措施,对10家企业落后产能及生产设施进行关闭。加大节能降耗工作力度,实施了52个节能项目,督促一批污染减排重点企业降低能耗。

持续推进环境保护。继续实施"蓝天碧水"工程。六县(市、区)环境空气质量稳定达到

国家二级标准,综合污染指数控制在1.72。地表水环境质量明显好转,丹河、沁河出境断面水质稳定达到功能类别要求,全市集中式饮用水源地水质达100%。造林绿化力度不断加大,以白马寺山“绿心”建设和环城绿化为重点,形成了以环城高速为轴心的60公里绿化走廊。大力推进乡村绿化,完成村庄绿化300个,完成造林12.12万亩,全市森林覆盖率、城市绿地和人均公共绿地面积居全省第一,成为全国“百个国土绿化突出贡献单位”之一,荣膺国际花园城市综合金奖。

积极开展低碳城市试点。我市被确定为第二批国家低碳试点城市。这次确定的试点包括北京、上海、海南三个试点省区和26个试点城市,晋城是山西省唯一的一家。这个试点的确定,对我市高碳产业低碳发展的产业体系提出了新要求,将进一步推动全市经济发展方式的转变。

(八)加大社会事业发展,强化社会保障,民计民生得到明显改善

进一步扩大就业。积极推进社会就业和全民创业,荣获“全国创业先进城市”称号。建立创业市场1个、创业园区7个、创业孵化基地10个、创业就业实训基地10个。新增就业岗位4.12万个,城镇登记失业率为1.8%,低于省控目标。

不断完善社会保障体系建设。加强城镇居民社会养老保险和新农保工作制度化、规范化管理,提高服务水平。2012年,两次提高城镇医保待遇水平,城镇职工、居民医保年最高支付限额分别达到55万、33万,居全省第一。把保障性住房与园区建设结合起来,有效吸收农民进城,推进城镇化进程。新开工建设各类保障性住房11 560万套,竣工5291万套,均超额完成省下达任务。市区经济适用住房获得了“国家康居示范工程”。

加快发展教育事业。爱物学校、汇仟小学主体已完工。中等专业学校建设项目一期工程已完成年度目标任务,凤城中学前期手续基本办理完毕,正在进行采空区治理和土石方开挖工程。加快普及高中阶段教育,在全省率先实施普通高中免学费教育。全市农村寄宿制学校首批76辆校车正式投入使用。

卫生、文化事业发展加快。积极推进新型农村合作医疗工作,全市新型农村合作医疗参合人数达153.2万人,参合率达98.8%,6县(市、区)新农合门诊补偿比例均提高到了70%以上。全面实施国家基本药物制度,推进基本公共卫生服务均等化,积极推进公立医院和县域医药卫生一体化综合改革,高平、阳城、沁水3县(市)作为全国县级公立医院综合改革试点各项工作进展顺利。晋城大医院已开工建设。市县两级医院远程医疗会诊系统正式启动运行。市“三馆合一”工程完成主体,市文化艺术中心项目奠基开工。扶持“百姓大舞台”建设,推出常态化大型公益文艺演出活动“周末大剧场”,让普通百姓平等享受到了文化

改革成果，提升了晋城的文化品位。

在总结成绩的同时，我们也清醒地看到，全市经济社会发展中还存在一些困难和问题，如综改试验区建设推进缓慢，先行先试难度很大；新上的一些大项目、好项目不多，投资增长的后劲不足；产业转型步伐不快，非煤产业力度仍需加大；节能减排形势依然严峻，土地、资金等发展要素的制约依然存在；园区建设滞后，产业集聚效应还没有充分发挥出来；安全生产形势仍然严峻等等，对于这些问题和矛盾，我们将认真研究，切实加以解决。

二、2013年经济社会发展的总体要求和主要任务

2013年，是全面贯彻落实党的十八大精神的开局之年，是全面实施“十二五”规划承前启后的关键之年，也是为实现“一争三快两率先”目标奠定基础的重要一年。科学安排好全年经济社会发展主要指标计划，对于引导全市形成推进转型跨越发展的强大合力、加快推进各项工作、促进经济社会持续健康发展具有重大意义。

分析2013年经济社会发展面临的形势，既有有利条件也有不利因素。有利条件是，从国家层面看，经济社会发展的总基调不变，宏观政策不变。十八大确定的未来经济社会发展思路以及中央经济工作会议确定的“稳中求进”总基调和“稳增长、转方式、调结构、抓改革、保民生”系列举措，为经济平稳较快发展创造了较好的外部条件。从我省看，综改方案成功获批，先行先试工作全面展开，将进一步激发我省转型跨越发展的动力和活力。从我市看，中原经济区、转型综改试验区两大政策机遇为今后发展提供了更加广阔的空间。不利因素是，经济发展中的不平衡、不协调、不可持续的问题依然突出，经济下行的压力仍然较大，重点领域改革相对滞后，加快发展与推进转型的矛盾突出；全国经济放缓特别是东部地区经济增速减缓的滞后影响，也将通过需求传导对全市主导产业形成较大制约。

做好2013年工作，既要有应对困难的准备，又要充满信心，只要全市上下团结一心，凝聚力量，真抓实干，就一定能够实现经济社会持续健康发展。

2013年全市经济工作的总体要求是：深入贯彻落实党的十八大精神，坚持以科学发展观为指导，突出主题主线，坚持好中求进，按照市委“一争三快两率先”的战略部署，着力改革开放，着力项目建设，着力民生改善，在加快产业转型上有新突破、在加快统筹城乡上有新作为、在加快建设美丽晋城上有新成效，为率先全面建成小康社会、率先走出资源型地区科学发展新路奠定坚实基础。

根据总体要求，兼顾需要与可能，全市经济社会发展的主要目标是：

预期性指标：地区生产总值增长11%以上，固定资产投资增长24%以上，社会消费品零售总额增长15.5%，财政总收入、公共财政预算收入分别增长14%，城镇居民人均可支配收入增长12%,农村居民人均可支配收入增长12%以上,城镇新增就业岗位3万个,城镇登记失业率控制在4.2%以内,居民消费价格总水平涨幅控制在3.5%左右。

约束性指标:万元GDP综合能耗下降3.5%,万元GDP二氧化碳排放量下降3.7%,二氧化硫、化学需氧量、氨氮、氮氧化物减排完成省下达任务,烟尘、粉尘排放量下降2%。

为顺利实现上述目标,全市上下必须按照市委、市政府的统一部署,重点抓好以下工作:

(一)围绕关键环节和重点领域,全面推进综改试验区建设

加快推进落实《2013—2015年转型综改试验实施方案》。要围绕转型综改四大任务,以产业转型为核心,以"争先综改、竞逐中原"为引领,进一步在创新完善产业转型促进机制、土地利用和供给机制、生态保护补偿机制、财税机制、"三化"互动机制上寻求新突破,努力在对外开放、招商引资、项目落地、创优环境上取得新进展。

加大"一市两园"和重大标杆项目建设。要制定并完善推进产业转型园和科技创新园的优惠扶持政策,创新园区建设模式,加快园区核心产业项目引进和落地,加大园区各项基础设施项目建设力度,以园区建设承载转型。同时,要继续加大列入全省重点扶持的"5335"标杆项目的推进力度,进一步做好转型综改标杆项目储备和筛选,加快标杆项目税收减免等优惠政策落实,以标杆项目建设支撑转型。

积极推进"一市一板块"试点建设。抓住我市已列入全国第二批"低碳城市试点"的契机,按照省"低碳发展综合配套改革试点板块"的要求,抓紧制定完善实施方案,以产业循环、气化晋城、节能减排、科技创新为重点,启动并实施一批低碳发展示范工程,创新低碳发展的体制机制。

进一步深化省市合作。要在与省发改委、省水利厅、省科技厅、省粮食局、省民政厅等部门开展良好合作的基础上,进一步加强同其他省直厅局的沟通对接,抓住省政府开展"一厅一专项"活动的机遇,争取省直各厅局重大体制机制改革事项和创新政策在我市优先试行。

(二)围绕投资和项目建设,促进经济持续平稳健康发展

发挥投资对经济增长的关键作用。要始终围绕投资这条主线,继续加大投资力度,努力夯实发展基础。2013年全市固定资产投资总盘子按照24%以上的增速考虑,总量达812亿元。要继续加大对经济社会发展薄弱环节和重要领域的投资力度,促进经济、政治、文化、社会、生态建设的协调发展。在坚决控制高耗能、高排放及产能过剩行业盲目投资的同时,围绕战略性新兴产业加快推动一批重点项目,着力培育新的经济增长点。发挥政府投

资的导向作用,重点支持新农村建设、新兴产业和服务业、循环经济、节能减排、生态环保、社会事业及重大基础设施建设。坚持全民创业的理念,在放手发展民营经济上进一步解放思想,千方百计把民间资金转化为投资,激发全社会的创造活力。

发挥重点工程对经济增长的火车头作用。深入开展"项目推进年"活动,按照项目储备、签约、落地、开工、建设和投产"六位一体"统筹推进机制,全力抓好重点工程建设。结合形势、任务和工作重点变化,不断创新重点工程建设推进机制,确保重点工程建设有序推进。进一步优化审批环境,减少审批环节,缩短审批时限,为重点工程提供优质高效服务。加大项目稽查力度,开展重大基础设施和产业转型项目的稽查活动,确保工程项目的质量安全和资金安全。

项目推进年"六位一体"工作机制

2013年是省委、省政府确定的"项目推进年"。为加大重点工程建设力度,省委、省政府提出了"六位一体"工作推进机制。"六位一体"是在原有"四位一体"的基础上,更加注重项目建设和项目投产环节,即,实行项目储备、签约、落地、开工、建设和投产一体化考核,形成从源头到终点一个完整的链条。

根据全省项目推进年动员大会精神,我市确定2013年的各项考核目标是:全年项目储备总投资额动态保持1.5万亿元,签约1600亿元,落地1076亿元,开工797亿元,建设698亿元,投产741亿元。

增强消费对经济增长的基础作用。拓宽新的消费领域,积极发展文化、旅游、健身、家政等服务型消费,加大电子商务的发展力度,促进城市民居便利消费。进一步加大农村流通体系建设,尽快建立农家店管理的长效机制。继续推进"一网多用",着力提高农家店的经营范围,增强服务功能。继续支持县级配送中心上档升级,提高配送率。

(三)围绕产业集聚和优化升级,着力提升经济发展的质量和效益

加快产业转型升级步伐,在以煤为基上提质,在多元发展上提速,努力做到煤与非煤整体联动、地下与地上一体开发,形成多元新型绿色支柱产业体系。

全力推进传统产业优化升级。煤炭产业,充分发挥煤炭产业的基础支撑性作用,继续巩固提升煤矿兼并重组煤炭资源整合成果。积极应对煤炭市场变化,努力保障煤炭产业平稳运行。煤层气产业,积极推进"气化晋城"总体方案的编制和实施,继续理顺煤层气开发利用机制,争取国家政策支持,建立煤层气开采补偿制度,加强与央企的战略合作,共同推

动煤层气开发利用规模化、产业化。煤化工产业,重点推进晋煤天溪年产10万吨煤基合成油示范工程造气工艺技术改造项目、晋煤华昱煤化工有限公司百万吨甲醇制清洁燃料项目(一期50万吨)建设。电力产业,加快调整电源结构,构建以清洁高效燃煤发电为主体,以煤层气、煤矸石等多元发电为支撑,与智能电网建设相协调的电力产业体系。

努力做大做强新兴产业。围绕高新技术产业、装备制造业等非煤产业,研究出台相关政策措施,积极争取国家和省专项资金,从项目用地、人才、资金、政策等方面形成对新兴产业的支持倾斜。高新技术产业,要以富士康集团为龙头,引进扶持一批配套服务的科技型企业。要继续加大对高新技术大项目引进力度,支持唐一、硕阳、融高等企业做大做强。装备制造产业,以金鼎煤机龙头,带动清慧、路宝等一批汽配、铸造企业发展。不断优化资源配置,引导企业走"专、精、新、特"道路,真正实现精密化、标准化、批量化、高端化发展,建成全国有一定影响的装备制造产业聚集区。新能源新材料产业,积极与有关科研机构、高等院校合作,加快高科技锂离子动力电池、电池管理系统及电控系统研发与产业化生产。立足现有资源和产业基础,积极发展新型建筑陶瓷、高性能功能陶瓷、纳米级超细碳酸钙、反光材料、铝矾土基刚玉、木塑复合材料等新材料产品。生物医药产业,积极推进现代生物技术、新型化学合成药及新型制剂技术、中药现代提取技术的创新与开发。结合本地党参、柴胡、连翘等中药材资源,推进中药材种植、加工、生产、销售的产业化运作。

着力加快现代服务业发展。要面向中原城市群,融入中原经济区,大力发展现代物流、职业培训、工业设计、金融服务、产权交易等现代服务业。一是出台《支持服务业发展的优惠政策和引导资金》和《鼓励支持服务业发展目录》,推进服务业用水、用电、用气与工业企业同价工作。二是做好重大服务业项目的推进和管理。加快推进金村现代服务业集聚区、沃尔玛购物广场等一批项目。加大金融财富广场、皇城相府城市综合体、红星美凯龙、兰花国际商城等城市商业综合体的建设力度。积极发展会展业,培育知名会展品牌。三是加快文化旅游业发展。要继续加大城市形象宣传力度,促进旅游与文化的深度融合。加强重点景区开发,加快休闲度假、健康养生、购物娱乐、商务活动等配套产业发展,形成吃、住、行、游、购、娱完整的产业链条。完善旅游基础设施和公共服务,鼎力打造中原地区重要旅游目的地。要继续加快吉利尔潞绸文化、珏山二十八宿动漫产业园建设,支持晋氏织造、晋陶陶瓷等文化创意企业发展。

(四)围绕农业增效农民增收,努力推进农业现代化进程

加快推进农业现代化。认真落实各项惠农政策,保护和调动农民种粮积极性,确保粮食总产量稳定。继续做大做强特色现代农业产业基地,推进"一村一品、一县一业"工程,集

中打造畜牧、蚕桑、蔬菜、干鲜果、小杂粮、中药材、食用菌、苗木花卉等特色优势产业。进一步做大做强龙头企业，在培育行业领军企业上取得新突破。

抓好农村基础设施建设。重点推进“井”字型骨干供水、农田水利灌溉和城乡一体化饮水安全“三大水网”建设，做好郭壁供水改扩建工程、杜河提水工程、曹河水电站、磨滩水电站、东大河水库、磨河水库、固县河供水工程等7项重点水源工程建设，完成20座小型水库除险加固任务。加快基层农技推广体系建设，完善硬件建设，提升服务能力。实施农艺和农机的结合，提高农业机械化水平。

深入推进新农村建设。重点抓好泽州巴公—高都、高平原村—马村、阳城润城—北留、沁水嘉丰—郑村等10个新农村示范片建设，抓好小城镇、乡（镇）政府所在地及中心村建设。结合移民搬迁、撤并村庄，引导和支持农民向城市和县城转移，向小城镇和中心村转移，加快城乡一体化进程。巩固过去两轮“五个全覆盖”成果，为农民办好“农村困难家庭危房改造、特困群众异地搬迁、行政村街道亮化、村级幼儿园改扩建和乡村清洁工程”五件实事。

加大扶贫开发力度。加大150个贫困村产业发展扶持力度，增强贫困村自我发展能力。继续实施移民搬迁工程。深入开展领导干部下乡住村、市县单位结对帮扶、党员干部帮贫到户工作。积极争取上级资金支持以工代赈项目建设。引导社会资金和力量投入扶贫开发工作，构建专项扶贫开发推动、行业扶贫有序进行、社会各界力量支持的“三位一体”扶贫开发工作新局面。

（五）围绕拓展城乡发展空间，进一步加快新型城镇化建设

进一步深化和完善城市规划。继续实施“拓展、改造、提质”战略，突出中心城市景观风貌特色，加大城市设计力度，努力建设美丽晋城。进一步完善城市功能，增强城市的综合承载力和辐射带动力。以拓展为主，改造为辅，成熟一片，建设一片，不断扩展城市发展空间。

加快中心城市建设步伐。把片区改造、道路工程、产业设计和产业招商结合起来，把城市建设与产业发展结合起来，把城中村、棚户区改造、保障性住房建设与提升城市品质结合起来，进一步拉大城市框架，完善城市功能，提升城市品质，服务产业发展。以主城区景西路、书院街片区整体开发改造为牵引，推动城中村集中连片改造。加快建设景西路北段延伸工程、文博路北段、太岳路、迎宾街道路改造及周边区域排水工程、黄华街南段、文化路及市文化艺术中心周边道路工程。

推进新型城镇化建设。着力抓好大县城建设，推进4县（市）城扩容提质。要在更高的层次统筹县域经济发展，积极推进城镇组群发展，形成分工合理、联系紧密的城镇群、经济

圈和旅游带。以产业发展为重点,增强城镇和工业园区的辐射力、带动力,提高城镇化水平。进一步推进北留、润城、嘉峰、郑村、端氏、巴公、马村、崇文等小城镇建设,集中力量建设一批工业带动、资源开发、商贸流通、旅游度假等特色突出、设施良好、功能完备、环境优美的城乡一体化发展示范区。积极稳妥开展新型农村社区建设,把新型农村社区建设纳入城镇体系规划,统筹安排、合理布局;纳入重点项目,加大支持力度。

(六)围绕提升发展活力动力,不断加大改革开放和招商引资力度

全力推进重点领域改革。继续深化国有企业改革,建立和完善现代企业制度,形成有效的公司法人治理结构。深化医药卫生体制改革,以基本医疗卫生制度建设为核心,进一步深化医疗保障、医疗服务、公共卫生、药品供应以及监管体制等领域综合改革,提高医药卫生体制的运行效率。统筹推进行政管理体制、文化体制、集体林权制度改革。加快户籍制度改革,在自愿的基础上让进城入园的农民转为城镇户口,进一步推进城镇化进程。

继续加大招商引资力度。以更加开放的理念,全力谋划招商引资工作,真正做到对内搞活与对外开放并举,"引进来"与"走出去"并举,实现政府为主导、企业为主体的招商引资大格局。要继续加强与长三角、珠三角、环渤海等区域的合作,积极参加一批高层次的会展活动,激发发展活力,扩大开放半径。

加强与中原经济区的交流与合作。深度融入中原,用好用足中原经济区的优惠政策,力争在城市互动、产业转移、交通体系、商贸物流、金融服务、文化旅游等方面开展深度对接,大力发展生活性服务业与生产性服务业,实现与中原经济区城市的融合发展。

(七)围绕节能减排和生态环境,加快推动美丽晋城建设

继续强化节能减排。严格落实节能评估和审查,把能评作为项目核准和备案的强制性门槛,控制高能耗项目和产能过剩行业的盲目发展。继续加速淘汰落后产能,建立合同能源管理项目能效评价体系。加强监督检查,强化节能目标考核。强力推进污染减排,通过狠抓结构减排、工程减排和管理减排等措施,确保省政府下达的年度减排任务的完成。建立完善排污权交易机制,提高企业实施污染减排的主动性和积极性。

加大环境整治力度。进一步加大城市环境综合整治力度,着力提升环境空气质量。继续实施城中村改造、县城集中供热供气、垃圾处理设施、扬尘污染专项整治等六大工程,确保全市六县(市、区)环境空气质量稳定达到国家二级标准。加快对丹河流域的生态恢复治理步伐,促进丹河水质实现根本性好转。重点对全市饮用水源地全面开展水质化验分析和落实环境保护措施,对周边污染源进行全面排查、整治。全面推行"以奖代补"、"以奖促治"政策,深入实施农村环境连片整治。

大力发展循环经济。认真落实国家发改委、财政部联合下发的《关于推进园区循环化改造的意见》,推进园区循环化改造与新兴产业发展适度融合。鼓励各行业、各领域大力发展循环经济项目,推进产业内循环、产业间循环和区域间循环,实现由传统发展模式向循环经济主导模式的转变。完善煤层气利用、焦炉高炉尾气利用、煤转化、煤化工尾气利用、煤矸石利用、生态农业六大循环产业链。加大晋城市循环经济统计评价指标体系考核力度。培育一批市级循环经济试点单位,建立循环经济项目库,鼓励企业积极开展项目前期工作。

探索低碳经济发展模式。按照国家低碳城市试点工作要求,积极编制全市低碳发展规划,编制温室气体排放清单,研究制定重点行业低碳发展行动方案,探索建立以低碳、绿色、环保、循环为特征的低碳产业体系,进一步协调资源、能源、环境、发展与改善人民生活的关系,合理调整空间布局,不断完善政策措施,加快形成绿色低碳发展的新格局,开创全市生态文明新局面。

国家低碳城市试点工作的重点内容

根据国家低碳城市试点工作的主要目标任务,初步拟定开展四大温室气体控制工程和四大低碳城市塑造工程。

四大温室气体控制工程:低碳产业体系重构工程、能源结构优化调整工程、重点节能提效改造工程、生态城市森林增汇工程。

四大低碳城市塑造工程:低碳试点示范推进工程、低碳基础能力保障工程、低碳科技能力支撑工程、公众参与社会动员工程。

(八)围绕民生改善和社会保障,协调推进社会和谐发展

进一步扩大就业。全面引深创建国家级创业型城市工作,进一步完善创业政策和服务体系,鼓励自主创业,以创业带动就业。围绕我市七大产业集群开展技能培训,进一步整合培训资源,提高劳动者职业技能水平,为重点项目建设储备人才。

加快科教文卫事业发展。强化科技创新在经济社会发展中的支撑和引领作用,进一步推进产学研合作,加强科技创新平台建设。加大教育投入,优化市区学校布局,增加教育资源总量。续建完成爱物学校、汇仟小学,加快市中等专业学校、凤城中学建设。要抓好文化事业发展,不断健全覆盖城乡的公共文化服务体系。积极推进文化艺术中心等项目建设,提升晋城文化品位。加快晋城大医院建设,启动市人民医院外科综合楼和晋城中医院建设

的前期工作。加大体育设施投入力度,培育竞技型人才,进一步推动全民健身活动深入开展。

完善城乡社会保障体系。进一步扩大社会保障覆盖面,提高统筹层次和保障水平。加快发展社会养老事业,试行启动养老运营政府补贴制度和购买服务制度,健全低保标准动态调整机制和救助标准与物价上涨挂钩的联运机制。加快发展普惠制新型社会福利体系,大力推进社会福利社会化进程,确保我市社会福利水平在全省位居前列。把保障房建设与工业化、城镇化、农业现代化建设紧密结合起来。积极争取中央和省专项资金,加大资金投入,强化工程监督管理,确保省下达的保障性住房任务完成。继续加强采煤沉陷区治理工作,确保年度完成投资4000万元。

注重经济社会协调发展。切实加强人口和计划生育工作,继续稳定低生育水平,促进人口长期均衡发展。努力促进广播电视、新闻出版、文物保护、邮政、档案、气象、宗教、外事、老龄和未成年教育人等社会事业发展。坚持军民融合式发展,抓好国防教育,做好国民经济动员工作。

加强和创新社会管理。建立完善重大决策社会稳定风险评估机制,完善信访工作和矛盾调处机制,畅通和规范群众诉求表达、利益协调、权益保障渠道,创新流动人口、特殊人群、非公有制经济组织和新社会组织的服务管理,深化“平安晋城”建设。强化食品药品安全监管。健全突发事件应急体系,做好防灾减灾工作。进一步完善社会治安防控体系,严厉打击各类违法犯罪活动,维护社会和谐稳定。严格落实安全生产各项规定,坚决遏制和杜绝重特大事故。

各位代表,过去一年全市经济社会发展取得显著成绩,圆满完成各项目标任务。新的一年任务艰巨,责任重大。让我们在市委、市政府的正确领导和市人大、市政协的监督支持下,深入贯彻落实科学发展观,齐心协力,扎实践行“一争三快两率先”发展战略,再创新业绩,再铸新辉煌,全面开创我市转型跨越新局面!

关于2012年全市和市本级预算执行情况与2013年全市和市本级预算草案的报告

——2013年3月27日在晋城市第六届人民代表大会第四次会议上

市财政局局长　郭治琛

各位代表：

受市人民政府委托，现向大会报告2012年全市和市本级预算执行情况与2013年全市和市本级预算草案，请予审议，并请政协委员和各位列席人员提出意见。

一、2012年全市和市本级预算执行情况

2012年，在市委正确领导下，全市各级各部门按照稳中求进、好中求快的工作基调，深化财政改革，服务科学发展，圆满完成了各项预收支任务。

（一）全市公共财政预算执行情况

2012年全市公共财政预算收入完成82.9亿元，为预算的105%，比2011年（下同）增长22.1%，其中市本级29.4亿元，县级53.5亿元。各县（市、区）公共财政预算收入按规模排序：泽州县12.5亿元、高平市11.9亿元、沁水县9.1亿元、阳城县8.8亿元、城区7亿元、开发区2.7亿元、陵川县1.5亿元；按增速排序：城区34.9%、开发区33.8%、沁水县25.2%、陵川县20.4%、高平市16%、泽州县15.2%、阳城县13.4%。

2012年支出预算，在年度执行过程中根据省财政厅追加专项指标及《预算法》有关规定作了相应变动：一是将省追加专项指标按照规定顺加到了有关科目；二是将办理省、市、县（市、区）财政结算事项所增加财力按规定作了相应安排；三是市、县两级根据各自情况和省财政厅有关规定安排超收收入和调入资金，对年度预算做出了相应变动。全市公共财政支出预算由106.6亿元变动为133.7亿元，全年执行129.7亿元，为变动预算的97%，增长14.5%，其中市本级33.1亿元，县级96.6亿元。各县（市、区）公共财政预算支出按规模排序：高平市20.7亿元、泽州县20.2亿元、阳城县17.3亿元、沁水县14.1亿元、陵川县11亿元、城区

11亿元、开发区2.3亿元;按增速排序:城区25.8%、泽州县23.5%、沁水县21.9%、高平市16%、陵川县13.6%、阳城县12.9%、开发区-53.8%。开发区支出负增长主要是2011年将转贷地方政府债券收入3亿元用于保障房建设,2012年没有该项支出。

全市公共财政预算收入82.9亿元,加上级补助收入46.8亿元,转贷地方政府债券收入1亿元,使用预算稳定调节基金1.4亿元,调入资金2.3亿元,上年结余4.5亿元,可使用的收入总量138.9亿元。全市公共财政预算支出129.7亿元,加上解上级支出0.5亿元,建立预算稳定调节基金2.3亿元,援疆支出0.1亿元,地方政府债券还本支出2亿元,调出资金0.2亿元,支出总计134.8亿元。收支相抵,公共财政预算滚存结余40 508万元,其中净结余275万元,40 233万元有专项用途资金结转下年使用。

在上述公共财政预算收入之外,2012年全市完成上划中央收入109.5亿元,增长13.6%;上划省级收入21.1亿元,增长20.6%;全市行政区域内组织财政总收入213.5亿元,增长17.4%,其中市本级49.1亿元,县级164.4亿元。各县(市、区)财政总收入按规模排序:高平市42.3亿元、泽州县37.5亿元、沁水县32.6亿元、阳城县30.4亿元、城区11.6亿元、开发区5.7亿元、陵川县4.3亿元;按增速排序:城区37.7%、开发区30.3%、沁水县25.2%、阳城县19.9%、陵川县18%、高平市16.1%、泽州县9.8%。

2012年全市财政总收入增速超出省考核目标1.4个百分点,总收入规模排名由上年的全省第5位前移至第4位,增速排名由上年的全省第8位前移至第7位;公共财政预算收入增幅超出省考核目标6个百分点。支出方面,我市以民生为主导的现代财政建设取得新进展,公共财政预算市县两级财力中用于教育支出同比增长33.2%、社会保障与就业支出增长34.8%、医疗卫生支出增长20.3%、住房保障支出增长1.7倍、农林水事务支出增长18.7%,上述几项加上文化体育传媒、交通运输、城乡社区事务和节能环保等与人民群众生活直接或密切相关的支出总计78.1亿元,占公共财政预算市县两级财力支出的70.8%,比上年提高1.5个百分点,增长24.2%,高出全市公共财政预算支出增幅9.7个百分点。

(二)市本级公共财政预算执行情况

2012年市本级公共财政预算收入完成29.4亿元,为预算的108.5%,增长26%。加上级补助收入46.8亿元,下级上解收入1亿元,转贷地方政府债券收入1亿元,使用预算稳定调节基金1.4亿元,调入资金1.3亿元,上年结余1.9亿元,可使用的收入总量82.8亿元。市本级公共财政预算支出33.1亿元,为变动预算的94.4%,增长14.9%。加上解上级支出0.5亿元,补助下级支出43.6亿元,安排预算稳定调节基金2.3亿元,地方政府债券还本支出1.2亿元,调出资金0.1亿元,支出总计80.8亿元。收支相抵,公共财政预算滚存结余19 743万元,其中净结余205万元，19 538万元有专项用途资金结转下年使用。

1.市本级公共财政预算收入完成及超收使用情况

市本级主要收入项目完成情况为：增值税46 656万元，完成预算的81.1%。营业税35 070万元，完成预算的100.7%。企业所得税78 908万元，完成预算的102.1%。个人所得税9972万元，完成预算的92.8%。其他税收31 012万元，完成预算的94.4%。非税收入92 682万元，完成预算的159.7%。

市本级超收收入23 055万元，按照省财政厅有关文件精神，全部用于建立预算稳定调节基金，留待下年度安排使用，已向市人大财经委报告。

2.市本级公共财政预算支出执行情况

2012年市本级预算支出坚持统筹兼顾、突出重点的原则，进一步调整和优化支出结构，集中财力向民生领域倾斜，各项重点支出得到较好保障，主要支出项目执行情况为：

（1）教育支出63 946万元，为变动预算的99.8%。支持了爱物学校、汇仟小学、市中等专业学校、凤城中学4所学校建设。支持我市在全省率先实现普通高中免学费教育。实施教育“双百工程”，为100所农村义务教育学校购置艺体器材，为100所学校配备饮水设施。支持全市32所农村义务教育薄弱学校购置仪器设备、图书、多媒体设备及改善学校附属生活设施。对39所新建和改扩建公办幼儿园予以补助。支持了29所义务教育学校标准化建设。增拨100人以下农村中小学公用经费。对边远山区乡村学校8200名在岗教师补助交通费及帮助改善生活条件。资助了543名困难大学生。

（2）科学技术支出7961万元，为变动预算的100%。支持了19项国家及省科技计划配套项目、60项工业科技攻关计划及火炬计划项目、81项农业技术攻关及星火计划项目、2项基础平台建设项目、42项社会发展类项目、44项成果示范推广类项目、16项食用菌产业链项目、25项科技特派员创业项目实施。

（3）文化体育与传媒支出13 992万元，为变动预算的100%。扶持了35个文化产业项目。支持各县（市、区）建设了15个百姓大舞台，对134个村进行文化惠民演出，对17个基层公共文化特色项目予以补助。支持了农村文化信息资源共享工程、农家书屋工程、农村文艺演出活动、农村体育活动、农村电影放映工程五项文化建设和基层文化站建设。

（4）医疗卫生支出16 381万元，为变动预算的99.8%。提高新型农村合作医疗和城镇居民基本医疗保险的财政补助标准，由每人每年200元增加到240元，医疗费用报销水平进一步提高。支持未参保的关闭破产国有企业退休人员、困难企业职工参加城镇职工基本医疗保险。启动实施城乡医疗救助“一站式”即时结算，救助困难群众12.7万人。支持实施了市县两级医院远程医疗会诊系统健康工程。支持了贫困偏远山区乡镇卫生院建设、基层医疗卫生机构债务化解、实施国家基本药物制度和乡村医生参加新农保。

(5)社会保障和就业支出33 319万元,为变动预算的100%。实现新型农村和城镇居民社会养老保险制度的全覆盖。将我市60岁以上城乡居民社会养老保险基础养老金标准由每人每月55元上调为65元。支持做实企业养老保险个人账户,将企业退休人员基本养老金月人均标准提高到1827元。支持城市低保每人每月提高90元,农村低保每人每月提高22元,并为城市低保对象发放“中秋”、“国庆”两节一次性生活补贴500元。按人均600元标准建立了散居孤儿基本生活保障制度,全市650名孤儿生活费实现了社会化发放。

(6)住房保障支出6258万元,为变动预算的37%。未完成预算主要原因是公租房未开工建设,不具备支付条件,1亿元计划用于该项目的地方政府债券资金结转下年使用。

(7)节能环保支出26 060万元,为变动预算的94.9%。支持了全市20个区域环境污染综合治理项目、集中式饮用水源地污染防治项目、农村环境污染治理项目和环保新技术新工艺推广项目建设。加快重点节能工程建设,完成居住建筑供热计量与节能改造38.5万平方米。支持了包括PM2.5在内的空气、噪声、水质监测设备采购和监察标准化建设。支持了泽州县巴公镇13个行政村农村环境连片整治示范项目建设。

(8)城乡社区事务支出27 758万元,为变动预算的100%。支持了城市道路、综合管沟、桥涵、人行道、路沿石、路灯等市政设施维护,排水清淤和污水处理,市区公园、街心花园、游园及道路两侧2万余亩绿地日常养护,区域性规划和城市规划编制、泽州路和凤台街风貌特色提升设计,农村危房改造等项目实施。

(9)农林水事务支出13 278万元,为变动预算的95.4%。扶持了175个贫困村发展种植养殖项目和农村基础设施建设项目。对新建5000亩日光温室大棚和5000亩春秋大棚进行奖补。扶持178个专业村“一村一品”产业项目发展。对16个玉米高产创建示范区技术推广项目进行奖补。对19个加工龙头企业及11个食用菌工厂化生产企业进行贷款贴息。对798户畜牧养殖户和专业合作社进行了扶持。对300个生态园林村建设项目进行奖补。扶持3万亩干果经济林建设。对新发展的10万亩连翘经济林建设和2000亩连翘育苗进行了补助。

(10)交通运输支出9416万元,为变动预算的100%。对城市公交、出租车、农村客运等公益性行业给予油价补贴。支持了农村公路养护。

(11)公共安全支出32 213万元,为变动预算的100%。落实国家政法经费保障政策,保障政法机关正常运转,支持政法部门装备配置、提升执法办案水平。支持武警部队和消防部队建设，购置隧道排烟照明车、消防水罐车以及反恐、救援装备等。

（三）政府性基金预算执行情况

2012年全市政府性基金收入27.9亿元，完成预算的124.6%，比上年下降28.6%。加上级补助收入1.8亿元、上年结转28.5亿元、调入资金0.1亿元，可使用的收入总量58.3亿元。政府性基金支出37.6亿元，为预算的73.7%，比上年增长10.7%，加上解上级支出0.5亿元、调出资金2.2亿元，支出总计40.3亿元。收支相抵，结转下年支出18亿元。

2012年市本级政府性基金收入12.7亿元，完成预算的113.5%，比上年下降52.2%。加上级补助收入1.8亿元、上年结转19亿元、下级上解收入0.1亿元，可使用的基金收入总量33.6亿元。市本级政府性基金支出20.7亿元，为预算的68.2%，比上年增长23.7%，加上解上级支出0.5亿元、补助下级支出3亿元、调出资金1.2亿元，支出总计25.4亿元。收支相抵，结转下年支出8.2亿元。

（四）国有资本经营预算执行情况

2012年市本级国有资本经营收入4800万元，完成预算的100%。其中：利润收入200万元，股利、股息收入4600万元。市本级国有资本经营支出3545万元。其中：科学技术支出1000万元，资源勘探电力信息等事务支出1745万元，商业服务业等事务支出800万元。调入公共预算1000万元。当年结余255万元。

2012年各县（市、区）未建立国有资本经营预算，预算执行中沁水县组织国有资本经营预算收入4000万元，支出1000万元，当年结余3000万元。

（五）社保基金预算执行情况

2012年全市社会保险基金总收入44.8亿元，完成预算的131.2%。加上年滚存结余65.5亿元，收入总计110.3亿元。2012年全市社会保险基金总支出24.8亿元，完成预算的114.9%。收支相抵，滚存结余85.5亿元。

2012年市本级社会保险基金总收入27.1亿元，完成预算的141.2%。加上年滚存结余44.3亿元，收入总计71.4亿元。2012年市本级社会保险基金总支出13.3亿元，完成预算的122%。收支相抵，滚存结余58.1亿元。

（六）落实市人大预算决议及财政主要工作情况

按照市六届人大二次会议的有关决议，以及市人大财经委的审查意见，全市各级财政部门紧紧围绕市委提出的“两个坚定不移”，继续实施积极财政政策，稳步推进财政改革，着力提升资金绩效，切实加强财政管理，努力打造以民生为主导的现代财政。

1.积极推进财政改革。一是创新财政专项资金分配方式。对非资源类县域主导产业

6000万元专项资金、33项科技项目资金、10项文化项目资金和节能项目资金实行了竞争性分配,积极探索推动政府性扶持资金科学、高效分配的新办法。二是调整规范市县财政体制。建立新的增收奖励机制,加大对各县(市、区)财力转移力度,鼓励多收多得,调动加快发展的积极性,做强做大县域经济。对城区、开发区实行"属地入库、比例分享"的财政收入征收分成办法,在全市范围内实现财政体制政策统一、规范,打破按企业隶属关系划分政府间收入办法,创造了有利于企业兼并、重组等改革推进的发展环境。三是建立绩效评价机制。出台"晋城市财政支出绩效评价管理办法"等4项制度规定,选择城市亮化工程、村庄园林绿化等六个项目资金进行绩效评价,探索提高财政管理水平的新途径。四是深化国库集中收付制度改革。市县两级全面完成了会计集中核算转轨工作,将所有预算单位所有财政性资金全部纳入国库集中支付管理。扩大公务卡结算范围,将结算项目由8项扩大到13项,市级公务卡制度改革覆盖市本级所有预算单位,各县(市、区)全部启动公务卡制度改革,部分县(区)将改革沿至乡级。市级非税收入收缴管理信息系统全面上线运行,县级非税收入收缴管理改革正在进行,全市国库收付制度改革取得突破性进展。

2.切实加强财政管理。面对经济下行,我市主导产业煤炭价格下跌以及国家实行结构性减税的收入严峻形势,各级财税部门狠抓收入征管,国税部门紧盯亚美大宁外方股权转让,经多方努力争取国家税务总局协调,一次性征收非居民股权转让企业所得税4.03亿元。地税部门积极探索增加地方可用财力的新途径,组织地方公共预算收入增长17.6%。财政部门加强非税收入征收及检查力度,非税收入比上年增长35.2%,经过共同努力,圆满完成了收入预算任务。与此同时,按照新出台的《市级部门(单位)财政拨款结余资金管理办法》,加大清理预算单位历年滚存结余资金力度,共收回历年沉淀于部门(单位)的各类财政资金1亿元,及时组织清理当年预算安排因各种原因未能执行的预算资金,2012年公共财政预算结转比上年减少4000万元,政府性基金结转比上年减少10.4亿元。规范政府采购工作,全年完成政府采购预算13.5亿元,实际采购额12.1亿元,节资率10.1%。推进财政投资评审工作,全年评审项目334个,评审资金26.6亿元,审定投资23.7亿元,审减率达到10.6%。

3.努力促进经济发展。积极探索财政服务科学发展的新途径,对各类扶持经济发展资金效果进行评估,开展市级财政借出款项清理,暂停或整合了一批风险资金、结余资金、闲置资金以及使用率低的资金,完善专项资金管理办法,建立相关使用监督机制。在固定资产投资方面,市级安排基本建设投资9.8亿元,是上年的1.5倍。在支持农业方面,安排生产性支农资金2.7亿元,同比增长33.4%。在支持工业方面,安排1.3亿元专项资金用于支持中小企业发展、节能技改和产业转型。在支持科技项目方面,安排资金3900万元支持289项科技项目。在支持招商引资方面，安排2281万元工作经费用于“四个千亿”项目对接、233项重点工程和100项工业转型项目建设。在支持服务业方面，安排1434万元支持服务业限上企业和商贸物流业项目建设。在支持创业方面，安排3868万元，重点支持创业人才项目孵化基地建设、创业库建设、创业培训、创业贷款等工作。在扶持社团组织方面，通过申报、审核、公示等程序，下达扶持资金340万元，对62个符合条件的社团组织进行了政府资助。在融资担保方面，市级担保公司常规性融资担保5.7亿元，政策性贷款担保1732万元。在争取上级资金方面，加强了与省直部门沟通联系，及时了解资金补助的最新动态，足额安排项目前期费用，对争取到补助资金的项目，优先落实配套资金。

在看到成绩的同时，我们也清醒地认识到，财政运行和预算执行中还存在一些需进一步研究解决的问题：受宏观政策调控、市场环境变化等因素影响，传统税源增长乏力，新的财税增长点还不够明显，财政持续增长面临较大压力；农业、教育、社会保障、事业发展等政策性支出和重点项目增支压力较大，收支矛盾仍然比较突出；财政科学化、精细化管理水平还有待提高等。对此，我们将高度重视，认真研究对策措施，逐步加以克服和解决。

二、2013年全市和市本级预算草案

（一）2013年财政工作指导思想和预算安排基本原则

根据市委六届三次全会和全市经济工作会议确定的2013年我市经济社会发展总体要求，结合全国全省财政工作会议精神和当前经济财政形势，综合确定2013年我市财政工作及预算安排总的指导思想是：全面贯彻落实党的十八大精神，以邓小平理论、“三个代表”重要思想、科学发展观为指导，围绕主题主线，把握稳中求进总基调，按照市委“一争三快两率先”战略要求，继续贯彻积极的财政政策，深化财政制度改革，进一步优化财政支出结构，切实保障和改善民生，厉行节约，严格控制一般性支出，坚持统筹兼顾原则，加强财政科学管理，提高财政资金使用效益，促进经济持续健康发展和社会和谐稳定。

贯彻以上指导思想，在预算编制中我们坚持以下几项基本原则：一是坚持“统筹兼顾”原则，确保“五位一体”建设协调推进。二是坚持“保运转”原则，优先安排个人部分支出，确保日常运转。三是坚持“保民生”原则，确保农业、教育、科技等法定支出和社会保障、就业、医疗卫生、保障性住房、文化等民生事业的支出。四是坚持“集中财力办大事”原则，确保市委、市政府为民办实事兑现，确保省市重点工程建设。五是坚持“转方式”原则，发挥支持经济发展的积极作用，推动新兴产业发展、非资源类产业创新以及传统产业的优化升级。六是坚持深化改革原则，大力支持各项改革，确保财政体制等改革顺利进行。七是坚持“过紧日子”原则，从严控制一般性行政经费支出，倡导节俭办事，反对铺张浪费。八是坚持“绩效

优先”原则,更加注重存量调整和效率优先,把精细管理和绩效考评融入预算编制、执行、监督的全过程。

(二)公共财政预算安排情况

根据以上原则,2013年全市公共财政预算收入安排94.5亿元,比上年增长14%,加税收返还和一般转移支付收入,减去上解上级支出、援疆支出、地方政府债券还本支出、调出资金,全市当年留成财力为112.4亿元,比2012年预算增长16.2%。加上年滚存结余、上级预分配专项转移支付以及使用预算稳定调节基金等,2013年全市安排公共财政预算支出126.3亿元,增长18.5%。全市安排财政总收入243.5亿元,增长14%。

2013年市本级公共财政预算收入安排33.5亿元,比上年增长14%,加税收返还、一般转移支付收入和县级上解收入,减去援疆支出、地方债券还本支出,市本级当年留成财力为35.2亿元,比2012年预算增长12.5%;加上级预分配专项转移支付收入、上年滚存结余以及使用预算稳定调节基金、调入资金等,市本级安排公共财政预算支出42.3亿元,增长20.4%。

1.市本级公共财政预算收入主要项目安排情况

增值税53 546万元,增长14.8%。营业税67 137万元,增长91.4%。企业所得税88 148万元,增长11.7%。个人所得税11 406万元,增长14.4%。其他税收21 819万元,下降29.6%。非税收入93 402万元,增长1%。我市新的财政体制从2013年开始执行,受体制调整引起的收入上下划影响,部分税种收入增减幅度较大。

2.市本级公共财政预算支出主要项目安排情况

(1)教育支出62 646万元,比上年预算(下同)增长11.4%。保持财政教育投入持续稳定增长,加强教育经费使用管理,提高资金绩效。进一步提高农村义务教育经费保障水平,支持农村义务教育薄弱学校改造计划及教育“双百工程”实施。支持普通高中、中职免学费教育。对中职教育学生实施免住宿费及发放高中职助学金。落实家庭经济困难学生生活费补助政策,促进教育公平。支持学前教育加快发展,支持农村闲置校舍改建幼儿园和农村学校附设幼儿园,支持新建、改扩建标准化幼儿园50所。继续支持义务教育学校标准化建设,为偏远山区教师发放交通及生活补助,为100人以下的学校补助公用经费。

(2)科学技术支出9279万元,增长13.9%。主要用于支持科技平台建设,资助申请专利,支持科技创新、工业攻关、科技惠农、科技园区建设,推动科技成果向现实生产力转化。

(3)文化体育与传媒支出16 087万元,增长17%。深入推进文化馆、艺术馆等公益性文化设施免费开放。加强基层公共文化服务体系建设。支持电视新闻直播高清演播厅建设和600平方米演播厅改造项目,进一步提升我市新闻媒体传播能力。支持图书馆图书及设备购置,文化产业发展,市级文化艺术演出单位改革,重点文物保护及全民健身活动开展。

(4)医疗卫生支出23 640万元,增长25.8%。提高新型农村合作医疗和城镇居民基本医疗保险财政补助标准,由每人每年240元提高到280元。扩大城乡医疗救助范围,加强对特殊困难人员的医疗救助。帮助解决政策性关闭破产国有企业职工、重点优抚对象、离休干部和困难企业军转干医疗保障问题。支持艾滋病防治、农村妇女两癌检查和农村改厕等重大公共卫生专项实施。将城乡居民基本公共卫生服务经费标准由每人每年25元提高到30元。支持市级医疗机构购置医疗设备和医用设备。加强食品药品安全监管能力建设,保护群众合法权益。

(5)社会保障和就业支出37 825万元,增长38.7%。按照10%左右的标准继续提高企业退休人员基本养老金水平。巩固新型农村和城镇居民社会养老保险制度全覆盖成果。按照月人均30元和24元标准,适当提高城乡居民最低生活保障水平。调整优抚对象等人员抚恤和生活补助标准。支持农村敬老院、社区日间照料中心和农村互助养老服务中心建设。进一步完善社会救助体系,保障受灾群众生活救助和救灾物资储备。支持残疾人家庭危房改造、贫困残疾人家庭无障碍改造、阳光家园计划、残疾人康复和退役士兵安置培训等事业发展。加大就业政策扶持力度,支持做好重点群体就业工作。

(6)住房保障支出18 002万元,增长346.4%。增长幅度较大原因主要是将上年结转的1亿元地方政府债券资金用于公租房建设。

(7)节能环保支出14 718万元,增长20.7%。加大对大气污染治理的支持力度,创新综合治理机制,支持化工行业燃煤锅炉炉外脱硫设施、水泥及电力行业烟气脱硝设施、钢铁行业烧结机脱硫等污染减排项目实施。支持高平河西镇、阳城演礼乡农村环境连片整治示范项目建设。支持城市污水处理和中水回用、环境优美乡镇和生态村建设。开展空气、水、噪声等污染监测、固体废物处理及标准化建设。

(8)城乡社区事务支出37 923万元,增长14.2%。支持城镇化建设、农村危房改造、市政设施维护、路灯节能改造、排水清淤、污水处理、绿地养护、区域性规划和城市规划编制等项目实施。

(9)农林水事务支出36 704万元,增长16.1%。健全农资综合补贴政策,稳定农作物良种补贴政策,增加农机购置补贴规模。支持一村一品、设施蔬菜建设、农业产业化龙头企业贷款贴息、蚕桑基地建设、粮食丰收工程、畜牧业规模化健康养殖、干果经济林、连翘基地项目实施。提高小型农田水利建设水平,加强中小河流治理、小型病险水库除险加固和末级渠系工程建设。增加农业综合开发投入,继续改造中低产田,建设高标准农田,加快中型灌区节水配套改造。推进农村环境改善,实施农村清洁工程。推动贫困地区加快发展,支持扶贫解困及移民搬迁项目实施。

(10)交通运输支出4492万元,增长14%。支持公交车辆更新、出租车招呼站、城市客运管理、交通质检、路政管理、超限治理及农村公路养护等项目实施。

(11)公共安全支出37 390万元,增长12.2%。主要用于公检法司等政法部门的正常运转、办案经费、装备配置、安防设施维护以及消防、武警部队装备购置、器材维护等支出。

(三)政府性基金预算安排情况

2013年全市政府性基金预算收入安排21.5亿元,下降23.1%。加上年结转收入18亿元,可安排基金财力为39.5亿元。按照收支平衡和对应安排的原则,相应安排基金预算支出39.5亿元。

2013年市本级政府性基金预算收入安排11.9亿元,下降5.9%。加上年结转收入8.2亿元,安排基金预算支出20.1亿元。

(四)国有资本经营预算安排情况

2013年全市国有资本经营预算收入安排66 200万元,其中:国有企业利润收入46 500万元,国有控(参)股企业股利、股息收入19 700万元。加上年结余3255万元,安排国有资本经营预算支出69 455万元。

2013年市本级国有资本经营预算收入安排49 000万元,其中:国有企业利润收入45 000万元,国有控(参)股企业股利、股息收入4000万元。国有企业利润收入为我市山西煤炭运销集团晋城有限公司、兰花集团公司、山煤国际能源集团晋城有限公司、晋城市国新能源运销公司等4个煤炭运销企业煤炭经销利润分成。加上年结余255万元,安排国有资本经营预算支出49 255万元。

(五)社保基金预算安排情况

2013年全市社会保险基金预算总收入安排46.4亿元,增长3.5%。2013年全市社保基金预算总支出安排28.4亿元,增长14.8%。2013年末社保基金滚存结余103.5亿元。

2013年市本级社会保险基金预算总收入安排28.8亿元,增长6.3%。2013年市本级社保基金预算总支出安排16.4亿元,增长23%。2013年末社保基金滚存结余70.5亿元。

三、2013年财政主要工作

(一)继续深化财政改革

一是要认真做好调整规范市与县(市、区)财政管理体制改革工作,放权强区,扩权强县,从财力分配上支持提升县域经济社会发展能力,调动各县(市、区)加快发展的积极性。

二是要抓好国有资本经营预算工作，切实提高政府复式预算体系管理水平。三是要深化部门预算制度改革、国库集中收付制度改革和公务卡制度改革，覆盖到县、乡政府及所属预算单位。四是要支持深化综改试验改革、事业单位分类改革、地方金融机构改革、人才科技机制改革和公共资源有偿使用制度改革等其他改革。五是要进行财政资金分配改革，引入竞争机制，集中财力重点保障民生改善、城镇化建设、“三农”工作和招商引资等事关晋城经济社会持续健康发展的大事要事。

（二）全力支持经济转型

一是要实施积极的财政政策。落实好结构性减税和其他各项税费减免政策，切实减轻企业和社会负担。二是要支持扩大内需。支持增加城乡居民收入，落实消费惠民政策措施，促进消费能力提升。支持商贸流通体系建设，改善居民消费环境。三是要支持实体经济发展。支持扩大中小微企业的融资性担保业务规模，支持金融机构加大对中小微企业的信贷支持，着力解决中小微企业贷款成本高、融资难的问题。四是要促进产业结构优化。进一步发挥财税政策体系的引导调节作用，推动焦化、冶铸、电力、建材等传统产业通过总量控制、产能置换、上大关小、淘汰落后等方式，加快整合重组进程。推动新兴产业和现代服务业发展。五是要支持科技创新。加大科技投入，保障科技重大专项顺利实施，支持重点学科建设、科学技术研究开发、科技成果转化应用，切实增强创新发展新动力。六是要支持生态文明建设。充分发挥财政奖补、税费调节、政府采购等财税政策功能，推进重点行业、重点企业、重点领域节能工作，促进资源综合利用和经济循环发展，努力改善环境质量。支持地质灾害治理、矿山环境治理及土地治理。完善森林生态效益补偿制度并提高补偿标准，巩固退耕还林成果。七是要支持推进城镇化建设。加强财政促进城镇化政策措施的探索研究，把促进县域经济发展与加快城镇化步伐结合起来，把提高基本公共服务水平与推进城镇化建设结合起来，把支持城乡一体化与促进城镇化发展结合起来，选好财政支点，努力激发城镇化带动内需扩大的潜力。

（三）努力建设民生财政

重点对全民社保、安居工程、医疗卫生、基础教育、文化体育、扶贫解困、公共安全、社会关爱、环境优化、公共服务均等化等民生工程，加大投入力度，提高保障水平，以民生事业发展促社会转型，以社会转型促经济转型；要围绕民生事业发展，不断提高财政支出的科学性，确保财政增量优先向民生倾斜，为社会提供更多、更好的公共产品和公共服务，让“民生财政”在保障基本公共服务供给中解决新阶段的返贫问题，在基本公共服务均等化中缩小城乡差距，在保障基本公共服务中缩小群体收入差距；要健全政策公开机制，结合预算公开,形成政府主导、财政负责的多层次民生支出公开机制,完善民生财政支出绩效评价体系,进一步提高民生支出透明度和民生投入效益。

(四)不断强化财政管理

一是要严格预算编制。坚定不移地贯彻落实中央、省和我市关于党政机关厉行节约的一系列政策要求,牢固树立“过紧日子”的思想,严格控制一般性支出和“三公经费”,加强会议费、差旅费和车辆管理,严格控制修建装修办公楼等楼堂馆所,进一步清理规范庆典、研讨会、论坛等活动,努力降低行政成本。二是要强化预算执行管理。全力加快预算执行进度,强化各部门(单位)的预算支出主体责任,定期对各部门(单位)支出执行情况进行通报,督促相关职能部门及时上报支出计划,及时下达本级支出和对下转移支付资金,切实提高支付执行效率。探索建立预算安排与支出进度挂钩机制,对支出进度快,使用绩效好的部门,在预算资金安排上给予倾斜;对支出进度慢,使用绩效差的部门,压缩经费安排规模。三是深入推进预算信息公开工作。按照国家、省和市有关“三公”经费公开的要求,主动公开经同级人大或其常委会审查批准的政府财政总预算、总决算。大力推进县、乡财政专项支出预算信息公开工作和“三公经费”公开工作。各部门要承担好本部门预决算公开的主体责任,按要求主动公开本部门预决算。认真落实财政部“行政事业单位内部控制规范”等相关制度,提升行政事业单位内部管理水平。四是建立绩效评价机制。严格按照财政部、省财政厅要求做好财政绩效评价工作,对重点项目和关系民生资金进行绩效评价,将资金安排与评价结果相挂钩。充分利用财政一体化信息平台,实现数据信息管理,用现代信息技术规范财政行为。

(五)大力推进“三项建设”

进一步加强财政基层基础建设,强基固本,提升基层财政管理水平。扎实推进财政信息化建设,加快健全完善财政业务管理系统和财政数据分析系统等财政核心应用系统,建立完整准确的财政数据库;加快县乡财政信息化建设,推动县、乡级财政信息化建设完成既定目标。继续强化财政文化建设,进一步把“平等的意识、民主的精神、科学的方法、务实的作风”融入规章制度和工作实践,切实加强党的建设和勤政廉政善政建设,大力营造遵章守纪、奋发向上、崇尚服务、清正廉洁、依法理财的氛围。

2013年,我们要在市委的正确领导下,全面贯彻落实党的十八大精神,自觉接受市人大的监督,虚心听取市政协的意见和建议,求真务实,开拓进取,确保圆满完成预算,为促进晋城经济社会又好又快发展做出新贡献。

晋城市统计局
关于2012年全市国民经济和社会发展的
统 计 公 报

2012年,在市委、市政府的正确领导下,全市上下坚持以科学发展为主题,以加快转变经济发展方式为主线,按照"稳中求进、好中求快"的经济工作总基调,认真贯彻落实各项宏观调控政策,全市经济保持平稳较快的发展态势,各项社会事业取得新的进步,为全面建成小康社会奠定了良好基础。

一、综合

初步核算,全年全市生产总值1011.6亿元,比上年增长11.0%。其中,第一产业增加值41.6亿元,增长6.3%,占生产总值的比重为4.1%;第二产业增加值653.8亿元,增长12.1%,占生产总值的比重为64.6%;第三产业增加值316.3亿元,增长9.4%,占生产总值的比重为31.3%。第三产业中,金融保险业增加值38.8亿元,增长16.6%;交通运输、仓储和邮政业增加值73.6亿元,增长8.4%;批发和零售业增加值59.4亿元,增长13.9%;住宿和餐饮业增加值26.6亿元,增长11.9%;营利性服务业增加值34.1亿元,增长10.5%。人均地区生产总值44206元,按2012年平均汇率计算为7003美元。

图1: 2006—2012年全市生产总值及增长速度

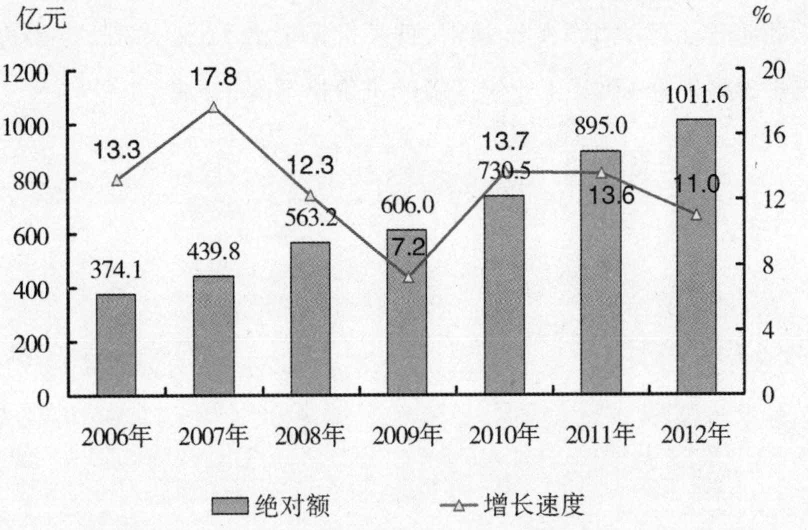

全年全市财政总收入213.5亿元,增长17.4%。其中增值税完成88.2亿元,增长2.7%;企业所得税62.9亿元,增长44.8%;个人所得税7.9亿元,下降7.9%;营业税17.0亿元,增长26.2%;资源税2.8亿元,增长14.4%。公共财政预算收入82.9亿元,增长22.1%,其中税收收入61.5亿元,增长18.1%。公共财政预算支出129.7亿元,增长14.5%。其中科学技术支出增长27.3%,教育支出增长26.6%,农林水事务支出增长24.5%,社会保障和就业支出增长20.0%,文化体育与传媒支出增长16.9%,医疗卫生支出增长8.4%,节能环保支出下降21.1%。

图2: 2006—2012年公共财政预算收入及增长速度

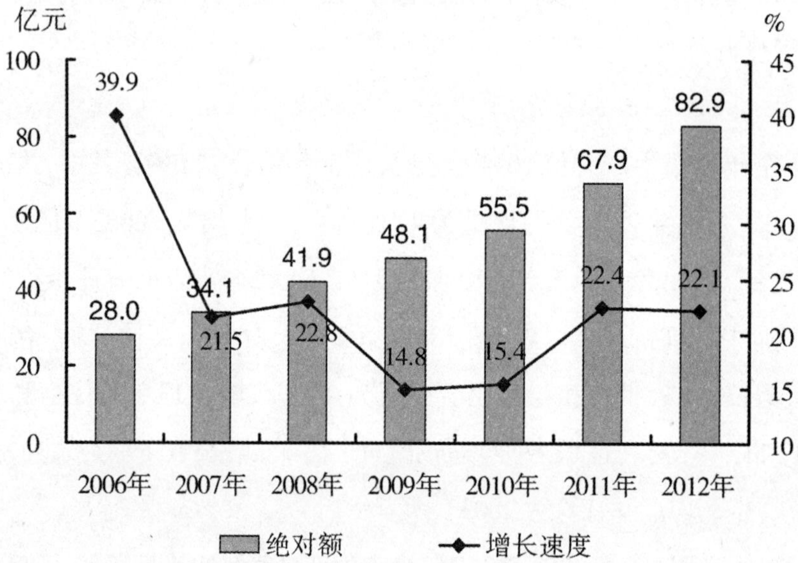

居民消费价格比上年上涨2.4%,其中,食品价格上涨3.6%。商品零售价格上涨1.9%。工业生产者出厂价格下降3.0%,工业生产者购进价格下降3.2%。

图3： 2006—2012年价格比上年涨跌幅度

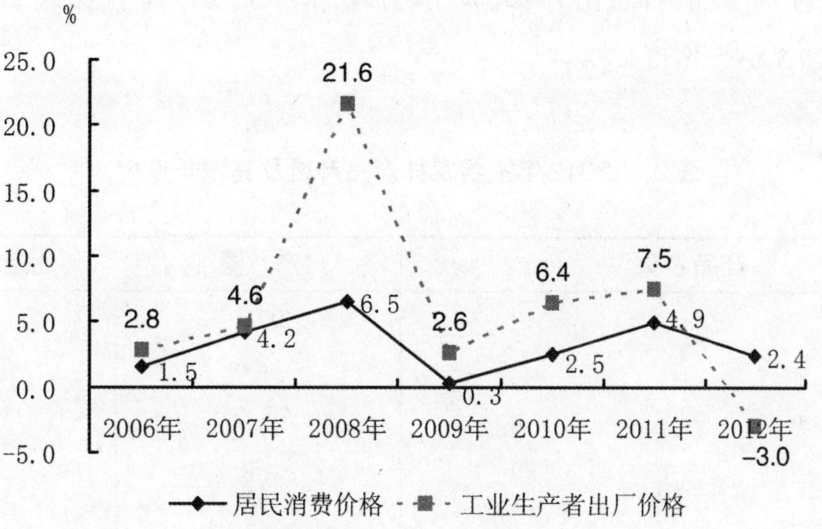

表1： 2012年全市居民消费价格上涨幅度

单位:%

指　　标	涨跌幅度
居民消费价格	2.4
食　品	3.6
烟酒及用品	1.5
衣　着	1.9
家庭设备用品及维修服务	2.4
医疗保健和个人用品	1.8
交通和通信	-1.5
娱乐教育文化用品及服务	1.4
居　住	4.4

全年全市城镇新增就业4.12万人。年末城镇登记失业率1.8%。

二、农业

全年全市农作物种植面积21.0万公顷，比上年减少0.7万公顷。其中，粮食种植面积20.0万公顷，减少0.6万公顷；油料种植面积0.3万公顷，减少0.05万公顷；棉花种植面积0.03万公顷，减少0.01万公顷。在粮食种植面积中，玉米种植面积8.6万公顷，减少0.05万公顷；

小麦种植面积6.2万公顷,减少0.3万公顷。

全年粮食产量97.4万吨,比上年增加5.4万吨,增产5.9%。其中,夏粮27.1万吨,增产18.5%;秋粮70.3万吨,增产1.7%。

表2: 2012年主要农林产品产量及其增长速度

单位:万吨

产品名称	产 量	比上年增长%
粮 食	97.4	5.9
其中:玉 米	56.9	2.4
小 麦	27.1	18.5
谷 子	2.8	7.0
豆 类	8.2	-4.2
薯 类	2.3	-0.1
油 料	0.6	-1.5
棉 花	0.03	-14.3
蔬菜及食用菌	40.2	26.0
水 果	7.5	5.6
其中:瓜果类	0.6	-6.53
园林水果	6.9	6.9
食用坚果	0.32	6.7
其中:核桃	0.3	7.1

全年完成造林面积1.0万公顷,下降23.8%。其中,经济林面积0.19万公顷,下降64.5%。全年木材产量7572立方米,下降6.0%。

全年全市肉类总产量13.2万吨,增长15.8%。全年猪牛羊肉总产量13.1万吨,增长16.0%。其中,猪肉产量11.9万吨,增长17.5%;牛肉产量458.1吨,下降10.5%;羊肉产量1218.1吨,增长2.5%。年末生猪存栏92.2万头,增长2.4%;生猪出栏156.4万头,增长8.3%。牛奶产量3414.0吨,下降2.1%;禽蛋产量6.9万吨,增长6.6%;水产品产量1639吨,增长19.2%。

年末全市农业机械总动力240.2万千瓦,增长2.6%。机械耕地面积15.6万公顷,增长0.6%;机械播种面积12.7万公顷,增长4.1%;机械收获面积10.7万公顷,增长8.1%。全市农机化经营总收入15.2亿元，增长3.4%。

三、工业和建筑业

年末全市规模以上工业企业223家。全年规模以上工业增加值增长14.6%。

图4： 2006—2012年规模以上工业增加值增长速度

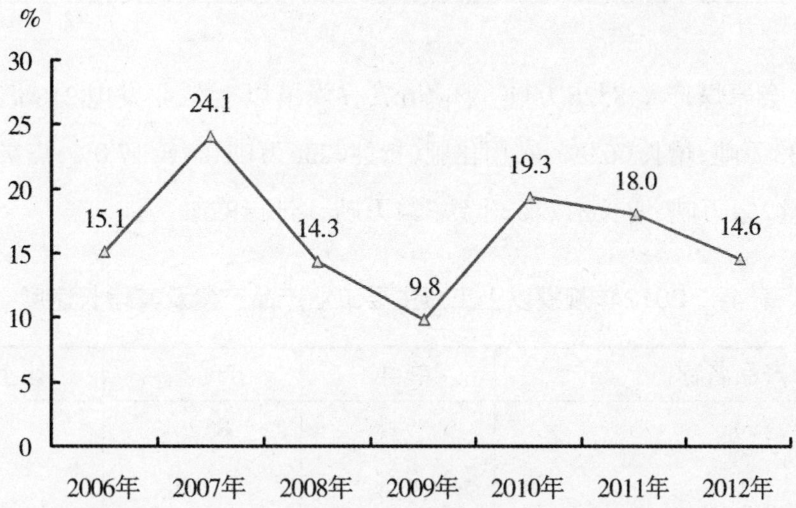

表3： 2012年规模以上工业增加值增长速度

指 标	比上年增长%
规模以上工业	14.6
其中:轻工业	10.4
重工业	14.6
其中:国有控股企业	11.3
其中:集体企业	53.5
股份制企业	11.9
外商及港澳台投资企业	32.3
其中:煤炭开采和洗选业	13.6
黑色金属冶炼和压延加工业	14.6
电力、热力的生产和供应业	15.3
石油与天然气开采业	21.5
化学原料及化学制品制造业	22.2

指　标	比上年增长%
石油加工、炼焦及核燃料加工业	40.1
非金属矿物制品业	28.2
通用设备制造业	142.4
专用设备制造业	38.6
计算机、通信和其他电子设备制造业	−30.2

全年全社会原煤产量8526万吨，下降6.7%；规模以上工业发电218亿千瓦时，增长14.0%；水泥233万吨，增长66.9%；农用化肥(折纯)236万吨，增长17.0%；焦炭91万吨，下降1.3%；钢材产量269万吨，增长31.3%；生铁334万吨，增长18.6%。

表4：　2012年规模以上工业主要工业产品产量及其增长速度

产品名称	单 位	产 量	比上年增长%
原　煤（全社会）	万吨	8526	−6.7
洗　煤	万吨	2309	8.0
软饮料	万吨	9.8	8.0
液体乳	万吨	1.6	2.6
纱	吨	3394	−11.8
布	万米	669	−5.2
服装	万件	254	1.9
焦　炭	万吨	91	−1.3
化肥实物量	万吨	513	17.0
合成氨	万吨	305	14.1
精甲醇	万吨	48	1.3
水　泥	万吨	233	66.9
日用玻璃制品	吨	434	−44.2
农用化肥（折纯）	万吨	236	17.0
生　铁	万吨	334	18.6
粗　钢	万吨	274	24.1
钢　材	万吨	269	31.3
发电量	亿千瓦时	218	14.0

全年规模以上工业企业实现主营业务收入1317.9亿元，增长8.0%。其中，煤炭、炼焦、冶铸和电力工业分别实现主营业务收入750.2亿元、13.3亿元、148.9亿元和78.8亿元，分别增长0.2%、-11.9%、16.4%和21.5%；煤层气开采、化工、建材、装备制造、医药和食品工业分别实现主营业务收入39.5亿元、123.2亿元、10.8亿元、120.6亿元、1.9亿元和1.2亿元，分别增长38.2%、22.6%、29.1%、27.2%、19.5%和4.7%。

规模以上工业实现利税276.9亿元，增长1.2%；实现利润181.8亿元，增长2.3%。

表5：　2012年规模以上工业企业利润总额及其增长速度

单位：亿元

指　标	利润总额	比上年增长%
规模以上工业	181.8	2.3
其中：国有控股企业	132.2	-2.1
其中：集体企业	-0.08	—
股份制企业	114.1	-12.5
外商及港澳台商投资企业	40.5	71.5

年末全市具有资质等级的总承包和专业承包建筑业企业84家，完成总产值52.6亿元，增长16.0%；房屋建筑施工面积283.7万平方米，增长33.8%；签订合同额为93.1亿元，增长33.3%。

四、固定资产投资

全年全市固定资产投资完成655.0亿元，增长29.9%。其中，国有及国有控股投资347.3亿元，增长18.5%；民间投资307.7亿元，增长45.8%。

图5: 2006—2012年固定资产投资及增长速度

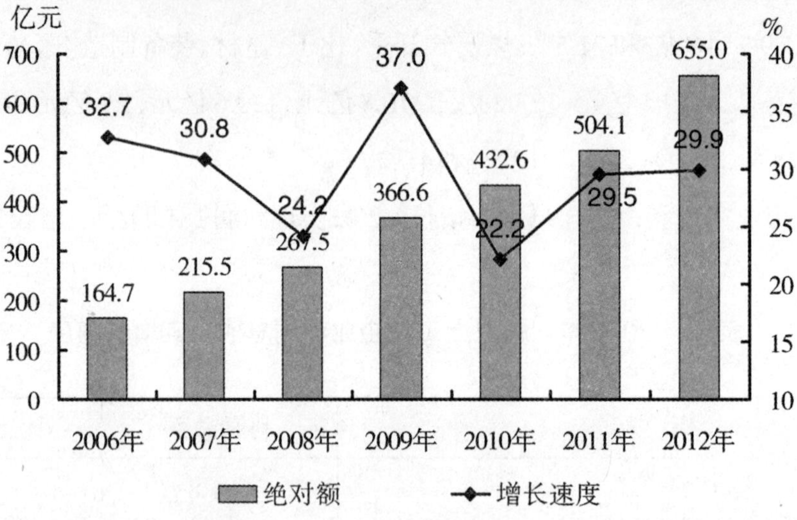

在固定资产投资中,内资企业投资629.0亿元,增长29.8%;外商及港澳台商企业投资25.6亿元,增长34.5%。

在固定资产投资中,第一产业投资28.5亿元,增长92.9%;第二产业投资363.3亿元,增长25.7%;第三产业投资263.2亿元,增长31.3%。在第二产业中,工业投资359.3亿元,增长24.3%。其中,煤炭工业投资162.6亿元,增长24.7%;非煤产业投资196.7亿元,增长24.1%。传统产业(煤炭、炼焦、冶金、电力)投资合计198.2亿元,增长13.8%;新兴接替产业投资合计161.1亿元,增长40.4%。

表6: 2012年分行业固定资产投资及其增长速度

单位:亿元

行　业	投资额	比上年增长%
总 计	655.0	29.9
农林牧渔业	28.5	92.9
采矿业	211.1	23.7
制造业	117.3	56.7
电力、热力、燃气及水的生产和供应业	30.9	28.9
建筑业	4.0	—
批发和零售业	15.9	-29.4
交通运输、仓储和邮政业	38.8	27.8

行 业	投资额	比上年增长%
住宿和餐饮业	11.6	43.2
信息传输、软件和信息技术服务业		
金融业		
房地产业	102.2	26.4
租赁和商务服务业	7.1	536.8
科学研究和技术服务业	1.8	568.0
水利、环境和公共设施管理业	57.5	54.9
居民服务、修理和其他服务业	1.0	-10.0
教 育	9.5	16.9
卫生、社会工作	5.7	135.6
文化、体育和娱乐业	5.4	69.8
公共管理、社会保障和社会组织	6.7	194.7

全年全市在建固定资产投资项目1167个。其中，5亿元以上项目73个，计划总投资1242.4亿元，完成投资187.4亿元，占全市固定资产投资的比重为28.6%。

全年房地产开发投资45.2亿元，增长20.5%。其中，住宅投资34.9亿元，增长16.1%；办公楼投资0.4亿元，下降5.3%；商业营业用房投资4.2亿元，下降6.3%。

表7： 2012年房地产开发和销售情况

指 标	单 位	绝对数	比上年增长%
投资完成额	亿 元	45.2	20.5
其中：住 宅	亿 元	34.9	16.1
房屋施工面积	万平方米	559.2	14.5
其中：住 宅	万平方米	436.4	10.7
房屋新开工面积	万平方米	139.6	-13.0
其中：住 宅	万平方米	104.7	-20.4
房屋竣工面积	万平方米	121.7	56.5
其中：住 宅	万平方米	96.2	37.1
商品房销售面积	万平方米	71.5	-29.6
其中：住 宅	万平方米	68.5	-28.4

五、能源

全年全市一次能源生产折标准煤6384.4万吨,下降4.4%;二次能源生产折标准煤359.8万吨,增长10.9%。

全年全市向省外运输煤炭5849万吨,增长2.4%,外运煤炭占原煤产量69.4%。在外运煤炭中,铁路运输4576万吨,增长2.7%;公路运输1273万吨,下降1.4%。向省外输送电力183.0亿千瓦小时,增长8.6%,外输电量占发电量83.8%;向省外运输焦炭41.1万吨,下降10.6%,外运焦炭占焦炭产量45.5%。

固定资产投资中,能源工业投资完成240.9亿元,增长12.3%。其中煤炭工业投资162.6亿元,增长24.7%;石油和天然气开采业投资47.0亿元,增长16.8%;石油加工、炼焦及核燃料加工业投资0.4亿元,增长18.8%;电力的生产和供应业投资25.7亿元,下降29.1%。

全年全市全社会用电总量163.0亿千瓦小时。其中,第一产业用电1.2亿千瓦小时,占全社会用电量的0.7%;第二产业用电146.3亿千瓦小时,占全社会用电量的89.7%,其中工业用电145.4亿千瓦小时;第三产业用电8.7亿千瓦小时,占全社会用电量的5.3%;城乡居民生活用电6.9亿千瓦小时,占全社会用电量的4.2%。

六、国内贸易

全年全市社会消费品零售总额260.8亿元,增长16.2%。按经营地统计,城镇消费品零售额245.4亿元,增长16.7%;乡村消费品零售额15.4亿元,增长7.7%。

图6: 2006—2012年社会消费品零售额及增长速度

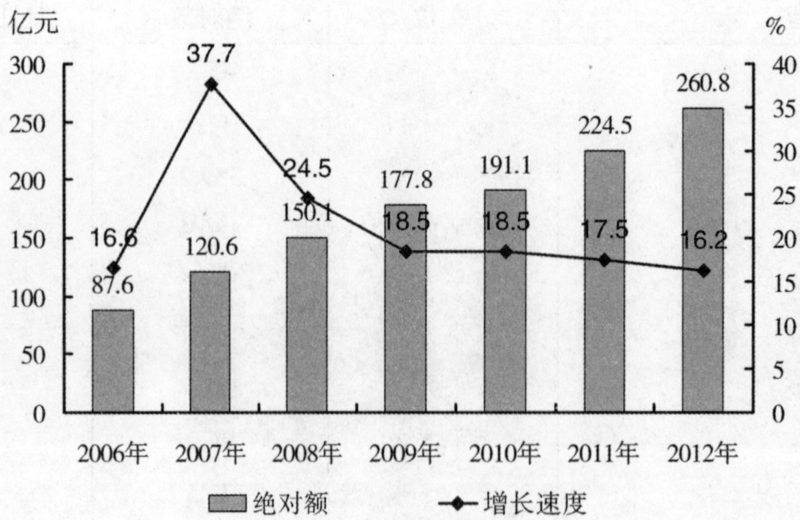

表8：　2012年社会消费品零售总额及其增长速度

单位:亿元

指　标	绝对数	比上年增长%
社会消费品零售总额	260.8	16.2
分地域:城镇	245.4	16.7
其中:城区	205.6	17.6
乡村	15.4	7.7
分行业:批发业	22.8	5.6
零售业	203.0	18.8
住宿业	5.7	11.9
餐饮业	29.2	8.9

表9：　2012年限额以上批发零售业零售额及其增长速度

单位:万元

指　标	绝对数	比上年增长%
粮油、食品、饮料、烟酒类	84 337	23.9
服装、鞋帽、针纺织品类	72 356	26.1
化妆品类	6969	29.2
金银珠宝类	8740	-11.1
日用品类	8940	37.4
五金、电料类	2105	70.6
体育、娱乐用品类	676	104.4
书报杂志类	15 469	-5.7
电子出版物及音像制品类	263	85.7
家用电器和音像器材类	29 930	28.7
中西药品类	8099	22.1
文化办公用品类	5907	53.3
家具类	11 627	67.4
通讯器材类	3817	58.3
石油及制品类	352 488	24.1
建筑及装潢材料类	378 245	36.5
机电产品及设备类	17 844	16.3
汽车类	240 814	15.9
棉麻类	429	-60.9
其他类	47 761	31.7

七、对外经济

全年全市海关进出口总额12.35亿美元,增长8.9%。其中,进口额9.90亿美元,增长16.1%;出口额2.45亿美元,下降12.9%。

图7: 2006—2012年外贸进出口总额及增长速度

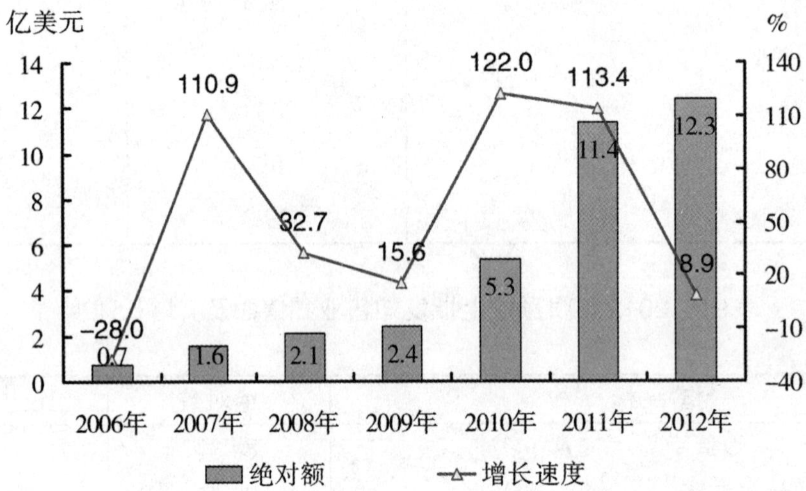

表10: 2012年海关进出口总额及其增长速度

单位:万美元

指标	绝对数	比上年增长%
进出口总额	123 497	8.9
出口额	24 543	-12.9
其中:一般贸易	10 744	16.8
加工贸易	13 799	-27.3
其中:机电产品	18 400	-18.5
高新技术产品	12 413	-25.6
其中:国有企业	390	-16.1
外商投资企业	15 904	-21.6
进口额	98 954	16.1
其中:一般贸易	81 982	62.5
加工贸易	16 349	-42.7

其中:机电产品	57 704	0.5
高新技术产品	47 429	25.5
其中:国有企业	256	62.9
外商投资企业	59 444	10.1

全年出口煤炭34万美元,增长50.6%;出口钢材5515万美元,增长30.2%;出口机电产品18 400万美元,下降18.5%;出口高新技术产品12 413万美元,下降25.6%;出口电器及电子产品15 504万美元,下降21.9%;出口计算机及通信技术产品11 213万美元,下降26.1%。

全年进口铁矿砂38 409万美元,增长48.9%;进口机电产品57 704万美元,增长0.5%;进口集成电路6842万美元,下降53.9%;进口机械设备27 161万美元,增长9.3%;进口电子技术产品8694万美元,下降52.0%;进口计算机集成制造技术产品32 965万美元,增长91.4%。

表11:　2012年与晋城有贸易往来的主要国家和地区进出口情况

单位:万美元

国家和地区	进出口	比上年增长%	出口额	比上年增长%	进口额	比上年增长%
中国香港	6791	22.7	6733	44.0	58	-93.2
中国台湾	15 119	-46.4	3850	-55.6	11 268	-42.4
印　度	3648	126.2	2151	70.7	1497	324.7
日　本	26 895	111.0	1422	-19.9	25 473	132.2
韩　国	3698	-53.9	449	-76.1	3249	-47.1
德　国	7485	242.7	77	-51.2	7408	265.6
意大利	1246	-57.5	56	8.6	1190	-58.7
巴　西	19 898	19.0	698	89.4	19 200	17.4
美　国	4351	-10.7	3463	13.6	888	-51.3
澳大利亚	19 001	59.9	712	3389.5	18 288	54.2

全年全市新设立外商直接投资企业1家;按全口径统计实际使用外商直接投资金额25 775.2万美元,增长18.2%。

八、交通、邮电和旅游

年末全市公路线路里程8757.1公里,其中高速公路318.5公里,比上年末增加31.6公里。

表12: 2012年客货运输量及其增长速度

指　标	单 位	绝对数	比上年增长%
旅客运输量	万人	2730	3.2
旅客运输周转量	万人公里	182 456	15.6
货物运输量	万吨	3910	13.0
货物运输周转量	万吨公里	320 955	15.9

年末全市民用汽车保有量24.1万辆(包括三轮汽车和低速货车2.0万辆),比上年末增长9.4%,其中私人汽车19.7万辆,增长12.9%。本年新注册汽车4.0万辆,增长20.6%。年末轿车保有量13.4万辆,增长22.8%,其中私人轿车12.0万辆,增长25.7%。

全年全市完成邮电业务总量17.8亿元,增长8.5%。其中,邮政业务总量1.2亿元,增长5.2%;电信业务总量16.6亿元,增长8.5%。新增移动电话用户14.2万户,年末达到171.8万户。全市宽带接入用户31.8万户,增长26.7%。

图8: 2006—2012年全市宽带接入用户

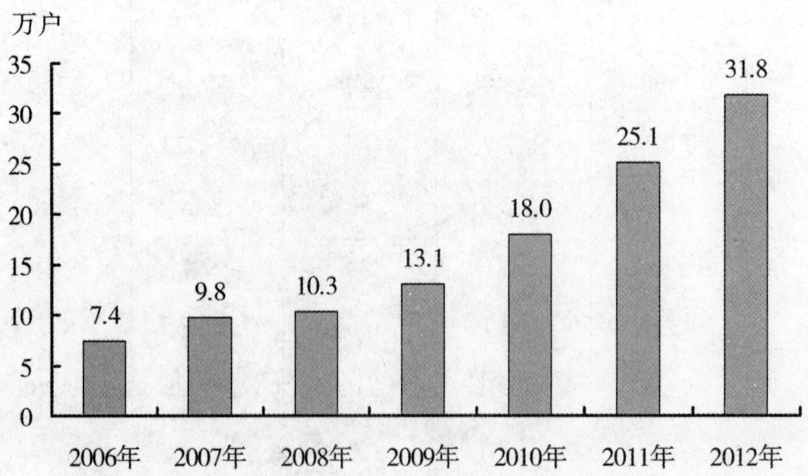

年末全市共有成规模的旅游景区(点)43处,其中有1个国家级5A级景区,5个国家级

4A级景区,5个2A级景区,7个国家级工农业旅游示范点。共有星级饭店28家,其中五星级1家、四星级11家、三星级10家、二星级6家。全年全市接待海外旅游者9.6万人次,接待国内旅游者1686.9万人次,分别增长41.5%和44.6%;旅游外汇收入4564.0万美元,国内旅游收入149.9亿元,旅游总收入152.8亿元,分别增长69.3%、68.2%和68.2%。

九、金融、证券和保险

年末全市金融机构本外币各项存款余额1729.6亿元,比年初增加228.4亿元,增长15.2%。各项贷款余额776.9亿元,比年初增加141.5亿元,增长22.3%。

年末全市农村金融合作机构(农村信用社、农村合作银行、农村商业银行)人民币贷款余额195.3亿元,比年初增加38.0亿元,增长24.1%;人民币存款余额336.3亿元,比年初增加54.3亿元,比年初增长19.3%。

图9: 2006—2012年城乡居民人民币储蓄存款余额

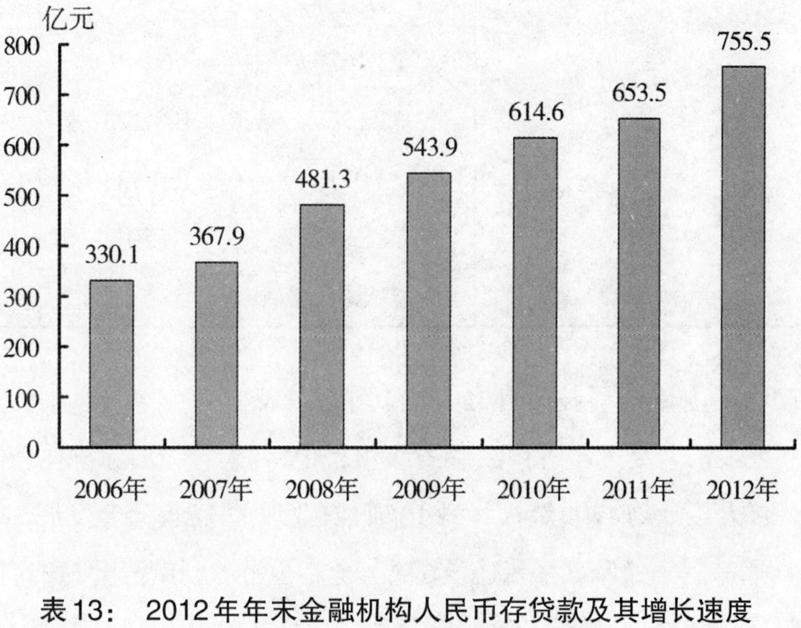

表13: 2012年年末金融机构人民币存贷款及其增长速度

单位:亿元

指　标	年末数	比上年末增长%
各项存款余额	1729.6	15.2
其中:单位存款	877.1	14.0
城乡居民储蓄存款	756.5	15.6
其中:人民币	755.5	15.6
各项贷款余额	776.9	22.3

其中:短期贷款	358.8	36.8
中长期贷款	402.7	12.8
其中:个人消费性贷款(人民币)	17.6	25.2

十、教育和科学技术

年末全市普通高等学校1所,独立设置的成人高等学校1所。高中阶段毛入学率92.89%。

表14: 2012年各类教育发展情况

单位:人

指　标	招生	在校生	毕业生
普通高等教育	2328	5907	1196
中等职业教育	6731	20 188	6836
普通高中	23 165	66 069	18 721
初　中	31 125	103 123	42 163
小　学	23 071	150 535	32 120
特殊教育	25	550	27
学前教育	21 867	52 501	18 845

全年全市组织实施各类科技项目329项(其中国家级1项、省级39项、市级289项)。在国家级项目中,列入国家星火计划1项;在省级项目中,列入省级国际科技合作项目1项,科技重大专项1项,火炬计划4项,星火计划10项,农业攻关4项,社会发展3项,成果推广7项,工业攻关3项,软科学及基础平台建设6项。全年全市专利申请量1127件,增长11.9%;其中发明专利申请量314件,增长2.5%。全年新登记科技成果29项。国家认定企业技术中心1家。省级企业技术中心10家。省级工程技术研究中心3家。省级重点实验室3个。按照国家高新技术企业认定办法,2012年末累计高新技术企业11家。

十一、文化、卫生和体育

年末全市共有群众艺术馆1个,文化馆6个,博物馆1个。全市文化系统共有艺术表演团体6个,新创作首演剧目2个;演出场次1749场,演出收入570万元;全市共有艺术表演场馆2个,群众艺术馆1个,文化馆6个,公共图书馆6个,总藏书31万册。

年末全市共有各级医疗卫生机构3129个,其中妇幼保健院(所、站)7个。医院和卫生院床位8.3千张,卫生专业技术人员1.2万人,每千人拥有病床4.1张,每千人拥有医生数2.6人。全市6县(市、区)全部开展了新型农村合作医疗试点工作,新型农村合作医疗参合率98.8%。村卫生室覆盖率100%、县乡村三级医疗机构达标率(县乡级100%,村级98.6%)。全年各县(市、区)的儿童“五苗”全程接种率以乡镇为单位均达到了96.8%以上。碘盐覆盖率达到99.7%,合格碘盐食用率达到95.5%,各种地方病得到了有效控制。全市乡镇卫生监督站覆盖率达到83.3%。

年末全市拥有各级各类体育场馆4392个,体育锻炼标准达标人数达320 174人。全年我市运动员在省级以上重大比赛中获金、银、铜牌分别为77枚、62枚和64枚(包括非奥运项目比赛)。全市销售中国体育彩票5787万元,比上年增长12.4%。

十二、人口、人民生活和社会保障

据2012年人口抽样调查,年末全市常住人口为229.14万人,比上年末增加0.59万人。全年全市出生人口1.95万人,人口出生率为8.50‰;死亡人口1.36万人,死亡率为5.92‰;自然增长率为2.58‰。出生人口性别比为101.12(以女性人口为100)。

表15: 2012年人口数及其构成

单位:万人

指 标	年末数	比重(%)
全市常住人口	229.14	—
其中:城 镇	124.84	54.48
乡 村	104.30	45.52
其中:男 性	115.21	50.28
女 性	113.93	49.72
其中:0—14岁	37.00	16.15
15—64岁	176.69	77.11
其中:65岁及以上	15.45	6.74

全年城镇居民人均可支配收入22 565元,比上年增长12.1%;城镇居民人均消费性支出16 473元,增长27.0%。农村居民人均纯收入8037元,增长14.1%;农村居民人均生活消费

支出6044元,增长14.3%。城镇占人口20%的低收入家庭人均可支配收入8812元,增长13.3%;农村占人口20%的低收入者收入4317元,增长14.5%。城镇居民家庭恩格尔系数(即居民家庭食品消费支出占家庭消费支出的比重)24.3%,农村居民家庭恩格尔系数33.0%。

图10: 2006—2012年城镇居民人均可支配收入及增长速度

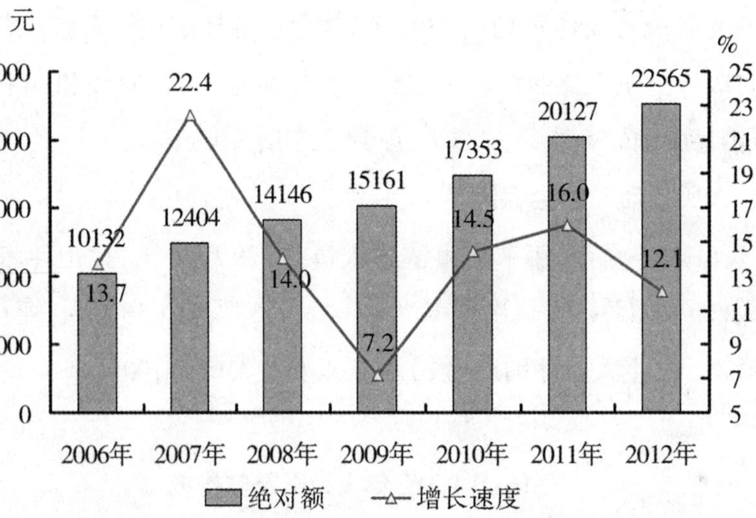

图11: 2006—2012年农村居民人均纯收入及增长速度

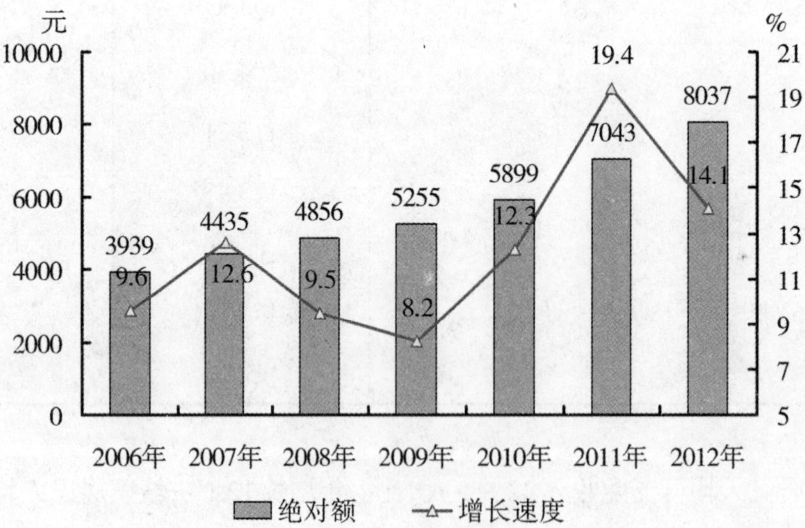

年末参加城镇职工基本养老保险32.2万人，比上年末增加3.6万人；参加新型农村社会养老保险105.8万人，增加9万人；参加城镇基本医疗保险57.7万人，增加2.9万人；参加失业保险26.9万人，增加5.8万人；参加工伤保险44.6万人，增加22.4万人，其中农民工24.9万人，增加13.2万人；参加生育保险27.4万人，增加8.1万人。全市共有153.2万农民参加了合作医疗。

年末城镇低保人数28 763人，减少2734人；农村低保人数79 880人，增加9人；农村集中供养五保户1761人，户数1754户；民政部门资助参加合作医疗98 160人。优抚对象14 226人，享受定期抚恤1792人，享受定期补助9717人。全年共发放最低保障资金2.23亿元。全市收养性单位60个，减少1个，床位数4307张，年在院79.95万人天。全市社区服务中心1个，社区服务站51个。全市福利企业38个，残疾职工596人。福利彩票发行单位1个，共销售福利彩票1.8亿元。全年直接接收捐赠款151.2万元，受益2436人次。

农村新“五个全覆盖”工程全面完成，农村面貌和生产生活条件显著改善。

十三、资源、环境和安全生产

全市有自然保护区5个，自然保护区面积达到15.6万公顷，占全市土地面积的16.6%；全市国家级生态示范区2个。

全年市区环境空气质量二级以上天数达到353天，其中一级天数81天，减少31天；空气综合污染指数为1.72，较上年上升0.02。

城市污水处理率达到95%；城市生活垃圾无害化处理率达到95%；集中供热普及率达到86%。

全年全市共发生各类生产安全事故803起，减少30起，下降3.6%；事故死亡238人，减少9人，下降3.6%，占省政府下达我市控制指标262人的90.8%；造成直接经济损失974.2万元，减少64.2万元，下降6.2%。亿元GDP生产安全事故死亡率0.235（省控指标0.249），煤矿百万吨死亡率0.1116（省控指标0.1626），特种设备万台死亡率0（省控指标0.67）。

公报注释：

1. 本公报部分数据为初步统计数据。

2. 地区生产总值、各产业增加值绝对数按现价计算，增长速度按不变价格计算。

3. 2011年起，规模以上工业企业统计标准由过去的年主营业务收入500万元提高到2000万元；固定资产投资统计起点由项目计划总投资50万元提高到500万元；限额以上批发零售企业是指年销售额2000万元及以上的批发企业和年销售额500万元及以上的零售企业。

4. 2011年起,邮电业务总量(包括邮政业务总量和电信业务总量)由之前的以2000年不变价计算调整为以2010年不变价计算。

5. 2011年起,保险公司保费收入按行业新确认口径统计。

6. 根据国家统计局规定,节能降耗指标单独发布。

7. 本公报所列增加、增长、减少、下降均系与上年比较。

8. 部分数据因四舍五入的原因,存在与分项合计不等的情况。

2011 年，晋城市中级法院获“全国法院文化建设示范单位”

院长杜培德在“访民生、知民情、解民事”活动中走访企业

晋城市中级人民法院

院长 杜培德

2011 年，市中院新班子组建以后，继续秉承“司法为民、文化建院、质量强院、人才兴院”理念，在市委的坚强领导、市人大的有力监督和市政府、市政协及社会各界的关心支持下，紧紧围绕工作大局，突出执法办案第一要务，勇当司法服务转型跨越发展的排头兵，为地方经济转型发展、人民群众安居乐业提供了强有力的司法保障。

2012 年，全市两级法院共受理各类案件 16082 件，同比上升 14%，审结 15 459 件，同比上升 17%，结案率达 96%。其中，市中院受理各类案件 3586 件，同比上升 29.8%，办结 3553 件，同比上升 31%，结案率达 99%。全市两级法院案件受理数和结案数均创建院以来新高，实际执行到位率达 79.9%。在 2012 年全省执行工作综治专项考评中，晋城市中级法院位列第一。

文化建设取得新成就。先后完成省高级法院重点课题《关于土地使用权执行问题研究报告》(2011 年)和《国有土地上房屋征收与补偿中司法审查问题研究报告》(2012 年)，填补全市司法调研空白。拓展文化交流平台，创办《晋城审判》刊物，成为展示全市法院新风貌、新成果、新动态的闪亮名片。2011 年，市中院被最高人民法院命名为“全国法院系统文化建设示范单位”。2012 年，市委、市政府向市中院颁发“文化强市建设特别奖”。

晋城市人民政府法制办公室

近年来，晋城市人民政府法制办公室在市委、市政府的正确领导下，坚持以十八大精神为指导，紧紧围绕全市经济社会发展大局，以推进依法行政为重点，以转变政府职能、逐步实现政府工作法制化为目标，以完善工作制度、创新工作方式为切入点，加强依法行政工作的组织领导，健全科学民主依法决策机制，完善规范性文件管理，强化行政执法监督，依法化解行政争议，努力提高行政机关工作人员依法行政能力，依法行政工作取得显著成效，有力促进了全市经济的又好又快发展和社会和谐稳定。2011 年 12 月，市政府法制办被国务院法制办授予“全国行政复议工作先进单位”称号。

◀ 市政府特邀行政执法监督员聘任仪式

◀ 开展依法行政宣传活动

晋城市依法行政宣传月活动启动仪式

全市法制办主任会议

举行行政复议听证会

市委书记张九萍巡视公开选拔市直学校副校长能力测试现场

市长刘润民深入晋城爱物学校建设工地调研

晋城市教育局

党委书记、局长 尹红岩

晋城市教育局是晋城市人民政府主管全市教育事业和语言文字工作的组成部门，正处级建制，下设 10 个行政职能科（室）和 7 个直属事业科（室）。现有行政编制 20 名，工人编制 2 名，事业编制 76 名。现任局领导班子 7 人。

主要职责是根据党和国家的教育方针政策，结合晋城市实际，贯彻执行全省教育事业发展的总体规划及地方政策、法规；研究和拟订全市教育事业的发展规划方案和有关规章制度并贯彻执行；宏观管理全市各级各类教育工作，会同有关部门拟订全市教育系统人事、劳资、职称管理工作的有关政策，对全市的教师队伍和教育行政干部进行宏观管理，按照干部管理权限和程序，推荐、考核任免市直教育系统干部，组织评审全市教育系统教职工的专业技术职务等。

全市共有各级各类学校 1423 所，在校生 402 094 人，教职工 29 507 人。多年来，在市委、市政府的正确领导下，全市教育系统认真贯彻落实邓小平理论、“三个代表”重要思想和科学发展观，认真贯彻党的教育方针政策，统筹各级各类教育事业协调均衡发展，教育事业服务经济社会发展的能力显著增强，人民群众对教育的满意度明显提升，全市教育事业实现了跨越式发展。市教育局先后获得“全国职业教育先进单位”、“全国教育系统纪检监察工作先进集体”、“全国高等教育自学考试先进集体”、“全国学校体育卫生工作先进单位”、“全国‘两基’工作先进集体”、“全国教育宣传先进单位”等多项国家级荣誉。晋城市被表彰为“全国未成年人思想道德建设工作先进市”。

泽州县川底中心小学新建教学楼和塑胶操场

135 名教育系统干部参加公选市直学校副校长能力测试

全市中考体育全部采用智能化考试器材进行测试

市教育局选聘 365 名评卷教师进行中考网上评卷

市教育局在全市中小学推行新一轮课堂教学改革

市教育局每年都组织不同内容的专题培训，促进教师专业化成长

为农村义务教育寄宿制学校配备的首批 76 辆校车全部投入使用

晋城市农业委员会

晋城市农业委员会是晋城市委、市政府主管全市农业农村工作的职能部门，同时挂“中共晋城市委农村工作领导组办公室”牌子。

2012 年，全市农民收入达到 8037 元，增长 14.1%，比全省平均增幅高出 0.6 个百分点；粮食总产达到 19.49 亿斤，总产、单产双超历史。市农委大力实施粮食丰收工程、农民收入翻番工程、新农村建设和扶贫开发工程、科教兴农工程，以“一村一品、一县一业”为抓手，大力发展农业产业化，培育壮大龙头企业，培塑农业品牌，现代农业产业格局逐步形成，全市初步形成晋城工厂化食用菌，高平、泽州生猪，阳城、沁水蚕桑，丹河、沁河沿河流域设施蔬菜，陵川中药材，沁水苗木花卉的特色现代农业产业基地，农产品“513”龙头企业销售收入达 45 亿元。创新新型农业经营体制，新建现代农业示范园区 30 多个，新发展农民专业合作社 781 家，累计达 2980 家；300 个新农村重点推进村建设和 10 个新农村连片示范区建设进展顺利推进，开展“最美乡村”评选活动，开启新农村建设新模式。加大扶贫开发力度，安排 2500 万元专项资金，扶持 146 个贫困村产业发展，完成移民搬迁 3500 人，领导干部住村包村增收活动走在全省前列。

市农委领导和农业专家在基层指导工作

晋城市农业系统干部（第二期）苏州培训班

2012 晋城市首届最美乡村评选颁奖典礼

农技专家现场指导农民进行小麦科学春管

农产品质量安全检测

与山西农业大学签订“特色现代农业产业科技合作协议”，围绕产业发展，开展全面技术合作和交流。加强农产品质量安全监管，全市未发生一起农产品质量安全事故。

全市农业农村经济保持了平稳较快的发展势头，为全市经济社会转型跨越发展奠定了坚实的基础。晋城市被省委农村工作领导组表彰为农民增收先进市和“一县一业”先进市，市农委先后被授予节能中国先进单位、全省新农村建设先进单位、全省科教工作先进单位、全省定点扶贫工作先进单位等称号。

设施农业

生态园林示范村——山耳东村

养蚕大棚

现代化养猪厂

晋城市发展改革委员会

党组书记、主任　秦李芳

组织开展重点工程记者现场行活动，为重点工程推进营造良好舆论氛围

召开建市以来规格最高、影响最大、内容最丰富的发改工作会

承办全市"项目落地年"启动仪式

组织开展青年干部为重点工程做贡献主题实践活动

主任秦李芳带队深入晋煤集团就重点项目建设进行沟通对接

主任秦李芳带队到兰花大宁煤矿井下瓦斯地面预抽放项目调研

开展重点工程劳动竞赛活动

丰富多彩的机关文体活动

局长李智星在金犛超市调研

局领导调研春节副食品储备情况

晋城市物价局

团结务实的局领导班子

近年来，面对国内外复杂的经济形势，晋城市物价局紧紧围绕市委、市政府中心工作，紧扣“稳物价、保民生、促发展”主线，把稳定价格总水平作为首要任务，认真落实国家和省各项宏观调控措施，努力加强和改进价格调控工作。制定出台《晋城市人民政府市场价格调控工作联席会议制度》、《晋城市社会救助和保障标准与物价上涨挂钩联动机制工作方案》，科学合理运用价格调节基金支持本地种养殖业发展，有效缓解农副产品价格持续走高的局面，成功应对因日本海啸引发的食盐抢购风波，保持市场价格总水平基本稳定。积极稳妥推进阶梯式水价改革，通过价格听证，对市区供热价格实行同城同价，有效化解供热价格矛盾。加大商品房价格监管力度，出台实施商品房销（预）售价格申报备案、“一价清”和“一套一标价”等三项制度。围绕群众关注的价格热点和难点问题，重点加强对教育、医疗、旅游、涉农、涉煤等重点领域的价格监管，加大对群众价格投诉举报的查办力度，较好地发挥了价格工作服务民生促和谐的作用。市物价局荣获“全国农产品成本调查工作优秀集体”、“全国价格宣传先进集体”、“晋城市依法行政十佳单位”、“市级文明单位”等称号。

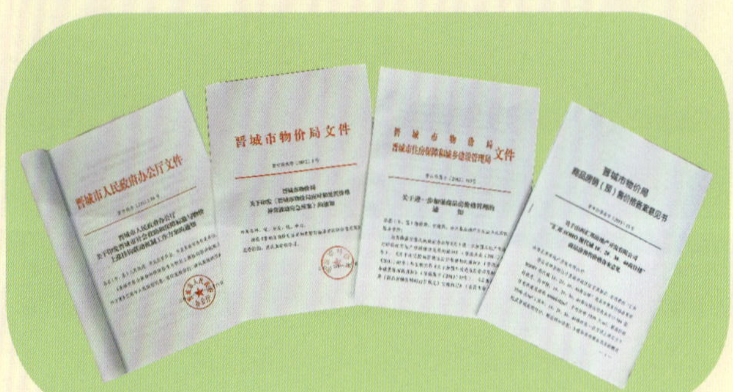

市、县联动加强节日市场价格检查

积极宣讲价格法规政策

缅怀革命先烈，重温入党誓言

倾听群众意见，现场回答问题

价格决策更加公开透明

纪念建党 91 周年演讲比赛

晋城市国土资源局

创新机制破两难　争先综改竞中原

局长　赵晓华

两年来，晋城市国土资源局认真贯彻落实土地管理各项法律法规和方针政策，紧紧围绕全市转型跨越发展的总体思路，以"一争三快两率先"为战略目标，坚持改革创新，积极先行先试，统筹"两保"，破解"两难"，服务和保障全市经济社会持续健康发展。

多途径拓宽用地保障渠道。一是优先保障重点工程用地。坚持有保有压的原则，实行重点工程、基础设施、民生项目"三优先"，用好用足计划指标，为省、市重点工程及时提供用地，推进项目建设。二是积极挖潜内涵盘活存量。坚持"有限指标保重点，一般项目靠挖潜"的原则，运用城中村改造、盘活存量土地、企业改革土地资产处置、鼓励使用未利用地、分期分批供地等措施，兼顾各项目用地，有效缓解用地指标紧缺的压力。三是积极推进节约集约用地。认真执行国家制定的行业用地标准，严把项目用地审核关，禁止"两高一资"项目、产能过剩项目和盲目扩张、重复建设项目用地，并采取引导选址、地价调节等综合措施，促使项目建设节约集约用地、转变经济增长方式。

积极推行三项用地新机制。借助综改试验区、部省合作协议的有利契机，积极争取改革试点，推进三项用地创新机制。一是城乡建设用地增减挂钩试点。增减挂钩是依据土地利用总体规划，将拆旧地块和建新地块等面积共同组成建新拆旧项目区，通过建新拆旧和土地整理复垦等措施，在保证项目区内各类土地面积平衡基础上，最终实现增加耕地有效面积、提高耕地质量、节约集约利用建设用地、城乡用地布局更合理的目标。将全市六县（市、区）列为试点。二是工矿废弃地复垦调整使用试点。将历史遗留的工矿废弃地以及交通、水利等基础设施废弃地进行复垦，与新增建设用地挂钩，盘活和合理调整建设用地。晋城市为全省三个试点市之一。三是矿业存量土地整合利用试点。通过对整合关闭的零星分散煤矿建设用地进行复垦，与保留后的煤矿企业升级改造用地面积相抵，从而解决整合煤矿建设用地指标不足问题，共申请周转指标 6404 亩。通过三项机制的创新，可提供 3 万余亩的用地保障，极大地缓解了全市用地紧张的局面。

转变作风创优发展环境。一是出台《关于优化政务环境、服务转型跨越发展的意见》，下放或取消审批权限 3 类 17 项，简化审批程序 6 类 20 项，减少报件资料 1 类 2 项，办理时限全部缩短至 7 个工作日，畅通"绿色通道"。二是主动与项目单位对接，送读政策，告知程序，指导和帮助项目单位组件报批，并实行局领导包项目责任制，跟踪服务，一包到底。三是加强与各有关部门的沟通协调，实行并联审批，努力构建服务用地齐抓共管的良性机制。

促进依法依规用地。一是加强动态巡查，严格落实执法监察责任制，并采取蹲点看守等办法，对违法用地行为做到及时发现、有效制止。二是建立"多部门联动、全方位管控、案件移送顺畅"的执法监督机制，实行部门联动执法、联合办案的常态机制，形成执法合力。三是认真落实卫片执法检查，建立健全制度，初步形成卫片执法检查常态化、制度化机制，连续两年实现"零约谈、零问责"。四是加大国土资源法律法规宣传力度，在全社会营造严格保护耕地、节约集约用地的良好氛围。

市委书记张九萍在泽州县调研国土资源管理工作

市长刘润民在市国土资源局调研国土资源管理工作

省国土资源厅厅长李建功在晋城市调研用地新机制开展情况

市委常委、常务副市长王树新调研国土资源管理工作

省政府在晋城市召开推进用地新机制经验交流现场会，推广晋城市创新用地新机制经验

省国土资源厅在晋城市召开土地变更调查常态化管理现场会

主动深入企业，了解发证工作中遇到的实际困难，对接服务、排忧解难

市国土资源局局长赵晓华在基层检查指导国土资源管理工作

晋城市畜牧兽医局

省委书记袁纯清带领省观摩检查组在凯永公司观摩

省长李小鹏在晋城市调研畜牧业

省农业厅厅长李平社在晋城市调研畜牧业

市委书记张九萍调研畜牧业

市长刘润民调研大象肉鸡产业项目

副市长茹栋梅调研畜牧业

党组书记、局长 袁世泰

全国生猪产业可持续发展高层论坛在高平市举办

全省生猪产业发展现场会在高平市召开

局长袁世泰带领局党组班子成员开展畜产品质量安全监管宣传

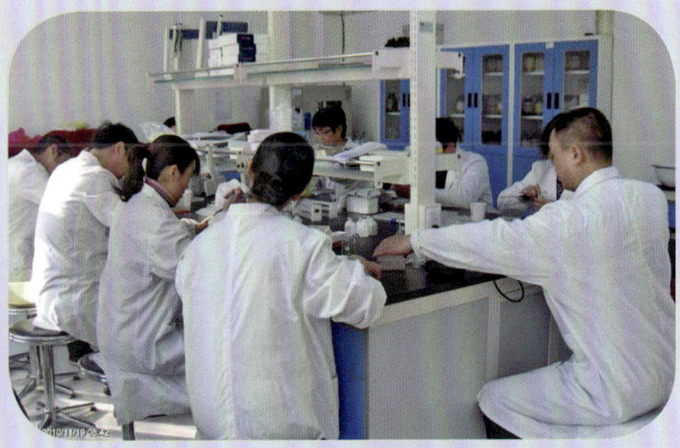

开展重大动物疫病防控集中监测

现代化的高平凯永猪业公司

2012年9月，市委、市政府召开全市发展壮大民营经济推进大会，会议出台《关于加快中小微企业发展的实施意见》，重奖发展民营经济功臣

每年按季召开民营经济运行分析会议，研究形势，部署工作

晋城市中小企业局

晋城市中小企业局是市委、市政府主管全市中小企业、民营经济的职能部门。内设办公室、经济监测科、政策法规科、技术开发科等8个职能科室。下辖中小企业服务中心、非煤矿山安全稽查队、国新能源运销公司等14个企事业单位。全系统干部职工168人。

近年来，面对经济下行压力，晋城市中小企业局转作风创环境、搭平台破难题、抓服务增优势，全力实施“龙头培育、全民创业、对外开放、服务提升、人才建设”五大工程，出台《加快中小微企业发展的实施意见》，建立起2000万元中小企业发展专项资金，有序推进创业基地建设，加快建设中小企业公共服务平台，引导传统行业联合重组，培育新兴产业发展壮大，主动融入中原和全国市场，推动全市中小企业和民营经济健康快速发展。

局领导深入企业调研，形成领导干部包县、科室包企业推进机制

2012年，全市民营经济各类组织发展到5.92万家，占全市企业总数的99.9%；从业人员达61.76万人，占全市企业从业人员总数的70%；完成增加值621.52亿元，占全市生产总值的61.44%；上缴税金86.94亿元，占全市财政收入的40.72%；提供农民人均纯收入6650元，占全市农民人均纯收入的80%以上。在全省十一个市中，晋城民营经济总量位居全省第三位。

中小企业局

中小企业产品走向海内外市场，图为第九届中国中小企业博览会晋城签约专场

作为全市中小企业成长五大工程之一，人才培育成为最大亮点，图为民营经济大讲堂现场

2012年，全市在建小企业创业基地13家，图为正在建设的省级高平小微企业创业基地效果图

2013年8月，全市首家小微企业服务站成立。这是市中小企业局主办的公益性服务窗口，为广大小微企业提供全方位、一站式、面对面、零距离的人才、技术、项目、管理、创业辅导等公益性免费服务

市领导视察指导工作

支队长杨晋国亲临一线指挥

中国人民武装警察部队晋城市支队

支队长 杨晋国

政治委员 王子吉

中国人民武装警察部队晋城市支队（简称武警晋城市支队），成立于 1985 年 10 月，主要担负看押、看守、守卫、警卫、武装巡逻等 5 大类勤务以及晋城地区的处突、维稳和抢险救灾等任务。支队组建以来，始终坚持“质量建队”、“从严治警”和“安全发展”理念，不断开拓进取、创新发展，2009 年至 2012 年连续 4 年被山西总队评为“基层建设先进支队”和“安全工作三无单位”，2012 年被总队评为“正规化建设先进单位”。近年来，先后完成 2009 年“6·3”郊南矿难现场警戒、2010 年“8·19”刘家川抗洪抢险、2011 年“4·29”陵川山林灭火、2012 年“2·25”特大交通事故现场救援等多项急难险重任务，为晋城市的社会稳定和经济发展作出了突出贡献，赢得了市委、市政府和人民群众的高度赞誉。2010 年被晋城市劳动竞赛委员会荣记集体一等功。支队长杨晋国荣立个人三等功 5 次，二等功 1 次，2012 年被总部表彰为“优秀基层主官”、“优秀基层指挥员”。政治委员王子吉荣立个人三等功 2 次，2012 年被总队表彰为“优秀共产党员”。

安排部署“涉日”维稳工作

比武竞赛勇夺第一

军民鱼水情深

圆满完成“2·25”重大交通事故救援任务

基层文体活动

基层文艺汇演

市委书记张九萍调研人才工作

市长刘润民调研人才工作

晋城市人才服务中心

团结奋进的领导班子

近年来，每年有3万人通过市人才市场实现就业或调整工作岗位。一是定期举办人才交流洽谈会，每年举办100场，入场招聘单位5500余家次，入场求职者15万多人次；二是每年举办各类专场招聘会30场，如“春风行动”、“民营企业专场招聘会”、“高校毕业生专场招聘会”、“富士康专场招聘会”等。三是组织企业进院校招聘，每年组织100余家企业到市职业技术学院举办“大中专毕业生供需洽谈会”。四是网上招聘，创办了“晋城人才网”，为人才与企业搭建便捷高效的网络交流平台。五是开展其他就业服务活动，为新乡海员局招募海员，为陕西振华学院招募铁路乘务员，与市电视台联合开办“勇往职前”电视求职专栏节目等，收到很好的社会效果。

人才招聘会现场

规范人才档案管理

晋城市公安局交通警察支队

支队长 郭国庆

市交警支队成立于1987年，为晋城市公安局内设机构、副处级建制，内设科（室）15个，4个直属大队，5个县（市）交警大队，48个交警中队。管辖全市道路总里程8485.974公里，其中：国道116.397公里，省道596.577公里，县道1185公里，乡道3393公里，村村通道路3195公里。全市共有正式交警374名，其中支队机关及四个直属大队共199人，平均年龄50.8岁；共有交通协管员688名，其中支队机关及四个直属大队协管员250名。

近年来，在市委、市政府和上级公安机关的正确领导下，积极创新管理服务措施，以“降事故、保安全、保畅通”为目标，科学严格管理，热情优质服务，有效保障全市道路交通的安全、畅通、有序，取得了良好的社会效果。首创的“三级机构、四级网络”预防事故工作机制在全省推广，2005年至2012年，连续8年保持事故平稳下降态势，2006年获省劳动竞赛委员会“五一劳动奖状”，2010年实施“文明交通行动计划”工作在全省排名第一，2011年预防事故工作全省排名第一，2012年酒驾整治工作全省排名第一。

深入学校开展交通安全知识讲座

开展主题宣传活动，营造浓厚氛围

交警
支队

组织重点驾驶人进行面对面宣传教育

清除路面障碍

转型跨越中的晋城市人民医院

院长 秦中胜

书记 李长青

晋城市人民医院始建于 1986 年，亦称长治医学院晋城医院、晋城市红十字人民医院，开放床位 850 张，年门诊量 40 余万人次，急诊 3 万余人次，出院病人 2 万余人次，是晋城市规模最大、等级最高的大型综合性医院。

2011 年 11 月 1 日，晋城市委对该院领导班子做出调整，由秦中胜担任院长、李长青担任书记，新一届医院领导班子带领全院干部职工团结奋斗，开创了医院工作的新局面。

该院在全市首开门诊无假日之先河，推出了一系列便民惠民措施；全面加强医疗质量与安全控制，全方位提升医院管理水平，医疗纠纷明显下降，患者满意度显著提高；在全院 28 个临床科室 35 个护理单元全部开展优质护理服务，建成心血管内科、神经内科、消化内科等省级标兵护理站、优质护理示范护理站；投资 2000 万元进行设备更新换代和技术引进，完善三级医院基本技术项目 246 个，成功开展晋城市首例马凡氏综合症合并升主动脉瘤、主动脉瓣重度关闭不全 Bentall 手术、首例气管内巨大囊腺肿瘤切除、首例晚期胃癌合并卵巢巨大肿瘤手术、首例食管癌切除并间置结肠代食管重建消化道术、首例经皮脊柱内窥镜椎间盘突出症微创

团结奋进的医院领导班子（左起：赵红亮、秦建平、成小凯、秦中胜、李长青、贾龙斌、沈小德）

手术、国内首款 PROMOTEACCELCD3215-36 型埋藏式心脏三腔起搏／自动复律除颤器植入并心脏再同步化治疗（CRT-D）等一系列三级甲等医院重点学科技术项目；承担国家级、省部级及市级科研课题 15 项，28 个结题项目经省、市科技部门认定，达到国际先进 1 项，国内领先 4 项，国内先进 12 项，省内领先 1 项，省内先进 10 项，获得山西省科技进步奖 2 项，晋城市科技进步奖 8 项。

经国家卫生部核准，自 2012 年 12 月 26 日起，晋城市人民医院正式升格为三级甲等综合医院。

院长秦中胜以精湛的业务和高尚的医德，跻身全国 102 名第八届中国医师奖获得者之列。

该院神经内科代表队参加中国北方城市医院脑血管病知识挑战赛，以天津赛区第一名的成绩进入总决赛，并最终取得总分第二的优异成绩，为全省神经内科专业争得了荣誉。

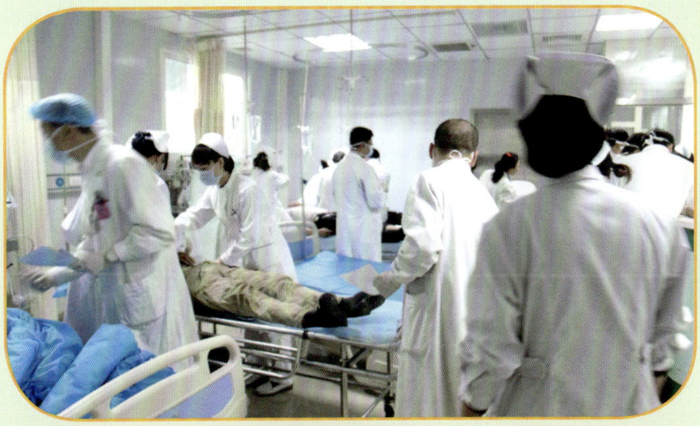

批量伤员救治

门诊大厅

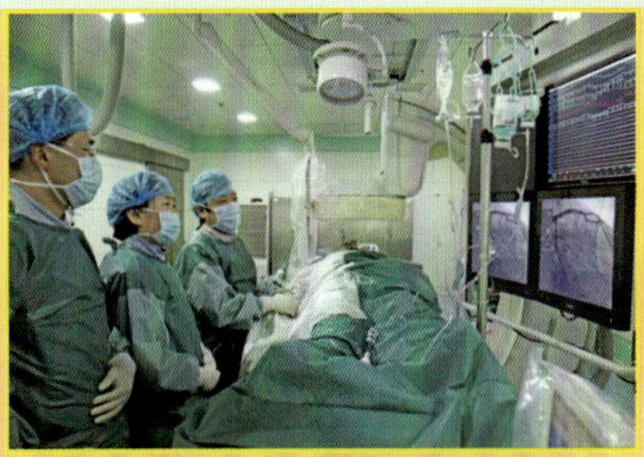

心血管介入

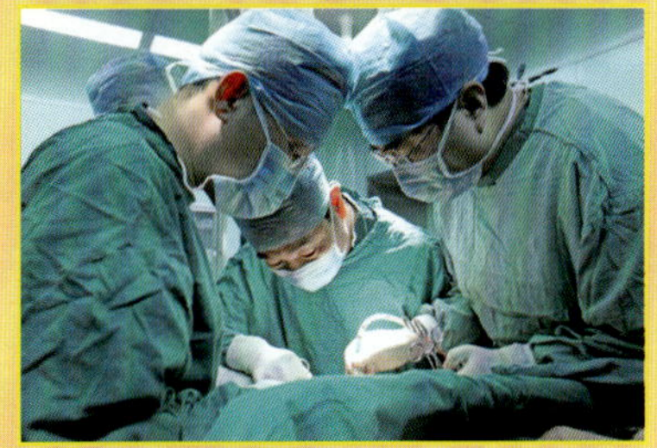

心脏手术

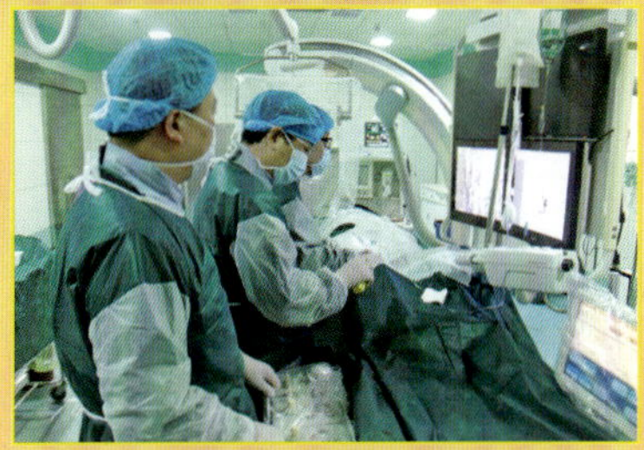

神经介入

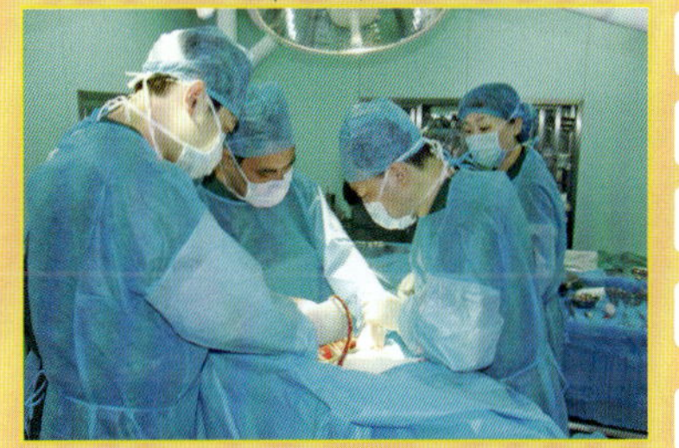

普外手术

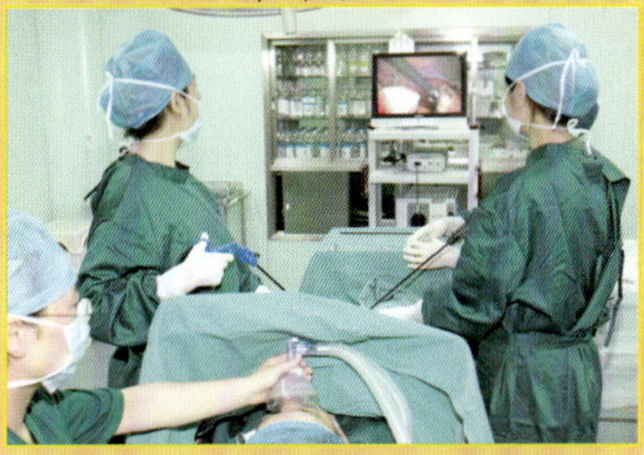

妇科微创手术

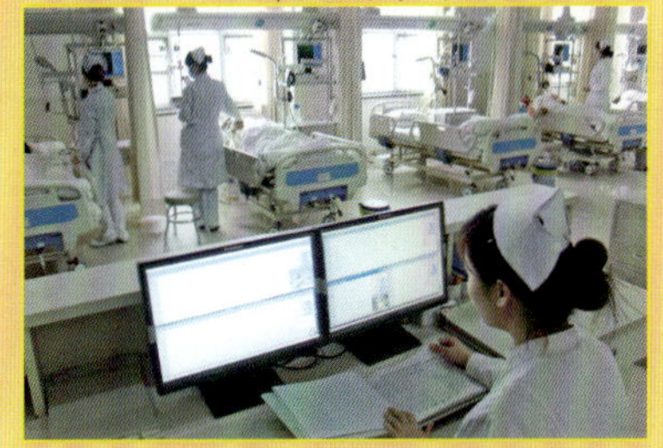

现代化的重症监护室

晋城银行太原分行并南小企业信贷专营支行成立

晋城银行银企座谈会

晋城银行——太行山上腾飞的草根银行

董事长　贾沁林

草根银行绿太行，尊贵服务铸辉煌。谁秉文化朝天阙，遍数风流看晋行。

晋城银行的前身是晋城市商业银行，2011年4月8日更为现名。成立至今，晋城银行坚持“做城市草根银行”的战略定位，在“爱出者爱返，福往者福来”核心价值观的指引下，秉承“追求完美，成就你我”的企业精神和“草根银行，尊贵服务”的企业使命，突出“快捷、方便、灵活”的经营特色，不断创新产品，改进服务，成为地方经济的播种机、中小企业的及时雨、城市居民的贴心人。在提升经营业绩的同时，积极践行社会责任，真诚回馈社会，树立起“品质企业，便捷银行”的口碑和形象。截至2012年末，晋城银行资产总额为311亿元，各项存款余额217亿元，各项贷款余额106亿元。

2012年，晋城银行获中国金融研究院及中国金融网颁发的“2011年度品牌竞争力小企业服务银行”奖。在2012中国金融机构金牌榜金龙奖评选中获“年度最具创新力中小银行”奖。获中国企业文化研究会“2012年度企业文化建设优秀单位”奖。并被晋城广播电视台评选为“2012晋城百姓最喜爱的行业品牌”。

晋城银行“践行核心价值观承诺书”签订仪式

2013年，晋城银行在第九届中国金融（专家）年会上获“2012年度十大品牌中小银行”称号。在中国金融创新奖颁奖典礼上，获“最佳金融企业形象奖”和“十佳金融产品营销奖”。被晋城市政府授予“支持地方经济发展突出贡献奖”。

用心服务，真诚永远；激情飞扬，创新超越。展望未来，晋城银行这支孕育着无限生机和活力的年轻团队，将以饱满的精神风貌和昂扬的斗志，继续书写新的传奇！

握美女士俱乐部成立

行领导深入企业调研

晋城银行为社区百姓提供健康义诊活动

晋城银行与凤展购物广场举行银企合作签字仪式

晋城银行社区银行启动仪式

参加植树节活动

晋城银行妇女创业贷款启动仪式

中央文明办三局局长谭陆在学校调研

市委书记张九萍、市长刘润民在学校指导工作

晋城市第二中学校

校长兼党总支书记 张保育

晋城市二中是一所十八轨制的省级示范高中学校。现有 54 个教学班，在校学生 3000 余名，教职员工 243 人。学校师资力量雄厚、结构合理，有特级教师 1 人，高级教师 44 人，一级教师 86 人，省、市教学能手、骨干教师、学科带头人 40 余人。

学校坐落在晋城市城区西大街景德桥畔，占地面积 90 余亩，办学条件优越，教学设施完善。科技中心面积达 7000 余平方米，高标准理化生实验室、生物标本室、通用技术实验室、语音教室、历史地理专用教室、多功能报告厅等设施齐全配套；新建的图书信息中心面积达 11 000 余平方米，藏书 20 多万册，近 500 台微机规模的电子阅览区，配备了 30 余万册电子图书和 1200G 的电子期刊；完善的校园网络系统，使每个教学办公场所实现了资源共享；天文台为学生提供了学习天文知识、探索宇宙奥秘的场所。新建的艺术楼内有专业化的音乐教室、舞蹈排练厅和管乐排练厅；有 300 米跑道的塑胶田径运动场和封闭的塑胶灯光篮球场、体操馆、乒乓球馆、健身房等文体活动场所。校园藤架雕塑错落有致，绿树成荫，花香四溢，幽静雅致，环境怡人，被市委、市政府命名为“花园式学校”。

多年来，学校坚持全面贯彻党的教育方针，坚持“全面发展，成人为先”的办学理念，不断深化教育教学改革，强化学校管理，推进素质教育。抓人本，管理强校；抓根本，名师兴校；抓成本，质量立校；抓校本，特色亮校。逐步形成“勤恳、严谨、求实、创新”的教风，“勤学、善思、求真、探究”的学风和“文明、和谐、勤奋、进取”的校风。教育教学质量逐年稳步提高，赢得了各级政府的首肯和社会各界的广泛赞誉。学校先后被授予“山西省文明单位”、“山西省文明学校”、“山西省德育示范校”、“山西省民主管理模范学校”、“山西省育人杯先进集体”、“山西省现代教育技术实验学校”、“山西省依法治校示范校”、“山西省创建平安校园先进单位”、“山西省模范单位”、“全国未成年人思想道德建设先进单位”等称号。

团结奋进、求真务实的领导班子

庄严的升旗仪式

高一新生军训

美丽的学校花园

优秀教师“示范课”观摩活动

物理实验课

春季田径运动会

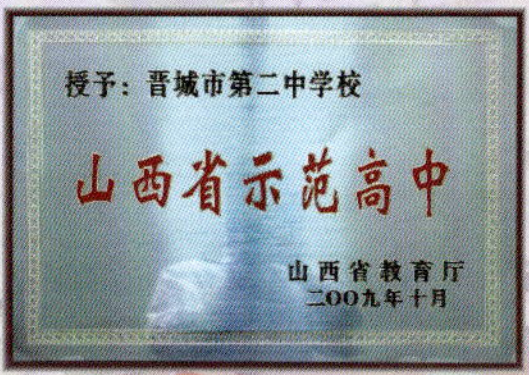

拓展新思路 转变新方式 实现新跨越 建设新润华

党支部书记、董事长 刘吏明

晋城市润华实业有限公司下辖泊村煤矿、高都大酒店、润华煤机、光明图片社等四个企业，总资产1.6亿元，职工1000余人。主要经营项目有煤炭开采、餐饮服务、矿机维修、彩扩洗相业务，是一个集团经营、公司管理、多元发展的股份制企业，为泽州县纳税大户和地方骨干企业。

多年来，润华实业有限公司根据企业的经济基础、市场需求、产业走向和发展目标，坚持贯彻落实科学发展观，积极走可持续发展道路，提出了“以煤炭资源为主导、以酒店服务业为龙头、以矿山机械维修和文化服务产业为两翼，实现润华二次腾飞”的发展思路，先后投资3500万元完成了泊村煤矿七大基础建设工程，安全生产条件大为改观，职工劳动强度明显降低，矿井抗灾能力大幅度提高，连续数年被泽州县委、县政府评为“安全生产先进单位”；在高都四星级酒店的基础上，对西楼进行改扩建工程，并以一流的设施、一流的管理、一流的服务、一流的形象成为广大市民迎亲会友、婚宴寿庆、娱乐休闲的理想场所；坚持“依托资源上项目、面向市场办企业”的经营宗旨，积极开拓创收渠道，努力盘活资产资金，增设了矿山机械设备维修，取得了很好的经济效益；光明图片社坚持高起点经营、高标准管理、高质量服务，内抓管理强素质，外塑形象争市场，以优良的设施、优秀的管理、优质的服务，得到广大消费者的普遍赞誉。被山西省工商局、省商务厅、省质量技术监督局、省摄影协会评为全省“四家名店”之一。

多年来，润华公司坚持“爱国敬业、回报社会”的原则，倾心支持老区经济建设和社会公益事业，捐资500余万元，为李寨土岭、高都泊村、技术学院等办学助教；投入资金300余万元，为圣王山、岭上、秦庄等地进行新农村改造、经济林建设，环境治理和清洁能源建设；每年为驻镇单位、学校、医院、敬老院、低保困难户提供冬季用煤5000余吨；积极创造就业机会，为900余名农村青年提供就业平台，为推动农村小康建设做出了积极贡献。先后被省、市、县老区建设促进会评为“支持老区建设先进单位”。

润华实业有限公司按照“转型发展、安全发展、和谐发展”的指导思想，深入贯彻落实科学发展观，以调整产业结构为主线，以转变生产方式为主题，积极实施项目战略工程，先后投资6000万元对高都大酒店西楼实施改扩建工程，投资3000万元在保福村修建了高都饭店，投资2500万元开设了高都畅春苑火锅城，投资350万元为润华煤机增修厂房，购置设备，投资130万元为光明图片社增设宝丽激光放大彩扩机。新项目、新设备、新技术的投入和使用，为公司构筑起新型、多元、稳固的支柱产业体系，实现了可持续转型跨越发展。

晋城市润华总公司

润华高都煤业公司

润

润华高都保福大酒店

润华光明图片社

华

润华煤机修理厂

润华高都大酒店

国投晋城热电有限公司

国投晋城热电有限公司成立于2004年10月，位于山西省晋城市泽州县金村镇，是山西省重点工程、“十一五”电源规划项目，同时也是晋城市供热规划和“蓝天工程”的重点项目。国投晋城热电有限公司总规划装机容量为4×300MW燃煤发电供热机组，一期工程2×300MW机组项目自2009年3月28日开工建设，1#、2#机组分别于2011年7月7日和10月10日建成投产，实现了安全“零事故”和环保设施“三同时”目标。

国投晋城热电有限公司一期2×300MW工程采用空冷供热机组，生产用水采用市污水处理厂的中水，实现城市废水的循环利用；安装除尘效率高达99.85%的电除尘器，同步建设烟气脱硫装置，并率先进行脱硝技改，增设脱硝装置，实现连续监测，各项排放指标均达到国家环保要求；一期工程的投产，在正常发电的同时供热面积达1100万平方米，可替代当期晋城市区所有的供热锅炉，满足晋城市集中供热的需要。

国投晋城热电有限公司自成立以来，深入贯彻落实科学发展观，始终秉承国投集团“为出资人、为社会、为员工”的企业宗旨，以“一流的作风、一流的队伍、一流的管理”为指导，以安全生产为基础，优化经营管理体系，保持了较好的发展势头。国投晋城热电项目是国投集团在山西省晋城市打造的“煤—电—水—化”循环经济产业链中的重要一环。同时，项目的建成对于改善晋东南地区电力供应，改善晋城市区大气环境，满足居民供热需求起到了重要的作用。

国投晋城热电有限公司汽轮机12.6米平台

国投晋城热电有限公司锅炉

国投晋城热电有限公司脱硝液氨站

国投晋城热电有限公司篮球场

国投晋城热电有限公司脱硝装置

国投晋城热电有限公司汽轮机厂房

国投热电

国投晋城热电有限公司空冷岛

国投晋城热电有限公司煤场

山西天泽煤化工集团股份公司

董事长　贾根柱

山西天泽煤化工集团股份公司是以生产和销售合成氨、尿素、甲醇、甲醛、三聚氰胺等化工产品为主导，集装备制造、物流运输等多元产业于一体的大型煤化工企业集团，是山西省最大的尿素生产企业。集团公司现有总资产36亿元；在岗员工3200余人；下设煤气化厂、化工厂、天泽永丰化肥公司、天泽太行机械制造公司等6个分支机构；现已形成年产100万吨合成氨、170万吨尿素、40万吨甲醇、3万吨甲醛、1.5万吨三聚氰胺的综合生产能力和18MW余热发电装机容量。

“十一五”以来，按照“目标任务明确，职能责任到人，制度执行到位，监督考核保证”的总体工作方针，在原有两套尿素装置的基础上，新建两套尿素、一套甲醇和一套三聚氰胺生产装置，实现了主导产品的升级换代和规模化增长。公司“泽州”牌商标被认定为“中国驰名商标”。连续多次蝉联“全国肥料制造业经济效益十佳”称号，两次夺得“全国小尿素行业综合效益第一”桂冠，并入围“中国化工行业500强”、“中国化肥企业100强”、“全国氮肥行业50强”。先后荣获“节能中国十大贡献单位”、“全国模范劳动关系和谐企业”、“全国合成氨行业能效领跑者”、“全国节能先进集体”、“‘十一五’全国石油和化学工业环境保护先进单位”、“全国氮肥、甲醇行业技术进步先进企业”、“全国氮肥行业50强”、“国家级循环经济标准化试点市重点示范企业”等多项荣誉。

2012年，共生产合成氨100余万吨，较上年增长32.78%；生产尿素172.2万吨，较上年增长34.33%，两种主导产品产量均创历史新高，在全国同行业名列前茅。生产精甲醇7.7万吨，甲醛2.3万吨，余热发电2797万度。共完成工业总产值（现价）40.21亿元，首次突破40亿元，较上年增长40.42%，人均产值150万元；实现销售收入突破40亿元大关，较上年增长36.55%；完成工业增加值10.03亿元，较上年增长38.12%；实现利润6.1亿元，较上年增长200.30%；实现利税总额6.34亿元，上缴税金1.8亿元，较上年增长189.54%，人均创利税25万元。

“十二五”期间，集团公司坚持以经济建设为中心，以科学发展为主题，以和谐发展为目标，以煤化联合为途径，按照“以煤为基、多元发展”的思路，实施“煤化联合，改造提升，强肥延化，多元发展”的发展战略，以“优化结构，持续高效，从无跨有，低碳循环”为转型主线和目标，大力发展新型煤化工产业。一是以节能增效为方向对传统产业进行改造，巩固提升化肥制造的行业领先地位；二是以煤为基，拉长以氨、醇、尿素为原料的产业链条，大力开发替代石油化工产品的煤化工项目，重点抓乙二醇、三聚氰胺、聚甲醛等项目建设，并密切跟踪煤制烯烃技术，适时建设，实现由“一肥独大”的产品结构向“肥化各半”的产业格局转变的二次转型跨越发展。

山西天泽集团永丰公司

山西天泽集团煤气化厂

百万吨战略装车点

二十周年院庆

市领导看望住院病人

晋城市骨伤专科医院

院长 王瑞生

晋城市骨科医院创建于1989年，前身为晓庄矿区医院，1998年经市常委会研究，批准为事业单位，实行企业化运作，精细化管理。下设总院、分院、疗养院、社区医疗服务站和老干部医疗服务中心，全院在编职工128人，其中高级职称4人，中级职称16人。该院秉承"诚信、博爱、卓越、品位"的办院宗旨，以创伤骨科和心脑血管为品牌特色，常年聘请省城专家坐诊，是晋城市直、城区、泽州县城镇职工、城镇居民、农村新型合作医疗及工伤医疗定点机构。

总院位于晋城市晓庄社区，占地12 000平方米，固定资产3700万元，配备美国GE全身扫描CT、引进核磁共振（MRI），日本东芝500mA遥控透视机，先进的DR成像系统，美国RT—fion大型B超，血凝、血液分析仪、生化分析仪等先进设备。开设重症监护、骨外科、内科（心脑血管专科）、显微外科等，开展各种骨折、骨病、骨创、骨关节置换等手术治疗。医院确立向管理要效益的理念，创新管理机制，坚持人才兴院、特色办院、科技强院，积极打造专科品牌。

党政工作

党　委

市委工作

2011年工作

2011年，中共晋城市委以科学发展观为统领，按照省委推进转型跨越的总体要求，团结带领全市干部群众，解放思想、攻坚克难，锐意改革、创新实干，各项工作取得了新进展新成效，实现了“十二五”良好开局。

确定科学发展思路

提出“勇当全省转型跨越发展排头兵，提前五年实现全面建设小康社会目标，把晋城建成山西乃至中部地区最具发展活力、最有竞争实力、最富人文魅力的宜居之城、活力之城、幸福之城”的发展目标和定位。在这一思路指引下，全市上下锐意进取，创新实干，各项指标圆满完成，综合实力稳步提升，全市生产总值完成860亿元，增长13.5%；财政总收入完成181.8亿元，增长18.6%；一般预算收入完成67.9亿元，增长22.4%；固定资产投资完成500亿元，增长28.5%；规模以上工业增加值完成560亿元，增长18%；城镇居民人均可支配收入达到19 960元，增长15%；农民人均纯收入达到7152元，增长21.2%。综合实力在全国251个地级城市中排第25位，在中部地级城市中排第5位，成为全省唯一进入50强的城市。

工业新型化建设

大力推动产业升级、产业延伸、产业替代，围绕“四梁八柱”产业和“一区六园”园区，一批以富士康、唐一锂电池、硕阳光电为代表的高新技术企业蓬勃兴起，一批以金鼎煤机、福川制铁为代表的装备制造业规模壮大，一批以煤转肥、煤转电、煤制油、煤层气为代表的现代煤化工项目实力攀升，一批以皇城相府、豪德物流为代表的文化旅游和现代服务业发展迅猛，全市结构优化步伐加快，非煤产业比重明显提高。

招商引资和项目建设

把项目建设作为经济发展的牛鼻子，高度重视，强力推进。主要领导亲自挂帅，四下深圳，两赴香港，五到上海，全市累计签约引进项目144个，总投资3676.6亿元；开工50个，总投资1358.4亿元，项目落地率居全省前列。特别是瞄准世界500强和央企大集团，富士康投资1000亿元打造世界精密制造之都的规划开始起步,华润1180亿元的战略合作框架协议逐步实施,对接大上海1000亿元的产业转移陆续落地,晋煤集团1237亿元的转型项目加快建设。同时,市四大班子领导深入一线现场办公、解决难题,促进了项目快引进、快落地和快开工。

强农惠农富农举措

坚持不懈加快偏远山区贫困农村脱贫步伐,连续三年召开扶贫攻坚推进会,财政、社会、企业投入3亿多元,对人均收入3000元以下的583个贫困村,进行资金、产业、技术和人才帮扶,贫困村农民收入由2008年底的2453元,增加到3652元。采取农民增收倒逼机制,奖补资金3000万元,激励各县市区竞相加大增收举措。出台推进"一村一品、一县一业"的实施意见,"十二五"每年建设200个专业村、6个专业乡镇,市县投入引导资金2亿元,建成专业村356个。加快发展农产品加工"513"工程,仅资源型企业就投资14.8亿元,建成61家农产品加工企业,投资20亿元的沁水彩色苗木及投资5亿元的大象肉鸡开工建设。发展产业化经营组织225家,带动农户24.9万户,占到农户总数的50%以上。

市域城镇化建设

把国家卫生城市、全国文明城市、国家森林城市"三市联创",作为一项重大战略,举全市之力,整体推进,成功摘取国家卫生城市桂冠,在两次荣获全国文明城市创建工作先进市的基础上,再次获得全国文明城市提名奖。开展花园头河景观水系整体改造等14项城建重点工程,重点改造40条背街小巷,加快建设"三馆一中心",将逐步形成"两河四湖"环城水系。以"一城、两河、三路、十园、十乡、百村"为重点,投资8亿元,造林22.78万亩,植树800万株,全市森林覆盖率达到39.2%,荣获全国"国土绿化突出贡献奖"。单位生产总值综合能耗及二氧化硫、化学需氧量等五项主要污染物减排量全部完成进度任务,荣获联合国环境署颁发的"中国区环境规划示范城市优秀案例"奖。

和谐晋城建设

深入推进新的"五个全覆盖",其中中等职业教育免费、新型农村社会养老保险和文化体育场所两年任务一年完;便民连锁店、街巷硬化全覆盖,2012年上半年全部完成。大力实施"文化低保"工程,对537个文化低保村、11.6万城乡低保对象全面实施文化扶贫,新华社专门介绍了晋城市的做法。积极创建国家级就业城市,建成"十大创业孵化基地",新增就业岗位3.2万个。加大中小学校舍改造工程,加快晋城学院、市委党校建设步伐,城乡办学条件明显改善。新型农村养老保险实现全覆盖,五个县(市)成为国家和省级试点,参保率达94%以上,居全省前列。保障性住房建设加快推进,93%以上住房困难家庭得到保障。统筹部署冬季供煤工作,按时、按质、按量全部供应到位。积极创新社会管理,加强社会治安综合治理,认真开展信访积案大会战,全市进京非正常重复上访、赴省集体访、来市信访同比均下降30%左右。认真推进全面安全、本质安全和持久安全,深入开展安全隐患排查,保持了总体平稳的局面。

干部队伍建设

把抓好换届作为全市工作的重中之重,做到任务、要求、程序、时间"四严格、四明确"。先后采取县长人选"两推两考差额遴选"、年轻干部公开选拔,以及阳城"三推一讲"、城区公推遴选等办法,提高选人用人公信度。换届期间,三级选举从班子成员到代表、委员全部满票、高票当选,没有发生一起违反程序、违反纪律的问题,受到中央换届督查组、省委督导组的充分肯定。探索形成干部教育"每月一讲"、自主选学"每月一班"、在线学习"每人一卡"和境外培训"每年一批"的"四位一体"干部培训教育体系,一年内组织1000余名县处级干部到上海市委党校轮训一遍。突出抓了领导机关、领导班子和领导干部的创先争优,全面开展"亮身份、作承诺、当先锋"主题实践活动。稳步推进农村"两委"换届选举工作,全市2217个村"两委"换届选举全部结束。扎实开展领导干部下乡住村包增收活动,四大班子领导带头深入基层农村,带头住农家房、吃农家饭,带头解决问题。全市5200名领导干部下乡蹲企、住村蹲点,走访农户4.7万户,落实项目帮扶资金1500余万元,帮助新上项目652个,赢得广大群众的普遍认可。

党风廉政建设

加强对重大决策部署落实情况的监督检查,特别是加强对445项中央扩大内需投资项目、393项省市重点工程项目以及"五个全覆盖"、各级为民办实事等民生工程的监督检查,确保项目落地和工程建设顺利推进。统筹推进教育、监督、改革、制度建设等预防腐败工作,惩治和预防腐败体系建设取得新进展。继续推进重点领域专项治理,全市煤焦领域共清理收缴各类违规违法资金31亿元,清缴率达99%;工程建设领域共排查项目1243项,纠正问题613个。认真落实优化发展环境"十五条"意见,大力推行"环境创优、流程再造、绿色通道、阳光政务"四大工程,为转型跨越发展提供强大动力。加强领导干部廉洁自律工作,集中整治"假日腐败"。扎实开展农廉五大工程,高标准建成"阳光农廉网"并投入运行,方便农民群众对农村事务的监督管理。持续引深"五治五督"活动,狠刹闲话生非的不良风气、拉拉扯扯的庸俗风气、吃拿卡要的恶劣风气,积极开展纪律作风集中教育整顿月活动,查处一批上班时间在休闲娱乐场所活动的干部,进一步整肃干部风气。严肃查处违纪违法案件。全年全市共立案查处各类案件174件,处分违纪党员、干部169人,其中县处级干部5

人,乡科级干部23人,为国家挽回经济损失735万元。

中共晋城市委领导名录

书　记:张茂才(2011.1—2011.12)

副书记:王茂设(2011.1—2011.1)

王清宪(2011.1—2011.12)

冯建平(2011.1—2011.12)

常　委:郭长青(2011.1—2011.4)

原国政(2011.1—2011.12)

于若洁(2011.1—2011.12)

冯　征(2011.5—2011.12)

贾联亭(2011.1—2011.8)

李治国(2011.1—2011.9)

王云国(2011.1—2011.12)

康吉仁(2011.1—2011.12)

范丽霞(2011.1—2011.12)

朱晓东(2011.1—2011.12)

刘爱军(2011.1—2011.12)

常国荣(2011.8—2011.12)

秘书长:刘爱军(2011.1—2011.12)

2012年工作

2012年,在中央和省委的正确领导下,围绕迎接十八大、学习十八大、贯彻十八大,坚持主题主线和总基调,解放思想,创新实干,全面加强经济、政治、文化、社会、生态和党的建设,坚定不移争当全省转型跨越发展排头兵,坚定不移加快全面建设小康社会步伐,各项工作取得了新成效新突破。

转型跨越发展

把迎接十八大,学习、宣传、贯彻十八大精神中焕发出来的干劲和热情,转化为迎挑战、破难题的实际行动,转化为谋转型、促跨越的有效举措。先后召开五个座谈会把脉问计,实行重点企业“一企一策”因势利导，建立财政专户资金与银行信贷规模挂钩制度多方联动，出台中小微企业发展30条意见全力扶持等，确保了在下行压力较大的情况下，经济持续健康发展。全年生产总值达到1011.6亿元，增长11.0%；规模以上工业增加值增长14.6%；固定资产投资655亿元，增长29.9%；社会消费品零售总额260.8亿元，增长16.2%；财政总收入213.5亿元，增长17.4%；一般预算收入82.9亿元，增长22.1%；城镇居民人均可支配收入22 565元，增长12.1%；农民人均纯收入8031元，增长14.1%。

项目建设

把接受全省项目观摩检查作为检验发展的大赛场，建立了一月一通报、一季一排队、半年一考评、一年一奖惩的项目建设推进机制；围绕项目引进、落地、建设等环节，强化督促检查、跟踪问责问效。四大班子领导亲自挂帅，深入项目一线抓指导，各县(市、区)、市直各部门主动出击，多措并举优服务，为项目建设营造出良好环境。全年项目建设呈现三大亮点：一是履约效率高，当年签约、当年落地项目超过三分之一；二是引进质量优，非资源类占比达到88%，10亿元以上项目超过80%；三是完成进度快，重点项目落地提前四个月完成全年任务，招商引资提前三个月完成省下达目标，固定资产投资增幅连续九个月稳居全省前列。

转型综改试验区建设

出台《晋城市转型综改试验行动方案》，加快“一市两县”、“一市两园”、“一县一企”试点建设，在“四化”联动、产业转型、金融创新、煤层气开发等10个方面先行先试。在全省率先开展竞争性分配财政资金，探索“属地征管、增量激励”财政管理体制改革，创新用地保障机制、资本融资模式、生态补偿机制等做法，在全省走在了前列。

美丽晋城建设

坚持绿色、低碳、洁净、健康的发展理念，加大城市道路、景观、水系、绿化为主的综合基础设施建设力度，全面提升城市外在形象和内在品质，被确定为第二批全国低碳试点城市。在阿联酋举办的第16届国际花园城市总决赛上，荣膺“国际花园城市”综合金奖。

纯洁性教育活动

按照省委“六查六看”的要求，以“四重四戒四力促”为主题，扎实开展纯洁性教育活动。贯彻中央和省委要求，改进工作作风，打破常规、突破惯例，采取“四会合一”、“五会一天开”、“限定发言时间”等办法，减少会议，缩短时间，提高效率。对省市领导交办督办的100多项批件进行跟踪回访问效。把下乡住村、包村增收等工作常态化，四大班子成员带头“三联一住”，下基层、接地气；1228名党员干部进农户、到地头，帮扶到村936个，帮贫到户5700多户，解决了一批群众反映强烈的突出问题。

“以煤为基、多元发展”

在巩固煤炭资源整合成果的基础上,以新兴产业引领转型,加快发展高新技术、装备制造、新能源新材料和煤层气四大产业,煤层气综合利用循环模式被列为全国五个典型案例之一并加以推广;以园区集聚承载转型,“一区六园”都突出各自的产业定位和发展方向;以现代服务业提升转型,一批以晋氏织造和晋陶陶瓷为代表的文化创意产业快速发展,一批以湖滨股份为代表的现代餐饮业规模壮大,一批以皇城相府为代表的精品旅游业效益凸显,全市旅游收入增幅全省第一;以县域经济支撑转型,形成开发区高新技术、城区商贸物流、泽州装备制造、高平新能源新材料、阳城陶瓷产业、陵川生态旅游、沁水煤层气清洁能源为主导的非煤产业集聚区。

“一村一品、一县一业”

制定出台农民收入翻番的《决定》,认真落实各项强农惠农政策,粮食总产、单产双创历史新高。大力发展“一村一品、一县一业”,“一村一品”专业村达304个,农民专业合作社发展到2697个,带动农户12.8万户。猪—沼—菜(果)循环农业、蚕桑丝麻、食用菌三大产业成为全市现代农业的新亮点。全省设施蔬菜现场会、小杂粮交易会、生猪产业推进会、中药材产业推进会先后在晋城市召开。启动实施农村清洁工程,开展首届晋城“最美乡村”评选活动,拉动农村旅游业发展,带动农民增收致富。

城乡一体化建设

按照全省“一核一圈三群”的城镇化布局,统筹推进中心城市、大县城、乡镇和新农村建设。在中心城市建设上,加快拓展、改造、提质步伐,总投资达70亿元以上。在县城和小城镇建设上,围绕六大工业园区科学布局,加大用地保障、户籍管理体制改革力度,突出润城—郑庄沁河流域和环城高速公路内7个城乡一体化示范区建设。在新农村建设上,重点抓了10个新农村连片示范区建设和300个新农村的提档升级。

城乡生态化建设

持续推进环境攻坚、造林绿化、节能减排三大工程。围绕环境攻坚,重点开展城中村燃煤污染整治、建成区污染企业搬迁改造等工作,加大丹、沁“两河”流域环境监管力度。市区空气质量二级以上天数达到353天,六县(市、区)空气质量稳定达到国家二级标准。围绕造林绿化,重点实施“两山”造林、“两网”绿化等六大林业工程,全年累计造林12.12万亩,植树800万株,成为全国“百个国土绿化突出贡献单位”。围绕节能减排,重点开展了52项节能工程、38个减排项目,对41家重点耗能企业进行节能目标考核,六项污染减排指标全部实现预期目标。

招商引资

组团参加了中博会、能博会和首届世界晋商大会等，到江苏、浙江等地进行交流对接，接待新加坡、上海、广东等地企业家考察团38批次。特别是从理念、资金、管理、技术和人才等方面加强与上海的对接，实现了在更大空间、更高层次上创意、谋划晋城发展。

民主政治建设

坚持和完善人民代表大会制度。加强对人大工作的领导，支持人大及其常委会依法履行职责。认真听取人大关于转型发展、特色城镇化建设和民生项目建设等方面的意见和建议。加强法律监督和工作监督，支持人大依法作出重大事项决定。加强和改进代表工作，高质量办好代表议案和建议。

坚持和完善中国共产党领导的多党合作和政治协商制度。把政治协商纳入决策程序，支持政协围绕转型跨越开展专题调研，就加强项目建设、扶贫开发等方面建言献策。全面实施统战工作“同心”工程，加强和改进新形势下工商联工作，推进侨务工作、党外知识分子和港澳台海外统战工作，积极做好对台工作。

扎实推进依法治市进程。行政管理体制改革进一步深化，“六五”普法扎实开展，法治政府建设成效明显。坚持和完善基层群众自治制度，健全城乡社区服务体系，完善政务、村务和公共企事业单位办事公开等制度。支持工会、共青团、妇联等人民团体充分发挥作用，指导团市委、青学联完成换届。

坚持党管武装原则，支持国防和驻市部队现代化建设。完善军地齐抓共管国防后备力量建设机制，提高国防动员能力，加强民兵预备役工作，推进人民防空建设，深化军民融合式发展，军地“双服务”水平进一步提高。

宣传思想工作

深入开展社会主义核心价值体系建设。把社会主义核心价值体系教育融入转型跨越发展实践，推动中国特色社会主义理论体系进教材进课堂进头脑。大力弘扬晋城精神、人人争做“晋城好人”，对203名“晋城好人”给予表彰。深入开展群众性精神文明创建活动，积极争创全国文明城市。

营造良好舆论氛围。充分发挥主流媒体主渠道、主阵地作用，唱响主旋律，打好主动仗。围绕迎接十八大，学习宣传贯彻十八大精神，开展“千人万场大宣讲”活动；借十八大盛会召开的契机，通过人民网、新华网、人民日报、中央电视台、山西电视台和山西日报等主流媒体，全面宣传晋城、推介晋城、展示晋城。加强互联网等新兴媒体管理，优化网络文化环境。加强对外宣传工作，树立晋城良好形象。

丰富群众精神文化生活。文化精品生产继续保持旺盛活力,涌现出以《西沟女儿》、《小二黑结婚》、《大耳朵爷爷历险记》为代表的一批群众喜闻乐见的文艺作品。全市累计共有43件作品荣获全省"五个一工程"奖,七次荣获组织奖。加强公共文化服务设施建设,文化惠民工程实现全覆盖。大力实施"文化低保"工程,受到刘云山等中央领导的充分肯定,并在全国各大媒体总结推广。

深化文化体制改革,大力发展文化事业和文化产业。文艺团体转企改制、广电体制机制改革等走在全省前列。大力发展文化产业,召开文化强市建设动员大会。确立"两地六业"主攻方向,建立吉利尔潞绸文化、珏山二十八宿动漫等四个文化产业园区;推动35亿元煤炭积累资金投向文化旅游产业,搭建起创意研发、信贷融资、信息物流三个平台,促进文化与旅游业深度融合。

改善民生和创新社会管理

认真解决人民群众最关心、最现实的利益问题。各级财政用于民生事业支出占到总支出的75%以上,"五个全覆盖"工作提前超额完成,"方便晋城"十大工程全部兑现。大力实施教育优先发展和医疗提质两大工程。在全省率先实现普通高中免学费教育,为全市农村寄宿制学校配备的76辆校车交付使用,建立贫困大学新生教育资助体系,市区开工新建4所学校。启动晋城大医院建设,加强县乡村三级医疗基础设施建设,建立市、县两级与北京各大医院对接的远程医疗会诊系统。开工各类保障性住房11 256套,占省定目标的104.99%。向低收入农户供应冬季用煤提前超额完成任务。

就业和社会保障水平全面提高。新增就业岗位突破3万个,城镇登记失业率控制在1.8%以内,在全省率先荣获"全国创业先进城市"称号。加快完善城乡社会保障体系建设,养老医疗保险基本实现城乡覆盖。全市城镇职工、城镇居民医保待遇水平全省第一,新农保参保率和新城乡低保覆盖率居全省前列。

安全生产形势持续好转。全年各类事故死亡239人,工矿商贸企业生产安全事故死亡7人,低于省控指标。煤矿百万吨死亡率为0.0548,占省控指标的35.9%。

社会管理和维护稳定工作全面加强。瞄准争创全省社会管理创新先行区、示范区,创新管理理念、体制机制和方法手段,全省公安机关创新流动人口服务管理现场会在晋城市召开。深入开展严打整治,持续引深平安创建,社会治安综合治理工作走在全省前列。积极开展信访积案大会战,进京非正常重复上访同比下降56%,赴省集体访同比下降39%。特别是把抓好十八大安保工作作为一项特殊的政治任务,强化源头治理和预防,加强舆情研判,深入开展严打整治专项行动,实现"六个坚决防止"和进京非正常上访"双零"目标。

党的建设

持续引深创先争优活动。开展“创先争优从我做起、挂牌承诺争当先锋”主题实践活动，形成一批创先争优理论成果、实践成果和制度成果，城乡党建“三联两派一激励”、党员队伍“四分法”链式管理等做法，受到省委的充分肯定。

全面推进学习型党组织建设。扎实开展专题讲座“每月一讲”、自主选学“每月一班”、境外培训“每年一批”、在线学习“每人一卡”，分批选送处级以上干部到上海和境外进行专题培训。市委常委带头宣讲，市委中心组成员示范引领，在第一时间完成学习贯彻十八大精神的首轮培训。

切实加强领导班子和干部人才队伍建设。围绕转型跨越发展配班子、选干部、建队伍，集中召开了一系列干部座谈会。深化干部人事制度改革。全年，市委常委会共研究干部7次，调整处级干部57名。其中：提拔正处级干部11名、副处级干部11名，安排军转干部11名；平调正处级干部9名、副处级干部4名，免职11名。新提拔的22名干部中，竞争性选拔13名。所有新提拔任职的干部全部实行市委常委会票决制，全年没有出现一起涉组涉干的负面舆情。加强干部监督管理，开展“一报告两评议”和领导干部报告个人有关事项工作。持续推进人才强市战略，完善党委联系高级专家制度。累计引进各类紧缺人才3500多名，为转型跨越发展提供人才支撑。

深入开展基层组织建设年活动。全面实施基层党建工作“联述联评联考”制度，狠抓党员教育培训，圆满完成换届后农村“两委”主干培训工作。狠抓基层党建创新工作，在社区推进“三有一化”，在乡镇推行“文建明工作法”，在机关实施机关党建走在前行动计划。狠抓非公企业党建工作，实现非公企业党组织全覆盖。以“包保责任制”为抓手，扎实推进基层党组织分类定级和整改提高工作，全市“好”和“较好”的基层党组织占到85%。在全省述党建测评中，晋城市位居前三名。

深入开展党风廉政建设和反腐败斗争。认真落实党风廉政建设责任制，统筹推进山西特色惩治和预防腐败体系建设的晋城实践。建立并实施《领导干部廉政勤政约谈制度》。加强对重大决策部署的督促检查，深入开展食品安全、工程建设等领域的专项治理，解决了一批群众反映强烈的突出问题。加大纠风治理工作，被省政府评为全省政风行风先进市。坚决查处违纪违法案件，全年立查案件243件，对296人进行党纪政纪处分。

中共晋城市委领导名录

书　记：张茂才（2012.1—2012.1）

张九萍(2012.1—2012.12)

副书记:王清宪(2012.1—2012.12)

冯建平(2012.1—2012.9)

于若洁(2012.9—2012.12)

常　委:原国政(2012.1—2012.12)

于若洁(2012.1—2012.12)

冯　征(2012.1—2012.12)

王云国(2012.1—2012.2)

张志仁(2012.9—2012.12)

康吉仁(2012.1—2012.12)

范丽霞(2012.1—2012.12)

朱晓东(2012.1—2012.6)

刘爱军(2012.1—2012.12)

常国荣(2012.1—2012.12)

郝崇福(2012.6—2012.12)

秘书长:刘爱军(2012.1—2012.12)

(市委办)

组　织

2011年工作

2011年，市委组织部本着“讲大局、重特色、创一流”的工作理念，按照“一个中心、四件大事”的部署，围绕转型跨越发展大局，圆满完成各项工作任务，为“十二五”开局提供有力的组织保证。

三级换届工作

3月4日至8月底，市、县、乡三级领导班子换届。全市7.15万余名党员参与乡镇换届选举，参选率达95.7%，市、县两级干部参加民主推荐9600余人次。换届风气测评满意率达98.34%。

干部选拔任用

一是完善提名办法。根据干部资源的不同情况、不同岗位干部的不同需要，运用干部人事制度改革成果，采取多种提名办法。换届中选配县长人选，采取“两推”的办法。二是完善考察办法。坚持德才兼备、以德为先用人标准，加大干部考德力度，实施“两考”办法，任前考察重考德，年度目标任务考核重考绩。三是完善干部选任责任追究办法。建立并实施干部选任全程纪实制度和干部选任责任追究细则，以动议、提名、推荐、考察、酝酿、讨论、决定为重点内容，通过完整的文书档案，准确记录干部选任全过程。四是探索建立公推直选办法。乡镇换届中，在泽州县李寨乡完成公推直选试点工作。五是完善年度目标责任考核办法。

落实“六个一批”

一是集中交流一批。以换届为契机，干部地域、岗位、任职等横向、纵向交流，全年处级干部交流任职65名。二是公开选拔一批。公选8名大学生村干部任乡镇(街道)副职、5名35岁以下年轻副县长、5名市直机关正处领导干部、8名副处领导干部。三是从基层选拔一批。从优秀乡镇党委书记和县直单位正职中，选拔36名干部进入县级领导班子，选拔6名优秀乡镇党委书记到市直单位任职。公开招录50名党群机关公务员和24名乡镇公务员、县乡事业单位工作人员。四是挂职锻炼一批。健全选派年轻干部到基层挂职、选派基层干部到上级机关挂职、选派后备干部到信访部门挂职、选派县乡领导干部到沿海经济发达地区挂职的机制。2011年,下派到乡村挂职锻炼干部256名。五是表彰奖励一批。对在转型跨越发展中表现突出、成绩优异的86个市直单位和6个县(市、区)以及优秀干部分别进行表彰奖励。六是储备一批。制定党政领导班子后备干部队伍建设规划、后备干部动态管理办法,建立县处级后备干部信息库,对后备干部进行调整补充。

创先争优活动

一是在各级领导机关、领导班子和领导干部中开展以搞好换届为中心的创先争优活动。二是在基层党组织和党员中以“挂牌承诺、督查践诺、相互评诺”为主题,推行星级化管理。三是围绕学习贯彻“七一”讲话精神,突出为民服务宗旨,在全市窗口单位和服务行业举行“为民服务创优环境,争当转型跨越排头兵”授牌暨签名活动。市四大班子领导带头,全市3000多个窗口单位和服务行业党员干部进行签名宣誓。四是以现场观摩、集中点评为抓手组织开展承诺回头看。全市各级党组织和党员承诺事项20余万条,98%以上得到落实。五是以纪念建党90周年为契机开展大型表彰活动,进一步唱响创先争优主旋律。表彰50个先进基层党组织和100名优秀共产党员,授予500个窗口行业、商业柜组先锋岗、先锋号、英雄号等称号。

干部教育培训

一是完善“四位一体”干部教育培训体系。“四位一体”干部教育培训方式以制度的形式确立下来。专题讲座“每月一讲”,累计举办77期,培训干部38 000余人次。自主选学“每月一班”,举办煤炭专题、安全监管、应急管理、农业产业化和新农村建设、科技创新管理等7个专题培训班,培训干部1500多人。在线学习“每人一卡”,覆盖全市所有处级干部和乡镇党政正职。境外培训“每年一批”,开办日本和新加坡两个境外培训班。二是围绕市委、市政府“融入长三角、对接大上海、实现大跨越”的战略,制定实施“上海千人培训计划”,利用1年时间对全市1000余名处级干部在上海轮训一遍。三是探索建立“2+3”干部教育培训长效机制。以管理和教学“两个体制”改革为突破,拓展干教领导组管理职能和推进党校办学体制改革,实现重点培训向全员培训的转变。以经费保障、考核评价和激励约束“三个机制”创新为保障,实现优质培训资源向基层倾斜,考绩、考廉与考学并重,培训学习与选拔使用有机结合。

基层党组织建设

一是加强村级组织活动场所的管理和使用。在全省率先制定出台《加强村级组织活动场所管理和使用工作制度》,所有村级活动场所按照“十有”标准(即:有明显的标识、有规范的党旗、有健全的制度、有必需的桌椅、有取暖设施、有齐全的档案、有完整的电教设备、有充足的学习资料、有专门的管理人员、有日常的维护经费)管理和使用。建立经费保障机制,各级财政按每村每年5000元标准落实村级场所维护经费。二是构建城乡统筹基层党建格局。实施"三联两派一激励"机制,实行村村、企村、城乡联建,选派农村干部跨村任职、下派机关干部到村任职,对实绩突出的村支部书记给予副科级干部待遇等办法,破解新农村建设的人才"瓶颈"。全市共建立村村联合党组织191个、企村联合党组织185个,跨村任职191人、选派任职270人、下派干部140余名,市委命名10名任职20年以上、业绩突出、群众公认的村支书为"功勋党组织书记",纳入县委管理,并给予副科级干部工资待遇。三是开展党员教育培训和农村党组织书记轮训。按照"面向基层、联系群众、分类组织、示范带动"的思路,建立阳城县皇城村、陵川县杨村乡村干部学校、泽州县东四义村、城区金华社区、山西兰花集团等5个党员教育培训示范基地,聘请21名农村支部书记、机关企业党务干部、社区工作者担任培训基地的特聘教师,落实200万元培训经费下拨各基层党组织。办好党员教育四个培训,即农村党组织书记培训、发展党员全员培训、党员创业就业技能培训和流动党员培训。2011年,全市共组织党员培训会1200余场次,培训党员93 703人次,其中农民党员65 912人次,流动党员1713人次。组织支部书记集中培训58期,培训支部书记5895人次。继续办好"村官访谈"栏目,制作138期,播出135期,在全市农村形成学先进、赶先进、争先进的良好氛围。四是做好发展党员和流动党员管理服务工作。发展党员方面,完善"群众推荐、党委考察、支部票决、全程公示"的农村发展党员新机制,并在全市机关、企事业单位全面推行。在"两新"组织中,推行由各级团组织向党组织推荐优秀团员青年入党的工作机制。全市无党员的"两新"组织共发展党员131人,组建非公经济党组织57个,组建新社会组织党组织19个。按照"市县建中心,乡村建站点"的工作思路,实行流动党员"一证六清三培养"制度,构建城乡一体、流入地组织为主、流出地组织配合的管理服务网。阳城县凤城镇岳庄村被表彰为"全国先进基层党组织",皇城村党总支书记张家胜被表彰为"全国优秀党务工作者"。

领导干部下乡住村活动

市、县两级领导干部与510个人均收入在3000元以下的村、4000余户特困家庭结成帮扶对子,包村帮户增收。市四大班子领导成员深入联系点,住村入户帮助解决实际问题460余件。213个单位的5200名领导干部下乡蹲企、住村蹲点,走访农户4.7万户,组织开展基层组织活动894次,大讨论765次,制定发展规划894个,提出发展建议2200多条,落实项目帮扶资金1500余万元,形成调研报告894个,帮助新上项目652个。

农村"两委"换届工作

实行先村党组织后村委会的换届顺序,严格执行"六个做到、六个严禁"。村党组织换届全面实行"两推一选"办法,对具备条件的实行"公推直选"的方式,选优配强领导班子特别是主要负责人。全市2217个村"两委"换届选举工作全部结束。

大学生村干部工作

推进选聘高校毕业生到村(社区)任职长效机制。选聘14名优秀高校毕业生到村任职,建立大学生村干部信息库,举办女大学生村干部培训班,扶持大学生村干部自主创业,发挥大学生村干部在构建社会主义新农村中的独特作用。

人才兴市

一是制定出台《中长期人才发展规划纲要》和《党政人才中长期发展规划纲要》等6个子规划纲要,全市引进国家"千人计划"人才1名,山西"百人计划"人才3名,市委外聘高层次人才10名,其他各类紧缺人才3500多名,其中硕士研究生和副高职称以上500多名,博士研究生30多名,海外高层次人才40多名。二是建立晋城经济开发区高层次人才创新创业基地、兴高焦化公司人才培训基地等,利用本土优质资源,加速人才集聚和培养。三是加强高层次人才服务管理,建立"三式"人才服务工作平台。简化出入境、落户、子女入学、配偶安置、住房、医疗、税收、社保、信息咨询等办事程序,提供"一站式"服务。建立人才工作成员单位互动联系机制,实施机构、行业、项目"联动式"服务。

组工建设

一是围绕"讲党性、重品行、作表率"主线,开展学习李林森先进事迹活动和"三深四联五做到"组工干部下基层活动,引导广大组工干部树立形象、砥砺作风、提升能力。二是围绕换届工作,开展"组工文化主题月"活动,教育引导组工干部坚持公道正派,当好表率。三是实施以"品格文化立部、能力文化兴部、行为文化正部、情感文化活部和建设组织工作服务中心"为主要内容的组工文化"4+1"工程。市、县建立组织工作服务中心,乡镇设立服务站,村里设立服务点,形成覆盖全市、上下延伸的组织工作服务网络。四是加强《晋城组工》刊物、"晋城党建网"建设,"晋城党建网"入选晋城市十佳网站,中组部《组工信息》采用稿件10篇(条),省委组织部《晋组信息》采用56篇(条),组工信息积分排名全省第一。

党建理论研究

全市6个县(市、区)全部成立党建研究会,晋城经济技术开发区、市教育局党工委成立党建研究专委会,成为全省唯一的县级党建研究会全覆盖、成立党建专委会的地市。全市有7篇研究成果获全国和全省党建研究会课题奖,获奖数量全省最多。9月27日,全省党建研究会在晋城市召开经验现场会。

2012年工作

2012年，市委组织部坚持“讲大局、重特色、创一流”的工作理念，服务“两个坚定不移”，上下联动、扎实工作，各项任务圆满完成。创先争优、组工信息、党建研究、大学生村官、电化教育等工作全省排名第一，整体工作再上台阶。

创先争优活动

全市评选表彰100个先进基层党组织、100名优秀共产党员和12个先进乡镇（街道）党委。3个先进集体受到中央表彰，10个先进集体、6名优秀个人受到省委表彰。全省创先争优理论成果评比6篇获奖。全市受中央、省委表彰的先进集体、优秀个人数量和理论成果获奖数量居全省第一。

保持党的纯洁性学习教育活动

在全市开展保持党的纯洁性学习教育活动，围绕学、查、改三个环节，扎实推进“九个一”实施方案，圆满完成学习教育活动任务。省委督查组对晋城市的做法、效果给予高度评价。

领导班子建设

围绕民主集中制建设，健全完善各级领导班子集体领导和班子成员分工负责制、议事规则和决策程序、民主生活会制度。围绕改进作风，扎实开展领导干部下乡住村、包村增收、包保升级等主题活动。围绕提高干部素质，开展干部大培训大教育，完成市管干部十八大精神首轮培训任务，全年培训干部8000余人次。

干部人事制度改革

健全完善干部选拔任用工作程序、干部档案管理制度、干部任前档案审核制度。全面推行党委常委会干部任免票决制。全市没有出现一起涉组涉干的负面舆情，在全省组织工作满意度测评中，比2011年提高6.92分。10月，省委组织部在晋城市召开全省干部监督工作现场会。

人才工作

建立人才与项目双激励机制，命名表彰首批13家海内外高层次人才创新创业基地。构建高层次人才“一站式、联动式、星级式”服务平台。健全完善党委联系高级专家制度，全面实施人才工作目标责任考核制度。全市共引进各类紧缺人才3500多名，其中博士36名、海外高层次人才43名,入选国家"千人计划"1名、省"百人计划"4名,市委表彰优秀外聘高层次人才10名。

基层党组织建设

全市"好"的基层党组织达到3705个,占52%;"较好"的2351个,占33%;"一般"的1069个,占15%,圆满完成省委提出的"每一个党组织都有新提升,年底普遍晋位升级"目标。成立非公经济组织党工委,新建立非公党组织564个,实现非公企业党的组织和工作"两个全覆盖"。全面实施基层党建工作三级"联述联评联考"制度,晋城市在全省述党建测评中得分居前三名。晋位升级"三级包保责任制"做法得到中组部和省委组织部的肯定和推广。

党员管理

实施发展党员"拓面提质"工程。在农村推行发展党员新机制,在社区实施入党积极分子"拓源"工程,在机关事业单位探索推行"双推双评"新办法,在国有企业开展"双培"行动计划,在"两新"组织推行"推优"入党办法。全年共发展新党员2400名。全面实施分层分类党员教育管理新办法,全年举办党员培训班254期,培训党员5.8万人次。

大学生村干部工作

实施大学生村干部创业行动计划,建立创业基金,确立10个创业示范合作社,创建10个创业示范基地,选树30名大学生村干部新农村建设带头人。对107名新当选村"两委"主干的大学生村干部进行任职专题培训。

组工建设

在"讲党性、重品行、作表率"活动总结表彰中,晋城市1个先进集体受到中组部表彰,3个先进集体、6名先进个人受到省委组织部表彰。

(市委组织部)

宣 传

2011年工作

2011年,全市宣传思想文化战线深入学习贯彻党的十七届五中、六中全会和省第十次党代会、市第六次党代会精神,围绕科学发展主题和转型跨越主线,深入推进学习型党组织建设,加强舆论宣传引导,加快建设文化强市,深化城乡文明一体化创建,为"十二五"开好局、起好步,加快经济转型和社会各项事业又好又快发展,提供思想保证、舆论支持、精神动力和文化条件。晋城市荣获全国文明城市提名奖,被表彰为全国文化体制改革工作先进地区、山西省文化建设先进市。

理论武装工作

理论学习。建立健全组织领导、学习运行、投入保障、成果转化、考核评估五项机制,继续推进龙头带动、基础保障、典型引路、运用提升"四大工程",推动学习型党组织建设逐步迈向制度化、规范化、常态化、生活化。市委中心组围绕全国"两会"精神、加强和创新社会管理、建党九十周年、"十二五"规划纲要、党的十七届六中全会和省第十次党代会精神等专题,集中学习8次。引深选树"百佳典型"活动,宣传一批学习型党组织建设先进集体和先进个人,在全市营造崇尚学习、争当典型的新风尚。

理论宣传。编印党的十七届六中全会、省第十次党代会、市第六次党代会精神宣讲资料,组织宣讲团,深入基层,面向群众,宣讲六中全会和省市党代会精神。调整充实"十百千"理论报告员队伍,有针对性地开展"长流水、不断线"的理论宣传教育活动,共举办专题报告50余场,巡回宣讲2000余场,直接受众50余万人。在新闻媒体开辟专题、专栏、专访,在社区、农村、学校、企业设置理论宣传黑板报、宣传板、小喇叭,把党的最新理论成果传播到基层群众。

理论研究应用。围绕招商引资、现代煤化工、民营经济发展等课题,市四大班子成员深入基层调查研究,形成一批高质量的理论成果,市委书记张茂才撰写的《以基层党建创新促城乡统筹发展》在《求是》杂志刊发。全市各级党员干部围绕转变经济发展方式的主题,开展庆祝建党90周年理论研讨活动,撰写报告200余篇。

舆论宣传工作

专题宣传。坚持团结稳定鼓劲、正面宣传为主的方针,坚持“三贴近”原则,大力宣传党的十七届六中全会、省第十次党代会、市第六次党代会和市“两会”精神;宣传全市上下认真贯彻落实全省干部大会和省委书记袁纯清的重要讲话精神,推进招商引资和项目建设,加快转型跨越发展的具体行动;宣传全市实施城乡统筹、“双轮驱动”战略,推进生态文明建设和宜居城市建设的实际成效;宣传各级各部门致力于保障和改善民生,保持社会和谐稳定的良好局面,唱响转型跨越、科学发展的主旋律。

重大主题宣传。围绕纪念建党90周年,推出《晋城红色记忆》、《红旗飘飘》、《先锋赞》、《寻访晋城红色地标》等专题专栏,展现全市人民热爱党、热爱国家、热爱社会主义、热爱晋城的良好精神风貌;围绕推进招商引资和项目建设,推出《扩大招商引资,加快项目建设,推进转型跨越》专栏,刊发《正视存在问题,增强紧迫感责任感》、《招商引资理念要有新提升》等社论,对全市各级各部门招商引资、转变作风、创优环境的做法、经验、效果进行宣传报道;围绕“对接大上海、融入长三角”的战略定位,刊发《拿出我们的状态》、《到上海去、到上海去》、《请给我结果》系列评论,播发六集电视系列报道《到上海去》,跟踪报道全市各地和企业对接上海、招商引资的做法和成效,推进招商引资项目落地步伐;围绕省、市党代会和“两会”召开,组织《转型跨越看项目》、《创造新业绩,喜迎党代会》、《辉煌跨越》、《全面加强和改进新的伟大工程》系列报道;围绕保障和改善民生,开辟《热点关注》等栏目,集中宣传市委市政府关于民生工作的政策法规,及时解答群众关注的就医、就业、教育、低保等切身利益问题。结合“走基层、转作风、改文风”活动,组织力量深入基层一线采访,推出一批反映基层群众和老百姓生活的鲜活新闻作品。

对外宣传。在《人民日报》发表《山西晋城建煤层气开发基地》、《小蘑菇长出大效益》,在中央台播发《山西晋城:惠民兴文 以文“化”人》、《“气化晋城”显现雏形》,在《经济日报》头版头条发表《晋城构建循环经济示范区》,在《中国文化报》发表《文化产业助力晋城转型跨越》,在香港《文汇报》发表《市长专访:晋城邀港商开发煤层气》、《大公报》发表《晋城建设以煤为基示范区》系列报道,在山西日报头版发表《陶醉于诗意家园——晋城市创建全国文明城市先进市之路》等一批重点稿件。全市重点新闻报道组在省级以上媒体发稿1400余篇。

新闻发布。完善新闻发言人、突发事件中的舆论引导、突发公共事件发布应急预案的新闻发布制度,组建市直单位网络新闻发言人队伍,加强全市新闻发言人培训,拓展现场会、座谈会、网上发布、新闻发布会等多种新闻发布形式,提高新闻发布的数量和质量。共举办新闻发布会10余场，向社会发布文化旅游节、招商引资、人口普查、食盐供应、天气气象、财政预算等重大新闻和重要信息。

新兴媒体宣传。拟定全市互联网管理体制、成立互联网信息工作领导小组和互联网信息办公室的初步方案。积极应对和处置网上涉晋舆情，坚持24小时网络值班和“零报告”制度，编发《晋城舆情》70期、《每日舆情》190期；认真分析研判网上涉晋舆情，妥善处置网上突发事件。加强舆情信息报送工作，健全舆情信息工作网络，向省委宣传部报送舆情信息1000余条。联合公安、文化等部门开展属地互联网专项整治工作，重点对搜索引擎、音视频、娱乐交友、医疗健康网站和手机WAP网站的低俗信息进行集中清理，对影响较大的网站、论坛、博客、微博客、贴吧、聊吧等进行排查检查，对非法网络公关行为进行专项打击。

思想道德建设

纪念中国共产党成立90周年活动。在全市各级党组织和广大党员干部中，开展纪念中国共产党成立90周年“五个一”活动，即“唱一首红歌、看一部红色影片、读一本红色书籍、开展一次警示教育、做一件好事”。举办“心中的歌”红歌演唱会，在全市掀起学唱红歌、传唱红歌的热潮。组织举办征文活动，共收到各类征文303篇，评选优秀文章51篇。举办晋城党史图片展，展示晋城在中国共产党领导下走过的光辉历程、发生的巨大变化。举办理论研讨、座谈会、演讲赛、文艺调演、知识竞赛等丰富多彩、形式多样的活动，凝聚全市人民热爱中国共产党、建设新晋城的信心和力量。举办晋城市“十一五”大型成就图片展，展现全市“十一五”期间经济社会发展、煤炭资源整合、产业结构调整、扶贫攻坚、重点工程项目建设、民生改善等方面取得的成绩，展现全市人民开拓进取的精神风貌。

爱国主义教育。市委宣传部与市军分区联合开展“情系国防、梦想军营”国防文化系列活动，营造全社会关心支持国防建设的良好氛围。规范全市45家市级爱国主义教育基地的建设和管理，扶持孙文龙纪念馆等一批重点爱国主义教育基地建设。在原有10家省级基地的基础上，重点指导3家有一定规模、管理到位、工作开展好的基地建设，并推荐申报为全省第三批爱国主义教育基地。

面向基层宣传。组织“三下乡”活动，为基层农民群众送文化、科技、法律、卫生等方面的服务。组织党的建设、党风廉政建设、社会治安综合治理和平安建设、文明创建、“六五”普法、依法治市、科普活动、节能减排、安全生产、计划生育等社会宣传活动。

公民道德实践活动。在全市倡导文明礼仪之风、读书学习之风、勤俭节约之风，引深教育实践活动，评选表彰十个系列100名道德楷模、80位晋城好人。马丑平等15人荣登“中国好人榜”，入选人数名列全国第一。崔旭艳荣获第三届全国道德模范提名奖。设立百万元救助资金,帮扶连蜜莲等32位生活困难的道德模范,全市上下掀起崇尚道德楷模、学习道德楷模、争当道德楷模的热潮。组织全市各类志愿者,开展"一助一"爱心帮扶、爱心送考、关爱空巢老人等志愿服务活动,弘扬团结互助、平等友爱、共同前进的社会风气。以"文明的节日、和谐的节日、奋进的节日"为主题,组织开展"我们的节日"系列主题活动。组织开展交通安全宣传、交通违法整治、安全隐患排查、文明交通"五个一"评比等重点工作,全面落实"文明交通行动计划",营造安全畅通、文明有序的交通环境。

未成年人思想道德建设。开展校园周边场所、网吧环境集中整治行动,倡导文明办网、文明上网,组织"童心向党"、优秀童谣展演传唱活动,净化、优化未成年人健康成长的社会文化环境。持续开展"做一个有道德的人"主题实践活动,使广大青少年在实践和参与中践行道德规范,提升文明素养。推进未成年人活动场所建设,确定3所乡村学校少年宫建设项目。

精神文明建设

市委、市政府将文明创建工作列为全年重要的战略工作,先后召开动员会、攻坚会,安排部署创建全国文明城市工作。出台《晋城市创建全国文明城市工作方案》,将《全国文明城市测评体系》、《全国未成年人思想道德建设工作测评体系》逐条逐项落实到责任单位和责任人。市文明办联合市纠风办、市级新闻媒体,先后开展50余次定期督查,并就创建重点和薄弱环节进行明察暗访。把创建实绩作为年终考核工作的重要依据,在全市形成以创建看干部、以创建看作风、以创建看成效的工作氛围。巩固以财政投入为主、社会各界多元参与的投入保障机制,加大城市基础设施、社会事业、重点项目的投入。利用媒体报道、编发简报、公益广告、宣传栏版、发放资料等形式,广泛开展文明创建宣传活动,形成全民参与、共建共享的创建格局。晋城市获全国文明城市提名奖。

文化强市建设

文化体制改革。继续深化文化体制改革,重点完成国有文艺院团转企改制工作。制定全市国有文艺演出院团体制改革方案,全市剩余的10家文艺院团全部按照五条标准要求,注销事业单位法人,核销事业编制,完成工商税务登记,签订劳动合同,为职工缴纳养老保险金,率先通过省里的检查验收。在网络整合方面,完成清产核资、人员摸底、人员上报等工作。晋城市被表彰为全国文化体制改革工作先进地区、山西省文化建设先进市。

公共文化服务体系建设。一是组织"神奇太行·文化晋城"两节系列文化活动、公益文化活动广场、全省第七届广场文化节等活动。二是按照新的"五个全覆盖"要求,推进农村文化十大工程。送科技和爱国主义教育影片下乡27 744场,全面完成"农家书屋"全覆盖和

“村级文化活动场所”全覆盖任务。三是深入开展“扫黄打非”专项行动。对全市各类文化经营场所进行排查整治，集中收缴、销毁了一批盗版侵权产品和非法出版物，进一步规范文化市场秩序。四是开展非物质文化遗产保护宣传活动。共申报国家级保护项目17项，省级保护项目65项，市级保护项目92项，县级保护项目201项，6人入选国家级非物质文化遗产项目代表性传承人，59人入选省级非物质文化遗产项目代表性传承人，初步建立四级非物质文化遗产项目名录保护体系。五是继续推进文化低保工程。为困难群众送戏664场，送电影6444场，回收购书补助卡72 678张，新建农民工文化活动室7个，覆盖537个文化贫困村、113个革命老区村和11.6万名城乡贫困群众。9月18日、9月22日，新华社《国内动态清样》、农民日报《上送件》，专题报道晋城市的文化低保工程。

文化产业发展。一是抓总体规划。把加快发展文化产业纳入全市“十二五”规划纲要，确立“1233”（即建设10个年营业收入达5亿元、20个达亿元、30个达5000万元、30个达2000万元的文化企业）文化产业发展战略。编制《晋城市“十二五”时期文化产业发展规划》、《晋城市旅游文物业“十二五”发展规划》，指导全市的文化产业发展。二是抓项目建设。向省里推荐潞绸文化产业园等11个文化产业建设项目，制作完成52集大型神话动画片《大耳朵爷爷历险记》，并在太原举行首发仪式，春节期间在央视播出。总投资3.5亿元、全省规模最大的白马寺山森林公园太行明珠游乐城项目落地投建。组团参加第七届深圳文博会、2011年中国（上海）创意产业博览会、第六届中博会，积极对外推荐文化产业和产品。三是抓大型活动。整合全市文化和旅游资源，举办中国（晋城）太行山国际文化旅游节活动。以“太行风情·活力晋城”为主题，以“一周（文化艺术周）、一节（围棋文化节）、一月（旅游文化月）、一会（经贸洽谈会）”为主要内容，开展两“海”说一山（即邀请韩毓海、纪连海纵论太行山文化内涵，推动太行山文化发展）文化讲座、“太行风情”书法美术摄影大赛、“百名记者看晋城”大型采访、全国业余围棋大赛、“神奇太行·经典晋城”旅游推介会、晋城名优产品展销会等28项活动，集中打造“太行山”文化品牌，提升晋城的知名度和影响力。中央电视台《新闻联播》以“挖掘文化富矿，激发产业活力”为题报道晋城市的文化产业发展工作。

文艺作品。加强文艺精品创作，推出一批优秀文艺作品，其中5件作品获山西省第九届“五个一”工程奖，市委宣传部获组织奖。组织开展“赵树理文学奖”评选工作，扶持9件重点文艺作品。上党梆子现代戏《西沟女儿》，进京参加庆祝中国共产党成立90周年优秀现代戏展演。新编上党梆子历史剧《千秋长平》，被中国戏曲协会授予“中国戏曲学会奖”。歌剧《小二黑结婚》在首届中国歌剧节上获“集体演出奖”、“编剧、作曲荣誉奖”等7个奖项。

2012年工作

2012年,全市宣传思想文化战线按照中央、省委和市委要求,紧紧围绕迎接十八大、宣传十八大、贯彻十八大主线,全面落实党的十七届六中全会精神,扎实推进理论武装、舆论引导、核心价值体系建设、文化改革发展各项工作,为全市转型跨越发展提供良好的思想文化保证。

理论武装工作

理论学习。全市各级党委中心组通过集中学习讨论、听取专题报告、举办培训讲座等方式,认真学习领会党的十八大精神,学习党的基本理论和科学发展观,学习胡锦涛同志"7·23"重要讲话精神,学习习近平总书记一系列重要讲话精神,学习省委、市委的重大决策部署,进一步统一思想,凝聚共识。

理论宣传。各级党委宣传部门组建党的十八大精神宣讲团,开展"晋城市党的十八大精神千人万场大宣讲"活动,面向广大党员干部群众宣讲党的十八大精神。深入推进农村、社区、企业、机关、学校、军营、在线、广播、电视、手机等"十大讲堂"。各级领导班子带头宣讲,市委书记张九萍、市长王清宪等领导轮流在电视讲堂作宣讲报告;市委讲师团分赴各县(市、区)、市直各单位巡回宣讲;基层理论报告员、大学生村官深入农家小院、田间地头面对面宣讲,推动党的十八大精神进村入户、入脑入心。全年全市共开办党员干部讲座6000余场,培训80余万人。

理论研究应用。市委中心组成员在深入调研的基础上,围绕"保稳定、促发展、惠民生"的主题,在产业发展、项目推进、城市建设、改善民生等方面形成一批有价值的调研报告;围绕"贯彻十八大精神,晋城怎么干"的主题开展大讨论活动,确立"一争三快两率先"的发展战略。

舆论宣传工作

重大主题宣传。组建十八大新闻发言人、舆情信息员、网络评论员、网络发言人、新闻宣传通讯员、重点新闻报道组等6支队伍,制定《迎接十八大新闻宣传方案》、《十八大宣传报道方案》,充分发挥太行日报、晋城广播电视台、晋城新闻网、晋城广电网、晋城在线等媒体作用,策划专题专栏,对党的十八大精神进行宣传。十八大召开前,开办"科学发展、成就辉煌"等系列专栏,集中、立体地展现党的十六大以来晋城市改革开放和现代化建设的巨大成就和晋城人民喜迎十八大的精神风貌;十八大召开后,开设"十八大精神在基层"、"新思路新实践新成效”、“县（市、区）委书记访谈”等栏目，全方位报道全市各级各部门学习宣传贯彻十八大精神的具体举措和实际行动，营造学习宣传贯彻十八大精神的浓厚氛围。

对外宣传。围绕市委、市政府转型跨越、项目建设、招商引资、“五个全覆盖”、文明城市创建等各项工作，精心策划宣传主题，组织市直新闻媒体和重点新闻网站开展宣传活动。推进“走基层、转作风、改文风”，组织“街巷硬化走基层”、“创先争优群星谱”、“凤台街改造”、“聚焦城管体验执法”、“走近创业人才、技能人才”等系列基层记者行活动。《国际花园城市“花”落晋城》、《山西晋城大开放，力促快速转型》、《山西晋城：小村庄里的文化低保》等一批重点稿件在中央和省级媒体集中报道。

新闻发布。规范新闻采编秩序，完善新闻通气制度，建立重大活动报道提前通报制度，推进重点新闻报道建章立制。组织开展第十届晋城新闻奖、晋城“五一”新闻奖、全市重点工程新闻奖评选表彰活动。

新兴媒体宣传。增强对网上信息内容的管理，舆情报送采取手机短信和书面报送相结合，增强舆情报送的时效性；组建网络骨干写手、网络发言人、舆情信息员三支队伍；组织开展网络评论工作，妥善应对处置网上突发事件；联合公安、文化、工商等部门，在属地网站开展整治网络淫秽色情和低俗信息专项行动，开展集中清理互联网政治类有害信息专项行动，净化网上舆论环境。晋城市应对负面舆情的做法和经验，在《山西信息》发表。

思想道德建设

爱国主义教育。在全市开展形势政策教育、革命传统教育、改革开放教育和国防教育等爱国主义教育。推进爱国主义教育基地建设，赵树理文学馆、孙文龙纪念馆被省委、省政府命名为第三批省级爱国主义教育基地，赵树理文学馆全年接待参观1万余人次，举办各类主题教育活动30余场次。面向全国征集晋城市和各县（市、区）形象宣传表述语，全国近30个省（市、区）各届人士通过信件邮寄、手机短信、电子邮箱、在线投票等渠道踊跃参与，共征集表述语7200条。

公民道德实践活动。大力弘扬“崇实守信、开放包容、争先创新”的晋城精神和人人争做“知荣辱讲正气、有责任懂感恩、做好事甘奉献”的“晋城好人”，表彰见义勇为勇士、助人为乐楷模、诚信建设使者、孝老爱亲典范、敬业奉献模范、志愿服务先锋、文明礼仪标兵、新农村建设带头人、转型跨越发展先行者、美德少年等10个类型203名“晋城好人”。积极组织参加“我推荐、我评议身边好人”活动，乔香平等7人入选“中国好人榜”，3人入选省级道德模范。全市共有41人登上“中国好人榜”，总人数居全省前列。

志愿者组织服务。组织“我们的节日”、“关爱他人、关爱社会、关爱自然”和学雷锋、“文明交通志愿服务”、“爱心送考”、“中秋过大年、家家都团圆”等志愿服务活动。

未成年人思想道德建设。组织“诵读经典”、“心向党跟党走”、优秀童谣征集传唱、“向国旗敬礼、做有道德的人”等主题实践活动，积极推进乡村学校少年宫建设，净化社会文化环境工作受到中央文明办和省文明办表彰。

精神文明建设

全市各级党委、政府和责任单位，根据市委确定2014年争创全国文明城市的目标要求，对照测评指标体系，细化分解创建任务，针对薄弱环节，查漏补缺，按照市文明委的具体安排，编制创建时间表、路线图、任务书，扎实开展各项创建工作。中央文明办公布全国城市文明程度指数测评结果，晋城市位列地级市第22位。

推进城乡一体创建战略，农村精神文明建设工作取得新进展。深入推进“文明单位”和“社会主义新农村建设重点推进村”结对共建文明村活动，全市共结对73对，为结对村投入资金和物资近百万元，开展各类文体活动、实用科技培训100余次，培训村民2万余人次。

继续推进100个文明单位与社会主义新农村结对共建文明村活动，组织农村精神文明建设情况大调研，表彰450个先进典型。“文明餐桌行动”、“文明交通行动计划”、“道德讲堂”成为群众性创建活动的重要载体。

加强工作规范和创建指导，群众性精神文明创建工作再上新水平。修订《晋城市文明村镇创建管理办法》、《晋城市文明社区创建管理办法》、《晋城市文明单位创建管理办法》、《晋城市文明行业创建管理办法》、《晋城市文明风景旅游区创建管理办法》、《晋城市民营企业创建文明单位试行管理办法》，规范届期制、公示制、评选考核、奖励表彰等创建制度，明确各类创建活动的工作标准、实施办法和管理措施，提升群众性精神文明创建水平。全市7个文明单位、10个文明村镇受到中央文明委表彰。推荐申报省级文明和谐城市2个、文明和谐行业3个、文明和谐单位标兵11个、文明和谐单位57个、文明和谐社区11个、文明和谐乡镇10个、军民共建2对、文明和谐风景旅游区5个、文明和谐家庭6个、精神文明建设先进工作者17名。组织开展市级精神文明建设先进典型的申报评选工作。

文化强市建设

市委六届二次全会审议通过《中共晋城市委、晋城市人民政府关于深入贯彻党的十七届六中全会精神加快建设文化强市的实施意见》，明确文化强市建设的指导思想、目标任务、基本原则和实现途径。

文化体制改革。巩固国有文艺院团体制改革成果，晋城市被表彰为全国文化体制改革工作先进地区、全省文化体制改革示范市，泽州县金村镇综合文化站被表彰为“全国文化体制改革工作先进单位”,高平市被表彰为“全省文化体制改革工作先进县市区”,市文体宫、市群艺馆、晋氏实业有限公司、景潮办公用品印制有限公司、金村镇文化站、市执法大队等6家单位获先进单位称号,闫锦绣、商浩辉、王丽、潘登、王淑琴等5人荣获先进个人称号。

公共文化服务体系建设。乡镇综合文化站、广播电视村村通、农家书屋等文化惠民工程基本完成。文化低保全年为614个贫困村、50余万困难群众和农民工驻地送戏1055场、送电影7064场、发放购书卡117 117张,建设农民示范书屋12个。《人民日报》、《经济日报》、《光明日报》、中央电视台等十多家中央主流媒体先后发表反映晋城市文化低保工作成绩的稿件20余篇。十八大期间,央视拍摄并播出的“文化改革发展十年巡礼”专题片,专门介绍晋城的文化低保工作。晋城大剧院开工建设,市“三馆(美术馆、图书馆、档案馆)合一”主体工程完工,实施百姓大舞台改扩建工程,晋城博物馆、赵树理文学馆完成软硬件改造提升。高平市、陵川县、沁水县完成图书馆、文化馆建设,泽州县、高平市、陵川县完成数字电影院建设。全面启动创建国家公共文化服务示范区工作。推进文物保护和非物质文化遗产保护工作,对青莲寺、府城玉皇庙等一批“国保”单位进行修缮保护,推动建立非物质文化遗产传承机构,初步形成“国家、省、市、县”四级非物质文化遗产项目名录保护体系。

文化产业发展。按照“两地六业”的主攻方向和“1233”发展战略,通过调整优化文化产业结构、所有制结构,用科学技术改造传统文化产业,大力发展新兴文化产业,使文化旅游、工艺美术、新闻影视、印刷复制、演艺娱乐、广告会展等六大行业快速发展。皇城相府景区“双节”长假再创全省旅游景区景点接待游客数量之最;52集动画片《大耳朵爷爷历险记》在央视黄金时段播出。在第八届深圳文博会期间,吉利尔服饰、神农黑陶、马良刺绣、侨枫瓷业、凤林刺绣、晋桑文化等8家参展企业展出文化产品20多种,签约合同11.3亿元。

文艺作品。上党梆子现代戏《西沟女儿》再度进京参加2012年全国优秀剧目展演,歌剧《小二黑结婚》赴省参加“欢庆十八大”山西省现代戏新剧目展演。市少儿艺术团创作的《孔子回车》、《鼓娃闹新年》被选送参加“2013年中国未成年人网络春晚”。民间文艺团体太行阳光爱乐合唱团赴中央电视台和德国参加合唱大赛。上党梆子《西沟女儿》、电视动画片《大耳朵爷爷历险记》、歌曲《再造新山西》、广播剧《皇城相府当家人》等4部作品获山西省第十届精神文明建设“五个一工程”优秀文艺作品,市委宣传部第八次荣获组织工作奖。

(市委宣传部)

纪检监察

2011年工作

2011年,市纪委、监察局坚持“标本兼治、惩防并举、注重预防”的方针,狠抓反腐倡廉各项任务落实,着力提高反腐倡廉建设科学化水平,党风廉政建设和反腐倡廉建设各项工作取得明显成效,为全市转型跨越发展提供坚强纪律保证。6月,晋城市纪委、监察局被中央纪委、人力资源和社会保障部、监察部表彰为“全国纪检监察系统先进集体”。

案件查处

全市纪检监察机关共接收处理群众信访举报1592件(次);初核线索204件;立查案件222件,同比增长15.6%,其中,县处级干部案件10件,乡科级干部案件47件;党政纪处分259人,其中县处级干部17人,乡科级干部53人;挽回经济损失984万多元。

创优发展环境

按照“部门先行清理、清理组集中审核、市政府研究决定、统一公布施行”的程序,将全市50个职能部门保留实施的392项行政审批项目削减至166项,减幅达58%。制定《晋城市建设项目联合办理暂行办法》、《晋城市工商企业注册“一表通”实施办法》(暂行),实现审批事项精简率、审批时限压减率、即办事项提升率全部达到30%的目标。市政务大厅全年共受理各类项目313 266项,日均办理近950件、接待服务对象400多人,办结率达99%以上,并研制开发行政审批电子监察系统,研究制定6项配套制度,对各窗口工作纪律、服务态度以及各单位办理行政审批情况跟踪监督,先后对31个单位56人下达《电子监察违规告知书》40份。

监督检查

市纪委牵头组织有关部门开展转变经济发展方式专项督查。对各县(市、区)和市直相关部门对接大上海、长三角地区招商情况和重点工程建设中存在项目开工不足以及投资完成率低的11个项目、推进缓慢和不达序时进度的22个项目、未按时开工的21个项目以及高沁高速公路沿线影响开工等问题同步进行监督检查。共初核效能案件6件,立查案件6件,给予3人党政纪处分。其中,撤销行政职务2人,党内警告处分1人。

源头治理

全面加强廉政风险防控，督促清理公共权力事项6721项，查找廉政风险点30 699个，制定监督防范措施或制度2726条，处理各类预警问题152个。制定《党政正职“五个不直接分管”和“末位表态”工作制度》，加强对一把手的监督制约；制订《煤矿复产复工验收程序规定》、《中介机构监督管理暂行办法》等制度，加强煤矿、中介机构监管。推进建立集中统一的有形市场，将建设工程招投标、土地招拍挂、政府采购、产权交易、药品集中采购等公共资产交易平台和行政审批、电子监察等管理监督平台全部纳入，并综合运用“制度+科技”、“人控+技控”，不断健全完善运行和监管机制，实行网上公开、网上审批、网上采购、网上招标、网上交易、网上监督，提高对有形市场运作的监管水平。出台惩防体系建设《实施意见》、《分工意见》，建立联席会议、责任分工、情况通报、调研督导四项协调配合机制。把153项任务分解、量化为若干“项目”，实施纪委、市直部门、派驻纪检组、县(市)区联动构建。把惩防体系建设纳入党风廉政建设责任制考核范围，作为班子评价、干部奖惩和选拔任用的重要依据，实行“一票否决制”；建立日常监督、阶段评估、考核验收的督查机制，坚持年初建账、年中查账、年底交账，实现监督检查的常态化、精细化。在全省惩治和预防腐败体系建设工作大会上，市委张茂才书记代表晋城市作题为《坚持一点切入、三线贯穿、六位一体，扎实推进惩防体系建设晋城实践》的经验交流发言。

作风建设

认真贯彻《廉政准则》及其《实施办法》，根据市委制定的《贯彻实施〈廉政准则〉查纠整改工作方案》，督促各级各部门开好征求意见会、民主生活会、自查汇报会，认真整改存在问题。坚持领导干部任前廉政谈话制度和职务消费公示制度。集中整治“假日腐败”和不正之风，认真治理污染校园风气办敬师宴、生日宴、开锁宴的社会陋习，以及婚丧嫁娶大操大办、借机敛财的不正之风。整肃干部作风，狠刹“吃喝风、玩乐风、闲话风”，对19名国家公职人员上班不在岗、打游戏、看电视等不良行为进行严肃查处，对1名乡科级干部醉酒驾车违纪违法案件进行通报，并给予开除党籍、开除公职处分。与晋煤集团联合投资2700余万元，建成晋城市党员领导干部廉政教育基地，全市廉政教育基地增加到14个。在“正风肃纪、创优环境”纪律作风集中教育整顿中，制定《晋城市重要岗位和关键环节干部轮岗交流制度》，开展“正风肃纪、创优环境”万人问卷社会调查活动，收回调查问卷9847份，查找在行政审批方面存在的突出问题。

信访工作

制订出台《关于进一步加强和做好基层涉纪信访工作的实施办法(试行)》，接待处理群众来访245批860人次,其中集体访42批499人次,受理处理群众网络举报70余件,按时办结率为100%,满意率为99.18%。信访接待厅建成并投入使用。坚持“周二领导接访日”制度,领导接待群众来访76批208人次。开展集中查办信访案件、化解集体访“百日会战”专项行动,市纪委、监察局班子成员对59件突出信访问题进行包县包片包案分解,全部办结。

专项治理

煤焦领域反腐败专项治理。共清理收缴各类违规违纪违法资金31亿元,清缴率达99%,查办煤焦领域案件2起。

公务用车问题专项治理。成立公务用车问题专项治理工作领导小组,召开全市公务用车问题专项治理工作会议,开展公务用车问题治理,全市共封存超编、超标违规公车140辆。

工程建设领域专项治理。共排查项目1243项,发现各类问题767个,纠正613个,累计收缴各类资金24 073.82万元。全年开展执法监察项目35项,避免和挽回各类经济损失1266.28万元,立查案件17件,党纪政纪处分27人,其中党纪处分6人,政纪处分24人,建议移送司法机关处理15人。

商业贿赂专项治理。共立案查处商业贿赂案件34件,涉案42人,其中县处级4人,乡科级8人,其他人员30人。涉案金额124.74万元,案件侦查终结30件,侦查中4件。

中介机构专项治理。市级依法注销中介机构76家,取缔60家,六县(市、区)依法注销登记36家,取缔17家,查处21家,脱钩改制38家,规范管理264家。

“小金库”专项治理。召开全市“小金库”治理工作部署会议,对全市“小金库”治理工作情况进行全面督查,对部分县区和市直单位开展专项治理情况进行突击抽查,总体情况良好。

食品药品专项治理。开展“小餐饮”专项整治、餐饮服务环节食品添加剂使用专项整治等一系列活动。全市参加网上集中采购药品的医院总数21家,集中招标采购总金额23 878.81万元,占用药总金额的99.2%,降价幅度为34.2%,让利患者13 509.74万元。

教育乱收费专项治理。查处教育乱收费问题3起,涉及金额14.8万元。在沁水县率先推行“9+3”义务教育机制,对高中阶段学生上学实行学杂费全免。

取暖用煤专项治理。开展农户冬季取暖用煤专项监察,检查供煤企业58家,走访低收入农户372户,保证低收入农户用煤。

行风评议

组织“企业评机关”专题评议活动4场,“行风会客厅”主题评议活动20多场,解决群众诉求300余件次。省委常委、省纪委书记李兆前出席“创优发展环境、助推转型跨越”企业评机关专题活动。

换届工作

市纪委与市委组织部联合下发《关于严肃换届纪律要求强化十五条监督措施的通知》，将中央、省、市换届工作纪律要求、操作规范和典型案例汇编成《严肃换届纪律，保证换届风清气正宣传手册》，组织全市各级党员干部认真学习。将“5个严禁”、“17个不准”和“5个一律”以及省、市纪委、组织部换届举报电话、举报网站、举报信箱等内容通过报纸、电视、网络等形式向社会广泛公开，全市党员干部人手一份《自觉遵守换届纪律承诺书》，逐人发放签字承诺。组织3个换届工作督查组，对各个县(市、区)换届工作全程跟踪和监督。对举报和发现的换届纪律问题建立查核专办制度。8月，市、县、乡纪委换届工作全部完成，选举产生的各纪委班子成员全部到位。

农廉工作

按照省纪委全会和省农廉办的部署，分三期对全市430余名农村基层干部进行廉洁履行职责轮训，并组织测试考核。强化农村“三资”管理，各乡镇会计委托代理中心共退回不规范票据714笔，涉及金额284.5万元，减少不合理开支558笔，涉及金额228.8万元。加强阳光农廉网建设，确定六大类120项公开内容，在公开形式上实现“四变”：即变“简单粗浅公开”为“具体明细公开”，变“定期张榜公开”为“长期动态公开”，变“单一结果公开”为“适时全程公开”，变“文字界面公开”为“直接交流公开”。创新监督检查方法，主要采取县区交叉检查与市农廉办重点督查相结合的办法同步进行。按照检查面不低于全市行政村总数80%的要求，检查行政村1829个，解决矛盾纠纷271起，解决村级矛盾纠纷227起。开通“视频互动接访约谈系统”，与农民群众视频通话738次，视频约谈114次，解答群众咨询4805次，协调解决群众大事小情510件。

自身建设

市纪委、监察局加强派驻机构管理，规范市直62个部门(单位)派驻纪检监察机构的职数设置、编制管理、提名任免、考核交流、年度考核等。4月，晋城市被确定为中央纪委干部工作联系点。加大纪检监察信息化建设力度，市、县两级视频会议室、纪检监察专网、电子公文传输等项目投入使用稳定运行，开始视频会议电话会议备份系统和IP网络保密电话系统建设。在全市纪检监察系统开展以“争创先进党组织、争做党的忠诚卫士、争当群众的贴心人”为主题、“五抓五强创五好、五学五比五带头”为载体的创先争优暨推进学习型党组织建设活动，对纪检监察干部严格要求、严格管理、严格教育、严格监督，增强纪检监察干部队伍的执纪水平和履职能力。

2012年工作

2012年,市纪委、监察局突出抓好以密切党同人民群众血肉联系为重点的作风建设、以惩治和预防腐败体系建设为重点的反腐倡廉建设,着力解决反腐倡廉建设中人民群众反映强烈的突出问题,推动全市党风廉政建设和反腐败斗争取得新的进展,为全市转型跨越发展提供坚强保障。

案件查处

全市共立查案件243件,同比增长9.46%,其中县处级干部案件10件,同比持平;结案232件,同比增长8.41%;党政纪处分296人,同比增长14.2%,其中县处级干部5人,乡科级干部43人,同比减少18%,移送司法机关27人,挽回经济损失2984万元。

创优发展环境

按照行政审批项目在全省"数量最少、流程最优、时限最短、服务最好"的整治目标,组织45个职能部门对审批事项进行清理下放和流程再造,同时,成立由发改委、工商局、经信委牵头的并联审批工作小组,实行项目落地跟踪服务制、保姆服务法和"两集中两到位"(即推进一个行政机关的审批事项向一个处室集中、行政审批处室向行政审批服务中心集中,保障进驻行政审批中心的审批事项到位、审批权限到位)等措施,市级行政审批项目由原来的166项精简到99项,精简率达40%,审批环节由原来的826个缩减到345个,审批时限由原来的8.9个工作日缩减到5.6个工作日,审批提速37%,圆满完成年初设定的"三个30%"(即审批项目再减30%、办事流程压缩30%、办事效率提高30%)目标。

党风廉政建设

实施"一把手"工程,市委书记张九萍对全市党风廉政建设重要工作亲自部署、重大问题亲自过问、重要信件亲自批示、重点环节亲自协调、重要案件亲自督办;市长王清宪亲自组织推动全市政风行风建设、政府绩效评估、优化发展环境等工作。履行"一岗双责",市委常委、副市长通过《年度落实责任制任务分解送达书》明确各自承担的反腐倡廉工作任务,坚持把分管业务工作与分管系统的党风廉政建设一起布置一起抓,年底带队考核落实情况。实行逐级负责制,市委、市政府其他领导抓好分管范围内的党风廉政建设工作。全市形成纵向到底、横向到边,一级抓一级、层层抓落实的党风廉政建设网格化责任体系。严格责任追究,对一些单位领导责任意识"弱"、责任内容"虚"、责任考核"漂"、责任追究"软"等问题,市委出台《党政机关、企事业单位主要负责人和领导班子成员廉政勤政约谈制度》,把项目落地、城乡发展、社会稳定、安全生产、整治吃拿卡要、解决发生在人民群众身边的腐败问题等中心工作纳入责任范围，作为廉政勤政约谈的重要内容，就项目落地等重点工作中发现的问题两次同六县（市、区）及开发区书记集体约谈，对6个具有项目审批职能的单位和18个承担项目建设的单位负责人进行诫勉约谈。各县（市、区）委主动向群众公开"权力清单"，县委权力进一步公开透明运行。确定12个乡（镇、办）、12个村（社区）和11个市直单位为党务公开工作联系点。全市基层党务公开覆盖面达100%。

监督检查

围绕"项目落地年"部署，出台项目落地监督检查的意见、实施方案和监督检查十项办法，建立纪检监察、政务督查、新闻舆论监督"三位一体"的专项督查机制。对政府投资类项目、奠基落地工程、招商引资签约项目和省市重点工程进行5轮督查。每次督查情况都以专题纪录片形式通报，下达整改建议书6份。把"签约之后服务不优、致使项目流失以及奠基之后长期无动作、工程进展缓慢"等问题作为督查重点，对城区汇迁小学工程奠基后八个月工程形象进度为零、现场垃圾成堆的问题严肃问责，给予相关责任人行政处分。推行行政审批效率日志和项目推进工作日志制度，对审批流程进度挂牌公示，对项目进展动态全程记录，定期检查、定期分析、定期公开进度。

源头治理

组织各级各部门重新排查风险点，制定防控措施，建立预警反馈机制，规范部门内部权力梳理、职责权限界定和业务流程优化，初步建立"以岗位为点，以权力流程为线，以制度建设为面"的廉政风险防控模式。开展廉政风险防控专项督查，对存在问题的79个单位下发整改告知书。对各县（市、区）、市直各单位贯彻落实《党政正职"五个不直接分管"和"末位表态"工作制度》、《重要岗位和关键环节干部轮岗交流制度》、《AB角工作规定》、《领导职务消费和单位公务消费公示》以及选拔任用干部征求所在纪检监察机关意见等六项重点制度执行情况进行专项检查，市委、市政府主要领导同制度落实不好、执行不力的8个单位主要负责人进行诫勉谈话。逐步规范项目申报、信息发布、交易组织、收费标准、审查监督、投诉处理等相关行为，加强对"有形市场"的监管。公共企事业单位事务、农村村务财务网络公开平台初步建立，市级政务大厅、县级行政服务中心、乡镇便民服务中心及部门便民服务窗口互联互通，初步实现电子监察全覆盖。惩防体系153项建设任务基本完成，初步构建起教育、制度、监督、改革、纠风、惩处六大体系。推进惩防体系信息化建设，在省定六个平台基础上，投入资金4500万元，增建六个平台，即行政执法及电子监察、政风行风在线评议、财政资金给付监管、保障房分配及征地拆迁管理监察、纪检监察机关内部办公和党风廉政责任制管理等。

信访工作

收到信访举报739件(次),其中来信557件(次),来访131件(次),网络和电话举报51件,交办转办信访案件137件,信访事项81件。各县(市、区)共办结上报信访案件或事项210件,办结率96.3%。其中,办结信访案件132件,办结率96.4%;办结信访事项78件,办结率96.3%;查实191件,查实率91.4%;受党政纪处分133人,移送司法机关20人,检查72人,挽回经济损失约152.88万元。

专项治理

工程建设领域专项治理。共排查项目1920项,整改问题687个,清缴各类款项2.62亿元。

中介机构专项治理。撤销登记中介机构20家,注销登记10家,查处14家,脱钩改制7家,新纳入规范化管理69家。

食品药品专项治理。全面推进食品安全责任监督工作,查找责任风险点500多个,将全市1023名监管责任人和10 096家监管对象纳入平台监督体系中。

乱收费治理。查处教育、涉农、涉企乱收费案件6起,涉及金额30余万元,党政纪处分17人。

商业贿赂专项治理。共立案查处商业贿赂案件31件,涉案41人,涉案金额1675.29万元。严肃查处原沁水县交通局长段某收受巨额贿赂案,涉及21人,涉案金额1000余万元。

“吃拿卡要”专项整治。全市查处“吃拿卡要”案件47件,立案查处案件45件,结案39件;处理违纪违法人员49人,其中,县处级干部5人,乡科级干部20人,一般干部24人;移送司法机关处理16人。30个单位、85名个人主动上缴违规违纪款194.21万元。

行风评议

围绕“创优发展环境、助推项目落地”主题,组织开展电视评议活动6场,举办《行风大家谈》20期,受理问题193个,全部在现场答复解决;《百姓热线·纠风台》播出163期,其中“阳光工程”45期,共有256名职能单位领导及工作人员参与现场直播,受理热线电话1065个,现场答复问题1061个,由市行评办督办4个,全部予以办理解决。市纠风办对查实的29件政风行风问题全部进行严肃处理,党纪政纪处分24人。5月,晋城市被省政府表彰为全省政风行风先进市,排名全省第一。

农廉工作

深入学习宣传《农村基层干部廉洁履行职责若干规定(试行)》,全市共发放各类宣传资料30 000余份，开辟学习专栏310个，张贴宣传挂图3600余套，创办手机报84期，安装廉政屏保6000余个。建立小型工程招投标中心57个，组织实施招投标750次，涉及金额11 325.62万元。共查处农村基层干部违反《规定》案件91起，党纪政纪处分农村基层干部101人。在全省阳光农廉网建设管理全面巡查中，晋城市排名第一。

关爱教育

中央纪委确定晋城市为党员干部关爱教育工作联系点后，市纪委制订开展关爱教育工作的《意见》及《实施方案》，主要有：一是任前谈话教育。对22名新任副处级以上领导干部进行集体廉政谈话，组织3万余名党员干部参观廉政教育基地。二是提醒提示教育。在重大节日、敏感时期和高危时段，开展“网络媒体提醒式教育”，对86名副处级以上领导干部在操办婚丧嫁娶事宜前，发放“温馨提示卡”。针对某县某部门主要领导准备大操大办儿子婚礼的举动，经及时谈心提醒，主动取消大操大办的相关活动。三是亲情促廉教育。在领导干部家属中开展家庭助廉座谈会、签订《助廉协议书》以及“廉洁家庭”、“廉内助”活动；在校园中开展“小手拉大手”、学生写“劝廉信”、家长回“诺廉书”等活动。四是信访监督教育。对于群众反映但情节轻微的进行信访约谈；对于一般性问题，建议召开民主生活会进行批评与自我批评；对发现反映问题不实的，按程序在一定范围内予以澄清。对68名党员干部进行信访监督教育。五是谈心疏导教育。通过谈心疏导邮箱、谈心QQ在线，对一些网络敏感话题进行一对一谈话。六是跟踪回访教育。开展“聚党心，送温暖”回访教育，帮助教育受处分党员。

自身建设

制定《中共晋城市纪委、晋城市监察局机关行为规则（试行）》、《督办工作制度》、《会议工作制度》、《机关公文流转办法》、《信息工作制度》、《机关工作人员请销假制度》等一系列制度，规范办文办事、信访举报、案件检查、纠风专项治理、执法监察、投诉办理、案件审理、行政接待、资产管理等工作制度，出台《关于加强市纪委监察局机关自身建设的意见》，加强队伍建设。

（市纪委）

统一战线

2011年工作

2011年,全市统战系统以思想政治建设为重点,夯实党与党外人士团结合作的思想政治基础;全面实施"同心"品牌工程,提升统一战线服务转型跨越发展水平;切实加强民主党派和无党派人士工作,巩固中国共产党领导的多党合作和政治协商制度;贯彻民族宗教工作方针政策,维护稳定统一战线,统一战线工作开创新局面。

"同心"品牌工程

"同心·主题教育工程"。以"重温历史、同心同行"为主题,组织统战干部和党外人士观看《建党伟业》、《辛亥革命》等影片,赴延安、武昌辛亥革命遗址参观学习,举办"同心"征文,出版"同心"画册,召开同心经验交流会等活动,巩固和发展中国特色社会主义多党合作事业。

"同心·助推发展工程"。组织统一战线成员开展"我为转型跨越发展献良策"活动,为"十二五"规划提出意见或建议130余条。积极鼓励支持非公企业转型发展,牵头成立晋城总商会投资担保有限公司,为非公企业提供贷款担保3亿多元。

"同心·和谐创建工程"。在全市14个少数民族相对聚居村、14个清真寺中开展"比团结、比发展、比贡献"竞赛活动;表彰在创建和谐寺观教堂活动中涌现出的先进集体27个,加强宗教活动场所规范化管理。

"同心·感恩回报工程"。推进新晋商科普惠"三老"工作,开展服务活动10次。为全市741名老红军、老八路、新中国成立前老党员发放会员服务卡。联合18家非公服务企业,建立乡镇服务站44个,8家医院承诺"七优先"、"十免费"服务,8所学校承诺"三老"人员子女上学优惠。

"同心·招商引智工程"。与12个海外侨团及经济组织、协会,70个沿海沿边和经济发达地区的侨联组织建立友好合作关系,在10多个国家和地区聘请13名海外联络员,协助招商局引进项目11个。

"同心·改善民生工程"。民革、民盟、农工市委会组织"三下乡"服务队,到阳城、陵川、高平等县(市)进行义诊,开展健康知识讲座,赠送药品,发放宣传资料;民建市委会在阳城就新农村建设进行调研并提出可行规划；民进市委会向陵川县凤凰小学捐款，建设微机室1个。

"同心·素质提升工程"。出台《2010—2020年党外代表人士教育培训改革和发展纲要》，确定全市2010—2020年党外代表人士教育培训改革和发展的目标任务、具体措施。完成党外代表人士建档工作，为全市转型跨越发展培养储备一批高素质党外人才。

党外人士安排

在市、县两级人大、政府、政协换届中，对1296名党外人士进行政治安排和实职安排。党外人士在人大、政府、政协中的任职比例都有所提高。全市有市县两级人大代表1429名，其中党外代表499名，占35%；人大常委中的党外代表24名，占17%。市、县两级全部配备党外人大副主任。市、县两级政府全部配备党外副市、县（市、区）长，其中4个县（市、区）为连任，市政府、城区政府、阳城县政府为新配。全市有政协委员1326名，其中党外政协委员797名，占61%；政协常委共201名，其中党外常委134名，占67%，政协副主席共30名，其中党外副主席15名，占总数的50%，全部达到上级要求的比例。

民主党派换届工作

市委统战部成立协助各民主党派换届工作领导组，起草《关于协助各民主党派做好市级组织换届工作的意见》，召开全市民主党派换届工作动员大会，对民主党派换届工作进行全面的安排部署。6个民主党派市级组织完成换届选举。

培训工作

组织33名党外干部赴中央社会主义学院参加山西省中青年干部培训。完成市、县两级人大、政府、政协中党外领导干部的统计建档工作。协助民革、民盟、农工党、九三学社市委会举办培训班。

联谊活动

接待美国、英国、德国、加拿大、南非等国家和地区的华侨、华人16人次。参加"全国中小城市侨联'黑河——俄·布市'商机合作交流会议"。邀请海外华商侨商参加中博会。

宣传信息工作

向省委统战部报送《发挥统一战线优势服务转型跨越发展》等重点调研成果10篇。在《晋城统一战线》刊物、晋城统一战线网站，开办"同心"品牌专稿、专栏；编辑出版《统战华章》。编辑《晋城统一战线》4期。在《中国统一战线》、《山西政协报》、《山西统一战线》、《太行日报》等发表宣传稿件40余篇。编辑《晋城统战信息》50余期，编写信息300余条，其中省委统战部采用40余条，中央统战部采用5条。市委统战部获全省统战信息工作一等奖。

2012年工作

2012年,全市统战工作以科学发展为统领,以大团结大联合为主题,以"同心"行动为主线,以服务转型跨越发展为目标,充分发挥统一战线优势,为全市转型跨越发展作出了积极贡献。

"同心"品牌工程

"同心·助推发展工程"。开展"我为转型跨越发展献良策"、"一题几党、联合调研"和"专题调研月"等活动,形成各类调研报告、提案议案800余件,为党委、政府科学决策提供参考依据。

"同心·和谐创建工程"。继续开展"比团结、比发展、比贡献"竞赛活动和"和谐寺观教堂"创建活动,召开宗教教职人员社保工作推进会,完成宗教教职人员身份认定和参保工作。

"同心·招商引智工程"。制定《首届世界晋商大会筹备工作晋城工作方案》,成立首届世界晋商大会筹备工作晋城领导组,召开晋商大会筹备工作动员会、推进会,征集各类招商引资项目98个,总投资915.85亿元,拟引资860.76亿元。在晋商大会上,邀请郭台铭等29名海内外知名人士参加世界晋商大会,签约项目72个,总投资411.4亿元,引进资金400.6亿元。

"同心·改善民生工程"。开展"同心·住村入户惠民生"活动,动员全市统一战线各单位开展"同心村"建设,帮助沁水县土沃乡上沃泉村引进发展资金83万元,改建人畜饮水工程,筹建核桃、桑园、连翘和蔬菜大棚"四大"增收基地。农工党市委协调"健康山西扶助基金会"向沁水县人民医院捐赠救护车1辆和设备资金20万元。民进晋城市委会与山西农大签订合作意向书,在晋庙铺镇建立"万亩山楂园基地"。九三学社晋城市委会引进食用菌科技生产项目,帮助开办泽地翠食用菌公司和太行荣盛食用菌公司。民革晋城市委会在北留镇沟底村建立"民革市委生态农业阳城示范基地"。民建晋城市委会帮助陵川县大王庄村和阳城县蔡节村进行新农村建设规划,节约资金40余万元。民盟晋城市委会举办"健康呼吸万里行"慈善义诊活动,为50余位患者提供价值8万多元的防止肺纤维化药品,为2名特困患者进行洗肺治疗。

"同心·素质提升工程"。举办"民族宗教政策法规学习月"、专题讲座和知识竞赛等活动,提高民族宗教工作干部和宗教界人士、信教群众、少数民族群众的法律意识和法律素质。召开第三次全市民族团结进步表彰大会，对70个民族团结进步模范集体和个人进行表彰。

民主党派换届工作

协助民主党派省级组织做好换届人选考察工作，推荐晋城市民革主委和民盟主委当选为民主党派省级组织副主委。建立《晋城市党外代表人士数据库》。召开党外副处级领导干部履职交流座谈会。

培训工作

选调6名民主党派主委参加在中央社会主义学院举行的省民主党派新一届领导班子成员培训班。

联谊活动

接待美国、英国、日本等多个国家和地区的华侨、华人26人次，聘请4名海外友人为晋城市海外联络员。召开“侨联参与社会管理理论研讨会”，就参与机制、服务形式、服务方法、服务内容等方面，进行社会管理创新专题研讨，评选出参与社会管理优秀论文14篇。

宣传信息工作

制定全市统一战线理论研究课题，完成调研成果64篇，向省委统战部报送26篇重点调研成果。

（市委统战部）

政　法

2011年工作

2011年，全市政法系统按照中央政法委深化社会矛盾化解、社会管理创新、公正廉洁执法三项重点工作的重大决策，深入推进"发扬传统、坚定信心、执法为民"主题教育实践活动，围绕全市转型跨越发展中心，以服务和保障民生为出发点，着力加强和创新社会管理工作，维护了全市社会大局的和谐稳定。

维护社会稳定

严防敌对势力渗透破坏。进一步完善政法综治、公安维稳、国安等部门组成的大情报预警平台，实施重点时期"零报告"制度，加强应急处置，及时搜集、研判各类深层次、预警性、内幕性、动态性情报信息。加强对敌斗争和反恐怖斗争，严密防范、严厉打击境内外敌对势力、敌对分子、"三股势力"等捣乱破坏活动。加强网络监管，密切关注互联网上涉及政治及晋城市的各种动态，及时发现处置各类有害信息11万余条。加强互联网阵地建设和网上信箱办理，畅通诉求渠道。

严厉打击各类刑事犯罪。全市各级政法部门坚持"打黑除恶"、"命案侦破"、"清网行动"、"打四黑除四害"等专项行动，全市公安机关共立各类刑事案件5766起，破2568起，其中八类危害严重刑事案件立274起，破197起，抓获犯罪嫌疑人2529人，打掉恶势力团伙8个。全市各类刑事案件同比下降16.4%，其中八类危害严重的刑事案件同比下降29.7%，各类治安案件同比下降22%，群众对社会治安的满意度达到95%以上。全市检察机关共受理审查逮捕案件890件1397人，起诉1611件2456人。市、县两级法院共受理各类案件14 106件，审结13 187件，结案率为93.5%。

构筑立体治安网络化防控网络。全市政法部门创新提升立体治安防控体系建设，安装覆盖市区主要街道、路口和重点目标的视频监控探头718个，形成由8个环市区、9个环市域高清智能卡口和102个环各县主城区高清智能探头组成的三大环状网络。创新开展"分色预警"平安创建工作，推行区分"绿、橙、红"颜色，分色分等级预警全市小区平安创建成果的办法，提高人防、物防、技防水平，形成"日常防范社会化、重点区域公安抓"的大防范格局。全市绿色小区达到85个，"两抢一盗"等多发性侵财犯罪同比下降17.3%。大力弘扬见义勇为，涌现出“全国见义勇为英雄司机”郭文斌等一批英雄人物，对全市35名先进个人、4个先进集体进行隆重表彰。继续在农村实施“平安互助”工程，提升农村治安防范水平。

社会管理

市委、市政府将社会管理创新列入全市十二五规划，市委常委会5次研究社会管理创新工作，在全省率先出台《关于加强和创新社会管理工作的实施意见》，并组织开展加强和创新社会管理工作大调研，完成调研报告40余篇。实行社会管理工作项目化管理，把27个具体项目工作责任落实到牵头单位和40余家责任单位。8月9日，召开专门会议，就贯彻落实省委加强和创新社会管理精神作出安排部署。9月上旬，市委政法委、市综治办开展全市专题督导检查，推动工作落实。9月30日、11月24日，高平市、陵川县分别召开加强和创新社会管理工作推进大会。10月20日，市委政法委听取20余家承担社会管理任务的市直部门的工作汇报，督促相关部门落实社会管理任务。

流动人口和特殊人群管理

市直多个部门联手，大力推广一户一档、一户一卡、人卡对照的流动人口“抽屉式”管理办法，全面推行“统一组织管理、统一信息采集、统一提供服务、统一考核评估”的“四统一”流动人口服务与管理模式，仅市区登记流动人口78 413人，登记出租房屋信息17 239条。社区矫正方面，对五种监外执行对象实施“五管一”协议管理，建成大型安置帮教基地7个，阳城县建成可分批安置300多人的再就业帮教基地。全市列管重点人口392人，监管对象152人，排查肇祸肇事精神病人150人。

公共场所安全

加强学校安全保卫工作，学校师生数量在500人以下的配备2名保卫人员，递增500人增加1名保卫人员；幼儿园设立专职保卫机构，配备不少于3名保卫人员。全市建立校园保卫机构1122个，校园警备室557个，配备专职保卫人员1417人，兼职保卫人员2659人。对整治前未安装监控设施的1277所学校，筹集经费1780余万元，全部配备到位。强化危险物品重点物品的管理，加强对枪支、民爆物品、危险化学品的日常管理，加大安全检查和清查收缴，预防涉爆、涉枪、涉化案件和事故的发生。加强对煤层气生产、加工、贮运和销售各个环节的安全监管，在全行业推广晋煤集团研发的“安全阀”技术设施。创新网络“虚拟社会”管理，对网民的反映和关切及时作出正面回应，防止“网络舆情风暴”的发生。加强虚拟人员管理，建立虚拟人口信息系统，实现网上网下信息关联、网上网下活动掌控。同时，全市加强公路交通、铁路护路、消防监管、监所管理等专项治理工作，遏制重大交通事故、重大火灾的发生。

矿山综合治理

按照市委、市政府《关于加强矿山社会治安综合治理的实施意见》要求,在规模以上矿山及非煤矿山持续推进综治组织进矿山、责任体系进矿山、综治机制进矿山、部门联动进矿山、奖惩考核进矿山的"五进矿山"工作模式,明确企业的主体责任和政府的监管责任,有效预防和控制矿山各类矛盾纠纷、治安案件和安全事故的发生,保证煤矿生产的安全进行。全年排查各项矿山隐患12处,化解较大的企地矛盾23起。

风险评估

完善风险评估的范围、内容、主体、程序和责任追究办法,对涉及群众利益的重大工程项目和重大政策坚持做到经济效益和社会风险"双评估",从源头上预防重大矛盾纠纷的产生。对可能影响稳定的12个重大建设项目进行社会风险评估,最大限度地减少不和谐因素。富士康工业园A区、六大特色工业园区和北石店新区、金村新区等重大项目建设全部做到有情征地、和谐拆迁。

矛盾化解

把社会矛盾化解作为社会管理的重要内容,工作中突出"三个强化"。一是强化对人民调解工作的领导。在县(市、区)、乡镇(街道)成立大调解工作领导组,以人民调解工作领导组为依托,建立矛盾纠纷排查调处各项制度。二是强化人民调解工作的主体。在县(市、区)、乡镇(街道)成立大调解领导组办公室,乡镇(街道)以司法所为依托,加强大调解办公室规范化建设。三是强化人民调解工作的基础。在村(居)普遍建立调委会,建立健全"十户三员"制度(纠纷调解员、纠纷信息员、法制宣传员)。全市共建立大调解组织机构13 044个,其中乡镇(街道)大调解办84个,村调委会2340个,民调小组(含企事业)10 620个;全市大调解人员达到85 478名,其中调解员17 621名,信息员67 857名,形成覆盖市、县、乡、村、组、户的六级分级负责、分步调处的大调解格局。同时,建立135个专业性、行业性、区域性人民调解委员会,努力化解矿山纠纷、医疗纠纷、食品安全、交通事故、物业管理等方面的矛盾纠纷。全年全市排查化解各类矛盾纠纷10 748件,调解成功率达98%。

信访积案化解

坚持"四联"并进多方面参与、"六法"并举多途径解决办法,化解涉法涉诉信访积案。"四联"并进,即组织公、检、法、司机关有关部门、单位,对涉法涉诉信访问题联合预防、联合接访、联合控制、联合处理。"六法"并举,即采取领导包案督办法、破案攻坚息诉法、司法途径解决法、困难救助化解法、疑难缠访听证法、无理闹访处理法,因情施策解决问题。全年,中央、省委政法委集中交办晋城市案件98起,全部息诉,息诉罢访率和案件化解率均达100%。

平安晋城建设

全市公安机关共立各类经济犯罪案件302起，破179起，挽回经济损失816万元，减少经济损失1366万元。检察机关严厉打击破坏投资环境的职务犯罪，查办各类职务犯罪案件82件92人，其中，贪污贿赂、挪用公款案件56件64人；渎职侵权案件26件28人。市、县两级法院受理一审、二审、民商事案件6942件，审结6660件。司法行政部门办理各类案件3928件，办理公证事项2567件。民政部门加强城乡低保工作，全年为11.14万名城乡低保对象发放保障金2.4亿元，救助城乡困难群众5820人（次），发放救助金2167万元，为9.65万名灾民发放救灾金2540万元。

普法工作

扎实推进"六五"普法工作，制定出台"六五"普法规划。坚持领导干部任前法律知识培训，加强领导干部学法力度。深入农村宣传换届选举相关法律，维护农村换届稳定。举办校园法制讲座，参与校车安全整治，维护青少年合法权益。开展"12·4"系列宣传活动，开展"送法进校、进社区"，在全市营造全民学法、用法、守法的氛围。加大企业法制宣传教育，提高企业诚信守法、依法经营管理的能力。深化地方和行业依法治理，不断加强农村、社区、企业、学校等基层依法治理示范单位创建活动，全市85%的行政村开展"民主法治"创建活动，国家级示范村达到6个，省级示范村达到12个，市级示范村达到26个。晋城市被中宣部、司法部表彰为2006—2010年度全国法制宣传教育先进城市。

基层社会管理

因地制宜整合力量，坚持重心下移，不断健全基层社会管理和服务体系。高平市大力推进乡镇基层工作，整合原有的阳光农廉室、综治工作中心、便民服务中心、会计委托服务中心、文化活动中心成立社会管理服务中心，中心由便民超市、综治中心、信访服务中心三部分组成，采取"一站式办公、一条龙服务、一揽子解决问题"的模式。陵川县在全县乡镇探索建立社会管理协调中心，整合力量，理顺关系，将便民服务中心、综治中心等置于社会管理协调中心下统一领导，提供一站式服务管理。调整充实乡镇综治专干，全市84个乡镇都新增加一名全额事业编制的乡镇综治专职干部，配备专职工作人员117人。全面落实"四议两公开"（"四议"即党支部会提议、"两委"会商议、党员大会审议、村民代表会议或村民会议决议；"两公开"即决议公开、实施结果公开）工作法。6月，全市39个"难点村"治理目标全面实现。

规范化建设

全市8个公安机关125个执法办案单位“四区八室”(“四区”即办案区、接待区、办公区、生活区;“八室”即讯问室、询问室、候问室、信息采集室、调解室、档案室、装备室、物证室)全部完成功能改造。检察系统两房建设、公用经费保障、装备建设全部达到上级要求。阳城县检察院被评为全国先进基层检察院和全国基层检察院四化建设示范院。法院“两庭”(即人民法院的审判庭和人民法庭的基础设施建设和物质建设)建设取得新成效,5个法庭正在规划新建,高平、阳城法院新办公大楼和审判法庭开始建设,完成全市法院二、三级网建设。全市15个规范化司法所建设通过省司法厅验收,依托企业建立过渡性安置基地7个,分批安置刑释解教人员300多名。规范化建设在全省率先全部达标,市司法局被司法部表彰为“全国司法行政基层建设工作先进单位”。

2012年工作

2012年,全市政法系统以为党的十八大胜利召开创造和谐稳定社会环境为总目标,全面落实各项安保措施,深入推进社会管理创新,全力服务重点项目建设,积极化解涉法涉诉信访案件,为全市转型跨越发展创造和谐稳定的社会环境。

维护社会稳定

严防敌对势力渗透破坏。加强对全市各种民情、社情、舆情、敌情的获取掌控和分析上报工作,全年共编发上报综治情报信息217期300余条。9月3日,在全市实行维稳情况信息日报告制度,确定6县(市、区)、开发区、晋煤集团和市直35个重要部门为日报告单位,并建立日报告责任制和联络员制度。按照“有事报情况、无事零报告、重要情况随时报告”的原则,每日搜集上报涉及国家安全、社会稳定、社会治安、公共安全、矛盾纠纷等方面的情况信息,十八大期间累计编发全市维稳情况信息日报告56期150余条。11月1日,启动由市委政法委、市维稳办牵头,18个部门参加的每日会商机制,及时进行综合分析研判,做到“分析研判不隔天,消除隐患不过夜”。

严厉打击各类刑事犯罪。全市公安机关共立各类刑事案件5655起,破4192起,其中八类危害严重刑事案件立269起,破221起,抓获犯罪嫌疑人2682人,打掉恶势力团伙12个。全市检察机关共受理审查逮捕案件875件1344人,起诉1753件2484人。市、县两级法院共受理各类案件16 082件,审结15 459件,结案率为96%。

构筑立体治安网络化防控网络。启动市区道路交通畅通项目,投资5亿元改善基础设施，升级社会管理信息化设施。全市推行“分色预警”防控模式，将全市598个居民小区、85个大中型商场、7200余家临街门店以及68个城中村划分等级，每月预警公示提升治安防范能力。成立由自然灾害、事故灾难、公共卫生事件、社会安全事件及综合管理等5类专家学者和经验丰富的行政管理人员组成全市应急专家组，出台工作规范，组织开展行业联合演练，应急防控水平全面提升。开展对重点领域、重点物品、重点人员的安全检查和集中整治，将全市2679名刑释解教人员、1088名稳控对象、139名涉毒涉恶人员、197名重点信访教育稳控对象、183名肇事肇祸精神病人全部纳入视线，按要求采取相应管控措施。11月29日，市委、市政府召开全市党的十八大维稳信访安保工作表彰大会，表彰先进集体100个、先进个人100名。

社会管理

6月6日至7日，省委常委、政法委书记王建明在晋城调研，要求晋城市争当全省社会管理创新先行示范区。7月25日，晋城市召开全市加强和创新社会管理工作现场推进大会，推动社会管理工作。

流动人口和特殊人群管理

大力推行社会化布局、信息化支撑、精细化管理、亲情化服务的“四位一体”流动人口服务管理模式，推行以房管人、以证管人、以车管人、以网管人的办法，出台服务管理工作制度40余项，建立免费“房屋中介租赁网”，对全市11万余名流动人口实行服务管理。9月14日，全省流动人口服务管理现场会在晋城召开，省委常委、政法委书记王建明出席会议并讲话。创新特殊人群管理，设立全省首家驻乡镇社区矫正检查站，建立社区矫正“心灵驿站”，加强刑释人员安置帮教基地建设，推进特殊人群科学化、规范化服务管理。

重点项目保障

成立全市政法机关服务和保障重点项目建设工作领导组，出台《全市政法机关服务和保障重点项目建设的意见》，把服务和保障重点项目建设的成效作为衡量政法工作实绩的重要标准，纳入综治考核目标。各县(市、区)、市政法各部门分别出台推进服务和保障重点项目建设的实施办法和意见，并配套出台督查通报制度、请示报告制度、责任查究制度。对全市270个重点项目逐一落实服务和保障责任单位、工作任务、责任干警，形成服务和保障重点项目建设全覆盖。全市公安机关积极推行党委成员分项承包制度、警务联络站点制度、五色预警制度、警企共建联动制度、辖区民警走访制度、治安通报制度、报警求助第一响应制度、重点项目巡防制度等10项制度，加强重点项目建设安全保卫工作。检察机关同40余家重点工程项目主管单位建立重点项目预防职务犯罪联系制度，确保重点工程项目建设的廉政安全。全市法院及时审理涉及重大项目建设的合同纠纷、债务纠纷、融资借贷纠纷类型的案件,规范经济领域的运行秩序。开展重点工程周边治安秩序专项整治,综治部门排查涉及重点项目治安隐患21处,全部进行整改。公安机关发现消防交通等安全隐患193处,整改88处。破获涉及重点项目刑事案件8起、治安案件23起,侦破各类刑事案件80余起,打击处理违法犯罪嫌疑人34人。检察机关开展建设领域预防调查23项,警示教育43次,法律咨询25次,查询重点工程领域行贿犯罪档案200余次。

风险评估

全市法律服务行业与194个省、市、县重点工程单位建立联系,为62个省、市、县重点工程提供法律服务。对引资合同进行审查,避免了泽州县招商引资项目、沁水县煤炭转型项目等法律风险16个。各县(市、区)检察机关对工程招投标活动及整个工程实施全跟踪,防范职务犯罪。市、县两级完善社会稳定风险评估机制,形成风险评估报告32个,对可能产生的社会风险作出预警和预案。

矛盾化解

根据市委、市政府《关于在全市实行社会矛盾六级六步调解工作的实施意见》,布建市、县、乡、村、组(村民小组)、户(十户联防)六级网络,完善"一卡流转"、自下而上逐级化解矛盾的六级六步工作机制。7月,全市开展不稳定因素百日排查化解专项行动,利用"大调解"工作网络,排查化解各类矛盾,共排查调处各类矛盾纠纷8263起,其中人民调解7864起,行政调解95起,司法调解304起,调解成功率均达97%。"十八大"期间,全市各级政法、信访等部门开展全天候接访、深入基层走访、带着问题下访等活动,主动到问题多、矛盾多、意见多的地方去,解决复杂信访问题。市、县两级共接待群众来访515批次2574人次,其中市级接访14批次44人次,县级接访501批次2530人次。对全市排查出的106起涉法涉诉信访案件(包括近三年来中央、省交办案件),全部落实包案、督办、稳控"六大责任人"的责任,实现县、乡、村三级各一名领导及一名公安民警包案件的"四包一"工作机制。市、县两级法律服务中心,先后对10批25名非正常上访人员进行教育培训。

信访积案化解

一是集中开展9·19案件"回头看"活动。2011年9月19日,中央交办晋城市8起案件,全部化解完毕。经审查,未发现息诉反弹问题。二是组织开展"案件大清理"活动。对2009年以来,进京非正常访案件、中央政法委交办案件和信件等106起重点案件进行全面清理、摸排,并分类建立台账。三是开展"积案大化解"活动。化解省联席办交办晋城市进京非正常访案件42起,中央政法委交办案件11起。四是开展"大接访、大排查、大化解"活动。各级政法机关接访群众920人次。五是强化初信初访问题治理。按照“调解优先,调判结合”原则,全市法院民事一审案件调撤率达58%。

执法监督

全面启动执法监督工作,出台《晋城市关于党委政法委对政法部门执法活动进行监督的实施办法》,召开全市党委政法委执法监督工作会议,聘任执法监督员24名。开展案件评查活动,评查案件113起,其中市委政法委评查10起,其他政法部门评查103起。制定《关于开展三类突出问题专项执法检查工作方案》,对非正常死亡、超期羁押、非法插手经济纠纷等三类突出问题专项执法检查。

基层社会管理

8月30日,省综治委基层社会服务管理工作现场推进长治片区会议后,晋城市全面启动基层社会服务管理体系规范化建设。市综治委出台《全市基层社会服务管理体系建设工作进度安排意见》,全面启动基层社会服务管理中心建设,推广落实基层社会服务管理信息化工作平台和“一站式”服务模式。在全市实施“网格化”管理,共划分网格9153个,其中农村7967个,城市1186个,共配备网格长9153名。城区召开区委常委会会议,就规范建设全区社会服务管理指导中心形成意见,建立不小于200平方米的指导中心,乡镇(街道)、社区指导中心不达100平方米的,全部改造提升。阳城县、泽州县、高平市、沁水县分别召开专题会议,并组织相关人员到长治、长子等县考察学习。

（市委政法委）

政策研究

2011年工作

2011年,持续开展"百日调研"活动,收到党政领导干部报送调研报告200多篇,评选出优秀调研成果80篇,收录市领导调研文章22篇,编辑出版《晋城市2010年度领导干部百日调研优秀成果集——求索》。

专题调研

完成《建设学习型党组织、打造优秀决策服务团队》、《解决偏远山区农村教育问题势在必行》、《在高起点上发展蚕桑产业》、《继续全力推进节能减排、促进晋城经济社会科学发展》、《加快我市工业园区建设的调查与思考》、《转型跨越提速增力——关于我市大力推进招商引资工作的调研与建议》、《我市政风行风监督热线对政府社会管理创新的启示》重大专项课题调研9个,《激扬正气、强化监督,旗帜鲜明地反对党内生活庸俗化》、《转型跨越发展亟待创优政务环境》、《关于加快我市蚕桑业发展的建议》、《实行高中阶段义务教育(9+3)的建议》、《谋划"十二五"应把握好几个关系》、《关于我市实行"朝九晚五"作息制度的建议》等建议5个。获省级一等奖1个,市级一等奖1个、二等奖1个、优秀奖2个。

政策研究

起草市委有关重要文件和讲话20多篇。完成《省十次党代会报告》的意见征求,起草市委、市政府《关于进一步支持县域经济发展的若干意见》,撰写《以基层党建创新促进城乡统筹发展》等多篇文章,并在《求实》、《前进》、《山西日报》等报刊发表。

政策宣传

编辑出版《晋城工作》12期。晋城政研网刊发各类信息300余条。报送晋城市经济社会发展各类信息50多条,被采纳10多条。

2012年工作

2012年,市委办公厅下发《中共晋城市委办公厅关于做好2012年度领导干部"百日调研"工作的通知》,围绕招商引资项目落地、综改试验区建设先行先试、文化软实力建设、保持党的纯洁性学习教育、基层党组织建设、创优投资环境、推进社会管理创新、"三农"和扶贫攻坚、民生工程及保障等问题开展调查研究。全市党政领导报送调研文章150余篇。

专题调研

完成《提高国企党建工作科学化水平的实践探索》、《金村现代服务业集聚区展望》、《抢抓机遇、寻求突破、助推转型》、《筑巢引凤、落地生根——沁水县招商引资工作的有益启示》、《加快我市现代物流业发展的思考》、《深层次推进我市农村文化建设的思考》、《浅析新形势下非信贷融资业务对经济社会发展的作用和影响》、《推动政风行风监督热线成为社会管理创新的有效载体》、《在创先争优活动中扎实做好"三服务"工作》等重大专项课题调研9个,《关于设立以煤补农专项资金的建议》、《关于解决我市"看病贵"的建议》、《关于补助村级组织运转经费的建议》等建议3篇。

政策研究

起草市委、市领导有关重要文件、调研报告、会议讲话10多篇。编辑介绍晋城基本概况的小册子《晋善晋美》。增办《决策要参》,印发8期;设立《外情快报》,编印17期。

政策宣传

编辑出版《晋城工作》12期。晋城政研网新刊发各类信息300余条,向晋城在线报送信息数十条。

(市政研室)

编制工作

2011年工作

2011年,市编办以创新体制机制、服务科学发展为目标,积极稳妥推进事业单位分类改革,大力推进乡镇机构改革,加强和改进机构编制管理,编制工作取得明显成效。市编办被表彰为全省机构改革工作先进单位,泽州县、阳城县编办被表彰为全省机构编制工作先进集体。

乡镇机构改革

乡镇机构改革任务圆满完成,全市74个乡镇按照新机构、新职能运转正常。此次乡镇机构改革呈五个特点:一是乡镇类别划分更加合理。共划分一类乡镇31个,二类乡镇28个,三类乡镇15个。其中一类乡镇增加12个,二、三类乡镇分别减少6个。二是乡镇职能进一步转变。明确了乡镇促进经济发展、强化公共服务、加强社会管理、推进基层民主等职能,划清了县乡责任主体责任,对经济发展快、人口吸纳能力强的小城镇进行强镇扩权的探索和试点,通过直接放权、委托授权、调整派驻机构管理体制等方式,依法赋予相应的管理权限。三是机构设置合理并运转顺畅。乡镇内设机构按照一类乡镇设置3个综合办事机构、二类乡镇设置2个综合办事机构、三类乡镇只设置若干岗位的规定进行合理设置。对乡镇事业站(所)进行整合,除纳入县级主管部门派驻的和允许乡镇保留的机构外,其他的中心站(所)整合为一个事业机构,人、财、物由乡镇管理。四是领导职数和人员编制得到严格控制。乡镇党委、人大、政府领导总职数按照规定控制在7~9名,平均每个乡镇精简2名领导职数。全市74个乡镇共核定领导职数666名,实际配备领导666人。乡镇行政编制在省核定的总额内,根据不同类别乡镇承担的职责和经济社会发展的实际,规定一类乡镇编制不超过36名,三类乡镇不少于18名。乡镇事业单位编制在不突破省核定的编制总额内,由各县(市、区)按照乡镇类别进行核定。改革后,全市共有乡镇行政编制1985名,实有人员1736人。乡镇事业编制2048名,实有人员2194人。派驻乡镇事业单位事业编制1302名,实有人员1167人。五是对乡镇的考核更加规范。对乡镇的考核由县(市、区)党委、政府统一组织实施,考核内容按照乡镇新职责确定,对不属于乡镇主要职责的事项,不再列入考核范围。

事业单位改革

全市共保留事业单位2446个,减少104个。其中市直保留事业单位587个,减少16个单位。县级保留事业单位1859个,减少88个单位。全市事业单位的机构设置更加科学、单位名称更加规范、职责界定更加清晰、经费渠道更加适宜、编制职数更加合理、内设机构更加精干。对保留的事业单位进行了初步分类,并将分类目录上报省编办。

相关体制改革

围绕医疗卫生体制改革,完成乡镇卫生院人员编制调整工作。全市共核定乡镇卫生院编制总额2295名,并全部调整为财政拨款事业编制。乡镇卫生监督站按要求调整为县级卫生监督机构的派出机构。深化文化体制改革,对市上党梆子剧团和市歌舞团进行转企改制,对文化市场综合执法工作在机构编制上给予保障。围绕全市经济社会发展大局,为高层次创新科技人才、新兴产业创业型领军人才、重点领域急需紧缺人才的培养、引进和开发提供编制保障。

编制管理

严格贯彻执行市委办公厅《关于在换届期间进一步严肃干部人事和财经纪律的通知》,除公开招考和政策性安置外,其他渠道进入机关和事业单位人员一律冻结,对机构和人员编制进行严格控制。规范事业单位登记管理工作,全年全市共办理登记、年检和补领证书等事项2000余项。实施政务公益域名注册工作,对全市六个县(市、区)的编办主任、综合科长和专业技术人员进行政务公益域名注册培训。制订《2011—2015年电子政务发展规划》,推进机构编制电子政务建设。

监督检查

市编办就政府机构改革、事业单位分类改革、乡镇机构改革、乡镇卫生院核编等工作进行多次监督检查。

信息宣传

印发《晋城市机构编制系统信息宣传工作考核办法》,将信息宣传工作纳入年度目标责任考核。与"外网信息加密交换平台"建设相结合,组建机构编制信息宣传队伍。印发晋城市《机构编制信息》22期,发布信息32条。

2012年工作

2012年,围绕"两个坚定不移",积极为综改试验、扩权强县和园区建设提供体制机制保障。围绕事业单位改革,深入开展事业单位分类、法人治理结构试点和事业单位法人年检工作,规范事业单位管理。围绕实名制管理,完成机构编制核查和县级公立医院、中小学教职工编制核定工作,提升机构编制日常管理水平。

编制保障

为推进全市综改试验工作,省编办批准市、县两级转型综改机构和领导职数。成立市金融工作办公室,与市政府资本市场发展办公室为一个机构、两块牌子,为建设晋冀豫三省接壤地带的区域性金融中心提供机构编制保障。全市住房公积金管理机构调整工作由市编制办与市人社局、市住房公积金管理中心组成专门接收小组进行接收,高平、城区、沁水、陵川的接收工作基本完成,泽州县、阳城县的移交工作在沟通协商中。

事业单位管理

全市拟定为行政职能类单位报省编办审批,拟定为公益类、生产经营类单位报省编办备案。成立市事业单位法人治理结构建设试点工作领导组,制定市事业单位法人治理结构建设试点工作实施方案,确定市第三中学校、市妇幼保健院等16个首批试点单位。《事业单位法人证书》年检全部实现网上提交、网上办理,年检率达到100%,全部建立电子档案。

编制核查

开展县级公立医疗卫生机构编制标准核定工作,共核定县级公立医疗卫生机构编制3999名,并向省编办报备。完成全市中小学教职工编制重新核定工作。取消“双轨制”,县、镇和农村中小学教职工编制标准均参照城市标准执行。保持全市中小学教职工编制总额不变,重点对编制结构比例进行优化调整。为市区14所中小学重新核定教职工编制2416名,并调整教师、职员、教辅人员和工勤人员编制结构,缓解市区中小学班容量过大和上学难问题。

(市编办)

工委工作

2011年工作

2011年,市直机关工委围绕市委、市政府转型跨越工作大局和“服务中心、建设队伍”两大目标,以科学发展观统揽全局,继续引深“一实四创”主题活动(学习实践科学发展观,创建学习型、服务型、和谐型、清廉型机关党组织)。

创先争优活动

在市直基层党组织开展创先争优活动。一是营造浓厚氛围。在新闻媒体开辟专栏,利用各单位电子显示屏和出租车显示屏滚动宣传,在窗口单位、商业柜台设立党员示范岗、先锋岗,实行亮牌服务等。二是实行包片负责制。9个处级领导分9组对直属119个党组织进行经常性的督促和指导。三是开展领导点评工作。点评工作实现全覆盖,党员群众满意率均在95%以上。基本做到领导重视、精心组织,点评范围广;形式多样、特色鲜明,点评方式生动活泼;结合实际、扎实认真,点评效果实在。四是深化窗口单位和服务行业争创活动。9月,在市物茂广场举行“为民服务创优环境,争当转型跨越排头兵”授牌暨签名仪式,对窗口单位和服务行业在创先争优活动中涌现出的先进典型、共产党员先锋号、先锋岗、先锋柜组进行命名和授牌。工青妇组织、公安、金融、商业、公交出租等部门,分别发出“为民服务创优环境倡议书”。31个窗口单位和服务行业2000余名党员,在巨型条幅上签名宣誓,营造市直机关“为民服务人人创先、创优环境事事争优”的良好氛围。市直机关工委被省直工委评为创先争优活动先进单位。

学习型党组织建设

贯彻落实《关于推进学习型党组织建设的意见》,提出市直机关学习型党组织建设要“走在全市基层党组织的前头”。开展学习型党组织建设树“百佳典型”活动,向上推荐学习型党委(党组)、学习型机关党组织、学习型学校、学习型领导干部。编发市直机关学习型党组织建设简报25期,其中被市学习型党组织建设办公室采用11期,对5个单位学习型党组织建设的好方法、好经验进行推广。

纪念建党90周年活动

围绕建党90周年开展一系列活动。一是与市诗词学会共同举办以“先锋号角”为主题的诗歌朗诵比赛,85个单位160名选手参加比赛,评出一等奖2名,二等奖4名,三等奖6名,优秀奖8名。二是举办"丰碑礼赞"文艺调演,48个单位的51个节目参加表演。评出一等奖4名,二等奖6名,三等奖8名,优秀奖24名。三是举办"赞歌献党"短言抒怀征文活动,80%的市直机关党员干部参加活动,收到作品5000多件。四是组织180名公务员方阵,参加市委宣传部主办的红歌演唱会。五是召开纪念建党90周年表彰会。

市直机关党代表会议

召开市直机关党代表会议,选举产生79名出席市第六次党代会代表。

选树先进典型

"七一"前夕,通过调研座谈、公开评选、民意测评、考察了解、媒体公示等办法,评选表彰一批在全市经济社会发展中做出突出成绩的市直机关先进基层党组织、优秀共产党员和优秀党务工作者,掀起学先进、争先进、赶先进、当先进的新热潮。首次评树三个"十佳",即十佳红旗党组织、十佳共产党员标兵、十佳优秀党务工作者。编印三个"十佳"先进事迹的小册子,发到每个支部。

党务干部培训

依托市委党校对市直机关400余名基层党组织书记、副书记、党务工作骨干进行"科学发展主题"集中轮训4期,培训主要突出以党史党风党纪为重点的党性教育,以职业操守为重点的道德品行教育,以系统掌握党建工作实务为重点的业务知识教育,提高广大机关党务干部的政治理论素养和业务工作水平。

"党建工作竞赛区"活动

致力于构建"开放式"机关党建工作新格局,在所属基层党组织中开展"党建工作竞赛区"活动。按照工作职能相近、组织规模相仿,将所属党组织划分为党委、总支、支部、条管四个竞赛区先行进行试点。每个竞赛区按25%的比例设置流动红旗,由参赛单位按民主推优得票多少为序,每半年集中观摩评比一次。确定47家基层党组织为第一批竞赛试点单位。竞赛区活动主要围绕领导班子好、党员队伍好、工作机制好、工作业绩好、群众反映好进行争创,通过互看、互比、互学,达到互争的目的。通过五个方面对基层党组织进行量化考核,开展面对面评议,让大家在对比中查找差距,在追赶中进位升级,在学习中互促共进,真正实现"动起来"、"创起来"、"争起来"的目的。参加竞赛区的单位党组织占直属单位的40%,党员占到总量的80%。

三项重点工作

基层党组织建设。1个党委、7个总支、39个支部完成换届。新成立党总支2个,党支部

5个,其中两新组织中新成立党支部4个。市直工委共有直管党组织125个,其中直管党委21个,总支41个,支部63个,共有党员9200余名。举办两期入党积极分子培训班,对市直420余名入党积极分子进行党的基本知识培训。全年累计发展新党员230余名,预备党员转正125名。集中对市直各党委现有的党内统计软件进行升级,抽调专人维护党员信息库,全年共采集党员信息238条,采集录入数据7200余个。

党风廉政建设。一是坚持党风廉政建设与机关党的建设同部署、同检查、同考核,与机关各级党组织签订“责任书”。结合“七一”党建工作验收、文明和谐单位验收和“党建工作竞赛区”检查,对机关各级党组织落实责任制情况进行全面检查。组织开展《廉政准则》的学习贯彻和落实,各单位党组织对照《廉政准则》“52个不准”,普遍实行承诺。在普遍建立科级干部廉政档案基础上,广泛开展述职述廉、廉政谈话、廉政考评等活动。二是加强对基层党组织党务公开工作的领导,成立市直机关党务公开工作领导小组,设立办公室,明确工作人员,市直机关119个党组织全部开展党务公开工作。三是继续推进廉政文化进机关活动。按照“十有标准”,规范机关廉政文化建设,基本达到“四确保”:确保活动有人抓,经费有保证;确保活动扎实、持久开展;确保活动有内容,规范有依据;确保活动有部署、有考核、有成效。四是做好信访案件工作。配合市纪委对6名科级党员干部给予党纪处分,其中开除党籍3人,党内严重警告3人。

文明和谐创建。加强对文明和谐单位及和谐机关创建工作的指导和检查,市直机关荣获全国文明单位1个、全国精神文明建设先进单位2个、省级文明和谐单位标兵2个、省级文明和谐单位12个、市级文明和谐单位标兵9个、市级文明和谐单位46个、市直文明和谐单位标兵20个、市直文明和谐单位55个。市委、市政府授予和谐机关标兵10个、和谐机关15个。申报省级文明单位16个、市级文明单位63个、市直文明单位73个。推进思想政治工作创新研究,市直机关推荐的16篇创新研究文章全部被《晋城市思想政治工作创新研究》采用,其中7篇获奖。开展建党90周年理论研讨,推荐理论文章50篇,征文10篇。注重加强爱国主义教育基地建设,市博物馆、烈士陵园、赵树理文学馆、市规划展览馆4个单位被命名为晋城市爱国主义教育基地。清明节期间,组织1240名干部职工参加“缅怀先烈、文明祭扫”活动。发挥道德模范的示范引领作用,关心道德模范的生活,为4名生活困难的道德模范申请救助金11万元。

八项具体工作

群团工作。认真抓了基层工会换届工作,完成10个单位工会的换届。完成市直机关出席全市劳模大会的先进集体和个人的推荐工作。召开市直机关工会工作表彰会。组队参加全市第二届职工运动会,100多名运动员参加11个项目的比赛,取得金牌总数和总分双第一的好成绩。组队参加全市“在太行山上”歌咏比赛,获二等奖。组队参加全市第二届县处级干部象棋比赛,获得团体二等奖和个人三等奖。收缴第五期医疗互助金约15万元。对19名困难职工进行慰问。在职工维权、职工教育等方面都取得新进展。市直团工委新建团组织2个,到期换届5个。组织开展“我与祖国共奋进——学党史、知党情、跟党走”主题教育实践活动和“开展一次党史集中教育、举行一次党团知识竞赛、重温一次入团誓词、参观一次爱国主义教育基地、观看一部红色教育影片”的“五个一”活动。继续深入开展“五四红旗团组织”、青年文明号创建活动以及青年志愿者活动、困难青年救助活动。

党费收缴、管理、使用工作。实行专人、专账、专户管理,至12月底共收缴党费211.4万元。对120个党组织进行党费检查,对发现问题的单位党组织进行通报并提出整改意见。

慰问困难党员、老党员和困难职工工作。全年共慰问困难党员、职工252名,老党员和劳模党员91名,发放慰问金25.95万元。

献爱心、送温暖捐助工作。全年共捐款3次,捐款4500元。工委9名处级干部每人帮扶一户贫困家庭,并在春节前到户送上慰问金3100元。

驻村扶贫工作。帮助陵川县附城镇里进掌村制定特色蚕桑产业五年发展规划。

领导干部因私出国(境)工作。对市直机关领导干部因私出国(境)证件进行清理登记,按照有关政策规定,严格审批程序,没有发现越权、违规审批和出国人员发生违法违纪行为等现象。全年共办理处级领导干部出国手续18个。

完成与市委、市政府签订目标责任状的计划生育、社会治安综合治理工作。

完成市直86个单位的公众满意度民意调查和机关建设的日常考核评分工作。

2012年工作

2012年,开展市直机关“创环境、促转型,喜迎十八大”主题活动。围绕“四创四转”,开展“四项活动”。即开展工作大调研、思想大解放、氛围大营造、卫生大整治;创和谐稳定的社会环境、便捷优良的投资环境、健康向上的舆论环境、干净整洁的卫生环境;促进经济结构转型、工作方式转型、思想理念转型、干部作风转型。10月29日,在市文体宫广场举行启动仪式。召开“卫生大整治、喜迎十八大”推进会,对市直机关“卫生大整治”进行再动员。分两次对市直机关“创环境、促转型,喜迎十八大”主题活动进行督查。经汇总评验,市公安局、市林业局、市规划局、市气象局、市地税局、市交警支队、市体育局、市财政局、市粮食局、市住房公积金10家单位获第一批流动“卫生红旗”。市委办、市纪检委、市委组织部、市人社局、市教育局、市科技局、市机关事务管理局、市广播电视台、市信息中心、团市委10家单位获第二批流动“卫生红旗”。

“机关党建走在前头”行动

制定“机关党建走在前头”行动计划方案，通过“三带”（即领导干部带头、市直机关带头、先进典型带头）、“四化”（即工程化行动、目标化管理、规范化建设、梯次化推进），实现机关党建在10个方面34项走在前头。评选出15家有亮点、有特色的工作推进点，编印《“机关党建走在前头”典型经验汇编》。制订《“机关党建走在前头”目标责任书》，与基层党组织签订目标责任书。重点对市国税局、市公安局、公路分局、市林业局、市发改委“机关党建走在前头”工作进行指导，省委常委、组织部长汤涛，市委书记张九萍，市委常委、组织部长范丽霞，市委常委、秘书长刘爱军等对国税局、公安局、发改委三个单位党建工作进行考察。

创先争优活动

继续推进创先争优活动。对机关党组织进行调查摸底和分类定级，确定好的支部27个，较好支部37个，一般支部15个，后进支部1个。对后进、一般党支部建立包保责任制，签订包保责任书，由机关党组织班子成员负责包保工作，确保晋位升级。经考核、推荐、评比，对10个红旗党组织、10个共产党员标兵、100个先进基层党组织、100名优秀党务工作者、200名优秀共产党员进行表彰奖励。对创先争优活动进行全面总结，推广一批基层建设的好方法、好制度、好载体。同时，在工青组织中广泛开展党群共建创先争优活动，完成全市“五一”表彰大会市直机关先进集体和个人的评选推荐，召开“五一”“五四”工会、工青团工作表彰会。

学习型党组织建设

对市直115个单位学习贯彻胡锦涛总书记7·23重要讲话精神进行督查。对市直72个党组、党委中心组的学习进行督促检查和指导。组织市直处级以下单位党组织开展保持党的纯洁性学习教育活动。培树一批学习型组织、学习型个人，并在市直单位推广。

组织建设

举办入党积极分子培训班，邀请道德模范举办思想道德大讲堂，邀请理论骨干作“建党九十余年何以始终生机勃勃”的报告，190名入党积极分子受到深刻教育。新成立党组织5个，指导换届、补选、改选22个。完成市直机关推荐提名十八大代表候选人初步人选工作。

精神文明建设

组织市直机关“晋城好人”评选工作，推荐38名“晋城好人”。组织16名道德模范和优秀党员,参加全市“学雷锋、树新风、争做晋城好人”活动。对申报市直文明单位的72个单位进行检查验收。组织市直机关市级以上文明单位集中开展创建全国文明城市文明程度指数测评材料收集整理报送工作。在部分市级以上文明单位开展学雷锋志愿服务活动。举办67个单位、130多名选手参加的市直机关“庆七一、颂党恩,走在前、促发展”电视歌手大赛。完成对市烈士陵园、赵树理文学馆、博物馆、市规划设计展览馆、青莲寺5个爱国主义教育基地的验收推荐申报工作。主办市委、市政府机关庆“五一”“五四”体育比赛活动暨机关健身活动室启动仪式,以及“第九套广播体操学习推广月”活动。

(市直工委)

老干部工作

2011年工作

2011年，全市共有7个老干部局党委，154个离退休干部党支部，7070名离退休干部党员，离退休干部党员编入单建支部覆盖面达到85%以上。

组织建设

局党委所属党支部基本实现“四有四规范”。即：有工作计划、有活动安排、有活动阵地、有学习资料，做到了场所规范、制度规范、资料规范、活动规范。并为各支部活动室健全七项制度、征订“两报三刊”，支部活动做到“五个一”（一月一次学习、两月一次支部会、一季一次党员大会、半年一次党课交流、一年一次民主生活会）活动日趋规范。七一前夕，市老干部局党委被市委表彰为“先进基层党组织”。7月10日，全省离退休干部党组织和党员创先争优活动经验交流会在晋城召开。

“五个定期”工作

一是定期慰问离退休干部。春节，市、县两级领导带队到老干部家中进行节日慰问。二是定期通报政治经济形势。共组织老干部参加各类政治、经济形势通报及组织工作情况通报会38次，参加人数达5000多人次。市级组织政治经济形势通报、全国两会精神通报、全市组织工作情况通报等通报会4次，参加通报会的老干部累计达到1000多人次。三是定期组织老干部阅读文件。县（市、区）通过每月工作例会组织老干部阅读文件。市局党委利用支部学习、组织活动组织老干部定期签名阅读文件35份，人数达3800多人次。四是定期送书送报到家。指派专人对集中居住在玉屏、凤翔、凤鸣小区的358名离退休干部送《山西老年》杂志。五是定期组织老干部参观重点项目。市、县两级组织老干部参观考察工农业生产及重点工程18次，参观项目20多个，参加人数累计达到2200余人次。

发挥余热

广大离退休干部在关心教育下一代、甘当义务网吧监督员、社会治安巡逻员、宣传文明礼仪、交通法规进校园进家庭等方面发挥了积极的作用。陵川县老干部综治办、泽州县老干部督导团以及崔晓满、梁广霖、成济武、秦同和等受到国家和省级表彰。市级老领导对晋城市“十二五”规划提出合理化建议和意见38条。开展百名老干部百场报告会活动（5年

100场),在机关、企业、学校宣讲28场。组建医疗卫生组、科技咨询组、地域文化组、政策咨询组、法律咨询组,定期到企业、学校、农村服务。

待遇落实

离休干部医药费全部纳入财政支付,全市财政共支出960余万元,人均报销医药费9800元以上。泽州县达到1.5万元,为全市最高。市直达到11 000元,陵川县为8000元,全市最低。离休干部的津补贴、体检费、疗养费和特需费以及活动经费等全部列入财政预算。根据中央《关于提高离休干部生活补贴标准的扩大发放范围的通知》及山西省《关于提高离休干部护理费等三项费用标准》的通知精神,市、县两级财政用于落实离退休干部生活待遇的资金达6500多万元。落实《关于困难老干部帮扶救助基金管理办法》,全市困难老干部帮扶基金达到50万元。依照救助办法规定,市、县两级老干部部门在元旦、春节及重大节日期间,对583名生活困难的离退休干部以及离休干部无工作的遗孀进行救助。

老干部服务

市委老干部局对离休干部开展“五到家”服务,即:报刊送到家、“两费”补贴送到家、福利慰问品送到家、医疗保健送到家、家政服务送到家。为离休干部送书送报28批次,上门探望380余人次,生日祝贺300多人次。10月,市老干部局对居住在北京、河北、江西等地易地安置离休干部进行慰问。中秋节,市委老干部局对全市1948名离退休干部进行节日慰问。投资100多万元建立离退休干部“电子保姆”服务自动呼叫系统,并为市直、城区、阳城、高平近1000名离休干部及市、县四大班子老领导安装“幸福一键通”,为离退休干部提供紧急救助、家政服务、健康服务、配送服务等14项服务,全年700多人次得到紧急救助及家政服务。成立离退休干部健康咨询和政策咨询中心,将离退休干部常用政策及年度健康体检档案录入电子显示屏,便于老同志查询,同时,定期邀请专家坐诊,为老干部提供特色化、个性化和针对性的服务。邀请留学博士施海潮为市级老领导讲现代生活病的预防和治疗。研制开发退休干部信息管理系统,建立退休干部信息资源库,记录市直每一名退休干部的详细情况,并在各单位逐渐推广使用本套软件。

活动阵地

高平市老干部活动中心建成。市老干部活动中心对凤鸣、凤翔、玉屏活动室进行环境绿化、硬件更新,配备了计算机等设备。陵川县、沁水县、泽州县分别对活动中心、门球场进行设备更新和改扩建及装修。城区投资186万元对活动中心进行改(扩)建,新增活动面积1500平方米,可供200~300人同时开展学习、娱乐、健身等活动。

文体活动

组织老干部参加市委宣传部“心中的歌”建党90周年红歌演唱会、市直工委“丰碑礼赞”文艺调演及建党90周年离退休干部书画展。组织老同志开展乒乓球、台球、扑克、麻将、太极拳、健身操等数十场文体比赛。9月，在沁水县举办第五届全市老干部“康乐杯”门球赛。重阳节期间，市老干部局在凤鸣活动室举办“迎国庆、庆重阳、展风采”文体联谊活动。市、县两级老年大学开展“精彩晋城、与您同行”为主题的系列活动。老干部在2011年晋城市春晚《和谐大家园》、全民健身日、职工运动会、敬老月、建党90周年大型活动中参加表演。

2012年工作

2012年，市、县两级共举办情况通报会28场、形势政策宣讲17次、老年大学时政教学22次、参观考察18次。围绕建党91周年，着重开展五项活动。一是走访慰问居住在农村的离休干部17人。二是慰问党委直属离退休干部党员403人。三是召开局党委直属12个支部书记和相关科室负责人座谈会。四是围绕“六查六看”召开民主生活会。五是举办“庆七一、促和谐”离退休干部文体趣味赛。

发挥余热

组织老干部到学校、企业开展“百名老干部百场报告会”活动，讲党史、讲历史、讲改革开放。10月31日至11月1日，组织市级老领导视察高平、阳城、开发区13项重点工程并召开汇报会。11月9日，组织召开全市离退休干部代表视察重点项目情况沟通会，部分市级老干部针对全市重点工程建设情况提出建议和意见。

文体活动

经常参加文体活动的老干部人数达5600余人。参加全市第四届老年人健身大会的离退休干部达2300人。5月，组织全市第六届康乐杯老干部门球赛。11月，组织全市市级老干部门球队参加全省地市级老干部门球赛。重阳节期间，市、县两级组织老干部开展各类文艺演出、太极拳、秧歌舞、趣味赛20多场次，市直开展“庆重阳展风采喜迎十八大”离退休干部书画展、门球赛、文体联谊赛活动，丰富老干部的晚年生活。

宣传工作

开展纪念干部离退休制度建立30周年征文、座谈等系列活动。上报省老干部局论文10篇，市老干部局撰写的《加强退休干部服务管理工作的调查与思考》和《加强老干部活动中心和老年大学建设的实践和思考》分获一等奖和优秀奖，阳城县委老干部局撰写的《对新时期落实离休干部生活待遇问题的调查》获得优秀奖。6月12日,市委老干部局召开纪念干部离退休制度建立30周年座谈会。

(市委老干局)

信　访

2011年工作

2011年，市信访局按照中央和省关于以群众工作统揽信访工作的要求部署，紧紧围绕全市转型跨越发展大局，积极探索和完善用群众工作统揽信访工作新思路，突出抓住“信访源头预防、领导干部接访、信访积案化解、体制机制创新”四个工作重点，强化基层基础建设，推动整体工作再上新台阶，圆满完成省下达的年度控制指标。

来信来访

1月至10月，全市共发生进京非正常重复访55人次，为省下达全年控制指标的69.6%。发生赴省集体访16批次，为省下达全年控制指标的50%。1月至11月，到市集体访267批次4897人次。受理群众来信454件次，同比下降20.7%。信访形势总体呈现出平稳向好的态势。

积案化解

接受省信访局查办处交办案件12件，办结10件，办结率83.3%。接受省信访局办信处交办案件16件，办结13件，办结率81.25%。接受省信访局接待处交办案件1件，办结。重复来信治理活动中，省交办40件，办结39件，办结率97.5%。

行政问责

市纪委、监察局、市信访局联合出台《晋城市信访工作责任追究暂行办法》，加大对各级各类领导班子、领导干部和工作人员违反信访工作纪律行为的责任追究力度。全年按照干部管理权限，对2名县(处)级干部和12名科级干部进行诫勉谈话和责任倒查。

矛盾排查化解

一是落实市委办公厅、市政府办公厅《关于建立重大社会决策、重大工程项目社会稳定风险评估机制的办法》跟踪问效。围绕全市在推进转型跨越发展过程中的重大决策和部署，对资源整合、企业改制、社会保障、征地拆迁、住房安置、教育医疗等涉及人民群众切身利益的重大工程项目和政策规定，开展信访稳定风险评估，对于大多数群众不支持不拥护的，坚决不出台不上马或延缓，有效预防和减少改革发展中出现的新矛盾、新问题，从源头上预防和减少信访问题的发生。2011年，市区人民广场改造暨兰花国际购物广场项目实施前,相关部门就规划论证、征地拆迁等有可能引发不稳定因素的情况进行事先充分评估,并将评估报告报到市信访局,经同意后,项目才开始实施。二是矛盾纠纷排查化解形成常态化、常规化机制。坚持实行市每月、县(市、区)每半月、乡镇(街办)每周、村(社区)每天排查、报告的长效矛盾排查机制。形成乡镇党委政府每月研判一次信访形势、每月研究一次信访工作,迅速解决一些信访问题的长效工作机制。市联席办设专人负责矛盾纠纷排查化解情况的搜集、整理、分析工作,并定期向有关部门通报、报告矛盾纠纷排查化解情况,及早采取有效措施,把社会矛盾纠纷化解在萌芽状态,化解在初始阶段。全年共排查社会矛盾纠纷1570件,化解1425件,化解率达到90.76%。三是加强初信初访办理工作。落实《关于加强初信初访办理工作的实施意见》,对群众的第一次来信、来访、来电、网上投诉,全力在第一时间、第一地点、第一环节进行解决,做到矛盾不积累、不扩大、不激化。全年来市集体访一次性办结率达到70%以上。三是领导干部接访和包案处理信访。县(市、区)党政一把手和市直部门主要负责人每月(重大活动和会议期间每周)至少安排1天时间接待群众来访、处理信访问题。县(市、区)党委、政府班子成员、市县两级部门领导干部定期接待群众来访。乡镇(街道)领导干部随时接待群众来访。全年各级领导干部共接待来访群众1200余人次。

体制机制

泽州县、高平市、阳城县和陵川县信访服务中心建成,并投入使用。城区、沁水县信访服务中心在筹建中。推进"三无乡村"建设,强化信访基层基础建设。市、县两级联席办加强对"三无乡村"建设工作的指导、检查力度,及时协调解决建设中出现的问题。全年全市60%的乡镇(街道)做到无越级上访、无信访积案、无群体性事件。80%的村(社区)达到干部无违规违纪、群众无集体上访、村(居)民无非正常上访。

2012年工作

2012年,市信访局贯彻党的十八大和第七次全国信访工作会议精神,开展社会矛盾纠纷排查化解、领导干部接访下访和信访积案化解等工作,全市信访形势呈现平稳向好的发展态势,市信访局被省委、省政府授予"十八大期间维稳信访工作先进集体"称号。

来信来访

全年进京非正常重复访30人次,为省下达全年控制指标的85.7%,比2011年减少44人次,下降59.4%,排在全省11个市第6位,排名后移1位。赴省重复集体访2批次,为省下达全年控制指标的12.5%，比2011年减少14批次，下降83%，排在全省第8位，排名后移1位。发生来市集体访341批7281人次，批次、人次同比分别上升23.4%、35.2%。发生来市个访833人次，比2011年上升10%。全年受理群众来信441件次，比2011年下降10%。

积案化解

5月，出台《信访积案化解会战三个月工作方案》。中央交办的8件积案、省交办的165件信访积案和省信访局交办的37件信访积案，均全部办结，办结率为100%。

领导接访

全年市级党政领导共接访、下访14批44人次，解决信访问题6个。市直部门负责人共接访、下访6批109人次，解决信访问题5个。县级党政领导共接访、下访400批2242人次，解决信访问题288个。

矛盾化解

市信访联席会议下发《进一步集中开展信访隐患大排查大化解工作的通知》，建立市每月排查、县半月排查、乡镇周排查，村每天排查报告制度，开展矛盾纠纷和苗头隐患大排查、大化解活动。全年共排查各类重点矛盾纠纷865件，建立重点问题、重点群体、重点人员工作台账，实行领导包案化解机制，矛盾纠纷化解率达到95%以上。

（市委信访局）

对台工作

2011年工作

2011年,坚决贯彻党的对台工作方针,进一步解放思想,转变作风,扎实工作,对台经济、交流、宣传、联络、接待等工作取得明显成效,为全市转型跨越发展、为推动两岸关系和平发展、为实现祖国统一大业做出积极贡献。

招商引资

加强与富士康集团的深度合作,成立项目小组,力促富士康晋城金匠科技工业园项目落地。

对台宣传

晋城市成为山西魅力市县对台宣传专项工作城市。收集整理反映晋城人文历史、风土民情、旅游、招商引资政策及投资环境等宣传资料,为台湾同胞展示晋城宜居之城、活力之城、幸福之城的魅力和风采,提高晋城在台湾的知名度和影响力。组织相关部门和单位参加"山西暨中部地区与台湾经贸合作论坛",促进晋城与台湾在经贸、旅游等方面的合作。

对台交流

立足独特的区域文化特色,推动两地在文化、教育、宣传、食品、服务等领域的交流合作。

联络工作

采取报刊宣传、节日慰问、召开座谈会、电话沟通联络、隆重宴请接待等多种形式,开展对台联络接待工作。开展大陆居民赴台手续的咨询服务,并帮助办理相关手续。对全市近百户重点台胞、台属进行两节慰问,增进和加深与台胞、台属的感情。

2012年工作

2012年,以持续推进两岸关系和平发展为主题,以深入贯彻寄希望于台湾人民的方针为主线,大力推进两岸经贸往来,努力创新对台联络、宣传、教育、台胞参访接待等工作方法，积极动员全市各方面的力量，多层次、多渠道、全方位地拓展对台工作。

招商引资

把对接富士康、承接富士康高科技产业转移作为招商引资工作重点，富士康晋城科技工业园投资规模持续加大、建设速度不断加快、项目拉动效应日益增强。

对台宣传

利用各种形式对两岸形势进行讲解。对赴台交流人员进行赴台行前注意事项专门讲解。利用接待、会访时机对台胞、台属进行面对面宣传。采取座谈会、家访、分片学习等形式，重点宣传十八大精神和对台工作方针政策。在华夏经纬网进行“太行明珠山西晋城”宣传，向台湾同胞展示晋城市发展的新成就，提高在台湾的知名度和吸引力。

交流活动

“非遗传人在中国”摄制组采访阳城生铁冶铸技艺代表性传承人物——吉抓住。应台湾新竹青年国乐团的邀请，市上党梆子剧团赴台参加“2012竹堑国乐节”活动，并举办“上党梆子名家张爱珍演唱会”。

联络工作

春节、中秋期间，对全市台胞、台属进行节日慰问。做好台胞、台属和社会相关人士来信、来访的接待工作。

（市对台办）

接待工作

2011年工作

2011年,市接待办共接待各级各部门来宾860批次、13 300余人次,其中省部级以上领导92人(批)次、厅局级890余人(批)次。

接待管理

业务方面着重学习公务接待的相关文件规定和公务接待礼仪知识,要求每位接待工作人员要做到四个了解,即:了解全市经济与社会发展的总体规划和宏观走势;了解晋城市历史沿革、人文景观、自然景观和风土人情;了解接待工作的各项礼仪常识;了解全市宾馆、旅游、交通等服务业的基本情况。实行定点接待制度,凡是市委、市政府的公务接待,原则上安排在晋城宾馆等几家定点宾馆招待所。每次接待活动,要求具体承办人员在三天内上报接待费用,逐级审批下达结算单。接待活动后,建立完整的接待档案。

全市接待工作座谈会

11月16日,在金辇大酒店召开全市接待工作座谈会。市接待办和各县(市、区)接待办负责人座谈交流,介绍接待工作的主要做法和经验。

2012年工作

2012年,市接待办共接待各级各部门来宾960批次、13 370余人次,其中省部级以上领导124人(批)次、厅局级1093余人(批)次。

接待管理

按照粗粮细做、土菜精做的思路,推出土特菜点、风味小吃、传统特色等菜肴,提倡饮用当地酒水饮料,既降低接待费用,又使宾客从中了解晋城饮食文化特色。

(市接待办)

党校工作

2011年工作

2011年,以《改革纲要》为指导,深化全市党校系统办学体制改革;以全市党校工作会议为契机,大力推动市县党校基础设施建设;以教学方式改革创新为动力,切实提高干部教育培训科学化水平,为办成全省一流市级党校奠定了基础。

体制改革

市委组织部出台《关于建立干部教育培训工作长效机制的实施意见》,推进市、县党校办学体制改革,县级党校可作为市级党校分校,由市级党校统筹教学工作。市委党校整合杨村乡村干部学校,为市、县两级党校办学体制改革提供经验借鉴。5月26日,杨村乡村干部学校挂市委党校分校的牌子,并举行揭牌仪式。市委党校教育资源随时可调配至杨村分校,解决制约杨村分校发展的难题,推动优质教育资源向基层延伸倾斜。10月,参加在太原市委党校举办的第十四届全省市级党校校长座谈会,交流教学方式与办学体制改革经验。

设施建设

市委党校迁建工程于2008年12月10日奠基开工,2009年完成主体工程,2010年进行内外装修,2011年主要进行室外工程、装修扫尾和设备采购等。3月,省委常委、组织部长汤涛到迁建工地视察指导。7月,省委党校常务副校长李高山到迁建工地视察指导。至年底,市委党校迁建工程完成投资1.8亿元,占工程总投资的92%。陵川县、高平市党校迁建工程开工。

教学改革

一是推广延伸教学。市委党校响应市委、市政府"对接大上海,融入长三角"的战略部署,参加第十五期县处级领导干部轮训班的全体学员,除50天在校学习外,到上海普陀区委党校培训10天,培训效果明显。二是继续采用案例式教学。采用案例式教学方法,收集大量鲜活案例,把枯燥乏味讲授式教学变为生动活泼的案例式,调动学员学习思考的积极性。三是聘请兼职教师。聘请数名市内外领导干部、党务工作者和专家学者为学员授课,帮助学员更好地了解晋城转型跨越发展的实际。

2012年工作

2012年,以理想信念教育为核心,深入开展保持党的纯洁性教育活动,发挥党校党性锻炼“熔炉”作用;以科学发展为主题,进一步深化办学体制改革,着力构建全市“大党校”格局;以常规班次培训为重点,进一步加大教学方式改革创新力度,充分发挥干部教育培训主渠道和主阵地作用;以积极稳妥为原则,顺利完成党校整体南迁。

体制改革

2月,城区、泽州、高平、阳城、陵川、沁水6县(市、区)委党校举行中共晋城市委党校各分校揭牌仪式,建立起以市委党校为中心,县(市、区)委党校为基地的党校培训新格局。9月,晋城市建成首批16个干部教育培训现场教学基地。

教学改革

举办第九期中青年干部培训班,培训中青年干部70余人。举办县处级干部学习贯彻党的十八大精神集中轮训班5期,培训县处级干部970余名。市委主要领导亲自为每期培训班授课。拓展社会培训领域,与市中小企业局联合举办民营企业家十八大精神培训班,培训学员200余人。继续推广延伸培训,组织中青班学员赴苏州市农村干部学院进行为期12天的延伸培训。开展模拟教学,在中青班上开展以“理想信念与人生”为主题的演讲活动。

党校南迁

1985年晋城建市后,市委党校长期在长治市异地办学,一定程度上影响了干部教育培训工作。市委党校迁建工程于2008年12月10日奠基开工,2009年完成主体工程,2010年进行内外装修,2011年主要进行室外工程、装修扫尾和设备采购等。2012年10月24日,市委党校整体南迁。

(市委党校)

讲师团工作

2011—2012年工作

2011—2012年，市委讲师团重点开展“贯彻十七届五中全会精神”、“学习胡锦涛七一重要讲话”、“学习十七届六中全会精神”、“学党史、颂党恩、跟党走”、“保持党的纯洁性”、“践行社会主义核心价值体系”、“学习贯彻党的十八大精神”、“学党章、促发展”等主题宣讲活动。为全市各级党政机关和事业单位进行专题辅导报告126场，直接受众人数达5万余人次。

服务党委中心组理论学习

加强对各县（市、区）党委中心组和市直各单位党委中心组的理论学习辅导，应邀为市政法委、市教育局、市法院等20多个党委中心组作党的十七届五中、六中全会精神、建设学习型党组织、国际国内形势、创新社会管理、胡锦涛同志7·23重要讲话、保持党的纯洁性、学习贯彻党的十八大精神等10多个专题36场辅导报告；会同有关部门，对全市各级党委（党组）中心组学习情况进行督察和理论考试，并对进一步搞好党委中心组的学习提出意见和建议，推动各级党委中心组学习的科学化、制度化和规范化。

理论宣讲

围绕中央的重大方针政策和省委、市委的重大决策部署，组织开展党的十七届五中、六中全会精神、省第十次和市第六次党代会精神主题宣讲活动；按照市委的统一安排部署，讲师团3位市委党的十八大精神宣讲团成员，赴陵川、开发区、经信（国资）委宣讲党的十八大精神；配合全市“党的十八大精神千人万场大宣讲”和市军分区“百人进千连”宣讲活动，与市广播电视台、市信息中心、市直工委和市军分区联合推出“广播讲堂”、“在线讲堂”、“市直机关大讲堂”、“军营讲堂”，重点围绕党的十八报告的十一个专题和新党章，为党员干部和广大官兵提供“套餐式”的学习服务。

“送理论下基层”活动

结合宣传系统开展的“走基层、转作风、改文风”活动，送报告下基层。组织骨干力量分赴农村、企业、社区、学校、部队，开展形势政策教育，对基层干部群众关注的热点、难点问题现场答疑释惑，为农民朋友讲解党在农村的政策，为企业职工解答转型发展，与学校师生探讨校园安全,与部队官兵畅谈科学发展;送党课下基层。围绕“建党90、91周年”主题,为机关、企业、乡镇上党课20余课,让基层干部群众更加了解党的历史、更加坚定对党的信念;送学习资料下基层。为基层干部群众送去各种形势政策学习资料5万余份,满足基层干部群众的理论学习需求。

网络教育

2011年7月,讲师团网站进行全面改版,2012年12月,对网站进行全面升级。网站已建立500余万字节的学习资料库,点击率和浏览量不断攀升。

干部教育

共举办各类培训授课94场,培训人数达3万余人次。与市人事局、市工行等单位建立教学协作关系,完成2011—2012年市人事局对全市聘任制干部、专业技术人员、参照公务员管理人员、军转干部的培训;2011年市委宣传部对全市新任政工师的培训、市委组织部对全市两新组织和市直工委对市直机关、市国资委入党积极分子、市公安局警衔晋升等集中培训;2012年阳城县、泽州县的科级干部、公务员轮训和教师轮训等。

理论研究

市委讲师团完成省、市2个软科学课题的研究;撰写理论文章50多篇,其中在市级以上报刊发表论文20多篇,获奖论文10余篇,吴仕华撰写的《理论创是党永葆生机与活力的力量之源》被《全国党政干部创新论丛》收录,《在实践中学习,在学习中提高》和《要把学习作为一种精神追求》分别被评为2010年度、2011年度党政领导干部“百日调研”优秀成果一等奖和二等奖;2010年组织编写的《建设学习型党组织系列丛书》,获晋城市首届社会科学研究成果三等奖。

理论读物

为各级党委中心组理论学习编写《学习参考》辅导资料12期12 000余册;为党员干部编写《党的十七届六中全会省十次党代会精神辅导资料》、《晋城市第六次党代会精神宣讲资料》、《学习、宣传、研究》(第三、四辑)、《阅读人生》等通俗理论读物10余本6万余册。2012年12月编写的《十八大精神与晋城发展辅导读本》,两次印刷仍供不应求。

(市委讲师团)

外宣(新闻)工作

2011年工作

2011年,创新外宣工作方式,借助中国·晋城太行山国际文化旅游节活动的举行,在人民网、新华网、中新网、凤凰网、腾讯网、香港《大公报》、《中国文化报》、《中国信息报》、《中国改革报》、《中国经济时报》、《品牌》杂志、《焦作日报》等媒体发稿200余篇,提高了晋城在国内外的知名度和影响力。

对外宣传

在人民网、新华网、腾讯网发表《中国·晋城太行山国际文化节活动今年将在晋城市举行》,中新网发表《市长王清宪专访:太行山旅游节台前幕后》,中国文化报发表《文化产业助力晋城转型跨越》,中国改革报发表《旅游是根、文化是魂》、《山西晋城市转型跨越迈出新步伐》等报道。结合全市工作重点,在《人民日报》、《经济日报》、《光明日报》、《文汇报》、新华网、人民网、《半月谈》、《西部时报》、《中国商报》、《山西日报》、《山西经济日报》、山西电视台等中央和省级媒体发表稿件200余篇。

专版宣传

在《人民日报》、《山西日报》、《山西晚报》、《市场导报》、《中国信息报》推出"太行风情、活力晋城—太行山国际文化旅游节"文化旅游专版,在香港商报推出"晋城煤层气储量冠绝中国"招商引资专版,在中国信息报推出精彩山西专题之晋城形象介绍专版,在山西日报推出"晋城旅游的六个全国之最"、"太行极品看晋城"、"晋城八奇"旅游专版和"晋城太行山上的明珠"形象专版,配合文化旅游节的召开,拓展对外宣传空间。

舆论引导

紧扣市委、市政府中心工作,围绕加快转变经济发展方式主题,加大新闻发布力度,及时引导舆论方向,全年共召开新闻发布会10余场,涉及文化旅游、国土资源保护、城市规划、统计信息、重大交通事故、煤矿安全以及重发新闻事件和百姓关心、媒体关注的热点问题,满足人们对公共信息的需求。主要新闻发布会有:太行山国际文化旅游节新闻发布会、全市人口普查工作新闻发布会、全国土地日新闻发布会、晋城市"保障食盐市场供应"新闻发布会、气象局持续雨雪降温气象新闻发布会、市总工会新闻发布会、财政预算新闻发布会等。

驻市媒体

驻市媒体发稿质量和数量大幅提高,全年发稿总数达300余篇,为宣传晋城作出了贡献。

记者接待

市外宣办共接待来访记者和记者团体300余人,并给予配合进行全面采访报道,提供反映全市各项工作成绩的资料图片。

网络管理

在《全市互联网新闻宣传与管理的意见》等规范性文件的基础上,完善《网上舆情》、《网络信息管理通报》专报制度,在全市部署"互联网舆情信息监测预警系统"、"RTX"内部通讯预警系统。建立网络监管部门联动制、不良信息通知删除制,形成网络管理合力。开展网络专项整治行动,不断净化网络环境。

2012年工作

2012年,市外宣办采取自己写、发挥记者站作用写和邀请外面记者写等多种方法加大宣传力度。

对外宣传

在人民日报、中国日报、光明日报、经济日报、农民日报、《半月谈》、中国文化报、西部时报、中国商报、新华网、香港《大公报》等媒体发稿100余篇,提高晋城在国内外的知名度和影响力。

专版宣传

在香港大公报推出晋城整体形象介绍专版,包括招商引资专版、转型跨越专版、形象展示专版、旅游生态专版、农业现代化专版等六个系列专版。在光明日报推出晋城城市生态建设专版,在经济日报推出反映晋城经济转型发展等专版。制作了对外宣传片《走近晋城》、介绍晋城人文历史和经济社会综合情况的小册子《晋城》。借助"新华网·中国晋城网"网站平台,及时刊登有关晋城市转型跨越、招商引资、旅游文化、文明城市创建等相关报道。

新闻发布

市外宣办共召开新闻发布会14场,涉及文化旅游、国土资源保护、城市规划、统计信息、重大交通事故、煤矿安全以及百姓关心、媒体关注的热点问题,满足人们对公共信息的需求。主要有:晋城“2·25”重大交通事故新闻发布会,晋城市检察院“举报宣传周”新闻发布会,沁水县大力解决沼气运行中的问题新闻发布会,长沙中博会新闻发布会,能博会新闻发布会等。重新对全市新闻发言人队伍进行申报审核,确定各县(市、区)人民政府、市政府各组成部门新闻发言人队伍50人,经过集中培训,新闻发布质量明显提高。建立晋城市网络发言人队伍、晋城市舆情信息队伍、晋城市骨干网络写手队伍等队伍建设,提高网络舆情的监测、处置和引导能力。

驻市媒体

驻市媒体发稿总数达200余篇,其中山西日报、山西新闻联播等头版头条稿件10条(篇)以上。

记者接待

市外宣办共接待来访记者和记者团体400余人。中央媒体总编室主任论坛在晋城市举办。

突发事件处理

市外宣办对一些曝光稿件和不实报道及时向有关媒体反馈信息,妥善做好后期工作。对网络曝光事件进行了妥善处置。

(市外宣办)

党史研究

2011年工作

2011年6月28日,市委召开全市党史工作会议,共表彰党史工作和“抗损调研”、“革命遗址普查”工作先进集体7个、先进工作者8名。12月20日,晋城市中共党史学会暨太行太岳将帅研究会成立。

研究成果

出版发行《中国共产党晋城历史(1985.05—2011.04)》。成茂林、李文福撰写的《试论邓小平在开辟晋豫抗日根据地中的作用》,获全省建党九十周年党史理论研讨会优秀奖。市、县两级党史部门完成《山西省革命遗址普查概览》(晋城卷)的初稿编写工作。

宣传教育

5月中旬,与市委宣传部联合举办晋城市庆祝建党90周年“晋城银行”杯党史知识竞赛。与市委组织部、市广播电视台联合摄制100集中国共产党晋城历史电视系列片《红色晋城》,该片以全市革命遗址中的重要历史事件、重要机构旧址和革命烈士人物为基础,系统介绍中国共产党晋城历史。与市博物馆共同举办“中国共产党晋城历史图片”巡回展。与太行日报社共同开办《走进红色地标》栏目。编辑出版《党史通讯》4期。

县区工作

城区党史研究室出版《中国共产党晋城市城区历史纪事》。泽州县委党史研究室完成《中共泽州历史》1985年以前的编撰任务。高平市委党史研究室出版《高平市革命遗址概览》。阳城县委党史研究室完成《中国共产党阳城历史》(1949年10月—1979年12月)的资料征集工作。陵川县委党史研究室出版《中国共产党陵川历史》第一卷。沁水县委党史研究室完成《中国共产党沁水县历史记述(1949—2009)》初稿。

2012年工作

2012年,市委党史研究室完成《山西省革命遗址通览》(晋城卷)的出版。该书按县、市、区表述划分,共36万字。收录全市遗址总数308处,其中城区22处、泽州63处、高平87处、阳城63处、陵川35处、沁水38处。完成《中国共产党晋城历史纪事》(1999—2012)初稿写作,约计50万字。

研究成果

一是完成优秀科研成果推荐和报送工作。按照中央党史研究室和省委党史办公室通知要求,市委党史研究室组织专人对符合条件的科研成果进行筛选,推荐和报送市委党史研究室编写的专著《中国共产党晋城历史(1985—2011)》、高平市委党史研究室撰写的专题文章《黄克诚在高平》和阳城县委党史研究室制作的专题片《不朽的丰碑》参加评选。二是完成《山西革命根据地文化建设》论文上报工作。根据省委党史办公室开展的《山西革命根据地文化建设》课题汇集要求,市委党史研究室完成了《朱德名诗出太行》、《红色经典是怎样炼成的》、《沁水抗日根据地建设概况》、《洪钟大吕出陵川》和《不能遗忘的太行山剧团》等五篇专题论文的上报。

宣传教育

前半年,市委党史研究室发行《党史通讯》2期。为提高办刊质量,扩大党史宣传面和影响力,停办《党史通讯》,与市党史学会、将帅研究会合办《晋城将帅》,全年发行3期,刊登文章80余篇。《晋城将帅》共设本刊特稿、将帅研究、战例剖析、纪念地标、我的父辈、凭栏观史、地方党史、伟业丰碑等22个栏目。完成省级党史教育基地推荐工作,向省委党史办公室推荐晋城市烈士陵园、中条区高级领导干部会议(上河会议)旧址、太岳烈士陵园、抗日战争高平纪念馆、中国人民抗日军政大学太岳分校旧址等5处省级党史教育基地。

县区工作

完成对各县(市、区)党史编研的指导工作。对各县(市、区)党史正本和新中国成立以后大事记写作进行业务指导和督查指导。泽州县委党史研究室、阳城县委党史研究室和沁水县委党史研究室完成新中国成立以后大事记初稿,高平市委党史研究室和沁水县委党史研究室完成党史正本写作任务。

(市委党史研究室)

人 大

2011年工作

2011年,市人大常委会召开人民代表大会会议2次、常委会会议10次、主任会议19次,听取和审议"一府两院"专项工作报告15个,对4部法律法规的实施情况进行执法检查,任免地方国家机关工作人员80人(次)。

监督工作

经济发展监督。组织人大代表、相关专家,对"十二五"规划草案进行审查,提出修改意见13条;针对计划草案提出意见9条,市发改委认真落实,科学合理确定"十二五"规划各项经济指标,储备了一批好项目、大项目;听取和审议市政府关于1—7月份经济运行情况的报告,在充分调研的基础上,开展分组审议和联组审议,向市政府转达"加大项目建设促转型、壮大龙头企业促增收、以'五个全覆盖'为突破口保民生、严格考核促争先、建设服务型政府创环境"等五个方面的审议意见并跟踪监督落实。

重点工作监督。听取和审议市政府关于加快招商引资推动转型跨越发展、工业园区建设情况的报告,针对招商引资和工业园区建设中存在的问题,提出增加项目储备、完善园区规划、创新园区管理、加快土地流转、引导产业集聚等意见和建议,要求市政府狠抓招商引资和园区建设工作,促进全市转型跨越发展。开展"十二五"经济增长与环境容量的专题工作调研,全面了解全市经济增长和环境容量情况。重视对农业农村工作的监督,听取和审议市政府关于现代农业发展情况的报告,对现代农业中存在的问题提出针对性的审议意见,并转交市政府落实;针对扶贫攻坚中需要加强的工作,加大对常委会审议意见落实情况的跟踪监督;开展对"空心村"和闲置土地利用情况的调研,深入分析"空心村"形成原因,总结全市闲置土地开发利用的经验和做法,并形成调研报告。

计划预算监督。出台《关于强化部门预算编制夯实预算管理基础工作的意见》,推动市级部门的预算改革;召开预算初审会议,提出加强税收征算、细化项目预算编制、支持农业龙头企业和中小企业等七项意见建议,市财政局针对意见建议,出台《晋城市推进经济发展方式转变项目奖金管理办法》,安排4100万元专项奖金用于支持农业产业化发展。听取和审议市政府关于市本级财政决算的报告、预算执行及其他收支情况的审计工作报告,提出整改建议，确保市人代会批准的预算顺利实现；听取市财税部门关于全市财税形势分析和超收财力安排使用情况的工作汇报，督促政府及其相关职能部门充分发挥公共职能，确保超收财力主要用于改善民生和教、科、文、卫等方面的法定支出。

教育工作监督。听取和审议全市教育改革和发展“十二五”规划情况的报告，结合会前调研和组成人员审议发言，形成并向市政府转达审议意见，在肯定教育工作成绩的同时，客观指出应当高度正视的突出矛盾和主要问题，要求市政府及其教育主管部门和相关职能部门积极落实常委会审议意见。

城市管理监督。专题听取和审议市政府关于城市近期建设规划的工作报告，肯定近期规划是“六区联动、组团发展”总体思想的延伸和细化，指出应根据实际情况，提高规划的前瞻性、科学性和可操作性；听取和审议市政府关于全市保障性住房建设的情况报告、关于市区道路交通管理工作情况的报告、关于市区蔬菜市场建设和管理情况的报告，形成审议意见，向市政府转达来自群众的呼声，并跟踪督促审议意见的落实。

法治监督。听取和审议市政府关于“五五”普法工作情况的总结和第六个五年法制宣传教育规划的报告，作出《关于加强第六个五年法制宣传教育，进一步提高全民法律素质的决议》，对“六五”普法工作提出全面要求，并在决议中明确普法宣传经费列入财政预算，全面启动“六五”普法工作。

备案审查监督。市人大常委会召开全市规范性文件备案审查工作会议，对全市规范性文件备案审查工作作出安排部署，对《晋城市城镇职工基本医疗保险和生育保险市级统筹实施办法》、《晋城市重点生态公益林保护管理办法》、《晋城市涉及国家安全事项建设项目管理实施办法》3件规范性文件进行审查。

执法检查

对《山西省丹河流域水污染防治条例》实施情况进行执法检查，针对丹河污染的严峻形势向市政府提出针对性的对策和建议，并跟踪监督落实。听取市政府对市区水资源保护与合理开发利用决议的落实情况，要求市政府积极推进水务管理体制改革，把市区水资源保护和合理开发利用列入重要议事日程。对《土地承包法》、《土地承包经营纠纷调解仲裁法》、《循环经济促进法》实施情况进行检查。配合省人大就《山西省水路交通管理条例（草案）》等3项地方性法规进行立法调研。

人事任免

按照《晋城市人大常委会人事任免和监督办法》，共审议人事任免议案11件，组织任前法律知识培训和考试11次61人；决定任命政府组成部门负责人47人（次），决定免职12人；

任命市中级人民法院法官1人,免职7人;任命市人民检察院检察官7人、免职6人,批准任命6个县(市、区)人民检察院检察长。

信访工作

共受理群众来信来访397件1000余人次,其中来信26件次,来访371件次,做到事事有回音、件件有着落。组织召开信访联席会议3次,交办信访案2件,办结1件;坚持领导阅批重要信访制度,阅批重要信访案12件,办结7件。

换届工作

县乡两级换届工作。2011年,首次按城乡人口同比例选举县乡两级人大代表。制定《中共晋城市人大常委会党组关于做好县乡两级人民代表大会换届选举工作的实施意见》,并经市委转发全市执行,组织举办县乡人大换届选举工作培训班、学习班、座谈会,传达落实全国、全省县乡人大换届选举工作的主要精神,安排指导全市县乡换届选举工作,解决换届选举中存在的问题。参加选民151.3万人,参选率达到95%以上,选举出县级人大代表1120人、乡级人大代表4104人,选举产生县级人大常委会组成人员149人、县级人民政府班子成员36人、法检"两长"12人,乡镇人大主席74人,乡镇人民政府班子281人。

市六届人大换届工作。2011年,制定《晋城市第六届人民代表大会换届工作安排意见》,依法对市人大换届选举工作各个阶段的工作进行安排部署,保证换届选举工作依法有序进行。市六届人大代表选举产生后,组织人大代表履职培训班,对新当选的300余名市六届人大代表分两期进行为期4天的培训,进一步提高代表的履职能力。

代表工作

邀请30余名熟悉相关议题的人大代表列席常委会会议,邀请70余名人大代表参加常委会、各专工委组织的专题调研、执法检查等活动,畅通代表履职通道,提高常委会会议及调研、检查等活动的水平。

建议办理

共召开两次人代会,在两次会议期间代表共提出建议478件,市人大常委会加大督办力度,确保代表建议落到实处。继续坚持重点建议市长领办,确定20件副市长领办重点代表建议,代表提出的问题均得到认真落实;听取和审议市卫生局关于代表建议办理情况的报告,督促代表普遍关心的医药卫生领域的问题得到进一步落实;成立检查组到各个办理单位,对478件代表建议办理情况进行逐件检查,并将检查结果向市政府通报。制作《代表之声》节目44期,跟踪报道60名代表所提50余件建议的办理情况。全国两会期间,制作特别节目《专访全国人大代表——马巧珍、李章宏、张家胜》3期;晋城两会期间,制作特别节目

《会声、民声》6期。

晋城市人大常委会领导名录

主　任:孟福贵(2011.1—2011.12)

副主任:段伟祥(2011.1—2011.8)

秦红星(2011.1—2011.8)

张满祥(2011.1—2011.8)

任建宏(2011.1—2011.12)

李章宏(2011.8—2011.12)

廖　军(2011.1—2011.12)

孔庆鹏(2011.8—2011.12)

李国继(2011.8—2011.12)

韩淑君(2011.8—2011.12)

2012年工作

2012年,市人大常委会召开人民代表大会会议2次、常委会会议8次、主任会议22次,对9部法律法规的实施情况进行执法检查,承办全省理论研究会会长会议、全省人大信访工作会议。

监督工作

经济发展监督。专题听取和审议市政府关于全市煤炭经济运行情况的报告,听取晋煤集团、煤销集团晋城公司关于煤炭资源整合事项的汇报,向两家主要煤矿整合主体传达相关要求与主张。针对煤炭工业经济运行中存在的问题,提出合理调控产能、加强企业管理、做好整合后续工作、加快整合矿井建设四方面的意见和建议。审议市政府关于落实《晋城市人大常委会关于加快招商引资推进转型跨越发展情况报告的审议意见》情况的报告和落实《晋城市人大常委会关于全市工业园区建设情况报告的审议意见》情况的报告。跟踪监督市政府关于全市现代农业发展情况审议意见的落实情况。

项目监督。制定重点工程建设集中调研视察方案,分为工业、城建、教育卫生三个领域分别进行三次集中调研视察。在集中调研视察的基础上,两次听取和审议市政府关于项目落地年相关情况的汇报,指出重点工程建设和重点项目落地过程中存在的土地、资金、环境等各方面问题,并向市政府提出针对性的建议和意见。对涉及重点工程建设与重点项目落地的11个相关单位及开发区的一把手进行专题询问,形成解决问题的合力,全市固定资产投资增速排名全省第一。

计划预算监督。对2012年计划预算进行初审,提出培育市级财源、提高项目落地率、增加创新创业扶持、加大城市基础设施建设等意见和建议15条。审议市政府关于市级2011年预算执行及其他财政收支审计查出问题整改情况的报告。听取和审议市政府关于2012年1—7月份经济运行情况的报告,向市政府转达把握发展态势、加快项目建设、落实政策措施、优化发展环境四条审议意见。

教育工作监督。督促市政府出台《晋城市推进义务教育均衡发展实施方案》和促进教育均衡发展的多条具体措施,市区中小学暑期开学班容量明显下降,从每班最多90人降到60人以内。

城市管理监督。督促市政府开展"治堵"工程,新建续建城市道路10余条,对市区主要道路进行改造,实施20条街巷硬化工程,新增公交车70台,进行公交线路优化调整。

法治监督。听取和审议市人民检察院关于加强渎职侵权检察工作、促进依法行政和公正司法情况的报告,向市检察院提出五方面审议意见。

备案审查监督。对《晋城市政府投资建设项目审计实施办法》、《晋城市人民政府关于进一步加强疾病预防控制工作的实施意见》、《晋城市人民政府关于进一步加强地质灾害防治工作的实施意见》、《晋城市规范行政处罚自由裁量权实施办法》和《晋城市规范性文件制定和备案办法》等5件规范性文件进行备案审查,就其是否存在超越法定权限,是否同法律、法规相抵触,是否同上级或本级人民代表大会及其常务委员会的有关决议、决定相抵触,是否适当,是否违反法定程序五个方面作重点审查。对于审查发现的个别规范性文件部分内容不适当,及时与市政府及其相关部门进行沟通并督促改正。

执法检查

对中小企业法的执行情况进行执法检查,开展为期7个月的系统执法检查,并形成执法检查报告,报告从贯彻落实党的十八大新要求、拓宽中小企业融资渠道、提高中小企业自身素质、健全中小企业服务体系、优化中小企业发展环境等方面提出意见和建议。此外,还对《食品安全法》、《文物保护法》、《农业法》、《残疾人保护法》等9部法律法规的实施情况进行执法检查或调研;配合省人大对《山西省农业综合开发条例》开展立法后评估工作,对《中华人民共和国残疾人保障法(修订草案)》、《山西省循环经济促进条例(草案)》等7部法律法规的制定、修改开展立法调研。

人事任免

全年共审查人事任免议案10件,任命国家机关工作人员3人,免职1人,撤销职务1人;任命市中级人民法院法官4人,免职9人;任命市人民检察院检察官5人,免职6人。

信访工作

全年受理群众来信来访387件1000余人次。

代表工作

举办大规模的代表培训3次,分别是5月在上海浦东干部学院举办的社会管理创新专题培训班,7月在北戴河全国人大培训基地举办的代表小组长专题培训班,9月在珏山举办的全市乡镇人大主席培训班。组织代表开展各县(市、区)之间的交叉视察,增进相互了解。全年共邀请代表列席常委会会议、参加调研视察等活动70余人次。为每位代表订阅《中国人大》、《山西人大》、《人民代表报》等报刊。

建议办理

在市六届人大二次会议上共收到代表提出建议289件,确定10件副市长领办重点建议。听取和审议市政府、市人民法院、市公安局、市住建局关于代表建议办理情况的报告,针对建议办理过程中存在的不足,转达人大的审议意见,促进代表建议办理更加规范。对代表建议办理工作进行检查,对289件代表建议办理情况逐件进行检查,办结率达100%,满意率达90%以上。制作《代表之声》节目33期,跟踪报道60名代表所提50多件建议办理情况。举办纪念代表法颁布20周年系列活动,进行征文活动并在《太行日报》刊载优秀征文。

晋城市人大常委会领导名录

主　任:孟福贵(2012.1—2012.12)

副主任:任建宏(2012.1—2012.12)

　　　　李章宏(2012.1—2012.12)

　　　　廖　军(2012.1—2012.12)

　　　　孔庆鹏(2012.1—2012.12)

　　　　李国继(2012.1—2012.12)

　　　　韩淑君(2012.1—2012.12)

(市人大)

政　府

政府工作

2011年工作

2011年,全市完成生产总值895亿元,增长13.6%;规模以上工业增加值增长18%;全社会固定资产投资完成504.1亿元,增长29.5%;财政总收入完成181.8亿元,增长18.6%;公共财政预算收入完成67.9亿元,增长22.4%;外贸进出口总额完成11.4亿美元,增长113.4%;社会消费品零售总额完成224.5亿元,增长17.5%;城镇居民人均可支配收入完成20127元,增长16%;农民人均纯收入完成7043元,增长19.4%。市五届人大八次会议确定的各项目标任务和为民办的10件实事全面完成。在全省年度目标责任考核中,晋城市综合排名第二,荣获优秀奖。

转型跨越发展思路

围绕打造全省以煤为基、多元发展的先行区和示范区,制定和完善了"十二五"规划,确立了推进转型跨越发展、再造一个新晋城的宏伟目标、战略重点和工作任务。围绕"十二五"规划的推进实施,立足实际,作出一系列战略决策:提出"对接上海,融入中原"的扩大对外开放战略;提出要发挥晋城地处山西综改试验区、中原经济区和中部崛起三大国家战略的交汇点,辐射周边两小时半径内13个城市6000万人口的区位优势,建设区域性经济中心;提出加快推进工业化、城镇化和农业现代化的实质是统筹城乡、统筹经济社会发展,理清三者之间的内在关系;确定各县(市、区)非煤主导产业功能定位,提出"十二五"期间用非煤产业再造一个新晋城的目标;确定建设"方便、温馨、开放、现代"的宜居之城、活力之城、幸福之城的城市总体格调和定位。

结构调整

启动实施169项重点工程和重大项目,当年完成投资466.3亿元,为年度目标的133.8%,增长48.6%。煤矿整合重组基本完成,煤炭产业素质发生重大的变化。煤层气产业,与中石油华北油田公司合作,共同推动煤层气开发利用的规模化、产业化发展。国内规模最大、日处理90万立方的天煜新能源煤层气液化项目进展顺利。电力产业,国投热电一期2×30万千瓦机组开始试运行，晋煤能源公司煤矸石发电和中电明秀瓦斯发电一期工程进展顺利，高平煤电化一体化、华能阳城电厂等项目完成前期工作。煤化工产业，晋煤集团百万吨煤制油项目奠基，金象公司年产18万吨合成氨30万吨尿素项目联动试车。非资源类产业快速成长。全年非煤工业增加值增长22%，高出规模以上工业增加值增速4个百分点，全市新型工业化水平达到47.6%，居全省第二位。高新技术产业快速崛起。投资60亿元的富士康A区精密刀具及工业机器人项目4月开工建设，9月正式投产。投资30亿元的B区继续提升产能。富士康金匠科技工业园新区项目开工建设。以精密铸造、煤机成套设备为主的装备制造业规模扩大，增加值增长57.8%。金鼎煤机金匠园区开工奠基，福川制铁项目加快推进。清慧汽车配件及大型专用铸造项目二期工程试生产。纽威信10万吨精密数控机床项目在高平落地。商贸物流业发展壮大，豪德贸易广场一期交付使用，二期奠基开工。国贸大厦竣工开业，一批国际国内知名的商贸企业落户晋城。白马寺森林公园太行明珠游乐城项目开工建设，苏宁电器确定选址，上海新世界、红星美凯龙、丹尼斯、上海锦江酒店等一大批项目正在深度对接。文化旅游业亮点频现，举办了第四届中国（晋城）太行山国际旅游文化月等旅游推介活动。以泽州府城玉皇庙的二十八宿雕塑为原型，与央视动画公司联合制作的大型原创动漫片《大耳朵爷爷历险记》首部52集，在央视少儿频道热播。

“三农”工作

建立倒推倒逼机制，对农民增收的四个要素层层分解、条块结合、分工负责、逐项落实，农民收入增幅创近年新高。粮食总产量达9.2亿公斤。农业综合机械化水平达到61.1%，高出全国、全省6.6和5.9个百分点。畜牧业生产稳定增长，全年生猪存、出栏分别增长8.5%和11.1%。农业产业化发展迅速，新发展农民专业合作社427个，农产品加工转化率达到41%。推进水利改革发展，市水务发展有限公司挂牌成立。积极创建国家森林城市，完成造林22.78万亩，森林覆盖率达到39.2%，居全省首位。强力推进扶贫攻坚，启动第三批223个扶贫攻坚重点帮扶村的推进工作。扎实开展新农村建设，新的农村“五个全覆盖”工程中，新型农村社会养老保险、中等职业教育免费和农村文化体育场所三个全覆盖提前一年完成。

城市基础设施

启动实施5条城市道路工程建设，完成投资近5亿元，其中凤城南路建成通车。兰花路、红星西街、红星东街开工建设，泽州路、凤台街罩面改造工程全部完成。40条背街小巷改造工程竣工。新购置的40辆公交车上线运行。总长35公里的热电联供热网工程主干管网投入使用，新增集中供热能力1227万平方米。豪德贸易广场、金村新区的供水、供热、供气等基础设施配套项目全部启动实施。市区和各县城全部开通煤层气,主城区气化率达到90%。14 416套保障性住房开工建设。推进城市水系建设,任庄水库调水工程白马寺温馨湖竣工,主城区花园头河景观水系、滨河南路建设工程开工奠基。城镇扩容提质大行动和百镇建设工程全面启动。晋城市荣膺"国家卫生城市"称号。

生态环境

继续实施"蓝天碧水工程",环境质量进一步提高。9家煤化工企业生产工艺废水超低排放技改工程全部完成。全市地表水环境质量持续好转,丹河、沁河出境断面水质均达功能类别要求。六县(市、区)环境空气质量稳定达到国家二级标准。市区二级以上天数达到354天,其中一级天数达到112天。推进污染减排,对列入省政府环境污染末位淘汰范围的12家企业或设施实施关停、淘汰和取缔。重点实施的35个污染减排项目全部完成。白马寺山森林公园绿化上档升级,丹河两岸绿化工程稳步推进,环城、阳翼和高陵三条高速公路的通道绿化基本完成。继续开展生态示范创建活动,完成4个国家级和16个省级生态村镇的创建工作。晋城市荣膺全球环境保护最高奖——联合国环境规划署授予的"中国区环境规划优秀示范城市"称号。

改革开放

研究制定转型综改试验行动方案,加快推进"一市两县"、"一市两园"、"一县一企"试点。国企改革深入推进,民营经济蓬勃发展,医药、卫生、投融资体制改革步伐加快,文化体制改革走在全省、全国前列。建立全面对接上海的顺畅通道,与上海方面签订战略框架合作协议16个,签署项目合作意向7个,达成项目口头合作意向26个。太行明珠游乐城、上海枫彩集团沁水彩色苗木花卉项目、香港东裕包装纸袋等项目奠基开工。加大与大企业大集团的战略合作,与华润集团签署1180亿元战略合作框架协议,兰花·华润药业开工建设。加强企地合作,将晋煤集团纳入全市转型跨越的大格局中,1237亿元的投资计划开始落实。参加第六届中博会,全市共签约项目68个,拟引资2439亿元,居全省第三位。实施融入中原战略,与中原地区的经贸往来日益紧密。招商引资当年签约、当年到位资金是2010年的4倍多。

社会事业

科技、教育、人口计生、卫生、文化、体育等各项社会事业全面进步。继续加大对民生、重点社会事业的支出,用于教育、科技、医疗卫生、农林水事务支出的增幅均高于一般预算支出增幅。连续六届荣膺全国科技进步先进市。市中等专业学校的搬迁扩建工程、凤城中学、秀水苑学校、汇仟小学等4所学校全部开工奠基。完成中小学校舍安全工程扫尾工作,为100所农村中小学校配备体艺器材，为100所农村寄宿制学校增添卫生安全设施。新建和改扩建幼儿园15所。与晋煤集团联手，加快晋城大医院建设。与北京阜外医院合作组建心血管病技术培训中心。公共卫生和医疗服务体系更加完善，医疗服务水平进一步提高。大力创建国家级创业型城市，新增城镇就业岗位3.37万个，城镇登记失业率控制在2.2%以内。进一步完善社会保障体系，提高城镇职工和城镇居民的医疗保险最高支付限额，实现城乡居民养老保险全覆盖，新农保参保率和城乡低保覆盖率居全省前列。全面完成低收入农户冬季取暖用煤工作，全市供煤总量68.3万吨，供煤标准、质量均高于往年。民族宗教、妇女儿童、统计、档案、史志、外事、侨务、文物保护、人防、气象、地震、老龄、残疾人、红十字、慈善救助等社会事业都取得新进展和新成绩。

和谐建设

深入推进精神文明和民主法制建设。自觉接受人大、政协监督，认真听取各民主党派、工商联和无党派人士意见。全年共办理人大代表建议意见436件、政协提案515件。坚持依法行政，法治政府建设成效明显，深入开展"六五"普法，晋城荣获全国法制宣传教育先进城市。加强政风行风建设，被省政府表彰为"政风行风评议先进市"。创新社会管理机制，深入开展"严打"整治斗争，强化信访和社会矛盾排查调处工作，"平安晋城"建设成效显著，连续15年被评为全省社会治安综合治理先进市。深化全民国防教育，积极探索晋城特色的军民融合式发展路子。深入开展安全生产专项治理，加大隐患排查治理力度，发生事故起数和死亡人数均低于省控指标，安全形势总体平稳。

市人民政府领导名录

市　长：王茂设（2011.1—2011.1）

　　　　王清宪（2011.1—2011.12）

副市长：郭长青（2011.1—2011.4）

　　　　冯　征（2011.5—2011.12）

　　　　贾联亭（2011.1—2011.8）

　　　　王树新（2011.1—2011.12）

　　　　李章宏（2011.1—2011.8）

　　　　焦光善（2011.1—2011.12）

　　　　王维平（2011.8—2011.12）

　　　　茹栋梅（2011.8—2011.12）

秘书长:任建宏(2011.1—2011.1)

王宏微(2011.1—2011.12)

2012年工作

2012年,全市生产总值达到1011.6亿元,同比增长11%;固定资产投资完成655亿元,增长29.9%;财政总收入突达到213.5亿元,增长17.4%;公共财政预算收入完成82.9亿元,增长22.1%;规模以上工业增加值增长14.6%;社会消费品零售总额完成260.8亿元,增长16.2%;外贸进出口总额完成12.35亿美元,增长8.9%;城镇居民人均可支配收入完成22 565元,增长12.1%;农民人均纯收入完成8037元,增长14.1%。市六届人大二次会议确定的各项目标任务基本实现,"方便晋城"十大工程全部完成。被评为山西省2012年度目标责任考核优秀市。

产业转型

全力推进项目建设和重点工程建设,省级重点工程完成率为134.5%,居全省第一。传统产业进一步巩固提升。煤炭产业,巩固兼并重组成果,新转产验收和联合试运转矿井14座,产能规模达975万吨/年。煤层气产业,地面抽采井达到5500口,年抽采能力达到40亿立方米。中国联盛、新奥集团、晋煤天煜等煤层气液化项目建成运行。一批电力、煤化工项目开工建设。非煤主导产业成长壮大。高新技术产业快速崛起,装备制造业规模不断扩大。富士康A区苹果手机精密机构件、金鼎煤机等标杆项目加紧推进。商贸物流业快速发展,苏宁电器、必胜客、凤展新时代广场正式营业,太行明珠游乐城、皇城相府城市综合体等项目加紧建设。旅游产业蓬勃发展,"晋善晋美、精彩晋城"广告在央视播出。全市旅游总收入、接待入境旅游者、旅游外汇收入、国内旅游收入增幅均居全省第一。积极推进非煤主导产业集群化发展,形成县域经济错位发展、差异竞争、优势互动的良好势头。

对外开放

与上海及长三角地区签约项目48个,其中落地25个,总投资172亿元。金匠工业园区完成一期采空区治理和场地平整。华润兰花制药项目落地。实施融入中原战略,加大旅游景点建设和营销力度。联合河南、河北等省的20多个城市,共同打造"太行山文化旅游"精品。全力推进综改试验区建设,编制转型综改行动方案,完成"一市两园"总体规划,开工建设标杆项目18个。全市招商引资实际到位资金561亿元,增幅居全省第一。

“三农”工作

认真落实中央强农惠农富农政策，农民收入稳步增长。粮食总产量9.75亿公斤，创历史最高水平。生猪出栏达到258.4万头，全省第一。大力发展“一村一品、一县一业”，扎实推进农业产业化，新建现代农业科技园区30个，农民专业合作社发展到2980家。300个重点推进村完成规划编制、“四化四改”和“五个一工程”。开展首届“晋城最美乡村”评选活动。重点扶持146个贫困村，生产生活条件明显改善，新的“五个全覆盖”工程全部超额完成。

城市建设

强力推进城市建设，实施一批城建重点工程。改造提升凤台街、文昌街两条主干道，取消了群众呼吁强烈的西上庄收费站，打通兰花北路、红星街东西延伸段、文昌街西段、建设北路、客运东站环路等断头路，新增城市道路7公里。“三馆合一”主体工程完工。加快推进城市水系建设，任庄水库调水工程完工，滨河南路完成路基建设。开工建设保障性住房11 560套，为省定任务的181%；竣工5291套，为省定任务的130%。市区经济适用住房被评为“国家康居示范工程”。

生态环境

强力推进污染减排，关闭落后产能及生产设施企业10个，取缔市区分散燃煤供热锅炉102台。完成污染减排重点项目38个。丹河人工湿地三期工程通水试运行。市区空气质量二级以上天数353天，稳定达到国家二级标准，综合污染指数控制在1.72。加大节能降耗力度，实施节能项目52个。完成村庄绿化300个，造林12.1万亩。被评为“全国国土绿化突出贡献单位”，荣获“国际花园城市”称号。

社会事业

爱物学校、汇仟小学主体完工，中等专业学校一期工程和凤城中学项目顺利推进，新建标准化幼儿园15所。在全省率先实现十二年免学费教育，为农村寄宿制学校配备校车76辆。加快推进晋城大医院建设，正式启用市、县两级医院远程医疗会诊系统，投资6个亿加强县乡村三级医疗基础设施建设。城镇医疗保险标准全省第一，工伤、失业、生育、城乡居民养老保险标准居全省前列。积极推进就业和全民创业，新增城镇就业岗位4.12万个，城镇登记失业率1.8%，被国务院授予“全国创业先进城市”。城乡低保、五保供养保障标准名列全省前茅。群众性文化、体育活动蓬勃发展。“文化低保”工程覆盖面扩大，“周末大剧场”、“百姓大舞台”等活动深得人心。统计、地震、气象、人防、治超、民族宗教、妇女儿童、人口计生、档案史志、外事侨务、老龄、残疾人、红十字、慈善救助等社会事业都取得了新的成绩。

和谐建设

深入推进精神文明和民主法治建设。自觉接受人大监督,认真听取各民主党派、工商联和无党派人士意见。办理人大代表建议意见267件、政协提案305件。坚持依法行政,加强政风行风建设,连续8年被省政府表彰为"政风行风评议先进市"。创新社会管理机制,城市社区网格化管理试点工作圆满完成。深入开展"严打"整治斗争,强化信访和社会矛盾排查调处工作,"平安晋城"建设成效显著,在全省群众安全感和满意度民意测评中名列第一。全民国防教育更加深入,国防后备力量建设质量大幅提升。安全生产形势持续平稳,各类事故起数和死亡人数均低于省控指标。

市人民政府领导名录

市　长:王清宪(2012.1—2012.12)

副市长:冯　征(2012.1—2012.12)

王树新(2012.1—2012.12)

焦光善(2012.1—2012.12)

王维平(2012.1—2012.12)

茹栋梅(2012.1—2012.12)

秘书长:王宏微(2012.1—2012.12)

(市政府办)

民　政

2011年工作

2011年，全市民政系统全面履行解决民生、发展民主、维护民利的核心职责，以提升民政管理水平和服务质量为落脚点，积极推进民政工作规范化、程序化和制度化建设，确保年度民政工作目标任务的圆满完成。

城乡低保工作

召开全市城市低保工作规范化建设（城区）现场会，制定《晋城市城乡最低生活保障工作实施规程（试行）》，对全市城乡低保工作进行典型示范和全面规范，初步形成“队伍专业化、运行制度化、评审程序化、公示规范化、建档标准化、发放社会化、管理动态化、监督多元化”格局。全市城市低保标准每人每月提高25元，农村低保标准每人每月提高22元。至年底，全市城乡低保共保障11.14万人，分别占非农业和农业人口的5.5%和5%，累计发放保障资金2.4亿元，城乡低保对象人均月补助分别比2010年提高170元和43元。同时，完成11.8万多名城乡困难群众的信息录入工作。

城乡医疗救助

全面启动医前救助、门诊救助、临时救助和大病关怀救助等6种救助形式，全市发放医疗救助资金2167.27万元，救助城乡困难群众5820人（次），人均救助水平达到3724元。高平市和沁水县试行医疗救助“一站式”即时结算工作。

农村五保供养

省政府2010年安排的6所敬老院建设项目全部建成并投入使用；“十一五”期间“霞光计划”6个项目全部竣工。继续开展农村敬老院设施完善和星级创建活动，三星级以上敬老院总数达到16所，比2010年增加4所。开展农村五保供养对象复查工作，退出五保供养对象320人，新纳入供养范围1111人。至年底，全市共有五保对象6392人，其中集中供养对象1598人，集中供养率达到25%。下发《关于调整全市农村五保对象供养标准的通知》，全市农村集中和分散供养标准年人均分别达到4166元、2066元。

灾害应急

全市先后遭受干旱、病虫害、风雹、洪涝等自然灾害，直接经济损失达5.56亿元。灾情发生后,民政部门及时深入受灾地区查灾核灾,做好灾情的统计上报工作;建立健全市、县两级汛期救灾值班制度,确保灾情报送反馈渠道畅通。出台《晋城市自然灾害生活救助资金管理暂行办法》,重点对2010年冬季至2011年8月间,省、市、县下拨的1378.3万元资金进行检查,对个别不规范使用现象进行纠正。全年市、县两级民政部门及时下拨救灾资金2540万元,对9.65万名灾民的生产生活做出妥善安排;投入资金510万元,资助2610户农村贫困家庭危房改造和5200间因灾倒塌、损坏民房的修缮。开展减灾知识宣传活动,发放宣传品2万份;开展减灾示范社区创建活动,城区中后河社区和沁水县柳庄社区被民政部命名为"全国综合减灾示范社区"。8月5日,在阳城县凤城镇坡底村举行2011年地质灾害应急演练;12月,开展"送温暖献爱心"活动,市、县两级共接收社会捐款408万元;元旦、春节期间,组织开展"访贫问寒送温暖"活动,共走访慰问各类困难群众1766户,发放慰问金35.3万元;全年救助流浪乞讨人员1289人(次)。

优抚安置

完善重点优抚对象优待抚恤金"一卡通"社会化发放制度,实现抚恤、补助、优待资金专项管理、专项安排、专户储存,方便优抚对象。继续巩固优抚对象抚恤补助标准自然增长机制,及时提高优抚对象抚恤和生活补助标准,按时发放优抚资金6277万元。对零散烈士墓、碑进行普查登记,共历时3个多月,完成5座烈士陵园、724处零散墓、116处碑(亭)的拍照、数据测量和信息上报工作。开展残疾军人评残鉴定和参试退役人员体检工作。完成农村籍60周岁以上退役士兵普查任务,按时按标为他们发放老年生活补助。市政府出台《城镇退役士兵安置改革意见》,对2010年度城镇退役士兵实行"双考(考试、考核)"、"三公(公开、公平、公正)"安置改革办法,对历年遗留的安置对象进行指令性安置。共安置2010年城镇退役士兵407名,安置遗留对象119名,退役士兵安置率达到98%以上。

双拥工作

元旦、春节、"八一"期间,对全市重点优抚对象、驻地部队、集中供养的革命功臣、离退休老干部进行走访慰问,送去价值50余万元的慰问品。开展退役士兵职业教育和技能培训工作,培训退役士兵264人,参训率达到39%。接收伤病残退役士兵1名,军队退休老干部2名,并落实生活待遇。

基层政权建设

开展第九届村委会换届工作,全市2217个村委会有2215个选举完毕。推进村务公开民主管理"四议两公开"工作法,39个"难点村"治理目标按期实现。积极配合纪检部门开展农村党风廉政专项检查工作,对全市80%的行政村(社区)进行"地毯式"检查,联合纪检、组织等部门培训县、乡、村三级农村干部460多名。完成《关于创新基层政权建设和社会管理的调研报告》。加强城市社区建设,完成第三届城市社区居委会换届选举工作。落实《关于在全省城市街道社区工作者中开展"走千户、访千人"活动的通知》精神,下发《晋城市"走千户、访千人"活动方案》,开展城中村社会管理现状和创新的调研活动,创新社区服务形式与内容,强化自治和服务功能。

社会组织管理

市政府出台《晋城市市级财政扶持社会组织发展暂行办法》,探索建立财政对社会组织发展的鼓励激励制度。新登记社会团体18个,变更19个,注销3个,全市社会组织总数达到663个。加强社会组织年度检查工作,市直年检265家,撤销社会组织32家,年检率达到83%。完成社会团体"小金库"治理和煤焦领域等行业协会与政府的"脱钩"工作,开展社会组织的评估监管体系建设的前期准备工作。

社会福利事业

市政府出台《晋城市孤儿基本生活费发放实施办法》,建立孤儿福利补助制度。市福利机构供养孤儿养育标准提高至每人每月1000元,散居孤儿提高为每人每月600元,全年中央、省、市孤儿生活补助金达到899.6万元。县级民政社会服务基础设施建设取得较大进展,陵川县、沁水县社会福利服务中心完工。慈善事业进一步发展,市慈善总会募集善款326万元,新设慈善冠名基金1个,新增基金总额1000万元,投入慈善款物609.9万元,救助困难群众2.1万人。

彩票发行

全市福利彩票销量超过1.5亿元,比2010年增长25 %。在福利彩票公益金"金秋助学"活动中,投入福彩公益金50万元,帮助100名贫困学生圆了大学梦。

社会服务

完成婚姻登记信息联网工作,全市婚姻登记18 000余例,无一例违反国家法律法规。积极推进地名规范化建设,完成界线联检任务,有序推进平安边界创建活动,全面完成乡镇地名设标任务。新编印2011版《晋城市行政区划图》,并向党政机关和社会各界发放;地名数据库信息得到及时更新。积极推动殡葬改革,《晋城市殡葬改革实施意见》开始实施。清明节祭扫活动安全有序,节日期间,全市各界共2万多人参加文明祭扫活动。

规范化建设

按照"一年打基础、两年求完善、三年大提升"的工作要求,着重加强直属民政事业单位规范化建设。在直属民政事业单位推进"三项建设"(环境建设、制度建设、队伍建设)、"五项目标”(岗位责任明晰化、工作程序化、服务标准化、事务公开化、环境设施优美化)的规范化建设,涌现出救助站、荣康医院、军干所、烈士陵园、殡仪馆等服务优质、作风优良、群众满意的规范化建设示范单位,其他直属事业单位也都根据自身业务工作,建立和完善相关工作制度,制定服务标准和流程,实行挂牌上岗、公开办事,改善服务质量,提高服务水平,方便服务对象。

风险预警

全市各级民政部门坚持抓源治本、关口前移,构建以风险预期界定、过程监督防控、观念引信培育、评议反馈整改等为主要内容的全方位民政廉政风险防控体系。各级民政部门普遍通过事前预防、事中监控、事后处置三道防线的监控,初步形成具有民政特色的惩治和预防腐败体系框架。

县级民政工作

各县(市、区)积极落实全市县级民政工作程序化(沁水)推进会要求,结合各自实际,坚持“一手抓年度目标责任,一手抓程序公开运行”,在各项民政工作中,普遍做到内容上“十公开(职能范围公开、办事内容公开、办事依据公开、办事条件公开、办事程序公开、办事过程公开、办事时限公开、办事结果公开、办事纪律公开、服务承诺公开)”、形式上“五见面(网上见面、墙上见面、桌上见面、电子显示屏上见面、媒体上见面)”、办事上“一条龙”或“一站式”的流程化社会服务。建立完善一整套民政工作制度、管理程序和服务标准,制成宣传版面、工作手册,对人员职责、工作范围、办事程序等项内容向社会公开、向群众公开,推行人性化服务和程序公开化办事,增强亲和力和感染力,回应社会关切,方便办事群众,促进工作落实。

2012年工作

2012年,全市民政系统以提高人民群众对民政工作的满意度为目标,推进民生改善,增进民生福祉,创新社会管理,创优为民服务,各项民政重点目标任务圆满完成。市民政局获“全国民政系统先进集体”称号。

社会救助

完善社会救助标准与物价变动挂钩联动机制,实施临时救助制度和城乡医疗救助“一站式”即时结算制度,全市累计发放各类社会救助、补助资金2.36亿元。

城乡低保工作

提高城市低保标准60元，并每人发放“两节”一次性生活补贴500元。共计为纳入城乡低保对象的74 194户、108 053人（城市28 714人、农村79 339人）分别发放城乡低保金9928万元、10 672万元，城乡低保对象月均补助达到239元、110元，分别比2011年提高26元、16元。

城乡医疗救助

全市共发放医疗救助和临时救助资金1142万元，资助城乡困难群众6131人（次）。

农村五保供养

全市保障农村五保供养对象6411人，共计发放五保供养金1859.1万元，集中、分散供养对象人均补助分别达5085元、2100元，集中供养率达到26.8%，比2011年提高1.8个百分点，高于全省平均保障水平。

灾害应急

进一步完善市、县、乡三级自然灾害救助应急预案体系建设，市救灾物资储备中心建设项目开工建设。5月，在陵川县吕家河村举办2012年地质灾害应急演练。7月30日至31日，晋城市发生有气象记载以来最大一次强降雨灾害，全市各级民政部门第一时间深入灾区查灾核灾，做好灾情的统计上报工作，制定灾民生活安排方案，及时对灾民进行生活救助，下达中央、省、市救灾资金2053万元，救助灾民5.9万人次。元旦、春节期间，组织开展“访贫问寒送温暖”活动，共走访慰问各类困难群众1413户，发放慰问金32.1万元，面粉7.5万公斤，其他节日慰问品2700余件。

优抚安置

落实各项抚恤优待政策，发放省、市抚恤事业资金8025万元。提高残疾军人、“三属（因公牺牲军人遗属、烈士遗属、病故军人遗属）”、在乡老复员军人、带病回乡退伍军人、参战参试人员等重点优抚对象抚恤补助标准，重点优抚对象就医实行“参保补偿、优惠减免、医疗救助、大病救助”四项结算异地进行、同步落实、即时结清的“一站式”服务机制。落实《关于给部分烈士子女发放定期生活补助的通知》精神，共有800余名60周岁以上烈士子女和其他有关人员子女按标准领取生活补助。残疾军人评残鉴定、参试退役人员体检、60周岁以上农村籍退役老兵身份核查认定和生活补助发放工作全面落实。继续落实“两考（考试、考核）”、“三公（公开、公正、公平）”安置办法，579名退役人员安置任务全面完成，72名农村退役士兵在定点承训院校参加长期技能培训，247人在各县（市、区）参加短期培训。

基层建设

市民政局下发《关于进一步加强乡镇(街办)民政队伍建设的通知》,市编办出台《关于加强全市基层低保等民政工作机构编制的意见》,明确各乡镇(街办)新增编制数。5月4日,市政府召开全市乡镇(街办)民政队伍建设工作会,对增加基层民政专职人员、落实工作经费、改善办公条件进行具体的安排和部署。城区率先完成人员招聘工作,其余各县(市、区)也都完成人员招聘和工作机构建设的各项前期工作。

村务公开

全市村民委员会全部依法推选产生村务公开监督委员会,完善民主决策、民主管理、民主监督三项制度,初步形成村民自治组织的监督制约机制。同时,积极创新村务公开民主管理形式,《村务公开目录》进一步细化完善,全部纳入"阳光农廉网",基层群众对村务公开民主管理满意率达到90%以上。7月,在全国村务公开民主管理工作会议上,沁水县被命名为"全国村务公开民主管理示范单位"。

社区管理

市委组织部、市民政局联合下发《关于在全市实施社区网格化管理的通知》,召开全市社区网格化管理工作会议,选取城区南街办事处作为试点,重点在"走访摸底调查,合理划分社区,科学设置网格,明确工作职能,加强队伍建设,健全体制机制,构建信息平台"等方面先行先试。全市6县(市、区)的16个社区网格化管理试点取得经验,完成141个城市社区网格划分工作。积极推进农村社区建设,共有497个村开展农村社区建设,占到全市农村社区的23%。在沁水县郑村镇开展"三化协同推进"(工业化、城镇化、农业现代化)农村社区管理服务体制创新试点,"一镇四村"(即镇规划区,湘峪、半峪、常店、后河四村)发展思路基本成熟,多元产业格局初步形成,移民点建设工程等重点工程有序推进。

社会组织管理

下发《关于印发〈晋城市市级财政扶持社会组织发展暂行办法实施细则〉的通知》,共发放扶持资金339.4万元,对符合财政扶持政策的63家社会组织进行资金扶持。开展社会组织评估工作,下发《关于印发〈晋城市社会组织评估管理办法(试行)的通知〉》,并筹备成立社会组织评估中心、评估委员会和复核委员会等机构,完成首批申请评估的30家社团的评估工作。制订《晋城市社会组织集中整顿工作方案》,对298家社会组织进行集中整顿。落实社会组织登记管理条例,全年办理社会组织登记62件;完成社会组织年检,年检率达到90%,合格率达到83%以上;出台《晋城市社区社会组织登记与备案管理暂行办法》,在城区开展试点并取得实效。

社会福利事业

市救灾物资储备中心和市流浪未成年人救助保护中心开工建设。市福利院完成整体搬迁,新建市殡仪馆竣工剪彩。市精神病专科医院完成开工前的准备工作。陵川县、沁水县社会福利服务中心完成内部装修;阳城县、泽州县社会福利服务中心完成主体建设;城区社会福利服务中心正在办理相关项目手续。市政府出台《晋城市加快推进社会养老服务体系建设的实施意见》,明确未来五年养老服务体系建设的总体目标、主要措施和组织保障。市民政局制定下发《晋城市养老服务体系建设实施方案》,将"十二五"期间养老建设指标落实到各县(市、区)。日间照料养老服务试点工作取得重大进展,在农村,选取泽州县北义城镇东张村、西张村、蔡河村、刘轩窑村和高都镇保福村为试点村,开展农村日间照料养老服务工作;在城市,城区康乐社区建立的"社区日间照料中心"进入试运营阶段。全年全市共保障孤儿650人,拨付孤儿保障资金374.89万元。慈善事业蓬勃发展,全市6县(市、区)均成立了慈善组织,共募集慈善款1175.7万元,先后开展慈爱阳光班、慈善光明行动、关爱矿工行动等10多个慈善救助项目,救助困难群众4万余人。

彩票发行

全市共销售福利彩票1.8亿元。"福彩助学"活动中,共动用福彩公益金55万元,资助110名贫困大学生。

社会服务

加强地名公共服务工程和地名数据库建设,《晋城市地名志》编纂工作顺利进行,《中国政区大典》晋城分卷资料按规定要求和时限上报省民政厅。平安边界创建活动有序推进,泽州、陵川线联检任务完成。开展"接送流浪孩子回家"专项行动,拓展"救助管理进社区"活动,基本实现街面无流浪未成年人乞讨现象,全年共救助各类生活无着的流浪乞讨人员1365人(次)。规范婚姻和收养登记管理,共办理婚姻登记20 000余对,办理收养登记12例,合格率均达100%。以惠民殡葬、绿色殡葬为主要内容的殡葬改革稳步推进,出台《晋城市丧葬费抚恤金和遗属生活困难补助资金申领办法》,明确"三费"的申领条件和程序;出台《关于对城乡居民实行惠民殡葬补贴的意见》,扩大殡葬惠民范围。市烈士陵园"革命英烈纪念馆"开馆。

厅市合作

11月28日,市政府与省民政厅签订《厅市合作共建民政事业综合改革发展示范区协议》。市政府出台《关于落实厅市合作共建示范区协议推进全市民政事业综合改革发展的实施意见》、《落实厅市共建合作协议2012—2015年分年度规划表》。

专项课题研究

市民政局以建设普惠型社会福利服务体系为内容,开展加强和创新民政社会管理的专项课题研究。共召开征求意见会3次,课题汇报会1次,完成13个子课题和总报告。

规范化建设

全市各级民政部门和窗口单位深入开展形式多样的创先争优活动,涌现出市荣康医院、市军休所、市救助管理站、城区婚姻登记处、泽州县北义城镇民政办、阳城县太岳烈士陵园服务管理所、沁水县土沃敬老院等全省、全市"创先争优先进基层党组织"、"民政系统先进集体"、"群众满意窗口"典型。创新建议提案答复方式,主动邀请人大代表和政协委员进行"面对面"的答复,12件市六届二次人大代表建议、政协提案圆满完成,答复率为100%,满意率达95%以上。

(市民政局)

人力资源和社会保障

2011年工作

2011年，市人力资源和社会保障局突出抓好创业就业、完善社会保险体系、人事人才管理和维护劳动者合法权益等重点工作，创建国家级创业型城市稳步推进，新型农保和城镇居民养老保险制度实现全覆盖，事业单位岗位设置率达98%，事业单位绩效工资改革稳步实施。

创业就业

全市新增城镇就业岗位34 728个，城镇登记失业率为2.2%，完成职业技能鉴定(技能人才培训)15 046人，完成创业培训4200人，审批企业职工退休1535人，组织开展各类培训21 182人次，全部超额完成省下达任务。

社会保险

全市共征缴各项社会保险费318 168万元，为省下达全年计划的140.2%，支付各项社保待遇166 585万元，确保各项社保待遇按时足额发放，社会保险基金累存781 939万元，较2010年末增加172 967万元，增长28.4%。企业养老保险、机关事业养老保险、医疗保险、失业保险、工伤保险、女工生育保险、农村养老保险分别完成省下达任务的114.5%、157.4%、107.5%、100.3%、108.2%、112、2%、114.2%。

人事人才管理

加强公务员考试录用和日常管理工作，招考公务员96名，对6个单位112人进行参公培训、考试，完成登记审批83人，对32个事业单位进行参公管理申报，完成新进行政机关公务员日常登记398人，完成新录用公务员初任培训88人；事业单位岗位设置管理及聘用工作基本完成，核准岗位设置方案事业单位2396个，共设置事业岗位64 550个，完成核准总数的98%。全市共完成事业单位岗位聘用2377个，占事业单位总数的96.1%，全市共签订事业单位聘用合同63 233人，占设置总岗位的97.9%。

劳动保障

全面加强劳动合同管理，督促企业依法签订劳动合同。共接待来信来访案件548起，接待率和处置率均达100%；共受理劳动争议案件357起，结案率达100%；调解人事争议43起，处理回访1起,全部结案;认定工伤1271起,组织劳动能力鉴定9次,分别对732名残疾职工、109名因病职工和548名"老工伤"人员进行劳动能力医疗技术鉴定。开展清理整顿人力资源市场秩序检查、工资支付和社会保险参保情况检查、劳务派遣单位及用工执法检查、非煤矿山劳动用工专项检查、农民工工资支付专项执法检查等5次专项检查。

2012年工作

2012年,市人力资源和社会保障工作在全省人社系统年度综合考核中名列第一,单项工作27项排名第一。由市人社局牵头的创建国家级创业型城市工作受到国务院表扬,创业就业工作、"社保全覆盖、服务一卡通"工作受到省政府表彰,服务重点工程、富士康人力招募工作得到市委、市政府的充分肯定。市人社局被市委、市政府表彰为"平安建设先进单位"、"党的十八大维稳信访安保工作先进集体"、"支持重点工程建设先进单位"。

就业工作

全市新增城镇就业岗位41 223个,为省下达任务的173.2%;输出与就地转移农村剩余劳动力33 231人,为省下达任务的181.6%;下岗失业人员再就业7235人,为省下达任务的131.5%;就业困难人员就业2320人,为省下达任务的168.2%;城镇登记失业率1.8%,低于省控目标2.4个百分点。

创建国家级创业型城市

全市建立健全"创建国家级创业型城市"工作组织领导、政策扶持、创业培训、创业服务、工作考核等五大体系,成立由副市长茹栋梅任组长,38个市直和各县(市、区)相关部门一把手为成员的"创城"领导组,召开全市"创城"动员会和"创城"绩效分析会;围绕放宽市场准入、改善行政管理、解决融资瓶颈、落实税收优惠、提升创业能力、加强创业服务、拓展创业场地等出台一系列创业扶持政策,全市形成政策咨询、创业培训、专家评析、项目推介、创业孵化、融资服务、开业指导、后续服务"八位一体"的创业服务机制。全市共建立创业市场1个、创业园区7个、创业孵化基地10个、创业就业实训基地10个、创业服务网与全国90个创业型城市互联。11月2日,晋城市召开创建国家级创业型城市表彰大会,对"创城"工作中涌现出来的15个突出贡献单位、30个创建先进集体、90名创建先进个人和50名创业先进个人进行表彰。

大学生就业

开展就业援助月、春风行动、民营企业招聘周、高校毕业生就业服务月、富士康专场招聘会等活动，安置大学生就业3000余人。落实就业优惠政策，安置大学生就业见习861人，参加“三支一扶(大学生毕业后到农村基层从事支农、支教、支医和扶贫工作)”就业46人，政府购买公益性岗位托底安置就业610人；对持《就业失业登记证》的自主创业大学生，给予3年内减免营业税、城市维护建设税、教育附加和个人所得税，可以申请财政贴息不超过10万元的小额担保贷款等优惠。全年416名大学生选择自主创业，鼓励企业吸纳困难大学生就业2847人。沁水县建立大学生人才储备制度，高平市组织大学毕业生开展创业就业培训，促进大学生就业。

就业服务

新建市人才服务中心综合楼和市人力资源市场服务大厅。通过人力资源市场交流平台，提供就业岗位11.5万个次。“晋城人才网”发展会员单位2000多家，日均点击率3.5万次，实现就业9000多人。全年为富士康招募员工4.1万人。

社保工作

2012年被确定为社保全覆盖攻坚年，4月在沁水县召开社保全覆盖动员会，建立劳动保障监察和社保经办机构联合执法制度，基本实现城乡养老、医疗保险覆盖全体人员，失业、工伤、生育保险覆盖规定职业人群，参保人员人人持有社会保障卡的目标。全市参加城镇养老、医疗、失业、工伤、生育保险人数分别达38.3万人、57.7万人、26.9万人、44.6万人、27.4万人，分别完成省下达全覆盖任务的115.1%、105.3%、105.9%、118.2%、110.5%；参加新农保105.8万人，为省下达年度任务的106.9%。市、县各级将非公经济扩面征缴作为社保全覆盖工作的重点，成立非公经济参保扩面工作领导组，制定扩面方案，对全市应参保未参保单位逐户送达参保缴费通知书，现场办理参保登记，全市非公经济组织参加企业养老保险10.58万人，比2011年增长29.1%，增幅居全省第一。

社保标准

3月、10月，两次提高城镇医保待遇水平。城镇职工、居民医保年最高支付限额分别达到55万元、33万元，待遇水平居全省第一，城镇职工、居民门诊慢性病种类分别达到30种、20种。将3693名老工伤人员纳入统筹管理，落实相关待遇。为953名享受长期待遇人员调整待遇，1—4级每月平均1655元，人均每月享受生活护理费1021元，供养亲属人员月均待遇740元。市政府第16次常务会议决定，市财政每年拿出3000万元，用于提高城乡居民基础养老金，全市22.5万名60周岁以上城乡老人每人每月在中央财政支付55元基础上提高10元，基础养老金达到65元。

社保“一卡通”

全年共发放社会保障卡104.9万张。加快推进数据中心扩容改造工程,逐步完善社保卡信息系统建设,金保工程专网网络覆盖6个县(市、区)、市直各社保经办机构和人力资源市场,覆盖率达到100%。养老、失业、生育、工伤等系统改造工作也全部完成,初步形成面向全市城乡居民、统一技术标准、多领域广泛使用的社会保障卡服务体系和运行管理机制。

社保基金管理

8月10日至9月20日,开展社会保险基金专项大检查,对市县31家社保经办机构、18家“两定”机构进行全面检查,指导各社保经办机构健全内控制度,实施社保经办全过程监督,确保社保基金安全运行。全市社保基金全部实行收支两条线,在城乡居民社会养老保险征缴中引进信息化管理技术,实现“钱在银行走,信息电脑留,收支不见钱,方便又安全”管理。市企业养老保险管理服务中心档案管理通过省档案局一级标准验收。

职业培训

晋城市入选创建全国职业培训百家示范城市。举办第二届“湖滨·南山湖杯”旅游饭店服务技能大赛、第三届“现代女子医院杯”家政服务员技能大赛、“邮储银行杯”青年创富大赛和首届创业培训讲师教学大赛。全年完成技能人才培养(技能鉴定)16 471人,为省下达任务的235.3%;新增高技能人才1534人,为省下达任务的340.9%;完成创业培训6090人,为省下达任务的203%;城镇失业人员再就业培训23 251人,为省下达任务的442.9%;农村劳动力技能培训41 193人,为省下达任务的392.3%;新成长劳动力培训人数4042人,为省下达任务的192.5%。基本实现新进入人力资源市场的劳动力都有机会接受相应的职业培训,企业技能岗位的职工参加至少一次技能提升培训,每个有培训愿望的创业者能够参加一次政府补贴性培训。高级技工学校毕业生就业率达到98%以上,对口升学率在全省名列第一。10月,被评审为晋城技师学院,是省人社厅首批5个专业一体化课程教育改革学校之一。

人事人才工作

公务员考核录用。考试录用101名公务员。加强公务员考核工作,对确定为好、中、差的单位分别给予不同的优秀等次比例;对连续三年被评为优秀等次的公务员记三等功并予以通报奖励。对266名新录用公务员和239名参公人员进行培训和考试。完成公务员管理信息系统信息采集工作。

事业单位人事改革。在事业单位全面推进竞争上岗和全员聘用等制度。为教育、卫生、财政等部门公开招聘事业单位人才1090人,其中市直286人,各县(市、区)804人。

招才引智。召开全市高层次人才座谈会,组织留美博士碗海鹰等人与兰花集团就燃料电池项目进行网络视频洽谈，邀请山西证券公司财务顾问部总监董哲等到清慧机械制造、双丰开发公司、兴高焦化、乐百利特公司就企业上市融资、资本运作事宜进行实地考察和技术指导，与太原市外专局签订共享引进海外智力协议。组团参加山西·太原人才智力交流大会，全市用人单位与求职者达成初步就业意向768人（含博士生8人、硕士生225人、本科生167人），引进“985”院校2013应届毕业生131人，签约人才、技术、投资合作项目25个，招才引智成果位列全省第一。

专业技术人才培养。完成公需科目培训6000余人次、专业科目培训11 000余人次。推荐新兴领军人才4人，学术技术带头人7人，人社领域专家3人，其中2人入选学术技术带头人。开展两批民营企业职称评定工作，1011人通过评审。

军队转业干部安置。妥善安置军转干部31人。完善企业军转干部信息库，组织困难企业军转干部健康体检和节日慰问。

人事考试。全市报考国家、省级各类人事考试人员达60 508人，在纪检、公安、教育、卫生、保密、供电及无委会等部门配合下，完成考试任务。

工资调控。在全市事业单位实施绩效工资。在全市行政事业单位组织开展“吃空饷”整治工作，清查并纠正违规问题5个。加强工资分配宏观调控，全面实施最低工资保障制度，落实企业工资指导线实施方案备案、审核制度。

执法监察

组织开展清理整顿人力资源市场秩序专项行动、劳动用工和社会保险情况清查专项行动和信访维稳隐患大排查。全年共接待人力资源和社会保障信访案件522件1916人，办理省厅交办案13件37人次，市直人社信访案件246件1486人次，均在规定时限内调查处理，处置率为100%。受理劳动人事争议案件397起，法定期限内结案率为100%。全市劳动保障监察机构检查各类用人单位11 296户，涉及劳动者人数42.41万人，检查用人单位覆盖面为100%，超省定目标70个百分点。受理劳动者投诉举报540件，立案407件，全部按期结案。

（市人社局）

人口和计划生育

2011年工作

2011年末,全市常住人口为228.55万人,比2010年增加0.52万人。全市出生人口1.88万人,人口出生率为8.23‰;死亡人口1.42万人,死亡率为6.20‰;自然增长率为2.03‰,性别比为101.31(以女性人口为100)。

政策落实

落实计划生育"一票否决"制度,在评先、评模、评优、提拔、入党等项工作中,严格坚持计划生育审查制度。市级人口计生部门审查审核拟提拔人员100人,综合先进单位92个,省级精神文明单位129个,"五一"表彰先进单位及个人25个,其他先进个人8人。市直工委在发展共产党员资格审查中,因计划生育问题否决1人。市人社局在2010年度公务员年度考核及推荐省部级以上先进工作者中,因计划生育问题否决4人。市级财政预算安排计划生育各项经费共计3909.18万元,人均达17.53元。预算安排计划生育专项事业经费3587.26万元,其中,预算安排计划生育家庭奖励专项经费2025.9万元。预算安排市直机关事业单位独生子女父母奖励经费200万元,预算安排农村流动人口计划生育手术减免费233万元,预算安排农村计划生育工作人员报酬经费69万元。至年底,到位资金达3860.58万元,占预算资金的98%,其中专项资金到位3587.2万元,人均达16.09元。

社会抚养费征收

全市共征收社会抚养费1280.35万元,其中当年征收1088.3万元,历年征收229.92万元,当年社会抚养费征收兑现率为85%,近两年社会抚养费征收兑现率为91.73%。

节育措施

全市共落实长效节育措施15 207例,其中:上环12 443例,结扎2764例,长效节育措施落实率为89.39%。

计生宣传

市计生委与市电视台联合举办主题为"国策·民生"的纪念《公开信》发表30周年计划生育专题文艺晚会,在《家园》栏目进行计生家庭典型事迹展播,在"晋城在线"网站开辟人口计生专栏,在移动短信平台发送宣传计划生育内容短信5万条。印制计生知识宣传物品,免费为群众发放。针对不同人群，发放《婚前指南》、《优生优育手册》、《五到家系列宣传册》等科普宣传资料。举办生殖健康、优生优育培训班，上门开展个性化咨询服务。利用“5·29”、“7·11”、“9·25”等人口主题宣传日以及春节、元宵、五一等重大节日，开展计生知识宣传、法律咨询服务、知识竞赛和三下乡活动。举办人口计生“专家讲坛”3期，邀请相关专家为市、县、乡三级人口计生干部授课。

计生服务

全市共有13个服务站进入市级示范服务站行列，23个服务站进入市级先进服务站行列，近一半服务站达到示范、先进水平。对6个县级服务中心和85个乡镇计生服务站的455名技术服务人员进行校验，做到依法执业，规范执业。选拔一批县、乡技术骨干人员到省级三等甲级医院临床进修半年，县、乡计划生育技术服务人员临床技能得到提高。城区、高平市、阳城县进入国家级优质服务先进单位行列，泽州县创建为省级优质服务先进单位。组织市人口计生服务中心技术人员和市疾控体检中心技术人员组成技术服务组，到6县（市、区）开展免费孕前优生健康检查，为4680人进行孕前优生体检。

基层基础工作

开展出生人口信息核查工作，至8月底，全市常住人口比2010年12月底累计增加41 115人，新增2000年以来出生人口5346人。对历年人口和计划生育统计报表及抽样调查数据进行客观分析，起草编制《晋城市“十二五”人口发展与人口计生事业发展规划》。完成全员人口信息管理系统证件打印子系统配套设备的采购和发放及证打系统的培训、启动工作。3月中旬，组织6县（市、区）人口计生局领导和相关工作人员，到全市基层人口计生工作基础好、经验多、水平高、成效大的部分基层乡（镇、办）进行实地现场巡回观摩。开展“12125”争先创优活动，即在全市开展争创10个示范服务站、20个先进服务站、10名优秀计生助理员、20名优秀技术服务人员和50名优秀村级计生服务员。

奖励机制

建立健全计划生育利益导向机制，对奖励对象进行摸底调查、资格确认及微机信息录入。全市奖励对象共110 607人（户）。国家、省、市、县四级共配套资金7242.29万元，其中市级配套2025.9万元。落实计划生育家庭优先普惠政策，先后在教育、扶贫开发、林权制度改革、新型农村合作医疗、新型农村社会保险、集体收益分配、双女户、独生子女优先优待、城乡低保等多个方面统筹落实计划生育家庭优先普惠政策。拓展优待政策范围，在新型农村合作医疗中对双女结扎户家庭增加5个百分点报销比例的优惠政策。

幸福人生促进工程

以推进“幸福人生促进工程”为载体,动员社会各方面力量,推进以优生促进、早期教育、生殖健康、生育关怀、科技致富、奖励扶助、养老服务等为主要内容的人口计生服务品牌。一是开展优生促进工作。县、乡两级计生服务机构均设立“优生咨询”门诊,全年接受优生咨询人数达26 780人次;定期、不定期组织开展优生优育科技宣传,发放预防出生缺陷及早期教育宣传资料和用品达98 000人次;全年共举办出生缺陷一级干预培训班180期,受训人数达20 582人次;全年共发放斯利安10 720人份,干预率达到92%。二是开展健康普查服务。对所辖6县(市、区)的育龄妇女进行生殖健康免费普查,检查项目包括妇科病的诊治、乳腺疾病的诊治、妇科盆腔B超、妇科宫颈刮片等,全年共普查育龄妇女25 000人次。三是开展生育关怀行动。连续第四年开展生育关怀行动,对遭遇不测或重大变故、身患重大疾病、陷入极度困境的53名独生子女家庭和18名计划生育工作人员进行关怀,发放救助金15万元。

流动人口管理

依托流动人口服务管理网络平台,开展流动人口信息核查,完成流动人口计划生育信息采集、交流、数据分析和统计上报等工作。截至9月底,全市省内移出信息接收率为98.6%,移入信息接收率为95.6%,移出信息拒绝率为1.7%,移入信息拒绝率为3.8%,跨省流动人口信息协查执行率为100%。每季度开展一次“流动人口计划生育集中服务月活动”,提供优生优育、生殖健康知识咨询和定点定期查环查孕等技术服务,全市各级为流动人口育龄妇女免费服务达到12万人次,免费服务率为96%。构建区域信息共享平台,市、县两级与郑州、焦作、安康、长治、晋中、运城、临汾等10多个周边市、县签订双向服务管理协议书,建立信息互通制度和区域联席会议制度,协作双方通过网络、信函和会商等形式完成区域信息通报、个案处理、政策告知和层级交流等工作。3月1日,召开综治、公安、司法、民政、人社、住建、教育、卫生、工商、人口计生等11部门参加的流动人口服务管理联席会议,安排部署流动人口服务管理试点工作,全力推进创新流动人口服务管理城区试点工作。出台《关于推进流动人口计划生育基本公共服务均等化实施方案》,并确定城区为试点区,进一步健全完善“以房管人、以证管人、以业管人”的工作机制,流动人口服务管理规范化、信息化、制度化建设取得新进展。

阳光计生行动

围绕阳光管理、阳光服务、阳光维权三个工作重点,大力开展“阳光计生行动”,促进人口计生各项工作的落实。全市各级共设置各类计生政务公开栏2960多块,其中电子公开栏

105块，覆盖了市、县、乡、村四级和所有行政村。“12356”阳光计生服务热线自2008年10月开通以来，共受理来电252件，办结率达到98%，满意率达到96%。7月，全省人口计生系统纠风工作会议暨开展“阳光计生行动”现场会在晋城市召开。

（市计生委）

外事侨务

2011年工作

2011年,共审批党政干部因公出国(境)团组29个82人次。实际成行16个团组57人次,其中赴香港参加招商引资洽谈会25人。出访人员没有出现一例违规违纪违法事件。公务护照收缴率达100%。

外事活动

6月,市委书记张茂才率市经贸代表团对俄罗斯、意大利部分城市进行友好访问。在罗马举办"意大利经济项目合作洽谈会暨中国晋城宣传周"活动,当地政府有关部门官员、企业家代表,以及罗马各华人侨团代表和华人企业家等120余人出席合作洽谈会及宣传周活动。出访期间,代表团通过洽谈会、座谈会、宣传周等多种形式,同当地政府、企业、商会、社团以及中国驻外机构进行广泛交流。10月27日至31日,副市长焦光善率团赴韩国,与韩国工商界人士进行广泛交流。

涉外管理

建立健全晋城市处置涉外突发事件应急机制,制定《晋城市涉外突发事件应急预案》。

侨务工作

组织召开全市归侨侨眷座谈会,听取各县(市、区)侨务工作汇报,安排2011年侨务工作重点。为归侨侨眷困难户发放救济金3万元;完成全市归侨子女升学的审核和加分工作;摸底和审核全市归侨子女就读高中、大学的贫困学生给予资助情况。

宣传工作

继续做好《晋城外事》编辑工作。创办中英日俄四种语言特色的网站。

2012年工作

2012年,共审批因公出国(境)团组48个133人。审批邀请外国人来华7人次。

外事活动

4月13日至15日,市委书记张九萍考察走访香港华润集团,会见华润集团董事长宋林,并与华润集团有关部门负责人进行交流洽谈，推进落实包括新型煤化工、装备制造、新材料、医药食品、新能源、商贸物流、房地产等对接项目18个。5月，市长王清宪在北京与新加坡国际企业发展局、新加坡裕廊国际集团，就新加坡苏州高新技术园区模式复制到晋城等有关事宜进行会谈交流。6月23日，市长王清宪会见以新加坡RH能源集团执行主席王海荣为团长的新加坡商务考察团一行，双方就开展项目合作进行友好交谈。3月，市委副书记冯建平率团出访日本，重点考察高知县南国市的环境保护和生活污水工程，双方就引进污水处理技术进行了项目洽谈，并与南国市签订友好城市意向书。市人大副主任李章宏率经济交流团赴美国、加拿大进行经济交流。12月，副市长焦光善率团赴意大利，与泰拉莫省圣奥梅罗市签署建立友好城市关系备忘录。市政府副秘书长常晓虎率科技交流团赴澳大利亚、新西兰进行科技交流和新能源产业交流。

涉外管理

举办市、县两级外侨部门涉外应急处置培训班，提高外侨干部处理应对涉外突发事件能力。成立以市委书记、市长担任组长的晋城市外事工作领导小组，加强市委、市政府对外事工作的综合协调和组织领导。

侨务工作

邀请侨胞、侨眷参加全市迎春茶话会、座谈会。对生活困难的侨胞侨眷进行慰问，走访慰问归侨、侨眷15户，发放慰问金3万余元，慰问品60多件。维护归侨侨眷合法权益，重点督办美籍华人葛苏女士同市内某企业的合同纠纷案，解决归侨郑心康在申请执业医师注册方面遇到的困难。

宣传工作

继续办好外事网站、《晋城外事》、《世界产经》等外宣媒介。重新编印《晋城市中英文对外宣传活页册》。组织参加第八届中国诚信企业家大会、2012全国百城论坛、全国地级行政区外事工作先进集体表彰大会、2012中国国际友城大会。7月，承办中联部国际形势及党的对外工作报告会，裘援平等部级领导、各省（区、市）外侨办主任、外事知名专家学者等共120余人参加会议。

（市外事办）

统 计

2011年工作

2011年,市统计局制定市、县《统计工作流程》,出台《统计数据质量全过程控制办法》,编印《企业一套表网上直报系统操作手册》和《统计基础工作整改要求》,开展“讲学演评、网上直报”技术普及等活动,组织2000余名统计从业人员参加培训,组织市、县统计干部近200人参加《中国主要统计指标诠释》知识考试,统计基层基础建设取得新成效。全市6县(市、区)统计局均获“山西省统计基层基础规范化建设先进单位”称号。

信息化建设

在四个关键环节取得突破。一是网络环境、硬件建设得到提升。完成全市统计系统网络信息工程扩容升级项目,全市15个统计专业、3600多个用户通过统计网上直报平台进行统计报表。二是统计数据采集平台得到拓展。正式启用国家统一的报表平台,全市“三上企业”(规模以上工业企业、限额以上批发零售住宿餐饮企业、资质以内的建筑业企业和房地产开发企业)及劳资企业通过国家企业统计“一套表”平台报送统计数据。三是软件应用及研发水平得到发展。自主开发完成2010年年报和2011年定报的制度定制和设计工作,完成“晋城市文化产业调查”制度描述及数据开发工作,设计开发“晋城市统计局党员民主生活会”网上调查系统和“晋城市群众安全感调查”数据处理系统,完成统计内网升级改版任务。四是宏观经济数据库建设得到完善。25个专业建市以来的年度数据及4个专题主要经济社会指标数据实现网上公开查询。

统计服务

市统计局建成《统计内部信息网》、《晋城统计信息网》(外网)和《晋城市宏观经济数据库》,编辑出版《晋城统计报告》(月刊)、《晋城经济运行监测》(月刊)、《晋城统计》(双月刊)和《数据晋城》、《晋城统计资料提要》、《晋城统计年鉴》(年度)等书刊。编发《统计制度方法改革操作手册》,规范统计操作方法。撰写全市“十一五”时期经济社会发展系列分析报告,回顾总结“十一五”时期全市经济社会发展情况。围绕全省全面建设小康社会统计监测工作,组织开展对全市全面小康实现程度、发展进程的监测;对全市分行业、分部门、分区县节能目标进行分解、监测和研究,及时对全市节能降耗情况进行预警分析和通报。创办《晋城统计监测要情》和《统计分析报告》。全年,在各类媒介发布统计分析、统计新闻和统计信息3000余条次。通过移动短信网关,研究开发服务器模式在线短信发布系统,及时向市委市政府领导报送《统计数据专报》。市统计局被表彰为“第二次全国资源清查先进单位”。

人口普查

及时向社会与公众发布全市第六次全国人口普查主要数据公报,并做好普查资料汇总工作,完成普查数据的编码、录入和审核工作,完成全市近1万个普查小区的地图数据信息化处理工作。市统计局被省第六次全国人口普查领导小组办公室授予省级先进单位。

统计执法

对108家“三上企业”进行执法检查,共立案8起,结案4起。市统计局被表彰为“全省统计法制宣传教育先进单位”。

2012年工作

2012年,经市编办批准,开始筹建各县(市、区)服务业调查队。加强统计调查对象和乡镇(街道)统计机构两大数据“源头”的统计基层基础建设。对市、县两级进行基础设施及网络硬件标准化配备,完成全市统计专网升级、扩容及安全防护工程。9月,在沁水县召开全市统计基层基础建设现场会。

信息化建设

企业一套表正式进入全面实施阶段,完成全市600余家“三上”企业的数据采集和处理工作任务,报表报送率和直报率达到100%,在全省率先实现劳动统计报表网上采集处理。2月2日,《中国信息报》以“晋城市六举措完善企业一套表平台建设”为题,对晋城企业一套表工作进行专题报道。按照“先进库,后出数”的要求,完成基本单位名录库的维护更新工作。开展“准三上”单位清查和调查单位审核确认工作,对未达标准的单位在名录库中加载基础信息,建立储备库,进行跟踪监测。完成晋城市资源产出率、文化产业等统计调查的制度描述及数据开发工作。

统计调查

推进服务业、文化产业调查统计工作。服务业统计方面,制定全市《服务业统计基础工作规范化建设方案》和《服务业统计数据质量评估办法》;组织开展服务业重点行业、重点企业抽样调查工作以及准限上企业申报核实工作,确保联网直报率;出台《全市服务业考核办法》和《晋城市鼓励支持服务业企业申报“达限单位”奖励办法实施细则》,对服务业统计工作机构、人员配备作出明确规定。文化产业统计方面,研究制定产业分类标准,建立基本单位名录,完成全市文化产业年报统计与增加值核算工作。

统计服务

对晋城统计信息内网、外网进行全面改版,更新升级《晋城市宏观经济数据库》;编辑出版《晋城经济运行监测》12期、《晋城统计》4期,编印《晋城统计资料提要——2011》、《晋城统计年鉴——2012》和《论数字话发展——2011之晋城》、《比较与跨越——2012年上半年》等书刊。搭建全方位、多视角、高效便捷的统计监测预警平台,对全市主要考核指标完成情况,进行实时监控,及早介入,提前预警,坚持每月召开一次经济运行分析预测会议,并对各县(市、区)主要指标完成情况,实行一月一通报,共编印《统计监测要情》22期;对经济运行中的热点、难点及倾向性、苗头性问题,进行深入调研和分析,编印《统计分析报告》48期。在全市统计系统组织开展以摸透下情、把控趋势为主题的"调研月"活动,在统计学会成员单位开展优秀统计分析报告评比活动,提高统计分析研究水平。

统计执法

开展全市统计执法检查员培训、换证工作,100余人获得全国统计执法检查证。建立统计违法信息库,及时记录专业科室提供的统计违法案件线索。修订统计法律文书,新修订的法律文书数量由原来的31个补充至41个,初步形成统计执法文书体系。全年共对353个单位进行执法检查,对存在的问题要求限期改正,并对存在问题记录在案,密切监控。

统计改革

国民经济核算方面,严格执行国民经济核算制度,研究季度GDP统一核算办法中的新变化,加强分析和引导,客观反映晋城实际。工业统计方面,结合晋城市工业经济发展现状,建立晋城市工业新兴战略性产业运行监测制度,加强非煤产业、新兴接替产业和新型工业化水平等指标的重点监测工作。投资统计方面,完善投资统计数据评审、工作流程、监测分析、责任追究及交叉检查等各项工作制度,下发《晋城市建设领域统计数据质量分级管理制度》,实现投资统计数据的全过程、全方位质量控制;加强对5亿元以上投资项目、亿元以上新开工项目、房地产项目和保障性安居工程的统计监测工作。贸易统计方面,完成260余家限额以上贸易企业和个体户的审核上报任务,以及343户限额以下企业季度抽样调查推算工作。人口社会统计方面,完成人口变动、城乡劳动力、群众安全感等项抽样调查工作;完成妇女儿童两纲两规统计监测以及历史数据库的整理加载等工作。能源统计方面,根据每月规模以上工业能耗数据,及时监测预警能耗情况;建立与有关部门的"季度定期、重大事件不定期"交流机制。农业统计方面,在严格执行农村统计调查制度的基础上,完成"设施蔬菜”季度统计调查监测工作，开展蚕桑、食用菌等绿色、循环农业发展的专项调查监测。市政府出台《晋城市“三上”企业统计工作规范化星级管理实施方案》，开创全省企业统计管理先河。建立覆盖全市统计系统的视频会议系统，通过视频系统召开月度经济运行分析会议。

（市统计局）

民族宗教

2011年工作

2011年,市民族宗教局围绕一个中心(为"十二五"发展做贡献),实现两个提升(提升民族宗教工作干部依法管理能力,提升民族宗教界人士整体素质),抓好三个重点(发展民族经济、促进宗教和谐、转变干部作风)的工作思路开展工作,圆满完成年初制定的各项目标任务,促进了民族团结,维护了宗教和睦。

政策宣传

协助市伊斯兰教协会在城区东关清真寺建立"爱国志士——马骏先生事迹展览馆",作为回族群众的爱国主义教育基地。

"三比"活动

在民族宗教界开展"同心"品牌工程,推进民族界开展"比团结、比发展、比贡献"竞赛活动。

清真食品监管

委托市伊斯兰教协会,对清真食品生产经营活动进行监督,每月对市区内的清真食品生产经营点都进行不定时巡回检查,每半年进行一次集中检查,对检查中发现的问题现场进行指导纠正。

宗教管理

完善宗教活动场所审批登记手续,规范宗教活动,新批准开放宗教活动场所6处。对全市宗教活动场所火灾隐患进行排查,对不符合消防安全的宗教活动场所限期整改。在第九届村民委员会换届工作中,到信教群众聚居村开展工作。及时协调解决发生在泽州县、高平市等地的煤矿与宗教活动场所、信教群众的矛盾纠纷事件。继续坚持完善长治、晋城、焦作两省三市宗教工作协作机制。专门召开局务会议讨论研究宗教教职人员认定备案和宗教活动场所财务监督管理试点工作。调查摸底全市宗教教职人员参保情况,泽州县教职人员中9人参加养老保险、17人参加医疗保险;城区白马禅寺10名僧尼参加医疗保险。

经济扶持

帮助少数民族特需商品定点生产企业绿州纺织有限公司、东方玻璃制品有限公司引进技改资金2560万元，争取少数民族经济发展资金23万元，扶持3个少数民族相对聚居村改善基础设施。市财政局拨付少数民族经济发展资金20万元，扶持少数民族经济项目9个。

表彰活动

3月16日，召开全市民族宗教工作暨创建和谐寺观教堂活动表彰会。市、县两级统战、宗教工作干部，民族宗教工作重点乡镇党委副书记、市宗教团体负责人和在开展创建和谐寺观教堂活动中涌现出来的先进集体共计100余人参加会议。会议传达贯彻全国、全省民族宗教工作会议精神，回顾总结2010年的民族宗教工作，安排部署2011年的工作，表彰在创建和谐寺观教堂活动中的先进集体27个，其中佛教14个，道教1个，伊斯兰教3个，天主教5个，基督教4个。6月19日，市佛协举办文艺汇演，社会各界人士1000余人观看演出。

参观学习

5月4日，召开全市民族宗教局长会议，传达贯彻省宗教局在大同召开的天主教、基督教专项工作会议精神，对全市天主教、基督教工作进行安排和部署。在中国共产党成立90周年前夕，组织全市民族宗教工作干部和民族宗教界代表人士50人赴长治市黎城县黄崖洞革命纪念地参观学习。11月11日，组织召开宗教界人士学习十七届六中全会和省、市党代会精神培训会，全市民族宗教工作干部、各宗教团体副秘书长以上人员和重点宗教活动场所负责人共100余人参加培训。

2012年工作

2012年，全面深化民族宗教工作，充分发挥宗教界人士和信教群众的积极作用，为促进社会主义文化繁荣发展和经济社会发展作出了新的贡献。

政策宣传

5月30日，举办“民族宗教政策法规学习月”启动仪式暨政策法规讲座。6月29日，举办“民族宗教政策法规学习月”知识竞赛，全市民族宗教工作干部、宗教团体主要负责人和重点宗教活动场所负责人50余人参加。11月，举办“竞赛答题”活动。印制《民族宗教政策法规学习读本》5000余本和《民族宗教政策法规知识竞赛试题》10 000余份，试题内容包括国务院《宗教事务条例》、《山西省宗教事务条例》、《山西省清真食品监督管理条例》、《城市民族工作条例》等民族宗教相关法律法规，评出一等奖3名，二等奖6名，三等奖9名。

和谐寺观教堂创建活动

在全市开展以“安全年”为主题的和谐寺观教堂创建活动。市宗教局成立“安全年”创建活动领导小组,将以“安全年”为主题开展和谐寺观教堂创建活动列入重要议事日程。全市各宗教团体、宗教活动场所按照“安全年”创建活动要求,开展创建活动。

公益活动

6月1日,组织市道教协会领导班子成员到市阳光特殊儿童村,看望慰问智障儿童和工作人员,送去价值1000元的米面粮油等生活物资和现金20 400元。9月23日,在定点扶贫村沁水县胡底乡樊庄村举行晋城市宗教团体“慈善周”捐赠仪式。市五大宗教团体筹资35 000元,其中:佛教协会10 000元、道教协会10 000元、伊斯兰教协会2000元、天主教爱国会3000元、基督教协会10 000元,用于救济当地特困户和扶持樊庄村的植树、养殖、修路等改善民生工程。各县(市、区)均开展慈善周活动,泽州县捐款10万元,高平市捐款2.5万元,阳城县捐款2万余元,陵川县捐款7.5万元。

清真食品监管

7月、10月,市宗教局、市食安办、市工商局、市伊斯兰教协会等单位,联合对市区内的清真食品生产经营户和超市进行执法检查。11月28日至29日,配合省清真食品检查组进行全市清真食品安全大检查。

宗教管理

成立民族宗教工作领导小组,制定《晋城市涉及民族宗教方面群体性事件应急预案》,建立健全信息报送网络体系和24小时值班制度,明确维护民族宗教领域稳定的分管负责人和具体工作人员,专门负责民族宗教方面的矛盾纠纷排查调处工作。对全市各重点宗教活动场所进行安全大检查,重点检查宗教活动场所治安、消防、建筑、卫生、文物保护、档案、规章制度等,对检查中发现的问题,责令其限期整改。开展宗教教职人员认定备案工作,建立全市教职人员档案。其中被省宗教局认定备案的佛教教职人员68名,天主教教职人员12名(神甫11名、修女1名),基督教教职人员13名(牧师2名、长老11名),伊斯兰教教职人员5名,道教教职人员2名。省宗教局确定备案的宗教教职人员全部参加社保或医保。8月8日,召开加强宗教活动场所财务监督管理工作阳城现场会,参观学习阳城县基督教协会、阳城县基督教凤城聚会点、阳城县崇福寺的财务账目管理经验。

经济扶持

争取省民委少数民族经济发展资金54万元,扶持陵川县礼义镇东街村、平城镇东街村、附城镇附城村3个少数民族相对聚居村改善基础设施。市财政局拨付少数民族经济发展资金20万元,扶持市金丰达商贸有限公司等9个少数民族经济项目。协调解决城区清真寺用气贵问题。

表彰活动

11月13日，召开晋城市第三次民族团结进步表彰大会，对晋城市伊斯兰教协会等17个民族团结进步模范集体和回冠明等53名民族团结进步模范个人进行表彰。

参观学习

12月7日，举办民族宗教界学习贯彻十八大精神培训班。各县(市、区)民宗局局长、市级宗教团体副会长上以上人员、各重点宗教活动场所负责人140余人参加培训。

（市宗教局）

机关事务管理

2011年工作

2011年,市机关事务管理局围绕市委、市政府中心工作,以科学发展为主题,以建设节约型机关为主线,坚持廉洁、服务、节俭原则,创新事务管理,强化保障服务,机关事务工作水平不断提高,圆满完成公共机构节能、公有住房改革、机关消防设施和健身活动室及双回路供电设施改造五项重点任务。市机关事务管理局被省公安消防总队授予"消防安全'四个能力'建设达标星级单位",被市委、市政府授予"创建国家卫生城市先进单位"。

节能降耗

编制完成《晋城市公共机构节能"十二五"规划》,出台《晋城市公共机构节能管理办法》和《晋城市公共机构节能工作目标考核办法》。在全市党政机关开展"绿色办公、低碳生活"为主题的"节能宣传周"和"能源紧缺体验日"活动。在开发区开启"LED代替卤钨灯"合同能源管理项目试点。"国家绿色照明"重点县阳城县推广节能灯具10万支。全市公共机构能耗下降6.1%。

公有住房改革

进一步深化公有住房制度改革,规范已购公有住房上市交易行为,组织开展市直单位公有住房产权买断工作,为126户机关干部职工住户办理房屋产权买断手续,总体办结率达100%,机关公有住房改革全部到位。

消防设施改造

新铺设管道500米,更新灭火器130多个,安装闭门器30付、应急灯42盏、消火栓柜119个。

健身活动室建设

利用市委、市政府机关裙楼天井空地改造健身活动室,配备台球、乒乓球和各式健身器材,满足机关干部健身休闲活动需要。

双回路供电

凤鸣老干部小区配备高低压配电柜10面,铺设高压电缆300米,对配电室进行加层改造,10千伏高压双回路供电设施平稳运行,确保正常供电。

管理服务

在房产管理方面，建立基建资料电子档案，清理归档资料1550张，卷宗56份。完善办公用房、基本建设管理制度10余项，形成统筹规划、统一建设、统一标准、统一调配和所有权与使用权相分离的“四统一分”市级机关房地产管理体制。在财务管理方面，严格审核用款计划，严把资金支出关，确保财政资金合理使用、收支平衡。完成年度预算编制和资金调整分配任务。协助市地税局、市房改办、市医保中心、市社保办等单位扣除各项费用96万元。在车辆管理方面，加强车辆的保养、存放、维修和检验，确保车辆的完好率和有序存放。加强驾驶员的安全教育和安全知识培训，确保行车安全。完善一车一卡、一车一档等制度，为市委、市政府各类大型会议和活动提供车辆服务。全年共动用车辆3.5万台次，累计行驶300余万公里，未发生重大责任事故。在安全保障方面，市委、市政府机关和凤翔、玉屏、凤鸣老干部小区及泽州路综合办公楼，全年出入登记9.66万人次，巡防520余次；与市信访局、泽州路派出所、武警中队配合，处置群体性上访事件10余起。在总务保障方面，对电力设施定期维护、保养、检查，坚持24小时值班制度，全年未发生电气设备损毁和人为责任事故。对通讯设施设备和电话线路进行整修和维护，保障市委、市政府的通信顺畅。全年共维修办公电话及线路300余次、更换话机100余部，电视电话会议室接待会议58次。LED电子显示屏及时发布各类信息和通知。完善机关监控系统，确保机关大院全天候、无死角监控。加强机关食堂经营管理，保证饭菜的质量。在办公区服务方面，机关3部电梯安全运行350多万次，服务各类会议、讲座、培训等540多场次。在凤鸣老干部小区服务方面，加强水暖电日常维修服务和卫生、绿化、安全规范化管理，实施各种维修500多次，登记巡防300多人次，完成100米排水防洪管道和70米护坡建设工程，更换暖气、热水管道200米，建暖气阀门井8个，安装暖气管道阀门16个。凤鸣老干部小区被市综治委命名为“晋城市绿色平安小区”。在离退休老干部服务方面，定期召开座谈会，向老干部通报重大事项，听取老干部的意见和建议；为32名老干部办理医疗保险，健康体检2次；组织老干部参加各种文体活动，开展送温暖慰问活动，帮助老干部解决实际问题。退休职工牛完充获“晋城好人”称号。

2012年工作

2012年，市机关事务管理局深入贯彻《机关事务管理条例》，加强节能改造，实现合理用能、科学用能。加强管理服务，制定《节水、节电、节气、公务用车节油和办公用品管理制度》、“一车一卡、一车一账”制度，推行公务用车统一定点保险、加油和维修等相关制度及办法。市机关事务管理局被市委、市政府表彰为“十八大安保信访维稳工作先进集体”、“老干部工作先进集体”,被市文明委评为市级文明单位。

节能降耗

完成国家高效照明推广任务,全市共推广节能灯具15万支;开展“珍惜生命之源,人人节水护水”为主题的节能宣传周和“能源紧缺体验日”活动;投资179.2万元,完成市、县两级五栋政府办公楼节能改造任务;召开全市公共机构节能总结表彰大会,17个先进集体和20名先进个人受到表彰;承办全省公共机构节能工作会议,晋城市公共机构节能工作排名全省第四。

改造工程

投资95万元,改造市机关综合办公大楼公共卫生间,更换20余个卫生间给排水管道。投资350万元,粉刷市机关办公大楼外墙,更换大楼窗户和玻璃幕墙。投资84万元,改造玉屏小区污水管网,共铺设管道900余米,更换污水检查井55个。

管理服务

财务管理方面,实现收支平衡。公车管理方面,全年动用车辆3.5万台次,安全行驶300余万公里,确保市委、市政府大型会议的召开和活动的举行。安保工作方面,建成电子监控室,在机关大院加装电子监控探头,与重点单位签订“防火责任书”,对机关大楼消防通道进行集中清理,制定特种设备应急预案。总务电讯方面,建立市委、市政府信息发布平台,全年发布公告、通知、公益宣传片等信息30余条,对机关大楼楼顶信号塔进行维修改造。保障服务方面,更新多功能会议厅和三楼会议室的音响设备,对空调系统进行试机检查,对机组进行清垢保养,增加100万大卡中央空调机组1台。基础设施建设方面,完成凤鸣老干部小区1575米暖气管道、1467米热水管道、437米供水管道和1700平方米的绿化任务。对凤翔小区10栋住宅楼进行既有建筑节能改造,完成2.2万平方米外墙围护保温和3万平方米分户采暖改造任务。

市政府办公南区建设

市机关事务管理局起草《化解晋城饭店信访积案解决机关办公用房紧张状况的实施意见》,经市长办公会议同意,会同有关部门对晋城饭店进行清产核资。筹备成立市政府办公南区服务中心,整体接收96名原晋城饭店在册职工,为其交纳各项险金1264万元,完成办公楼装修装饰改造和办公家具配置工作。

(市机关事务管理局)

档案工作

2012年工作

2012年,市档案馆(局)以档案资源建设、档案信息化建设、档案馆功能建设和机关自身建设为重点,扎实工作,完成各项工作和目标任务。

档案业务

成立"机关文件材料归档范围和文书档案保管期限表审查小组",负责市直级机关文件材料归档范围和文书档案保管期限表的审批工作。9月,召开县级档案业务工作会议,学习国家档案局关于做好《机关文件材料归档范围和文书档案保管期限规定》。10月,组织市级机关档案人员业务培训2次,指导各机关编制文件材料归档范围和文书档案保管期限表。11月,按照国家档案局9号令的要求和安排,对编制市档案馆接收档案单位的范围进行调研。

档案管理

对企业档案工作进行检查指导,由兰花集团牵头,对其下属企业档案工作进行规范管理,制定并完善档案管理制度。对馆藏晋东南地区重点单位的全宗档案进行鉴定。对市委办公厅、市政府办公厅、市银监局等单位的档案进行指导整理。与市发改委等部门沟通协调,对市级重点工程建设项目档案和水利工程建设项目档案进行检查指导。整理晋东南地区不规范档案3000余卷,接收进馆档案530卷,资料500余册,协助整理市委办2006年至2008年档案1574件,发文汇集104卷,内部明电14卷。指导市中小企业局归档整理1985年至2008年档案。对企业职工养老保险所、民政局、住房和城建局、卫生局有关婚姻、房产、医疗档案的管理进行检查指导。

档案查阅

市档案局(馆)共接待查阅利用者680人次,调卷2500余卷,接受电话咨询300多人次。为全市社会各界人士解决个人切身利益问题160多起。

档案馆建设

城区、高平市、陵川县档案馆项目动工兴建。

(市档案局)

地方志编纂

2011年工作

2011年,市地方志办认真贯彻执行《山西省地方志工作条例》,辛勤笔耕,圆满完成全年目标任务。

出版《晋城市志》

9月,市地方志办编纂的新编《晋城市志》,由中华书局正式出版。全书分上、中、下三册,共计330余万字,全面系统记述了1985年5月至2008年全市经济、政治、军事、文化、社会、城市建设等方面历史与现状,以及市委、市政府带领全市人民取得的巨大成就和翻天覆地的变化。

出版《晋城人物传》

编纂出版《晋城人物传》。该书按照“生不立传”和“厚今薄古”的原则,对入书人物认真筛选取舍,以近现代人物为主,囊括古今名人,展现先贤风采。入书人物上起战国时期,下至2010年,共收录400余人。展现了晋城古今名人概貌。收录范围为晋城籍的历史名人,对本地经济社会发展贡献较大,且有一定政绩、功绩、业绩的历代官员、著名学者、实业家以及劳动模范、革命烈士、青少年英雄人物等。全书计27万余字。

组织评审两部县志

市地方志办组织省、市有关史志专家对《泽州县志》、《阳城县志》初稿进行评审,标志着晋城市二轮修志的主体工程全部完成,在全省率先完成第二轮修志任务。

编辑《晋城市乡村手册》

组织编辑《晋城市乡村手册》。全书共分6册,每个县(市、区)单独成册,简要介绍全市84个乡(镇)、街道办事处、2340个村委会(居民委员会)的耕地、人口、交通、旅游、产业等方面的情况,并附各乡(镇)、街道办事处的行政区划、交通图,是了解晋城市乡村概况的实用手册。

编纂《晋城年鉴》

开展《晋城年鉴》编纂工作,完成《晋城年鉴(2009—2010)》的资料征集、彩版征集和书稿编辑任务。

2012年工作

2012年,市地方志办公室被省地方志办公室表彰为全省修志工作先进集体。

出版《晋城年鉴》

6月,市地方志办组织编纂的《晋城年鉴(2009—2010)》,由山西人民出版社正式出版发行。全书共分特载、文献、党政工作、国防建设、法制、党派群团、经济监管、工业、财政税务、金融保险、农林水牧、商业贸易、对外开放、建设环保、交通邮电、教育科技、文体卫生、区县概况、大事记19部分,计100万字,全面系统记述2009年、2010年全市经济、政治、军事、文化、社会、城市建设等方面历史与现状。

编辑《晋城市乡镇村志》

完成《晋城市乡镇村志》初稿编纂任务,全书计90余万字。简要介绍全市84个乡(镇)、街道办事处、2340个村委会(居民委员会)的耕地、人口、交通、旅游、产业等方面的情况,并附各乡(镇)、街道办事处的行政区划、交通图,充分展示全市乡镇、村取得的巨大成就和变化,为市委、市政府决策提供科学依据,为社会各界提供地情资料参考,也是外界了解晋城市乡村概况的实用工具书。

启动《晋东南地区志》编纂工作

5月21日,《晋东南地区志》编纂工作启动会议在省城太原召开,省政协副主席张茂才和原省级领导李玉明出席会议并作重要讲话,省地方志办公室主任李茂盛主持会议,晋城市和长治市的有关人员出席了会议。市地方志办公室主任、《晋东南地区志》编辑部主任秦海轩向大会汇报地区志的编修宗旨、编纂方案和时间安排。因晋城市是原晋东南地区的重要组成部分,保存有比较完整的晋东南地区档案,故承担了主要的编纂任务。

指导两部县志的修改

市地方志办组织有关专家对《泽州县志》、《阳城县志》初稿修改进行指导,帮助他们完成送审稿并经出版社审查,两部县志都达到出版要求。

(市地方志办)

政务集中管理

2012年工作

2012年,全市40个职能部门共保留行政许可事项99项,非行政许可审批事项1项,初审上报项目29项,取消行政审批项目1项,下放7项,改变管理方式43项。与企业和群众密切相关的年检、备案等其他行政服务事项26项纳入政务大厅办理。

审批服务

建立企业注册登记“一表通”机制。将国税、地税办理《税务登记证》纳入政务大厅,企业和群众少填写申请表4份,少跑往返路6趟,刻制公章、办理组织机构代码证和税务登记证的时间减少5个工作日。完成《晋城市基本建设投资项目联合审批办法》征求意见,报市政府审查。对33个单位的226件行政许可档案进行评查,并将审查中发现的问题向相关单位发出整改建议。更新省纪检委惩防腐败体系“一网六平台”、晋城市惩防腐败体系“一网十二平台”行政许可软件。开展“两集中两到位”调研,向市政府提出相对集中行政许可权建议。发布政务信息300余条次,回复市民网上咨询1200余条次。取消向同一部门重复提交的和无法律、法规、规章依据的申请材料70余项;取消受理环节的工作时间,压缩决定环节的工作时间,所有审批事项的办理时限由原来平均9个工作日压缩至平均5.5个工作日,办事效率提高40%。纠正窗口单位变相审批和办事过程中超标准收费各1项。

行政审批

市政务大厅(含国税、地税、工商、交通、车管5个分大厅)共接待办事群众30余万人次,办理事项209 027件,其中行政许可21 757件,非行政许可审批527件,公共服务项目186 743件,当即办理的比例占到全部办件的80%;按期或提前办结率达到99.96%,日均办理846.3件。完成高中(择校)、大学和幼儿园收费5117.32万元。组织基本建设投资项目联合审批共11批59项。同时,对申请人进行电话回访100人次,发放《征求意见卡》100份,提供咨询服务5000多人次,办事群众对政务大厅的满意、基本满意率达到98%以上。

(市政务大厅)

信息工作

2011年工作

2011年,市信息中心围绕信息化服务转型跨越发展,以打造"晋城在线"网站品牌、抓好政府和社会信息化以及保障网络与信息安全等重点工作为支点,进一步理顺信息化工作体制机制,建立健全制度规范,不断优化信息化发展环境,大力提高各个领域的信息化水平。

市长热线

12345市长热线累计受理来电80 733件,办结80 344件。

"晋城在线"网站

"在线办事"平台完成行政许可近4000件,网上行政复议系统为公民、法人及其他组织完成行政复议77件。新建组织部党建网、市应急管理办公室应急网等网站,改版升级规划局网站、老干部信息网等数十个网站。全年发布各类政务信息10 550条。"晋城在线"网站群共发布信息近20万条,上传视频5116条。其中自主编辑转发信息25 000条,采写信息2300篇,发布新闻图片10 192幅,高清大图215组,视频访谈83期,市六次党代会、市两会、对接大上海、文明城市创建、卫生城市创建和"走转改"等大型专题73个。组织"影像中国·太行风情——蟒河杯"全国摄影大展和第九届"影像中国"摄影艺术大展两项大型赛事,共收到作品2.7万余幅。组织、承办、协办各类征文、摄影、竞赛等网上活动25个,宣传活动100多次。发起"创意·策划晋城"活动,收集信息9条。便民服务系统新增婚育收养、公共事业、经营纳税三项内容。"晋城在线"点击量达近12亿次,日均点击量320万人次,访问者遍布全国34个省、市、自治区和全球100多个国家和地区。由工业和信息化部中国软件评测中心、人民网等组织的"第十届(2011)中国政府网站绩效评估","晋城在线"名列地市政府网站第36位。

晋城旅游网开通

8月24日,由晋城市政府主办、市信息中心承办的《晋城旅游网》正式开通上线。至年底,《晋城旅游网》加盟企业发展到64家,59家企业领取用户名、密码和认证码。

软件研发

自主软件开发以应用为中心,调试完成嘉宾访谈文字直播系统V1.0、外网用户中心系统V1.0、问卷调查投票综合系统V4.0等软件;以服务为中心,提升软件质量,完善信息公开系统、摄影比赛系统、EASYWORK办公系统、组织部12380举报系统和市长热线系统等软件;以用户为中心,强化软件维护,完成方正博思、行政审批等系统的二次开发。

网络安全

解决包括防火墙策略复杂、出口路由器静态路由不优化、核心层网络流量不均衡、公网NAT管理性低、网络设备安全性不高、计费设备负载高、公网地址未进行有效聚合等问题,网络设备的安全性得到提高,网络故障率明显降低。对各单位虚拟主机发布后台进行整理,后台仅允许各单位网站负责人使用,其他不相关的人员在网络层禁止访问后台,保证晋城在线所有网站群发布新闻的安全。8月,对晋城电子政务网站群各服务器的数据进行非法内容检查,保证网站群各站点不出现非法信息。

2012年工作

2012年,按照市委办公厅、市政府办公厅《关于以"晋城在线"为依托,推动全市统一的党政信息网络建设的意见》要求,逐步推进党政信息"一网通"工程。完成晋城市远程医疗会诊系统、晋城市委党校校园网三期工程、城乡社会保障"一卡通"工程、国土资源"一张图"及综合监管平台一期工程、晋城市教育城域网工程等16个信息化项目的审核及部分项目的验收。

市长热线

12345市长热线累计受理来电60 703件,办结60 661件。

"晋城在线"网站

"晋城在线"形成集党委、人大、政府、政协、法院、检察院六大系统,包含教育、公安、农业、城建等10个子站点,千兆光纤连接市县乡三级政府及部门的政务网络,为公众提供"一站式"电子政务服务。推出"晋城生活日历",发布信息12 000条,高清大图298组;调整"本地指南"、"印象晋城"和"招商引资"栏目信息,整合晋城吃住行游娱购咨询,为公众及游客提供"一站式"查询服务。"在线办事"平台完成行政许可5669件;网上行政复议系统为公民、法人及其他组织完成行政复议62件。发布各类政务信息9653条。组织第十届"影像中国"摄影艺术大展等4个网上摄影赛事,共收到作品34 357幅。组织、承办、协办各类征文、投票、建议、竞赛等网上活动35个。借助"凤城论坛"收集整理民意民声,开启民意直通车,建立民心回音壁,注册会员74 981人,发主帖8106篇,制作《网络舆情快报》41期,《网络内参》7

期。全年,“晋城在线”点击量达22.18亿次,日均点击量500万~700万人次,访问者遍布全国34个省、市、自治区和全球100多个国家和地区。由工业和信息化部中国软件评测中心、人民网等组织的“第十一届(2012)中国政府网站绩效评估”,“晋城在线”名列地市政府网站第30位。

软件研发

自主软件开发以服务为中心,调试完成问卷调查投票综合管理系统V4.0、抽奖系统V2.0开发、文明志愿者管理系统V1.0、摄影比赛系统V4.0升级、邮件系统购买及与CA系统、RTX提醒集成等软件;以应用为中心,提升软件质量,完善外网用户中心V1.0和文明志愿者管理系统集成、今日晋城系统V1.0、研究并升级方正博思系统、开发电视台嘉域信息发布系统等软件;以创新为中心,研究虚拟化技术、嵌入式开发技术、代码规范性自动检查插件check style等。

IPV6平台应用

市信息中心向CNNIC(中国互联网信息中心)申请2^{96}个IPV6地址,开通IPV6网络及业务测试平台。此平台通过IPV6/IPV4双核方式,保证网内用户使用IPV6地址直接访问,支持未能升级的IPV4终端不被淘汰的需要。

网络安全

完成RA注册中心服务器的维护和备份,数字认证网管和数字签名服务器维护;改造晋城在线信息发布系统和公务员邮箱系统的数字认证;及时抢修因凤台街改造、部分单位装修改造等造成网络断线与光缆断裂等六大类44次事故,保证电子政务网络畅通。

(市信息中心)

超限治理

2011年工作

2011年,全市共出动联合治超执法人员32万余人次,检测车辆199万余台。治超工作总体呈现“三下降三平稳”态势。

“三下降”:一是超限超载率持续下降。全市超限超载率低于省年初考核目标的0.2%以内。55吨以上和长途运输超限超载车辆基本消除。二是交通事故发生率持续下降。全市交通事故率同比下降8%。全年没有发生一起因超限超载车辆引发的交通事故。三是非法改、拼装车辆现象明显减少。全市非法开展改拼装车辆的维修企业全部取缔,本地户口车辆基本消除改、拼装现象。

“三平稳”:一是货运价格较为平稳,短途运价年均为1.2元/吨公里,长途运价年均为0.62元/吨公里。年终价格略有上涨。二是道路通行能力平稳。全市货车通行量同比增加2.1%,公路好路率提升2.4%。全年没有发生因路况不好导致的货车大规模堵车现象。三是桥梁通行能力平稳。交通部门对全市桥梁进行全面勘察摸底,没有发现新增危桥。

治超监管

突出车、货、人三个源头监控,严把“车头”发证关。交警、运管等部门加强车辆登记和上牌监管,凡不符合国家标准的车型一律不准登记、发放牌照和发放营运证,对非法改装车辆,一经发现,就地拆解。运管部门牵头,对全市从事道路运输行业和维修行业的企业进行公示,并组织人员开展集中专项行动,对不符合要求的企业下达整改通知书。严把“货头”准装关。对全市公示的货运源头单位,实行执法人员派驻制度,加强货物源头装载的监管。严把“人头”信誉关。建立《超限超载车辆及驾驶员信誉档案》,对以煤炭运输为主的企业的运输车辆,特别是对经常出入晋城市辖区路段的外地大型货车的型号、号牌、驾驶员等情况登记造册,加强源头管理和控制。针对储(售)煤场和洗煤场较多的实际,会同工商、公安、煤炭、经贸、电力、林业、国土等多部门,开展非法储(售)煤场治理。泽州县在治理过程中,提出“煤场改林场”计划。此外,对全市的重点工程工地、小沙场、石子场、建材市场等源头和路面治超巡查不到的乡村小道进行摸排,并派治超稽查队不定期进行巡查。

专项治理

市治超办高度重视短途驳载现象，召开专题会议进行研究部署。在各条路口广泛张贴《打击短途超限超载运输专项行动公告》，印刷《告司机朋友们的一封信》，向驾驶员发放。职能部门摸清短途超限车辆出没规律、出没时段和重点路段，流动稽查大队坚持24小时不间断巡查，短途驳载现象得到有效控制。

科技治超

推进科技治超"三个全覆盖"。一是不停车检测系统全覆盖，全市19个公路超限检测站除江河、换马两个站点正在建设外，其余17个全部实现不停车检测。完成率达90%。二是货运源头IC卡覆盖工程。对6个县（市、区）28 100辆客货车辆发放IC卡，高平和沁水源头监控系统全部完成。三是市及各县（市、区）信息监控平台部分投入运行。泽州县完成远程监控第一期工程，可与三个源头和两个站点进行图像传输。

2012年工作

2012年，全市累计出动执法人员32万人次，检查车辆237万辆次，查处超限超载车辆95台次，卸载货物142吨，查扣无牌无证货运车辆15台次，取缔非法储（售）煤场23家。接到群众举报案件29起，查实4起。下发督办卡10次，均督办到位，办结率100%。

目标任务

车辆超限超载率始终控制在0.2%以下，全市没有发生一起因超限超载车辆引发的交通事故；全市没有因超载新增危桥，国、省道干线公路和县、乡公路好路率始终保持在84%以上，因超载形成的公路损坏基本绝迹，累计减少公路经济损失9.35亿元；高速公路，国、省道干线公路平均行车速度保持在60公里/小时以上。货运量、周转量增长15%，客车正点率达到90%以上。长时间大面积堵车现象基本消除；煤炭等九大类货物平均价格由2011年的1.17元提高到1.24元，增长5.6%。公路抛洒扬尘现象基本绝迹。超载绕站、逃费避检等非法运输车辆基本杜绝，屡禁不止的公路"三乱"得到遏制，全市没有发生一起公路"三乱"案件。公路三乱举报率为"零"。

管理体制

治超常设机构建设按照省政府要求全面完成。市治超办组建完成并投入工作，6个县（市、区）实现治超机构"单设单列、定职定岗"，治超办主任由该级政府办副主任或副秘书长兼任。全市共拨付治超专项资金1010万元，保证全市治超工作有序开展。

科技治超

市、县两级治超信息管理平台、源头治超IC卡管理系统、不停车检测系统等设施建设按计划完成。全市各级共建设科技治超平台5个,在建科技治超平台1个。实现不停车检测系统14家,升级改造4家,全市28 100辆货运车辆全部发放IC卡。全市公示的384家货运源头企业,安装IC卡货运源头治超管理系统并实现联网的企业51家,采用单机版的企业30家,未安装IC卡系统但有称重设备的源头企业数161家,未安装任何称重设备的企业142家。

专项行动

按照全省统一部署,开展"依法整治短途非法超限超载运输百日专项行动"。此次行动中,全市共查处非法超限超载车辆85辆,其中55吨以上32辆,罚款24.5万元。查处为车辆超标准装载源头企业13个,罚款16.06万元。取缔非法货运企业储售煤场、小石子场、沙石料场、铝钒土货源点23个,罚款7.7万元。查处无牌无照、改(装)车辆15辆,卸载货物136.68吨。落实省督办案件1起,接受群众举报案件22起,下发督办卡9起,市级查实4起,县(市、区)查实9起,举报案件查处率达100%,查实率达60%,被查实案件全部进行依法处理。

治超网络

泽州县各乡镇全部成立治超工作机构,县治超办制作统一格式、统一内容的"治超工作制度"和"乡镇治超办工作职责",送达乡镇统一悬挂。在公路沿线、重点企业所在村聘请信息员80多名,县治超办对每名信息员每年提供600元的通讯费补助。对其举报的超限超载情况,经追查核实无误的,每人(次)奖励100元。

执法检查

3月,省运管局对晋城市源头企业进行明察暗访,发现泽州县兰花清洁能源有限责任公司等两个公司,在阳城电厂存在超标准装载记录,要求依法处理。市治超办立即召开专门会议,成立调查组调查核实。经过调查取证,分别对两个公司给予175万和162万元罚款的处罚,吊销12名驾驶员的从业资格,并对泽州运管所和兰花清洁能源公司相关领导和工作人员进行行政处分。

信用企业评选

按照省运管局《无"双超"信用企业评比标准》,全市评选出无"双超"信用企业14家,并将评选结果在网站进行公示。

(市治超办)

老龄工作

2011年工作

2011年,市政府办公厅制定《晋城市老龄事业发展"十二五"规划》,市老龄办组织开展了一系列助老、爱老、敬老活动,积极维护老年人合法权益,推进老龄事业大发展。

"敬老文明号"创建活动

市政府分管副市长与各县(市、区)分管副县(市、区)长签订老龄工作目标责任书,把"敬老文明号"创建列为重要责任指标,明确创建标准要达到"三有三无一兑现","三有"即有场所(服务阵地)、有制度(规范长效)、有承诺(三项以上);"三无",即"无歧视、无上访、无漏错";"一兑现",即不折不扣地兑现敬老服务承诺内容。全市各级、各基层单位广泛开展"敬老文明号、你我共建"、"健康老龄、你我共享"等主题活动,推进"敬老文明号"创建工作向纵深发展。"敬老月"期间,市老龄办与市文明办共同举办晋城市"敬老文明号"评选表彰大会,表彰了全市50佳"敬老文明号"红旗乡镇、先进村(居)、模范单位、优秀服务窗口(科室)和公益典范(社团)。阳城县、陵川县召开"敬老文明号"创建表彰会,总结创建经验。晋城公路分局召开创建交流会,总结工作成果进行经验交流。

"三个创建"活动

把开展"老年友好城市"、"老年宜居社区"和"老年温馨家庭""三个创建"纳入年度目标责任和《晋城市老龄事业发展"十二五"规划》。制定了《晋城市开展"老年友好城市、老年宜居社区、老年温馨家庭"创建活动的实施方案》和《评估办法》。

送温暖活动

市老龄办为119名95—99岁高龄老人每人发放慰问金1200元,12名百岁以上老人每人发放慰问金2400元,为78名山西省特困老人每人发放老年特困救助资金300元;对"四老寿星"和"感动晋城老龄人物"进行登门慰问。高平市为205名90岁以上高龄老人每人发放慰问金800元,阳城县为1200位80—89岁老人每人发放补贴金200元,为145位90岁以上老人每人发放补贴金800元。沁水县、泽州县、城区、陵川县对本区域内的100名、311名、120名和88名90岁以上老人分别发放800元、800元、600元和400元的慰问金。各乡镇、村、各单位普遍开展慰问活动,共计发放慰问金1000余万元。

“关爱银龄·助老御险”活动

开展“关爱银龄·助老御险”活动，各级老龄组织共为31 000名老年人办理综合人身意外保险，参保金额达396 700元。

“银龄行动”

以“银龄助农”为主题，实施第三期“银龄行动”暨“开发式”助老活动。5月，在陵川县古郊乡东上河村、水洼村，城区南街办事处凤西社区、晓庄爱心护理基地，阳城县白桑乡东岭村和沁水县龙港镇王寨村投资5.5万元，分别用于药材种植、医疗爱心超市与爱心护理、小杂粮加工和蛋鸡养殖。由市、县、乡、村老龄组织签发项目运作、资金回收、技术指导、救助对象、收益分配协议书。当年所得收益的1/3用于救助当地的800多名特困老年人，1/3用于项目再生产，1/3存入该村(居)老年基金专账，专款专用，专人负责。并组织20余名林业、农业、畜牧养殖等方面的老年专家志愿者深入受助村，现场为受援村民提供技术咨询、指导等服务工作。

文体活动

10月9日，在市文体宫广场举办晋城市“敬老文明号”评选表彰暨庆重阳“乐龄人”文艺展演。阳城县委组织部、县委老干部局、县老龄工作委员会办公室联合举办“迎国庆·庆重阳”文艺晚会；沁水县老龄委和县老体协在龙港镇共同组织举办老年人重阳节健身项目展示大会，城区、泽州县、高平市开展了文艺展演、太极拳比赛、体育竞赛、麻将、台球、乒乓球、象棋等项目。“敬老月”期间，市直各单位开展了丰富多彩、形式多样的重阳节欢庆活动。市老年体育协会在阳电体育广场举办晋城市“重阳节敬老月”健身项目展示活动。

权益维护

8月，晋城市老年人法律援助工作站在市政府2号楼挂牌成立。老年人免费乘车、免费进入旅游景点，特困救助、高龄慰问等20余项老年优待政策得到落实。全年共办理《山西省老年人优待证》6661个(60岁以上2434个，70岁以上4227个)。

特困救助

对全市特困老年人进行普惠式救助。救助对象重点是偏远山区因天灾人祸、长期生病或赡养人无力赡养的老年人。市级为950余名特困老人和“开发式”助老项目的特困老年人共发放救助款24.5万元。各县(市、区)也相应开展特困救助工作，共为2000多名特困老人发放特困救助款50万元。

基层建设

1月，全国老龄办副主任吴玉韶对晋城市基层老龄工作进行调研。4月，对2009年基层老龄工作规范化建设进行抽选复查,共复查6县(市、区)的14个乡镇45个村,占到同年合格村总数的60%。11月至12月,依据老龄工作"一中心(为老服务中心)"、"五有(有老年活动室、尊老敬老制度、养老补贴金制度、老年创收基地、老年福利基金)"和"两地(老年活动阵地、老年创收基地)"建设标准,对城区、泽州县、高平市、阳城县、沁水县的18个乡镇45个村的基层老龄工作进行检查验收,共验收合格"一中心"乡镇8个,"五有"村41个,"两地"村1个,整体合格乡镇1个。

宣传工作

全年共编发《晋城老龄工作信息》20期,刊载典型工作信息100余条。创办《晋城老龄问题研讨》2期,编发老龄工作研究、学术、问题研讨及典型事迹等专题文章30多篇。9月29日,在《太行日报》创办"老龄专刊",发行2万余份。在"晋城老龄网"上传老龄工作信息及典型事迹等文章500余条(篇)。在市物茂广场大型LED显示屏进行老龄宣传,每天不间断播出30次(节日期间60次)。"敬老月"期间,市老龄办举办大型老龄事业图片展,展出照片100余幅。制作拍摄老龄专题片《晋城老龄事业在发展》;在市电视台开设"夕阳红"栏目,播出"晋城市十大乐龄人物"事迹。

调查研究

开展农村老年人生活状况、农村留守老人生活状况、农村空巢老人生活状况、基层老龄组织建设和发挥作用情况和阳城县"居家养老社会化、社会养老居家化"的"二化养老"新模式的调研。先后到6县(市、区)的38个乡镇、110个行政村,召开座谈会100多次,填写调查表7000余份,受访老人达4000余位。

交流学习

9月,前往西安市莲湖区考察学习社区居家养老服务工作,实地参观莲湖区青年路街道办事处青年路社区老年保健托管中心、北院门街道办事处白鹭湾社区居家养老服务中心、莲湖区如亲居家养老服务中心和莲湖区居家养老服务信息中心,并与西安市老龄办和居家养老服务机构负责人进行座谈。10月,组织六县(市、区)老龄办主任到高平市马村镇老年公寓、老马岭老年公寓进行考察,重点学习居家养老服务内容。在充分考察、学习、调研的基础上,拟定了《晋城市关于推进居家养老服务工作的实施意见》。

2012年工作

2012年,市老龄办认真贯彻实施《晋城市老龄事业发展"十二五"规划》,加强基层建设,完善保障体系,总结推广阳城“二化养老”模式,老龄事业取得新突破。

保障体系

全市共建有老年公寓9座,床位1200张,入住老人900人。全市共建有敬老院61所,床位3338张,入住老人1844人。全市共建有光荣院6所,床位156张,入住老人120人。每千名老人床位数达到17张。11月,市政府召开第20次常务会议,决定从2013年1月开始,对全市高龄老人养老补贴提标扩面,建立长效尊老金制度。12月,市政府出台《关于积极应对人口老龄化进一步加强老龄工作的意见》。

“敬老文明号”创建活动

“敬老文明号”创建坚持“三个结合”,即“敬老文明号”创建同居家养老服务相结合、同老年文化建设相结合、同创建省级示范县、市级示范乡、县级示范村相结合。在就医、就餐、乘车、景区、景点、公益文化单位企业等各行各业掀起“敬老爱老共建共享绿色服务”的热潮。教育系统组建学生志愿服务队伍,人社部门开设老年人办事窗口,文明办牵头开展关爱空巢老人行动,民政系统开展为空巢、特困、失能、半失能老人解决生活困难活动,基层老龄组织开展低龄健康老人为高龄困难老人“一对一”连心服务等。

“三个创建”活动

7月,市政府办公厅出台《晋城市关于开展老年友好城市试点工作的方案》,并开始实施。市老龄办制定“县(市、区)创建老年宜居社区”、“乡(镇、办)创建老年温馨家庭”标准和实施方案。开展三级联创、各具特色(市级重抓“老年友好城市”、县级重抓“老年宜居社区”、乡镇重抓“老年温馨家庭”)的创建试点工作。

送温暖活动

“敬老月”期间,市老龄办开展高龄慰问、四老寿星慰问和感动晋城老龄人物慰问,为他们送去高龄补贴金及慰问品。据统计,“敬老月”里,市、县、乡、村四级共为老年人发放慰问金2000多万元,慰问品10万多件,惠及老年人20多万人。

“关爱银龄·助老御险”活动

为35 000名老年人办理综合人身意外保险,参保金额65万元。

“银龄行动”

实施第四期“银龄行动”暨“开发式”助老活动。在陵川县古郊乡水洼村、秦家庄乡原庄村,沁水县端氏镇杏林村,城区晓庄爱心护理基地,阳城县驾岭乡二里村投资5.5万元,分别用于药材种植、核桃林种植、爱心护理和蛋鸡养殖。

文体活动

10月9日，在市文体宫广场举行晋城市"欢度重阳、美在金秋"乐龄文艺展演活动。阳城县举办"迎国庆·庆重阳"主题老年文艺晚会和"庆重阳·喜迎十八大"中老年健身操展示活动。泽州县举办"喜迎十八大、欢度重阳节"活动。高平市开展太极拳赛、老年柔力球比赛等活动。沁水县在夕阳红老年公寓举办"欢度重阳·美在夕阳"乐龄文艺展演。

权益维护

"敬老月"期间，市老龄办督促检查老年优待政策落实，协调相关单位对落实优待老年人规定进行规范检查。全年共办理《山西省老年人优待证》12 871个，其中：城市老年人办证8467个；农村老年人办证4404个；60岁以上6255个，70岁以上6616个。

特困救助

市级共为900余名特困老人发放救助款17万元。各县（市、区）共为2000多名特困老人发放救助款50万元。

基层建设

在《关于进一步加强基层老龄组织建设工作的意见》和《加强基层老年协会建设的意见》指导下，六县（市、区）老龄办积极开展基层老龄组织和基层老年群众组织建设，基层老龄组织和老年群众协会建设分别达到100%和80%。全市2个示范县、18个示范乡、30个示范村按照《晋城市老龄工作示范乡、村创建和管理办法》，加强老龄组织领导、落实老年政策法规、提高养老保障水平、健全老年服务设施、开展老年文体和敬老宣传活动。各乡镇、村依托乡镇为老服务中心和村为老服务站，根据农村实际和老年人的需要，以生活照料、家政服务、精神慰藉、医保保健、权益维护为主要内容，积极为老年人提供服务。4月，到六县（市、区）的19个乡镇44个村，对2010年基层老龄工作规范化建设进行抽选复查，占到同年合格村总数的60%。11月，到六个县（市、区）的21个乡镇131个村，对基层老龄工作进行检查验收，共验收合格"一中心"乡镇10个，"五有"村123个，"两地"村8个，整体合格乡镇8个。

宣传工作

10月9日，在文体宫广场召开第二届老龄工作"十类百佳"先进集体和个人表彰暨开展"敬老月"活动大会。对十佳为老服务中心（站）、十佳老年宜居村（居）、十佳爱心护理院、十佳敬老文明号窗口、十佳敬老单位、十佳敬老好书记、十佳老年温馨家庭、十佳老龄人物、十佳爱老孝星、十佳老龄工作典型进行表彰。举办晋城市老龄事业图片巡回展，分别在晋城各大广场和市委市政府机关大院展出，参观人数达万人以上。"重阳节"，在《太行日报》设立

“老龄特刊”,印发2万份。在市内各大型显示屏进行老龄宣传,每天播放频次为30次。10月23日,市老龄办在城区晓庄老年公寓召开晋城市爱心护理基地晓庄座谈会,100多名老年服务志愿者、老年医护工作者、老龄工作者参加。编印《晋城市第二届老龄工作“十类百佳”先进集体和个人事迹汇编》。与市电视台《第一时间》栏目联手推出晋城市“十大老龄人物”模范事迹联播。编印《晋城老龄工作信息》13期,登载全市老龄工作信息及动态150余条。在“晋城老龄信息网”发布老龄信息、政策法规、工作通知、专题调研等500余条(篇);原《老龄问题研讨》改为季刊,全年共出刊4期,印刷4000册。

《规划》实施

开始实施《晋城市老龄事业发展“十二五”规划》。将《规划》的重点任务列入年度目标,并由分管副市长、市老龄委主任茹栋梅与六县(市、区)、开发区分管领导签订目标责任书,市老龄办主任张爱梅与各县(市、区)、开发区老龄办主任签订目标责任书。《规划》分解的年度重点任务包括:老年事业经费的设立、居家养老服务“五有”、“两地”、“一中心”建设、“敬老文明号”创建、“关爱银龄·助老御险”活动等。

调查研究

4月,开展全市农村老人健康状况调查,共回收调查问卷3000余份。5月,开展全市农村老年文化建设状况调查,共发放调查表2000多份,抽访老人500余人。

交流学习

阳城县动员组织全社会志愿者为农村居家老人提供家政、医疗保健、生活用品购置、精神慰藉等多方面服务的“居家养老社会化、社会养老居家化”新模式,在试点成功的基础上,在全县推广。6月12日,召开全市农村居家养老服务研讨暨乡镇为老服务中心主任培训阳城会议,学习阳城“二化养老”模式的经验和做法。

(市老龄委)

住房公积金管理

2011年工作

2011年,全市归集住房公积金12.23亿元,累计归集住房公积金56.57亿元,余额43.58亿元。应建立住房公积金职工总人数262 500人,实际建立人数206 272人,覆盖率达78.6%。提取住房公积金3.1亿元。发放贷款1351笔2.08亿元,累计发放贷款8.33亿元,贷款余额5.09亿元,个贷率为11.68%。市直、各县(市、区)无逾期贷款,贷款风险控制良好。市直实现增值收益199万元。

机构调整

召开全市第三届住房公积金管理委员会第一次会议,机构调整工作顺利展开。

公积金管理

制定《晋城市住房公积金归集管理办法》,规范住房公积金缴存行为。下发《关于做好2011年度住房公积金缴存基数调整工作的通知》、《晋城市降低住房公积金缴存比例或缓缴住房公积金规定》,调整住房公积金缴存基数。制定《对住房公积金受托银行业务考核管理办法》,对受托银行业务进行考核。

贷款发放

出台《晋城市个人住房公积金按揭贷款(暂行)管理办法》、《晋城市商业银行个人住房贷款转住房公积金贷款(暂行)管理办法》,帮助干部职工解决购房资金。推出装修贷款、异地购房贷款和二手房贷款业务,拓展住房公积金贷款业务。

资金安全

严格落实各项内部财务会计制度和内部岗位不相容职务分离制度,加强资金安全管理。采取不定期清查盘点、每月末财务人员与银行核对账户余额等办法,做到账账相符、账表相符、账实相符,保证住房公积金安全。调整定期存款存放结构,弥补亏损200余万元。

2012年工作

2012年,全市归集住房公积金14.85亿元,同比增长21.42%,全市累计归集住房公积金

71.43亿元,余额53.83亿元。提取住房公积金4.61亿元,同比增长48.71%,累计提取住房公积金17.60亿元。发放贷款3.01亿元,同比增长44.71%,为2154户职工解决购房资金。全市累计发放贷款总额11.34亿元,贷款余额6.89亿元,个贷率为12.80%。全市应建立住房公积金职工总人数279 800人,实际建立217 270人,新增10 998人,覆盖率达77.65%。除阳城分中心的24.73万元历史逾期贷款外,市直、其他各县(市、区)无逾期贷款,贷款风险控制良好。实现增值收益9122.91万元。

机构调整

4月8日,市政府常务会议通过《晋城市住房公积金管理机构调整理顺的具体实施细则》,成立机构调整领导组,负责全市住房公积金管理机构调整理顺人员的接收工作。10月,市政府召开住房公积金管理机构调整推进工作会议,与各县(市、区)签订《责任承诺书》,要求限期完成人事移交手续。至年底,除晋煤集团分中心外,各县(市、区)人事移交工作全部结束。12月10日,晋城市人民政府办公厅下发《关于冻结住房公积金管理机构资产的通知》,开始资产移交工作。

公积金管理

调整住房公积金缴存比例,由原来的单位10%、个人6%,调整为单位12%、个人8%。规范缴存行为,各单位基本做到按月缴存。扩大住房公积金缴存范围,对永城保险、永安保险、出租汽车服务中心等10家单位下达催缴通知书,责令其限期为本单位职工缴纳住房公积金。推出住房公积金对账单服务,为全市干部职工发放住房公积金对账单7万余份。

贷款发放

提高贷款最高额度,职工个人贷款上限由20万元提高到35万元,夫妻双方贷款上限由40万元提高到60万元。推出集中办理团购房贷款业务,全年集中发放贷款7次,为186户职工家庭发放贷款3075.35万元。6月12日,发放全市第一笔商业贷款转公积金贷款。10月30日,市公积金管理中心与铭基房地产公司及建行、交行、工行签订住房公积金支持保障性住房按揭贷款协议书。

资金安全

市公积金管理中心与各委托银行全部签订协定存款协议,除预留支取和放贷资金外,剩余资金全部按资金需求及时转存定期,实现增值收益最大化。

(市公积金管理中心)

政 协

2011年工作

2011年，市政协共收到提案594件，立案565件，其他作为意见处理，并及时交付有关部门进行办理。五届六次全委会上，确定《旅游发展要发挥政府的主导作用》等10件重点提案由市政府领办。在《晋城政协网》选登提案75件，涉及社区卫生、农村医疗、城乡建设、残疾人保障、农村养老等民生问题。5月中旬，市政协组织召开提案工作座谈会，推动提案工作从“答复型”向“落实型”转变。

参政议政

市政协召开五届六次全会和六届一次全会，确定近五年的工作重点和工作思路。两次全会期间，委员们协商讨论《政府工作报告》和其他报告，就优化发展环境、旅游文化产业转型、教育发展、生态文明和宜居城市建设、“三农”问题、民营企业转型发展等问题进行讨论，提出意见和建议。共提交大会发言68份，21位委员在大会上发言。围绕转型跨越发展主题，选择事关晋城市改革发展全局的重大课题进行调研，提出一批有价值的意见和建议，并报送市委、市政府。召开五届二十二次主席会议和五届三十一次常委会议，通过《关于推进我市水利改革发展的若干建议》，并上报市委、市政府。10月22日，市委书记张茂才主持召开市委常委会议，对市政协提出的《建议》充分肯定并要求有关部门采纳实施。召开六届二次主席会议和六届二次常委会议，通过《关于进一步提高我市工业园区发展建设水平的若干建议》，市长王清宪做出批示，要求有关部门认真研究，出台园区建设的意见。

调查研究

3月23日，经科委和农村委组织委员到绿欣农副产品批发市场、栖箐园蔬菜批发市场、市蔬菜酿造有限公司进行视察，提出《强化农副产品市场建设，促进市场健康发展》建议。4月上旬，文教委和文史委组织部分委员就社区医疗和公共卫生工作进行视察。4月15日至25日，农村委组织相关常委、委员到6县（市、区）乡村、市直有关单位就水利改革发展情况进行调研，并形成调研报告。4月至8月，社法委与文史委组织委员到泽州县、高平市、陵川县等70余座寺庙庵进行视察调研，完成《佛道春秋·晋城卷》编撰任务，并上报省政协。5月13日，文教委组织部分委员和对口联系单位就全市学校食堂卫生安全情况进行视察，提出加大力度保障学校食堂卫生安全的建议。5月至6月,社法委组织相关委员就全市维稳工作进行调研,形成《关于化解人民内部矛盾,促进晋城社会稳定的调查与思考》的调研报告,并上报省政协。文史委组织委员就市区公共文化建设情况进行视察调研,提出加强公共文化工作重要性认识、完善公共文化服务体系、加强公共文化设施建设、建立健全公共文化工作机制的意见。10月下旬至11月上旬,经科委组织相关常委、委员到市经济开发区及市、县所属工业园区进行视察,形成《加强工业园区建设,推动转型跨越发展》的调研报告,并提交六届二次主席会议协商讨论,提出28条意见和建议。12月23日,社法委组织委员到长江实业有限公司就企业文化建设情况进行视察,并提出意见和建议。

行风评议

建立健全联系和反馈机制,被聘为民主监督员的委员,参加国税、工商、安监、烟草、金融等部门组织的行风评议,提出可行性意见和建议100余条。组织政风行风监督员参加市广播电视台《百姓热线·纠风台》栏目12次。

社情民意

全年共编印《社情民意》144期,编印《特情专报》1期,以普报或专报形式报送市有关领导和有关部门参阅,被采用信息320余条。其中,10余条信息引起国家、省、市领导的高度重视和批示,要求有关部门对提出的问题认真调查研究,采取相应措施予以解决。

联谊工作

3月10日,济源市政协主席任传国带领考察团到富士康晋城科技工业园、城市规划展馆、白马寺山森林公园等地进行考察。5月7日,省政协副主席李雁红为组长的省政协调研组就晋城市发展农业产业化、"一村一品"、农民增收情况进行实地调研。9月3日至8日,市政协副主席王克平带领部分相关政协常委、委员,赴广西桂林市、北海市、防城港市,湖南长沙市,安徽合肥市等地,就工业园区暨高新技术产业开发区发展建设情况进行考察。10月24日至11月3日,市政协党组副书记、常务副主席申会带领各县(市、区)政协秘书长到长沙、南昌等地就推进政协信息化建设、提高政协履职服务能力考察学习。11月1日,市政协党组书记、主席师建平受邀赴河南省济源市出席纪念济源市政协成立30周年纪念活动,进一步加强两地经济技术文化交流。全年共接待兄弟省、市政协考察团35个,400余人次。

宣传培训

8月20日至9月10日,市政协办公厅举办人民政协知识100题竞赛活动,共收到全国各地答卷1189份,其中全部答对的有效答卷384份。编辑出版《政协论坛》杂志6期,与太行日报社合作出版《太行日报·政协专刊》1期。在报刊、电台、电视台发表反映政协工作稿件50

多篇。完成《山西辛亥革命人物传》晋城籍历史人物的史料征集撰写工作;整理晋城籍民国人物贾景德的《韬园诗集》;完成《山西政协年鉴·晋城卷(2010)》编纂工作。11月14日至12月4日,市政协在中共上海市委党校对六届市政协委员进行集中培训。培训期间,委员们听取原冬平、卞晋平、钱文忠、邵煜栋等知名教授的专题报告,实地考察上海大众、上海高新技术产业化展厅、宝钢、环球金融中心、城规馆和一大会址。

市政协领导名录

政 协 主 席:师建平(2011.1—2011.12)

政协副主席:申　会(2011.1—2011.12)

郭一峰(2011.1—2011.12)

王陆升(2011.1—2011.8)

金德祥(2011.1—2011.12)

马德和(2011.1—2011.12)

陈改玲(2011.1—2011.8)

王克平(2011.1—2011.8)

郭跃峰(2011.1—2011.8)

陈建国(2011.8—2011.12)

2012年工作

2012年,市政协共收到提案353件,立案334件,其他作为意见处理,并及时交付有关部门进行办理。六届二次全委会上,确定10件重点提案由市政府领办,内容涉及工业、农业、教育、交通、卫生等百姓关心的问题。在《晋城政协网》选登精品提案20件,内容涉及社区卫生、农村医疗、城乡建设、残疾人保障、农村养老等民生问题。提案全部办理完毕,满意率达98%。

参政议政

市政协六届二次全会讨论《政府工作报告》和其他报告,并提出意见和建议。全会共提交大会发言50多份,11位委员在大会上发言。市政协六届四次主席会议和六届五次常委会议,讨论通过《关于推进我市新"五个全覆盖"工程健康发展的若干建议》,并上报市委、市政府。市政协六届五次主席会议和六届六次常委会议,讨论通过《关于进一步重视和加快我市本土企业发展的若干建议》,并上报市委、市政府。六届六次主席会议和六届七次常委会议,讨论通过《关于加快我市文化强市建设的若干建议》,并上报市委、市政府。此外,围绕市民最关心的城市交通拥堵问题,形成《关于解决我市城市交通拥堵问题的调查报告》,并上报市委、市政府。

调查研究

2月10日,经科委和农村委组织委员到晋城市泽地萃绿农开发有限公司、山西凯永养殖有限公司、高平市金田现代农业示范园区和高平市天润农业开发有限公司等地进行实地视察,详细了解农业产业园规划建设及企业发展情况,并就农业产业园建设涉及的经营管理、土地统筹、资金投入、招商引资等事项提出具体建议。2月14日,文教委和文史委组织部分委员就全市文化产业发展进行视察。2月16日,市政协主席师建平率提案委和社会委的委员到市交警支队指挥中心、晋城市汽车客运东站、珏山旅游景区就城市交通管理工作进行专题视察。3月,文教委组织相关委员深入农贸市场、食品生产加工企业、学校周围超市等就食品安全开展专题视察,形成视察报告并上报省政协。5月10日至25日,农村委组织相关常委、委员到6县(市、区)乡村、市直有关单位就全市新"五个全覆盖"工程实施情况进行调查研究,并形成调研报告。5月5日至7日,农村委组织委员就加快扶贫开发促进农民增收进行调研。5月17日,政协主席师建平带领部分政协委员到兰花集团就本土企业发展进行专题调研。7月中旬,经科委组织相关委员到部分县(市、区)和企业对本土企业发展状况进行调研,并形成调研报告。7月,经科委组织部分委员专题视察白马寺沉陷区改造绿化工程、兰花路延伸工程和景观河规划建设进展情况,并提出加快工程进展和实现最佳效果的具体意见建议。8月,经科委组织相关委员到部分县(市、区)和职能部门以及部分物流企业就现代物流业发展情况进行专题调研,形成调研报告并上报省政协。8月28日至11月29日,文史委组织部分委员就神话传说遗产工作进行调研。10月中下旬,文教委和文史委组织相关委员就全市文化建设情况进行调研,并形成调研报告。

行风评议

被聘为民主监督员的委员,参加发改、工商、通信、金融等部门组织的行风评议,提出可行性意见和建议90余条。组织政风行风监督员参加市广播电视台《行风大家谈》和《百姓热线·纠风台》栏目16次。

社情民意

全年共编印《社情民意》131期、《特情专报》2期,被采用信息328条。20余条信息引起国家、省、市领导的高度重视和批示。

联谊工作

2月,全省社会和法制委员会工作会议在晋城市召开。3月3日至5日,以省政协副主席张茂才为组长的调研组到阳城县和高平市,就县域经济发展情况进行专题调研。4月19日,以省政协副主席李澤生为组长的视察组到晋城市就项目落地情况进行专题视察。6月27日,省政协副主席李雁红带领省政协扶贫开发调研组到晋城市,就贫困地区增强自我发展能力、加快脱贫致富步伐进行专题调研。6月30日,全国人大常委会原副委员长、民建中央原主席成思危,就晋城市旅游业发展进行专题调研。9月5日至7日,市政协主席师建平、副主席郭一峰、秘书长莫文山受邀参加在河南省鹤壁市举行的晋冀鲁豫四省十二市政协工作交流联谊会第二十六次会议。9月28日,省政协副主席王宁带领部分省政协委员到泽州县高都镇大兴村开展"四送一帮扶"送医疗下基层大型义诊活动。10月15日,全国政协副主席、中国人口文化促进会会长李金华,就晋城市人口计生工作进行专题调研。全年共组织相关活动30多次,接待兄弟省、市政协考察团40个500余人次。

宣传培训

5月13日,市政协召开文史资料工作座谈会,部署新中国成立前和新中国成立后文史资料征集工作。新中国成立前文史资料征集,完成抗日战争时期国民党东北军、中央军在晋城从事抗日斗争的史料和近代以来晋城市名家族名人物史料;新中国成立后文史资料征集,完成以五小工业、乡镇企业为主的工业经济史料和以秧歌、上党梆子、歌剧、书画为主的文化史料。此外,报送省政协新中国成立后至改革开放前史料18篇近10万字。完成《山西政协年鉴·晋城卷(2011)》编纂工作。在报纸、杂志、电台、电视台发表反映政协工作的稿件80多篇。

基层组织建设

总结宣传泽州县大阳镇政协工作联络组先进经验,指导各县(市、区)政协建立政协工作联络组。城区政协完成联络组组建工作。

市政协领导名录

政协主席:师建平(2012.1—2012.12)

副 主 席:申　会(2012.1—2012.12)

郭一峰(2012.1—2012.12)

金德祥(2012.1—2012.12)

马德和(2012.1—2012.12)

陈改玲(2012.1—2012.12)

王克平(2012.1—2012.12)

郭跃峰(2012.1—2012.12)

陈建国(2012.1—2012.12)

(市政协)

国防建设

晋城军分区

2011年工作

2011年,晋城军分区加强思想政治建设和队伍建设,提高部队作战能力,部队建设保持了稳步发展的良好态势。

思想政治建设

制定出台《关于加强"两级"党委中心组理论学习的意见》,开展"每月两讲"活动,每月安排一名专家学者和人武部主官辅导授课。开展"坚定信念跟党走,履行使命当先锋"主题教育和纪念建党90周年系列活动,深化当代革命军人核心价值观培育。开展形势政策教育和大谈心活动,确保部队思想稳定和高度集中统一。开展党的创新理论宣讲、"重温入党誓词、忠实履行使命"和参观八路军纪念馆等多种形式的教育活动,加强部队思想政治建设。

军事斗争准备

升级固定指挥网,购置通信器材,建设军分区通信指挥车,达到能指挥、能工作、能生活的要求。构建完善市、县、乡三级应急力量体系,组建饮食、油料、卫生等综合保障分队,统一为各县(市、区)人武部订购野战炊事车。高平市人武部率先完成指挥车建设,依托马村镇林业站、交通局等单位组建民兵应急分队。沁水县人武部代表军分区接受省军区民兵整组工作检查受到高度评价。组织现役、专武干部近200人开展基础训练比武竞赛,优选训练尖子参加省军区"参谋、教练员和专武干部"比武。组织各人武部和人防专业队参加省军区"探索—2011"演练。组织军分区首长机关、各人武部开展冬季适应性训练,锻炼部队野战条件下走、打、吃、住、藏能力。

队伍建设

开展"加强党性、锤炼思想作风"和"较真碰硬从严治官,深化成果纯净风气"教育活动,促进市、县两级党委机关作风转变。加强党风廉政建设,组织党委常委专题学习《军队党员领导干部廉洁从政若干规定》。严格干部教育管理,制定《干部任前考核意见》,采取"一考两评"("一考"即进行能力素质考核;"两评"即进行民主考评和业绩考评)的方式对预提干部进行全面考核,形成靠素质进步的风气导向。安排机关基层干部交叉代职,提高综合素质。泽州县人武部被省军区表彰为先进党委。

帮建工作

军分区常委带工作组下基层专题调研指导帮建工作，并召开党委会、座谈会研究分析形势。组织军事、政工、后勤和专武干部培训，提高自身建设能力。组成联合工作组对人武部工作进行全面考评。城区人武部代表军分区接受省军区考评；陵川县人武部采取“以点带面，示范引路”的办法，推进国防后备力量队伍规范化建设。

军民共建

依据晋城市“十二五”规划，研究出台《晋城市国防动员建设军民融合式发展“十二五”规划》。与市委、市政府联合开展“情系国防，梦想军营”为主题的优秀征兵宣传手机短信、平面媒体、DV短片评选和表彰关心支持国防建设优秀企业家国防文化系列活动。大力开展捐资助学、扶贫帮困和参建活动，共帮扶贫困农村7个，资助贫困学生150余名，组织民兵参加增雪抗旱、“4·29”陵川县山林火灾扑救等任务20余次，均圆满完成任务。

安全管理

开展“学法规、用法规、守法规”教育活动，增强官兵法纪观念和号令意识。参加省军区组织的共同条令知识竞赛获得第一名。逐级签订《安全管理责任书》，建立严格的责任追究和奖惩制度，突出人、车、枪、弹、密等安全管理重点，安装枪支、涉密载体离位报警系统，纠治人武部武器库“人库不分离”的问题，消除安全隐患。军分区连续13年安全无事故，连续3年被省军区表彰为安全管理工作先进单位。

后勤保障

落实经费预决算、审批使用、接待费管理等各项制度，压减行政消耗性开支，提高经费的使用效益。对民兵训练统筹费收缴、分配、使用进行规范。完成对各县(市、区)人武部的财务审计，组织对市民兵综合训练基地一期工程结算审计，核减开支150多万元，被省军区表彰为党委理财先进单位、审计先进单位。在省军区长治后勤工作会议上，介绍协调地方政府改善官兵住房条件的做法。

2012年工作

2012年，市军分区贯彻主题主线重大战略思想，加快推进战斗力生成模式转变，持续深化军事斗争准备，推进日常战备规范化建设，一体化指挥平台操作训练，获得全省考核总分第一名。

思想政治建设

开展“每月两讲”活动，军分区常委和人武部主官轮流登台讲课。开展“两项重大教育”活动，组建党的创新理论暨国防教育“百人宣讲团”，围绕十八大精神，深入民兵营连、应急分队宣讲40多场。城区人武部举办“赞颂新成就、迎接十八大”主题书画作品展；泽州县人武部开展“踏寻红色足迹、感悟科学发展万里行”活动。

军事斗争准备

指导各县（市、区）人武部建成机动指挥车，完成联调联试，实现指挥通联高效顺畅。组织基础训练阶段比武考核，选拔训练尖子参加省军区集训比武。组织军分区、县（市、区）人武部两级首长机关开展指挥所应用技能训练。沁水县人武部在军分区考核中名列前茅。市级应急分队配齐专业器材，民兵应急力量体系进一步完善。组织军分区首长机关、县（市、区）人武部开展冬季适应性训练，锻炼部队野战条件下走、打、吃、住、藏能力。阳城县、沁水县人武部组织民兵参加森林灭火，城区、阳城县人武部组织应急分队参加“7·29”抗洪救灾。

队伍建设

采取对口培训、以会代训、岗前集训、大项任务帮带等办法，提高干部胜任本职工作的能力。实行素质考核、民主测评、面试点评、业绩展评“一考三评”的任前考核办法，对23名拟晋升对象实施任前考核。

军民共建

市委召开党管武装述职会、议军会，组织党管武装专项考核，议定市民兵训练基地二期工程建设问题，妥善安置转业干部。推进“一街一园一牌一院”国防文化阵地建设，新建主题公园13个，设置永久宣传牌300余块，在《太行日报》开辟“子弟兵风采”专栏。陵川县人武部开展捐资助学、扶贫帮困和参建活动，共帮扶贫困农村8个，资助贫困学生120名。组织民兵成建制参加安保执勤、抢险救灾、森林灭火等任务22次。

安全管理

建设集人员、车辆、营区管理、营区周界防护为一体的综合管理系统，民兵武器装备仓库进行彻底整修。定期对武器库库工政审，确保内部不出问题。组织开展安全管理量化评比、安全隐患排查治理、百日安全评比竞赛和三项排查治理活动，共排查梳理出10个方面28个具体问题，全部整改。开展“精神状态大改观、环境秩序大整治”活动，从思想上、环境上打牢安全基础。军分区实现连续14年安全无事故。

后勤保障

组建饮食、油料、野战医疗等后勤应急保障分队。组织人武部主官和财务人员离任经济责任交接,推行公务卡结算。

基层建设

多次召开汇报会、协调会,协调土地、规划、立项等问题,为人武部基础设施建设创造条件。沁水县人武部新办公楼建成入住,阳城县人武部新办公楼封顶,高平市人武部新办公楼主体建设基本完工,城区、泽州县、陵川县人武部完成“三通一平”工程。全市民兵(连)85%以上实现达标。

(晋城军分区)

防　空

2011年工作

2011年，市人防办以《人防法》和《山西省人防工程建设条例》为依据，加强信息化建设和基础建设，提升通信保障能力，提高防空综合水平。

信息化建设

确定市医院等重要经济目标单位，其视频监控系统实现与防空指挥所信息系统对接。购置安装空情仿真训练系统（导控）软件，开展相应训练。建成防空机动指挥通信系统，连通到省人防办的光纤视频会议系统。

基础建设

建立直属专业队，8月1日参加山西省军民联合综合防卫体系建设研究性演练人防行动，完成演练任务。高平市、泽州县、沁水县、阳城县人防工作机构健全，并成立人防指挥信息保障中心。市人防办配合军分区完成“八一”山西省综合防卫体系建设演习，受到市国动委表彰。

通信保障

购置警报器2台，利用短波电台和各县（市）进行检测通话，所有警报设备完好率达到100%。9月18日组织防空警报统一试鸣。

依法行政

组织新成立的人防执法队人员进行业务培训，提高执法人员使用法律的准确程度。加强与市纪检委的协调配合。每月上报人防工程建设和易地建设费收取情况，督促建设单位按照法律法规修建人防工程，足额缴纳易地建设费，确保人防执法工作的顺利开展。对所有行政审批项目进行清理，合并审批项目1项（即人防工程施工图设计文件审批及竣工验收和人防工程竣工验收项目），调整审批项目2项（即已建人民防空工程报废与拆除批准、人民防空通信警报及设施拆除批准项目）。

防空宣传

开展防空防灾教育“进机关、进学校、进企业、进社区、进网络”工作，印制《人防执法手册》，组织执法队人员进行法律知识培训。完成省人防办交办的“信息化条件下人防综合数据库建设重点问题研究”课题。开展大型宣传活动,印发宣传单10 000份,知识手册5000份。

自身建设

按照“准军事化”建设标准,加强人防队伍自身建设。召开全市人防办主任会议,传达全省人防办主任会议精神,安排部署2011年人防工作,将基层人防工作纳入各县(市、区)目标管理体系。

2012年工作

2012年,市人防办以融合式发展思路引领工作,推进组织指挥体系建设,提高人防应急指挥能力,开展防空救灾训练,夯实人防工程建设基础,增强城市综合防护能力。

防护体系

制定《晋城市人防工程专项规划》,并纳入城市总体规划。拟建晋城大医院项目修建地下人防工程。市人民广场改造暨兰花国际购物广场项目,按照人防要求,开工修建单建式人防工程。晋城市“三馆合一”地下人防工程,日常拟作为古文物交易市场和停车场,战时作为预备指挥所、人员掩蔽所和物资储备库。

应急准备

一是推进县级人防指挥所建设。阳城县人防办指挥所完成选址、立项。二是修订防空袭预案。按照人防预案五年一修订的要求,修订防空袭应急预案、重点目标防护方案、城市应急抢险方案,完成城市防空袭方案、抢险救灾方案、人口疏散隐蔽方案、城市重要目标防护方案、消除空袭后果方案。三是举行信息化条件下重点目标防护暨应急救援演练活动。9月18日上午,在晋城市重要经济目标江淮重工有限责任公司厂区,举行信息化条件下重点目标防护暨应急救援演练活动。四是成功组织9·18警报试鸣。9·18警报试鸣日,警报鸣响率、覆盖率均达到100%。五是组建人防志愿者队伍。向社会招募人防志愿者100余人。在晋城职业技术学院组建150人的晋城职业技术学院人防志愿者分队。六是加大重要经济目标防护工作。对市政府确定的28个人防重要经济目标的规模、防护等级、战时影响进行重新评估。投资10万元购买无线视频传输箱,对重要经济目标进行实时监控,并能同步传回人防指挥所。

信息化建设

购置安装空情仿真训练系统软件,增强对防空防灾的支撑能力。选派专业人员参加省人防办在北京空军第二研究所组织的人防空情接收与处理模拟系统操作培训，参加省人防办组织的通信业务理论知识考试以及移动指挥所跨区机动演练，提升人防队伍信息化素养，提高空情预警能力。

依法行政

成立人防执法队，开展人防执法规范化建设，规范行政处罚自由裁量权。组织法律法规和业务培训。3月，邀请省人防办质监专家对市、县人防质监技术人员进行专题培训。5月，派人参加全国人防法律法规培训。9月，选派质监人员参加第二期全国人防工程质量监督工程师培训，并取得人防工程质量监督工程师资质。规范市人防工程质量监督站建设，人员和检测设备配备到位。对2011年以来的在建工程全部办理质监手续，完成1项人防工程专项竣工验收及备案，人防工程质量监督覆盖率达到100%，人防工程竣工验收备案率达到100%。

防空宣传

利用防灾减灾日、警报试鸣日、法制宣传日，在市区广场、主要街道、社区等场所悬挂标语、设立展板、咨询台，向广大人民群众发放宣传资料、防空和防灾知识宣传手册。在全市155辆公交车载电视上循环播放《人民防空人民建，人民防空为人民》为主题的人防宣传短片，让广大市民了解人防工作重要性。建立人防知识资料库，资料库存有《防空袭演习》、《现代战争防空袭》、《永远的蓝天》等人防宣传教育影片100多部，《人防知识与技能》、《战争灾害与人防》等知识读本200多册。开展“五进”活动，进学校：在市直中学新生入学军训时，赠送《人民防空防灾知识手册》，学生受教育人数达3000余人。进企业：执法人员在执法过程中，将人防知识宣传资料发到建设单位。进机关：将《中国人民防空》杂志按时送到四大班子领导和市直有关部门。进社区：在社区设立人防宣传栏，利用重大活动组织人防志愿者在社区发放宣传资料。进网络：在晋城人防网站，及时发布人防工作新进展、新动态和工作成果。

（市人防办）

双拥工作

2011年工作

2011年5月，晋城市荣获“全国双拥模范城”称号，连续第四次获得“山西省双拥模范城”称号，沁水、高平、泽州、阳城4个县(市)蝉联“山西省双拥模范县”。

双拥工作会议

组织召开全市双拥工作会议，回顾总结2010年全市双拥工作，部署2011年全市双拥工作。

党管武装工作

1月17日，全市党管武装工作述职会议在晋城宾馆召开。回顾总结2010年工作，安排部署2011年党管武装工作。六县(市、区)主要领导分别就2010年党管武装工作进行述职。

议军会议

市委召开议军会议，专题研究全市国防后备力量建设问题。会议要求，各级党委、政府和有关职能部门要牢固树立国防意识，强化国防观念，加强党管武装，推进转型跨越，努力开创全市国防后备力量建设新局面。

双拥宣传

市、县两级电台、电视台和报刊，转载双拥法规30多篇(次)，播放双拥知识讲座、知识竞赛、国防教育报告、双拥文艺晚会20多场次，报道军地双拥活动及双拥先进事迹、经验20多篇(次)。广播电视台《阳光政务行》栏目开设留言板，对退伍军人优抚安置工作等问题进行解答，帮助退伍军人解决困难。征兵时期，《晋城新闻》、《民生零距离》、《阳光政务行》栏目制作特别节目，对国家征兵政策进行解读，方便报名者了解参军政策。“八一”建军节期间，组织全市各级各部门开展爱国主义歌曲歌咏比赛，播放爱国主义影片，邀请国防教育和军事专家对党员干部群众进行国防教育讲座等活动。邀请清华大学教授阎学通、南京政治学院教授代旭、石家庄陆军学院王建华等军事专家到机关、厂矿、企业、学校宣讲国防安全形势12场，直接受教育人数达到2万余人。各级国防教育中心、农民夜校、党团、工会组织都开设国防教育课，培训人员达8000余人。

优抚安置

全市共接收军队转业干部26人，其中正团级3人，副团级4人，营级以下16人，技术干部2人，自主择业干部1人，随调家属3人。全市共接收退役士兵1129名。其中，符合国家安置政策的城镇退役士兵、服役10年以上的转业士官、荣立二等功以及5至8级伤残军人等452人。各县(市、区)组织农村籍退役士兵进行技能培训，受培训人数达到264人，占总人数的40%以上。开展参试退役人员体检和部分残疾军人的评残鉴定工作，为全市665名参试人员进行体检，为2名符合条件人员作了认定。根据省民政厅、财政厅《关于给部分农村籍退役士兵发放老年生活补助的通知》，全市共认定老年生活补助对象3948人，其中城区121人、泽州县788人、高平市1208人、阳城县1034人、陵川县434人、沁水县327人、开发区36人。及时下拨抚恤、补助奖金5050万元。全市12 200多名优抚对象的抚恤、补助、优待金全部实行“一卡通”社会化发放。

双拥活动

市、县两级政府为驻市部队投入资金6000多万元，帮助部队解决训练、生活、装备、道路、营区等建设。其中市政府为军分区投入1700余万元，为消防支队投入2100余万元，为武警晋城支队投入1300余万元。市、县两级政府为随军未安置家属发放生活补助近30万元，“八一”建军节、春节期间，发放慰问金100余万元。驻市部队广泛开展与农村基层组织结对帮扶活动，6个人武部、127个基层武装部分别确定重点帮建对象。驻市部队积极参加抗旱救灾活动，累计动用民兵应急分队6支1万余人次，抗旱机械设备480台(套)，拉(运)水车1400辆，紧急疏通沟渠5万余米，清理河道8000余米，修建水渠6000余米，发射增雨火箭弹20余枚，抗旱浇灌面积42.68万亩；出动车辆3000余辆次、民兵3万多人次，扑灭森林火灾36起。累计出动民兵近10万人次，帮助侦破案件16起，抓获犯罪嫌疑人26人，阻止私挖乱采现象120多次；动用民兵3000多名，完成晋城市太行山国际文化旅游节、第三届中国高平炎帝农耕文化节和山西省第七届广场文化艺术节的值勤和保障任务。组织发动官兵1.2万人次，种植树木13余万株。军分区累计投资30万元，为阳城县蟒河镇和尚坪村修缮公路35公里，整修和开挖水渠25公里，修建人畜饮水池200立方米，绿化荒山500亩，种植连翘200亩。各人武部也按照分区要求帮扶一个贫困村。开展军营开放日和暑期军事夏令营活动，累计接待参观群众2.6万名，470名中小学生参加暑期军事夏令营活动。

应急准备

修订完善《晋城市抗震救灾人员抢救应急联动方案》、《晋城市跨区支援山西省其他地区抗震救灾人员抢救应急联动方案》，6个县(市、区)组建13支常备民兵应急分队，全市84

个乡镇(办)组建民兵应急排,构建规模适度、布局合理、结构优化、精干管用的市、县、乡三级应急力量体系。各人武部成立125人的常备民兵应急分队,各乡镇(办)武装部成立30人的民兵应急独立排,持续开展经常性的护厂、护矿、护村、护路、护林等活动。

表彰活动

7月25日,晋城市双拥模范乡镇(街办)命名暨模范单位和个人表彰大会在市政府多功能会议厅召开。表彰双拥模范乡镇(街办)21个、爱国拥军模范单位39个、拥政爱民模范单位10个、爱国拥军模范87名、拥政爱民模范12名。"八一"期间,市委、市政府在金辇大酒店隆重举行庆"八一"拥军招待会。市委办公厅、市政府办公厅、晋城军分区政治部联合开展"关心支持国防建设十佳企业家"评选活动。10月21日,晋城市"情系国防、梦想军营"国防文化系列活动颁奖典礼在泽州会堂隆重举行。表彰贾国华等10位企业家为"关心支持国防建设优秀企业家",彭晋峰等6人为"关心支持国防建设先进个人"。

2012年工作

2012年,全市双拥工作以创新一轮双拥模范城为主线,认真落实优抚安置政策,积极推进军民融合式发展,加强双拥宣传和国防教育,全面提升双拥工作整体水平。

双拥工作会议

组织召开全市双拥工作领导组扩大会议。回顾总结2011年全市双拥工作,全面部署2012年全市双拥工作。

党管武装工作

市委、市政府、军分区出台《进一步加强党管武装工作的意见》,对党管武装工作进行规范。

双拥宣传

将国防教育纳入党委中心组政治学习,市委与军分区共同举办"每月一讲"、"国防论坛",组织国防形势讲座。依托市委党校成立国防教育学院,开设国防教育课程,并列入结业考核内容。在学校开展暑期"军营一日"、"军事夏令营"等活动。在群众中广泛开展各类国防教育主题活动。开展"情系国防、梦想军营"活动,宣传优秀军转干部、复退军人的模范事迹。各级国防教育中心、农民夜校、党团、工会组织培训人员8000余人。

优抚安置

全市共接收军队转业干部31人,其中正团级5人,副团级10人,营级以下16人,随调家属2人。全市共接收退役士兵1325名。其中，符合国家安置政策的城镇退役士兵、服役10年以上的转业士官、荣立二等功以及5至8级伤残军人等572人。对全市城镇士兵进行审查核实，严格按照《安置条例》审批。各县(市、区)组织农村籍退役士兵进行技能培训，受培训人数达到200多人。为全市444名参试人员进行体检，对42名残疾军人进行鉴定。根据省民政厅、财政厅《关于给部分烈士子女发放定期生活补助的通知精神》，审定发放对象800多人。

双拥活动

市、县两级政府为驻市部队投入资金4000多万元，帮助部队解决训练、生活、装备、道路、营区等建设。其中市政府为军分区投入851余万元，为消防支队投入2040余万元，为武警晋城支队投入1045余万元。市、县两级政府为随军未安置家属发放生活补助近35万元；"八一"建军节、春节，发放慰问金100余万元。军分区组织发动官兵1.2万人次，种植树木13余万株。城区人武部动用民兵近千人，植树1200多棵，新增国防林1个。泽州县人武部组织民兵2000余人，积极参加县龙门公园景区绿化工程和南部山区"万亩核桃林"工程，累计植树3万余株，新增造林面积600亩。

表彰活动

7月19日，召开晋城市优秀军转干部复退军人表彰大会，表彰优秀军转干部30名，优秀复退军人70名。

(市双拥办)

消　防

2011年工作

2011年,全市共发生火灾212起,直接财产损失537.6万元,未发生重特大火灾事故。全年共接警出动779次,出动消防车1330辆(次),消防官兵7973人(次),抢救被困人员1375人。

思想政治教育

开展学习实践“三句话”(即忠诚可靠、服务人民、竭诚奉献)总要求、大走访“开门评警”、庆祝建党90周年系列活动和向却吉尼玛同志、大连支队等先进典型学习活动。9月,支队在高平大队召开思想政治教育试点工作会议。

执勤岗位练兵

4月,支队在全省打造三晋消防铁军攻坚组比武竞赛中,取得团体总分第四,三个单项第一的好成绩。8月,在训练基地举办灭火救援攻坚组大比武,举办器材装备理论知识竞赛。开展各类演练,实现“以练促训”。全市各级消防部队组织开展高层、地下、人员密集场所等八大类灭火救援实战演练,对重点单位的演练率达100%,特别是针对石油化工火灾和地震救援的实战演练,调集力量多、组织规模大,演练效果好。支队将灭火救援战评作为促使部队战斗力形成的有效途径,认真落实“小型战斗每战必评、典型战役集中战评”制度,先后组织召开“1·1”工商银行火灾、“2·10”蓝天商厦火灾和“3·26”深井救援战评会议。7月,支队组织开展火灾扑救和抢险救援案例教学活动。通过战评会和开展案例教学活动,部队各级灭火救援理论水平显著提高。

精细化管理

7月,在高平大队召开部队正规化建设现场会,层层签订《安全防事故责任书》。每季召开安全防事故分析会,组织开展“部队安全知识大讲堂”活动,不定期对基层进行视频点名,支队党委成员定期带队深入基层开展安全督查,着重加强对人员、车辆、保密和重点区域管理,杜绝各类事故案件的发生。

消防安全

支队向各级党政领导汇报消防工作22次,市政府和市防火安全委员会召开全市消防工作会议7次，召开社会单位“四个能力”（即检查消除火灾隐患的能力、组织扑救初起火灾的能力、组织人员疏散逃生的能力、消防宣传教育培训能力）建设动员会和推进会4次，支队专题报送《晋城市2010—2011年度消防安全工作责任书落实情况的专题报告》，推进政府落实消防工作“四项责任（领导责任、监管责任、设施建设责任、检查考评责任）”。开展建筑工地、消防产品、建筑消防设施、文物古建筑、建筑外墙保温材料等5项专项治理行动，结合“两节”、“两会”、“中博会”、“国庆”等重大消防安全保卫时段，开展火灾隐患大排查大整治。9月26日至12月8日，开展“清剿火患”专项行动。市政府下发《全市“清剿火患”战役工作方案》，成立“清剿火患”指挥部，实行领导干部分片包干制度，各级政府建立三级“网格化”清剿机制，共检查单位6650家，发现火灾隐患或违法行为22 727处，督促整改22 381处，下发临时查封决定书239份，责令“三停”199家，罚款364.85万元，拘留107人，火灾起数和火灾损失同比下降61.17%和47.96%。

消防宣传

统一印发行业系统、学校、农村、社区隐患排查表8类20万份。“119消防宣传日”期间，投资60万元购置了高层建筑火场逃生“四件套”1000套（小型灭火器、防毒面具、多功能手电筒、魔术方巾）、家庭防火宣传“四件套”5000套（围裙、瓶起、弹簧秤、手电筒）、学校消防宣传“四件套”5000套（书包、宣传画笔、笔袋、书皮）；投资50万元印制了15 000份《晋城市公安局“清剿火患”战役通告》，张贴于街道、农村、社区和其他场所，印制了50 000份“清剿火患”宣传彩页、《家居消防安全手册》、《社区消防安全手册》、《全民消防安全宣传教育纲要》、《农村防火规范》单行本，用于进村入户宣传；还投资10万元购置了无纺布袋、扑克牌等经常性宣传品，用于随机发放。在辖区消防安全重点单位、社区、农村建立永久性消防宣传阵地。组织开展“百场消防安全知识巡回培训授课”，充分依托电视、广播、短信、微博、QQ群、LED显示屏等媒介，将消防宣传融入百姓生活。

2012年工作

2012年，全市共发生火灾195起，无较大以上火灾，无亡人火灾，直接财产损失243.449 6万元。与2011年相比，火灾起数下降8%，死亡人数下降100%，受伤人数持平，直接财产损失下降63%。全市公安消防部队共接警1216起，出动消防车1579辆次，消防官兵11 033人次，抢救被困人员322人，疏散人员853人，抢救财产价值3605.6万元。

精细化管理

对全市重点单位建筑消防设施进行普查摸底,并进行消防演练。在全省基层指挥员比武竞赛中,取得团体第三名的优异成绩。成功处置"2·25重大交通事故"、"7·30"特大洪水灾害事故、"10·25"陵川粗苯泄漏事故。

消防安全

启动战时机制,逐级签订军令状,机关三分之一警力到基层执法执勤一线。开展"彩钢板专项治理"、"百日安全生产"等消防专项检查和"夜鹰行动"2次。十八大期间,共出动警力15 000余人次,累计排查社会单位7821家,临时查封单位171家,责令"三停"98家。3个基层单位被省公安厅、总队表彰为先进单位,10名官兵、文职雇员受到表彰。

设施建设

2号一级普通消防站、金匠工业园区消防站经市政府批复实施。按照《晋城市北留巴公煤化工工业园区消防队暨危险化学品应急救援基地建设方案》,阳城北留、泽州巴公以及沁水嘉峰工业园区完成消防站营房建设,并配备相应的车辆和器材装备。市财政预算1370万元,用于购置大功率主战消防车、隧道排烟照明车、消防器材车、消防宣传车等车辆装备。分批对全市基层指挥员和攻坚组实施基地化集中轮训,奖励全市基层执勤岗位比武先进个人10余万元,记功和通报表彰22人。

火灾防控

加强建筑内部装修及建筑外墙保温材料防火工作,有效防止先天性火灾隐患。开展专项整治行动9次,共检查单位1万余家,发现并督促整改火灾隐患8万余处,下发行政处罚决定书425份,责令"三停"187家,临时查封场所309家,整改重大火灾隐患222件。

(市消防支队)

武　警

2011年工作

2011年,武警晋城市支队围绕支队党委二届十二次、三届一次全会决策部署,持续抓基础、精细抓落实,圆满完成以执勤处突为中心的各项任务。支队连续3年被总队评为“基层建设先进支队”。

思想政治建设

贯彻主题主线重大战略思想和总部、总队、支队三级党代会精神,开展纪念建党90周年系列活动,学习党史军史警史;开展主题演讲、知识竞赛、文艺汇演、先进典型事迹报告会等活动,促进成果转化。创办“蓄养部队内涵、提高官兵素质”月刊,召开“特色文化引领,蓄养部队内涵”培训会,开展“一队一案、队有特色”文化活动,组织法律服务、骨干培训和“两防”教育,官兵思想稳定,斗志昂扬。

勤务执行能力

规范执勤秩序,召开正规化执勤推进会,开展执勤等级评定、“三优”评比和“两看”勤务专项治理整顿,加快执勤中队的技防建设和工程改造,研发推广“哨位查勤统计系统”和“移动式应急监控器”,提高目标安全系数。依法施训、按纲施训,严密组织新兵训练、专勤专训、勤训轮换、“卫士—11”演习预演和机动中队野外驻训,开展“百日大练兵”及“学法规、练体能、创纪录”活动,先后取得总队两期《纲要》培训军事考核“双第一”,新训考核总评成绩第二名、执勤教练员比武、处突维稳汇报演练第二名的优异成绩。全年累计出动兵力4451人次,完成临时勤务118起,完成了“4·29”山林灭火任务,受到总部首长表扬。

正规化建设

召开正规化建设试点观摩会、推进会、演示会,采取“试点引路、波次推进”的办法,推动部队正规化建设,在总队交叉检查中名列第二。编印下发《内涵素养与行为标准指导手册》,开展条令学习月和安全警示月活动,组织知识竞赛、督导巡查和警备纠察检查,部队“四个秩序”(即执勤、训练、工作和生活秩序)进一步正规。健全安全工作机制,完善“风险评估、预警提示、点滴提醒、警示教育”相关制度,实行日翻牌、周汇总、月通报、季讲评。按照“四治”、“九查”要求,开展“治三松、严纪律、保安全”作风纪律教育整顿和在职士官教育整训。多次组织安全隐患大排查,共排查各类隐患57处,下发整改通知书7份,清理手机281部。

组织建设

召开支队第三次党代会、党委三届一次全体(扩大)会。开展“加强党性修养,锤炼思想作风”教育整顿、“反三气、兴三风”(“反三气”即反骄气、反厌气、反暮气;“兴三风”即兴自警自省之风、兴尽责奉献之风、兴求实奉献之风)教育整顿和“七个突出问题(浮、假、横、懒、捧、奢、腐)”专项治理活动,纠治影响风气建设的人和事。科学调整配备基层组织,指导基层开展创先争优、三大组织“联建联创联评”和“学纲要、明职责、强素质”大练基本功活动,推动部队全面协调发展。5个基层中队被总队评为基层建设先进中队。

后勤保障

修订完善各类预案,补充调整战备物资,开展应急保障专业技能训练和演练,后勤遂行紧急、突然、复杂情况下的保障能力得到提升。推进《基础设施三年建设规划》,加快基础设施建设力度,完成11个执勤中队的添(改)建任务,部队生活条件明显改善,支队后勤处被总队评为“基础设施建设先进单位”。开展“节约型后勤”活动,深化后勤规范化管理,严格执行年度经费预算、“四类经费”(即业务经费、专业经费、标准经费和预算外经费)管理和大宗物资集中采购规定,因地制宜开展农副业生产,后勤管理秩序更加规范。加强后勤队伍和卫勤保障建设,组织各类培训、集中整治和医疗巡诊活动,后勤保障效能得到增强。

2012年工作

2012年,武警晋城市支队围绕迎接保卫贯彻十八大任务,把握稳中求进总基调,在抓经常打基础、抓干部强班子、抓能力保中心、抓正规促安全、抓风气有作为上聚气用力,部队建设重点突破明显,整体呈现持续、稳健的发展势头。

思想政治建设

推进先进军事文化建设,投资100余万元,在基层中队打造“四个文化”品牌(即石头文化、长廊文化、灯箱文化、墙体文化)、营造“四化”环境(即美化、绿化、亮化、文化)、兴建“四区”平台(即理论要点提示区、光辉成就展览区、热点疑点解答区、心得体会交流区),安装“基层建设动态展示仪”。做好意识形态领域的政治工作,紧跟形势、紧贴思想、紧盯问题抓教育、抓转变、抓治理,官兵“划界限、拒蛊惑、守纪律”的意识进一步增强。做好经常性思想工作,帮助新兵顺利度过第二适应期,开展4次专题教育,促进内部和谐融洽。

勤务执行能力

投资27万余元扩建网管中心，修订完善各级作战勤务值班室作战指挥图、执勤方案和处突预案，科学研究部署“三环”卡点，协调目标单位改造看押目标2处。开展执勤等级评定，巩固中心工作安全基础。全年累计出动兵力4618人次、车辆256台次，完成临时勤务86起。按纲施训，规范勤务教育训练，不断提升“666”专勤专训质量。加强人装结合训练、首长机关分类专训，组织勤训轮换、卫士—12演习，参加总队组织的“两期”纲要培训，取得优异成绩。投资30余万元，添置处突反恐救援装备，改造“应急战备器材库”。着眼敏感期战备维稳，规范兵力抽组，科学制定可满足400人兵力抽组方案。出色完成“2·25”重大交通事故救援、“6·16”阳城山林灭火、“7·31”强降雨应急救援和涉日维稳等重大任务。十八大安保期间，落实上级精神反应快、措施实，得到总队首长的高度评价。

基层建设

贯彻全军、武警部队基层建设工作会议和1号文件精神，深入分析形势、科学部署任务，确保抓基层的导向不偏移。党委机关先后10批次深入基层帮建弱项、帮带队伍、帮解难题，整体水平显著提高。采取“以会代训、以比增干、以任强责”的办法，加强基层组织建设和“三支队伍”建设。坚持办好“蓄养部队内涵，提高官兵素质”月刊，掀起“创建学习型警营、争当学习型官兵”热潮。开展“学法规、明职责、创佳绩”活动，召开“一队一案、队有特色”培训会和“提升工作标准”观摩会，“四有”建队、“五有”育人富有成效。二中队连续五年被总队评为标兵中队，并荣立集体二等功。

正规化建设

编印正规化管理、登记统计等规范性指导方案，组织“警容风纪大检查”、“条令法规大辅导”、“应知要点大考核”和“登记统计大展评”活动，一队一策、逐个过关，把正规化达标要求延伸到每一个细节。在总队交叉检查验收中，总评成绩为第二名，被总队党委确定为接受总部检查验收的重点单位。印发《防范事故案件实用手册》、《安全管理评比活动实施细则》等措施和办法，开展“条令学习月”和“纯思想、守规矩、正风气”活动和季度创安竞赛活动，逐级签订《安全责任书》，设立24万元基层安全奖和机关绩效奖，营造“人人讲安全、个个抓安全”的氛围。

后勤保障

累计投入经费613万余元，为教导队、一中队、七中队绿化营区面积5600平方米，对晋城市中队、高平市中队、陵川县中队营区进行美化、亮化和环境优化，为5个中队配置节能减排灶具、9个中队安装新式空气热源机，解决部分单位用热水难等生活问题。推进后勤改革,实现网上报账、网上办公,率先在泽州县中队试行电子食谱。组织基层专业技术培训,开展应急保障专业技能训练和演练,加强后勤专业队伍建设,提高紧急、突发、复杂情况下的保障能力。完成新建指挥中心建设用地、投资立项等前期工作。

(武警晋城市支队)

法制

公 安

2011年工作

2011年，全市公安机关和广大民警忠实履行保平安、保稳定、保民生的重大责任。树立“情报主导警务”的理念，强化研判预警、应急处置和重点人员管控，完成中博会、省十次党代会、全省重点工作观摩会、市县乡三级换届和第九届村委换届等重大活动安保任务，实现全市影响恶劣的重大群体性事件零发生、重点人员零失控、重大政治活动和敏感节点赴京零上访、网上舆情导控零失误的目标，为全市经济社会又好又快发展创造和谐稳定的社会环境。市公安局被省委、省政府荣记集体一等功，市保安押运护卫中心荣膺“第三届全国先进保安服务公司”称号。城区公安分局社会管理创新、泽州县公安局执法规范化建设、高平市公安局社会警务战略、阳城县公安局信息化建设、陵川县公安局“两动警务”、沁水县公安局思想政治工作、北石店公安分局和开发区公安分局安商助企等经验分别在全国、全省交流推广。

清网行动

开展严打整治“夏季攻势”、“清网行动”、“晋安利剑”、“打四黑除四害”、“五打四防三整治”等专项斗争，成功破获一大批重特大疑难案件，打掉一大批流窜犯罪团伙和群众反映强烈的恶势力团伙，抓获一大批长年负案在逃的犯罪嫌疑人。“清网行动”撤网率达81.9%，全市各县(市、区)和市局各警种均完成省、市确定的目标。

警民关系

联合晋城广播电台推出《晋城警方在线》栏目，搭建市县两级门户网站、建立公安微博、网上警务室和QQ群，开展向人民群众汇报工作等活动，和谐警民关系得到加强，政风行风评议工作受到省市考核组高度评价。开展以“进百家门、知百家情、解百家难、暖百家心、争百家好评”为主要内容的社情民意大走访、大调查活动，深入走访群众，广泛征求意见，全面掌握人民群众最关心的治安问题、最痛恨的违法犯罪和对公安机关最大的期望，切实找准打击防范的着力点和队伍管理的切入点，为科学谋划工作、实现长远发展提供方向。

素质强警

组织基本级执法资格考核、信息化应用技能考核，开展全市公安机关执法大培训等活动,提升队伍的信息应用能力、规范执法能力和警务实战能力。市公安局在全省信息化应用技能考核中名列第一。

案件侦破

开展严打整治"夏季攻势"、打黑除恶、命案侦破、"晋安利剑"、"五打四防三整治"、打击"两抢一盗"多发性侵财犯罪、"打四黑除四害"等一系列专项行动,在保持命案全破的同时,打掉一大批作恶多端的犯罪团伙,破获一大批影响恶劣的严重刑事案件。全年22起现行命案实现全破,命案侦破工作取得了历史最好成绩。市公安局打掉一特大非法储存运输买卖爆炸物、贩卖毒品、网络赌博的犯罪团伙,缴获炸药17吨,雷管1.5万余发,海洛因、冰毒等毒品250余克。破获全省首起特大利用CPU出口骗取出口退税案,涉案价值1091万余元。城区分局破获"2007·1·3"景西路杀害强奸幼女案,打掉流窜四省十县市迷信诈骗犯罪团伙。泽州县公安局破获部督"3·26"特大跨省系列拐卖儿童案,抓获犯罪嫌疑人16名,解救被拐卖婴幼儿13名。高平市局破获"2011·1·14"、带破部督"2011·1·12"晋中持枪抢劫案。阳城县公安局打掉一跨省撬盗车内财物犯罪团伙,破获系列案件40余起。陵川县公安局破获该县首起雇凶杀人案。沁水县公安局打掉一专盗资源整合煤矿设备犯罪团伙和盗窃文物犯罪团伙。北石店分局打掉一盘踞在寺河矿及周边农村的有组织聚众赌博团伙。开发区分局破获履行管辖职能后首起命案。

防控体系建设

启动分色预警平安创建活动,充分发挥社会力量的协同、自治、自律、他律、互律作用和群众参与社会管理的基础作用。全市刑事发案总量、多发性侵财案件、可防性案件同比分别下降16.4%、17.1%和8.2%。全市598个小区近八成刑事发案同比呈下降趋势,其中110个小区实现"零发案"。泽州县局探索邻近村庄、企业联合巡逻、义务协防新型警务机制。高平市局推出"1+2+3+4"巡逻工作机制。阳城县公安局构建"两圈三覆盖天网地墙"新型治安防控体系。陵川县公安局推行"农村治保110"接处警联动工作机制。沁水县公安局推出"五个全覆盖"校园安保运行机制 。北石店公安分局探索符合企业特色的"一警两保多协"的社区警务工作模式。开发区公安分局开展"五大平安建设"。

规范执法

一是完成执法场所建设,改善执法安全硬件环境。全市125个执法办案场所全部高质量、高标准、一体化完成改建任务,并全部配套安装网上督察、审讯软件等信息化系统,软硬件建设全部达到公安部验收标准。10月,市公安局执法规范化建设经公安部检查组进行全面检查验收,取得满分的好成绩;二是强化执法考核监督,确保执法办案严格公正。实行一审一考、一案一评、一月一通报制度，所有刑事、行政案件从受理、立案、呈请上报、审核审批、结案处理，各个环节都做到规范有序。做到没有录入案事件管理系统，未在办案区内办理的案件，一律不予审核、审批。对执法质量不达标的单位和民警，一律取消年内评先评优资格，县级公安机关连续八年实现执法质量考核全部达优，市局机关连续四年全省排名第一；三是提升队伍执法素养和履职能力。全年开展案例讲评6601次，组织执法培训414场，培训民警达26 436人（次）。分六期对全市治安、刑侦、经侦、禁毒、交警等警种1100余名民警进行执法培训。分两批组织全市民警进行执法能力资格考试，参考率达到98%。为全市175个基层一线执法单位重新选配182名专、兼职法制员。

社会治安管理

一是以"实名制"登记报备为抓手，严格行业场所管理。在旅馆业、网吧实名登记制管理取得成效的基础上，完成典当业、机动车修理业、报废机动车回收拆解业系统建设，完善旅馆业管理系统，启动烟花爆竹流向管理信息系统；二是全面规范出租房屋、流动人口管理。全市启动流动人口实时、实名、实情登记试点工作。城区分局依托互联网研发房屋租赁中介网。阳城县公安局开发"短信平台"，将出租房屋、暂住人口全部纳入平台管理，拓宽流动人口信息发现采集渠道，提高人口登记率和动态管控力；三是加强民爆管理、监所管理、交通管理。全市各级治安部门完善购买、运输、贮存、使用"一体化"模式，开展民爆物品整治行动，全部收回煤矿资源整合关闭矿井的民爆物品，完成全市58家煤矿民爆储存库的验收检查。建成现代化的独立女子监区，对全市现有女性在押人员全部进行集中关押管理，实现连续十三年安全无事故。开展打击醉驾、公路"三乱"整治、校车安全整治和"三超一疲劳"专项整治行动，酒驾查处全省排名第一。

信息化建设

一是市公安局用10个月时间，完成公安部警用地理信息平台示范城市建设任务，建成卡口、旅店、安保等16个平台应用系统，为案件侦破、治安防控、勤务指挥、社会管理等工作提供强有力的支撑；二是完成刑事技术实验室国家认可工作。市公安局公安司法鉴定中心7个专业、19个大项、36个小项检测项目通过实验室国家认可。11人获得授权签字人资格，被中国合格评定委员会授予CNAS认可资格，成为全省首家、中西部地级市第二家通过实验室国家认可的公安司法鉴定机构。完成市、县两级门户网站群建设，实现所有行政审批业务的网上告知、表格资料网上下载，初步开展行政审批事项网上受理。人口管理部门全面推行户口网上迁移、异地办理二代证。出入境部门推出市内跨户籍地办证、网络办证，启动POS机收费系统。交警部门建设"网上车管所"，开通网上提交身体证明、预约驾驶考试、查询交通违法等业务。

2012年工作

2012年,全市公安机关和广大民警落实"忠诚、团结、理性、务实、自律、创新"的建警思路,开展维护稳定、打击防范、管理创新和队伍建设等各项工作,实现业务工作和队伍建设的整体提升。为全市经济社会发展、群众安居乐业创造良好的社会环境。市公安局被命名为"全国公安机关执法示范单位"。城区分局党委被表彰为"全国创先争优先进基层党组织"。泽州县公安局被表彰为"全国优秀公安局"。沁水县公安局刑侦大队被表彰为"全国优秀公安基层单位"。市看守所被表彰为"全国看守所管理机制创新先进单位"。市局警犬基地被表彰为沈阳片区"警犬使用先进单位"、评定为全省唯一的"一级管理单位"。省统计局调查数据显示,全市2012年群众满意度测评位居全省第一。据综治委反馈,全市十项工作在全省综治考核中处于一类水平。

案件侦破

20起命案实现全破,打黑除恶、打击毒品犯罪、流窜犯罪、清爆攻坚、利剑追逃行动取得重大战果。

防控体系建设

全市刑事案件发案总量、八类案件、"两抢一盗"案件、可防性案件等各类主要案件指标均呈下降趋势。

信息化建设

网监、技侦等手段扩容升级,特种侦查平台建设全省率先完成。公安司法鉴定中心通过中国合格评定认可委员会监督评审。市看守所荣膺"全国公安监管部门信息技术应用先进单位"。

规范执法

全市公安机关有理涉警投诉、有责涉法信访、行政复议诉讼案件"负增长",重大责任事故、突出执法问题、民警执法违法案件"零发生",重要执法指标连续十一年达省厅规定要求。

警民关系

搭建"便民服务在线"平台,创新以人民群众满意为核心的新型考核评价体系,实现由上级评价向基层评价、内部评价向社会评价、民警评价向群众评价的转变。

专项整治

以"爆霸毒假流"为打击整治重点,持续开展"打黑除恶"、"五打四防三整治"、"破案追逃竞赛"、"利剑行动"、扫黄扫赌"无声风暴"、"铲赌患·正风气"和"打网络、追来源、断通道"禁毒堵源截流等一系列专项行动。打掉祁亚德、宋成章为首涉及40人的开设赌场、非法拘禁、故意伤害、敲诈勒索、非法买卖枪支弹药涉黑团伙和11个涉恶团伙。打掉技术开锁入室盗窃、砸撬汽车玻璃盗窃、盗窃电动车、盗窃文物、迷信诈骗、抢夺抢劫、吸毒贩毒等42个重大犯罪团伙。捣毁54个黑作坊、黑工厂、黑市场、黑窝点。市公安局刑侦支队打掉赌资达8000余万元的网络赌博团伙。破获涉案3亿多元的特大虚开增值税发票案。城区分局攻克"2·2"、"4·21"、"4·26"等持刀、持械抢劫大要案件,打掉了数个江西、河南和东北籍侵财犯罪团伙。泽州县公安局破获长达15年、18年、20年的命案积案。高平市公安局破获涉案金额达700余万元的特大诈骗案。阳城县公安局破获收购"中央票"新型诈骗案。陵川县公安局打掉一跨省流窜盗窃货车轮胎团伙。沁水县公安局打掉一流窜晋冀鲁豫四省技术开锁入室盗窃团伙。北石店分局打掉一跨省流窜盗窃车内财物犯罪团伙。开发区分局打掉一以富士康员工为侵害对象的诈骗团伙。

社会治安管理

房屋租赁流动人口管理。全省公安机关加强和创新流动人口服务管理现场会在晋城市召开。市公安局研发"全市房屋租赁流动人口服务信息网"、"流出人口信息管理系统"。共享整合旅馆业、网吧业、典当业、机动车修理业信息系统,探索"以房管人、以网管人、以车管人、以业管人"的广覆盖、高密度、分层次、有重点的流动人口信息采集和管理方式,加强对出租房屋和流动人口的动态管控。推进"护校安园"专项行动,通过健全保卫机构、增加保卫力量、增设安防措施、强化校车管理,加强校园安全保卫工作。组织对全市危爆、危化生产、储存、运输和销售企业进行调查摸底,对105家民用爆炸物品储存库进行安全评估。部署了交通安全大检查、治乱缓堵集中行动、打击酒驾、"三超一疲劳"等专项整治行动。组织了"消防安全保卫战"、"除火患、保平安"专项行动,对全市95个社区、2187个行政村实行消防安全"网格化"管理,781个消防重点单位推行"户籍化"管理,实现对全市基层消防安全工作的分类管控。

治安防范体系。加大监控探头、治安卡点的增建和维护力度,完善环各县主城区、环市区、环市域三大环状视频防控网络建设。广泛动员组织社区老党员、老干部、"4050"人员、治安积极分子,组建专门巡逻队、义务巡防队伍200余支,采取流动巡逻、定点巡逻、警便结合等方式,深入街道广场、街巷小区,开展全天候治安巡逻防控。特别是在重大节日和敏感节点,组织公安、武警、军队、群防群治力量联合开展军警民“大巡防”,通过面上严控、线上严查、点上严防,最大限度挤压违法犯罪空间。全市刑事发案总量、多发性侵财类案件、可防性案件分别下降了1.9%、9.7%、23.3%。

信息化建设

一是加强系统平台建设。总计投资5000余万元,建设和完善警用地理信息平台、情报信息平台、互联网管控平台、智能交通指挥平台、房屋租赁中介网、“实有房屋、实有人口”管理系统、流出人口管理系统、网上警务室、旅馆典当机修业等信息应用系统,为刑事侦查、信息通信、刑事技术、网络侦察、技术侦察、治安管理等部门和警种配备一系列尖端设备。刑事技术司法鉴定中心通过中国合格评定认可委员会监督评审,检验鉴定结论在58个国家和地区认可;二是开展全警采集会战。充分利用公安网、互联网、警务通等信息采集系统,紧紧抓住“人、地、物、事、组织”等要素,以服务侦查破案为目标,以广大民警、辅警力量为主体,以4050人员、治安信息员等群防群治力量为补充,扎实开展信息采集大会战。至年底,全市公安机关各类系统平台拥有海量信息8.66亿条;三是推进信息化实战应用。推动网上侦查、网上追逃、网上管理、网上服务、网上作战,逐步建立“建、采、录、学、用”五位一体的信息化建设应用模式。

便民服务渠道

在互联网上搭建集亲民热线、短信平台、门户网站、3G手机版“四维一体”综合性的“晋城公安便民服务在线”平台,将可以网上运转的涉及治安、户政、刑侦、禁毒、网警、出入境、法制、交警、消防等9大类173项审批项目,全部实现网上公开、网上申请和网上办理,真正实现“让数据多流转,让群众少跑腿”。人口管理部门开展集中上门送证、异地办证、上门办证等服务活动。出入境部门启用电子护照、推进出入境服务站建设。交警部门推出部分驾考科目下放县区等便民举措。消防部门为项目建设审批开辟“绿色通道”,由支队直接受理,简化手续,按时办结。

(市公安局)

检 察

2011年工作

2011年,全市共批准逮捕破坏市场经济秩序犯罪42件58人,提起公诉47件88人,批准逮捕破坏环境资源犯罪3件4人,提起公诉7件16人,查办商业贿赂犯罪和工程建设、国土资源领域职务犯罪30件33人。批准逮捕各类刑事犯罪890件1397人,提起公诉1611件2456人,其中批准逮捕严重暴力犯罪212件314人,提起公诉282件417人。批准逮捕多发性侵财性犯罪393件588人,提起公诉547件830人。

查办和预防职务犯罪

全年共查办各类职务犯罪82件92人,其中:立查贪污贿赂犯罪56件64人,渎职侵权犯罪26件28人。查处贪污贿赂、挪用公款大要案39件,占立案总数的69.6%。渎职侵权重特大案件5件,占立案总数的19.2%。查办科级以上干部案件32人,其中查办县处级干部9人。查处社会保障、教育、医疗等行业职务犯罪17人。查处涉及农村基层干部贪污、挪用公款案件12件14人。深入开展煤焦领域职务犯罪惩治工作,查办案件20件23人。

诉讼监督

对应当立案而未立案的案件,监督立案70件,对不应当立案而立案的案件,监督撤案13件。加强对侦查活动的监督,共依法追捕27人,追诉24人,纠正侦查活动违法68件次。在刑事审判监督工作中,重点加强对有罪判无罪、量刑畸轻畸重以及审判人员徇私枉法等问题的监督,对认为确有错误的刑事判决、裁定提出抗诉11件,法院审结10件。对认为确有错误的民事行政裁判提出抗诉13件,法院改判10件。2011年,加强对监管人员违法行为监督,依法立案查处看守所民警虐待被监管人员案件2起,维护了在押人员的合法权益。

宽严相济刑事政策

坚持该严则严,当宽则宽,依法不逮捕48人、不起诉14人。

执法为民

对33名刑事被害人进行了救助,发放救助金25万余元。加强对弱势群体司法保护工作,对拖欠农民工工资、侵害残疾人权益等案件,支持起诉76件。

涉检信访

办理群众来信来访,受理人民群众来信来访430件。正副检察长接待来访169人(次),批办案件66件。

2012年工作

2012年,批准逮捕破坏投资环境和危害市场经济秩序犯罪案件40件55人,提起公诉66件88人。

查办和预防职务犯罪

查办发生在安全生产、社会保障、医药卫生等民生领域的渎职侵权犯罪案件5件7人。依法批准逮捕破坏能源资源和生态环境的犯罪案件5件11人,提起公诉12件38人。立查各类职务犯罪案件83件107人,同比人数上升16.3%。其中科级以上领导干部18人(含处级干部4人),挽回经济损失1133万元。立查行贿犯罪案件13件15人。

诉讼监督

加强对刑事拘留后未提请审查逮捕和另案处理案件的监督,依法追加逮捕25人、追加起诉29人。强化对违法采取侦查措施、刑讯逼供、暴力取证等问题的监督,纠正侦查活动违法104件次。刑事审判监督,重点监督纠正有罪判无罪、无罪判有罪、量刑畸轻畸重等问题,对认为确有错误的刑事裁判提出抗诉14件。对认为确有错误的民事行政裁判提出抗诉7件。

宽严相济刑事政策

对初犯、偶犯、未成年犯、老年犯中犯罪情节轻微的人员予以从宽处理,依法不逮捕92人、不起诉16人。

涉检信访

全市检察机关办理群众来信来访366件。正副检察长接待来访148人(次),批办案件83件。立案复查刑事申诉案件19件,实现重大敏感时期涉检赴省进京“零上访”目标。

司法保护

批准逮捕拐卖妇女儿童犯罪案件1件2人,提起公诉2件5人。对拖欠农民工工资、侵害残疾人权益等案件支持起诉45件。全面开展刑事被害人救助工作,救助刑事被害人37名,发放救助金16.19万元。

打黑除恶专项斗争

共批准逮捕各类犯罪案件875件1344人，提起公诉1753件2484人，其中审查批捕黑恶势力犯罪、严重暴力犯罪、“两抢一盗”等多发性侵财犯罪案件616件928人，提起公诉819件1196人。

基层院建设

市检察院被省文明委表彰为省级文明和谐单位。阳城县检察院被评为“全国模范检察院”和“全国基层检察院‘四化’建设示范院”。沁水县检察院被省院评为“全省基层检察院‘四化’建设示范院”。

（市检察院）

审 判

2011年工作

2011年,全市两级法院共受理各类案件14 106件,同比上升5.1%,审结13 187件,同比上升8%,结案率为93.5%。其中市中院受理各类案件2761件,办结2721件,结案率为98.6%。

刑事审判

全市法院共受理刑事一审案1769件,同比上升12.2%,审结1750件,同比上升14.29%。其中市中院审结重大刑事一审案59件,审结刑事二审案299件,减刑假释案890件。审结贪污贿赂、渎职犯罪案70件,判处有罪84人。在坚持严格依法,有罪必究的前提下,对一般刑事犯罪,特别是初犯、偶犯、未成年适度从宽处理。市中级法院刑事一审加强对附带民事诉讼案件的调解力度,刑事二审在注重提高审判质量的同时,加强对基层法院适用法律和量刑平衡的指导,积极推进量刑规范化工作。继续完善减刑假释程序和条件,推行减刑证据审核和公示制度,对14名不符合减刑条件的罪犯依法不予裁准减刑。配合省高级院完成死刑二审开庭、宣判、视频提讯和死刑复核案件20余次。

民商事审判

全市两级法院共受理一审民商事案件6216件,同比上升2.9%,审结5940件,同比上升2.7%,其中市中院受理民商事一审案80件(含旧存破产案17件),审结68件(含破产案9件),结案率85%。受理民商事二审案726件,审结720件,结案率99%。在民商事案件审判中,妥善处理涉及经济结构调整中发生的企业破产、改制、知识产权、劳动者权益保护等类案234件、合同类案2540件。审结涉及医疗、人身损害、侵权等类案1609件,审结婚姻、抚养、赡养、继承等类案2511件。在民事审判中,中级法院一审调解率达到58%。基层一审案件上诉率为13.2%,86.8%的民事案件在一审中解决。

行政审判

全市两级法院共受理行政一审案69件,同比上升7.8%,审结69件,结案率100%;其中市中级法院受理行政一审案14件,审结14件,受理行政二审案35件,审结35件。两级法院共受理审查非诉行政执行案98件,办结98件。市中级法院一、二审行政案协调、撤诉案12

件，协调撤诉率为24.4%。

执行

全市两级法院受理执行案3352件，同比上升14.3%，执结2748件，执结率81.9%。其中市中院受理执行案83件，执结73件，执结率87.9%，同比上升6.4%。全市法院第三次执行干警业务素质考核中，两级法院参加考核的70名干警均取得良好以上成绩；实行重大执行措施业务例会和审批制度；健全执行信息管理系统，信息录入率为100%，全省排名第一。对刑事附带民事及人身损害赔偿案的受害人，通过申请山西省刑事被害人救助资金进行救助。

便民服务

开展立案信访窗口标准化建设，完善权利义务告知、诉讼指引、风险提示、排期开庭、案件催办等制度，继续实行诉讼引导、立案审查、咨询查询“一站式”服务。六个基层法院立案大厅均进行标准化改造和建设。阳城县法院推行法官包村联系点制度，把矛盾排查化解的关口前移到群众家门口。沁水县法院在一些偏远乡镇设立立案联系点，配备巡回审判车，到当事人住地巡回审判，方便群众诉讼。城区法院民一庭法官在审理一起损害赔偿案中，得知当事人冯某因残致贫，在大学读书的女儿即将辍学的情况，全庭人员伸出援手，捐款1200元，帮助其渡过难关。高平市法院制定《加强和创新社会管理的实施细则》，提出二十项法院参与社会管理措施，建立纠纷预警通报机制、刑事被告人缓刑考察管理机制、执行联动机制、信访联动机制、法制宣传机制和司法救助机制。泽州县、陵川县法院坚持做好被判缓、管、免人员的跟踪帮教工作，发挥审判机关在社区矫正工作中的作用，实现监外执行罪犯的“无缝对接”。加大司法救助力度，全市两级法院为当事人减、免、缓诉讼费用70余万元。

诉讼调解

按照“调解优先，调判结合”的原则，把调解贯彻于立案、审判、执行的各个环节和阶段，全市法院民事一审案件调撤率50%，与2010年基本持平，市中级法院二审民事案件调撤率36%，同比提高8%；市中级法院刑事一审刑事附带民事案件中，全部或部分调解的占审结案件的34%，兑现赔偿款146.9万元；执行和解、自动履行率38.2%。高平市法院刑事自诉和刑事附带民事赔偿案件调解率达到78.9%，执行案件和解和自动履行数占执行结案的81%。

涉诉信访

完善信访工作机制，建立对信访工作督办制度，信访通报制度，约期接待制度，案后协调、公开听证和诉前调解等一系列制度。泽州县法院创建涉诉信访救助资金，及时帮助涉诉信访案件当事人解决实际困难。全年市中级法院共接待处理群众来访815人次，来信66

件,受理再审审查案37件。受理终结审查案16件,审结16件,全部呈报省高院终结。11月,在全市开展"源头预防,标本兼治,全力破解进京越级重复访难题"活动,成立以院长为组长的领导组,对上级交办和越级访、非正常访的86件信访案实行院长带头包案,班子成员全员包案,中级法院和基层法院分级包案,中院领导分片督办,定人、定时息诉罢访的新举措,促进涉诉信访案件的化解工作。2011年,市中级法院信访处被市委、市政府评为"公正执法十佳单位"。

审判监管

严格执行《审判流程管理制度》,对立案、分案、排期、开庭、裁判、执行、归档等环节进行监控管理。加强审限监督,对临近审限的案件及时进行预警、催办。市中级法院排期分流962案,催办42期756案。开展百万案件评查活动,加强执法业绩档案工作。组织开展全市法院优秀裁判文书评比活动,评选出一等奖5名,二等奖15名,优秀奖32名。开展案件讲评活动,市中级法院对全市法院5件存在程序问题的案件召开由中院班子成员和基层院长参加的扩大院务会进行公开讲评,共召开审委会72次,研究案件247件。强化依法监督,取消院长办公会议监督案件制度,强化合议庭责任。加强审判监督和审级监督指导,全市法院受理申诉申请再审案87件,审结86件,其中市中院受理申诉申请案37件,审结36件。市中院审结的基层法院上诉案1054件中,改判126件,发回重审201件。法警支队全年值庭787次,出警4354人次,押解看管被告人232次,出警621人次。

2012年工作

2012年,全市两级法院共受理各类案件16 082件,同比上升15%,审结15 459件,同比上升18%,结案率96%。其中市中院受理各类案件3586件,同比上升29.8%,办结3553件,同比上升31%,结案率99%。

刑事审判

全市法院共受理刑事一审案2000件,同比上升13.1%,审结1976件,同比上升13%,结案率98.8%。其中市中院受理重大刑事一审案56件,审结55件,结案率98.2%;受理刑事二审案300件,审结299件,结案率99.7%;受理并审结减刑假释案1726件。加强对基层法院适用法律和量刑平衡的指导,受理答复基层法院请示64件次。配合省高级法院完成死刑二审开庭、宣判、视频提讯和死刑复核案件20余次。

民商事审判

全市两级法院受理一审民商事案件7258件，同比上升17%，审结7092件，同比上升19.4%，其中市中院受理民商事一审案70件，审结62件，结案率88.6%，受理民商事二审案697件，审结693件，结案率99.4%。在民商事案件审判工作中，妥善处理涉及经济结构调整中发生的企业破产、改制、知识产权等类案22件、合同类案2948件，审结涉及医疗、人身损害、侵权等类案2108件，审结婚姻、抚养、赡养、继承等类案2729件。在民事审判中，中级法院一审调解率达到37%。基层一审案件上诉率为10%，90%的民事案件解决在一审。

行政审判

全市两级法院受理行政一审案63件，同比下降9%，审结62件，结案率98.4%；其中市中院受理行政一审案12件，审结11件，受理行政二审案23件，审结23件。两级法院共受理审查非诉行政执行案92件，全部办结。加大行政争议案件的协调力度，市中级法院一、二审行政案协调撤诉率为12%。

执行

全市法院受理执行案3287件，同比下降2%，执结2871件，执结率87.3%，与去年基本持平。其中市中院受理执行案68件（含10件旧存），执结58件，执结率85.3%。推进“阳光执行”，坚持执行信息、执行听证、执行流程、执行进程、执行结果“五个公开”；强化联动机制，与相关单位建立执行查检体制；全市法院实际执行到位率达79.9%；执行录入率连续3年为100%，全省排名第一。市中级法院未发生一起涉执信访案件。

便民服务

大力营建和谐温馨的立案环境，为当事人设置休息厅，配置打印复印传真设备，增添便民服务箱、老花镜、雨伞等设施，规范文明服务用语。组织开展12.4法制宣传日和宪法纪念日活动。全市法院为当事人减、免、缓诉讼费用186万余元。

诉讼调解

全市法院民事一审案件调撤率58%，同比上升8%，调撤率创建院以来最高。其中市中院二审民事案件调撤率33%，刑事一审附带民事案件中，全部或部分调解的18%，兑现赔偿款120余万元。组织开展法官下基层活动，城区、高平市、泽州县、陵川县法院开展法官驻村驻社区活动，阳城县法院推行法官驻村联系点活动，沁水县法院继续强化巡回审判力度。

涉诉信访

全市法院把做好十八大信访维稳作为首要政治责任，实行源头治理、领导包案、分片督办、多元化解、案件终结等一系列工作方法和措施。开展“不稳定因素百日排查化解专项行动”,对上级交办和提前摸排出的120件可能进京访案件,全部进行领导包案化解。市中级法院院长与本院包案领导、各基层院长签订《涉诉信访案件包案化解责任状》的经验,在《人民法院报》上刊登,向全国推广。重视信访案件终结备案工作,全年向最高法院报备终结42件,全省排名第二,对省联席办和市政法、人大等部门交办的37案,全部处理。制定《十八大期间信访应急预案》,全市法院进京访人数全省法院系统最少。全年接待信访862人次,无一差错;受理的36案全部审查终结。全年未发生一起赴省进京集体访,进京访人数全省法院系统排名第九。2月,市中级法院信访处被最高法院授予“全国法院先进集体”称号。11月,被市委、市政府授予“党的十八大维稳信访安保工作先进集体”。

审判监管

市中院严格执行审判流程管理制度,对案件节点进行控制,对3007件案件进行排期分流,对全部案件进行审限跟踪,对临近审限案件进行预警催办,共22期297案,未发生超审限案件。对重大、复杂、疑难案件进行集体监督把关,全年审判委员会监督研究各类案件230件次。开展“百万案件评查”和最高院开展的庭审评查和裁判文书评查的“两评查”活动,将发还改判、抗诉、指令再审以及上级机关批办、人民群众反映强烈的案件,作为评查的重点,参加评查的50件案,平均得分97.5,合格率100%。在审结的二审案件中,改判、发回重审343件;全市法院受理各类再审案70件,审结64件,其中市法院受理的再审案件43件(含旧存2件),审结42件,结案率为97.7%。法警支队全年值庭813次,出警4657人次,押解看管被告人320次,出警640人次。

积案清理

上报省高级法院的87件未结案,办结83件,清结率达95.4%,自查的190件未结案,审结181件,清结率达95.3%。

绩效考核

全市法院可考核的11项指标与2011年同期相比,全面提升,其中二审开庭率同比提高9.5%,再审开庭率同比提高16.5%,审限内结案率同比提高1%,结案均衡度提高14.6%,调撤率提高4.5%,实际执行率提高11.7%,裁判自动履行率同比提高4.5%,人均结案数同比增加10件。

(市法院)

司法行政

2011年工作

2011年，晋城市被中宣部、司法部表彰为全国法制宣传教育先进市。市司法局被省司法厅表彰为"领导班子建设年"先进集体，政风行风评议先进单位，被市委、市政府表彰为目标责任制考核优秀单位、红旗党组织，被市直工委表彰为党建竞赛优胜单位。

"六五"普法

6月29至30日，市五届人大常委会第四十六次会议听取审议，并表决通过常务副市长冯征所作的《关于"五五"普法工作情况的报告》和《关于进一步加强法制宣传教育的决议》。落实市级普法经费114万。11月24日，召开依法治市暨第六个五年法制宣传教育工作会议，市委书记张茂才与各县(市、区)、经济开发区主要负责人签订目标责任书，全市"六五"普法工作全面展开。

法制宣传

以提高依法行政能力建设为着眼点，加强领导干部、公务员的学法力度。10月下旬，受市人大委托，组织6名普法骨干，对拟任政府组成人员开展任前法律知识培训，讲授《行政许可法》、《公务员法》等六部常用行政法律。深入农村宣传新修订的《村民委员会组织法》、山西省《选举办法》以及换届选举相关政策，市司法局组织了"第九届村委会换届"培训班，维护农村换届时期的和谐稳定。以校园、校车安全为重点，举办多场校园法制讲座。12月1日，法律宣讲队伍深入各大中小学校，开展"送法进校"活动，系列宣传活动拉开序幕；12月2日，市四大班子领导亲临12.4活动现场开展普法宣传。市委书记张茂才、市长王清宪在《太行日报》头版发表了创优法治环境的署名文章。12月3日，市委常委、政法委书记原国政在晋城电视台作了题为《大力弘扬法治精神，保障转型跨越发展》的电视讲话；12月4日，市依法治市办、市司法局组织市直各单位开展街头普法活动；12月6日，在凤凰山矿社区举行"送法进社区"活动，举办婚姻家庭法律知识讲座，500余名社区群众聆听讲座。电台、报纸、电视台等媒体全程跟踪报道12.4系列活动，在全市营造全民学法、用法、守法的良好氛围。

法治晋城建设

深化地方和行业依法治理，开展依法治理示范单位创建活动，加强农村、社区、企业、学校等基层依法治理和各类专项依法治理,全市法治化水平不断提高。全市85%的行政村开展了"民主法治"创建活动,国家级示范村达到6个,省级示范村达到12个,市级示范村达到26个。

矛盾化解

引深"三进三联三调"工作机制,健全十大调解制度,建立各种行业性、区域性、专业性人民调解组织,发展专业化、社会化人民调解员队伍。在全市集中开展"人民调解化解矛盾纠纷专项攻坚活动",化解了一批要案、积案、难案。开展"争当人民调解能手"活动,召开全市优秀人民调解员表彰大会,对150名优秀人民调解员进行表彰奖励。在全省率先开展人民调解案卷评查活动,共查阅人民调解卷宗181份,社区矫正档案65份。全市共调解各类矛盾纠纷11 922件,其中人民调解11 068件,调解成功10 847件,调解成功率98%,劝阻群众上访67起,制止群体性械斗25起,未发生"民转刑"案件。

规范化建设

省司法厅对全市15个规范化司法所进行检查验收。市司法局组织全市84个司法所所长参加全市基层基础工作业务培训班,组织各县(市、区)司法局局长、副局长和业务骨干,前往江苏南通崇川区等地考察学习创新社会管理工作经验。

安置帮教

全市新接收刑释解教人员454名,帮教率达到100%,安置率达到85%,重新犯罪率在2%以下,无一起严重危害社会稳定、造成恶劣社会影响的重大刑事案件发生。

社区矫正

全市累计接收社区矫正对象1015名,累计解除矫正157人。

律师工作

全市律师共办理各类案件3928件(其中刑事1090件、民事2634件、非诉讼法律事务293件、行政61件、法律顾问393件)。参与省重点工程3项,市重点工程12项。泽州律师事务所为宏圣现代煤矿加工综合利用配送中心全程提供法律服务,弘毅律师事务所参与了国投热电厂的法律合同审查工作。此外,积极参与了煤炭资源整合、国企兼并重组等工作。

司法公证

全市共办理各类公证事项约2567件,其中民事类公证1382件,经济类公证544件,涉外公证641件。重点办理了晋煤集团股权转让公证,涉及100多户4000余人,跨省、市办理古书院矿拆迁安置公证,涉及30多户200余人。

法律援助

建立乡镇法律援助工作站84个，聘请村级法律援助联络员2426人，在工、青、妇、老、残、民设立法律援助工作站42个，保障申请渠道便捷畅通。对行动不便老年人、残疾人、农村“五保户”和孤寡老人，实行法律援助“一小时”快捷服务。开展农民工讨薪法律援助专项行动，帮助30多名湖南籍农民工拿到工资15万元。全年，全市共办理法律援助案件1007件，解答法律咨询5268次，代书615份，受援人总数达到14 882人次，受援人满意率达98%。

司法鉴定

全市司法鉴定机构全面建立和完善“三章九制一本子”，健全投诉查处、错鉴责任追究等制度，完善鉴定质量管理机制。共办理司法鉴定案件1400余件，司法鉴定案件采信率达99.9%以上。

2012年工作

2012年，市司法局在全省司法行政系统目标责任考核中排名第二，被省司法厅表彰为2012年度优秀集体。被市行评办确定为免评单位，市、县两级司法局全部被省司法厅表彰为政风行风工作先进单位。

社会管理

市司法局成立集“管理、教育、服务”为一体的综合性社区矫正中心，设立“心灵驿站”心理咨询室，部分县配备移动定位监管系统，全市累计接收社区矫正人员1898人，累计解除矫正710人，重新违法犯罪率控制在0.1%。加强安置帮教工作，全市依托各类企业建立过渡性安置帮教基地7个，累计安置刑释解教人员50余名。完善大调解工作体系，制定《关于建立诉讼调解和人民调解对接的实施办法》，探索建立诉调对接化解矛盾的新机制，实现法院和民调组织的信息互通、资源共享；与交警、土地等行业部门联合建立各类行业性、专业性、区域性调解组织137个，扩大人民调解组织的覆盖面。开展矛盾纠纷“大排查大调解”专项活动，调解各类纠纷8263起，调解成功率达97%。

法律服务

市司法局与市重点工程办联合出台《关于律师公证服务重点工程建设的意见》，组建法律服务团，为全市62家重点工程提供“一站式”、全方位的法律服务。与市信访局联合出台《关于组织律师参与信访接待工作的意见》，组织律师参与信访案件的处理和领导接访活动，全市律师主动参与处理信访案件181件600余人次。开展“法律援助为民服务创先争优年”活动,市法律援助中心建立高标准的便民服务大厅。全市办理法律援助案件1210件,解答群众咨询16 000余人次,市法律援助中心被司法部评为“全国法律援助示范窗口单位”。

普法工作

新建“六五”普法法制讲师团、大学生村官普法志愿者和老干部法制文艺宣传队3支普法队伍。市、县两级依托党校建立法制宣传教育基地。市司法局为市直143个行政执法单位免费安装普法考试无纸化系统,与市委宣传部联合印发《关于加强全市社会主义法治文化建设的意见》,推动各县(市、区)打造一县一特色的法治文化品牌,市电视台开办《法治晋城》栏目,《太行日报》和《晋城在线》开辟法治文化专版。全市累计创建“全国民主法治示范村”7家,省级依法治理标兵单位1家,省级依法治理示范单位41家,市级依法治理示范单位114家。

工作创新

市司法局坚持以创新课题引领推进各项工作,选择8个各具特色的工作课题,9月,召开现场推进会。各县(市、区)司法工作重点突出、亮点纷呈:城区司法局敢于担当,社区矫正心理咨询工作举措新、效果好;泽州县司法局精于沟通,诉调对接工作进展快、工作实;高平市司法局勇于创新,社区矫正管理中心程序严、标准高;阳城县司法局善于谋划,依法治县工作思路清、影响大;陵川县司法局甘于奉献,律师参与信访接待工作站位高、成效明;沁水县司法局勤于开拓,服务重点工程项目建设形式多、范围广。

(市司法局)

依法行政

2011年工作

2011年，法制工作以推进依法行政、建设法治政府为目标，以完善工作制度、创新工作方式为切入点，圆满完成全年工作任务。12月，市法制办被国务院法制办授予“全国行政复议工作先进单位”称号，是全省唯一的市级先进单位。

优化法制环境

进一步明确依法行政工作考核指标，对县(市、区)政府的考核涉及机构设置与人员配备、学法制度建设、行政决策机制建设、行政执法监督、具体行政执法行为、行政复议和行政诉讼等6大项28小项，对市直及驻市行政执法单位的考核涉及机构设置与人员配备、学法制度建设、行政决策机制建设、行政执法责任制落实、具体行政执法行为、行政复议、行政诉讼等7大项54小项。出台《晋城市2011年依法行政工作要点》，明确全年依法行政工作的指导思想、工作目标、主要任务和保障措施。建立健全学法制度，市政府建立政府常务会议学法制度，大多数行政执法机关建立“学法日”制度，保证行政机关领导干部和工作人员每年学法时间不少于40学时。许多单位聘请专家、学者和法律工作者对执法人员进行经常性的培训。开展依法行政工作宣传，加强对全市依法行政工作情况的宣传报道，反映全市推进依法行政、建设法治政府的好做法、好经验和新进展、新成效。8月，参与组织“依法行政山西行”晋城采访活动，到市政府办公厅、市国税局、市行政执法局和市公安局等市直单位和泽州县、阳城县进行观摩采访，宣传晋城市的依法行政工作。市法制办与太行日报社、市信息中心联合开展“法治政府与我”征文活动，共收到投稿91份，评选一等奖1名，二等奖2名，三等奖3名，优秀奖28名。

行政执法监督

8月，市法制办第五次在晋城在线和晋城政府法制网，对37个市直行政执法主体、16个驻市行政执法主体、16个法律法规授权执法主体和12个受委托执法单位，就执法活动中能否主动出示执法证件、能否听取并合理采纳对方的陈述和意见、能否告诉对方执法依据、能否遵守法定期限、能否向对方开具法定收据清单、能否告诉对方享有行政复议和行政诉讼权利、执法结果能否在合法的基础上体现合理和公平、能否在行政许可中做到一次性告知、能否在行政处罚中避免同案不同罚的现象、能否在行政强制中避免超期处理的现象,以及对行政执法部门行政执法活动的总体印象等11问题进行民意调查,参与者涉及各行各业,社会反响强烈。与省政府法制办组成联合检查组对全市消防与环保系统进行行政执法责任制检查,规范消防和环保系统的执法行为。完成执法证年检工作,为市人力资源和社会保障局、市文化广电新闻出版局和市客运管理处等单位换发新证。配合审改办对《行政审批项目精简方案》进行审核。

全省行政执法案卷评查观摩交流会

3月29日,全省行政执法案卷评查观摩交流会在晋城召开。全省11个市的政府法制办主任和部分省直厅(局)代表共70多人参加会议。参会人员观看反映晋城市行政执法案卷工作短片《让权力在阳光下运行》,实地参观市公安局和市执法局。晋城市行政执法案卷工作得到与会代表一致认同。

规范性文件清理

起草《晋城市规范性文件制定和备案办法》,开展规范性文件清理工作,市政府和政府工作部门出台的规范性文件没有出现违法或不当现象。8月至10月,对全市征地拆迁类规范性文件进行专项清理,废止《晋城市城市房屋拆迁拆除工程安全暂行规定》、《阳城县城镇房屋拆迁管理实施办法的通知》等文件,规范征地拆迁管理工作。全年共审查各类规范性文件草案29件,其中出台16件,不予出台3件,因单位原因搁置5件,正在征求意见5件。向省政府法制办报送备案市政府和市政府办公厅发布的规范性文件9件,向市人大常委会报送备案市政府发布的规范性文件2件,备案审查县(市、区)政府发布的规范性文件35件。

行政复议

行政复议案件全部由网上通道受理,共受理行政复议案件78起,办结76起,办结上年结转案件8起,共办结84起,案件办理数量居全省首位。采取询问调查、实地取证,召开听证会等方式审理行政复议案件,全市行政复议案件的询问调查率达到30%以上,实地取证率达到30%以上,听证率达到9%以上,当事人参与度和对复议结果的满意度提高。办结的行政复议案件中,通过撤销、变更、确认违法、责令履行义务等方式直接纠错的比例达23%,通过撤回申请、调解、和解等方式结案间接纠错的比例达45%,行政复议纠错率达到68%。办结的行政复议案件没有出现行政复议决定超期做出或被人民法院撤销的情况。

2012年工作

2012年，以推进依法行政为重点，以转变政府职能、逐步实现政府工作法制化为目标，促进依法行政工作。

法制宣传

8月，市政府法制办下发《晋城市依法行政工作宣传月活动实施方案》，组织全市各级行政机关，开展为期1个月的依法行政宣传月活动，展示晋城市八年来贯彻《实施纲要》、建设法治政府的成绩。发送宣传短信3万余条，发放宣传资料2万余份，接受群众咨询1万余次，举办各类法制讲座13期，宣传覆盖面达90%以上，掀起广大干部群众学法、守法、用法热潮，推进法治政府建设。

优化法制环境

出台《晋城市2012年推进依法行政工作要点》，共6章21条，明确对县（市、区）政府和市直及驻市行政执法单位推进依法行政工作的考核指标，将依法行政工作评议考核纳入市政府全年工作目标考核体系。5月，组织全市17家行政执法单位21人赴厦门、福州、南京进行行政执法自由裁量权专项考察学习。7月，组织市政府法制办全体人员赴内蒙呼和浩特进行行政强制法、政府行政决策课程的专题学习。12月，组织业务科室赴山东、安徽等地学习考察行政复议委员会试点工作。

行政执法监督

市政府办公厅下发《关于开展规范行政处罚自由裁量权工作的实施方案》、《晋城市规范行政处罚自由裁量权实施办法》，在全市开展行政处罚自由裁量权工作。各部门梳理本单位行政处罚事项，在遵循现行有效的行政处罚依据（包括处罚行为、处罚种类、处罚标准及幅度）基础上，对行政处罚自由裁量权的事实认定、法定情节、处罚种类、罚款幅度等予以合理化分解，最大限度地控制或减少不合理不适当的自由裁量行为，行政执法行为更加公正合理。10月，市政府法制办与市纪检委联合开展“行政执法电子监察平台”建设，将市直执法单位的执法自由裁量权案源流程、环节内容、处罚流程、业务流程等内容录入行政执法电子监察网络平台，对全市行政执法实时监控。开展申报2012年度行政执法证件办理、年审工作，全市33家市直单位、5个县区（高平市除外）及开发区，共申报4822人，其中新办人员484人（33个市直单位和开发区），换发人员935人（30家市直单位），年度审核注册人员3403人（25家市直单位和5个县区），及时进行审核注册，为机构改革中执法岗位变动的市直8家单位98名执法人员免费换证,新办理执法证件23个。出台《行政执法监督员管理办法》,完成行政执法监督员换届工作。收到市质监局报备重大行政处罚备案1件,市执法局报备重大行政处罚备案8件,经审查未发现违法处罚行为,9件处罚案件全部归档备案。

规范性文件清理

废止2006年出台的《晋城市行政机关规范性文件制定程序暂行办法》,新制定出台《晋城市规范性文件制定和备案办法》,新增规范性文件备案程序,并对规范性文件的时效及施行提出新的要求。下发《关于集中清理涉及招标投标规范性文件的通知》,汇总审查6县(市、区)、开发区及市住建局、市财政局等43家相关市直单位的自查汇报,废止规范性文件4件、确认有效2件、修改0件。并将清理结果上报省政府法制办。下发《关于抓紧清理涉及限制艾滋病毒感染者权益有关规定的函》,汇总并审查6县(市、区)、开发区和市民政局、市人社等10家相关市直单位的意见,未发现涉及限制艾滋病毒感染者权益的规范性文件,并将结果上报省政府法制办。举办两期规范性文件审查备案和行政复议培训班,全市288家单位行政单位330余人参加培训。开展规范性文件制定计划申报工作,对17家单位申报的38件文件进行立项审查,将15家单位的32件文件列入年度计划。全年共审查各类规范性文件草案34件,其中出台23件,不予出台5件,正在征求意见6件。向省政府法制办报送备案市政府和市政府办公厅发布的规范性文件17件,向市人大常委会报送备案市政府发布的规范性文件6件,备案审查县(市、区)政府发布的规范性文件21件。

行政复议

在《晋城市人民政府行政复议听证规则》基础上,借鉴民事案件简易程序审理模式,创新简易听证审理模式,缩短办案期限,促进双方当事人化解矛盾、达成和解。审理行政复议案件时,由单一的书面审理转变为书面与实地调查取证相结合的复合式审理。全市行政复议案件的询问调查率达50%以上,实地取证率达30%以上,听证率达10%以上。网上通道受理行政复议案件62起,结转2起,办结57起。案件办理数量居全省首位。8月,下发《晋城市行政复议工作规范化建设实施意见》,召开全市行政复议工作会议,对各县(市、区)和市直各有管部门行政复议工作进行集中督导检查。全年市政府办结的行政复议案件中,通过撤销、变更、确认违法、责令履行义务等方式直接纠错的比例为24.5%,通过撤回申请、调解、和解等方式结案间接纠错的比例为45.6%,行政复议纠错率达70.1%。办结的行政复议案件没有出现行政复议决定超期做出或被人民法院撤销的情况。全年办理涉及市政府的行政应诉3起,完成法律顾问换届工作,选出新一届市政府法律顾问组。法律顾问室共办理招商引资合同协议把关、重大建设项目法律审查等各类法律事务28件，出具书面意见26份，比2011年增长200%。

（市法制办）

仲　裁

2011年工作

2011年,共受理咨询470余次,受理案件71件,涉案标的1.6亿元。其中,商品房销售合同、买卖合同、建设工程合同、保险合同案件数量较多,所占比例约为65%。结案54起,结案率为76%;其中,裁决结案22起,调解结案19起,当事人达成和解协议撤回申请13起,和解调解率为60%;自动履行率达90%以上;被人民法院撤销和不予执行的案件数为零。

仲裁宣传

编印《晋城仲裁》6期。寄送范围扩大至建材、装饰装修、房地产等行业。到市内规模较大的企业、个体工商户宣讲仲裁知识,共走访企业370余家。3月15日,与市工商局、市消费者协会联合开展"3·15"大型宣传活动,发放资料700余份,为群众解答法律咨询10余起。12月4日,开展"推行仲裁法律制度,维护司法公正,促进社会和谐"主题活动,发放宣传资料500余份,解答法律咨询6起。

队伍建设

3月,举办第七期主题为《我国融资性担保业发展中的若干问题》仲裁员沙龙。7月9日,特邀北京仲裁委处长陈福勇作题为"从机构角度看仲裁程序推进"专业培训。仲裁员、仲裁秘书对仲裁程序的整体和细节有了更深刻的理解和把握。对全体仲裁员的执业证进行年度注册。10月下旬,市仲裁办全体仲裁秘书和2010年度优秀仲裁员12人参加在北京举办的关于《保险法》司法解释(二)培训,接受最新保险纠纷处理理念和实用知识。

规范程序

5月,规范仲裁文书制作程序,统一归档顺序和装订标准,对2003年至2011年的700余本案卷进行规范、整理。8月1日,启用新庭审程序,规范庭审运行机制。10月10日,参照《最高人民法院关于审判人员严格执行回避制度的若干规定》,及时更新、充实原有仲裁员回避制度内容。

交流活动

参加在贵阳召开的仲裁工作年会,在安阳召开的全国仲裁机构规范化建设试点会议,在太原召开的全省仲裁事业发展研究会交流仲裁工作经验。

2012年工作

2012年，共受理仲裁案件46起，涉案标的6923万元。审结的30起案件均在规定期限内结案，结案率为67%，其中调解结案14个，约占结案率的50%。撤案1起，经仲裁委工作人员多次调解，该案双方当事人在庭外调解成功，所以撤案。不予执行1起。

仲裁宣传

3月15日，市仲裁办与市工商局、市消费者协会在物茂广场联合开展“3·15”大型宣传活动。在活动现场设立咨询台，向广大消费者、经营者宣传仲裁法律知识，发放宣传资料1000余份，现场接待咨询5起。12月4日，在黄华街主要路段进行“12·4”法制宣传，发放宣传资料300余份。出版《晋城仲裁》6期，向兄弟仲裁委、机关企事业单位、大中小型企业免费发放7200余份。每月定期到企业走访，共走访企业500余家。9月，仲裁办公室成立宣传联络部，开展“十百千法律宣讲活动”，对10个重点国有企业的法律人员进行“合同的签订与风险防范”、“仲裁法律制度的推行”等宣传活动；与律师事务所、法律服务中心、司法调解中心等基层法律服务部门沟通，宣传推广仲裁法律制度；与市五金机电、装修、家政、汽贸、保险等行业协会对接，与上千家中小企业建立义务法律咨询网络，为其免费审查合同，提供各类法律服务活动。11月30日，开展“企业法律风险防范、合同签订、仲裁制度”等与法律相关的专题沙龙活动。在晋城仲裁网站上及时公布新的仲裁工作动态，上传新仲裁规则及相关制度、仲裁员名单等信息，方便当事人查阅，晋城仲裁网站的访问量达15 500多人次。

规范程序

制作LED显示屏，及时上传仲裁工作动态、办案理念和案件限期结案时间表，提醒各仲裁秘书和仲裁员及时在审理期限内结案。实行办案负责制，从立案受理、文书送达、组庭开庭、庭审合议记录、仲裁文书制作等各个环节，增强工作责任心，保证案件程序的延续性和与仲裁庭及当事人联系沟通的稳固性。8月，提出“公平合理、规范严谨”办案宗旨和“亲情服务、促调求和”的服务理念，形成权责明确、行为规范、监督有效、保障有力的仲裁办案体系。与市中级法院等单位进行联络，沟通、协调和解决仲裁工作中出现的新问题，在尊重司法监督的前提下，对普遍性问题和观点分歧问题进行探讨，寻求司法支持。

自身建设

7月，到呼和浩特仲裁委学习，更新办案程序。利用与北仲远程沙龙平台，举办仲裁员沙龙2期。建立仲裁员培训体系，将仲裁员沙龙、年度注册仲裁员培训、组织优秀仲裁员外出学习等制度纳入仲裁员的培训体系,提升仲裁员的业务和能力水平。

换届工作

第二届晋城仲裁委员会任期届满,进行任期换届。

(市仲裁委)

交 警

2011年工作

2011年,全市共受理一般程序处理的道路交通事故610起,造成228人死亡,620人受伤,直接财产损失148.7万元。事故与2010年相比,事故起数减少105起,下降14.69%;死亡人数减少6人,下降2.56%;受伤人数减少188人,下降23.27%;直接财产损失减少79.41万元,下降34.81%。全市发生一次死亡3人以上特大道路交通事故1起。

交通违法行为查处

全年共查处各类交通违法行为40万余起,其中无证驾驶1758起,饮酒驾驶262起,醉酒驾驶409起,客车超员338起,超速12.3万起,行政拘留799人。截至12月2日,全市交通肇事逃逸案件总侦破率91.30%,交通肇事逃逸死亡案件侦破率85.71%。列为网上追逃名单的7名在逃人员已全部被抓捕归案,撤网率100%。

业务办理

全市机动车保有量为314 866辆,其中汽车保有量220 348辆,摩托车保有量88 747辆,分别占全市机动车总量的69.98%、28.19%。全市机动车驾驶人数量为351 498人,与2010年相比,增加36 829人,增长11.60%,汽车驾驶人299 198人,占全市机动车驾驶人总量的84.47%。

规范执法

通过组织网上学习考试、举办应用警综平台网上办理案件培训班等方式,开展培训活动。5月,直属二大队和沁水大队被市公安局命名为"全市公安机关执法规范化建设示范基层单位"。8月8日,在沁水交警大队召开全市公安交警实施《公路巡逻民警队警务工作规范》推进执法规范化建设沁水现场会,将沁水大队的先进经验向全市进行推广。加大对基层信息化基础设施的硬件投入,举办支队网站管理员、信息员技能培训、新警综平台应用培训、执法短信告知业务培训、执法记录仪应用培训等,提高民警应用水平。利用互联网建成"网上车管所",开通网上提交身体证明、网上预约驾驶人考试、网上查询交通违法信息等业务。建成"流动车管所",定期组织车管民警到农村乡镇集中办理机动车注册登记和定期检验业务。开办车管业务代办点,在市区形成驻长河检测线车管工作站、驻通达检测线车管工作站、驻三安检测线车管工作站、驻华洋4S店车管便民服务点和支队车管所业务大厅的业务网络,车管服务站的业务量达到总业务量的50%以上。二大队、高平大队开通新浪微博,三大队在晋城114网站建立便民服务专栏,四大队将公安网接入所有执勤岗点,方便群众查询违法信息等。制定考试员轮岗制度、发放"监督卡"制度、"公示栏"等一系列制度,避免违规办证现象的发生。至年底,支队教考中心完成扩建,高平、阳城筹建以交警大队为行政主管单位的考试中心。全年,全市共受理交通事故民事损害赔偿案件309起,调解结案286起,调解成功率达92%。

集中整治

制定《晋城市预防道路交通事故百日交通安全大检查实施方案》,联合安监、公路、交通等部门,对全市道路存在的交通安全隐患进行拉网式排查。全市共排查出各类交通安全隐患272处,向当地政府和相关责任单位部门下发隐患整改通知书250份,整治250处,整治率为91.91%。组织开展春运交通安全保卫、"酒后驾驶"、涉牌涉证、客货运整治、百日交通安全大检查、校园周边交通环境整治、"三超一疲劳"等专项行动。与全市15家客运企业全部签订责任承诺书,1866名驾驶员签订安全行车承诺书。

交通安全保卫勤务

共完成各级勤务382起。其中省级勤务47起,市级勤务335起。共出警876人次,出动勤务车440余辆次,行驶里程达8万余公里。

交通安全宣传

全年共出动警力19 580人次,宣传车214辆次,设立咨询点236个,展出宣传展板3778块,宣传标语5963条,挂图2565余幅,发放宣传品105万份,发放提示牌6300个,发送手机短信136万条,利用出租车LED灯箱宣传5次6000辆,编印"文明交通行动计划"信息简报260期,在各级各类媒体发稿2984篇,宣讲交通安全课1088次,播放警示教育光盘4600余次,受教育群众达145万人次。开展"春运"交通安全宣传、综治月宣传活动、中小学生安全教育日活动、文明交通进企业主题宣传周、"醉驾入刑"宣传、"安全生产月"宣传活动、"爱心送考在行动"专项宣传、遏制重特大交通事故专题宣传、道路客运隐患整治宣传活动、文明交通主题宣传月、"三超一疲劳"专项整治宣传、"12·2"交通安全日主题宣传活动等12次专项宣传教育活动。创新宣传方式,利用多种形式搭建宣传平台。一是利用出租车LED灯箱显示屏滚动播放交通安全提示信息,每次1200辆车,每月一个宣传主题。二是支队与光大银行合作在市区泽州路、凤台街、太行路和文博路段的护栏上新增设224块交通安全宣传标语提示牌。三是利用网络进行交通安全宣传,直属二大队开设微博。直属三大队通过晋城门户网站(jc114.com)建立“便民服务专栏”,及时发布路况信息、交通安全常识等信息。四是利用文艺节目开展宣传活动。陵川大队邀请县盲人曲艺队举行文艺宣传活动。高平大队与市电影公司联合开展“交通安全电影下乡”巡回展演活动,深入全市445个行政村、中小学校、厂矿、企业,进行巡回放映。五是设立交通安全联络员。陵川、高平分别在机动车数量较大的行政村确立交通安全联络员,配合交警开展进农村宣传。六是充分发挥新闻媒体及文化舆论的导向作用。支队以自办媒体《太行日报·交通与安全》交警专版、晋城电视台《一路平安》、晋城广播电台《交通时间》作为交通安全宣传主阵地,制作专题宣传栏目,宣传交通安全常识,曝光交通违法行为,剖析事故案例,传播文明交通理念。

平安畅通县区建设

沁水县成立道路交通安全管理委员会,对辖区所有客运、煤层气运输车辆统一进行建档备案,实行重点车辆户籍化管理。投资100余万元安装隔离带3000余米,封闭支路口13处,划停车泊位800余处,在全县临街临路的学校、幼儿园门前安装提醒和限速交通标志。联合安监、运管等部门,每季度到辖区重点运输企业开展一次交通安全例检例查,并联合组织开展煤层气运输车辆突发事件的应急处置演练。

文明交通示范公路创建

对国道207线、省道陵沁线、坪曲线等示范公路的多处下坡和转弯路段增设警示牌和减速带,安装闪烁警示灯10台、水泥防护墩14处。在市区道路施划标线83.26公里、58 945.96平方米;新增隔离9239.44米、油漆隔离9028.8米,拆装泽州路风台街隔离11 897.9米,整修隔离4530米,清洗隔离20 667米;新增标志299块,整修标志216套;整修限高架6次,维修信号灯、监控、电子警察系统等共143次。

队伍建设

举办大、中队执法规范化建设专题培训班、法制员专题培训班、醉驾案件办理培训班、事故处理培训班等,开通网上法制考试、网上信息化技能考试,实行每月一考,每月一通报制度。组织民警参加公安部、全省公安交警支、大队领导干部执法培训班、全省公安警务实战技能战术教官培训班、市公安局组织的执法大培训培训班等培训。全年共组织各类教育培训班7次,培训民警400余人次。

警民共建

全市公安交警系统共走访人大代表、政协委员及社会各界群众代表312人,走访机动车驾驶人3546人,走访交通违法当事人、事故当事人172人,走访运输企业、客运场站102个,走访社区、学校335个,举办警营开放日45场次,发放宣传资料349 440份,召开座谈会33场次,征求到群众意见和建议569条,采纳群众意见和建议281条。

2012年工作

2012年,全市共受理一般程序处理的道路交通事故599起,事故造成227人死亡、606人受伤,直接财产损失166.19万元。与2011年同期相比,事故次数减少11起,下降1.80%;死亡人数减少1人,下降0.44%;受伤人数减少17人,下降2.73%;直接财产损失增加17.5万元,上升11.75%。全市发生两起一次死亡3～9人道路交通事故,共死亡6人。发生一起一次死亡10人以上道路交通事故,死亡15人,经国务院事故调查组和山西、河南两省事故调查组认定,晋城市在道路交通安全管理工作方面不存在管理责任问题。

交通违法行为查处

共查处409 279起违法行为,其中超速50%以下168 433起,超速50%以上5572起,醉酒驾驶551起,饮酒驾驶639起,超员20%以下596起,超员20%以上19起,报废拼装车8台,无证驾驶1288起,无牌1035起,故意遮挡号牌654起,不按规定安装号牌855起,假牌假证82起,套牌车36辆,货车载人1654起,疲劳驾驶1起,货车超载19起。春运期间,全市共查处各类违法行为12 690起,其中酒后驾驶36起、客运车超员32起、超速行驶8600起。道路交通事故次数同比下降11.32%、死亡人数同比下降18.18%、受伤人数同比下降17.57%,全市未发生一次死亡3人以上特大道路交通事故,未发生严重道路交通堵塞。

业务办理

全市机动车保有量为314 828辆,其中汽车保有量241 076辆,摩托车保有量67 567辆,挂车保有量6185辆。新注册登记43 011辆,注销登记42 326辆,保有量与2011年相比为负增长,增长率为-0.02%。全市机动车驾驶人数量为401 680人,其中汽车驾驶人356 046人,占全市机动车驾驶人总量的88.64%,与2011年度相比,增加47 491人。

规范执法

加大对客车、货车、危险品运输、校车等车辆轮胎、外廓尺寸、座位数以及货车车身粘贴反光标识和安装侧后防护装置等的查验工作,特别是对客车卫星定位装置、安全带、限速装置严格查验,暂停5轴以上半挂车注册登记,并增加检验次数。加大对安检机构的监督检查力度,针对管理不规范等问题,要求其限期整改。全年客运车的检验率为90.60%,货车检验率为92.84%,车辆检验工作在全省排名第二。全力提高驾驶人考试和培训监管工作。一是认真贯彻落实《机动车驾驶证申领和使用规定》和《公安部关于修改〈机动车登记规定〉的决定》要求，先后举办两期全市《机动车驾驶证申领和使用规定》、《机动车登记规定》培训班。二是严格机动车驾驶人考试工作规范，坚决执行"谁考试，谁负责"的责任倒查制度，将驾驶人科目三考试下放到各县（市、区），组织考试员定期下县考试。三是强化驾驶人考试制度，全面落实科目二必考项目和随机选考制度，严格执行科目三考试项目和评判标准，推广应用指纹、视频监控等科技手段加强驾驶人考试监管。开展执法规范化建设培训2次，开展新部令等各类培训共9次。全年法制部门共审核行政拘留案件34起，吊销机动车驾驶证429起。受理行政复议案件1起，经复议，撤销1起。市政府法制办受理支队行政复议案件4起，维持4起。

集中整治

共排查整治各类交通安全隐患217处。排查事故多发路段17处，整改15处，其中省级督办1处，市级督办9处，县级督办7处。共摸排客运公司8家，汽车客运站9个，营运客车1058辆，在岗客车驾驶人1329名。公交企业8家，公交车辆451台，公交车驾驶人857名。城市出租公司15家，出租车辆共1883辆，市区1453辆，出租汽车驾驶人3291名，危险货物运输企业18家，危险货物运输车辆1200辆。开展整治酒后驾驶统一行动36次，共查处饮酒驾驶639起，醉酒驾驶551起。全年共发生交通肇事逃逸案件59起，侦破59起，侦破率100%。

市区交通秩序管控

将凤台街慢车道改为快车道，由双向四车道增加为双向八车道，设立公交专用车道。

交通设施

共改建升级自适应信号控制系统53套，人行横道信号灯17套，新增电子警察158套，道路交通监控系统50套，交通诱导系统8套。

交通安全宣传

共出动警力24 690人次，宣传车288辆次，设立咨询点292个，展出宣传展板3637块，宣传标语5792条，挂图3800幅，发放宣传资料130万份，提示牌6800个，发送手机短信143万条，利用出租车的LED灯箱宣传6000辆次，编印"文明交通行动计划"信息简报137期，在各级各类媒体发稿2849篇，宣讲交通安全课1580次，播放警示教育光盘7700余次，受教育群众达188万人次。对全市客货运驾驶员进行集中培训，共培训2839名，考试合格的颁发资格证，实行带证上岗。到各运输企业开展宣讲交通安全知识活动，在417家企业宣讲交通安全课834课时。与晋城亮角落广告传媒有限公司合作，制作2000块大版面宣传广告，300块小版面宣传广告，向广大群众发放年画10万份。开展"春运"、"3·26"中小学生交通安全教育日、“喜迎十八大，牵手平安行”主题宣传、“122”交通安全日、“红灯停、绿灯行”文明交通行为养成活动等10余项主题宣传活动。

文明交通示范公路创建

支队确定1条国道、1条省道、1条县乡道路为市级示范公路重点创建路段，其它7条路(街)为市级创建及县(市)重点创建路段。成立创建工作领导组，明确责任单位和创建标准，并将每周四作为创建文明交通示范公路统一行动日。

(市交警支队)

民主党派

民革晋城市委员会

换届选举

2011年工作

2011年，发展新党员10名，发展比例达5%。其中，民革特色党员5名，占50%。民革晋城市委被民革中央表彰“学习践行社会主义核心价值体系先进组织”和“民革全国机关工作先进换届选举集体”。

换届选举

12月16日，民革晋城市委进行换届，张湘君当选五届市委主委，廖军、原云、许永忠、牛芳凯、姚承辉当选为副主委。

自身建设

多种形式纪念辛亥革命100周年和中共建党90周年，并召开“纪念辛亥革命100周年和中共建党90周年座谈会暨红歌会”。3月23日，民革山西省委在太原召开参政党理论建设经验交流会，副主委原云、王毓霞参加会议，交流晋城民革开展参政党理论建设的经验。主委张湘君撰写的《注重三个结合，发挥民主党派基层组织作用》，在《团结报》发表。高平支部编撰《高平秧歌史料》，泽州支部编纂《历代名人咏泽州》。组织党员赴民革武汉市委参观学习，并与武汉民革市委在参政议政、祖统工作、社会服务、自身建设等方面进行对口交流。

参政议政

在省、市、县三级人大、政协会议期间，共向大会提交发言、提案、议案、社情民意80多篇，其中市委提交大会发言7篇，集体提案5篇，个人提案30多篇。《加大我市煤层气的商业化、产业化步伐把晋城打造成中国的“气都”》、《加强背街小巷环境卫生管理，促进宜居城市建设》、《对我市食品安全监管问题的思考与建议》、《抓好农民教育培训、促进农民增收就业》、《要围绕改善民生问题改进基层法院工作》等5篇提案被市政协评为“精品提案”。市委主委张湘君的《建议尽快出台预付消费卡管理的法律法规》、《关于解决“夹心层”群体住房困难的建议》提案，分别在中国住房保障网、《山西晚报》、太原新闻网等媒体发表。《我市应尽快建立突发性群体事件应急处理机制》、《建议加强对农村幼儿教育的关注》、《尽快将健康体检纳入我市基本医疗保险范畴的建议》、《充分发挥王莽岭国家地质公园品牌效应,推动陵川旅游及全市旅游文化业大发展》、《保险市场非常混乱,应当尽快整顿规范》、《关于以白蛇传美丽传说打造蟒河第一情人谷的建议》等6篇个人提案被省政协评为"精品提案"。6月,在全市六个县(市、区)人大、政协换届过程中,民革共有39名党员分别担任县(市、区)人大代表和政协委员,其中常委11人。主委张湘君被晋城市公安局交警支队聘为"特邀警风警纪监督员",被市妇联表彰为"三八红旗手"。王毓霞等10多名党员被聘为"政风行风监督员"等各级各类监督员、督导员。

统一工作

3月12日,主委张湘君在北京会见中国国民党十八大中央委员会候补委员邓治平,双方就两岸经济文化交流、中国传统文化发展、促进祖国统一等共同关心的话题进行交流,并互赠礼物。7月7日,民革市委副主委、沁水县支部主委牛芳凯主编出版《海外游子的夜梦与情思》,该书反映沁水县海外台胞侨胞与大陆家乡人民的书信往来,是晋城市第一部海外游子家书集。向台湾、海外及相关人士赠书2000多册。7月8日,民革市委和沁水支部接待回乡祭祖的美籍华人李光容,并召开沁水县海外游子回乡座谈会。7月11日至13日,沁水县支部接待沁水籍台胞——东贝光电科技股份有限公司新事业开发部总经理秦元正一行。9月,召开祖国统一工作座谈会。10月,召开纪念辛亥革命100周年座谈会。

社会服务

4月,新华社记者唐师曾和民革社会服务工作委员会主任、晋城市人民医院肿瘤科主任王纪青,带领医务人员,到阳城县李圪瘩乡李圪瘩村、董封乡人参壤村进行义诊,对食管癌高发区村民进行综合诊治,并给村民讲解治疗与预防知识。6月,王纪青带领民革医疗服务队,到陵川县马圪当村进行义诊,并对生活与医疗情况进行调研。六一前夕,民革晋城市委主委张湘君带领专干,到市社会福利院看望孤儿,给他们带去食品和玩具。7月10日,美籍华人李光容向沁水县梁庄村小学捐赠文体用品,价值20 000元。

民革晋城市委领导名录

主　委:张湘君

副主委:廖　军　原　云　许永忠　牛芳凯　姚承辉

秘书长:王毓霞

2012年工作

2012年,全年发展新党员18人。10月,民革晋城市委被民革中央授予“民革全国祖国统一工作先进集体”称号。

自身建设

主委张湘君撰写的《我国统战理论发展创新历程与启示》,获山西省统战部“2011年全省统战理论研究优秀成果优秀奖”。6月18日,市委主委张湘君当选为民革省委副主委。12月18日,民革全国十二大召开,主委张湘君作参加民革中央换届大会。

参政议政

围绕社会集中的热点难点问题,开展调查研究,撰写提案议案,反映社情民意。5月,民革调研组到天津滨海新区学习调研;8月,赴长春、哈尔滨就“资源型城市如何转型跨越发展”进行专题调研,到北京西城区银龄老年公寓就“社区养老”进行专题调研考察。9月,到阳城县沟底村就“名胜旅游景区带动周边农村发展休闲农业旅游课题”进行调研。撰写《依托名胜景区、发展休闲农业、助推农村经济转型跨越》、《关于加快我市社会化养老服务业的建议》、《治理“空中蜘蛛网”,建设宜居晋城》等调研报告。在全市“两会”上,报送集体提案6篇,大会发言5篇,个人提案30多篇。其中集体提案《加强文化产业发展,提升我市文化品位》、《创新信访办理机制、着力化解信访积案》等5篇提案被市政协评为精品提案,王毓霞代表民革晋城市委员会作大会发言。市委主委张湘君《关于进一步建立和完善公共安全体系的建议》、《关于完善我省农村养老保险制度的建议》提案,被政协山西省委员会评为“优秀提案”。

统一工作

围绕中共中央对台大政方针,积极开展形式多样的祖国统一工作和活动。4月,市委主委张湘君与“一党一口、对口联系”单位市侨办、市对台办,就继续加强对口联系与合作、建立定期联系制度、互相参与对方相关工作事宜等,进行交流和探讨。9月,民革晋城市委召开祖国统一工作研讨会。9月26日,民革市委召开“家乡月、两岸情、同心乐”中秋联谊会。

民革晋城市委领导名录

主　委:张湘君

副主委:廖　军　原　云　许永忠　牛芳凯　姚承辉

秘书长:王毓霞

(民革晋城市委)

民盟晋城市委员会

2011年工作

2011年5月15日,民盟晋城市委被民盟中央评为纪念中国民主同盟成立70周年先进集体,盟员郭振华被民盟中央评为纪念中国民主同盟成立70周年先进个人。8月29日,民盟晋城市委主委王维平在晋城市第六届人民代表大会第一次会议上当选为晋城市人民政府副市长。

自身建设

2月16日,民盟晋城市委召开三届十二次全委(扩大)会议,讨论和研究2011年的重点工作,向民盟中央推荐纪念中国民主同盟成立70周年先进集体和个人。2月20日,民盟晋城市委办公室下发《关于开展纪念中国民主同盟成立70周年征文活动的通知》。5月7日,在陵川县附城镇仙泉南河村召开三届十四次主委扩大会议,讨论通过2011年民盟晋城市委会工作要点。6月1日,举办纪念建党90周年"同心同行"征文活动,共收集征文30余篇。6月26日,山西省民主党派中青年干部培训班在中央社会主义学院开班,主委王维平、盟员钱红林、王小桃参加培训。7月26日,组织民盟市委委员赴延安进行学习教育活动。11月12日,举办民盟晋城市骨干成员培训班。民盟山西省委副主委、太原市委主委、太原市人大副主任傅建荣,就多党合作和参政议政能力建设进行专题辅导;主委王维平就民盟市委的换届工作进行动员和安排部署。民盟市委委员、各部(室)委、支部负责人及盟员中的各级人大代表和政协委员,盟市委后备干部和新盟员共74人参加培训。

第四次代表大会

12月15日,民盟晋城市第四次代表大会召开。民盟晋城市第三届委员会主委、副市长王维平作工作报告。会议听取并审议通过民盟晋城市第三届委员会工作报告,选举产生民盟晋城市第四届委员会,讨论通过大会的各项决议,圆满完成各项议程。王维平当选为民盟晋城市第四届委员会主委。民盟中央副主席、民盟山西省委主委、副省长张平出席会议并讲话。

建言献策

盟员人大代表、政协委员共提交议案、提案39个,团体提案9个。4月3日,民盟晋城市委开展“献良策、比贡献”为主题的“三个一”活动(即一党一县、致力合作;一党一口,对口联系;一题几党,联合调研),与市侨联、民进晋城市委组成联合调研组,到蓝焰煤层气公司、港化煤层气液化项目、中联(晋城)分公司、华北油田晋城(分)公司、兰花集团、易高液化项目、顺泰液化项目、市发改委等相关部门,就完善晋城市煤层气“十二五”规划进行专题调研。

交流活动

6月12日,民盟临汾市委主委史海涌、忻州市委主委王俊良、运城市委主委王阿家到晋城,就参政议政、社会服务等课题进行交流。9月4日,民盟晋城市委和朔州市委,在晋城举办“同心为转型跨越谋良策”交流学习活动。

社会服务

6月2日,民盟晋城市委“三下乡”服务队赴高平苏庄村开展现场医疗服务,共免费测血糖100人次、发放疾病预防小册子及印有相关宣传知识的围裙、扑克、环保袋、文具盒等资料3000余份。12月23日,民盟晋城市委和泽州县支部到泽州县大阳镇一分街幼儿园进行“手拉手”捐赠、义诊活动,向大阳镇一分街幼儿园捐赠600余套图书及文具和益智玩具,为小朋友进行口腔、心肺功能、视力、身高体重等项目检查,盟员杨慧芳为幼儿园捐赠消毒碗柜和洗衣机。

民盟晋城市委领导名录

主　委:王维平

副主委:刘完保　段文良　郭建英　杨　敏　王小桃

秘书长:钱红林

2012年工作

2012年,民盟晋城市委积极开展“同心”品牌工程实践活动,努力践行“思想上同心同德、目标上同心同向、行动上同心同行”,在自身建设、参政议政、社会服务等方面取得明显成效。

调查研究

制定“三三联系点”(即企业分为外资企业、国有企业、民营企业;学校分为大学、高中、义务阶段;农村按经济水平好、中、差的档次分别选择)制度,到企业、学校、农村进行调研,把调研中搜集的信息进行分析总结,形成可行性调研报告及时呈送上级,为相关部门科学决策提供可靠依据。

参政议政

全年民盟市委领导参加中共晋城市委、市政府和有关部门举行的协商会、座谈会和通报会20余次。市"两会"期间,民盟晋城市委会向晋城市政协提交团体提案13件、政协委员个人提案41件、大会发言2篇。各级人大代表、政协委员和特约监督员,积极参加市人大、市政协、市纪委、监察局、纠风办组织的政风行风评议、督察活动,参与《行风大家谈》、《百姓热线·纠风台》等监督栏目,履行民主监督职能。向民盟省委、市政协反映社情民意30余条。

社会服务

5月8日,成立红十字民盟志愿者服务队,多次赴贫困山区开展社会服务。医疗志愿服务队为当地村民免费测血糖、血压,进行义诊;科技志愿服务队解答村民在生产和生活中遇到的疑难问题,发放疾病预防、法律法规、农业科技等方面的宣传资料。10月,由民盟中央发起,北京康益德中西医结合肺科医院承办,民盟山西省委、晋城市委协办的"健康呼吸万里行"肺纤维化尘肺慈善义诊活动在晋城大医院举行,现场免费为50余位患者提供价值8万元的药品,为两名特困患者进行洗肺治疗。

自身建设

9月26日,民盟晋城市委举办"心中的旋律"盟员歌手大赛,鸣萌艺术团盟员自编自演充满生活气息、贴近百姓生活、反映农民现实生活的演出剧目。

民盟晋城市委领导名录

主　委:王维平

副主委:刘完保　段文良　郭建英　杨　敏　王小桃

秘书长:钱红林

(民盟晋城市委)

民建晋城市委员会

2011年工作

2011年，民建晋城市委新发展会员13名。

纪念活动

民建市委组织开展纪念中国共产党成立90周年活动，组织民建晋城市委庆建党九十周年书画展，出版《成长的足迹》画册。

交流学习

一支部到外地进行项目考察，二支部到阳城县进行新农村调研，三支部和高平支部联合在高平市进行调研，并组织会员进行座谈学习。民建晋城市委接待北京、天津和省内多位画家到晋城市采风。

换届工作

11月22日，中国民主建国会晋城市第三次代表大会召开。会议听取并审议通过民建晋城市第二届委员会工作报告，选举产生民建晋城市第三届委员会，讨论通过大会的各项决议。金德祥当选为民建晋城市第三届委员会主委。省政协副主席、民建山西省委主委王宁、中共晋城市委常委、统战部长常国荣出席会议并讲话。

民建晋城市委领导名录

主　委：金德祥

副主委：罗跃光　冯德强　韩连弟　柴慧清

秘书长：韩连弟

2012年工作

2012年，民建晋城市委坚持质量和数量兼顾、保持民建特色、优化组织结构的原则，发展新会员8名。3人当选为民建山西省委八届委员，1人出席民建中央十大会议。5人选入民建省委各专委会。

书画展览

举办"迎接十八大,庆国庆"民建晋城市委二届书画展,共展出书画作品100余幅。省政协主席、民建市委主委王宁,市委书记张九萍参观画展。

学习培训

9月18日,民建市委举办新会员培训班,27名2010年以来入会的新会员参加培训。

参政议政

民建市委17名政协委员,3名人大代表,撰写提案、议案6篇,社情民意38篇。《大力发展我市老龄产业》、《关于在晋城市范围内增加中学阶段(初中、高中、职中)学校建设的建议》、《浅论当前中小企业面临的困境及破解之策》、《关于对交警部门设置限速拍摄装备实行听证制度的建议》、《民主党派应当积极为弱势社会群体减轻困难为构建和谐社会铺垫坚实的基石》等提案,在政协晋城市六届二次会议上,提交大会发言。

服务社会

6月6日,民建晋城市委与市红十字会、民盟晋城市委,开展眼科义诊活动,共发放护眼资料1000余份,现场为市民进行眼科检查。为帮扶对象陵川县礼义镇大义井村捐款8900元,争取财政资金16万元。

交流学习

民建市委组织会员参加民建长治市委举办的"天下都城隍祈福节"、民建河南安阳市委举办的"五省十市中原民建工作交流会"、民建忻州书画院成立大会,就组织发展、支部建设等问题学习交流。

民建晋城市委领导名录

主　委:金德祥

副主委:罗跃光　冯德强　韩连弟　柴慧清

秘书长:韩连弟

(民建晋城市委)

民进晋城市委员会

2011年工作

2011年,民进晋城市委向各支部发出“向民进城区支部学习”的号召。表彰奖励26名参政议政工作先进个人。民进晋城市城区支部被民进中央授予“民进全国先进基层组织”称号;民进晋城市委会被民进山西省委授予“山西民进参政议政工作先进地方组织”称号,民进城区支部、民进职业技术学院支部、民进阳城支部被民进山西省委授予“山西民进先进基层组织”称号,被中共晋城市委统战部表彰为“民主党派‘基层组织建设年’活动先进单位”。

学习培训

民进市委积极参加民进省委和市委统战部举办的庆“七一”书画展、唱红歌、座谈会和征文等活动。参加市政协委员在中共上海市委党校的培训。市委副主委及后备干部参加中央社会主义学院、省社会主义学院的培训。副主委赵晋阳编辑出版《前行中的思索》一书。李红光被评为晋城市“十大诚信建设使者”。

换届工作

11月20日,中国民主促进会晋城市第五次代表大会在阳光大酒店召开。共96名代表参加会议。李章宏代表第四届市委会作《同心协力,顺势而为,为建设高素质参政党地方组织而奋斗》工作报告,选举产生民进晋城市第五届委员会,委员会由16人组成。李章宏再次当选为主委,毋道斌、赵晋阳、窦长平、王国亮再次当选为副主委,郭向阳新当选为副主委。任命王国亮为秘书长。民进省委会主委、省政协副主席卫小春,副主委张建豪,中共晋城市委常委、统战部长常国荣,市委统战部常务副部长郭米娥到会并讲话。主委李章宏当选为市人大副主任,6名会员当选为市人大代表;毋道斌、窦长平再次当选为市政协常委,13名会员推选为市政协委员;阳城县政协原副主席郭向阳当选为副县长,李晋生再次当选为城区人大副主任,窦长平再次当选为高平市政协副主席。5名会员分别当选为县级人大和政协常委;32名会员当选为人大代表和政协委员。

参政议政

主委李章宏在全国人大会议上,领衔提交《关于生态和环境保护工作的建议》等5件提案。2条社情民意信息被全国政协采用,15条社情民意信息被市政协采用。在市政协五届六次会议、市五届人大八次会议上,民进市委3名人大代表、17名政协委员,围绕"十二五"规划,转型跨越发展,教育、文化、卫生、旅游、环保以及民生等问题,提交团体提案11件,占党派团体提案总数的31%;提交个人提案27件,占个人提案总数的13%;提交大会书面发言材料9份,占书面材料总数的25%;副主委毋道斌作题为《关于做好文艺院团转企改制工作的建议》的大会发言。他在市政协联组讨论会上,关于《建议硬化中原街中学周边道路》的发言,市委书记张茂才要求有关部门督办解决。11月底,中原街中学周边道路硬化工程完成。民进会员、市人大代表赵云提交的《关于尽快明确市区防汛安全主体,彻底解决龙华小区泄洪渠防洪的建议》等建议,引起有关部门的高度重视,并认真落实。在市六届人大一次会议、市政协六届一次会议上,民进市委6名人大代表、13名政协委员,提交团体提案6件,占党派团体提案总数的1/3;提交委员提案30件,占委员提案总数的9.3%;副主委毋道斌作题为《水务一体化改革势在必行》的大会发言。提交大会书面发言4份,占书面发言总数的14%;民进会员中的人大代表提交议案、建议10余件。

服务社会

主委李章宏多次到泽州县晋庙铺镇关坡村慰问贫困群众,与村干部共商发展之策。与北岩煤矿商定捐资支持该村发展核桃产业,带动农民增收。牵头完成"环卫清洁车"科研项目并获国家专利,完成"高楼逃生装置"的发明与申报,并通过国家知识产权局的审查。民进市委组织会员向陵川县凤凰小学第五次捐款,用于建设微机室;向九三学社市委专职干部捐款6000元,帮助治病,奉献爱心。民进晋城职业技术学院支部主委李素香领导的艺术团,编导歌剧《小二黑结婚》,代表山西省参加在福州举办的首届中国歌剧节剧目汇演,夺得文化部颁发的集体演出奖等七项大奖。城区支部韩亚峰捐款5000元资助贫困生上大学。民进泽州支部把大箕镇孔庄村、干司村和大龙马食品厂作为活动基地,促进农民增收。李海军捐献造血干细胞。高平支部组织会员到原村中学开展"送文化、下基层"活动。教师韩满德主编的《养成为径》一书受到广大师生的欢迎。教师秦秀萍被授予"晋城市五一劳动模范"称号。

民进晋城市委领导名录

主　委:李章宏

副主委:毋道斌　赵晋阳　窦长平　王国亮　郭向阳

秘书长:王国亮(兼)

2012年工作

2012年，民进晋城市委荣获山西省“各民主党派工商联无党派人士为全面建设小康社会做贡献建言献策优秀成果”奖，被民进省委授予“社会服务专项工作先进单位”。

学习培训

在晋城、焦作两地开展迎“十八大”晋城、焦作民进会员书画展。组织会员收听收看十八大开幕式，组织基层支部在阳城县演礼中学进行集中学习和座谈，并向各支部发出学习通知。副主委毋道斌撰写的《树立和践行社会主义核心价值体系、努力推进高素质参政党建设》，入选市委统战部编辑的《社会主义核心价值体系学与行学习教育读本》。会员李红光在“全市统一战线同心·社会主义核心价值体系‘学与行’先进事迹报告会”上作报告。民进市委会被民进中央授予“民进学习践行社会主义核心价值体系先进集体”称号。会员李海军被晋城市红十字会授予“2011年度无偿捐献造血干细胞爱心奉献奖”。李海军、白成功被评为“晋城好人”。

参政议政

在市政协会议上提交团体提案11件，提交个人提案26件，提交大会书面发言材料7件。副主委赵晋阳作题为《科学公平地破解城市交通拥堵难题》的大会发言。在市人大会议上提交建议9条。主委李章宏向全国人大提交领衔建议4件，联名建议30余件，在会上发言6次，《关于加快建设太原至郑州客运专线的建议》列入十二五规划并实施。《对胡锦涛总书记在香港回归15周年大会上的讲话的反映》被全国政协采用，《关于解决“血荒”的建议和解决农村卫生所“进药难”问题》，被民进中央采用，15条社情民意信息被市政协采用。副主委毋道斌《水务一体化改革势在必行》获民进省委参政议政成果优秀奖。民进市委获民进省委“信息工作先进集体”和市政协“信息工作先进单位”奖。开展民主监督工作，政风行风监督员多次参加《百姓热线·纠风台》和《行风大家谈》节目。

调查研究

会员赵晋阳、毋道斌、李卫国等，先后到晋庙铺镇、彤康公司、山西农大、绛县、永济等地进行调研，撰写出调研报告，为市委、市政府决策提供参考。主委李章宏撰写的《“同心”探索山区农村转型跨越之路——民进晋城市委会帮扶关坡村发展“一村一品”的实践与启示》，在《晋城统一战线》刊登。民进中央副主席冯骥才，先后到阳城县郭峪、皇城、上庄和砥洎城，泽州县的谢家城堡、府城玉皇庙等地进行文化调研。

服务社会

全市144名民进会员捐款16 650元,扶助凤凰小学建设微机教室,改善办学条件。联合民进山西农业大学支部,为泽州县晋庙铺镇万亩山楂基地提供科技服务。3月31日,启动"打造万亩山楂基地科技服务"仪式,专家现场讲解示范种植山楂树技术,民进泽州支部捐赠2台喷雾喷粉器,并为村民发放《果树管理实用技术》、《无公害农产品认证与管理要求》等农业知识手册。7月5日至6日,邀请民进山西农大支部教授到基地进行实地指导。至年底,晋庙铺镇改造和新种植山楂树8400余亩。主委李章宏多次到帮扶点关坡村住村包村帮增收,帮助发展新山楂林150亩,改造老山楂树50亩,补栽山楂树6000株;争取资金26万元,修建提水站和60立方米蓄水池,解决村民饮水和规模种养殖用水问题。6月15日,民进市委在泽州县晋庙铺镇天井关小学启动"同心"支教行动。12月11日,向天井关小学捐赠乐器44件,总价值1万余元。民进市委主委、市人大副主任李章宏,被国务院妇女儿童工作委员会授予"2006—2010年度全国实施妇女儿童发展纲要先进个人"称号,被山西省关心下一代工作委员会、省精神文明建设指导委员会办公室授予"全省关心下一代工作荣誉奖";李章宏、王国亮研制的科技项目成功申报两项发明、两项实用型国家专利;会员王卫斌、张剑舟荣获"晋城市五一劳动奖章";王卫斌创办的晋城市万卷书城获"山西省新闻出版行业文明单位";会员李红光被市委、市政府表彰为"晋城市十佳民营企业家",创办的山西华洋工贸有限公司被表彰为"晋城市民营企业50强";会员张剑舟举办山水写生作品展;会员王长青率领市少儿艺术团排练的泽州鼓书"孔子回车"和快板书"一点之差"入选"第五届全国少儿艺术大赛"山西省总决赛。

民进晋城市委领导名录

主　委:李章宏

副主委:毋道斌　赵晋阳　窦长平　王国亮　郭向阳

秘书长:王国亮(兼)

(民进晋城市委)

农工党晋城市委员会

2011年工作

2011年，农工党晋城市委员会按照“六程序”规定（了解个人情况、进行党章宣传、组织谈话、组织考察、审批入党、新党员培训），共发展党员10人。

自身建设

农工党晋城市委召开第四次市委（扩大）会议。开展“社会主义核心价值体系学与行”活动。5月11日至14日，陈改玲、韩军、李全林、郜玉太、孙夏芳、段韶军六人参加农工党山西省委后备干部培训班学习。5月22日，孙夏芳、郭金祥参加省委统战部举办的山西省中青干部培训班学习。7月8日至12日，组织市委委员及党员骨干到宁夏考察学习。

参政议政

在省、市、县三级人大、政协会上，农工党成员共提交提案、议案50多件，其中大会发言材料2件、提案5件，主委陈改玲代表农工党市委会作《我市创卫工作中存在的问题》的大会发言。《城市化发展要强化河流生态环境建设》、《关于进一步加大残疾人社会保障救助力度的建议》、《残疾患儿矫形手术救助应列入市残疾人康复救助项目》、《注重流动人口的女性问题》、《关注低保群体、提高低保补贴顺乎民意》等提案被列为重点办理提案。《城市发展应加强下水管道排水能力建设》、《加强对保健品推销市场监管的建议》、《关于重视和加强“老年痴呆症”防治工作的提案》被省政协采用。向市政协递交社情民意20多条，内容涉及农村医疗卫生服务、城市管理、食品药品管理等。

服务社会

农工党城区支部社会服务点免费为患者进行中医诊断咨询、量血压、B超、心电图、小儿微量元素检验等服务，义诊400余人次，免费体检600余人次，发放医疗宣传资料1000余份。5月6日，20多名党员到沁水县郑庄镇河头村进行医疗讲座、义诊、药品捐赠活动。8月31日，农工党晋城市委与九三学社长治市委联合在高平市回山村开展义诊活动，义诊500多人次，发放价值5000多元的药品和1000多册健康教育资料。

农工党晋城市委领导名录

主　委：陈改玲

副主委:王胜利　李全林　段韶军　郭金祥

秘书长:韩　军

2012年工作

2012年,共发展新党员7人。

参政议政

组织农工党党员就食品安全问题、文化建设情况、基本药物制度实施情况以及农村卫生所现状及发展情况等重大课题开展专题调研,形成《关于我市文化建设情况的调研报告》、《基本药物制度的实施对基层医疗机构发展的影响》、《对我市农村卫生所现状调查及发展的建议》等调研报告,受到市委、市政府的高度重视。全年农工党市委共递交集体提案6件,各级人大代表、政协委员提交议案提案以及社情民意58条。

服务社会

5月15日,组织农工党党员到陵川县平城镇下川村开展义诊活动;9月28日,配合省政协在泽州县高都镇大兴村开展"送医疗下基层义诊活动";党的十八大召开前夕,组织10多名医疗专家到高平市回山村杏林文化活动中心,开展"国际科学与和平周"义诊活动;全年共发放宣传资料5000余份,捐赠药品4000多元;协调中国初级卫生保健基金会和健康山西扶助基金会,向沁水县医院捐赠救护车1辆、设备购置款20万元;12月3日,组织党员到市康复医院看望脑瘫患儿,并为孩子们送上价值1000元的图书、玩具、食品等生活用品。

自身建设

共召开五次全委(扩大)会议,传达学习省、市两会精神、胡锦涛7·23讲话精神、农工党山西省委第六次代表大会会议精神和中国共产党第十八次全国代表大会精神。组织新党员和骨干党员培训;主委和专干参加农工党山西省委在广州开展的学习培训;主委参加省委统战部在中央社会主义学院举办的民主党派新一届领导班子成员学习班。

农工党晋城市委领导名录

主　委:陈改玲

副主委:王胜利　李全林　段韶军　郭金祥

秘书长:韩　军

(农工党晋城市委)

九三学社晋城市委员会

2012年工作

2012年，九三学社晋城市委组织开展“践行社会主义核心价值体系”和“同心同行”学习教育活动。编印《党史社史学习资料》，组织各支社举行党史社史知识竞赛，创办《晋城九三》专刊。

组织建设

继续开展基层组织建设活动，提高基层组织的凝聚力和工作活力。社员发展坚持三级负责的目标责任管理体系，即介绍人负责重点考察，基层组织负责重点培养，社市委负责最终考评。出台新社员预备期制度，即通过三级考核符合条件者，在正式批准入社之前，先参加一年基层组织活动，对其进一步考核，一年期满，达到要求即批准入社，不达要求继续培养，保证新社员发展质量。

参政议政

市“两会”期间，九三学社代表与委员共提交各项提案议案55件，撰写并提交社情民意多篇。其中，《关于打造太行山（沁河）科技文化园区的七点建议》、《关于晋城市政协与市电视台联合打造“关注”专题节目的建议》、《关于旅游大巴客运车禁止在盘山路通行的建议》等建议得到很好解决。郭一峰、裴池善、王新明、王永革、王淑静、许海林等社员积极参加各种社会监督、行风评议、调研视察等活动。

社会服务

由九三学社省委常委、山西农大教授常明昌提供技术支撑的食用菌科技生产项目，新增阳城科惠、泽州太行荣盛两家食用菌科技生产示范基地，成为全省食用菌生产十强企业，开始培养灵芝等健康食品。组织泽州支社、市直支社、矿区支社的医卫、书法、科技、教育专家赴泽地萃公司开展“三下乡”活动。泽州县支社多次组织专家赴巴公、南村等镇，开展技术与项目服务。阳城支社组织科技下乡活动、医疗义诊活动。职业技术学院支社组织优秀教师到民办凤兰学校指导教师专业技能，赠送价值5000元的图书。泽州支社获得省委统战部等九部门联合颁发的“全面建成小康社会社会服务特殊贡献奖”。

九三学社晋城市委领导名录

主　委:郭一峰

副主委:裴池善　王新明(兼)　王高峰　王永革　程春明　解小竹

秘书长:王永革(兼)

(九三学社晋城市委)

群团组织

工 会

2011年工作

2011年,市总工会被全国总工会授予"全国工会财务工作先进单位"、"全国安康杯竞赛优秀组织奖",被省总工会授予"经审工作特等奖"、"百日攻坚行动先进市"、"女职工专项集体合同工作先进集体"、全省第三届职工文化节"突出贡献奖"、"送温暖工程先进单位",被市委、市政府授予"目标责任考核优秀单位"。

劳动竞赛

市总工会制订《晋城市2011—2015年劳动竞赛规划》,在全市启动"争当主力军,建功十二五"、"转型跨越杯"劳动竞赛,广泛开展以"七比一创"(比工程质量、比工期进度、比安全生产、比科技创新、比文明施工、比科学管理、比节能减排、创建"工人先锋号")为主要内容的"工人先锋号"创建活动,"重、大、市、新"示范性劳动竞赛、"我为建设节约型社会做贡献"竞赛、"金点子"合理化建议等活动,推荐6个企业、12个班组参加全省"百千万立功竞赛"评选表彰活动。

技能比赛

市总工会与市煤炭工业局联合举办全市首届煤炭行业职工技能大赛,6支代表队181名选手参加安全仪器监测工、矿井测风工、光干涉甲烷测定器修理工、综采维修电工、支护工5个工种的比赛。也是全市煤炭系统职工第三次全市性的职业技能比赛。组团参加全省第三届女职工技能大赛,获得团体第五名和变电运行值班员第三名。沁水县在卫生系统举办第二届职工职业技能大赛,开展医疗、护理等6个项目的比赛;教育系统工会开展课堂教学竞赛、班主任素质展示竞赛;市煤运公司、客运管理处、阳城电厂、绿洲纺织有限公司等单位开展技能大赛、操作技术运动会。

表彰活动

召开全市"五一"表彰大会,共表彰50个先进单位、180名先进个人和60个"工人先锋号"。全市获得全国"五一劳动奖章"1人、全国"工人先锋号"2个;山西省"五一劳动奖状"6个、省"五一劳动奖章"26人、省"工人先锋号"10个。

维护职工合法权益

深入推进劳动关系和谐企业创建活动,第三批61个市级劳动关系和谐企业完成考核验收,1个企业获"全国劳动关系和谐企业"称号,19个企业获"山西省劳动关系和谐企业"称号。

工资集体协商。将工资集体协商工作重点由企业单独签订转向签订行业性、区域性集体合同和工资集体协议,在煤炭兼并重组企业、非公企业和建筑、商业、餐饮等行业推行区域性、行业性工资集体协商。组织两次行业性、区域性工资集体协商现场观摩活动,聘任首批11名工资协商督导员。市总工会和市建设系统工会经过6个月的调研,就建筑行业职工工资基数、增长比例等关键问题10多次与职工、企业主座谈,协商签订《晋城市建筑行业集体合同》,为行业内48个建筑企业的2万余名职工提供保障。全年,全市共签订集体合同、工资集体协议1414份,覆盖企业1888个,覆盖职工29万余人,签订集体合同、工资集体协议的企业占全市生产经营正常企业总数的90%以上。职工年平均工资增幅达到10%以上,效益好的企业职工年工资增幅超过30%。

厂务公开。市厂务公开协调小组办公室由市国资委重新设立到市总工会。召开全市厂务公开民主管理工作会议,制定出台《关于进一步深入推进厂务公开民主管理工作的实施意见》。开展"星级"职代会创建活动,全市省级"五星级职代会"达到10家,省级"四星级职代会"达到9家,新增市级"五星级职代会"3家,市级"五星级职代会"达到42家。

职工劳动安全卫生权益。开展"安康杯"竞赛活动,全市参与"安康杯"竞赛和"安全班组"创建活动的企业达到391个,参与职工达25万人以上。6月,召开全市2009—2010年度"安康杯"竞赛表彰暨经验交流会,表彰了一批"安康杯"竞赛"明星企业"、"安全示范班组"、"安全卫士"等,并提请市劳动竞赛委员会首次授予明星企业"五一劳动奖状"、授予安全卫士"五一劳动奖章",由市总工会命名安全示范班组为晋城市"工人先锋号"。推进煤矿井口群众安全工作站建设,全市所有正常生产矿井和部分建设矿井建成煤矿井口群众安全工作站,建成五星级井口工作站14个,四星级井口工作站27个,三星级井口工作站7个。加强群监网络和队伍建设,群监组织建立率达100%;11月,举办五期群监网员培训班,共培训群监网员605人。

工会组织建设

市总工会开展"三比三看"工会组建工作竞赛,采取全会出击、社区普查、工商核实、工会组建、行业覆盖等措施,截至9月底,全市新组建工会896个,覆盖基层单位2781个,发展会员6.3万余人。完成"非公企业法人数据库"的录入工作,基础信息数据库基本建成。加强对乡镇(街道)和社区(区)两级工会组织规范化建设,强化工会主席配备和制度机制建立,75%乡镇(街道)工会达“三星”标准。

帮扶困难职工

全市共走访慰问困难企业368个,慰问困难职工、困难农民工和困难劳模23 431人,发放慰问款1035万元。开展“送清凉”活动,走访慰问农民工7000余人次,发放防暑降温用品43万元。开展“金秋助学”活动,发放助学金446.65万元,资助困难学生1282人。开展职工大病医疗互助活动,第三期发放互助金807.9万元,涉及患大病、慢性病职工2628人;第四期参加互助职工19.9万人,收取互助金989.6万元;第五期参加互助职工突破20万人。积极配合人社部门开展“春风行动”、“困难职工家庭高校毕业生阳光就业行动”和“农民工援助行动”,为困难职工、农民工送岗位2354个,为9654人提供培训服务,送医疗215人,提供法律服务198人,结对帮扶546对。协助政府有关部门帮助职工和农民工追讨欠薪77万元,涉及职工和农民工363人。办理女职工特病保险16 760份,投保15 904人。市总工会在为33名湖北十堰籍农民工讨要工资的同时,与十偃市总工会签订了“农民工合作维权协议书”。

文体活动

市总工会和市体育局联合举办晋城市第二届职工运动会,共设14个大项35个小项,40支代表队3432名运动员参赛。此外,与市委宣传部联合举办“在太行山上”合唱艺术节;组队参加“健康山西 职工先行”中国移动杯山西省第三届职工文化节的各项活动,并获突出贡献奖和职工歌咏比赛、职工歌手大赛金奖。推进职工文化阵地建设,晋城市职工文化活动中心批准立项,高平市职工文体活动中心建成使用,规模以上企业全部建立职工文体活动场所。市总工会出资29万元,援建职工书屋37个。

2012年工作

2012年,全市新增工会组织368个,新增工会会员1.26万人,企业工会组建率和职工入会率保持在98%以上。

劳动竞赛

出台《组织动员全市职工为实现“十二五”规划目标任务创先争优建功立业的决议》,在全市开展“争当主力军,建功十二五”、“转型跨越杯”系列劳动竞赛,参与劳动竞赛职工达到30万人以上。广大职工共提合理化建议45 000条,采纳10 000余条,创经济效益1.8亿元,技术革新702项,发明创造93项。

技能比赛

组队参加全省第四届职工职业技能大赛,各县(市、区)和企业举办煤炭行业、医疗卫生行业、家政行业、交通运输行业职工技能大赛和多种形式的技术比武活动,全年提升技术等级职工达到4000余人。

表彰活动

组织全国、省、市"五一"表彰的推荐评选和表彰工作,利用各种新闻媒体和企业刊物、橱窗、广播等阵地进行广泛宣传,营造良好氛围。

维护职工合法权益

深入开展创建劳动关系和谐企业活动。全市共签订工资集体合同2876份,覆盖企业6886个,覆盖职工360 546人。开展"星级"职代会竞赛和厂务公开扩面专项行动,新增市级四星级职代会9家、五星级职代会32家,10名国有企业家和10名非公企业家荣获"晋城市全心全意依靠职工办企业优秀企业家"称号。强化工会劳动保护工作,全市煤炭、化工及大中型非公企业劳动保护组织网络建制率、安全生产群众监督员队伍组建率均达100%,所有生产矿井和部分建设矿井建立煤矿井口群众安全工作站。召开第三批劳动关系和谐企业命名大会,全市劳动关系和谐企业总数达到208个(其中9家为模范劳动关系和谐企业),涌现出3个全国劳动关系和谐企业,25个省级劳动关系和谐企业。

帮扶困难职工

全市各级工会共筹资1200万元,走访慰问困难企业386个,慰问困难职工18 063户、劳动模范224人。发放晋工龙卡"一卡通"2800余张,为困难职工提供便捷服务。协助有关部门帮助职工和农民工追讨欠薪77万元,涉及职工和农民工363人,救助生活困难的农民工1780名,发放救助款102万元。开展"春风行动",全市124家单位提供就业岗位3500多个,达成意向1100多人。开展"金秋助学"活动,共救助困难职工子女1002人,救助金额达294万元。筹集"送清凉"慰问资金388万元,走访慰问职工2万余人次。推进职工大病医疗互助,第五期发放补偿金553.7万元,资助患病职工2526人;第六期参加人数达到23.5万人,筹集互助金1170.6万元。

文体活动

积极推进职工书屋建设,建成市级职工书屋26个。举办主题为"丰富职工文化,服务转型跨越"的第三届全市职工文化节。开展以企业精神企业理念为内容的职工书画摄影展、以弘扬传统文化为主题的"品味经典"读书演讲赛、以基层职工自编自演反映基层职工文化生活为主的企业优秀节目展演三项活动。

(市总工会)

共青团

2011年工作

2011年，全市新建非公企业团组织108家，新社会团组织31家。农民工聚集地建团3家，农民专业合作社建团50家。

青少年思想政治教育

广泛开展“我与祖国共奋进，我与晋城同发展”、“学党史、知党情、跟党走”、“红领巾心向党”等主题教育实践活动，引导青少年坚定跟党走中国特色社会主义道路的理想信念。在全市各类青年群体中组织开展形势政策报告会30场，4000余人参加。举行“晋城青年大讲堂”宣讲教育活动6场，2000余人参加。600余名青年参加“青年马克思主义者培养工程”。举行全市各界青年共话“成长成才”、“向宋威同志学习”等主题各异的座谈会，了解掌握各界青年的思想情况，因势利导，引导青年健康成长。深入推进分类引导青年工作，选取14个试点，发放问卷8548份，开展访谈、座谈1748人次，挖掘青年思想关键点85个，完成首批《思想引导大纲》在基层的转化工作。开展服务转型跨越发展千人宣誓大会、十八岁成人宣誓仪式、五四红歌会、大学生村官演讲比赛等形式多样的活动。开通市、县两级共青团官方微博，改版晋城共青团官方主页，拓宽青少年思想教育途径。

组织建设和基层工作

继续在“两新”组织中开展“推优入党”工作，70名优秀团员青年经团组织推荐加入中国共产党。全市84个乡(镇、街道)团组织，共选配委员666名，编外副书记107名。圆满完成第二届青企协换届工作。成立青联健身基地，帮助革命老区静乐县赤泥洼乡销售土豆50万公斤。召开全市少先队辅导员工作会议，并赴江西考察培训。举办市直、城区、泽州机关青年成长成才联谊活动。加强团干部队伍建设，全年举办各类团干部培训班20余期(次)，培训团员团干部3000余人次。在“晋城青年网”和市区网吧开设“青年就业创业服务栏”，为青年提供信息服务。全市20家青年见习基地，为447名青年提供见习岗位，见习后聘用399人。联合相关部门，为4181名青年提供小额贷款3.0432亿元，带动就业9222人。与农业、人社等部门合作，对2613人进行实用技能、青年就业技能和SIYB培训。举办“兴高杯”晋城市首届青年创业大赛、大学生创业就业论坛、“晋城市十大杰出创业青年”评选等活动，培树青年创业典型,引导青年树立正确的择业观和创业观。

青少年维权工作

5月,市团委联合市司法局成立晋城市"未成年人法律援助工作站",完善青少年维权体系。加强12355青少年维权服务建设,调研起草《孤残流浪儿童、有不良行为的青少年和社会闲散青少年现状及管理服务对策》和《当前青少年犯罪情况调查分析与对策建议》。开展"共青团与人大代表、政协委员面对面"活动8场,形成提案建议14份。开展关爱农民工子女志愿服务行动,建立志愿者信息库,发展结对学校10所,结对人数529人。开展青年文明号走进优秀贫困学生、道德模范、空巢老人、留守儿童、孤残儿童等系列"关爱行动",共发放慰问金25万元。定期开展"两法一条例"、防治艾滋病、禁毒教育、自护教育等主题宣传活动。举办第七届"雏鹰练翅"青少年军事拓展训练营活动。

社会实践活动

在全市青年文明号集体中,开展"亮身份、树形象、争先进"活动。召开全市青年文明号工作会议,对全市239家"青年文明号"集体进行规范和梳理。围绕全市"三市联创"工作,开展服务主题节日、服务大型赛会、服务文明创建、服务社会民生、关爱弱势群体等50余项青年志愿者活动。组织杭州师范大学、太原工业学院、山西中医学院和市职业技术学院1000余名大学生,开展以阳光支教、文化惠农、医疗服务、红色宣传为内容的暑期"三下乡"社会实践活动。组织开展"保护母亲河"植树造林绿化活动3次,共植树5560株,面积达49亩,参与人数910人。

2012年工作

2012年,召开共青团晋城市第五次代表大会和晋城市青年联合会三届一次会议暨晋城市学生联合会第三次代表大会,完成团市委、市青联、市学联换届工作。成立金融团工委和非公团工委两个直属团组织。新建非公团组织262家,新社会团组织6家。

青少年思想政治教育

组织"喜迎党的十八大,团员青年展风采"宣誓活动,2000余名青年参加活动。邀请十八大代表毕腊英、市委党校王晓光做客晋城青年大讲堂,对470名青年代表进行十八大精神宣讲。组织团员青年积极参与团中央在新浪、腾讯官方微博上开展的"感悟十八大·青春正能量"主题微博编创传播活动,传播党的十八大精神和青年学习党的十八大精神的感悟。组织青年群体收看党的十八大精神青少年网络版宣传片。围绕社会主义核心价值体系,在全市团员青年中开展“学雷锋·争当晋城好青年”系列活动2146余场次，开展晋城市各界青年学习贯彻纪念建团90周年大会精神座谈会，开展“红领巾心向党”主题队日活动500余场，开展形势政策宣讲60余场，全市青年参与到活动中的约有27.3万人次。形成各类《思想引导大纲》466份，覆盖青年32万余人。召开纪念中国共产主义青年团成立90周年、五四运动93周年暨转型跨越青年群英表彰会，开展五四青年奖章、杰出（优秀）创业青年、“争做美德好少年”等评选表彰活动，选树一批先进青年典型。“蛟龙号”深潜成功后，团市委为晋城籍潜航英雄刘开周颁发“晋城青年五四特别奖章”，在全市掀起向刘开周学习的热潮，制作《转型跨越 青年先行》宣传片，展示晋城共青团风采。创办团市委机关内部刊物《晋城青年》，为团干部和团员青年提供交流学习平台。开通市、县两级团委官方微博16个，部室官方微博16个，市、县两级专职团干个人实名微博38个，多次发起学习党的十八大、“美丽晋城·青年先行”等微讨论、微直播，开辟共青团宣传教育新阵地。

组织建设和基层工作

推动乡镇实体化“大团委”建设工作，新建乡镇直属团组织1630个。配齐县、乡两级少先队总辅导员，成立晋城市青年书法家协会，5个县区成立青联组织。举办第三期“两新”组织“推优入党”积极分子培训班，108名团员经团组织推荐加入中国共产党。全年举办各类培训班60余期（次），培训团员青年3.5万余人次，培训全市少先队辅导员3500余人。7人被评为省级优秀团干，25人被评为省级优秀团员；创建全国“五四红旗团委”1个，省级“五四红旗团委”3个，省级“五四红旗团支部（总支）”4个。

依托“晋城共青团”、“晋城青年”网站开设“青年就业创业服务栏”，及时为广大青年提供就业创业信息服务。联合市电视台创办全省首个电视招聘求职节目《勇往职前》，67人应聘成功。开展劳务输出大篷车活动，输出劳务637人。借助24家青年就业创业见习基地，为466名青年提供见习岗位，见习结束后聘用268人。联合相关部门搭建创业融资平台，为3317名青年发放小额贷款2.6亿元，带动就业4568人，扶持农民专业合作社98个。与政府部门合作，落实培训机构3个，对4410人进行就业创业技能培训、订单式培训。举办“邮储银行杯”青年创富大赛、十大杰出创业青年评选等活动，选树一批青年创业典型。

青少年维权工作

围绕“新生代农民工的社会融入”问题，开展“共青团与人大代表、政协委员面对面”活动15次，形成提案议案13份。开展禁毒蓝丝带佩戴活动、“青春红丝带”预防艾滋病宣传教育活动。发放维权知识读本、维权扑克牌等宣传资料共5000余份。深化“青少年维权岗”创建，命名表彰26家“晋城市青少年维权岗”创建单位。各级团委成立关爱重点青少年群体志愿服务队69个,签订“社区重点青少年群体教育管理和服务协议书”63份。开展第八届“雏鹰练翅”军事拓展训练营,提高青少年自护能力。组织开展“关爱行动”,募集资金20.8万元,对孤残儿童、农民工子女、社区孤寡老人、环卫工人、服刑在教人员的未成年子女等群体共420人进行关爱帮扶。推进关爱农民工子女活动,全市共建七彩小屋8个,在结对农民工子女集中的20所学校,结对帮扶农民工子女7887人。开展“轻松备考12355与你同行”心灵护航行动,成立晋城市校外心理辅导站,为青少年健康成长提供法律援助、心理疏导等服务600余人次。

社会实践活动

新成立晋城市祥达公司青年志愿者分会和阳城电厂青年志愿者分会,形成拥有18个团体分会,4万余名会员的志愿者队伍,青年志愿服务活动向常态化发展。全年集中组织开展主题志愿服务活动109次。成立创建“青年文明号”活动组委会和“青年文明号”监察委员会,对全市279家市级“青年文明号”集体复查验收。立足“身边增绿”,教育引导广大青少年增强环保理念,组织1000余人参与保护母亲河活动,共植树4000余株。组织山西农业大学、晋城职业技术学院42名大学生,到县区进行暑期“三下乡”活动,增强大学生社会实践。开展“快乐活动”进校园活动14场,举办首届公益文体活动周,《红梅赞》、《戏妞妞》两个节目获首届“银杏杯”中国青少年宫文化艺术节金奖。

(团市委)

妇 联

2011年工作

2011年，在非公有制企业等新经济组织中建立妇女组织，新建非公企业妇女组织62个。

服务经济

在全市城乡妇女中组织实施“1121”工程（即在全市培养选树100个巾帼合作社，10个巾帼创业基地，20个巾帼创业典型，10 000个科学发展、转型发展巾帼带头人），组织引导广大妇女投身晋城经济转型跨越发展建设。开展科技培训、科技示范、科技合作、科技服务四大主题行动，提高广大妇女的综合素质和参与经济能力。全市各级妇联组织以妇女培训学校和培训基地为依托，采取普及型与提高型相结合，现场观摩与会议相结合，办班授课与田间指导相结合等多种形式，开展养蚕、养猪、养鸡、大棚菜种植、果树管理等技术培训，共举办各类妇女培训班200多期，培训妇女20 000多人次。5月，聘请专家到6个县（市、区）部分乡村举办农村实用新技术培训，通过培训，1300多名妇女成为当地科技致富带头人；10月17—18日，市妇联在市妇女儿童文化中心举办村妇代会主任和巾帼致富带头人培训班，200余名妇女通过培训。市、县、乡（镇）、村妇联四级联动，培养选树省级巾帼创业就业基地5个、创业就业培训基地5个、女大学生创业指导实践基地4个；培养选树市级巾帼创业就业基地10个、创业就业培训基地10个、女大学生创业指导实践基地10个、巾帼合作社100个、巾帼致富带头人10 000名。

妇女创业

市妇联将落实妇女小额贷款工作作为促进妇女创业就业的重要环节。市妇联与市财政局、市中小企业担保有限公司、经办银行多次召开联席会议，研究出台《晋城市妇女小额担保贷款工作实施方案》，制定妇女贷款操作程序。4月20日，召开晋城市妇女小额担保贷款工作会议，由市担保公司和城区信用联社的负责人对县（市、区）妇联主席和承办人进行有关贷款申请所需资料、程序、注意事项等内容进行培训，宣布妇女小额担保财政贴息贷款工作启动。5月，市妇联联合市中小企业担保公司、城区信用联社等部门的经办人，到每个申请贷款的项目现场实地考察，现场办公，与符合条件的妇女签订担保合同。6月13日，晋城市妇联联合市财政局、市中小企业担保有限公司、山西信用联社晋城办事处、城区信用联社在市妇女儿童文化中心二楼会议室举行市妇女小额担保财政贴息贷款首批集中发放仪式。为42名妇女发放贴息贷款257万元。12月,市财政拨付妇女小额贷款担保基金100万元。

“巾帼建功”活动

市妇联把“我爱我岗”活动作为“巾帼建功”活动的一个新载体,组织开展以巾帼创新业、建功“十二五”为主题的“我爱我岗”活动,动员组织各行各业女职工立足岗位,争创巾帼文明岗,争当巾帼建功标兵,争创一流工作业绩,通过学习、宣传、培训、知识竞赛、表彰、争创“巾帼文明岗”等形式,激励女职工立足本职、爱岗敬业、争先创优,树立行业新风、提升服务水平。以窗口单位、服务行业为重点,开展“服务创一流、巾帼展风采”活动,创建全国“巾帼文明岗”13个,省级巾帼文明岗60个、市级巾帼文明岗500多个。选树巾帼建功标兵1000多人。对获得省级以上的巾帼文明岗实行动态管理。10月24日—25日,市妇联配合市商务局、市人社局、市总工会、市家政协会举办第二届“祥达杯”家政服务员技能大赛,进行家庭保洁、家庭烹饪、家庭护理等项目竞赛,共33名选手参加比赛,其中妇女选手30名。

思想教育

一是在全市妇联系统组织开展“我与党旗共命运,红色照亮半边天”主题系列教育活动。组织“唱红歌、颂党恩”、“对党说句知心话”红诗朗诵、参观孙文龙纪念馆红色教育活动、“唱支红歌给党听”红歌会演活动、到井冈山学习培训等系列活动。二是开展“我爱我岗、我爱我村、我爱我家”三爱活动。全市基本形成以市妇联为龙头、县(区)妇联为两翼、乡(街)妇联为依托、村(社区)为重点的创建活动指导体系,参与率达到80%以上。12月,市妇联在高平市举办“我爱我村”、“我爱我家”、“我爱我岗”主题活动现场推进会。三是开展典型宣传。“三八”前夕,对2010年全市各条战线涌现出的“巾帼文明岗”、“巾帼文明示范村”、“三八红旗手”、“双学双比女能手”、“巾帼创业新秀”、“平安家庭标兵户”、“维护妇女儿童合法权益标兵”、“十佳妇代会主任”、“十佳军嫂”、“平安家庭示范户”等各类先进典型进行表彰;10月18日,市妇联举办孝老爱亲模范暨巾帼创业标兵报告会,邀请王满富、马丑平、王芳妮、郑新娟、秦香娥、侯春云6名“孝老爱亲模范”到现场,讲述她们在日常生活中扶老携幼、爱撒乡邻的感人事迹。11月17日,市妇联召开“全市节能减排进家庭社区暨低碳家庭、时尚生活主题活动沁水推进会”,各县(市、区)妇联主席、节能减排进家庭社区活动社区代表、低碳家庭代表70余人参加。11月23日,召开“晋城市平安家庭创建活动暨基层妇女维权示范站建设陵川推进会”,各县(市、区)妇联主席、综治办主任、平安家庭代表、妇女维权示范站代表100余人参加会议。

未成年人教育

市妇联组织开展“双合格”家庭道德教育宣传实践月活动。6月10日至6月24日，市妇联、市教育局配合省家庭教育讲师团，在六县（市、区）部分中小学、幼儿园开展“珍爱生命、学会生存、幸福生活”家庭教育巡回讲座近20场，参加讲座人数近5000人。8月9日，市妇联、市泰康人寿保险公司联合举行晋城市“泰康杯”我家的新生活少儿书画大赛，共有101名少年儿童参加比赛。

关爱活动

3月2日，在市妇女儿童文化中心楼前启动晋城市关爱妇女健康宣传周活动。3月3日，市妇联与市妇幼保健院联合启动“春风化雨健康行”公益活动，聘请市妇幼院副院长王霞在城区北石店镇举办妇女健康教育知识讲座。3月4日，市妇联与市妇幼院联合在高平马村举办妇女健康知识讲座，免费为全村1000余名妇女进行健康体检。市、县、乡各级妇联组织和各级妇幼、卫生组织，组织医务人员，深入乡村、社区为广大农村妇女和城市下岗女职工开展妇科病检查。全年有2万余名妇女接受妇科病普查体检，其中免费体检6000余人。

2012年工作

2012年，在两新经济组织中建立妇委会1553个，实现妇女之家全覆盖。培养全国、省级优秀基层妇女组织32个，建立市级“妇女之家示范点”100个。

服务经济

培育和发展“能手+农户”、“公司+基地+农户”、“合作社+基地+农户”等妇女专业技术合作组织和流通组织，积极扶持创建各种“妇”字号基地、龙头企业。全市建成全国家政培训示范基地1个，省级巾帼现代农业科技示范基地6个、巾帼创业基地15个、巾帼创业就业培训基地14个、女大学生创业实践基地15个，建成市级各种基地、巾帼合作社300余个，培养选树巾帼科技致富带头人10 000余名。市妇联获全国妇女创先争优先进集体。

妇女创业

组织开展妇女小额担保贷款工作，下发《关于进一步规范妇女小额担保贷款促进妇女创业就业的通知》。市财政先后拨付妇女小额贷款担保基金1100万元，建立专门账户。市妇联入户审核贷款妇女215人，为207名符合条件的妇女发放小额担保财政贴息贷款1598万元，带动3600余名妇女就业。10月29日，城区举行“妇女就业创业小额担保贷款财政贴息发放暨“我骑单车下基层”活动启动仪式”，为首批创业妇女31人发放贷款155万元。利用晋城妇女网、举行重大节庆、纪念日宣传活动、各种培训时期等机会,向广大妇女发布创业信息;与女企业家联手为女大学生提供创业就业实习岗位,为广大妇女群众提供技术咨询、市场对接、权益维护等服务。开展"春风送岗位"行动,组织参与招聘会16场,提供就业岗位29 000多个。11月1日,召开晋城城乡妇女创业成果展暨三爱活动高平现场会,成果展示分版面、实物、现场演示,展品有编织、刺绣、挂毯、陶瓷、重型机械、食品加工、服装服饰等几十个种类、近千件作品,近3000名妇女参加会议。组织女企业家参加晋商女性才智论坛、全国农产品博览会展示、洽谈、项目推介等活动。

"巾帼建功"活动

共表彰巾帼建功标兵、十大杰出创业女性和优秀女企业家、巾帼创业新星、巾帼致富带头人等260名。市妇联获山西省城乡妇女岗位建功先进集体、晋城创建国家级创业型城市突出贡献奖。

思想教育

举办"职场女性素质提升与魅力修炼培训班",特邀中国培训热线首席培训讲师、北京雅致人生管理顾问有限公司资深讲师马晓霞授课,市直单位300余名干部职工参加培训。4月18日,市妇联、市儒家文化促进会联合举办"母亲文化大讲堂"活动。以每月一讲的形式邀请专家学者进行专题讲座,共举办7期,1500多名母亲聆听讲座。12月8日—14日,市妇联组织全市近50名女干部到广州中山大学政务学院深造。在《太行日报》开辟专版,大力宣传晋城市"十大女杰"、"十佳巾帼标兵"先进事迹;与市电视台联合推出"三月绽放女人花"魅力女性访谈节目;利用《晋城妇女网》和《晋城妇女》杂志宣传全市妇女工作成就,宣传党的各项方针政策,宣传各条战线优秀妇女典型。实施"妇女报刊进乡村"行动,落实《中国妇女报》专项经费32万元,征订《中国妇女报》2166份、《农家女》1000份,为全市所有村妇代会、女企业家、女人大代表、女政协委员免费发放精神食粮。

未成年人教育

举行以"红领巾·心向党"为主题的"六一"国际儿童节庆祝大会,实验小学全体学生向全市少年儿童发出"红领巾·心向党"的倡议。市妇联、市教育局以及市妇儿工委各成员单位,向市直及六县(市、区)12所小学、幼儿园,赠送书包、文具等学习用具价值4万余元。市妇联、市妇女儿童文化中心共同举办"快乐起飞,共同参与"少儿才艺展示大赛。共设置太阳能电池驱动益智模型组装、航天模型组装与投掷、航海模型组装与遥控、绘画比赛、手工制作比赛、讲故事比赛等六大项目,市直各小学、幼儿园168名小朋友参加竞赛。提高各类家长学校办学质量,培养选树全国示范家长学校1个、全国家庭教育工作示范村1个、市级家庭教育示范基地100个。市妇联与市宣传部、市文明办、市教育局联合开展美德少年评选活动,评选出“美德少年标兵”20名、“美德少年”40名。

维护妇女儿童合法权益

市妇联建立健全妇女维权站、家庭暴力投诉站、矛盾纠纷调解和心理疏导中心等基层维权网络,免费开展法律咨询服务,接待妇女群众来信、来电、来访75件,实现信访与法律服务有机结合。扩大“平安家庭”创建活动普及面,在全市10个试点社区(村)开展签订“平安家庭”承诺试点工作,承诺率达到80%以上。将“平安家庭”创建活动与创建零家庭暴力社区(村)相结合,开展反家庭暴力活动。开展“爱心救助特困母亲”活动,全市2009年以来,患两癌花费在2万元以上,因病贫困的妇女有120余名,从中筛选20名特殊困难妇女向全国、省妇联申请救助,全国妇联确定救助对象10名。实施“关爱留守儿童行动”,对全市留守儿童摸底调查,全市共有留守儿童2000多名,对6县(市、区)100多名农村留守儿童生存情况进行调研,并到阳城县横河乡慰问生活困难的留守儿童。六一期间,市妇联先后到泽州李寨小学、城区凤兰学校、阳城县阳光特殊儿童学校,对农村留守儿童、农民工子弟、智障儿童进行慰问,送慰问品价值1万多元。慰问18名贫困单亲家庭子女和留守儿童,每人发放慰问金500元。11月15日,市妇联、市慈善总会联合召开“冬季捐赠衣物、母亲慈善行动”动员会,半个月收到捐赠衣物2万余件。

编制起草《晋城市妇女发展“十二五”规划》和《晋城市儿童发展“十二五”规划》,经市人民政府审批同意,于2012年8月颁布实施。召开全市妇女儿童工作会议,市政府副市长、市妇儿工委主任王维平与各成员单位签订目标责任状。各县(市、区)妇儿工委也相继出台“两规”。市妇联、晋城市慈善总会和晋城现代女子医院,联合开展“妇女健康公益普查及援助行动”,为3800余名妇女免费检查,为1326名贫困妇女发放救助金107 642元。在城区、高平市举办妇女健康知识讲座。在泽州县、高平市、阳城县、陵川县、沁水县启动全国农村妇女“两癌”免费检查试点项目。沁水县将妇女健康检查列入全县为民办实事项目,由县财政拨付资金100万元,为5.1万已婚妇女进行健康检查,全年检查2.9万人,完成计划的57%。实施贫困母亲两癌救助工作,有14人得到全国、省妇联每人10 000元的救助。建立关爱留守流动妇女儿童示范点20个,开展“护苗成才”、“社会妈妈”等活动,慰问救助孤残儿童、留守儿童530名。实施“母亲健康快车”三送活动,即为妇女儿童送健康理念、送健康知识、送健康服务,受益妇女儿童达2.9万人次。全年市妇联共接待来信来访来电26件次,其中涉及司法处理的7件,90%以上案件得到公正处理。

技术培训

全市各级妇联组织依托“妇女之家”、农村网络教育平台,对致富能手、创业带头人、留守妇女等广大妇女进行多种形式、多种技能知识培训。市、县、乡三级妇联组织共举办培训189期,培训妇女23 000余人次。

“平安家庭”创建

10月26日,市妇联、市综治委联合召开全市“平安家庭”创建活动座谈会,各县(市、区)综治办主任、妇联主席和“平安家庭”标兵户代表及各界妇女代表40余人参加座谈会。

宣传活动

“三八”期间,市妇联、市总工会、市司法局、市综治办、团市委,联合开展以“深化妇女普法教育,促进构建和谐社会”为主题的“三八”维权周宣传活动,发放法律宣传小册子1万余本;针对“家庭暴力”,开展“普法进乡村”活动,制作印有“关爱妇女、抵制家暴”、“自尊、自信、自立、自强”宣传购物袋1万余件,发放到全市各乡、村妇女手中。在禁毒日、艾滋病防治日、“12·4”法制宣传日,组织街头宣传、面对面宣传等。市妇联获全国妇女宣传舆论阵地建设先进单位。

基层组织建设

依托妇女之家建起妇女舞蹈队、秧歌队、健身队、合唱队、女子八音会等2000余支。第九届村两委换届后,有2318名妇女进村“两委”。市、县两级妇联对换届后的妇女干部进行全覆盖培训。4月28日—29日,举办“晋城市农村妇女领头雁培训班”,全市90个行政村的女支书、女主任及部分乡镇妇联主席120余人参加培训,组织学员实地参观泽州县红霞蔬菜基地和太行荣盛农业合作社等妇女创业就业典型。9月11日—19日,阳城县妇联、县委组织部,分3期对全县18个乡(镇)565名村“两委”妇女干部进行政治素质、理论素养、业务知识以及带领农村妇女创业致富能力培训。

(市妇联)

科 协

2011年工作

2011年，全市共有市级学会50家，县级学会111家，会员总数达8万余人。市科协、沁水县科协分别被省科协授予“山西省全民科学素质工作先进集体”、“科技奉献奖”称号。

科普宣传

开展2011—2015年度全国科普示范县（市、区）创建工作，高平市、泽州县被中国科协命名为2011—2015年度全国科普示范县（市、区）。开展晋城市第二十届“科技之春”宣传月活动，全市各级科协组织共举办科普讲座、报告会20余场次，开展科技培训30余场次、科普宣传活动50余场次，发放各类科普宣传资料10万余份、科普书籍1万余册，展示科普挂图20余场次，受益群众达15万余人次。开展“科技活动周”活动，组织农科专家在高平市河西镇永宁寨村举办大棚辣椒栽培技术培训，在泽州县金村镇孟匠村举办科学养蜂和蜂产品生产培训，共集中培训农民300余人次。开展“三下乡”活动，向泽州县南村镇窑南村发放科普手册1000余册、科普挂图300余套、科普书籍200余册。开展“全国科普日”活动，组织市水利学会、市营养学会、市优生优育学会等10余学会和市科普惠农服务中心，进行科普宣传、科技咨询、医疗义诊等。巩固城市（社区）科普宣传，在中后河小区、江淮小区新建2个科普宣传栏，全市共有科普宣传栏26个，科普画廊1个。

科普惠农

参加全国科普惠农兴村计划先进单位和先进个人评选活动，2个先进单位（农村专业技术协会、农村科普示范基地各1个）和1个先进个人（农村科普带头人）受到中国科协、财政部表彰，4个先进单位受到省科协、省财政厅表彰。全市共获国家级、省级科普惠农兴村奖补资金达85万元。完成省科协下达的20户科普惠农扶贫服务任务和3000名农业实用技术培训任务。承办山西省科普惠农数字图书馆第七期（晋城）培训班，50余人参加培训。完善科普110热线电话和视频对接系统，农民“零距离”接受科技信息，全年共接受网络咨询6073次，组织培训31次，共有2554人接受培训。与市统战部、市工商联和市科普惠农服务中心联合开展科普惠“三老”（老红军、老八路和新中国成立前的老党员）活动，为泽州县、阳城县、沁水县、陵川县“三老”人员提供科普惠农服务，赠送科普宣传手册3000余册、科普挂图

300余套。泽州县建立政府主导、部门协作、社会参与的工作运行机制,在全县有条件的乡镇建立科普惠"三老"服务中心或服务站,"三老"人员可凭会员卡在科普惠农服务站、科普惠"三老"服务点享受子女上学学费减免或优惠政策,享受购买指定品牌的农业生产资料、日用品等优惠政策。

《纲要》实施

全市科协系统认真贯彻实施《全民科学素质行动计划纲要》("十二五"规划)。一是在全市开展山西省全民科学素质工作先进集体、先进个人评选推荐工作。市科协和沁水全民科学素质工作领导小组办公室被评为先进集体,阳城科协主席范秋龙被评为先进个人。开展全市评选推荐"十一五"全民科学素质工作先进集体、先进个人活动,共推荐20名先进集体和25名先进个人。二是拟订全市"十二五"全民科学素质行动计划纲要。三是在全市开展"农民科学素质网络知识竞赛"活动。组织泽州县、高平市千余名农民参加由中国科协举办的提高农民科学素质网络知识竞赛活动。四是举行"科普图书公益漂流"山西(晋城)首场启动仪式活动。市科协、市教育局和市科普惠农服务中心有关负责人及市中原街中小学校1000余名师生参加仪式。五是提高领导干部和公务员科学素质。城区开通科普短信,共向343位领导干部发送短信科普4116条,开通新浪官方微博,采编微博81条,是全省科协系统继省科协之后第二家开通微博的单位。六是开展城镇人口科普培训。阳城县组织城镇劳动人口开展职业技能、就业能力、创业能力及适应城市生活能力和适应职业变化能力的专业培训,城镇劳动人口的科学素质和就业能力得到提高。七是开展农民实用技术培训。市科协组织各县(市、区)科协开展"百村千户万人"农业实用技术培训活动,共举办各类农业实用技术培训300余场次,培训人员近2万人。八是增强未成年人科学素质。阳城县开展科普体验教育,组织开展参观地震科普苑、地震模拟体验,在学校开展地震模拟演习,青年少学习科普、参与科普的主观能动性和科普动手实践能力得到提高。

提升青少年科学素质

全市科协系统开展多项活动,提高青少年科学素质。一是举办晋城市第九届青少年科技创新大赛。全市40余所中小学校及幼儿园共2万余名青少年参加活动,共评出获奖作品178件。选送30个项目参加省级大赛,3个项目获一等奖,11个项目获二等奖,16个项目获三等奖。省科协推荐3个项目参加全国大赛,获全国二等奖1项,三等奖2项。二是开展校园科普活动。在全市各中小学校开展"科普知识进校园"活动,共向中小学生发放"节约、环保、安全"科普小册子5000余册,科普挂图500份。开展全市"第四届学生科技月活动",全市各中小学校围绕活动主题开展形式多样、内容丰富的科普实践活动。三是加强青少年科技教育基地学校创建,“晋城市第二批青少年科技教育基地学校”活动,各县(市、区)及市直学校共申报学校9所。

科技培训

全市共有企业科协组织35个,覆盖企业职工15万人、科技工作者1.6万人。8月,在阳城县润城镇联合举办“科技专利信息推介会”,向40余家企业推广专利技术信息包。10月,对全市企业科协主席、秘书长进行培训。

推动技术创新

5月,市科协在市政府多功能会议厅举办“2011年企业技术创新方法宣讲晋城报告会”,中国科技咨询服务中心总工程师李赤泉作题为《学习创新方法,提高创新效率》专题报告。为各县(市、区)科协、企业科协配发“山西省科普强企数字图书馆阅读卡”,方便企业掌握高端前沿技术和信息,推动企业技术攻关。

“讲、比”活动

市科协组织全市工程技术人员开展以“节能、降耗、减排、增效”为重点的“讲、比”活动。通过活动,科技工作者完成革新改造项目652项,技术攻关98项,提出合理化建议2000余条,创造直接经济效益总值达3亿多元。同时对2010年“讲、比”活动中涌现出的“十佳工程师”和“优秀工程技术人员”进行表彰,“十佳工程师”授予“五一劳动奖章”,“优秀工程技术人员”记一等功。组织科技人员参加省科协开展的“讲、比”活动,3个集体获2011年度山西省“科技奉献奖”先进集体;3人获2011年度山西省“科技奉献奖”先进个人。组织推荐参加“第六届山西省优秀科技工作者”评选活动中,2人被评为“山西省优秀科技工作者”。

“金桥工程”

申报市“金桥工程”项目2项,申报省“金桥工程”项目2项,完成项目年增利税385万元,节约资金350万元。

课题调研

组织参加省科协“关于征集2011年调研课题选题”活动。泽州县科协、市预防医学会、市食品学会、市气象学会等参加课题报送,其中市食品学会的“晋城市农产品加工发展战略研究”课题被省科协宣调部确定为2011年决策咨询调研课题。

信息库建设

市科协建立中级职称以上科技人才信息库。全市有中级职称以上科技人员1000余人入库,并对信息库进行动态管理。

举办晋城市首届科技工作者"华泰杯"乒乓球大赛

市科协举办晋城市首届科技工作者"华泰杯"乒乓球大赛。全市科协系统的25支代表队共148名队员参加比赛,共决出男、女单打(团体)前6名。

学术研讨

组织参加山西省第十五届优秀学术论文活动,报送论文45篇,获一等奖1篇、二等奖8篇、三等奖22篇。同时开展评选推荐"第六届山西省优秀科技工作者"活动,共推荐8名候选人。

2012年工作

2012年,制定《晋城市全民科学素质行动计划纲要实施方案(2011—2015年)》,确立十二五全市科学素质的工作方针、发展目标、主要行动和责任单位,全面开展提高全民科学素质工作。

科普宣传

组织开展科技周、文化科技卫生"三下乡"、晋城市第二十一届"科技之春"宣传月、全国科普日等活动,提供科技咨询服务,发放各类科普宣传资料25 000余份、展出科普版面150余块。各级科协累计举办科普讲座50余场,开展农业实用技术培训120余场,培训农民5000多人,受益群众达50 000人次。联合市教育局开展第二批"晋城市青少年科技教育基地学校"的命名和授牌活动,对8个科技教育活动成绩显著的学校,给予表彰鼓励。组织"晋城市第十届青少年科技创新大赛"评审活动和"第十一届青少年科技创新大赛",全市100余所中小学校及幼儿园共3万多件作品参赛。"第十届青少年科技创新大赛"评选获奖作品393件,其中获得省级科技创新大赛一等奖项目7个、全国科技创新大赛三等奖4个。举办"晋城市第五届学生科技月"活动,在晋城一中、中原街小学分别举办航模表演活动。组织参加山西省第十二届机器人大赛和全国机器人创新大赛,选送少儿作品100余件参加"第八届山西省宋庆龄少年儿童发明奖"评比活动,市科协获"优秀组织单位"称号。

科普惠农

建立晋城市科普惠农兴村计划项目库,16个农村专业技术协会、23个农村科普示范基地、12个农村科普带头人信息进入山西省科普惠农兴村计划项目库。沁水县蜂业协会被评为山西省优秀农村专业技术协会,城区惠康禽业科普示范基地、阳城县脱毒红薯科普示范基地被命名为山西省农村科普示范基地,命名15家单位为晋城市农村科普示范基地。在泽州县成晔农业发展有限公司建立全市首个"农科专家科普示范基地"。参加中国科协、财政部2012年"科普惠农兴村计划"评选表彰活动和山西省基层科普行动计划先进单位的推荐评选活动,阳城县红薯经济协会被评为2012年全国科普惠农兴村计划先进单位,获奖补资金20万元;泽州县兔业协会等5家单位被省科协、省财政厅评为2012年山西省基层科普行动计划先进单位,分别获奖补资金10万元;沁水县张广明被评为2012年山西省基层科普行动计划先进个人,获奖补资金3万元。市财政出资20万元对13个农村基层科普惠农组织和站点进行补助。举办山西省首届科普惠农优质农产品展销会晋城市主题日活动,阳城县红薯经济协会获山西省十大特色农产品品牌称号,市科协获优秀组织奖。创建"晋城市科普示范社区"16个、"山西省科普示范社区"4个、"全国科普示范社区"1个。城区西街办事处后疙瘩社区创建为全国科普示范社区,获"社区科普益民计划"奖补资金20万元。

《纲要》实施

一是推动提高全民科学素质行动。召开晋城市全民科学素质工作推进大会,对十一五期间在提高重点人群科学素质方面做出突出贡献的20个先进单位和24名先进工作者进行表彰。二是以活动激励和带动全民科学素质提高。举办首届晋城市"小肥羊杯"提高全民科学素质知识竞赛活动,在《太行日报》刊登100道知识竞赛试题,共收到公众答题卡4385份,电脑随机抽取一等奖10名、二等奖20名、三等奖30名、纪念奖100名。三是参加公众科学素质电视大赛。泽州县科协代表晋城市参加首届山西省公众科学素质电视大赛活动,获现场才艺展示表演最佳才艺展示奖,市科协获优秀组织奖。四是提高"五大重点人群"科学素质。举办"晋城科普大讲堂"活动,组织中科院老科普专家报告团在全市党政机关、中小学校、企业、社区举办科普报告会22场。

推动技术创新

邀请中国科技咨询中心总工程师李赤泉和太重集团高级工程师张林威在山西绿洲防织有限公司和山西沁和能源集团有限公司举行企业技术创新方法宣讲报告会、设立创新技能培训班。组织科技人员参加技术经纪人和科技咨询从业人员培训,面向企业广泛开展科技咨询服务。建立"山西省院士专家企业协作中心晋城富基工作站",实现企业和专家对接,搭建服务企业的创新平台。

"讲、比"活动

市科协组织全市企事业单位工程技术人员,开展以"我为转型跨越发展做贡献"为主题的"讲、比"竞赛活动,带动科技工作者完成革新改造项目712项,技术攻关108项,引进开发新技术、新品种785项,提出科学的合理化建议2210余条,创造直接经济效益总值达4.1

亿元。

"金桥工程"

全年实施"金桥工程"项目7项,为企业节约资金1400万元,年增利税5000万元。

举办晋城市第二届优秀工程技术人员评选

市科协、市劳动竞赛委、市总工会联合开展评选晋城市第二届优秀工程技术人员和"十佳工程师"活动,在全市企业工程技术人员中表彰"十佳工程师"10名和优秀工程技术人员17名。完成2012年度山西省"科技奉献奖"、"山西省第六届优秀科技工作者"和"全国优秀科技工作者"的推荐评选工作,2个集体被评为2012年度山西省"科技奉献奖"先进集体,3人被评为2012年度山西省"科技奉献奖"先进个人,2人被评为"山西省第六届优秀科技工作者",1人被评为"全国优秀科技工作者"。

学术研讨

组织晋城市第十三届优秀学术论文征集活动,共征集论文197篇,132篇优秀论文获奖。推荐山西省第十六届优秀学术论文35篇,获得一等奖1篇,二等奖5篇,三等奖25篇。举办学术交流会44场,交流论文41篇。举办全市学会干部培训班,共培训学会干部60余人。

(市科协)

文 联

2011年工作

2011年，市文联充分发挥“组织、联络、协调”职能，各项工作稳步推进，取得明显进展。

文化活动

举办“‘神奇太行·文化晋城’迎新春书画摄影展”。5月，承办中国赵树理研究会第八届全国会员代表大会，全国各地50余名赵树理研究专家参会。6月，承办“蟒河杯”影像中国太行风情全国摄影展览、“王莽岭杯”太行风情三省八市中国画联展和晋城、朔州、安阳三市“太行书风”书法联展。与晋城市九三学社联合举办“2011‘汨罗江上的回响’诗歌朗诵大赛”。9月，召开“赵树理诞辰105周年纪念会”，并举行赵树理文物捐赠仪式，丰富馆藏和赵树理研究的基础资料。10月，高平文工团曲艺节目《谷子好》参加第七届中国曲艺节开幕式演出，获优秀节目奖，并在中央电视台三套节目播出。12月，市音舞协会主席霍霍创作的大型歌剧《小二黑结婚》参加首届中国歌剧节，获七项大奖，在全国歌剧界引起轰动。

文学创作

加强文学笔会制度，先后在赵庄煤矿、蟒河景区举办春秋两季笔会。重点扶持5部长篇小说创作。在《山西文学》第十期推出晋城专刊。编发《太行文学》6期。

赵树理文学馆

赵树理文学馆作为展示赵树理生平和开展传统爱国主义教育的基地，接待参观团体数10个，参观人数达5000余人。

2012年工作

2012年，市文联贯彻落实党的十七届六中全会精神和第九次全国文代会、第八次全国作代会精神，为全市文化事业发展作出了积极贡献。

市文联第三次代表大会

召开晋城市文联第三次代表大会，通过《晋城市文学艺术工作者联合会章程》，选举产生新一届文联全委会和市文联主席团。

文化活动

举办“晋城市喜迎党的十八大书法、美术、摄影展”,共展出作品246件。市戏曲家协会举办庆祝“十八大”上党名家走进东刘庄演唱会。市摄影家协会举办“太行神韵、沁河风情”摄影展暨“走近沁河、大美李寨”摄影大赛。市书法家协会举办“墨韵晋煤、情润矿山”大型书法创作笔会。市美术家协会举办张剑舟写生作品展。市诗词学会在珏山景区进行踏青采风创作,在棋源山庄举行壬辰金秋诗词采风活动,赴泽州县南岭乡葛万村进行采风。5月,在山西省举行的纪念毛泽东《在延安文艺座谈会上的讲话》发表70周年暨文艺创作总结表彰会上,晋城市音舞家协会副主席郭新顺作词、山西省音乐家协会副主席吕欣荣作曲的歌曲《再造新山西》,成为全省实施文艺作品“百优”表彰工程以来涌现的100部优秀文艺作品之一。10月,市美协主席贾大一参加深圳市人大、政协、文联等单位主办的“中华名家·中国画邀请展”预展,12件作品在深圳关山月美术馆展出。参加首届山西散文名家奖、名作奖评比,市作协主席、《太行文学》主编聂利民荣获“山西散文名家奖”。

文学创作

出版《太行文学》6期。召开两次文学笔会。邀请省作协副书记杨占平和知名艺术家赵瑜、李杜、李骏虎、王春林五位专家,在城区洞头村慧源山庄举办为期五天的文艺高级研修班,为文学爱好者讲解党在现当代的文艺方针政策和文艺发展的最新动态。市文联确定慧源山庄为“晋城市作家协会创作基地”。市文联被省作协授予“文学创作成绩奖”。

赵树理文学馆

全年共接待各类参观人员共10 000余人次,举办各类主题教育活动20余场次。8月,在全市文化强市大会上,赵树理文学馆被市委、市政府表彰为“公共文化服务先进单位”。

(市文联)

工商联

2011年工作

2011年,按照市委《关于工商联(民间商会)换届工作的实施意见》要求,完成县级工商联换届工作,落实党委领导班子抓工商联工作,政府领导班子联系工商联的工作制度,6个县(市、区)工商联全部建立党组、配备党组书记。成立了晋城河南商会、晋城安徽商会,筹备晋城福建商会、晋城山东商会。推荐市人大代表35人,市政协委员40人。

参政议政

全市各级工商联组织向各级党委、政府提交调研报告40多份,议案、提案、意见、建议等200多条,为党委、政府科学决策提供参考依据。提出的《关于进一步优化发展环境,推进民营经济转型发展的建议》、《关于加大民营企业转型项目扶持力度的建议》等,成为市委、市政府《关于进一步创优发展环境支持民营企业发展的实施意见》、《晋城市推进经济发展方式转变项目扶持资金管理暂行办法》等文件中的重要内容和主要依据。

自身建设

召开主席会、常委会、执委会以及座谈会、交流会、联谊会等,开展政策理论学习。会同市委统战部举办培训班,轮训非公有制经济代表人士。配合市委统战部,在全市"两新"(新经济组织、新社会组织)党组织和党员中,开展学习实践科学发展观活动和"创先争优"活动,增强"两新"党组织活力,促进非公有制经济人士思想政治素质的提高。

服务社会

每季度召开一次全市民营企业家联谊会,搭建联谊交流平台。积极参与市委、市政府举办的"晋城市城市旅游推荐与企业招商引资深圳洽谈会"、"晋城产业项目香港合作推介会"等活动,举办"晋城市暨豫北六市工商联联谊会",协助民营企业开展对外交流。牵头成立晋城总商会投资担保有限公司,为民营企业提供贷款担保。把每年10月10日确定为健康体检日,为做出突出贡献的民营企业家进行免费健康体检,建立健康档案。福盛钢铁、兴高能源、新胜肉类、鸿诺光电等一批会员企业被省委、省政府表彰为"转型跨越发展"先进企业,硕阳光电、科通电子、融高太阳等一批通讯、光电、新材料等高科技重点项目进展顺利。

“百企助百村,共建新农村”活动

通过市场化方式,以产业带动、项目建设、技术帮扶等形式,引导广大非公有制经济代表人士投身社会主义新农村建设,涌现出“凯永养殖”、“泽地萃食用菌产业化项目”、“双丰农业”等一大批好项目,累计提供农村就业岗位1.8万多个,投入到新农村建设的资金达8000多万元。

“新晋商千企联千户”感恩行动

在全市组织开展“新晋商千企联千户”感恩行动和同心·新晋商科普惠“三老”活动,引导广大非公有制经济代表人士帮扶老红军、老八路、老党员,解决困难。

2012年工作

2012年4月,召开晋城市六届工商联会员代表大会,选举产生新一届执行委员会。在执委的组成上既注重代表的广泛性,又注重代表的特殊性,设立了一定比例的非党代表、女企业家代表、特邀代表和列席代表。一批在转型跨越发展中表现突出的非公经济人士,当选为执委、常委、兼职副主席。

招商引资

组织参加首届世界晋商大会,制定《首届世界晋商大会筹备工作晋城工作方案》,开展以商招商、以企引企、组团招商、融资招商,进行项目洽谈和项目对接,签约项目72个,总投资411.4亿元,引进资金400.6亿元。阳城县工商联组成邀商招商组赴福建进行招商项目推荐,与在闽阳城籍客商达成多项投资意向。沁水县工商联邀请沁水籍麦格理资本(香港)有限公司中国区主席、亚洲金融机构部主席翟隽,华美银行(中国)有限公司总经理吴鹏等回乡考察,就嘉沁科技、丰田食品等项目的融资和产品销售事宜进行洽谈并达成协议。高平市工商联应昆明晋商商会邀请,组团赴云南进行学习考察,与昆明晋商商会和普洱山西商会达成项目合作意向3个,总投资5亿元。

“感恩扶贫民生工程”活动

开展“感恩扶贫民生工程”活动,为边远山区捐款83万元,铭基房地产公司一次性捐助12万元。泽州县工商联组织会员企业参与造桥修路等社会公益事业。全市会员企业用于扶贫济困、捐资助学、慈善等光彩事业活动达600多万元。

“关爱员工、实现双赢”活动

在全市会员企业中开展“关爱员工、实现双赢”活动,推动民营企业构建企业关爱员工、员工热爱企业的和谐劳动关系。

服务社会

邀请全国工商联原副主席、国务院参事室特邀研究员保育钧等4名全国知名专家学者，为非公企业家进行专题讲座，共组织各类培训班7期，培训各类人员2000余人次。与市人社局、教育局、总工会共同举办“晋城市民营企业招聘周”活动。发布211家用工单位2924个岗位信息，涉及企业管理、建筑师、造价师、高级技工等工种224个。其中，为高校毕业生提供岗位达1170个，占岗位总数的40%。帮助市工商联地产商会、五金机电商会，建立银企合作、会员互保机制，为会员融资担保贷款2.5亿元。城区工商联帮助10余家会员企业与银行进行对接。高平市工商联为18家民营企业解决贷款1.6亿元。阳城县工商联组建商会互助基金，解决中小微企业流动资金困难。陵川县工商联在基层乡镇商会，组建“礼义商户贷款担保协会”，为当地企业提供贷款服务1800余万元。

参政议政

在市“两会”上，提交团体和个人提案、议案和建议80余条。其中《关于支持小微企业发展，扩大就业的几点建议》、《进一步优化发展环境，大力推进民营经济快速发展》、《关于鼓励和引导民间投资健康发展的建议》等受到市委、市政府的高度重视。

自身建设

市五金机电商会完成换届工作，成立了晋城市安徽商会、福建商会，筹备晋城市温州商会、江苏商会、河北商会、陕西商会。

（市工商联）

侨 联

2012年工作

2012年,各县(市、区)侨联、晋煤集团侨联开展"一县一特色"侨联品牌活动。城区侨联开展文明侨户活动,泽州县侨联打造郭台铭品牌,高平市侨联创建学习型机关,阳城县侨联大力招商引资,陵川县侨联进行科技扶贫创,沁水县侨联创新文化品牌,晋煤集团侨联维护侨胞权益。

参与社会管理

把侨联组织参与社会管理所涉及的范围和内容综合为16个单位25项。4月18日,召开"侨联参与社会管理理论研讨会",专题研讨侨联在参与社会管理创新中如何发挥作用,探索参与机制、服务形式、服务方法、服务内容。撰写参与社会管理调研文章38篇,评选出获奖文章14篇。在《晋城经济》发表参与社会管理论文3篇。

服务经济

由山西省侨联主办,晋城市侨联协办,阳城县委、县政府承办的"首届世界晋商大会上海华商—山西阳城经济合作洽谈会"在阳城县召开。6月20日至23日,上海华商考察团一行28人在阳城县进行参观考察。上海华商与阳城县6家企业就七个项目达成合作意向,签约意向投资资金55亿。山西省侨联和上海市侨联签订友好合作协议,省华商会和晋城市侨联分别与上海市华商会签订友好合作协议。

筹建晋商博物馆

市侨联开始筹建晋商博物馆,拟建晋商博物馆位于凤凰岭森林公园,占地50亩,总投资5000万元,投资以晋城籍台商郭台铭投资为主,并向社会公开招商。

筹建老年公寓

市侨联开始筹建"侨馨人家"老年公寓,该公寓占地60亩,可容纳600人,总投资3000万元,以郭台铭投资为主,向社会公开招商。

(市侨联)

残 联

2011年工作

2011年，省、市政府为残疾人办实事项目任务圆满完成，大力推进残疾人就业创业工作，并开展形式多样的助残活动。

实事项目

完成省政府为残疾人办实事项目：为15名贫困聋儿免费配发2个全数字式助听器；对28名贫困聋儿、8名贫困智力残疾儿童和10名贫困孤独症儿童给予平均每人5400元的训练费救助；对10名贫困肢体残疾（脑瘫）儿童实施康复训练，给予平均每人5400元的训练费救助；对10名贫困肢体残疾（脑瘫）儿童实施肢体矫治手术，救助标准按省、市（或县）二级机构，分别为每人9000元和6000元进行确定；对1500名贫困残疾人按人均150元的标准免费配发基本型辅助器具。对5个社区和3个残疾儿童康复训练机构，按人均10 000元配置训练器材。

完成市政府为残疾人办实事项目：为20名贫困聋儿免费配发助听器；救助30名贫困聋儿康复训练，每名6000元；救助10名贫困智力残疾儿童康复训练，每名6000元；救助30名贫困残疾人小腿假肢装配，每名5000元；救助10名贫困肢残（脑瘫）儿童手术，每名6000元；为100名贫困残疾人配发辅助器具，每人300元；为46个社区配发康复训练器材，每套10 000元；救助项目为7项，救助贫困残疾人200名，救助金额106万元。

“全国助残日”活动

5月15日，是第21个“全国助残日”。市残联组织市、县两级单位开展内容丰富的咨询宣传及慰问活动。活动期间，全市共走访慰问残疾人家庭500多户，发放慰问金、慰问品共计人民币30余万元；悬挂张贴标语多达200余条（幅），发放各种宣传手册10万余份，发放“扶残助残”环保袋2万多个，现场接受各种咨询、义诊达3000人次。

“爱耳日”活动

3月3日，是第12个全国“爱耳日”。活动期间，全市共发放宣传资料10 000余份，张贴标语、横幅30余条，接受群众咨询1000余人次。

“爱眼日”活动

6月6日,是第十六个全国“爱眼日”。市残联围绕“关爱低视力患者 提高康复质量”主题,组织市眼科医院医务人员深入社区、学校、幼儿园和市区各大广场,开展宣传义诊活动。活动期间,全市累计悬挂宣传标语横幅15条,发放“爱眼日”宣传资料12 000余份,义诊咨询眼病患者600余人次。

残疾人就业创业工作

1月5日,市残联与市人力资源和社会保障局共同举办“就业援助月”启动仪式,开展“就业援助月”活动,帮助残疾人就业创业。开展职业技能培训,提高残疾人职业技能。组织200名残疾人参加城镇职业技能培训和660名残疾人参加农村实用技术培训,培训内容包括计算机、男女服装制作、美容美发、盲人按摩、农户养殖等。鼓励残疾人自主创业和个体就业,在全市开展有偿扶持残疾人自主创业和个体就业工作。

残疾人危房改造项目

省残联下达晋城市的农村贫困残疾人家庭危房改造任务200户(高平市100户,陵川县100户),全部完成。

“阳光家园计划”

根据省残联《“阳光家园计划”(智力、精神和重度残疾人托养服务项目实施办法)的通知》精神,市残联启动“阳光家园计划”。阳城县阳光特殊儿童村投资100万元,托养智力、精神残疾儿童20余人。

监测工作

在阳城开展新一轮残疾人状况监测工作,涉及2个乡镇2个村(润城镇刘善村、演礼乡献义村)。8月到10月,进行抽样调查的筹备、培训、摸底等工作,9月制定《2011年新一轮全国残疾人状况监测工作方案》,10月组织残疾人状况监测培训会,11月进行议查、上站检查、入户监测等工作。

燃油税补贴发放工作

根据山西省财政厅、山西省残疾人联合会《关于下达〈山西省残疾人机动轮椅车燃油税补贴实施方案〉的通知》,“从2009年起对残疾人机动轮椅车每辆每年补贴200元”的补贴标准,共发放燃油税补贴164 200元,其中2009年度77 400元,2010年度86 800元。

2012年工作

2012年，晋城市出台《关于加快推进残疾人社会保障体系和服务体系建设实施意见》和《晋城市残疾人事业“十二五”发展规划》，为残疾人事业提供政策依据。

实事项目

实施残疾人“康馨工程”。市政府投入资金169万元，为全市930名贫困残疾人实施康复救助，为52个社区配发康复训练器材。经省残联审核批准，确定市聋儿语训部、市康复医院、沁水县残疾人康复中心、阳城县阳光特殊儿童发展中心为省政府为民办实事定点机构。开展残疾人康复需求调查，残疾人的需求输入全国残疾人康复需求调查系统。国家、省、市救助项目基本完成，其中国家级各类项目救助贫困残疾人414名，省级各类项目救助1660名贫困残疾人和9套康复训练器材。晋城市被确定为国际奥比斯组织“儿童眼保健”项目实施地。7月1日起，户籍在城区、泽州县的各类残疾人持二代残疾人证可以免费乘坐市内公交。

“全国助残日”活动

5月20日，是第22“全国助残日”。市残联组织开展“加强残疾人文化服务、保障残疾人文化权益”主题活动。

“爱耳日”活动

3月3日，是全国第13个爱耳日。市残联组织开展“减少噪声，保护听力”主题活动。

“爱眼日”活动

6月6日，是第17个全国“爱眼日”。市残联组织开展“情系白内障患者，共享和谐新视界”主题活动。

“文化周”活动

7月25日至31日，市残联举办主题为“共享阳光、放飞梦想”的残疾人“文化周”系列活动。一是举办残疾人书法、绘画、摄影、手工艺品展览。二是举办大型残疾人文艺晚会。三是举办基层残疾人工作者培训班。四是播放残疾人题材电影。五是进行《残疾人就业》专题系列报道。

残疾人就业创业工作

开展“就业援助月”活动，为102名就业困难残疾人提供援助和帮扶。积极参与晋城市创建国家级创业型城市，市残联被市政府表彰为“创业型城市创建工作先进集体”。5月12

日,举办首场晋城市聋哑残疾人富士康科技集团专场招聘会,50余名聋哑残疾人与富士康集团达成就业协议。扶持建立12个残疾人就业创业扶贫基地,以“公司+农户”的模式,辐射带动172名有劳动能力的残疾人增收致富;300余名城镇残疾人就业,350余名农村残疾人经农村实用生产技术培训从事种植、养殖业。组织实施省、市、县三级职业技能和实用技术培训,300余名城镇残疾人参加职业技能培训,1100余名农村残疾人参加生产实用技术培训。全市征收残疾人社会保障金860余万元。

残疾人危房改造项目

省残联下达晋城市的农村贫困残疾人家庭危房改造任务200户(阳城县100户,沁水县100户),全部完成。

燃油税补贴发放工作

残疾人燃油补贴资金22万余元,全部落实到位。

(市残联)

关工委

2011年工作

2011年,市关工委被中国关心下一代工作委员会、教育部关工委、全国“中华魂”主题活动组委会评为全国先进集体,被《中国火炬》杂志社评为宣传工作和征订发行先进集体。

主题教育

5月26日,市关工委在全市基层组织建设陵川现场会上,启动全市青少年“学党史、颂党恩、跟党走”主题教育活动,向全市6县(市、区)赠送“中华魂”(颂歌献给党)读本300余册。组织全市130多名“五老”和儿童参加“党在我心中”老少书法比赛,并在泽州公园展出。组织115个“五老”宣讲团,863个“五老”演讲小组深入工厂、农村、社区、学校、家庭,宣讲建党90年来的巨大变化。

基层组织

5月26日,市关工委在陵川县杨村召开全市关工委基层组织建设现场会,表彰11个村、2个社区、1个机关、1所学校、1个民营企业为“五好基层关工委”。8月、10月,组织6县(市、区)、晋煤集团关工委办公室主任分两批对全市14个基层关工委示范点进行观摩检查。

扶贫助学

2月24日,泽州县关工委与安利(中国)晋城分公司到犁川镇崔河小学开展“冬日暖阳”活动,为崔河小学捐赠“安利爱心书屋”图书300余册,学生手套、耳罩、文具、运动服价值1.5万元。9月16日,市建设工程交易中心与市、县关工委联合赴泽州县晋庙铺中学开展结对帮困助学,为两名特困生每人资助1000元,为10名贫困生捐赠文具,向学校捐赠文体用品。晋城公路分局92岁老红军梁广霖,给考上南京大学的贫困生梁泽宇捐助5000元。全国老有所为奉献奖获得者王全妞为陵川县附城镇后山村8名贫困生捐资8000元。入围2011年“感动山西”候选人,陵川县退休教师秦同和,通过实施荒山种药扶贫助学工程,解决30多户贫困家庭学生上学难问题。晋煤集团机关81岁老教师杨淑贞在“六一”儿童节前夕,捐资10000元为城区北石店镇司徒小学改善办学条件。

“两只羊”扶贫助学工程

从2003年泽州县关工委开始在泽州县实施“两只羊”扶贫助学工程以来,到2011年底,累计扶持泽州、阳城、陵川、沁水4个县、18个乡镇、56个村、2048户学生贫困家庭，选送优质母羊4096只，优种公羊119只，受助学生2268人。“两只羊”推动发展到25 800只，户均产值8000元。11月3日，市关工委在泽州县晋庙铺镇召开“两只羊”扶贫助学现场会。

2012年工作

2012年，市关工委获全国“中华魂(颂歌献给党)”主题教育读书活动先进集体，有16个集体、30名个人被省关工委、省文明办评为全省关心下一代工作先进集体和先进个人。

主题教育

举办全市“中华魂(颂歌献给党)”主题教育“国土杯”演讲大赛，评出小学组、中学组、青年组一等奖4名、二等奖7名、三等奖10名、优秀奖41名。市关工委组织小学组2人、中学组2人、青年组1人，参加全省电视演讲大赛，获团体总分第一名。

基层组织

市关工委提出“五位一体”关工委基层组织建设构想。“五位一体”网络是按照工作性质、职级、责任和区域分布，以县(市直单位)为核心、乡(镇、办事处)为纽带、村(社区)为前沿、学校为载体、企业为援手、建立起的浑然一体的关工委系统工作网络。8月，城区夏匠村关工委被全国妇联、教育部、中央文明委评为全国家庭教育示范村。

扶贫助学

8月，市关工委出台《组织“五老”关爱弱势青少年工作方案》，发动“五老”对失亲、失体、失教、失管、失学、失业等“七失”青少年进行帮扶。11月1日，市关工委向阳城县特殊儿童发展中心39名自闭症儿童捐款10万元和价值3000元的图书。

“两只羊”扶贫助学工程

继续推进“两只羊”扶贫助学工程，推广“两只羊”扶贫助学新模式。

(市关工委)

法学会

2012年工作

2012年,按照“属地为主、合理划分、资源共享”的原则,市法学会对多重身份会员的档案进行归并,重新统计和建立名册,并逐步实现会员的电子档案化管理。在会员发展上,坚持“积极发展、坚持标准、改善结构、合理布局”的原则,既积极发展,又不单纯追求数量,保证会员队伍健康发展。

法学研究

市法学会多次召开会议,鼓励法学、法律工作者进一步解放思想,转变观念,倡导法学理论创新,多出法学研究成果,提高服务大局的能力和水平。选送优秀论文参加第七届环渤海区域法治论坛和中国诚信法治论坛征文活动。

办好《晋城法学》

市法学会创办《晋城法学》刊物,出版4期。展示全市法学研究成果,推动全市法学研究工作。

自身建设

3月9日,市法学会召开常务理事(扩大)会议。会议传达省法学会常务理事(扩大)会议精神,市法学会副会长王迎选受常务理事会委托作2011年工作报告,会议补选田龙社为晋城市法学会副会长。9月26日,市法学会组织召开学习贯彻中国法学会“两会”精神工作会议。会议传达中国法学会全国省级法学会会长研讨班精神和中国法学会研究会会长工作会议精神。市检察院、市人大法制委、城区法学会的领导分别就如何做好法学会及法学研究工作做交流发言。

基层学会

市法学会就推动市、县法学会机构建设提出具体要求。城区、阳城县、陵川县成立法学会。

信访稳定点评案件法学研讨会

6月1日,市法学会召开信访稳定点评案件法学研讨会。有关律师和法学法律工作者对“关于碗子城”地界纠纷事件、高平市特大网络赌博犯罪团伙案等7个信访稳定案件分别进行分析研究,从法学、法律的角度,为当前经济发展提供法律上的理论支撑,解决一些涉诉案件法学理论滞后的问题,寻找法律理论依据。

社会管理创新与法治建设研讨会

10月25日,市法学会、市政协社会法制委员会共同组织召开全市社会管理创新与法治建设研讨会。与会的市政协委员和法学法律工作者结合本职工作,从实际出发,畅所欲言,对为什么要加强社会管理创新以及如何进行社会管理创新进行深入探讨和研究,发表了很多有见地的观点。如保险企业如何承担社会责任参与社会管理创新、在推动社会管理创新中如何发挥好妇联的维权职能等。市委常委、政法委书记、市法学会会长原国政,市政协副主席陈建国出席会议并讲话。

对外交流

4月,市法学会全体人员赴南昌、井冈山等地考察法学会建设和工作情况。

(市法学会)

老区建设促进会

2011年工作

2011年，市老促会组织开展革命老区调研、五类重点老区村调研、革命旧址房舍情况调查，加大宣传力度，落实领导干部联系重点老区村制度，促进老区建设和产业发展。

革命老区调研

5月10日至6月10日，开展革命老区调查研究。以市、县两级老促会人员为主，吸收各有关单位和乡镇人员及部分大学生村官共453人，调查走访61个乡镇853个行政村，683户农户1634位村民。掌握了全市老区的发展现状，发现资源型地区农民缺少倾斜政策、煤炭大市群众烧煤难、农村出现土地撂荒等带有普遍性的社会问题，撰写出调查报告，引起上级重视，有的得到较好解决，圆满完成全国性综合调研任务。

五类重点老区村调研

开展面向五类重点老区村调研活动。市、县两级老促会坚持“发挥参谋助手作用，促进党政领导重视支持；发挥宣传舆论作用，促进营造思源报恩氛围；发挥理事单位作用，促进老区民生改善；发挥帮扶解困作用，促进特色产业加快发展；发挥典型带动作用，促进老区主体产生活力”的做法收到较好效果，得到省老促会认可。

革命旧址房舍情况调查

开展全市需要抢救性维修维护的革命旧址房舍情况摸底调查。发现需要抢救性维修维护的革命旧址房舍约7.8万平方米，所需资金1000多万元。市老促会写出专题报告上报市发改委，建议连续几年分批分次列入年度投资计划予以解决。

老区宣传

市、县老促会到各县(市、区)第一个农村党支部、第一个红色政权诞生地、第一支红色武装诞生地进行采访慰问，编辑出版《在党旗指引下》大型图书，撰写《最早燃烧在太行太岳大地上的革命火种》等文章，介绍晋城老区革命历史的起源、发展过程及其对中国革命的历史贡献，挖掘保留历史资料；阳城县老促会编辑《晋豫区革命斗争史》，沁水县老促会编辑出版《老区新韵》，城区老促会出版《老城关纪事》。高平市老促会在瓦窑头村帮助修建致和园，新塑原高平特别支部书记袁致和的铜像，完善相应的配套设施；沁水县老促会在国民革命军第98军司令部驻地东峪村竖起纪念碑。

县区工作

城区帮助东武匠村、寺底村开发生态旅游业;泽州县财政出资20万元,帮助土岭、西山、西土河等12个村的养鱼、核桃、蚕桑、晚秋梨、香椿等产业项目;高平市财政出资30万元,帮助圪台、陈山、铁炉等村建起养猪、养鸡、养羊、食用菌、辣椒加工厂等20多个产业项目;阳城县财政安排资金20万元,用于坪泉、中寺、索泉岭等10个重点老区村五味子、核桃、连翘、枸杞,蚕桑,蔬菜等产业的发展;陵川县20个重点老区村有规模的特色产业项目发展到61个;沁水县财政出资20万元财政,帮助西郎、东郎、南郎3个村发展优种苹果和核桃。

老区建设

市、县两级老促会积极联络有关部门和社会企业,为重点老区村引进资金、项目、人才,促进老区建设。市电视台《代表之声》栏目播出市老促会会长赵国发等10位人大代表《把重点老区村纳入偏远贫困山区扶持对象》节目,引起有关部门的高度重视。市农委把2009年人均收入3000元至3500元的20个重点老区村列入全市510个偏远山区贫困村的扶持范围,享受有关政策待遇;沁水县老促会联系有关单位,筹措资金15万元硬化南郎、西郎、东郎3个村的街巷,铺通3个村的连接道路;高平市老促会为老区村和企业牵线搭桥,联系3家私营企业为东周村投资1000多万元建起占地500亩、150栋大棚的农业种植示范园区,带动当地农民就业;城区老促会协助南石店村新建占地60亩的农业现代生态园和占地50亩的购物广场。

推动领导干部联系重点老区村制度

各县(市、区)委根据四套班子领导变动情况,及时调整四套班子领导联系重点老区村名单,确保县级领导干部联系重点老区村制度的连续性。泽州县在重新确定四套班子成员联系重点老区村名单后,还确定每个机关包一个老区村,一包五年不变,每个企业联系一个老区村,开展企村共建,实施“干部入民心”工程。高平市老促会借鉴沁水、陵川延伸乡镇老促小组的经验,在乡镇建立老促会小组,由当地人大主席担任老促小组组长,增强老促会基层组织。

帮扶活动

市、县两级老促会的理事单位和个人积极帮助老区村调整产业。市老促会利用“革命老区调查研究晋城启动仪式”之机,安排市直有关理事单位就老区村产业发展中遇到的各类具体问题,进行项目推荐和对接,阳城县索泉岭村的水利建设项目、西头村的连翘种植项目、城区洞头村的荒山绿化等项目都得到市水利局、农业综合开发局和林业局的支持;城区老促会联系交通局、农业局、水利局、旅游文物局等区直理事单位,为重点老区村办实事好事。市老促会发现阳城县西交村核桃树挂果少问题,联系果树专家到现场查看,解决技术难题;泽州县老促会理事、县养蜂协会会长钱保发,培训蜂农800余人次,发放养蜂资料2000余份,为130余户蜂农解决卖蜜难问题;陵川县老促会为7个村落实市扶贫项目资金64万元,为8个村落实拨款吃水工程项目资金91万元。

2012年工作

2012年,全市重点老区村由原来的113个村扩增到252个。市老促会将资金扶持点由过去每个县(市、区)3~5个收缩为2~3个,并采取跟踪扶持办法,促进老区建设。

县区工作

城区洞头村"农家乐"生态旅游引领周边10个贫困村庄搞生态旅游;泽州县山河镇、李寨乡的西山、高会、黄砂底村的优质核桃园扩展到千亩以上,是泽州县万亩核桃园基地的重要组成部分;阳城县坪泉村发展五味子中药材500余亩;陵川县盖城村蚕桑产业带动周边19个村发展到2000多亩;沁水县南郎村千余亩"红富士"苹果产业带动东郎村、西郎村、郑庄等周边村庄的同业种植。

帮扶活动

2月21日,市老促会约请市农委、畜牧兽医局、财政局等近20家单位理事的领导及各县(市、区)老促会会长、秘书长召开单位理事座谈会。在单位理事和重点老区村之间试行"一对一"对口及应急性非对口帮扶机制。出台《单位理事帮扶重点老区村的办法(试行)》,要求每个单位理事在定点帮扶1~2个村的同时,在全市所有重点老区村的产业项目实施发生困难时,提供应急帮助。帮助解决沁水县海江村吃水工程、泽州县东树沟村建设城市居民休闲"后花园"等项目的困难。果树专家、市果农协会会长王有信编写《创意果业优质高产新技术》,发送到各老区村,并多次到老区村进行技术培训。

成立20周年总结表彰大会

9月26日,晋城市老促会成立20周年总结表彰大会在市政府会议厅召开。市委书记张九萍、市长王清宪等市委、市委政府领导,各县(市、区)委书记、政府分管领导、开发区工委书记、市直有关单位负责人、各县(市、区)老促会会长、秘书长、妇工委主任、受表彰先进集体、先进工作者、重点老区村所在乡镇党委书记、重点老区村党支部书记近300人参加大会。66个先进集体和43名先进工作者受到市委、市政府的表彰。市老促会会长赵国发全面回顾20年来市老促会促进老区建设的做法和取得的成绩等。

老区宣传

10月,市老促会编印《晋城市老区建设促进会20周年回眸》专辑。全辑分为“领导情系老区篇”、“自身工作篇”、“理事风采篇”、“社会帮扶篇”、“老区变化篇”、“荣誉篇”、“附录”七大篇章,收集人物图片300多张,资料图片100多张,村庄建设图片60多张,文字资料5万字。撰写《加快欠发达老区发展,推进建设全面小康社会,晋城市委、市政府重视老区建设全面小康社会经验》文章。《中国老区建设》和《山西老区开发》的订阅量分别达到510份和800多份。

(市老区建设促进会)